W0329464

LE NORD-EST

LE SUD

PENSE FUTÉ

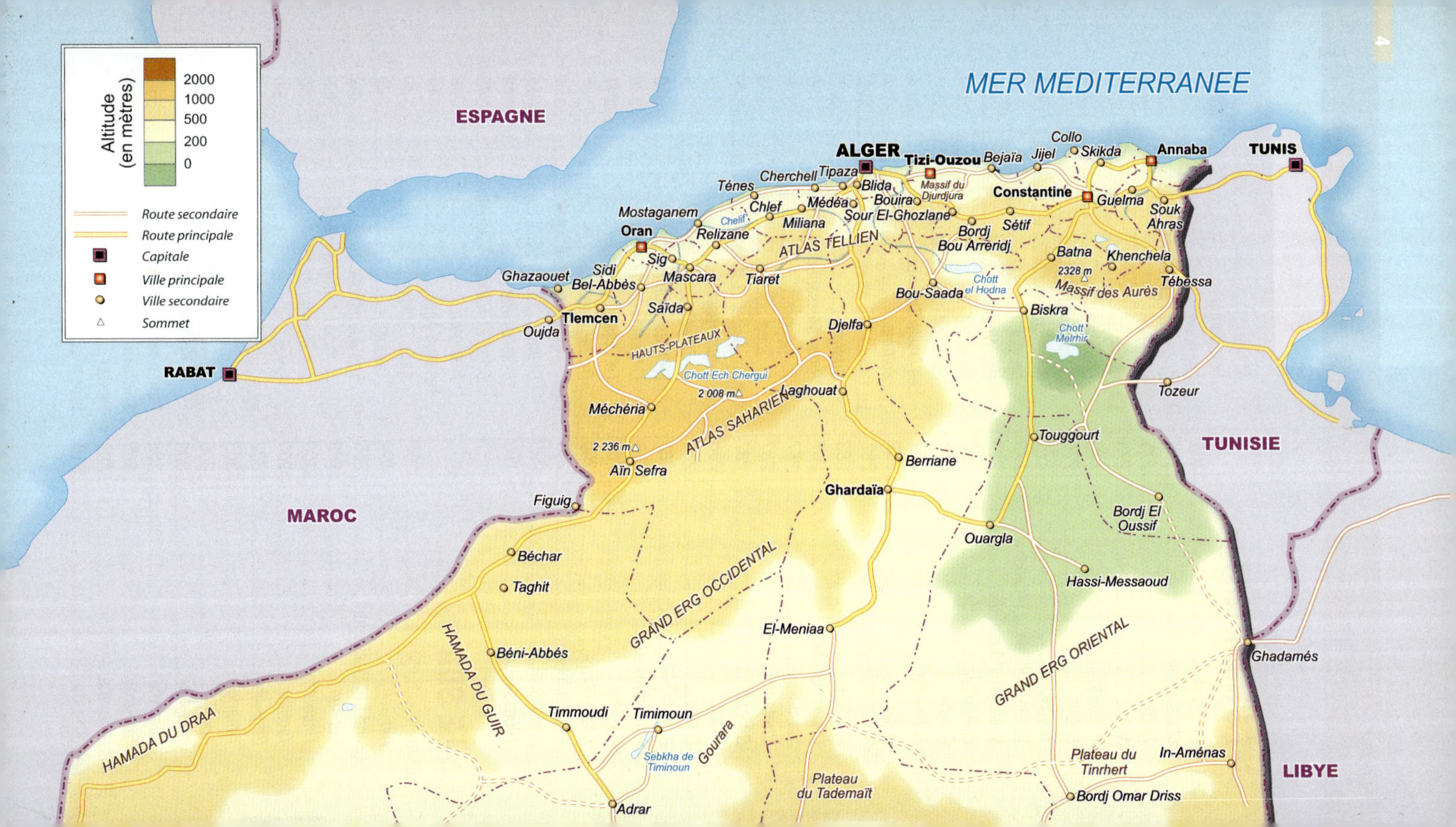
MER MEDITERRANEE
ESPAGNE
MAROC
TUNISIE
LIBYE
Altitude (en mètres)
2000
1000
500
200
0
Route secondaire
Route principale
Capitale
Ville principale
Ville secondaire
Sommet
RABAT
ALGER
TUNIS
Tizi-Ouzou
Oran
Constantine
Annaba
Guelma
Collo
Skikda
Jijel
Bejaïa
Massif du Djurdjura
Tipaza
Cherchell
Blida
Bouira
Médéa
Ténes
Chlef
Miliana
Sour El-Ghozlane
Sétif
Bordj Bou Arreridj
Souk Ahras
Khenchela
Batna
2328 m
Massif des Aurès
Tébessa
Mostaganem
Chelif
Relizane
ATLAS TELLIEN
Sig
Mascara
Tiaret
Sidi Bel-Abbès
Ghazaouet
Tlemcen
Oujda
Saïda
HAUTS-PLATEAUX
Chott Ech Chergui
2 008 m
Djelfa
Bou-Saada
Chott el Hodna
Biskra
Chott Melrhir
Tozeur
Laghouat
Méchéria
2 236 m
Aïn Sefra
ATLAS SAHARIEN
Touggourt
Berriane
Ghardaïa
Figuig
Ouargla
Bordj El Oussif
Béchar
Taghit
Hassi-Messaoud
GRAND ERG OCCIDENTAL
El-Meniaa
Béni-Abbés
HAMADA DU GUIR
GRAND ERG ORIENTAL
Ghadamés
HAMADA DU DRAA
Timmoudi
Timimoun
Sebkha de Timinoun
Gourara
Plateau du Tademaït
Plateau du Tinrhert
In-Aménas
Bordj Omar Driss
Adrar

EDITION
Directeurs de collection et auteurs : Dominique AUZIAS et Jean-Paul LABOURDETTE
Auteurs : Saliha HADJ-DJILANI, Clélia LENE, Marie-Hélène MARTIN, Jean-Paul LABOURDETTE, Dominique AUZIAS et alter
Directeur Editorial : Stéphan SZEREMETA
Responsable Editorial Monde : Patrick MARINGE
Rédaction Monde : Caroline MICHELOT, Morgane VESLIN, Pierre-Yves SOUCHET et Leena BRISACQ
Rédaction France : François TOURNIE, Jeff BUCHE, Perrine GALAZKA et Talatah FAVREAU

FABRICATION
Responsable Studio : Sophie LECHERTIER assistée de Romain AUDREN
Maquette et Montage : Julie BORDES, Élodie CLAVIER, Sandrine MECKING, Delphine PAGANO et Laurie PILLOIS
Iconographie et Cartographie : Audrey LALOY

WEB ET NUMERIQUE
Directeur Web : Louis GENEAU de LAMARLIERE
Chef de projet et développeurs : Jean-Marc REYMUND assisté de Florian FAZER, Anthony GUYOT et Cédric MAILLOUX

DIRECTION COMMERCIALE
Responsable Régies locales : Michel GRANSEIGNE
Responsable recrutement Régies locales : Victor CORREIA
Relation Clientèle : Vimla MEETTOO

REGIE NATIONALE
Responsable Régie Nationale : Aurélien MILTENBERGER assisté de Sandra RUFFIEUX
Chefs de Publicité : Caroline AUBRY, Perrine DE CARNE MARCEIN, Caroline GENTELET, Florian MEYBERGER, Stéphanie MORRIS, Caroline PREAU et Carla ZUNIGA

REGIE INTERNATIONALE
Directrice : Karine VIROT assistée de Elise CADIOU et Elisa MORLAND
Chefs de Publicité : Camille ESMIEU, Guillaume LABOUREUR
Régie ALGERIE : Pierre ROUJON

DIFFUSION ET PROMOTION
Directrice des Ventes : Bénédicte MOULET assistée d'Aissatou DIOP et Alicia FILANKEMBO
Responsable des ventes : Jean-Pierre GHEZ assisté de Nathalie GONCALVES
Relations Presse-Partenariats : Jean-Mary MARCHAL

ADMINISTRATION
Président : Jean-Paul LABOURDETTE
Directeur Administratif et Financier : Gérard BRODIN
Directrice des Ressources Humaines : Dina BOURDEAU assistée de Sandra MORAIS et de Naommi CHOQUET
Responsable informatique : Pascal LE GOFF
Responsable Comptabilité : Valérie DECOTTIGNIES assistée de Jeannine DEMIRDJIAN, Oumy DIOUF et Christelle MANEBARD
Recouvrement : Fabien BONNAN assisté de Sandra BRIJLALL
Standard : Jehanne AOUMEUR

PETIT FUTE ALGERIE 2015
Petit Futé a été fondé par Dominique AUZIAS.
Il est édité par Les Nouvelles Editions de l'Université
18, rue des Volontaires - 75015 Paris.
✆ 01 53 69 70 00 - Fax 01 42 73 15 24
Internet : www.petitfute.com
SAS au capital de 1 000 000 €
RC PARIS B 309 769 966
Couverture : © ISMAËL SCHWARTZ / ICONOTEC
Impression : GROUPE CORLET IMPRIMEUR - 14110 Condé-sur-Noireau
Dépôt légal : 04/02/2015
ISBN : 9782746978379

Pour nous contacter par email, indiquez le nom de famille en minuscule suivi de @petitfute.com
Pour le courrier des lecteurs : info@petitfute.com

Bienvenue en Algérie !

Qui devinerait que l'Algérie possède des sites antiques sublimes comme à Tipasa ou que la baie d'Oran s'apparente à celle de Rio et à son mythique Corcovado ? Nous entendons malheureusement trop peu parler de l'Algérie telle qu'elle est vraiment et seule une vision faussée du pays parvient généralement jusqu'à nous. Souvent montrée du doigt pour son retard en matière de tourisme, l'Algérie n'a certes pas suivi la frénésie touristique qui s'est emparée du Maroc et de la Tunisie, mais elle invite aussi audacieusement à découvrir ses secrets, son passé tumultueux et ses richesses authentiques. Et pour notre plus grand bonheur, les autorités ont redoublé d'efforts en matière de tourisme ces dernières années. Pour preuve, les infrastructures hôtelières et le réseau routier qui sont en constante amélioration.
En matière de sécurité, l'Algérie est un pays globalement sûr. Oui. Certes, en dehors de la région du Djudjura en Kabylie ou de la région de Tamanrasset fermée aux touristes étrangers en raison de sa proximité avec le Mali. Mais, quoi qu'il en soit, écoutez les autorités et les locaux s'ils vous disent d'éviter un déplacement en particulier car ils ne vous feront courir aucun risque et savent ce qu'il se passe vraiment.
Mais, en raison de ces rares problèmes de sécurité, l'Algérie doit-elle pour autant être ignorée ? Elle qui dévoile, sans artifices, ses mille et un contrastes. Elle qui, accueillante et envoûtante, invite à des explorations infinies. Elle mérite, sans aucun doute, tout votre intérêt. Et une fois que vous l'aurez découverte, vous n'aurez plus qu'une envie : y revenir. Malgré tous les préjugés sur ce magnifique pays. Et puis un jour, vous vous surprendrez à répéter en coeur avec les Algériens « 1, 2, 3, viva l'Algérie », comme une incantation, parce que vous serez tombé amoureux de l'Algérie, vous aussi.

L'équipe de rédaction

REMERCIEMENTS : Je tiens à remercier particulièrement Amirouche Laidi pour son aide dans la préparation de ma mission et Djalal Benmedakene de l'ambassade d'Algérie pour son professionnalisme. Merci au guide Nordine Bouanani pour ses visites guidées géniales. Un grand merci à Karim Cherif et à Mokhtaria Ben Nourine pour leur accueil à l'hôtel Eden de Aïn El Turck. Mille mercis enfin à ma mère Hamida Hadj-Djilani qui m'a accompagnée pendant une partie de ce voyage. Merci à mon oncle Kamreddine, à mes tantes Samia, Fatiha, Malika, à mes cousins Sadek, Abdou, à mes cousines Salima, Fouzia, Rima, Hafidha, Medina pour leur chaleureux accueil et leurs délicieux petits gâteaux malgré les kilos en trop ! Merci aussi à Nabil Djellit, journaliste à *France Foot*, pour son analyse du football algérien. Enfin, merci du fond du coeur à Tonton Boualem pour son aide et sa bonne humeur à Miliana, lui qui nous a quittés juste avant que je termine la rédaction de ce guide…

PEFC
10-31-1510
Certifié PEFC
Ce produit est issu de forêts gérées durablement et de sources contrôlées.
pefc-france.org

Sommaire

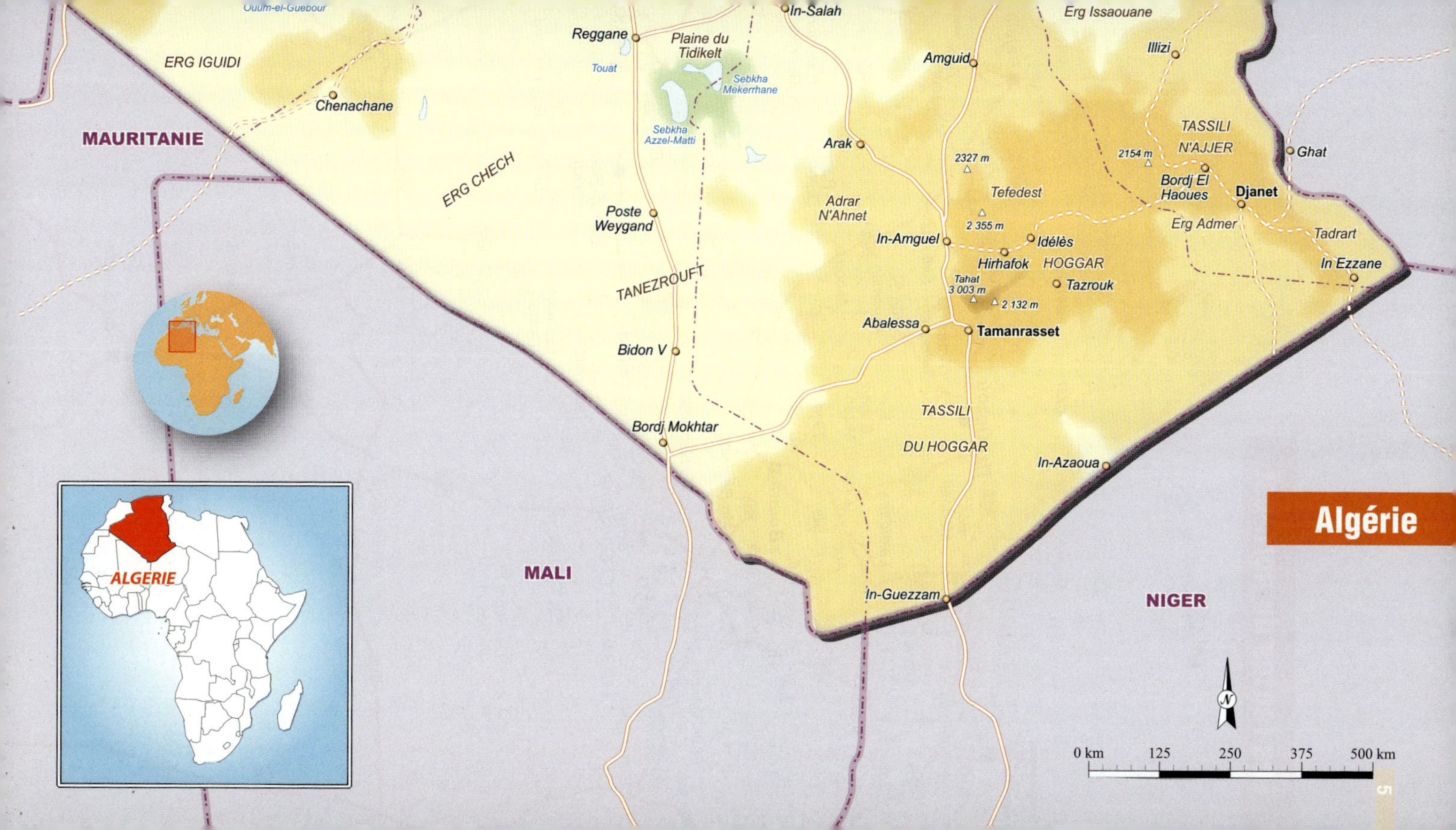
Algérie
Ouum-el-Guebour
In-Salah
Erg Issaouane
Reggane
Plaine du Tidikelt
Touat
Sebkha Mekerrhane
Sebkha Azzel-Matti
ERG IGUIDI
Chenachane
MAURITANIE
ERG CHECH
Poste Weygand
TANEZROUFT
Bidon V
Bordj Mokhtar
MALI
ALGERIE
Amguid
Arak
Adrar N'Ahnet
In-Amguel
2327 m
Tefedest
2 355 m
Idélès
Hirhafok
HOGGAR
Tahat 3 003 m
2 132 m
Tazrouk
Abalessa
Tamanrasset
TASSILI DU HOGGAR
In-Azaoua
In-Guezzam
NIGER
Illizi
TASSILI N'AJJER
2154 m
Bordj El Haoues
Djanet
Ghat
Erg Admer
Tadrart
In Ezzane
N
0 km
125
250
375
500 km

Les routes du nord-est

Autoroute et voie rapide
Route principale
Route secondaire
Chetaibi
Annaba
Seraidi
Collo
Zitouna
Skikda
Bèrrahal
El Hadjar
Tamalous
El Hedaick
N44
N3
N43
Jijel
El Ancer
El Milia
Em Jez Ed Chich
Ramdane Djamel
Azzaba
Fetzara
Dréan
N21
N43
El-Harrouch
Texenna
N27
N3
Bouati-Mahmoud
Héliopolis
Bouchegouf
Zighout-Youcef
Bou Snib
Guelma
Grarem
N20
Aïn-Amara
Arbaoum
Mila
Oued-Zénati
Ferdjioua
Constantine
N20
Aïn Souda
N3
El Khroub
Aïn-Smara
N80
Beni Fouda
Athmania
Aïn Abid
Chelghoum El Aïd
Ouled-Rahmoun
Sedrata
Sétif
Telerghma
Ksar-Sbahi
El Eulma
N5
Aïn-M'Lila
Bir Haddada
Aïn-Fakroun
N10
Aïn Kercha
Oum Ladjoul
Oum El Bouaghi
N3
Aïn-Beïda
Aïn Azel
Aïn Yagout
Boulehilet
N80
Meskiana
Seriana
Chemmora
Ras-El--Aïoun
M'Toussa
Mérouana
Kaïs
N'Gaous
Batna
N88
Timgad
Khenchela
Dhaiaa
Tazoult-Lambèze
Seggana
Zoui
Aïn Touta
Barika
N28
Bouhamama
Bitam
Arris
Babar
El Kantara
Menaa
N3
Chechar
N
Ghoufi
0
60 km
Biskra

Les routes du nord-ouest

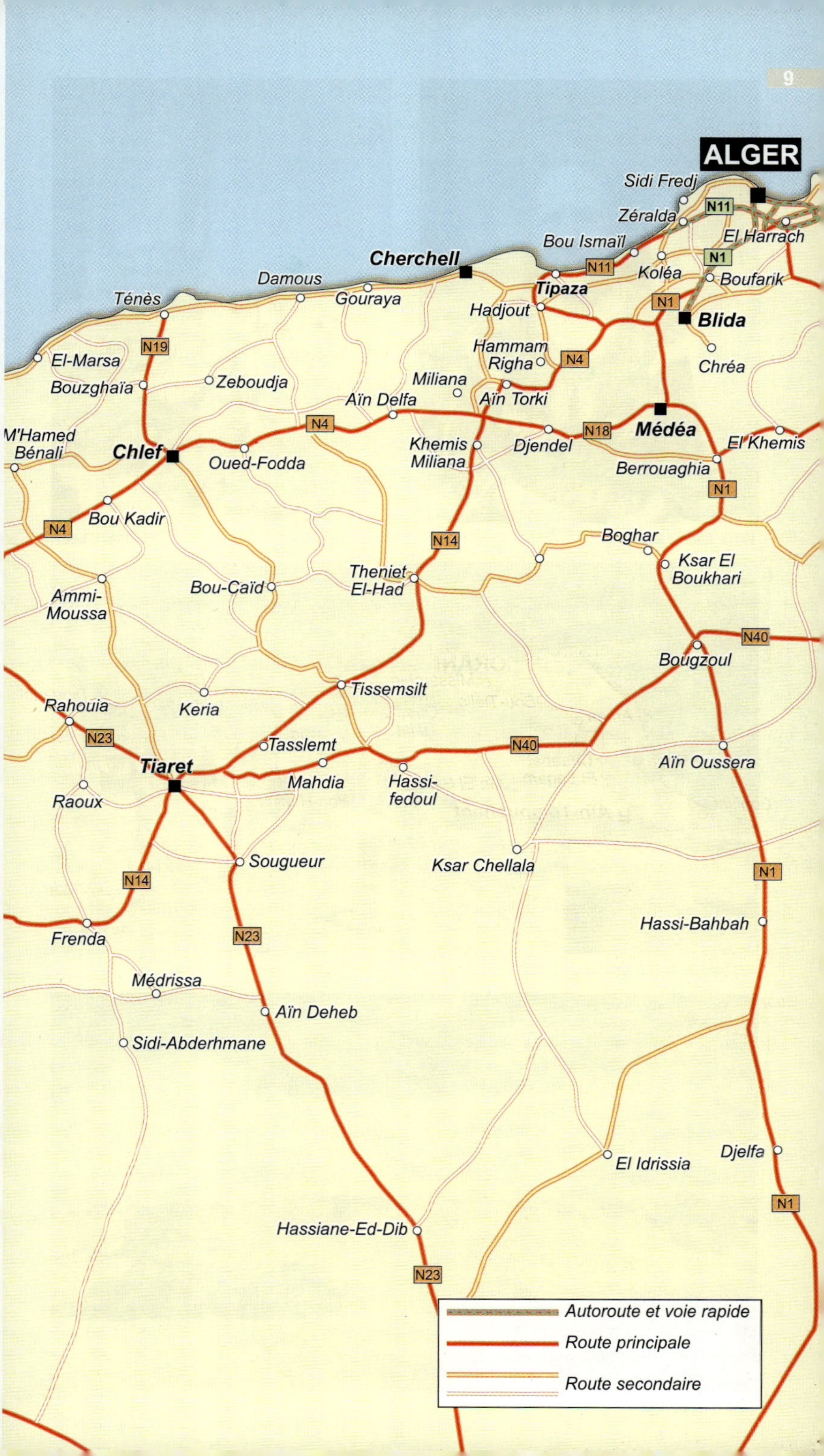
ALGER
Sidi Fredj
Zéralda
N11
El Harrach
Bou Ismaïl
N1
Cherchell
N11
Koléa
Boufarik
Damous
Tipaza
Ténès
Gouraya
N1
Hadjout
Blida
N19
Hammam
Righa
N4
Chréa
El-Marsa
Miliana
Bouzghaïa
Zeboudja
Aïn Delfa
Aïn Torki
N4
Médéa
M'Hamed
Bénali
Chlef
Khemis
Miliana
Djendel
N18
El Khemis
Oued-Fodda
Berrouaghia
N1
Bou Kadir
N4
N14
Boghar
Ksar El
Boukhari
Theniet
El-Had
Bou-Caïd
Ammi-
Moussa
N40
Bougzoul
Tissemsilt
Rahouia
Keria
N23
Tasslemt
N40
Aïn Oussera
Tiaret
Mahdia
Hassi-
fedoul
Raoux
Sougueur
Ksar Chellala
N1
N14
Hassi-Bahbah
Frenda
N23
Médrissa
Aïn Deheb
Sidi-Abderhmane
Djelfa
El Idrissia
N1
Hassiane-Ed-Dib
N23
Autoroute et voie rapide
Route principale
Route secondaire

Vieille femme kabyle.

Tamanrasset.

Vestiges de la cité antique de Tipasa.

Désert du Sahara.

Les plus de l'Algérie

Authenticité et virginité de sites d'exception

En partie à cause des années noires qui ont paralysé le pays pendant plus de dix ans et certainement à cause du pétrole, qui enraye le développement des autres secteurs, dont celui du tourisme, l'Algérie n'a pas suivi la frénésie touristique qui s'est emparée de ses voisins, le Maroc et la Tunisie. Certains verront là une tare, d'autres, en revanche, diront que c'est une chance ; que l'Algérie est vierge et préservée de tous les vices du tourisme de masse. Et c'est vrai. Si les infrastructures hôtelières ont pendant longtemps manqué de confort, elles tendent vraiment à s'améliorer et de nombreux hôtels ont vu le jour ces dernières années dans les grandes villes d'Algérie comme à Alger, Oran, Constantine ou encore Tlemcen. Mais, encore une fois, on est loin des complexes touristiques de masse qu'on peut trouver au Maroc ou en Tunisie. Donc l'Algérie charmera malgré tout qui se donnera le temps de l'apprécier, qui est un peu aventurier et surtout qui aime le tourisme en dehors des sentiers battus. Un littoral sauvage préservé du béton, des sites antiques reculés dans des environnements d'exception, un désert immense aux pistes peu parcourues, des identités fortes, des comportements et des rapports humains authentiques. C'est ça l'Algérie.

Multiplicité et diversité

Que l'on soit amateur de patrimoine culturel et historique, d'immensités désertiques, de farniente sur une plage, de grand air en montagne ou de villes aux rues tortueuses, l'Algérie, grande comme quatre fois la France, est bel et bien l'un des plus beaux pays de la Méditerranée et du Maghreb. Les destinations offrant généreusement une telle diversité sont rares ! Imaginez donc qu'au cours d'une même journée on peut passer des pentes peut-être encore enneigées du Djurdjura à la plage, des vestiges romains à la palmeraie d'une oasis, ou encore de la Casbah d'Alger à un jardin de Ghardaïa… Avec ses 1 200 kilomètres, la côte algérienne est un magnifique balcon sauvage sur la Méditerranée : criques et plages de sable fin enchanteront les adeptes du farniente.

Alger, Constantine, Annaba, Bejaia ou Oran, villes millénaires, y ont naturellement trouvé une place de choix. Ghardaïa, porte du désert – et dont l'architecture si particulière est devenue emblématique de l'architecture algérienne tout entière –, dévoile la vallée du M'Zab et ses sept cités fortifiées en forme de pyramides entourées de palmeraies. On y inventa, il y a plusieurs siècles, le développement durable, un système de gestion égalitaire de l'eau si rare.

Les plages à l'ouest d'Alger, Sidi-Fredj.

Au sud et à l'ouest, le Gourara, le Touat et la Saoura ont vu s'édifier au-dessus des palmeraies des ksour comme ultime protection contre les rezzou et le souffle chargé de sable du Grand Erg Occidental. A Tamanrasset, capitale du Hoggar – malheureusement inaccessible aux touristes étrangers depuis 2 ans –, c'est la rencontre avec le désert mythique des Touareg. Le Hoggar, désert minéral aux paysages grandioses qui culminent à 3 000 m, prend toute sa dimension dramatique quand il nous coupe le souffle en haut de l'Assekrem, un plateau où siffle le vent, choisi comme lieu de retraite par le Père de Foucauld. Parcourir le Tassili du Hoggar, un plateau effondré où les roches les plus dures, sculptées et caressées par le vent, ont pris des formes fantastiques, est un voyage à travers le temps et l'espace. A l'est, on rencontre l'histoire de l'humanité. Au-dessus de Djanet, le Tassili n'Ajjer et ses environs constituent le plus grand musée préhistorique du monde, à ciel ouvert. La Kabylie s'élève vers de hauts sommets, enneigés une grande partie de l'année, en une succession de forêts de chênes et de cèdres et de villages accrochés aux crêtes. Les Aurès, quant à elles, entre Batna et Biskra, cachent dans leurs plis le ruban des palmeraies. Les villages blottis contre les pentes dominent des vallées parfois très encaissées. La vie y est dure mais on sait la défendre.

Héritage des civilisations et richesse du patrimoine culturel

L'Algérie est parsemée de repères historiques et de marques de passage des civilisations qui l'ont façonnée de l'Antiquité à nos jours. Des émouvantes et précieuses peintures rupestres du Tassili qui ont traversé des milliers d'années, témoins des premières civilisations humaines, aux immeubles néoclassiques français symboles d'une colonisation massive et ravageuse, l'héritage est considérable à l'image des différentes conquêtes, occupations, dominations et dynasties... Tombeaux de rois berbères près de Constantine, ruines romaines de Tipasa, Timgad ou encore Djemila, palais ottomans datant de la régence d'Alger, forteresses espagnoles à Oran, mosquée des époques almoravide et zianide à Tlemcen, vestiges de la Kalaa des Beni Hammad de l'époque hammadite... A partir de là, l'Algérie offre de nombreuses possibilités de séjours thématiques.

Hospitalité légendaire

Si, à cause des aléas de l'histoire, la crainte d'être mal accueilli en Algérie hante encore certains esprits et freine beaucoup à faire le voyage, il est temps de clamer qu'en Algérie les étrangers sont accueillis avec une chaleur qui fait souvent défaut dans nos sociétés occidentales. Dans la rue, si les regards peuvent paraître parfois oppressants, sachez que l'unique motivation de cette insistance est la curiosité. Il faut dire que les touristes étrangers ne courent pas les rues, surtout dans les grandes villes du Nord, alors la stupéfaction des Algériens d'apercevoir à nouveau des étrangers s'intéresser à leur pays est grande. Quel bonheur de voyager dans un pays où la bienvenue est souhaitée à chaque coin de rue, où les portes s'ouvrent si chaleureusement et où la gentillesse est sincère et désintéressée.

Plateau du Tassili n'Ajjer.

Fiche technique

L'Algérie en bref

Le pays

- **Nom officiel :** République démocratique et populaire d'Algérie (Al-Jumhuriyah al-Jazaïriyah ad-Dimuqratiyah ash-Sha'biyah), plus communément appelée Algérie ou Al-Jazaïr.
- **Capitale :** Alger (plus de 4 millions d'habitants).
- **Superficie :** 2 381 741 km^2 (environ 4 fois la France) où le Sahara (2 millions de km^2) représente 84 % du territoire – Densité : 16 habitants/km^2 (2013) – Point culminant : Tahat, 2 918 m – Terres cultivées : 3 %, terres inexploitées : 13 %, forêts : 2 %.
- **Découpage administratif :** 48 wilayas ou préfectures (Adrar, Aïn-Defla, Aïn-Temouchent, Alger, Annaba, Batna, Béchar, Bejaïa, Biskra, Blida, Bordj-Bou-Arreridj, Bouira, Boumerdés, Chlef, Constantine, Djelfa, El-Bayadh, El-Oued, El-Tarf, Ghardaïa, Guelma, Illizi, Jijel, Khenchela, Laghouat, Mascara, Médéa, Mila, Mostaganem, M'Sila, Naama, Oran, Ouargla, Oum-El-Bouaghi, Relizane, Saïda, Sétif, Sidi-Bel-Abbés, Skikda, Souk-Ahras, Tamanrasset, Tébessa, Tiaret, Tindouf, Tipasa, Tissemsilt, Tizi-Ouzou et Tlemcen).
- **Villes principales :** Alger (El-Djezaïr), Oran (Wahran 641 240 hab.), Constantine (Qacentina 465 138 hab.), Annaba (272 807 hab.) et Batna (324 897 hab.).
- **Statut :** République.
- **Président de la République :** Abdelaziz Bouteflika depuis le 28 avril 1999, réélu pour la quatrième fois en avril 2014.
- **Premier ministre :** Abdelmalek Sellal.
- **Institutions politiques :** république à régime présidentiel ; parlement bicaméral.

La population

- **Population :** 38,7 millions d'habitants (2014) – Taux de croissance : 3 % (2013) – Indice de fécondité : 2,78 (2014) – 27,8 % de la population a moins de 15 ans – Espérance de vie : 76,18 ans (2013) – Alphabétisation : 72,6 % – Population urbaine : 70 % – Population et ethnies : Arabes, Berbères ou Imazighen (Kabyles, Chaouis, Mozabites, Touareg).
- **Langue officielle :** arabe – Langues nationales : arabe et tamazight (depuis avril 2002) – Langues parlées : arabe, tamazight, mozabite, chaouïa, tamacheq, français (langue administrative et seconde langue parlée).
- **Religion d'Etat :** islam sunnite.
- **Fêtes et jours fériés :** 1er janvier (jour de l'an), 1er mai (fête du travail), 19 juin (anniversaire du sursaut révolutionnaire du 19 juin 1965), 5 juillet (fête de l'indépendance et de la jeunesse), 1er novembre (anniversaire de la révolution de 1954) – Fêtes religieuses suivant le calendrier hégirien : Aïd El-Fitr (fête de la rupture du jeûne du ramadan), Aïd El-Adha (Aïd El-Kébir, fête du sacrifice), Moharem (jour de l'an hégirien), Achoura (10e jour de Moharem), Mouloud (anniversaire de la naissance du Prophète).

L'économie

- **Monnaie :** dinar, DZD (100 DA = 0,95 € ; 1 € = 104,977 DA au 06/11/2014).
- **PIB :** 206,1 milliards de $ (2013) – PIB/habitants : 7 734 $ (2013) – Croissance : + 3,1 % – Activités en 2014 : agriculture 9 %, hydrocarbures 27,5%, industrie 5 %, services 39,4 %.
- **Taux d'inflation :** 4 % (2014).

Le drapeau algérien

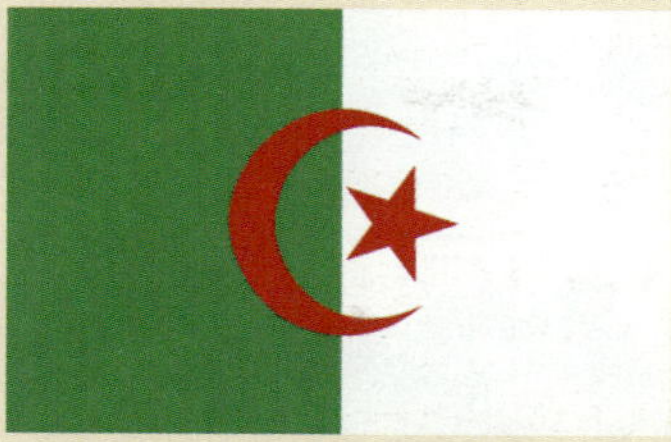

Dessiné au début des années 1930 par Messali Hadj, l'un des pères de l'indépendance et créateur de l'Etoile nord-africaine, le drapeau algérien comporte trois couleurs qu'on retrouve sur nombre de drapeaux de pays du monde arabo-musulman. La moitié gauche du drapeau est verte, couleur de l'islam et du paradis. La moitié droite est de couleur blanche qui symbolise la paix et l'espoir en un futur radieux. Au centre, un croissant rouge, héritage ottoman, entoure une étoile de cette même couleur qui symbolise le sang versé par les martyrs. Les cinq branches de l'étoile font référence aux cinq piliers de l'islam.

© JEAN-PAUL LABOURDETTE

Gare maritime, Alger.

- **Indice de développement humain :** 93e place/182 pays de l'O.N.U. (pour comparaison, la France occupe la 20e place de ce classement présenté par le P.N.U.D.).
- **Dette extérieure :** 402 millions $ (estimation 2012).
- **Principales productions :** gaz naturel (5e réserve mondiale, 4e exportateur mondial), pétrole, produits agricoles.
- **Principaux partenaires économiques :** la France est le principal pays importateur (12,8 %) et le principal pays d'exportation est l'Italie (16 %).

Téléphone

- **Pour téléphoner de France vers l'Algérie :** composer l'indicatif de l'Algérie 00 213 + le numéro du correspondant sans le 0 de l'indicatif de la wilaya (préfecture) ou de l'indicatif signalant que c'est un numéro de portable (06 xx xx xx xx par exemple). Attention, depuis le 1er mars 2008, les numéros de portable ont changé ! Les numéros commençant par 05 deviennent 05 5x xx xx xx, 06 devient 06 6x xx xx xx, etc.). En cas de doute, faites-vous préciser le numéro de votre correspondant.
- **Pour appeler d'Algérie vers l'étranger :** composer le 00 + l'indicatif du pays + le numéro du correspondant – Quelques indicatifs : Belgique 32, Canada 1, France 33, Lybie 218, Maroc 212, Niger 227, Sénégal 221, Suisse 41, Tunisie 216.
- **Pour appeler d'Algérie vers l'Algérie :** composer le numéro de votre correspondant précédé de l'indicatif de la wilaya (préfecture) avec le 0 initial.

Décalage horaire

Le décalage horaire est de – 1 heure en été.

Climat

Au nord, l'Algérie jouit d'un climat méditerranéen chaud en été, plus frais sans être froid en hiver (sauf en altitude où il peut neiger et geler). Au sud, les températures sont de très élevées dans la partie centrale (jusqu'à 50 °C à In-Salah) à supportables à Tamanrasset à 1 500 m d'altitude. En hiver, les écarts de température entre le jour et la nuit peuvent être très importants, de 25 à 0 °C.

- **Ensoleillement moyen (en heures) par an :** côte (2 650), hauts plateaux (3 000), Sahara (3 500).

Alger

Janvier	Février	Mars	Avril	Mai	Juin	Juillet	Août	Sept.	Octobre	Nov.	Déc.
9°/ 15°	9°/ 16°	11°/ 17°	13°/ 20°	15°/ 23°	18°/ 27°	21°/ 28°	22°/ 29°	21°/ 27°	17°/ 23°	13°/ 19°	11°/ 16°

Idées de séjour

Séjours courts

Si on ne dispose que d'une semaine pour un séjour en Algérie sans thématique particulière, il est intéressant d'avoir une idée de la diversité des paysages et des sites qui composent le pays.
Après avoir visité Alger et sa mythique Casbah, on peut ainsi envisager un circuit à la découverte du site romain de Timgad et des premières oasis de Biskra et de Touggourt, de la vallée du M'Zab avant de rentrer vers Alger en passant par les oasis de Laghouat et de Bou Saada.

- **Jour 1** : visite d'Alger, de ses principaux monuments et sites (le front de mer, la Grande Poste, le jardin d'Essai, Notre-Dame d'Afrique, la Casbah...). Nuit à Alger.
- **Jour 2** : départ pour Timgad, nuit à Timgad.
- **Jour 3** : visite du site archéologique de Timgad la matinée et départ pour Touggourt en passant par les montagnes des Aurès, les Balcons du Rhoufi et l'oasis de Biskra. Nuit à Touggourt.
- **Jour 4** : visite de Touggourt et de ses environs : Temacine et Tamalhat avec arrêt à la zaouïa Tidjania. Nuit à Touggourt.
- **Jour 5** : départ pour Ghardaïa. Nuit dans une des auberges de la palmeraie de Beni-Isguen.
- **Jour 6** : promenade dans la palmeraie de Beni Isguen et découverte du système de partage des eaux, visite de la ville sainte de Beni-Isguen et de El Ateuf, Melika, Ghardaia... Nuit dans la palmeraie.
- **Jour 7** : retour vers Alger en passant Laghouat et Bou Saada : visite du ksar et du musée Nasreddine Dinet.

L'Algérois

- **Jour 1 :** Visite d'Alger et de la ville coloniale : la rue Didouche Mourad et sa succession d'immeubles néoclassiques, le boulevard Khemisti et la Grande Poste, la rue d'Isly et la place Emir Abdelkader, le Sacré-Cœur.... L'après-midi : visite du musée des Antiquités, du Maqam Ech Chahid (monument aux martyrs) et du mythique jardin d'Essai, récemment réouvert.
- **Jour 2 :** visite de la Casbah, de son labyrinthe de ruelles, de ses mosquées, de ses palais ottomans et du mausolée Sidi Abderrahmane. Déjeuner à la pêcherie. Visite du Bastion 23 et balade sur le front de mer (mosquées El-Kebir et El-Djedid).
- **Jour 3 :** départ tôt le matin pour Tipasa et Cherchell par la route côtière. Découverte du littoral et du Sahel algérois, ses belles plages, ses criques, ses petits ports de pêche et ses villages à l'architecture typiquement coloniale, ainsi que le magnifique mont Chenoua, situé entre Tipasa et Cherchell. Visite des sites antiques. Nuit à Tipasa.
- **Jour 4 :** excursion vers l'intérieur des terres : tombeau de la Chrétienne, Blida, Chrea et les gorges de la Chiffa (ruisseau des Singes...). Retour vers Alger en fin d'après-midi.
- **Jours 5 à 7 :** shopping dans Alger et farniente dans le jardin de l'hôtel El-Djazaïr ou sur la terrasse de l'hôtel Aurassi.

La Kabylie

Cet itinéraire permet de découvrir la richesse des paysages et des sites de la Petite et de la Grande Kabylie. Mais des précautions sont nécessaires avant toute expédition à Tizi Ouzou et dans ses alentours, notamment sur les routes de montagnes comme l'a malheureusement confirmé l'assassinat d'Hervé Gourdel dans le Djudjura en septembre 2014... Renseignez-vous au préalable sur les conditions de sécurité. Les services d'un guide, d'un accompagnateur local ou d'une personne de confiance ne seront pas superflus. L'agréable ville côtière de Bejaia est un bon point de chute pour passer la nuit. A partir de là, on peut envisager des journées bien remplies à la découverte de la région.

- **Jour 1 :** découverte de Bejaia, de la ville et de ses sites environnants : Gouraya, cap Carbon, pic des Singes, Yemma Gouraya, Ayguades...
- **Jour 2 :** départ pour Djemila. Visite du site antique et retour à Bejaia.
- **Jour 3 :** excursion vers la corniche Kabyle, entre Bejaia et Jijel. Visite de la grotte d'Aokas. Farniente sur la plage Rouge, visite du port de pêche de Ziama Mansouria et du parc national de Taza.

- **Jour 4 :** départ pour Tizi Ouzou par la côte ouest. Arrêts aux belles plages de Boulimat, Saket, cap Sigli, Azzefoun, Tigzirt et Dellys. Nuit à Tizi Ouzou si on souhaite approfondir la découverte de la Grande Kabylie, sinon retour à Bejaia.
- **Jour 5 à 7 :** visite de Tizi Ouzou et de ses alentours : Ath Yenni, parc national du Djurdjura.

Le Hoggar et le Tassili

Plus au sud, le choix se pose entre randonnées chamelière, pédestre ou en 4x4. Il faut savoir que si en voiture on avale plus de kilomètres on risque de passer plus de temps dans le véhicule qu'à la rencontre de l'essence même du désert. Les randonnées constituent de toute évidence une meilleure option même s'il est vrai qu'en une semaine on ne peut effectuer que de petits circuits. Alors, finalement, peut-être que le 4x4 est l'un des meilleurs moyens de prendre contact pour la première fois avec le désert. Il ne s'agit pas ici de donner un circuit précis, faites confiance à l'agence que vous avez retenue qui saura répondre à vos attentes. Mais sachez que Tamanrasset est désormais inaccessible aux touristes étrangers depuis 2012 en raison des événements récents au Mali. A Djanet, soit on monte sans tarder sur le Tassili n'Ajjer se recueillir devant les messages picturaux laissés par des pasteurs de la préhistoire, peut-être les ancêtres des Peuls Bororo du Sahel, soit on choisit un circuit en 4x4 vers Essendilène, le sud du Tassili ou jusqu'aux contreforts du Hoggar. Mais le grand Sud en une semaine c'est un peu court… Il faudrait plutôt prévoir une dizaine de jours.

L'Oranie et les jardins de la Saoura

Si on dispose de dix jours, on peut cette fois partir vers l'Oranie et plus au sud à la découverte de Taghit et de Timimoun, joyaux du désert. Il faudra compter une grande journée de voiture entre Tlemcen et Taghit (650 km environ).

- **Jour 1 :** visite d'Alger et de sa Casbah le matin, Tipasa l'après-midi. Nuit à Tipasa.
- **Jour 2 :** départ pour Oran avec halte à midi à Mostaganem avec la possibilité de goûter à une belle pièce de poisson à la pêcherie.
- **Jour 3 :** visite d'Oran : Santa Cruz et le Djebel Murdjadjo, les mosquées de la Perle et du Pacha, Châteauneuf… Départ le soir pour Tlemcen. Nuit à Tlemcen.
- **Jour 4 :** visite de Tlemcen et des principaux monuments : la Grande Mosquée, le tombeau de Sidi Boumediene, la Mansourah. Nuit à Tlemcen.
- **Jour 5 :** départ très tôt le matin pour l'oasis de Taghit. Escale à Aïn Sefra. A Taghit : visite du ksar et bivouac dans les dunes.
- **Jour 6 :** départ pour Timimoun en passant par Beni Abbès. Visite de la palmeraie. Nuit à Timimoun.
- **Jour 7 :** visite de Timimoun et circuit autour de la Sebkha à la découverte des ksour.
- **Jour 8 :** départ pour Ghardaïa en passant par El Goléa. Nuit dans la palmeraie.
- **Jour 9 :** visite de la vallée du M'Zab, promenade dans la palmeraie de Beni Isguen et découverte du système de partage des eaux, visite de la ville sainte de Beni-Isguen… Nuit dans la palmeraie.
- **Jour 10 :** retour vers Alger par Laghouat et Bou Saada. Si on a le temps : visite du Musée national Nasr-Eddine Dinet et du vieux ksar de Bou Saada.

L'Algérie d'est en ouest

Ce circuit permet de parcourir le fabuleux littoral d'El Kala, aux frontières tunisiennes à Ghazaouet, aux frontières marocaines à la découverte de ses grandes villes côtières qui y ont trouvé une place de choix : Bejaia, Alger, Oran et de ses nombreux petits ports de pêches tels Collo, Ziama Mansouria, Azzefoun, Dellys, Bou Haroun, Arzew ou encore Kristel…

- **Jour 1 :** visite d'El Kala et Annaba, des ruines de l'antique Hippo-Regius, balade sur les hauteurs (Seraïdi) et sur les plages (Saint-Cloud). Nuit à Annaba.
- **Jour 2 :** départ pour Bejaia, avec escales à Skikda et Collo et Jijel. Nuit à Bejaia.
- **Jour 3 :** découverte de la capitale de la petite Kabylie ; visite de Bejaia et de ses sites environnants ; cap Carbon, les Ayguades, Yemma Gouraya… Nuit à Bejaia.
- **Jour 4 :** direction Alger par la très belle route côtière en passant par Boulimat, Saket, cap Sigli, Azzefoun, Tigzirt, Dellys. Nuit à Alger.
- **Jour 5 :** visite d'Alger et de sa mythique Casbah. Nuit à Alger.
- **Jour 6 :** départ par la jolie route de la corniche en direction des ruines de Tipasa et Cherchell. Nuit à Tipasa. Découverte du littoral et du Sahel algérois, ses belles plages, ses criques, ses petits ports de pêche et ses

Vue sur la basilique Notre-Dame d'Afrique, Alger.

villages à l'architecture typiquement coloniale, ainsi que le magnifique mont Chenoua, situé entre Tipasa et Cherchell. Nuit à Tipasa.

Jour 7 : direction Oran par la corniche des Dahra, Mostaganem et les petits ports de pêche que sont Arzew et Kristel. Nuit à Oran.

Jour 8 : visite d'Oran « El Bahia » et de ses principaux monuments : Santa Cruz, mosquées du Pacha et de la perle, Châteauneuf…

Jour 9 : découverte de l'Oranie et de ses belles plages réputées : Aïn-Turk, Bousfer, Béni-Saf, Madagh… Nuit à Tlemcen.

Jour 10 : visite de Tlemcen et de ses monuments : la Grande Mosquée, le mausolée de Sidi Boumediene, la Mansourah…

La route des oasis

La route des oasis peut se faire en une dizaine de jours, si l'on combine Grand Erg Occidental et Grand Erg Oriental.

Jour 1 : départ d'Alger pour Bou Saada. Nuit à Bou Saada.

Jour 2 : visite de la ville, du ksar et du musée Nasreddine Dinet. Départ pour Biskra. Nuit à Biskra.

Jour 3 : excursion dans les Aurès et départ pour El Oued, la ville aux mille coupoles. Coucher de soleil sur les dunes. Nuit à El Oued.

Jour 4 : après la visite d'El Oued, départ pour Ghardaïa en passant par Touggourt (visite de Temacine et de Tamalhat et sa zaouia Tijdania). Nuit dans une des auberges de la palmeraie de Beni Isguen.

Jour 5 : découverte de Ghardaïa et de la vallée du M'Zab : les palmeraies et le système de partage des eaux, les villes saintes de Beni Isguen, El Ateuf et Melika.

Jour 6 : départ tôt le matin pour Timimoun, en passant par El Golea (visite du ksar, de l'église Saint-Joseph et la tombe de Charles de Foucauld). Nuit à Timimoun.

Jour 7 : visite de Timimoun, de la palmeraie et des Fouggaras à Ouled Saïd. Circuit à la découverte des oasis et des ksour autour de la Sebkha. Nuit à Timimoun.

Jour 8 : départ pour Taghit. Pause à Beni Abbès, avec visite de la palmeraie et du premier ermitage de Charles de Foucauld. Si les températures sont très chaudes, possibilité de se rafraîchir dans la piscine municipale. A Taghit, visite du ksar et bivouac dans les dunes.

Jour 9 : départ pour Aïn Sefra, où est enterrée Isabelle Eberhardt, l'aventurière du début du XXe siècle. Pause déjeuner à Béchar. A partir de Aïn Sefra, excursion vers Tiout et ses gravures rupestres. Nuit à Aïn Sefra.

Jour 10 : retour vers Alger avec escale à Laghouat.

Séjour long

Un séjour de trois semaines, sans thématique particulière, permet d'approfondir ce qu'on peut faire en dix jours, et d'envisager un beau séjour dans le sud et une excursion en Kabylie et dans les Aurès, à la découverte des terres rebelles. L'idéal est de combiner un séjour dans le nord à la découverte de la côte et de plusieurs de ses villes, un site antique, une excursion dans les Aurès avec un circuit dans le sud. Pour combiner le nord et le sud, il faut éventuellement envisager une première boucle dans le nord au départ d'Alger, puis réserver un vol aller-retour pour le sud direction Djanet, et avec l'aide d'une agence locale effectuer un circuit à la découverte du Hoggar ou du Tassili.

- **Jour 1** : visite d'Alger et de sa Casbah le matin, et Tipasa l'après-midi. Nuit à Tipasa.
- **Jour 2** : départ pour Oran avec halte à midi à Mostaganem.
- **Jour 3** : visite d'Oran : Santa Cruz et le Djebel Murdjadjo, les mosquées de la Perle et du Pacha, Châteauneuf… Départ le soir pour Tlemcen. Nuit à Tlemcen.
- **Jour 4** : visite de Tlemcen et des principaux monuments : la Grande Mosquée, le tombeau de Sidi Boumediene, la Mansourah. Nuit à Tlemcen.
- **Jour 5** : départ très tôt le matin pour l'oasis de Taghit. Escale à Aïn Sefra. A Taghit : visite du ksar et bivouac dans les dunes.
- **Jour 6** : départ pour Timimoun en passant par Beni Abbès. Visite de la palmeraie. Nuit à Timimoun.
- **Jour 7** : visite de Timimoun, de ses ksour, et circuit autour de la Sebkha.
- **Jour 8 :** départ pour Ghardaïa en passant par El Goléa. Nuit dans la palmeraie.
- **Jour 9** : visite de la vallée du M'Zab, promenade dans la palmeraie de Beni Isguen et découverte du système de partage des eaux, visite de la ville sainte de Beni Isguen… Nuit dans la palmeraie.
- **Jour 10** : départ pour Touggourt, visite de la ville et de ses environs, Temacine et Tamalhat. Nuit à Touggourt.
- **Jour 11** : départ pour Timgad en passant par Biska et les balcons du Rhoufi. Nuit à Timgad.
- **Jour 12** : retour sur Alger, avec escale à Bejaia.
- **Jour 13** : repos à Alger, vol le soir pour Djanet
- **Jour 14 à jour 20** : visite de Djanet et de ses environs à savoir Essendilene, Fadnoun, le Tassili n'Ajer…
- **Jour 21** : shopping et farniente à Alger.

Séjours thématiques

- **D'autres thématiques, comme celle de la littérature**, peuvent susciter un voyage en Algérie, qui fut et est encore un pays d'inspiration pour de nombreux écrivains. Envisager un séjour sur les traces de ces hommes de lettres et de leurs écrits peut vous faire voyager dans l'Algérois d'Albert Camus, découvrir El-Oued où vécut Isabelle Ebehardt qui la décrivit comme la ville aux mille coupoles, ou encore dévaler les ruelles de la Casbah d'Alger, en méditant sur les poèmes du populaire enfant du quartier, Himoud Brahimi, dit « Momo » … Vous concocterez votre circuit à partir de vos lectures, vos coups de cœur et vos inspirations.
- **La thématique spirituelle** peut également faire l'objet d'un voyage spirituel, en partant sur les traces du pèlerinage du Père de Foucauld, à Beni Abbès, où il construisit son premier ermitage, dans le Hoggar ou encore à El Golea, où son corps repose. Le pèlerinage peut se poursuivre en marchant sur les pas de saint Augustin. Ce philosophe chrétien, personnage important dans le développement du christianisme occidental, naquit à Tagaste (Souk Ahras) en 354, étudia à Madaourouch (Madaure) et fut évêque d'Hippone (Annaba), où il est mort en 430. La basilique Saint-Augustin, qui veille depuis la fin du XIXe siècle sur les vestiges de sa ville, constitue le point de départ ou d'arrivée de ce pèlerinage.
Si on vient à Timimoun au moment de l'anniversaire du Prophète (12e jour du mois de Rabia, premier du calendrier arabe lunaire), on aura la chance d'assister aux fêtes du S'Bou qui durent sept jours et sept nuits. A cette occasion, les chants de l'Ahellil révèlent toute la spiritualité de cette célébration.
- **Les passionnés de patrimoine et d'histoire** peuvent également envisager un circuit à la découverte des sept sites classés au patrimoine de l'Unesco : la Casbah d'Alger, la Kalaa des Beni Hammad, près de M'Sila, les sites romains de Djemila, Timgad et Tipasa, la vallée du M'Zab et sa pentapole, et enfin Djanet et le parc du Tassili.
- **Les mordus d'archéologie et d'histoire** pourront se consacrer à la découverte des très beaux sites archéologiques que sont Hippo Regius (Annaba), Teddis, Timgad, Djemila, Tipasa et Cherchell.

Comment partir ?

PARTIR EN VOYAGE ORGANISÉ

Voyagistes

Spécialistes

Vous trouverez ici les tour-opérateurs spécialisés dans votre destination. Ils produisent eux-mêmes leurs voyages et sont généralement de très bon conseil car ils connaissent la région sur le bout des doigts.

EXPLORATOR
23, rue Danielle-Casanova (1er)
Paris
✆ 01 53 45 85 85
www.explo.com
explorator@explo.com
Ouvert de 9h30 à 18h30 du lundi au vendredi.
Entrer en contact avec la nature, la vie quotidienne des femmes et des hommes rencontrés, leur culture : c'est cette découverte du monde que propose Explorator. En Algérie, un circuit inédit de 12 jours « Les oasis et les sites antiques du nord » est programmé, alternant balades à pied et étapes en véhicules tout-terrain. Vous découvrirez les plus beaux vestiges du patrimoine algérien : Tipasa, Djemila et Timgad. Autres points forts : la visite de la vertigineuse Constantine, de la baie d'Alger et de l'envoûtante oasis de Ghardaïa.

HORIZONS NOMADES
4, rue des Pucelles
Strasbourg
✆ 03 88 25 00 72
www.horizonsnomades.fr
contact@horizonsnomades.com
Agence ouverte du lundi au vendredi de 9h30 à 12h30 et de 14h à 18h ; le samedi de 10h à 12h.
Besoin d'évasion, désir de partir hors des sentiers battus ? Poussez donc la porte d'Horizons Nomades, une agence de voyage pas comme les autres, presque confidentielle dans cette ruelle strasbourgeoise, mais que les amateurs de beaux voyages savent trouver. Avec ce tour-opérateur, le luxe ne tient pas au nombre d'étoiles d'un équipement hôtelier, le luxe c'est se retrouver quasiment seul ou en groupe restreint, avec un guide expérimenté. En Algérie, 3 parcours sont proposés : « Rendez-vous à Essendilène », « Immensités de la Tadrart » et « Balade dans les Aurès ».

ICTUS VOYAGES
18, rue Gounod
Saint-Cloud
✆ 01 41 12 04 80
www.ictusvoyages.com
contact@ictusvoyages.com
Ictus Voyages est un spécialiste des voyages culturels et spirituels et des pèlerinages à travers le monde. Deux voyages de 5 jours sont proposés en 2015 pour découvrir Alger et ses environs. Vous visiterez entre autres la Casbah, la basilique Notre-Dame-d'Afrique et le site romain de Tipasa.

TAMERA
26, rue du Bœuf (5e)
Lyon
✆ 04 78 37 88 88
www.tamera.fr
Cette agence propose des voyages de randonnée. En Algérie, l'agence propose plusieurs circuits, notamment une randonnée chamelière de 8 ou 15 jours dans le Tadrart la rouge, que vous pouvez découvrir à pied ou à dos de dromadaire. D'autres circuits vous emmènent au Tassili n'Ajjer et dans le Hoggar.

TERRE ENTIÈRE
10, rue de Mézières (6e)
Paris
✆ 01 44 39 03 03
www.terreentiere.com
Métro ligne 4 - Station Saint-SulpiceMétro ligne 12 - Station Rennes ou Sèvres-Babylone
Ouverture du lundi au vendredi de 9h à 18h
Terre Entière, que certains connaissent encore sous le nom de La Procure Voyages, c'est une autre façon de voir le monde, d'un œil humaniste et intelligent. Une équipe de spécialistes passionnés par le voyage culturel au service de particuliers ou de groupes, pouvant réaliser de véritables voyages sur mesure pour aller à la découverte du monde. Terre Entière, ce sont des croisières culturelles de qualité à dimension humaine, des voyages aux circuits originaux, mais aussi l'accompagnement sur les chemins de pèlerinage.

Tamanrasset, agence de tourisme locale.

Sites comparateurs et enchères

Plusieurs sites permettent de comparer les offres de voyages (packages, vols secs, etc.) et d'avoir ainsi un panel des possibilités et donc des prix. Ils renvoient ensuite l'internaute directement sur le site où est proposée l'offre sélectionnée.

■ BILLETSDISCOUNT

www.billetsdiscount.com
contact@cercledesvacances.com

Le site de Billetsdiscount permet de comparer les tarifs de vol de nombreuses compagnies à destination de tous les continents. Outre la page principale avec un masque de recherche général, des onglets spécifiques (Antilles, Océan Indien, Océanie, Amérique du Nord et Asie) permettent de cibler davantage les recherches.

■ EASYVOYAGE

www.easyvoyage.com
contact@easyvoyage.fr

Le concept d'Easyvoyage.com peut se résumer en trois mots : s'informer, comparer et réserver. Des infos pratiques sur quelque 255 destinations en ligne (saisonnalité, visa, agenda...) vous permettent de penser plus efficacement votre voyage. Après avoir choisi votre destination de départ selon votre profil (famille, budget...), Easyvoyage.com vous offre la possibilité d'interroger plusieurs sites à la fois concernant les vols, les séjours ou les circuits. Enfin grâce à ce méta-moteur performant, vous pouvez réserver directement sur plusieurs bases de réservation (Lastminute, Go Voyages, Directours... et bien d'autres).

■ ILLICOTRAVEL

www.illicotravel.com
commercial@illicotravel.com

Illicotravel permet de trouver le meilleur prix pour organiser vos voyages autour du monde. Vous y comparerez les billets d'avion, hôtels, locations de voitures et séjours. Ce site très simple offre des fonctionnalités très utiles comme le baromètre des prix pour connaître les meilleurs prix sur les vols à plus ou moins 8 jours. Le site propose également des filtres permettant de trouver facilement le produit qui répond à tous vos souhaits (escales, aéroport de départ, circuit, voyagiste…).

■ JETCOST

www.jetcost.com

Jetcost compare les prix des billets d'avion et trouve le vol le moins cher parmi les offres et les promotions des compagnies aériennes régulières et low cost. Le site est également un comparateur d'hébergements, de loueurs d'automobiles et de séjours, circuits et croisières.

■ KELKOO

www.kelkoo.fr

Ce site vous offre la possibilité de comparer les tarifs de vos vacances. Vols secs, hôtels, séjours, campings, circuits, croisières, ferries, locations, thalassos : vous trouverez les prix des nombreux voyagistes et pourrez y accéder en ligne grâce à Kelkoo.

■ **LILIGO**
✆ 01 45 153 170
www.liligo.com – feedback@liligo.com
Liligo interroge agences de voyage, compagnies aériennes (régulières et low cost), trains (TGV, Eurostar...), loueurs de voiture mais aussi 250 000 hôtels à travers le monde pour vous proposer les offres les plus intéressantes du moment. Les prix sont donnés TTC et incluent donc les frais de dossier, d'agence... Le site comprend aussi deux thématiques : « week-end » et « ski ».

■ **PRIX DES VOYAGES**
www.prixdesvoyages.com
Ce site est un comparateur de prix de voyages, permettant aux internautes d'avoir une vue d'ensemble sur les diverses offres de séjours proposées par des partenaires selon plusieurs critères (nombre de nuits, catégories d'hôtel, prix, etc.). Les internautes souhaitant avoir plus d'informations ou réserver un produit sont ensuite mis en relation avec le site du partenaire commercialisant la prestation. Sur Prix des Voyages, vous trouverez des billets d'avion, des hôtels et des séjours.

■ **VOYAGER MOINS CHER**
www.voyagermoinscher.com
contact@voyagermoinscher.com
Ce site référence les offres de près de 100 agences de voyages et tour-opérateurs parmi les plus réputés du marché et donne ainsi accès à un large choix de voyages, de vols, de forfaits « vol + hôtel », de locations, etc. Il est également possible d'affiner sa recherche grâce au classement par thèmes : thalasso, randonnée, plongée, All Inclusive, voyages en famille, voyages de rêve, golf ou encore départs de province.

PARTIR SEUL

En avion

Prix moyen d'un vol Paris-Alger en haute saison : 350 €, en basse saison : 200 €.
A noter que la variation de prix dépend de la compagnie empruntée, mais surtout du délai de réservation.
Pour obtenir des tarifs intéressants, il est indispensable de vous y prendre très en avance. Pensez à acheter vos billets six mois avant le départ !

Principales compagnies desservant la destination

■ **AIGLE AZUR**
✆ 0 810 797 997 – www.aigle-azur.com
Au départ de Paris, Aigle Azur plusieurs vols directs à destination d'Alger. De nombreuses villes algériennes (Oran, Biskra, Batna, Sétif, Constantine...) sont desservies depuis Paris et également depuis Lille, Mulhouse, Toulouse, Marseille et Lyon.

© ISMAËL SCHWARTZ – ICONOTEC

Paysan à dos d'âne.

■ **AIR ALGÉRIE**
18 avenuede l'Opéra (1er)
✆ 01 47 03 74 00
www.airalgerie.dz
contact@airalgerie.dz
La compagnie assure des liaisons régulières avec Paris (vols quotidiens), Bordeaux, Lille, Lyon, Marseille, Metz, Nice, Toulouse, Bruxelles, Genève et Montéral.

■ **AIR FRANCE**
Invalides
2, Rue Robert Esnault-Pelterie (7e)
Paris
✆ 0892 70 26 54
www.airfrance.fr
La compagnie française propose 5 vols quotidiens directs entre Paris et Alger. Vous trouverez également trois vols hebdomadaires directs pour la capitale algérienne au départ de Marseille.

Sites comparateurs

Certains sites vous aideront à trouver des billets d'avion au meilleur prix. Certains d'entre eux comparent les prix des compagnies régulières et *low cost*. Vous trouverez des vols secs (transport aérien vendu seul, sans autres prestations) au meilleur prix.

■ **EASY VOLS**
www.easyvols.fr
contact@easyvoyage.fr

■ **MOMONDO**
www.momondo.fr
Comparez les vols les moins chers et les hôtels momondo.fr. Momondo est un comparateur de vols et d'hôtels danois qui interroge plusieurs centaines de compagnies aériennes afin de proposer les meilleurs billets d'avion possible aux voyageurs. Principal concurrent de Skyscanner, Momondo n'est pas une agence de voyage, mais un moteur de recherche de billets d'avion qui ne cesse de grandir : c'est un service gratuit et aucun billet n'est vendu sur le site.

En bateau

Des liaisons régulières en bateau assurées par la SNCM et Algérie Ferries relient la France et l'Espagne à l'Algérie, au départ de Marseille, Barcelone et Alicante, à destination de Skikda, Alger, Oran, Annaba ou Bejaia. Il faut compter environ 200 € l'aller-retour avec installation en fauteuil pour une traversée France-Algérie et 150 € pour une traversée Espagne-Algérie. Compter 15 à 90 € supplémentaires pour une place en cabine en fonction du confort (cabine partagée, cabine privative, etc.). Mais attention en période estivale, les prix peuvent flamber et monter jusqu'à 800 € ! Il est important de réserver plusieurs mois à l'avance si vous ne voulez pas vous faire déplumer. Comptez 20 heures de traversée en venant des côtes françaises, 17 heures depuis Barcelone et 12 heures depuis Alicante.

■ **EUROMER**
5, quai de Sauvages
Montpellier
✆ 04 67 65 95 11
www.euromer.com
Spécialiste des traversées maritimes, Euromer propose plusieurs traversées vers l'Algérie. Au départ de France, vous trouverez plusieurs départs hebdomadaires de Marseille vers Alger, Oran, Bejaia, Annaba et Skikda. Comptez environ 24 heures de traversée. Il existe également des départs d'Espagne : d'Alicante vers Oran, d'Almeria vers Ghazaouet et Oran.

Retrouvez le sommaire en début de guide

SÉJOURNER

Se loger

Hôtels

On se rend généralement en Algérie par l'intermédiaire d'un tour-opérateur ou d'une entreprise, sur invitation de la famille ou d'amis qui, en principe, se chargent de tout. Si vous avez besoin de réserver une chambre, sachez que les hôtels algériens sont classés par catégories de confort suivant le système des étoiles mais il n'est en rien comparable à celui utilisé en Europe : certes, les hôtels sans étoiles appartiennent à la plus basse catégorie tandis que les 5 étoiles sont censés être situés en haut de l'échelle mais il s'agit alors plus d'une classification des prix que de confort réel. Ainsi, un hôtel non classé peut ne disposer que de peu de confort (salle de bains commune par exemple) mais le séjour peut s'y avérer plus agréable. C'est le cas notamment pour les « campements » dans le sud. Souvent bien aménagés et tenus par un personnel attentif, ils n'ont pas d'étoiles mais sont chaudement recommandés.

Dans presque toutes les villes, des hôtels dits « d'Etat », gérés par l'EGT (Gestour) qui applique une taxe aux tarifs, ont généralement au moins trois étoiles mais la plupart de ces établissements construits par l'architecte Fernand Pouillon dans les années 1960-70, qui ont connu leur heure de gloire, ont mal vieilli et sont souvent vétustes (plomberie détériorée, literie fatiguée ou sale, moquette démodée, piscine vidée…). La formation du personnel date et n'a pas eu l'occasion de se confronter aux exigences de touristes étrangers. La fin des années 1980 a marqué le début de la débâcle, les touristes se sont fait moins nombreux, et les établissements se sont peu à peu dégradés. Cependant, un programme de réhabilitation a été lancé et certains établissements étatiques sont en cours de restauration et d'autres ont été rachetés et rénovés par des chaînes hôtelières privées, comme c'est par exemple le cas pour l'hôtel Gourara à Timimoun. Même si certains hôtels, vidés de leur clientèle, sont actuellement quasiment à l'état d'abandon et ont du mal à trouver repreneur dans le cadre de leur privatisation, on a toutefois des raisons d'espérer une amélioration dans les années à venir et elle se fait déjà nettement sentir.

De nouveaux établissements privés ont également vu le jour récemment et ils viennent diversifier l'offre.

Attention, les hôtels des stations balnéaires de la côte sont bondés en été. Les chambres ou les appartements étant souvent loués longtemps à l'avance pour une durée de trois mois par des familles qui s'y succèdent, il est conseillé d'être prévoyant ! Les campings sont très rarement opérationnels. Enfin, il faut savoir que la plupart des hôtels (en dehors des 5 étoiles de la capitale ou de certaines grandes villes) ont du mal à accepter l'idée qu'un couple non marié partage la même chambre… Et on vous demandera souvent un certificat de mariage au moment du check-in.

Chambres d'hôtes

A l'heure actuelle, il n'y a pas de chambres d'hôtes en Algérie.

Auberges de jeunesse

Le pays dispose d'un bon réseau d'auberges de jeunesse d'une qualité inégale. Elles sont tantôt très bien tenues, tantôt pas du tout, mais dans la plupart des cas, elles dépannent correctement et parfois mieux que certains petits hôtels. Installées dans des bâtiments récents, elles sont composées de dortoirs et de chambres privées et proposent un confort plutôt sommaire. Si les chambres sont bien entretenues, c'est souvent dans les douches et sanitaires communs que la propreté laisse à désirer... Les auberges de jeunesse sont en général fréquentées par les clubs de sport en déplacement.

Se déplacer

Avion

L'Algérie compte 135 aéroports et aérodromes dont des pistes d'atterrissage réservées aux compagnies pétrolières mais il existe aussi des vols intérieurs pour le grand public entre les principaux aéroports du pays. Les villes desservies sont : Alger (international), Annaba (international), Batna, Béchar, Bejaïa (international), Biskra, Constantine (international), Djanet, El Goléa, El Oued, Ghardaïa (international), Hassi Messaoud, Illizi, In Salah, Laghouat, Oran (international), Ouargla, Tamanrasset (international), Tébessa, Timimoun/Adrar, Tindouf, Tlemcen et Touggourt.

En 2013, une nouvelle compagnie a fait son apparition sur les lignes intérieures. Il s'agit de Tassili Airlines qui vient donc concurrencer directement Air Algérie, jusque-là seule sur le marché intérieur, qui a particulièrement mauvaise réputation en raison de ses retards fréquents (souvent plusieurs heures). Tassili Airlines travaillait avec les sociétés pétrolières à l'origine et s'est donc ouverte depuis peu au grand public. Elle est ponctuelle et sérieuse et se développe également à l'international puisqu'un vol depuis Strasbourg a été lancé dernièrement. Mais cette compagnie, qui ne dessert pas encore toutes les lignes intérieures du pays, est vraiment une bouffée d'air dans l'espace aérien algérien !

■ TASSILI AIRLINES
✆ +213 21 73 78 00
www.tassiliairlines.aero
Vols intérieurs et une ligne Strasbourg/Alger.

Bateau

Des liaisons régulières en bateau assurées par la SNCM et Algérie Ferries relient la France et l'Espagne à l'Algérie, au départ de Marseille, Barcelone et Alicante, à destination de Skikda, Alger, Oran, Annaba ou Bejaia. Il faut compter environ 200 € l'aller-retour avec installation en fauteuil pour une traversée France-Algérie et 150 € pour une traversée Espagne-Algérie. Compter 15 à 90 € supplémentaires pour une place en cabine en fonction du confort (cabine partagée, cabine privative, etc.). Mais attention en période estivale, les prix peuvent flamber et monter jusqu'à 800 € ! Il est important de réserver plusieurs mois à l'avance si vous ne voulez pas vous faire déplumer. Comptez 20 heures de traversée en venant des côtes françaises, 17 heures depuis Barcelone et 12 heures depuis Alicante.

Bus

Toutes les grandes villes du pays sont reliées par un réseau de bus bien développé. Les bus appartenant à des sociétés privées sont plus ou moins confortables mais les liaisons sont en général correctement assurées. Il faut compter en moyenne 100 DA par heure de trajet. Le site de la société de gestion de la gare routière d'Alger (www.sogral.dz) présente de manière très pratique les horaires des départs et des arrivées. Si le réseau interurbain est bien développé, il n'en est pas de même pour le réseau urbain, où dans certaines villes, comme Alger, la situation est plus compliquée : pas de plan, pas d'horaires, bus bondés… Il faut compter 20 DA pour le ticket de bus.

Train

Le réseau ferroviaire algérien compte près de 4 000 km de voies. Les grandes villes du nord de l'Atlas saharien sont desservies par le train. Au-delà, rien. En principe, la sécurité est assurée dans les trains mais renseignez-vous tout de même auprès de vos relations algériennes ou à la gare pour en savoir plus. Il suffit d'un petit problème sur une ligne pour que le réseau entier devienne peu sûr. Les lignes les plus empruntées et à coup sûr sécurisées sont les lignes Alger-Bejaia, Oran-Alger et Alger-Annaba via Constantine (train de nuit). Les liaisons sont quotidiennes entre Alger et Oran, Bejaïa, Skikda, Annaba et Constantine mais les trajets sont très longs, au moins 6 heures entre Oran et Alger… Un peu plus au sud, liaison une fois par jour d'Annaba à Tébessa via Souk-Ahras, et d'Oran à Béchar, et deux fois par jour de Constantine à Touggourt via Biskra.

Voiture

Le réseau routier est en assez bon état, sauf dans les régions où le climat est rude. Vous apprécierez particulièrement que les autoroutes soient gratuites. La nouvelle autoroute Est-Ouest, qui permet d'aller d'Alger à Oran en seulement 4 heures, est particulièrement confortable. Les routes sont parcourues par des deux-roues, des voitures particulières, des taxis collectifs (jaunes) et des poids lourds tous plus fous les uns que les autres ! Queues-de-poisson, grande vitesse ou arrêts intempestifs sont fréquents. Restez calme si vous conduisez, encore plus si vous n'êtes pas au volant par égard pour la concentration du chauffeur. Un permis de conduire français permet de conduire en Algérie pendant trois mois.
L'usage du téléphone portable au volant est impitoyablement sanctionné par une amende.

Taxi

Il existe plusieurs types de taxis. Les taxis inter-wilayas, jaunes, relient les grandes villes du pays. Il stationnent en général près de la gare routière de chaque ville et attendent d'être remplis pour partir. Il faut compter environ 100 DA par heure de trajet. Dans les grandes villes, il existe des taxis collectifs, avec des trajets bien définis, qu'on prend aux stations de taxis et des taxis à la course ou au compteur, qu'on arrête au passage, comme à Alger. Dans les villes moyennes, où le transport urbain est plus fluide, il s'agit plutôt de taxis à la course.

Le port d'Oran vu de Santa Cruz.

L'Algérie en 50 mots-clés

Belle étoile

S'il y a un pays où faire l'expérience de dormir sous les étoiles – dans une chambre 1 000 étoiles comme on vous dira ! –, c'est bien en Algérie. Que vous soyez dans le désert, chez des amis, dans un hôtel ou un campement saharien, les nuits y sont inoubliables et souvent bien plus confortables que dans une chambre étouffante. Rien de mieux en effet que de s'endormir sous le dais de la Voie lactée, bercé par les sons étouffés du campement ou du village.

Toutes les maisons et les hôtels, sauf les hôtels « de standing », sont dotés d'une terrasse, et dans le désert on a l'embarras du choix pour dérouler son sac de couchage, de préférence à l'abri du vent. Se méfier également des moustiques, nombreux dès qu'il y a un point d'eau. A noter que le basilic est connu pour ses vertus répulsives anti-moustiques.

Bled

Bladi, le « pays ». Celui où l'on vit ou celui qu'on a quitté, y revenant si possible au moins une fois par an. Au sens étymologique, le mot désigne l'intérieur des terres par rapport à la mer.

Casbah

Centre le plus ancien des villes, dans la majorité des cas citadelle (« *casbah* » en turc) d'origine ottomane. Celle d'Alger est classée au patrimoine mondial de l'Unesco des monuments historiques depuis 1992. Pourtant, elle a bien failli disparaître. Du moins est-ce ce que l'on a cru jusqu'à il y a peu tant la vétusté l'avait abîmée… Elle tombait littéralement en ruine, comme le montraient les nombreux titres de journaux concernant des effondrements d'immeubles. Grâce aux associations de défense de la Casbah, au retour – même timide – des touristes ou peut-être grâce à l'organisation de réunions internationales qui demandaient qu'Alger montre meilleure figure, des travaux ont enfin commencé début 2005. Des palais sont restaurés, des bâtisses sont consolidées, d'autres démolies, les murs chaulés, les ferronneries repeintes et les ruelles repavées… Malgré tout, des maisons continuent de s'effondrer après chaque violent orage, ou tout simplement de fatigue.

Chameau

A l'école, vous avez appris que le vaisseau du désert s'appelle « dromadaire » quand il a une bosse, « chameau » quand il en a deux.

Bivouac touareg dans les rochers.

© JEAN-PAUL LABOURDETTE

Vue du port d'Alger.

Eh bien, il vous faudra oublier tout ça. En Algérie, tout le monde parle de chameau à propos de bestiaux qui n'ont qu'une bosse. Le chameau, donc, est l'animal emblématique de la survie dans le Sahara et du commerce des grandes caravanes nomades arabes, maures ou touareg jusqu'à son remplacement par les véhicules 4x4. Il est élevé autant pour le transport des marchandises (historiquement dattes, sel, or...) et du nécessaire du campement que pour le lait de chamelle qui fournit l'essentiel des protéines de l'alimentation des nomades. Pour les grandes occasions, on égorge un chameau pour sa viande. S'ils sont de moins en moins nombreux, il existe encore quelques éleveurs nomades. Les méharées (de l'arabe *mehari*, « chameau de monte ») peuvent être un moyen pour le voyageur de les rencontrer et pour eux de se procurer un revenu d'appoint fort utile à la perpétuation de leur mode de vie. Mais n'envisagez pas de périple trop long à dos de chameau ou d'âne : nos fessiers n'ont pas l'habitude et souffrent terriblement dans cette situation. Quant au mal de mer dont on souffrirait, il serait dû à de mauvaises habitudes cavalières.

Chinois

Souvent une surprise pour le visiteur de l'Algérie contemporaine, le nombre de Chinois présents sur le territoire est difficilement évaluable. On estime qu'ils représentent 45 % de la main-d'œuvre étrangère, mais moins officiellement on dit qu'ils sont déjà 100 000 employés sur des chantiers modestes ou titanesques, principalement sur la côte et dans les villes pétrolières, à Adrar ou à Hassi Messaoud. Ce sont aussi des Chinois qui sont actuellement majoritairement à l'oeuvre sur le chantier de la construction de la grande mosquée d'Alger dans la commune de Mohammadia. Pour le moment, la cohabitation se passe presque bien même si de folles rumeurs prétendent que les chats ont disparu des centres-villes. Quand les préjugés ont la vie dure...

Circulation

Chaque jour, la presse rapporte les circonstances d'un accident meurtrier. Vétusté du parc automobile, entretien approximatif, mauvais état de la chaussée hors des centres urbains, non-respect du code de la route et faux permis de conduire réellement obtenus dans une pochette-surprise expliquent le nombre d'accrochages, de drames ou tout simplement de « pousse-toi de là que je m'y mette ». Sachez que la loi du plus fort, et du plus gros, prévaut. A Alger, les « débutants » risquent de ne rien comprendre aux sens de circulation, aux raccourcis, aux sens uniques et de se retrouver pris dans d'interminables bouchons.

Couchers de soleil

Magiques, surtout quand ils s'accompagnent de l'appel à la quatrième prière (maghrib), à l'heure où la première étoile apparaît dans le ciel violet... C'est un instant qu'il faut savoir apprécier, d'une grande quiétude, même dans le centre d'une grande ville.

Couscous

Une étude menée en France en janvier 2006 par TNS Sofres pour le magazine *Notre Temps* fait ressortir que le couscous est le second plat préféré des Français (21 %) derrière la blanquette de veau (24 %). Il faut reconnaître qu'on ne peut pas ne pas apprécier ce plat que Rabelais décrivait déjà au XVIe siècle sous le nom de « *coscoten à la moresque* ». Préparé raisonnablement c'est un plat très sain, avec ou sans viande, qui prend tous les goûts du salé, voire très relevé, au sucré... Il en existe des dizaines de sortes, un par famille pourrait-on même dire.

Désertification

Le Sahara, qui n'a pas toujours été désertique comme l'attestent les fresques du Tassili n'Ajjer, reste le plus grand désert du monde (9 millions de km²) et les trois quarts de l'Algérie appartiennent à cette immense « mer ».

La Terre se trouve actuellement dans une période de réchauffement climatique consécutive à des cycles naturels normaux et à des interventions de l'homme. La désertification est la conséquence des uns et des autres. Ne pouvant influer sur les cycles naturels, la Terre s'en étant plutôt bien accommodée depuis sa naissance il y a environ 5 milliards d'années, il convient de s'interroger sur l'influence de l'homme. Cette prise de conscience est récente puisque le terme de désertification date de 1949. La désertification en Afrique touche plusieurs zones. Elle se manifeste par la raréfaction puis la disparition des arbres et arbustes qui empêchent le désert d'avancer. Un pâturage trop intensif et surtout une consommation excessive de bois pour cuire les aliments sont à l'origine de la destruction du couvert végétal.

Paradoxalement, une irrigation mal contrôlée peut également concourir à faire reculer les terres fertiles. En effet, si la concentration de sel est trop importante dans l'eau qui draine les terres nouvellement conquises sur le désert, notamment mais pas uniquement près de l'embouchure d'un fleuve, l'importante évaporation due à la chaleur fixera le sel dans le sol. La conséquence en est, à terme, l'appauvrissement des récoltes dans le meilleur des cas, voire la disparition de toute végétation s'accommodant mal d'une trop forte salinité.

Mais le processus n'est pas irréversible comme on le constate actuellement et on apprend vite que désert ne signifie pas stérile. En effet, depuis quelques années, les pluies beaucoup plus fréquentes entretiennent une pâture qui survit toute l'année et on voit quelques plantes « tenir » dans une région qu'on a toujours imaginée... déserte.

Feux d'artifice

Des feux d'artifice en plein jour ! C'est la nouvelle mode insolite dans la région d'Alger et elle est en train de s'étendre dans tout le pays. On lance des feux d'artifice dans la journée pour célébrer un mariage, une circoncision, l'obtention du bac... Cela surprend au début ! Les feux d'artifice restent assez chers mais les prix sont tout de même accessibles car ces feux sont généralement *made in China*.

Flexy

Vous verrez souvent clignoter « flexy » au niveau d'épiceries ou de bazars où l'on vend de tout. Ce terme étrange veut dire que vous pouvez recharger le crédit de votre portable dans la boutique en question. Vous communiquez alors votre numéro de mobile au vendeur qui recharge la somme désirée sur votre portable en tapotant sur le clavier de son propre téléphone mobile.

En Algérie, il n'existe en effet pas d'abonnement illimité pour les téléphones mobiles, tout le monde doit donc faire du « flexy ». C'est une pratique courante et nous n'avons pas réussi à savoir d'où provenait le terme « flexy », mais il a le mérite d'être clair et unique en son genre !

Football

Si pendant longtemps le pays n'a pas brillé sur la pelouse internationale, la Coupe du Monde de football de 2014 au Brésil a largement redoré le blason de l'équipe nationale algérienne qui arrive en huitième de finale pour la première fois de son histoire. Malgré un superbe match, elle sera alors éliminée par l'Allemagne qui est finalement sacrée championne du monde après une finale contre l'Argentine.

Gourbi

A l'origine, le gourbi était la petite maison sommaire des campagnes algériennes, presque une cabane, souvent en terre sans étage ni fondation. Aujourd'hui, la forte migration rurale vers les villes industrielles du nord souffrant déjà d'un fort taux de chômage a engendré l'apparition de bidonvilles, ou gourbis, où s'entassent des familles parfois nombreuses dans des abris d'une ou deux pièces. Le confort y est très sommaire et les installations sanitaires ou électriques rudimentaires relèvent plus de la débrouille – on se raccorde comme on peut au réseau hydraulique, téléphonique, électrique ou même satellite.

Guides

Indispensables dans le sud où il est plus prudent de circuler avec eux dans le désert parce qu'ils connaissent très bien cette zone et vos besoins, les guides seront aussi très utiles dans toute l'Algérie en général car les bureaux des offices de tourisme sont assez pauvres en informations et il devient dès lors difficile de faire une visite exhaustive seul. Par ailleurs, ils sont au courant en temps réel de tous les problèmes de sécurité en Algérie et vous éviteront de vous aventurer dans une région éventuellement peu sûre. C'est vraiment un plus, ajouté à votre guide *Petit Futé* dans la poche ! Nous vous recommandons particulièrement les services du guide Nordine Bouanani qui organise des visites dans tout le pays ; vous le trouverez référencé dans ce guide.

Hadj et omra

Le *hadj* est le « grand » pèlerinage que tout fidèle musulman doit effectuer au moins une fois dans sa vie à La Mecque et à Médine, dans la lointaine Arabie saoudite. S'il est effectivement imposé par Mahomet lui-même (cinquième pilier de l'islam), ce « grand pèlerinage » ne concerne cependant que ceux qui sont en état physique de le faire et capables de subvenir aux besoins de leur famille durant leur absence. Autant dire que cela ne touche pas la totalité de la population. L'appellation « *hadj* », ou « *hadja* » pour les femmes, est une marque de respect et de révérence accordée à ces fidèles exemplaires qui ont accompli ce long voyage. Si le *hadj* doit se faire dans le dernier mois de l'année musulmane (entre le 8e et le 13e jour du mois lunaire), le « petit » pèlerinage (*omra*) peut s'effectuer à n'importe quel moment de l'année. Il n'est quant à lui pas une obligation et bien souvent il s'accomplit en même temps que le *hadj*.

Hammam

Le hammam (« faire chauffer »), héritier des bains romains, possède une fonction sociale importante. On s'y rend pour se laver, mais aussi pour rencontrer ses semblables et bavarder. Traditionnellement situé à proximité des mosquées, il représente encore la purification indispensable avant la prière collective. Selon les heures de la journée, le hammam est strictement réservé aux hommes ou aux femmes. Prenez garde à l'hygiène : les critères de propreté n'y sont pas forcément les mêmes que dans votre salle de bains. Cependant, si des amis vous proposent d'y aller, n'hésitez pas...

Un bon « bain maure » n'existe pas sans un massage énergique du corps entier au gant râpeux (*kiss* ou *kess*) : peaux sensibles et réactives s'abstenir ! Ne vous étonnez pas si, vous voyant en difficulté avec votre dos, un(e) voisin(e) vous propose son aide. Des employés du hammam peuvent également le faire, mais là ce n'est plus énergique, c'est... décapant ! Ce traitement, un véritable gommage, débarrassera votre corps de toutes les peaux mortes et de la crasse qu'une pauvre douche ne sait éliminer. Après un passage par le « sauna » qui peut être éprouvant, les femmes ont l'habitude de s'enduire le corps d'une préparation à base de henné et de jus de citron qui fait la peau douce et ambrée – mieux qu'un autobronzant ! Terminez par une revigorante douche froide, un massage aux huiles et un bon thé dans la salle de repos où il fait bon traîner après ce traitement épuisant ! Ne prévoyez aucune activité dans les heures qui suivent : vous serez incapable de bouger. Sachez aussi qu'on est plus pudique dans les hammams algériens que dans ceux de Paris ou du Maroc, cachez donc votre nudité sous une fouta, un tissu enroulé autour du corps.

Harraga

Drame de l'Afrique en général et de l'Algérie à la peine... Ce terme originaire de l'arabe algérien signifie littéralement « brûleur de papier » et désigne tous ces jeunes et moins jeunes, poussés par le désespoir de trouver un emploi, par le vide d'une carrière sans avenir qui, chaque jour, sautent au mieux dans un bateau, au pire sur un radeau pour traverser la Méditerranée et rejoindre l'Europe. Le meilleur chemin passe par Malte, la porte du continent où tout devrait être possible, mais le plus court se termine à quelques miles de la côte quand l'embarcation est interceptée par les garde-côtes avant qu'elle ne chavire en entraînant ces rêveurs vers la mort.

Henné

C'est avec le henné qu'on dessine les tatouages traditionnels non permanents des mains et des pieds. Le henné, ou henna ou encore hanna, s'obtient en réduisant en poudre les feuilles séchées de l'arbuste du même nom (*Lawsonia inermes*). La poudre, mélangée à de l'eau chaude, du jus de citron qui en renforce l'effet et à plusieurs autres ingrédients si possible d'origine naturelle (huile d'olive, eau de rose...), donne une pâte de couleur foncée peu ragoûtante qui sent un peu les épinards cuits. On l'applique sur les cheveux pour les teindre en roux, sur les ongles pour les rougir ou sur les mains et les pieds avec ou sans motifs qui seront de couleur marron, bordeaux ou noire selon la qualité et les ingrédients ajoutés à la poudre de base. Le henné est réputé pour assainir la peau et la magnifier, pour renforcer les chevelures un peu fatiguées en leur donnant une belle couleur, pour éloigner le mauvais œil ou encore pour cicatriser les brûlures et les petits bobos comme les ampoules (ça marche !). Son application sur la paume des mains des futurs mariés donne lieu à une véritable cérémonie au cours de laquelle officie la hennayat, la poseuse de henné. Toutes les civilisations anciennes orientales l'ont utilisé – les pharaons dont Ramses II avaient les cheveux teints et les dignitaires perses arboraient une barbe flamboyante pour marquer leur rang... Le henné, véritable produit miracle, s'efface au bout d'un mois au plus, sauf sur les ongles et les cheveux. Bon à savoir : si vous avez teint vos cheveux au henné, signalez-le à votre coiffeur avant tout autre traitement parce qu'il gaine complètement le cheveu et peut entraver l'action d'autres produits, voire pire encore.

Hidjab, haïk, kamis, etc.

Le hidjab, ou hidjeb, est le foulard qui a crispé tant de discours en France à partir des années 1990. Laissons-là le débat... Le foulard ne doit pas être confondu avec le voile islamique intégral qu'on aperçoit de temps en temps et qui lui aussi ne fait que déchaîner les passions en France depuis 2009. Ce dernier, le niqab ou chadri, couvre la tête, les épaules et les bras jusqu'aux mains quelle que soit la tenue dessous et n'a rien de traditionnel. Pour beaucoup de jeunes filles et de femmes, plus qu'une marque de soumission à Dieu, le foulard peut faciliter l'accès à l'espace public en permettant une certaine liberté de mouvement ou être un « cache-misère ».

Le haïk, traditionnellement blanc à Alger et noir à Constantine en deuil de Salah Bey dit-on, couvre tout le corps. Longtemps passé de mode auprès des jeunes, il n'était, jusqu'à très récemment, seulement revêtu par l'ancienne génération mais il redevient doucement à la mode car certains designers l'ont remis au goût du jour. En complément du haïk, les Algéroises portent également devant le bas du visage un triangle de tissu blanc orné ou non de dentelle, dont le pli central est si marqué qu'on dirait un énorme bec... Si le foulard est très fréquent en Algérie, il n'est pas obligatoire et il n'est pas rare de croiser une fille voilée donnant le bras à une amie non voilée. Et à condition de ne pas mettre de tenues osées et d'éviter le court, une femme qui ne porte pas le voile n'aura jamais aucun problème en Algérie.

Hittistes

Littéralement « ceux qui tiennent le mur » (*hit* = « mur » en algérois). Le terme est apparu dans les années 1980 et désignait les jeunes hommes désœuvrés en attente d'un petit boulot à défaut d'un travail voire d'un job. Cette expression est restée dans le langage et désigne encore aujourd'hui des personnes sans emploi qui passent leur journée dans la rue à ne rien faire et à bavasser.

Hospitalité

« *O, toi qui passes le seuil de ma porte, tu es le maître et je deviens ton serviteur* », enseigne un vieux dicton. Sans bornes et encore désintéressée, l'hospitalité algérienne se manifeste d'abord par l'invitation à boire le thé, un rituel auquel vous n'échapperez pas dès lors que vous sortirez des sentiers battus, à manger des petits gâteaux (« *Vas-y sers-toi ! – Merci, je n'ai pas faim. – Mais si, il faut manger !* »). Dans le sud, les dattes et le verre de lait précèdent quelquefois le thé ou le repas offert à l'hôte de passage. Les Algériens ouvrent leur porte avec une rapidité déconcertante et quelquefois gênante et il s'agit de s'en montrer digne et de ne pas en profiter.

Imazighen (Berbères)

Dérivé du nom « barbare », d'origine grecque, d'abord donné par les Romains à tous les peuples conquis puis par les Européens qui appelaient « Barbaresques » les habitants de la côte de la Barbarie, le nom « berbère » désigne aujourd'hui les peuples du Maghreb présents à l'arrivée des Phéniciens. De cette époque datent les premiers témoignages écrits

de leur existence. L'origine de ces peuples reste très mystérieuse lorsqu'elle n'est pas totalement méconnue. Probablement venus à diverses époques par vagues successives du Moyen-Orient, ils ont peu à peu investi tout le Maghreb et quelques-uns ont fait souche aux îles Canaries mais ceux que nous connaissons le mieux, par le fait qu'ils commerçaient avec les Carthaginois, puis furent annexés par les Romains, sont les Numides, peuple d'agriculteurs sédentaires. Les plus énigmatiques d'entre eux restent les peuples du Sahara, en particulier les ancêtres des Touareg, dont les origines paraissent insaisissables, les uns soutenant la thèse de Berbères du Nord et de la côte Atlantique chassés par les multiples invasions, les autres, celles de tribus nomades venues de la péninsule arabique…
Aujourd'hui, les Berbères – Kabyles au nord, Chaouis dans les Aurès, Mozabites dans le Mzab ou Touareg dans le Grand Sud –, qui revendiquent leur langue (tamazight pour les Kabyles, chaouïa pour les Chaouis ou tamachek pour les Touareg) et leur culture propres, qu'ils ont toujours défendues âprement de leurs montagnes ou plaines sahariennes, préfèrent le terme « Imazighen » (au singulier « Amazigh »), « hommes libres ».

Inch'allah, bismillah et el-hamdoulillah

Les trois expressions font référence à Dieu. *Inch'allah*, « par la grâce de Dieu », que vous entendrez très souvent termine la plupart des phrases impliquant un projet (« *A demain !* – Inch'allah *!* »). Cette expression de soumission à la volonté divine façonne la mentalité et implique une certaine fatalité. *Bismillah*, « au nom de Dieu », ponctue les prières. C'est aussi ce qu'on dit en commençant un repas ou pour saluer un éternuement, comme une bénédiction. *El-hamdoulillah*, « grâce à Dieu », est l'expression de la reconnaissance envers ses bienfaits.

Indépendance

On ne peut comprendre la société algérienne si on occulte cette partie de son histoire moderne : elle l'a façonnée tant par les nombreuses marques laissées par cent trente-deux années de présence française que par la guerre d'Indépendance qui y a mis fin.

Kabylie

Ulac smah ulac, « aucun pardon aucun », « jamais aucun pardon » ou *macach smah macach*, les Kabyles n'oublient pas les morts d'avril 2001 (le tristement fameux « printemps noir ») et ne se soumettront pas, tel est le message qu'ils veulent faire passer à ceux qui, au nom de ce qui ressemble à une « dékabylisation », assassinent leurs enfants qui réclament juste le droit d'être, et maintiennent la région dans un perpétuel bouillonnement. Les Kabyles réclament justice ainsi que le droit de perpétuer leur « imazighenité » et de participer pleinement à la nation algérienne pour laquelle ils se sont aussi battus et dont ils restent fiers, même s'ils ont quelquefois tendance à se dire Kabyles avant d'être Algériens.

DÉCOUVERTE

Kabyles.

Ksar

Le ksar (pluriel : ksour) est un village fortifié construit généralement en pisé, consolidé par des poutres en troncs de palmiers, et dont les murs nus forment un rempart contre les agressions climatiques et physiques. Chaque ksar possède des tours fortifiées, édifiées de chaque côté de terrasses à ciel ouvert sur lesquelles se déroule une bonne partie de la vie sociale paysanne et où on entrepose les grains afin qu'ils sèchent au soleil. Les murs du ksar sont percés de minuscules fenêtres et l'entrée se fait par la façade, défendue par une barbacane. Erigés sur des collines souvent dépourvues de sources, ils sont presque tous désertés par des habitants qui lui préfèrent la modernité des maisons plus récentes. Les plus beaux ksour se trouvent dans le Gourara, dans la région de Timimoun, et sont restaurés petit à petit, notamment grâce au soutien d'associations européennes et du P.N.U.D., le Programme des Nations unies pour le développement.

Mauvais œil et talismans

Pour combattre le *maz'ra* (« mauvais œil ») ou la scoumoune (« malchance ») et pour attirer la baraka (« chance »), chacun a sa méthode : rites, gri-gri, fumigations odorantes, bénédictions, prières au marabout du coin, henné et khôl, invocation de dieu (*bismillah*, « au nom d'Allah »), etc. Dans ce domaine, les chiffres 5 et 7 sont chargés d'une symbolique particulière dans le monde arabo-musulman. Sur les portes, le heurtoir était traditionnellement en forme de main, la main du bonheur qu'on retrouve avec la main de Fatima ou main de Fatma (khemsa). Si les cinq doigts de la main évoquent les cinq prières quotidiennes de l'islam et les cinq piliers de l'islam (les cinq obligations auxquelles le croyant est tenu d'obéir), le symbole n'est pourtant pas uniquement religieux et a touché toutes les communautés qui ont vécu en Algérie. Le 5 se retrouve également dans la forme circulaire, l'œil ou le CD orné de versets du Coran pendu au rétroviseur de la voiture.

Le chiffre 7, *sebba*, est porteur d'une grande symbolique dans nombre de cultures et on le retrouve aussi souvent dans la Bible que dans le Coran qui évoque les sept cieux, les sept terres ou les sept parties de l'enfer, etc. Sept est également le nombre des versets de la sourate liminaire du Coran, al-Fâtiha, que tous les musulmans connaissent par cœur. Les exemples peuvent être multipliés au moins par sept. Ainsi, il y a sept façons de lire le Coran et sept interprétations possibles ; on tue un mouton sept jours après la naissance d'un enfant qui reçoit en même temps son prénom ; les remparts des villes anciennes étaient souvent percés de sept portes et on dit qu'après la fin du monde, sept villes du Maghreb (Tunis, Ténès, Tiaret, Tlemcen, Taza, Tetouan et Taroudant) resteront debout...

Medersa

Les medersas sont les écoles coraniques autrefois chargées de l'éducation des étudiants en théologie, en histoire ou en sciences. Ces « universités coraniques » furent implantées dès le XIIe siècle, souvent situées près des mosquées, et leur architecture repose traditionnellement sur une vaste cour rectangulaire à ciel ouvert, pourvue d'un large bassin à ablutions et d'un déambulatoire. A l'extrémité de cette cour, la salle de prière (haram) est souvent un joyau de décoration. Les murs sont généralement très hauts et coiffés d'un toit de tuiles vertes en forme de pyramide. A l'étage, les chambres sont de petites cellules où s'entassaient les étudiants.

Mirage

Dans les zones désertiques, aux heures les plus chaudes de la journée, on peut être induit en erreur par l'apparence d'une nappe d'eau située au loin, alors qu'il ne s'agit en fait que d'un phénomène optique popularisé par Dupond et Dupont. Mais, contrairement à une idée reçue, les mirages ne sont pas une exclusivité des déserts, ils peuvent également se produire sur la banquise ou en mer. La cause en est la superposition de couches d'air de températures différentes. L'illusion d'optique est entretenue par une densité inégale à l'intérieur de ces couches d'air, et par une réflexion intégrale des rayons lumineux. La conséquence visuelle se traduit par le fait que des objets éloignés vont avoir plusieurs images inversées ou superposées et plus ou moins tremblantes.

Mosquée

Mosquée (*djemâa* ou *djamâa*, en arabe) signifie le « rassemblement ». C'est donc l'endroit où l'on se rassemble pour une prière collective. Chaque quartier possède la sienne, plus ou moins récente, plus ou moins bien décorée. En dehors des prières, la visite des mosquées est en principe autorisée aux non-musulmans mais par mesure de précaution demandez toujours si vous pouvez entrer. Dans tous les cas, une tenue correcte est impérativement exigée et ôtez vos chaussures à l'entrée. Chaque mosquée est composée d'une cour intérieure au centre de laquelle se trouve le bassin à ablutions.

Face au mur de prière (qibla), orienté vers l'orient, les fidèles s'alignent pour prier ensemble devant le mihrab, niche creusée dans la qibla et indiquant la direction de La Mecque. Le minbar, la chaire à prêcher où officie l'imam, peut être excentré ou situé devant le mihrab. L'Algérie compte de nombreuses belles mosquées (Tlemcen, Alger, etc.), la plus grande étant celle de l'université Abdelkader des sciences islamiques édifiée au début des années 1980 à Constantine, en attendant que la Grande Mosquée d'Alger, dont le minaret devrait atteindre les 270 m de haut, voie le jour dans la commune de Mohammadia. Elle sera donc la plus grande mosquée d'Afrique, après la grande mosquée de Casablanca qui détient pour l'instant ce record.

Muezzin

Le muezzin, ou de nos jours sa voix enregistrée, appelle les fidèles à la prière cinq fois par jour (adhan). Il commence très tôt le matin, et il y a ceux qui l'entendent et ceux qui dorment encore trop profondément... L'appel commence toujours par *Allahu Akbar* (« Allah est grand », dit quatre fois), suivi par *Ashhadu an Lailaha-illallah* (« J'atteste qu'il n'y a de Dieu qu'Allah », deux fois), *Ashhadu-ana Muhammadan Rassullullah* (« J'atteste que Muhammad est le messager d'Allah », deux fois), *Hayy Ala Al Salât* (« Venez pour la prière en vous dirigeant vers la droite », deux fois), *Hayy Ala Al Falah* (« Venez vers le bien en vous dirigeant vers la gauche », deux fois), *Allahu Akbar* (deux fois) puis *La ilaha illallah* (une fois). A l'appel à la prière du matin est ajouté *Al-Salatu Ka-airun minan naom* (« La prière est meilleure que le sommeil »). Seuls changent la mélodie et le phrasé.

Nif

Le mot désigne le nez, siège de l'honneur, de la fierté, de l'orgueil qui frise parfois la susceptibilité... Il faut juste le savoir !

Oasis

C'est le lieu de la vie au milieu du néant désertique, le refuge des palmeraies, jardins et ksour grâce au miracle de l'eau sans lequel aucune vie n'est possible. L'eau précieuse est canalisée et répartie grâce à d'ingénieux et ancestraux systèmes. Les palmiers protègent les arbres fruitiers et les cultures maraîchères de l'ardeur du soleil. A côté de ces jardins tranquilles, sont construits les ksour aux maisons de terre ocre. Quand on sait que le mot « oasis » décrit au sens figuré un lieu de calme et de paix, un refuge, on peut se faire une idée de l'atmosphère de ces jardins protégés par le couvert d'une palmeraie. Malheureusement, en raison d'une mauvaise irrigation ou d'inondations incontrôlées qui font remonter le sel à la surface du sol ou tout simplement par manque d'entretien, beaucoup de palmeraies dépérissent et offrent un triste visage au promeneur...

Petite oasis.

Nomades

La vie nomade a été le mode de vie traditionnel d'une bonne partie de l'Algérie, depuis les temps les plus reculés jusqu'aux débuts de la sédentarisation dans les années 1960. Les gravures rupestres du Tassili n'Ajjer témoignent du mode de vie pastoral et nomade d'un peuple qui serait l'ancêtre des Peuls du Sahel.

Ceux-ci se seraient réfugiés plus au sud lors de la désertification des savanes. De nos jours, il n'y a plus beaucoup de nomades « à temps plein ». Les Chaambas sont devenus sédentaires, les Touareg aussi mais c'est peut-être la nostalgie d'une vie organisée autour de la caravane des chameaux, des troupeaux de chèvres et de la kheima (tente) qu'on démontait quand il n'y avait plus d'herbe qui fait choisir à certains de travailler avec des touristes.

Parabole

Image saisissante, quelles que soient la région et la ville d'Algérie dans lesquelles on se trouve, chaque immeuble arbore, depuis 1986, son toit ou sa façade, aux fenêtres ou balcons régulièrement frangés de soucoupes géantes, toutes orientées de manière à capter Eutelsat ou Hotbird et les chaînes étrangères, notamment celles du Golfe, qu'on regarde en priorité.

Depuis quelques années, il existe une vingtaine de chaînes télévisées privées en Algérie, en plus de la chaîne nationale ENTV souvent jugée ennuyeuse par les locaux. Cette diversification du paysage médiatique algérien tend à légèrement diminuer le phénomène des paraboles.

Pétrole et gaz

Principale ressource algérienne (presque 95 % des rentrées de devises), le pétrole et le gaz sont directement acheminés des puits du sud par pipeline jusqu'aux raffineries des villes portuaires (Arzew et Bejaïa) où ils sont transformés puis envoyés vers l'Europe ou redistribués dans le pays.

D'où des difficultés d'approvisionnement en carburant dans le Grand Sud pourtant producteur et de longues files d'attente... Une situation que vivent mal les habitants.

La compagnie nationale d'exploitation du pétrole est la Sonatrach et l'enseigne nationale jaune des stations-service est Naftal.

Pieds-noirs

On connaît d'eux leur accent souvent imité voire grossièrement parodié ; on sait aussi qu'un tel du monde des affaires ou du spectacle est né « là-bas » tant il en parle jusqu'à l'écœurement, à moins qu'il ne se taise pudiquement. Mais les pieds-noirs, ce sont aussi des familles souvent modestes qui se sont un jour de 1962 retrouvées sur le quai d'un port ou le tarmac d'un aéroport quand ils avaient pu prendre le dernier avion, avec pour bagages la peur de l'avenir et, pour beaucoup, l'obligation de repartir à zéro. Souvent accusés d'être des « fauteurs de guerre » ou d'avoir profité du système colonial alors que la plupart d'entre eux vivaient avec des revenus de 15 % inférieurs à ceux des « Français de France », ils ont entretenu leur mémoire au travers d'un milliers d'associations et d'amicales. Si quelques-uns sont restés après 1962, les autres ont longtemps hésité à revenir. Depuis environ 10 ans cependant, ils sont de plus en plus nombreux à participer à des voyages de retour aux sources et à regretter de ne pas avoir franchi la Méditerranée plus tôt...

Police

Qu'ils surveillent les entrées des villes, règlent la circulation ou gardent les édifices publics, qu'ils portent ou pas un uniforme (bleu nuit pour la police et kaki pour l'armée ou la gendarmerie), les agents de sécurité sont omniprésents dans tous les recoins du pays et même dans le désert. En ce qui concerne la circulation qui vous paraîtra folle et ne répondant à aucune logique, les règles sont pourtant très strictes – pas de téléphone portable au volant, ceinture obligatoire, etc. – et en cas de manquement, vous aurez peut-être du mal à attendrir l'agent qui vous a fait ranger sur le bas-côté.

Ramadan

Pendant toute la durée du carême, l'un des cinq piliers de l'islam dont les dates de début et de fin sont basées sur la position de la lune, tout musulman en âge et en bonne santé – soit apparemment 99,99 % de la population – doit jeûner depuis le lever jusqu'au coucher du soleil, « *jusqu'à l'heure où l'œil ne distingue plus un fil blanc d'un fil noir* ».

Pendant toute cette période, toute l'Algérie vit au rythme de la préparation du repas du soir et de la nuit et déploie tous ses talents et son savoir-faire culinaire, chaque repas devenant une cérémonie ou doivent figurer nombre de plats traditionnels régionaux. On rompt généralement le jeûne (*f'tour*) avec un verre de lait et des dattes ou un morceau de kesra juste préparée et encore chaude. Suivent tout au long de la soirée et de la nuit de multiples plats différents dont la chorba (soupe), accompagnée de briks (à la viande, au thon...), de plats de viande et de légumes safranés et de ragoûts divers. Figurent aussi en bonne place des plats du ramadan le couscous, la tchatchoukha et bien sûr les pâtisseries dont le kalb ellouz automatiquement servi avec le thé du soir. Le ramadan se termine par la fête de l'Aïd El-Fitr, où la coutume veut que chaque famille prépare ses recettes de gâteaux et les partage avec l'entourage auquel on rend visite durant toute la durée de la fête. *Saha ftourkoum* ! *Saha ramdhankoum* ! « Bon appétit ! Bon ramadan ! »

Petit conseil : évitez de voyager pendant le ramadan car tout le pays vit au ralenti et beaucoup d'établissements sont fermés une bonne partie de la journée, comme évidemment les restaurants.

Sahara

« *J'ai eu la chance de rencontrer le désert, ce filtre, ce révélateur. Il m'a façonné, appris l'existence. Il est beau, ne ment pas, il est propre. C'est pourquoi il faut l'aborder avec respect. Il est le sel de la Terre et la démonstration de ce qu'ont pu être la naissance et la pureté de l'homme lorsque celui-ci fit ses premiers pas d'*Homo erectus. » Théodore Monod, *Le Chercheur d'absolu*, Le Cherche-Midi, 1997.

S'étendant sur 5 200 km, de l'océan Atlantique, à l'ouest, à la mer Rouge, à l'est, et sur 1 500 km, des abords de la Méditerranée, au nord, au Sahel au sud, c'est le plus grand désert du monde avec environ 9 millions de km^2, soit quinze fois la superficie de la France. Le Sahara occupe presque 90 % de la surface du territoire algérien.

Ce désert, jadis fertile, s'étend chaque jour un peu plus, principalement vers le sud. L'eau est présente dans le sous-sol à de nombreux endroits, le problème étant la captation de cette manne salvatrice, souvent très profonde. Là où l'eau affleure, les oasis émergent du désert. Les précipitations très faibles, voire nulles dans certains endroits, ne permettent que l'apparition d'une faune et d'une flore particulièrement bien adaptées à ces conditions draconiennes. Mais il suffit d'une averse pour que des graines apportées par le vent germent et prennent racine dans le sable.

Le relief du Sahara algérien est très marqué. L'amplitude thermique y est très importante, les températures diurnes peuvent dépasser 50 °C en été alors qu'il peut geler l'hiver au-dessus de Tamanrasset. Le sous-sol est assez riche avec des gisements importants de pétrole en Algérie et en Libye, de phosphate au Sahara occidental et de fer en Mauritanie.

Salam aleikoum

Salutation arabe indispensable qui signifie « que la paix soit avec toi » et à laquelle on répond *aleikoum salam*. Suivent *labès* ?, « ça va ? », et les traditionnelles questions sur la santé, la famille, les affaires... Pour se saluer, on se serre la main avant de porter la main au cœur ; on se donne l'accolade ou on s'étreint chaleureusement entre personnes du même sexe. Les salutations peuvent durer et il n'est pas question de sauter directement au but de la discussion. Il est d'usage de saluer les plus âgés en premier. Les autres formules les plus fréquentes sont *bakheir*, *saha* ou *mrahva yissouen* en arabe et *azul* ou *azul amiss tmuzrha* en tamazight. En quittant un endroit, les Kabyles disent *arthlifath* ou *arthim lee leeth*.

Si les hommes entre eux se montrent chaleureux et proches, se tenant quelquefois par la main, ne soyez pas surpris si une femme esquive votre poignée de main (si vous êtes un homme) ou un homme ne vous tend pas la main (si vous êtes une femme) : certains pratiquants appliquent sévèrement la séparation entre les sexes.

Séismes

L'Algérie, plus précisément la portion de côte méditerranéenne, se trouve à la jonction entre les plaques eurasiatique et africaine. La plaque africaine se déplaçant vers le nord-ouest à la vitesse de 6 mm par an, alors forcément ça secoue de temps en temps, plus ou moins fortement. Les Algériens se souviennent avec beaucoup d'émotion des séismes les plus violents, notamment de celui du 21 mai 2003 (magn. 6,3) qui a dévasté la région de Boumerdès, faisant quelque 2 300 morts et des milliers de sans-abris dont beaucoup ont attendu très longtemps avant d'être relogés.

Souk

Le marché est dans la tradition musulmane le centre de la cité avec la mosquée. En Algérie, le souk est avant tout un marché qui n'a souvent pas grand-chose à voir avec ce que les touristes connaissent au Maroc ou en Tunisie. Les souks en Algérie sont de vrais marchés destinés aux locaux où on trouve de tout tandis qu'au Maroc et en Tunisie, pays du tourisme de masse, ce sont des marchés qui se veulent authentiques mais qui sont généralement destinés aux touristes pour l'achat de souvenirs où il faut négocier sec.

Sécurité

Mot-clé parce que c'est la première et presque l'unique question qu'on se pose en imaginant un voyage en Algérie. Le pays est classé parmi les moins sûrs d'après le ministère français des Affaires étrangères mais on oublie un peu que près de 38 millions d'Algériens y vivent et que la plupart de ceux qui ont choisi de s'installer à l'étranger y reviennent chaque été. L'assassinat d'Hervé Gourdel en septembre 2014 en Kabylie, qui a été revendiqué par l'Etat islamique, a entraîné de nombreuses annulations de voyageurs français qui avaient réservé un séjour dans le pays mais l'Algérie est pourtant un pays sûr à condition d'éviter les zones à risques que les locaux et les autorités connaissent. Il est donc important de vous renseigner sur place avant vos déplacements pour savoir s'il n'y aucun risque sur la route ou dans la région où vous souhaitez vous rendre. Malheureusement, le Djudjura où a été assassiné Hervé Gourdel est une de ces zones et elle était déjà considérée comme dangereuse au moment des faits. Nous étions en mission en Algérie une semaine avant et avions nous-mêmes scrupuleusement évité cette région montagneuse de la Kabylie car les locaux nous avaient mis en garde.

Dans ce qu'on appelle le Grand Sud, il est recommandé de partir avec un guide car il n'est pas prudent de s'aventurer seul dans le Sahara. Quant à la région de Tamanrasset, sachez qu'en raison des événements au Mali situé à proximité, les autorités ont décidé d'interdir aux touristes étrangers, même accompagnés d'un guide local, de se rendre sur place. Tamanrasset étant une des destinations touristiques les plus prisées du Sahara, cela sclérose désormais tout le Grand Sud où les touristes sont en voie de disparition (même dans les zones autorisées) et où nombre d'agences de voyages locales seraient sur le point de mettre la clé sous la porte d'autant que les menaces de l'Etat islamique n'ont rien arrangé...

Tchipa

Comprendre « pot-de-vin » ou bakchich... Plutôt moins pratiqué qu'ailleurs, il semble se populariser rapidement. Tous les moyens sont bons pour améliorer le quotidien, surtout dans les administrations...

Touriste

Malgré plusieurs conflits, les actes terroristes et les enlèvements, les touristes continuent cependant de venir en Algérie qui reste un pays sûr à condition d'éviter certaines zones signalées par les autorités et les locaux... De nombreux projets (construction de complexes, réhabilitation du parc hôtelier étatique...) sont en cours de réalisation et devraient améliorer de plus en plus l'accueil des touristes qui bénéficient d'ores et déjà de structures d'accueil bien meilleures qu'il y a 10 ans.

Trabendo et « import/import »

Trabendo est le terme « francarabe » pour la contrebande, endémique en Algérie, comme le piratage (télévision, téléphone, etc.), et plus ou moins tolérée par les autorités puisqu'elle ne fait en quelque sorte que pallier certaines carences de l'économie formelle sur laquelle pèsent de lourdes contraintes administratives et un contrôle des changes strict. Cigarettes et produits de toutes sortes, électroménager, pièces détachées pour voitures, vêtements et même alimentation ou produits d'hygiène garnissent ainsi « tabliers », épiceries et même supérettes, et construisent de nouvelles fortunes autour de ce que les Algériens ont surnommé avec humour « l'import/import » en opposition à l'expression « import/export ».

Visa

« *J'avais décidé de rejoindre ma bien-aimée – Honte à vous, vous m'avez peiné – Vous avez été jusqu'à me priver du visa – Vous voulez ma mort ou quoi ? – Je vais me saouler et tout casser – Pourquoi cette injustice – Alors que mon passeport est valide – Et que je ne tiens pas à faire des histoires – Au nom de Dieu, je veux juste voir ma bien-aimée – Ne serait-ce que pour une heure et je reviens – Donnez-moi ce visa, elle me manque trop – Je vous le demande gentiment – Je ne cherche pas d'esclandre – Mon Dieu, même ici « je n'ai pas de chance » – Il me reste cet obstacle à franchir – Pour retrouver mon amour en France* » (traduction Rabah Mezouane), chantait Cheb Hasni en 1993 dans la chanson *le Visa*.

Jusque dans les années 1980, les Algériens étaient des citoyens du monde comme les autres qui pouvaient circuler, visiter ou faire leurs études dans d'autres pays sans trop de problèmes. Soumis à une forte suspicion de la part de la communauté internationale depuis les années 1990 et le début du terrorisme, renforcée lorsque celui-ci a touché la France, l'obtention d'un visa est devenue un véritable parcours du combattant dont il faut connaître les règles qui changent de jour en jour, sauf celle de la longueur de la file d'attente devant le consulat qui est immuable. Reste que s'il est toujours très difficile pour un Algérien d'organiser un voyage qu'il soit pour affaires ou d'ordre privé parce qu'en général il n'obtient une réponse que quelques jours avant la date prévue de son départ, et que beaucoup attendent longtemps avant d'avoir une réponse...

Youyou

Semblant venir de la nuit des temps, les youyous (*zerarit* en tamazight) des femmes voilées ont excité l'imagination du voyageur occidental parcourant le nord de l'Afrique. Ces stridulations vocales qui signalent les réjouissances (fêtes familiales, mariages, naissances, fêtes religieuses, célébrations...) accompagnent aussi de nos jours les chants folkloriques berbères et arabes. En cas de risque de youyous, mieux vaut éloigner ses oreilles de la bouche qui va les lancer...

Faire / ne pas faire

- **Vouvoyez vos interlocuteurs,** même lorsqu'ils vous tutoient : le vouvoiement n'existe pas en arabe, mais nul n'ignore qu'il est de mise en France.
- **Essayez de ne pas refuser un deuxième ou un troisième verre de thé à la menthe** lorsqu'ils vous sont offerts : ce serait incorrect. Si vous n'en voulez vraiment pas, prétextez un estomac fragile ou ne le buvez pas.
- **Répondez à toutes les questions** qui vous sembleront peut-être indiscrètes (sur votre salaire, le prix de votre caméra, l'âge de vos enfants, le prénom de votre femme...), c'est un signe de politesse et d'amitié en Algérie. Rien à voir avec de la curiosité malsaine, ce sont juste des questions qui montrent que votre interlocuteur s'intéresse à vous, s'inquiète pour vous.
- **Evitez de porter des tenues trop décontractées** dans la rue (shorts, jupes très courtes, décolletés profonds, etc.). Autant ne pas se faire trop remarquer...
- **Lors d'une invitation à partager un repas ou juste le thé en famille,** déchaussez-vous à l'entrée de la pièce principale ou avant de fouler le tapis. Au début du repas, vous pouvez lancer un *Bismillah* (« au nom de Dieu »).
- **Evitez de boire, de manger et de fumer en public dans la journée pendant la période du ramadan.** Les femmes éviteront de fumer ostensiblement en public toute l'année car c'est très mal vu...
- **Vérifiez avant de pénétrer dans un lieu saint ou de prière que vous y êtes autorisé.** Si c'est le cas, déchaussez-vous dès que nécessaire.
- **Quand vous prenez une photo, sollicitez d'abord l'autorisation du sujet avec un sourire.** En général, on ne vous fera aucune difficulté mais si la personne refuse, n'insistez pas.
- **L'Algérie vit à un rythme plus lent qu'en France comme beaucoup de pays méditerranéens.** Tenez-en compte dans vos rapports avec les gens ainsi que dans l'élaboration d'un programme d'activités. Inutile de revendiquer un quelconque droit au service rapide, ce n'est pas dans les habitudes du pays. Laissez le stress à la descente de l'avion mais respectez l'heure de vos rendez-vous !
- **On peut parler de tout mais** quand il s'agit d'histoire et de politique, vous ne serez en général pas les plus virulents ! Il suffit de lire les titres des journaux pour s'en rendre compte. Evitez seulement d'aborder le sujet religieux ou de remettre en cause l'existence de Dieu avec des gens que vous connaissez peu, la discussion peut devenir pénible et sans fin... Un conseil : abordez sur la pointe des pieds, si vous y tenez vraiment, toute discussion religieuse.

Survol de l'Algérie

GÉOGRAPHIE

L'Algérie, au centre du Maghreb dont elle est le plus grand pays, se situe entre la mer Méditerranée qui la borde au nord sur un millier de kilomètres et le tropique du Cancer qui la traverse dans sa partie méridionale. Elle est également le second plus grand pays d'Afrique et le 10e du monde par son étendue. Ses frontières terrestres sont délimitées par la Tunisie et la Lybie (965 km et 980 km), le Niger au sud-est (955 km), le Mali au sud-ouest (1 375 km), la Mauritanie (465 km), le Sahara occidental (42 km) et le Maroc (1 560 km). Son nom dérive du même nom arabe que celui d'Alger, El-Djezaïr, qui signifie « île ». Le nom Djezaïr vient lui-même de l'expression Bagh El-Djezaïr, « le pays des îles », qui désignait l'ensemble du Maghreb (le Maroc, la Tunisie et le territoire central). Maghreb signifiait « pays du couchant » pour les Arabes. Sur la majeure partie de son territoire – 2 381 741 km^2, soit 4 fois la France –, le pays se présente comme un immense désert délimité au nord par une frange de 200 à 350 km de largeur le long du littoral méditerranéen. Les 1 000 km de côtes présentent des échancrures marquées : golfe d'Oran, baie d'Alger, golfes de Bejaïa, de Skikda et d'Annaba.

Relief. L'Algérie se caractérise par cinq grandes zones géographiques distinctes parallèles à la Méditerranée et se suivant du nord au sud : le Tell côtier, l'Atlas tellien, les hauts plateaux, l'Atlas saharien et le Sahara. Dans ces grandes régions viennent s'imbriquer de plus petites zones bien délimitées comme la Kabylie, les Aurès ou les oasis du Sahara. Le Tell est la région la plus septentrionale. Bénéficiant d'un climat méditerranéen, il s'agit d'une étroite bande côtière où se sont rassemblées la plupart des plus grandes villes et les cultures vivrières. Le plus souvent escarpée, rocheuse et déchirée de criques, la côte au relief et aux couleurs typiquement méditerranéens domine la mer de ses routes dessinées en corniche. Cette région est délimitée au sud, sur 1 200 km de long et 125 km de large, par une chaîne de montagnes, l'Atlas tellien, qui s'étend parallèlement à la côte de la région de Tlemcen à la frontière marocaine aux environs d'Annaba.

Petit lexique géographique

- **barkane :** dune en formation
- **chott :** dépression formée par un ancien lac
- **daïa :** mare asséchée
- **djebel** : mont
- **erg** : région de dunes
- **guelta** : mare permanente retenue dans une vasque rocheuse (*aguelman* en tamachek)
- **hamada** : haut plateau rocailleux dépourvu de végétation
- **oued** : lit d'une rivière souvent asséchée mais qui peut enfler considérablement en période de pluie
- **ramla** : sable et dune de sable
- **reg** : grande étendue plate et caillouteuse
- **sebkha** : lac asséché
- **sif** : crête effilée d'une dune. Le mot désigne également la lame d'un couteau
- **wadi** : vallée plus ou moins large creusée par un oued.

Wilayas

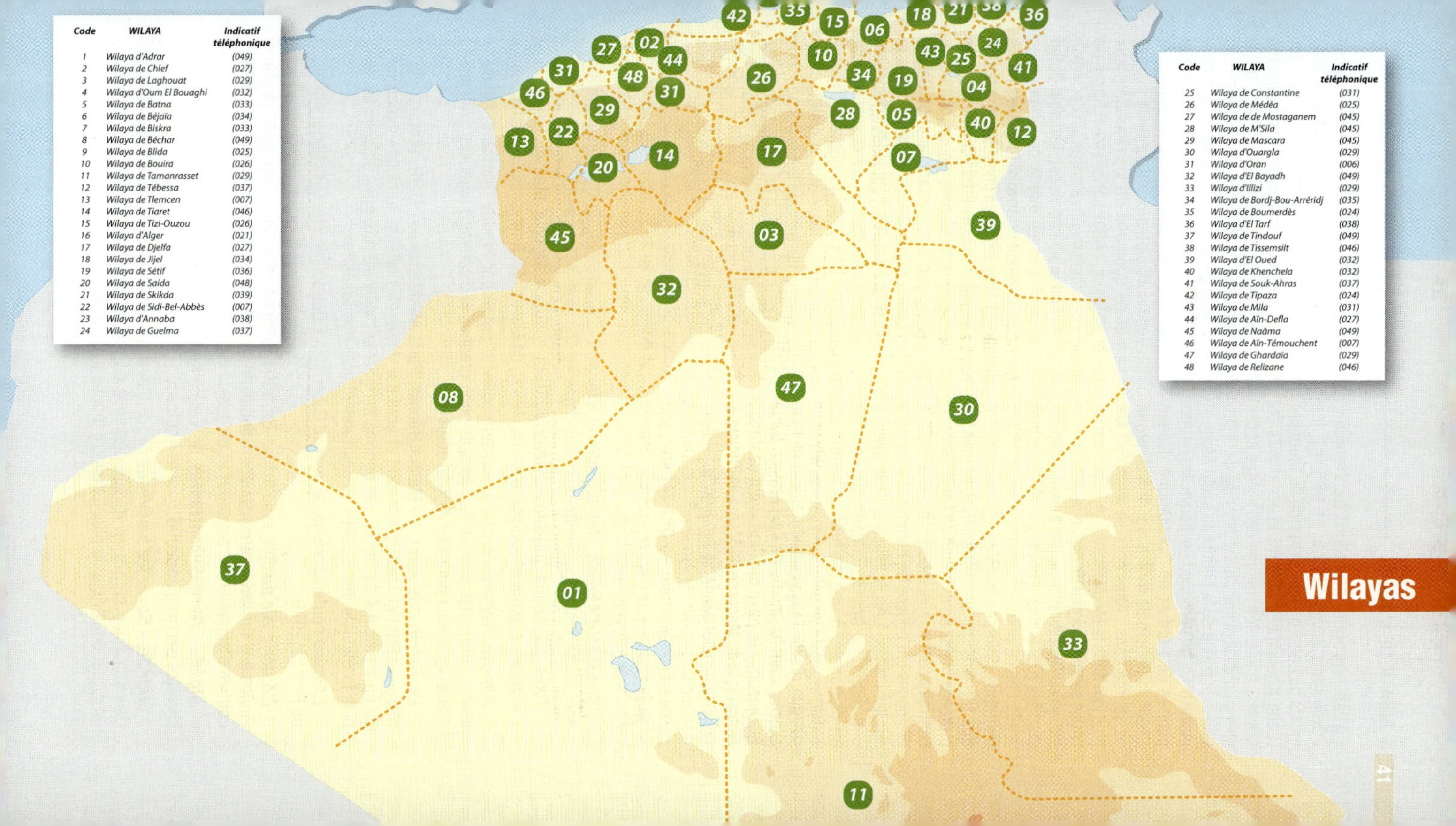

Code	WILAYA	Indicatif téléphonique
1	Wilaya d'Adrar	(049)
2	Wilaya de Chlef	(027)
3	Wilaya de Laghouat	(029)
4	Wilaya d'Oum El Bouaghi	(032)
5	Wilaya de Batna	(033)
6	Wilaya de Béjaïa	(034)
7	Wilaya de Biskra	(033)
8	Wilaya de Béchar	(049)
9	Wilaya de Blida	(025)
10	Wilaya de Bouira	(026)
11	Wilaya de Tamanrasset	(029)
12	Wilaya de Tébessa	(037)
13	Wilaya de Tlemcen	(007)
14	Wilaya de Tiaret	(046)
15	Wilaya de Tizi-Ouzou	(026)
16	Wilaya d'Alger	(021)
17	Wilaya de Djelfa	(027)
18	Wilaya de Jijel	(034)
19	Wilaya de Sétif	(036)
20	Wilaya de Saïda	(048)
21	Wilaya de Skikda	(039)
22	Wilaya de Sidi-Bel-Abbès	(007)
23	Wilaya d'Annaba	(038)
24	Wilaya de Guelma	(037)

Code	WILAYA	Indicatif téléphonique
25	Wilaya de Constantine	(031)
26	Wilaya de Médéa	(025)
27	Wilaya de de Mostaganem	(045)
28	Wilaya de M'Sila	(045)
29	Wilaya de Mascara	(045)
30	Wilaya d'Ouargla	(029)
31	Wilaya d'Oran	(006)
32	Wilaya d'El Bayadh	(049)
33	Wilaya d'Illizi	(029)
34	Wilaya de Bordj-Bou-Arréridj	(035)
35	Wilaya de Boumerdès	(024)
36	Wilaya d'El Tarf	(038)
37	Wilaya de Tindouf	(049)
38	Wilaya de Tissemsilt	(046)
39	Wilaya d'El Oued	(032)
40	Wilaya de Khenchela	(032)
41	Wilaya de Souk-Ahras	(037)
42	Wilaya de Tipaza	(024)
43	Wilaya de Mila	(031)
44	Wilaya de Aïn-Defla	(027)
45	Wilaya de Naâma	(049)
46	Wilaya de Aïn-Témouchent	(007)
47	Wilaya de Ghardaïa	(029)
48	Wilaya de Relizane	(046)

L'Atlas regroupe les monts de Tlemcen, l'Ouarsenis à l'est d'Oran (1 985 m), les monts du Sahel d'Alger, le massif du Djurdjura (Lalla Khadidja, 2 308 m) et les monts du Constantinois, séparés par des vallées et des plaines dont la plaine du Sig, la vallée de l'oued Chélif, la plaine de la Mitidja au sud d'Alger, la plaine d'Annaba et l'oued Seybouse, les hautes plaines de Sétif et de Constantine. L'oued Chélif, la principale rivière algérienne, prend sa source dans l'Atlas pour se jeter 700 km plus loin dans la Méditerranée. Au nord-est de l'Atlas saharien, à peu de distance de la côte, le massif du Djurdjura forme une barrière calcaire dont les pics isolés, étincelant de neige tard après l'hiver, peuvent dépasser les 2 000 m d'altitude. Sources et neige approvisionnent des torrents qui ont sculpté les pentes en profonds ravins en direction de l'oued Sebaou contraint par un relief mouvementé. Les failles profondes ont poussé les hommes à s'installer sur les crêtes. L'Atlas tellien s'élève jusqu'à une région de hauts plateaux qui courent en diagonale, à une altitude moyenne de 1 000 m, du sud marocain au nord-ouest tunisien. Les vastes plaines steppiques sont creusées de dépressions (chott El-Chergui et chott El-Hodna) qui, si elles retiennent l'eau durant la saison humide, deviennent des lacs salés en saison sèche. Battus par les vents, les hauts plateaux caillouteux s'écrasent sous la chaleur estivale alors que les hivers sont très froids. Peu de végétation résiste, sauf quelques herbes broutées par les troupeaux et l'alfa, une graminacée de l'ouest qui a longtemps fait la richesse de l'Algérie. Les hautes plaines orientales sont le domaine de la culture céréalière. Le paysage change un peu autour de Bou Saada, la principale ville des hauts plateaux entourée de palmeraies et de quelques dunes. Parallèle aux hauts plateaux, l'Atlas saharien est formé de plusieurs chaînes montagneuses successives : le djebel Amour au sud-ouest, le djebel Ouled Naïl au centre et les monts du Ziban et les Aurès au nord-est. Plus arrosé que les hauts plateaux, l'Atlas saharien constitue une bonne région de pâturages avant de descendre vers la quatrième grande zone géographique, le Sahara. Au sud de Constantine et de Batna, l'Atlas tellien rejoint l'Atlas saharien dans le massif calcaire des Aurès, constitué de petites chaînes rocheuses dont les crêtes sont souvent boisées de chênes et de cèdres. De cols dépassant parfois les 2 000 m d'altitude en vallées dont la terre rouge fait le bonheur des oasis, on peut y passer d'un paysage forestier à un tableau annonçant le proche Sahara. Les Aurès, peuplés de Berbères chaouis agriculteurs, ont souvent été à l'origine de rébellions

À lire

- ***Saharas d'Algérie : les paradis inattendus***, d'Alain Sèbe, 2003. Dirigé par un spécialiste, l'ouvrage résulte du travail d'une équipe algéro-française.
- ***Pays, paysages, paysans d'Algérie*** (CNRS, 1996), ***L'Algérie*** (Masson, 1996) et ***L'Algérie : espace et société*** (Masson, 1999), de Marc Coté. Analyses géographiques.
- ***Algérie, Regards croisés***, ouvrage collectif dirigé par Freddy Ghozland, Milan/Marsa, 2003. Regards sur leur pays de photographes et d'écrivains algériens. L'un des meilleurs livres montrant l'Algérie actuelle.
- ***Le Tassili des Ajjer***, de Malika Hachid, Paris Méditerranée, 1998. Préfacé par Marceau Gast et Théodore Monod et écrit par une préhistorienne ancienne directrice du parc national du Tassili, cet énorme livre est la meilleure référence actuelle sur le plus formidable des musées de peintures et gravures rupestres.
- ***L'Algérie contemporaine***, de Bernard Cubertafond, Que sais-je ? Presses Universitaires de France, 1999.
- ***L'Algérie vue du ciel***, Yann Arthus-Bertrand, Editions de la Martinière, 2005 (à voir également sur www.yannarthusbertrand.com). Une façon inédite et maintenant bien connue d'appréhender paysages et modes de vie.
- ***Algérie : Terre de contrastes***, de Yacine Ketfi, Boualèm Souibès et Aldo Herlaut, National Geographic, 2006.
- ***Algérie, « Soyez les bienvenus ! »***, de Claire et Reno Marca, Edition Aubanel, 2008. Un magnifique carnet de voyage composé de textes, photos, cartes et illustrations retraçant un périple de plus de quatre mois à travers le pays.

Massif de l'Atakor, pic Ilamane.

contre les envahisseurs successifs de l'Algérie, résistance facilitée par l'isolement du massif, sa difficulté d'accès et son relief. Le Sahara occupe plus de 85 % du territoire algérien, soit 2 millions de km^2 ou encore, en gros, 2 000 km d'ouest en est (de Tindouf à Djanet) et 1 500 km du nord au sud (de Laghouat à In-Guezzam à la frontière du Niger). Il est constitué de vallées sèches (oued Saoura), d'immenses plaines sablonneuses (Grand Erg Occidental et Oriental au nord), de plateaux (Tademaït, Tassilis, Tanezrouft) et de massifs montagneux comme le Hoggar, un massif volcanique large de 800 km et culminant au mont Tahat à 2 908 m selon Bibendum et à 3 003 ou 3 010 m selon d'autres sources. Loin des images de dunes et de sable, le Sahara change constamment de visage. Les regs (vastes étendues pierreuses) sont quelquefois bordés d'ergs (dunes), de hamadas (plateaux calcaires ou de grès ponctués de cratères), de serirs (plateaux couverts de rocaille), de tassilis (plateaux) ou de sebkhas (dépressions couvertes de sel). Les oasis des Zibans, de la vallée du M'Zab, du Touat, du Gourara, du Tassili n'Ajjer et du Hoggar viennent ponctuer ces paysages souvent lunaires.

Hydrographie. Les cours d'eau d'Algérie sont assez peu remarquables puisque la plupart du temps asséchés au fond d'un wadi. Mais il suffit d'une bonne averse pour qu'ils reprennent vie et parfois dangereusement pour les constructions qui s'y sont installées en toute quiétude puisque l'oued n'est « pas venu » depuis une bonne dizaine d'années. Quant aux rivières qui coulent tout au long de l'année, leurs cours sont assez réduits dans des bassins de petite taille dirigés vers la mer. Sur les hauts plateaux, quand le débit est trop faible pour creuser une vallée, les eaux stagnent dans des chotts où elles s'imprègnent de sel ; les chotts Melrhir (- 40 m), El-Hodna et Ech-Chergui sont les plus grands d'entre eux suivant d'est en ouest une ligne parallèle aux Atlas qui commencent à la hauteur de Gabès en Tunisie.

Le plus grand fleuve du pays est l'oued Chélif qui prend sa source dans l'Atlas tellien, au sud de Médéa, et qui coule parallèlement à la mer pour se jeter 700 km plus loin dans la Méditerranée au-dessus de Mostaganem. Le kabyle oued Sébaou descend des monts du Djurdjura et se jette dans la mer juste à l'ouest de Dellys. Dans l'Atlas tellien, nombre de sources très minérales ont des vertus thérapeutiques déjà connues des Romains qui y ont édifié les premières stations thermales. Les fleuves anciens du Sahara qui naissaient dans l'Atlas saharien ont disparu. Restent leurs vallées qui, vues d'avion, dessinent le territoire de façon surprenante tant elles sont nombreuses. Quand ils sont devenus souterrains, les oueds alimentent les puits des oasis et des palmeraies.

CLIMAT

Températures moyennes (en °C)

	Alger	Tamanrasset	Timimoun
Janvier	15	12	10
Février	16	14	15
Mars	17	18	18
Avril	20	20	22
Mai	23	25	27
Juin	26	30	32
Juillet	28	30	35
Août	29	28	34
Septembre	27	25	30
Octobre	23	20	23
Novembre	19	18	17
Décembre	16	14	12

Dans un paysage aussi contrasté, le climat varie énormément, du type méditerranéen au type saharien. Au nord, les étés chauds et secs (25 °C en moyenne en été) dominés par les hautes pressions subtropicales succèdent aux hivers humides et frais (11 °C), plus tempérés à proximité de la mer, plus rudes en altitude. En règle générale, la zone orientale reçoit plus de pluies (environ 2 000 mm) que son pendant occidental, protégé des perturbations par le Rif et le Moyen Atlas marocain. Alger est connu pour son atmosphère estivale parfois « lourde » et orageuse, difficilement supportable. Les hauts sommets de l'est restent couverts de neige d'octobre à juin. Du fait de son altitude, l'Atlas tellien est un peu plus frais et humide, même s'il connaît à peu près les mêmes tendances climatiques. Les hauts plateaux dominés par l'aridité de type continental (200 à 400 mm de pluie, principalement au printemps) connaissent des températures extrêmes. En été, un vent chaud et sec provenant du Sahara, le sirocco qui rend fou (aussi appelé chehili, khamsin), entraîne une diminution du taux de précipitation sur les hauts plateaux et dans l'Atlas saharien. Protégé de l'influence marine de la Méditerranée par les chaînes montagneuses, le Sahara reçoit très peu d'eau (moins de 120 mm en moyenne au nord, moins de 30 mm dans le sud) mais certaines zones du désert peuvent être violemment arrosées pendant

Paysage de Djanet.

un orage et les oueds, qu'on croit souvent sans vie, s'emplir brutalement d'eau, ce qui les rend dangereux. Les températures y sont élevées (jusqu'à 50 °C à In-Salah), adoucies cependant par l'altitude, mais peuvent étonnamment contraster en hiver où les nuits sont très froides (0 °C). L'aridité du climat est accentuée par le simoun, un vent de sable parfois très violent. Le taux d'humidité le plus faible a été enregistré à Tamanrasset : 3 %.

ENVIRONNEMENT – ÉCOLOGIE

L'environnement et l'écologie ne font pas partie des problèmes à traiter en priorité en Algérie. Difficile de ne pas comprendre cela lorsqu'on se rend compte des difficultés rencontrées dans des domaines aussi importants que l'éducation et la santé. Dans les villes et surtout les zones périphériques étouffées par un développement anarchique, le traitement des déchets est quasi inexistant et les décharges sauvages sont légion. Les campagnes de sensibilisation de la population se sont cependant multipliées ces dernières années et la situation tend à s'améliorer. Mais l'état des nappes phréatiques en a déjà sûrement fait les frais. Quant à la propreté des plages publiques, elle laisse souvent à désirer, même si des efforts sont faits pendant la saison estivale, des plages sont donc encore régulièrement interdites à la baignade. Dans les zones où la déforestation a été importante, le sol qui n'est plus protégé par la végétation se dégrade très vite sous l'effet de l'érosion et fait envisager de gros problèmes écologiques dont les glissements de terrain et les torrents de boue en période de pluie sont les plus spectaculaires.

Autres manifestations naturelles en Algérie : les tremblements de terre. Ils ont souvent de graves répercussions comme on l'a vu lors du séisme du 21 mai 2003. Avec une magnitude de 6,7 sur l'échelle de Richter et un épicentre situé à Thenia, à seulement une soixantaine de kilomètres à l'est d'Alger, il aurait pu avoir des conséquences encore plus graves si on le compare avec celui qui a ravagé Bam (Iran) le 26 décembre 2003, de même force. Le nord de l'Algérie, au plus près de la côte, est situé sur une faille très active due au rapprochement entre les plaques européenne et africaine, la seconde remontant vers la première en se glissant sous elle.

Le pays a déjà connu de nombreux séismes dans le passé : Alger a été détruite en 1716, Oran en 1790, Chlef en septembre 1954 (Orléansville) puis en octobre 1980 (El-Asnam), etc. Etonnamment, dans les forêts ou les zones boisées ayant été désertées pendant les années noires du terrorisme, la faune et la flore ont souvent repris leurs droits et certaines zones protégées voient les écosystèmes se renforcer.

Pèlerins chrétiens marchant dans le désert du Hoggar.

PARCS NATIONAUX

Les paysages et la faune d'Algérie sont protégés au sein de dix parcs nationaux qui manquent un peu de moyens.

Parc national de Tlemcen. Ce parc est l'un des plus récents. Il protège d'importants vestiges archéologiques et des sites spéléologiques : ruines de Mansourah, l'ancienne cité concurrente de Tlemcen, la mosquée de Sidi Boumediene, les cascades et les falaises d'El-Awrit, les grottes de Béni Aïd, les forêts d'Ifri et de Zariffet et Aïn Fezza. En projet : un centre d'études et le développement d'activités de découverte.

Parc national de Theniet El-Had. 3 616 ha. A la limite sud du grand massif de l'Ouarsenis et au centre de l'Atlas tellien, ce parc protège de très belles forêts montagneuses de cèdres et une faune très diversifiée. Possibilité de randonnées.

Parc national de Chréa. 26 000 ha. A 50 km au sud d'Alger, au cœur du massif de Blida, c'est un parc de montagne. A découvrir en particulier : le ruisseau des Singes, les gorges de la Chiffa, le sentier du col des Fougères et les forêts de cèdres millénaires au cours de courtes randonnées pédestres. Station de ski à Chréa et écomusée.

Parc national du Djurdjura. 18 500 ha. Situé dans une région montagneuse très accidentée. C'est un parc de sommets enneigés, de rivières hivernales et de forêts silencieuses, de gorges et gouffres très importants, de vallons, d'un lac et de hauts plateaux. Espèces animales : singe magot (une espèce rare de macaque), aigle botté, sanglier, hyène rayée, faucon, rossignol, héron centré, perdrix et même loup...

Coquelicots au printemps.

Parc national de Gouraya. 2080 ha. Dans la wilaya de Bejaïa, il présente des richesses archéologiques et esthétiques exceptionnelles : site historique, pic des Singes, fort de Gouraya, la promenade de cap Carbon, les merveilleuses falaises.

Parc national de Taza. 300 ha. Dans la wilaya de Jijel, il protège des paysages d'une rare beauté, des forêts humides et des plages sablonneuses, la corniche de Jijel avec ses grottes merveilleuses dont il ne reste pas grand-chose, des falaises, des gouffres... Ce parc abrite près d'une trentaine de mammifères dont le singe magot et des oiseaux dont le plus bel exemplaire est la sittelle kabyle, un passereau très rare endémique de l'Algérie.

Parc national d'El-Kala. 80 000 ha. Il est composé d'un ensemble d'écosystèmes particuliers caractérisés par des zones humides dont la diversité est unique dans le bassin méditerranéen (lacs Oubeira, Mellah et Tonga). Ce parc a été classé en 1990 sur la liste du patrimoine national et réserve de la biosphère par l'Unesco.

Parc national de Belzma. 7 600 ha. Ce parc créé en 1984 est situé dans la wilaya de Batna.

Parc national du Tassili. 100 000 ha. Ce parc a été classé patrimoine mondial en 1982 par l'Unesco et réserve de l'homme et de la biosphère en 1986. S'il possède un caractère archéologique par le nombre de ses gravures et peintures rupestres qui en font le premier site mondial, il protège également une flore comme le cyprès de Duprez (tarout) dont il reste un peu plus de 200 exemplaires vivants et une faune peu visible mais diversifiée (mouflon à manchettes, gazelles, poissons, etc.). Djanet et ses trois ksour en ruine font partie du parc.

Parc national de l'Ahaggar (Hoggar). 380 000 ha. Il est classé pour ses richesses archéologiques et historiques, sa faune, sa géologie et ses paysages grandioses. Certains sites archéologiques (grottes, abris, gisements de surface...) datent de 600 000 à 1 million d'années et témoignent des premières manifestations humaines et pré-humaines.

FAUNE ET FLORE

Faune

En voyageant à travers l'Algérie, on croise à coup sûr sur le bord de la route des moutons, des chèvres, des chevaux, des dromadaires et des bourricots, un petit âne robuste qui se prête à tout en se faufilant partout. Dans le nord, les campagnes sont hantées par le renard, le chat sauvage, la belette, la hyène rayée, le lièvre ou le chacal et plus dangereusement le sanglier qui a profité de l'interdiction des armes de chasse dans les années 1990 pour prospérer jusqu'à s'approcher des villes et mettre en péril les cultures. Dans certaines zones forestières, on rencontre un singe typique d'Afrique du Nord, le singe magot. Les oiseaux (moineaux, pigeons, passereaux, étourneaux, rapaces, etc.) voient leur population s'enrichir du passage d'oiseaux migrateurs qui fuient l'Europe septentrionale en hiver, comme les cigognes. En descendant vers le sud, ce sont la gazelle, le mouflon à manchette, qui s'est réfugié dans les hauteurs escarpées, le chat des sables, la gerboise qui ne sort que la nuit et la gerbille qui ne boit jamais, le daman des rochers, un rongeur originaire d'Ethiopie, le rat des sables, le fennec, le guépard, le porc-épic ou le lycaon qui n'a pourtant pas été vu depuis 1988. Au début du XXe siècle, on y signalait encore des crocodiles ou des autruches. Le lézard fouette-queue est le seul à oser sortir en plein soleil, il se rafraîchit par ventilation. L'oiseau le plus célèbre est le moula-moula, un traquet à tête blanche porte-bonheur. Les insectes et arachnides, peu nombreux dans le désert, sont représentés par les mouches qui vous suivent partout, les moustiques près des points d'eau stagnante, les coléoptères dont l'un est surnommé « 4x4 » en raison de sa facilité à crapahuter dans le sable grâce à ses hautes pattes. On rencontre peu de scorpions qui, paraît-il, sortent entre 19h et 20h.

Dromadaire

Même si tout le monde l'appelle « chameau », le mammifère ruminant présent dans le sud algérien est bel et bien un dromadaire, car le territoire du chameau se limite à l'Asie centrale, celui du dromadaire à l'Afrique et à la péninsule arabique. L'introduction au Maghreb de ce représentant de la famille des camélidés, vers le IVe siècle, bouleversa les habitudes des nomades. Habitué aux chaleurs brûlantes et aux longues méharées, il remplaça le cheval et favorisa par son endurance les projets de conquête et d'échanges commerciaux des populations.

Chez un dromadaire, tout fait l'objet d'un véritable respect qui confine au culte : le poil fournit lors de sa mue annuelle de quoi fabriquer de solides tapis et vêtements ; sa viande fort goûteuse et son lait, plus riche que celui des vaches et des chèvres, sont fort prisés ; sa proverbiale sobriété lui permet de rester jusqu'à quatre jours sans boire (sa bosse s'en ressent et diminue à vue d'œil) ; son endurance lui permet de parcourir 150 km en une seule journée ; ses narines se ferment lorsque le vent se lève, ce qui permet à ce « vaisseau du désert » de ne pas s'arrêter lorsque souffle le sirocco ou de fournir un excellent rempart contre les éléments ; ses longs cils protègent ses yeux ; ses pieds, dotés de coussinets ronds, l'empêchent de s'ensabler ; ses excréments eux-mêmes s'avèrent salvateurs en cas de morsure de serpent ou de sinusite ! Voilà assurément des avantages qui compensent sa laideur, son caractère irascible, son haleine épouvantable et son appétit insatiable pour tout ce qui traîne (graminées, épineux, vêtements et chapeaux...).

Des tentatives pour introduire le dromadaire en Espagne et dans le désert américain sont restées vaines. Seule l'Australie, où l'animal a été introduit il y a un peu plus d'un siècle, compte encore environ 20 000 dromadaires vivant à l'état sauvage. De nos jours, il est toujours l'allié indispensable des nomades qui sillonnent le Sahara, même si les caravanes sont de moins en moins nombreuses. Ce « vaisseau du désert », en plus de transporter les marchandises et les effets de son propriétaire et maintenant des touristes, lui assure une monte confortable quoique déroutante pour un novice.

Le criquet pèlerin (Schistocerca gregaria)

Mi-2004, les pays du nord de l'Afrique ont connu une invasion de criquets pèlerins et ont dû mettre en place une série de mesures antiacridiennes pour parer aux désastres commis par l'insecte qui peut ingurgiter jusqu'à quatre fois son poids. Les criquets jaunes (matures) sont un peu moins voraces que ceux de couleur rose (immatures). A l'origine du phénomène, les pluies qui ont créé une couverture végétale propice à la reproduction du criquet et à la formation d'essaims. Les criquets, après avoir atteint une masse critique, se déplacent « en bandes larvaires ou en essaims d'adultes » qui peuvent parcourir des milliers de kilomètres. On s'attaque à ces véritables nuages – punition divine dans la Bible – au moyen de pulvérisations d'insecticide, par avion pour les grandes surfaces à traiter.
Les dégâts de la dernière invasion de criquets pèlerins ont été évalués à 200 millions d'euros.

Flore

La végétation algérienne, du moins dans le nord, est essentiellement de type méditerranéen, soumise au régime des précipitations. La forêt et le maquis du versant nord de l'Atlas tellien sont composés de chênes, de chênes-lièges, de chênes zéens, un chêne souvent centenaire au tronc droit qui peut atteindre 6 m de circonférence, de cèdres odorants, de pins d'Alep, de caroubiers, de lentisques, de bruyères ou d'arbousiers qui ont beaucoup souffert de la déforestation, industrielle, agricole ou stratégique – l'armée française puis algérienne ont utilisé les mêmes méthodes pour déloger les maquisards. Le reboisement, amorcé en lisière de quelques parcs nationaux, est difficile à cause du manque d'eau et de l'érosion des sols. Sur les pentes de l'Atlas tellien, genévriers et végétation de type steppique se raréfient à mesure qu'on grimpe. Dans les plaines irriguées et protégées, les arbres fruitiers donnent des fruits toute l'année : amandiers (début avril), abricotiers (mai), cerisiers (juin), figuiers (juin à août), vigne (de fin juillet à septembre), poiriers, pommiers et pêchers (août), grenadiers (septembre) et orangers (novembre) tandis que les citronniers donnent toute l'année. On récolte également les noix, les châtaignes et les olives – les meilleures sont celles de la région de Sig dans l'Oranais. En Kabylie, la récolte d'olives est destinée à la production d'huile l'olive. Les hauts plateaux, où le climat et le sol sont peu propices au développement de la végétation, sont le domaine de l'alfa et autres graminacées. Egalement appelé sparte, l'alfa est une graminacée dont les brins peuvent atteindre 1 m de longueur. Peu exigeante, la plante vivace de couleur jaune paille est exploitée en sparterie (fabrication de cordes, de semelles d'espadrilles ou de tapis) et en vannerie. Dans l'Atlas saharien, on retrouve le cyprès, le térébinthe qui peut atteindre 20 m de hauteur, le palmier chamaerops dont les feuilles sont tressées en vannerie, l'arbousier, le sumac épineux dont l'écorce sert de teinture rouge, etc. La végétation des oasis, protégée du vent par des barrières artificielles, murs ou clôtures de palmes, et du soleil par le couvert des hauts dattiers, peut être très riche et variée. Parmi les plantations irriguées par de fragiles seguias (« rigoles ») comme dans les jardins plus avantagés du nord, on trouve autant de légumes que de fruits ou de fleurs et d'arbustes plus ornementaux (jasmin, bougainvillée, lantana, chèvrefeuille, bignone, passiflore, rosier, géranium, etc.) et de plantes aromatiques (menthe, basilic, thym, etc.). Les Algériens aiment leurs jardins… Le Sahara, en dehors des oasis, est assez pauvre d'un point de vue végétal, simplement taché d'acacias dont les feuilles se transforment en épines pour limiter l'évaporation de l'eau, quelquefois d'oliviers sauvages et de maigres touffes d'herbes. Mais il suffit d'une averse pour qu'apparaissent les jours suivants une grande quantité de plantes dont les graines apportées par les vents n'attendaient que cette humidité pour germer. Se développent aussi des touffes vertes qui végétaient jusque-là (armoise, lavande, myrte, jujubier et coloquinte dans les oueds, rumex pourpre dans les montagnes, etc.) et qui, si elles semblent peu différentes les unes des autres, exigent une bonne connaissance de la flore pour en distinguer les propriétés. Parmi ces plantes, certaines sont étonnantes comme la rose de Jéricho qui sèche recroquevillée autour de ses graines et se déploie dès que l'eau l'effleure. Les Touareg connaissent encore les plantes souvent très parfumées et en ramassent pour aromatiser leur thé ou préparer une décoction aux vertus bénéfiques (chir, takmezout...). Certains oueds sont connus pour être couverts de lauriers-roses, simplement jolis puisque très toxiques.

Palmiers-dattiers. Le mot « datte » vient du latin *dactylus*, « doigt », qu'on retrouve dans deglet nour (« doigt de lumière »), une grosse datte, claire et onctueuse, réservée en grande partie à l'exportation pour ses qualités de conservation ; dans deglet beïda (« doigt blanc ») ou mech degla, plus petite et sèche, très consommée sur place : les ghars, fruits mous, sirupeux, très sucrés que l'on conserve en les comprimant et que l'on appelait naguère le « pain des caravanes » ou la deglet beïda. Il existe ainsi plus de soixante-dix variétés de palmiers-dattiers, et par conséquent de dattes, dont même les noyaux diffèrent.

Cet arbre, cultivé en Mésopotamie dès l'Antiquité, a été introduit au Maghreb par les Berbères qui eurent l'idée géniale de les planter en plein désert là où il y avait des sources. Ils venaient d'inventer les oasis. Au frais sous son feuillage, on y cultive des fruits et des légumes. Le palmier-dattier n'est pas trop exigeant sur la quantité d'eau qui lui est nécessaire, ses racines qui plongent à la verticale du tronc pouvant boire jusqu'à dix mètres sous la surface du sol. Les nappes d'eau souterraines trop profondes et les sécheresses répétées nécessitent néanmoins que l'homme intervienne en lui apportant l'eau nécessaire à l'aide de motopompes ou de puits à balancier. Le palmier-dattier accepte également une eau faiblement salée, mais en cas de trop forte salinité, l'arbre meurt. On compte en Algérie environ 7 millions de palmiers de rapport produisant plus de 100 000 tonnes de dattes, dont 40 % de deglet nour. Pour obtenir un palmier-dattier productif, on repique un drageon prélevé sur un arbre femelle. Un noyau ne donnera qu'un arbre dégénéré et stérile. La pousse, plantée dans un trou d'un mètre de profondeur, est entourée de palmes sèches qui la protègent du vent et de la chaleur excessive. Il faut ensuite au moins dix ans de soins intensifs avant d'en récolter les fruits. Et chaque année, au tout début du printemps, le plant femelle doit être fécondé artificiellement. L'insémination est pratiquée par le khammes qui prélève le pollen sur les rares plants mâles et le dépose dans les spathes (feuilles en cornet) de l'arbre femelle. La récolte s'effectue à partir de fin août et il faudra attendre novembre pour cueillir les régimes de deglet nour. Après la récolte des dattes, on coupe la collerette inférieure des palmes : la cicatrice laissée par cette opération forme ces sortes d'écailles étagées dont le nombre de cercles indique l'âge de l'arbre. Les palmes sont utilisées pour confectionner des haies autour des jardins, chauffer les fours de potiers, fabriquer des ustensiles ménagers ou pour maçonner des plafonds ou des arcades. Le tronc sert aux charpentes ou, coupé dans le sens de la longueur et évidé, devient canalisation pour l'irrigation des jardins. Le dattier, qui peut vivre jusqu'à 70 ans, est pleinement rentable entre 30 et 40 ans. Pour qu'une palmeraie vive, il faut savoir prévoir son renouvellement et son irrigation.

DÉCOUVERTE

Lauriers dans l'Oued.

Histoire

DES ORIGINES À NOS JOURS

Préhistoire

Si on a retrouvé près d'Aïn-Hanech (Sétif) des galets qui semblent grossièrement taillés, probablement par un *Homo habilis* il y a 1 million d'années, les dernières découvertes font remonter plus certainement la présence humaine dans la région au paléolithique inférieur (3 000 000-100 000 ans avant J.-C.). Les restes de l'Atlanthrope et de ses outils de pierre taillée retrouvés dans les sédiments du lac préhistorique de Ternifine, dans la région de Mostaganem en Oranie, montrent que le contemporain et parent du Sinanthrope et du Pithécanthrope de Java

Repères chronologiques

- **-1 000 000 à -7 500 ans :** préhistoire / civilisation atérienne (-50 000 à – 7 500 ans)
- **-7 500 à -2 000 ans :** protohistoire / civilisation capsienne
- **-1 250 à -146 :** comptoirs phéniciens en Algérie
- **-500 à l'an 500 :** Sahara des Garamantes
- **-250 à -25 :** Etat de Numidie (guerres puniques, règne de Jugurtha)
- **-25 à 647 :** première colonisation européenne
- **-25 à 430 :** occupation romaine
- **477 à 533 :** domination vandale
- **534 à 647 :** domination byzantine
- **647 à 776 :** islamisation de l'Algérie
- **647 à 743 :** califat omeyyade
- **743 à 776 :** révolte berbère
- **776 à 1512 :** dynasties musulmanes berbères
- **776 à 909 :** dynastie roustemide
- **909 à 934 :** dynastie fatimide
- **934 à 1015 :** dynastie ziride
- **1015 à 1062 :** dynastie hammadide et hilaliens
- **1062 à 1147 :** dynastie almoravide
- **1147 à 1152 :** dynastie hammadide
- **1152 à 1235 :** dynastie almohade
- **1235 à 1512 :** dynastie zianide
- **1515 à 1587 :** beylerbeys (début de la régence d'Alger)
- **1587 à 1659 :** pachas
- **1659 à 1671 :** aghas
- **1671 à 1830 :** deys (fin de la régence d'Alger)
- **1830 à 1962** : colonisation française
- **1830 à 1916 :** invasion française de l'Algérie
- **1954 à 1962 :** guerre d'Indépendance
- **1962 à 1989 :** parti unique
- **1989-1999 :** guerre civile
- **Depuis 1999 :** présidence de Bouteflika

évoluait dans une savane de type tropicale, piquée de marais et de lacs et parcourue par des éléphants, des rhinocéros, des girafes, des phacochères ou des hippopotames – depuis longtemps disparus.

Au paléolithique moyen, la civilisation atérienne s'épanouissait près de Tébessa (est). Elle doit son nom à Bir El-Ater, le site sur lequel on en a retrouvé la trace, et est proche du type moustérien (de Moustier en Dordogne).

Lui succèdent les Ibéraumaurusiens (Cro-Magnon), vivant surtout sur la côte et la civilisation capsienne (Homo sapiens, 7 000-5 000 ans avant J.-C., du nom de Capsa, aujourd'hui Gafsa, en Tunisie), aux environs du VIIe millénaire avant notre ère, qui désigne les premiers hommes connus en Afrique du Nord. Originaires du sud de la région de Constantine, les Capsiens vivaient sous des huttes de branchages réunies en campements. Ils ont gagné le reste du Maghreb en suivant la ligne naturelle des chotts (lacs salés) entre l'Atlas tellien et l'Atlas saharien, sans jamais semble-t-il passer l'Atlas tellien. On considère habituellement qu'ils sont les ancêtres des Numides. Un peu partout sur le territoire, et surtout dans le Sahara, nombreux sont les témoignages de ces civilisations préhistoriques dont on retrouve également la trace dans les écrits du Grec Hérodote (vers 484-420 avant J.-C.) et de Salluste (86-35 avant J.-C.).

Numides et Phéniciens

Vers le XIIe siècle avant J.-C., les Phéniciens étendent leur influence sur la Méditerranée à partir des côtes de l'actuel Liban et établissent de nombreux comptoirs le long des côtes nord-africaines, en particulier sur les côtes de l'actuelle Algérie (Hippone, Skikda, Collo, Jijel, Bejaïa, Alger, Tipasa, Cherchell...). D'après Virgile, la Phénicienne Elissa Didon, la sœur de Pygmalion le roi de Tyr, fuyant l'oppression de son frère, débarqua avec ses trésors et une poignée de fidèles Tyriens et Chypriotes sur la côte africaine vers 870-860 avant J.-C. où elle fonda près de l'actuel Tunis une ville qui allait devenir Carthage (de *Qart Hadast*, « ville nouvelle »).

A cette époque, l'ouest de l'Afrique du Nord est peuplé de tribus berbères, des Numides (ou Maures, Libyques ou Garamantes pour les Grecs) sédentaires laboureurs ou nomades. Leur origine est moins connue que celle des Phéniciens mais, au Ve siècle avant J.-C, l'historien Hérodote les décrit comme un peuple de cultivateurs prospères, descendant des Troyens, du moins originaires du Moyen-Orient.

Peinture rupestre du « Grand Dieu ».

La Numidie bénéficie d'une organisation quasi étatique dirigée au niveau des villages et des tribus par les aguellids et les agnatiques, avec à leur tête un roi issu de dynasties berbères. Disposant d'un système d'écriture proche du tifinagh, ils entretiennent des liens commerciaux avec les Phéniciens qui exercent une grande influence sur la région des comptoirs qu'ils ont créés sur la côte. Le premier accrochage entre Phéniciens et Numides aurait eu lieu après que Hiarbas, le roi de la Gétulie, un royaume situé en bordure de l'Atlas saharien, eût demandé la main de Didon qui refusa l'offre. S'ensuivit une période troublée pendant laquelle les Phéniciens prirent le dessus.

Au IVe siècle avant J.-C., la Numidie est partagée en deux royaumes séparés par le Rhumel : le royaume des Massyles occupe alors l'actuelle partie orientale de l'Algérie et la partie occidentale de la Tunisie, et le royaume des Massaessyles l'Algérie centrale et occidentale. Les Massyles sont proches des Phéniciens mais, sous le règne du roi Gaia, le royaume entreprend la conquête des villes côtières et gagne Hippone, sa future capitale, lors de la première guerre punique entre Phéniciens et Romains (vers – 264 avant J.-C.). Quelques années plus tard, les Massaessyles hellénisés annexent sous le roi Syphax les possessions de Gaia. Massinissa, le fils de ce dernier, animé par un désir de vengeance, sera le premier grand roi numide unificateur de la région qui aura pour capitale Cirta (Constantine).

Romains, chrétiens, Vandales et Byzantins

A partir du IIIe siècle av. J.-C., les Romains cherchent à prendre le contrôle de la Méditerranée en s'implantant sur les côtes de l'Afrique du Nord. La première bataille contre les Phéniciens commence en Sicile et débouchera sur une centaine d'années de tension et sur trois guerres dites « puniques » qui ne s'achèveront qu'en 146 av. J.-C., et sur la chute de Carthage. Du côté numide, le royaume qui se délitait après la mort de Massinissa passe peu à peu sous influence romaine malgré la résistance et le génie politique et militaire de Jugurtha, petit-fils de Massinissa (*voir encadré « Les rois numides »*). Mais après une guerre mémorable et la mort du chef numide, Rome dut encore attendre une centaine d'années et l'assassinat de Ptolémée, dernier roi numide, par l'empereur Caligula (42 ap. J.-C.) pour s'implanter solidement en « Ifriquia » et la mort à Auzia (24 ap. J.-C., Sour El-Ghozlane, ex-Aumale) de Tacfarinas qui dirigeait des révoltes contre l'impérialisme romain.

Au départ de Carthage et à la faveur des troubles qui agitèrent la région après le régicide, les armées romaines, souvent composées de légionnaires gaulois, occupent peu à peu les côtes d'Afrique du Nord.

Le territoire est divisé en deux provinces : la Maurétanie tingitane (actuel Maroc) et la Maurétanie césarienne qui regroupait l'Oranais, l'Algérois et la partie occidentale du Constantinois gouvernée depuis Cesarea (Cherchell). Le commandement militaire de la région toujours appelée Numidie est établi à Lambaesis (Lambèse). Les anciens comptoirs phéniciens et les villes numides se romanisent tout en conservant quelques traces numides et deviennent des cités prospères alimentées par les ressources africaines – du vin, des céréales, de l'huile ou des animaux fantastiques – qui transitent vers Rome par Hippo Regius (Annaba), Cesarea, Igilgili (Jijel), Tipasa ou Thevesti (Tebessa) et Thamugadi (Timgad).

La région est prospère et contribuera largement au développement de Rome. L'agriculture fait de grands progrès pour devenir presque intensive, l'urbanisme des cités (dont on peut observer un exemple parfaitement conservé à Timgad) suit le modèle romain et s'orne de sculptures et de mosaïques dont le style local reste unique. Mais si l'administration et le commerce romains sont florissants, les troubles persistent aux limites des provinces. En 45 av. J.-C., Arabion avait lancé quelques actions contre les colons romains mais c'est Tacfarinas qui, entre 24 et 17 av. J.-C., gagnera suffisamment de batailles à l'intérieur du pays pour oser proposer un traité de paix à l'empereur Tibère, qui refuse.

Au-delà de la bande côtière, large d'une bonne centaine de kilomètres, occupée par les Romains, la Numidie ne deviendra province indépendante de la Proconsulaire qu'en 198. Dans cette province qui fait office de tampon entre la Maurétanie et le Sahara et qui dispose de deux ports (Rusicade ou Skikda et Chullu ou Collo) fleurissent de temps à autre des révoltes dont les plus importantes arrivent en même temps que la christianisation de l'Empire romain au Ier siècle ap. J.-C.

Très tôt, deux groupes chrétiens s'opposent en Afrique du Nord. D'un côté, les partisans de Caecilianus, évêque de Carthage, sont ceux qui ont renié leur foi pendant les persécutions romaines ; de l'autre, ceux qui prônent le martyre suivent Donat, l'évêque de Numidie. Les donatistes réussissent à mettre hors jeu Caecilianus mais, en 313, l'empereur Constantin, qui venait d'instaurer la religion catholique dans l'Empire romain, prend le parti de ce dernier et déclare schismatiques les donatistes qui seront persécutés pendant une vingtaine d'années. La répression s'arrête officiellement en 321 mais recommence en 347, sur ordre de l'empereur Constant qui voulait qu'ils réintègrent l'Eglise. Les donatistes se joignent aux circoncellions, un groupe de paysans des Aurès révoltés contre le pouvoir impérial. Donat meurt en 375 mais les troubles ne cessent qu'en 380 après la publication par l'empereur Théodose de l'édit de Thessalonique, qui fait du christianisme la religion officielle de l'Empire romain. Entre-temps, en 372, Firmus, fils du roi berbère Nubel, soulève les tribus du Djurdjura et prend Caesarea. Proclamé roi, il échoue cependant à Tipasa et, pourchassé par les Romains jusque dans l'Atlas, il se suicide en 375.

Les idées diffusées par les rébellions d'ordre religieux subsistent et il suffira que l'Empire romain décline et tombe au cours des grandes invasions pour que le combat contre l'envahisseur reprenne. En 410, les Wisigoths mettent Rome à sac. Suivent les Vandales menés par Genséric qui foncent très nombreux vers l'Afrique du Nord via l'Espagne. Malgré la résistance encouragée par saint Augustin, l'évêque d'Hippone qui mourra en 430 pendant le siège de sa ville, ils finissent de s'emparer des possessions romaines et de Carthage en 439.

Les rois numides

Massinissa. A la faveur de la deuxième guerre punique, Massinissa (240 avant J.-C.), fils de Gaia, roi massylien dépossédé par le Massaessyle Syphax, choisit de se battre avec les Carthaginois d'Hasdrubal contre les Romains. Mais il doit changer de camp quand Syphax, d'abord soutenu par les Romains, se retrouve du côté carthaginois. Syphax, capturé en 203, et le Carthaginois Hannibal défait lors de la bataille de Zana, Massinissa, allié au général Scipion, récupère l'héritage de son père et devient roi d'une terre sous protectorat romain. Tite-Live nous raconte que pendant son long règne (de 203 à 148 avant J.-C.), Massinissa a unifié une grande partie de l'Afrique du Nord en organisant à partir de son palais de Cirta (Constantine) le premier Etat numide et une puissante armée, en encourageant la culture d'influence hellène, la sédentarisation des Berbères et le commerce avec les autres puissances méditerranéennes. L'extension de sa souveraineté par la prise de Carthage fut empêchée par les Romains qui redoutaient que le royaume devienne trop fort. Figure quasi légendaire de l'histoire berbère, Massinissa est mort en 148 avant J.-C. et aurait été inhumé au Medracen, un tombeau royal découvert dans les Aurès, là où était née la dynastie massyle. Il laissait trois fils qu'il avait envoyés étudier en Grèce. Gulussa et Mastanabal morts prématurément, Micipsa succéda à son père et poursuivit pendant trente ans l'œuvre de son père. Il serait enterré au Khroub, près de Constantine.

Jugurtha. A la mort de Micipsa qui avait deux fils, son neveu et fils adoptif Jugurtha ne supporta pas de voir le royaume fragilisé par son morcellement entre les trois héritiers. Le guerrier, formé en Espagne par les Romains, fit assassiner son cousin Hiempsal. Les Romains appelés à la rescousse par Adherbal, le second fils de Micipsa, exigèrent que le royaume soit partagé entre les deux hommes. Mais Jugurtha, dès qu'il le put, annexa les terres d'Adherbal et assiégea Cirta en 112 avant J.-C. Toujours peu désireux de voir un trop puissant royaume se développer en Afrique, les Romains se précipitèrent au secours du souverain de Cirta. Ce fut le début des guerres dites de Jugurtha que décrit l'historien romain Salluste. Après les campagnes des consuls Albinus, Metellus et Marius contre les cités numides, Jugurtha dut se réfugier chez les Gétules, des Berbères du sud de la Numidie. Après sept années de lutte, la chute de son royaume et la trahison de son beau-père Bocchus, roi de Maurétanie, Jugurtha fut livré aux Romains en 105 avant J.-C. et mourut en captivité au Capitole à Rome en 104 avant J.-C. La Numidie forte et indépendante, telle que Massinissa l'avait créée, n'existait plus.

Juba Ier. A la mort de Jugurtha, les Romains partagèrent son royaume entre Bocchus et le faible Gauda, à qui succéda Hiempsal II (en 88 avant J.-C.) son fils lettré. Le fils de Hiempsal, Juba Ier, animé par la volonté de restaurer le royaume de Massinissa et soutenu par Pompée, partit en campagne contre Jules César qui voulait annexer la Numidie. Il libéra Cap Bon (Tunisie) assiégé par les Romains en 49 avant J.-C. Mais en 46, Jules César débarqua lui-même en Afrique, soutenu par les rois maures Bogud et Bocchus II. Juba Ier ne put se replier vers Zama sa capitale et préféra le suicide à l'humiliation d'un emprisonnement.

Juba II. Après la défaite de son père (46 avant J.-C.), Juba II fut élevé à Rome par la sœur de l'empereur Octave. De formation littéraire, l'époux de Cléopâtre Séléné, la fille de Cléopâtre et d'Antoine, a composé une œuvre éclectique en écrivant en grec aussi bien des traités scientifiques que des pièces de théâtre dont on ne connaît l'existence que par d'autres auteurs. Placé sur le trône de Numidie par les Romains en 25 av. J.-C., il se fit explorateur et Pline raconte qu'il a découvert Madère – les îles Purpuraris où on exploitait la pourpre – et les Canaries (îles Fortunes) sur lesquelles viendra s'installer une importante colonie berbère. Homme d'art, il fit édifier Cesarea (Cherchell), une nouvelle capitale qu'il embellit de trésors de guerre et de copies de sculptures de Phidias qu'il avait découvertes en Grèce. Il relança également le commerce à partir du port de la nouvelle ville. Il est mort en 24 après J.-C. Son fils, Ptolémée, lui succéda mais l'empereur Caligula, successeur de Tibère, le fit assassiner en 42 après J.-C. pour mettre fin à la relative indépendance dont bénéficiaient les rois berbères.

Moins de vingt ans avant la fin de l'Empire romain d'Occident, l'Afrique du Nord est abandonnée aux Vandales, qui resteront près d'un siècle, par l'empereur Valentinien II. Vers 480, une révolte numide entraîne la destruction de Timgad.
En 534, les Byzantins menés par Bélisaire, chef des armées de l'empereur d'Orient Justinien Ier, s'emparent de l'Afrique du Nord qui passe pour un siècle sous la domination de Byzance. Mais les nouveaux occupants se heurtent à la même résistance berbère que leurs prédécesseurs. Affaiblis, ils ne pourront empêcher les nouvelles invasions arabes débutées en 647, et l'avènement d'une nouvelle religion à laquelle les populations adhèrent de plus en plus.

Arabes et islam

Après la mort à Médine du Prophète, en 632, Abou Bakr, le premier khalife orthodoxe, puis Orner organisent l'expansion de l'islam. Après la conquête de la Syrie, l'Irak, la Perse et l'Egypte, les troupes musulmanes s'attaquent à l'Empire byzantin qui dominait alors la Méditerranée. En 642, les côtes de la Cyrénaïque et de la Tripolitaine (Libye) passent sous domination arabe. Sous le règne d'Othman, les Arabes remportent d'autres batailles sur les Byzantins puis se laissent persuader, moyennant rançon, de se cantonner à l'est du Maghreb (du mot arabe *gharb* qui signifie autant « étranger » que « coucher du soleil » ou « exil », à côté d'autres significations plus sombres et inquiétantes qu'on retrouve dans les contes des *Mille et une Nuits*).
A partir de 650, la dynastie des Omeyyades, établie à Damas, relance la conquête du Maghreb. En 670, Sidi Oqba ben Nafi fonde la ville sainte de Kairouan, future base d'où s'élanceront les assauts contre les Byzantins. Parfois soutenue par les Byzantins, la résistance berbère s'organise autour, entre autres, du roi chrétien Kosaila et de la Kahina (*voir encadré dans « Les Aurès »*). Oqba meurt en 683 au cours d'une embuscade tendue par Kosaila dans la région de Biskra. Mais, trois ans plus tard, c'est le chef berbère qui est tué pendant la bataille de Mesus. En 692, Hassan Ibn Naaman est envoyé à la tête d'une armée pour reprendre la conquête de l'Ifriqya. En 694, Hassan reprend Carthage mais se heurte à l'armée berbère de la Kahina qui le battra à Oued Nini. Finalement, en 701, la résistance de la Kahina est vaincue : la route de l'Atlantique, atteinte en 705, est grande ouverte. Moussa Ibn Nosaïr, nommé premier gouverneur de l'Ifriqya, poursuit la politique d'islamisation maintenant défendue par les Berbères.
En même temps que la conquête du sud de l'Espagne par Tarek Ibn Zyad qui donnera son nom au rocher de Gibraltar (« djebel Tar »), apparaissent des mouvements opposés au courant sunnite dominant. Dans les années 730-740, les Kharidjites, égalitaristes et démocrates, commencent à rencontrer un certain succès auprès des Berbères.
En 750, les Abbassides basés à Bagdad prennent la relève du khalifat omeyyade et créent en Andalousie une nouvelle dynastie qui régnera jusqu'au XIe siècle à Cordoue. C'est sous leur khalifat qu'est fondé un Etat kharidjite à Tahert (Tiaret, entre Oran et Alger). Le nouveau royaume rostémide, du nom de son fondateur Abderrahmane Ben Rostem, un Persan parti de Bagdad à cause de son radicalisme kharidjite (de *kharej*, « faire sécession »), devient si prospère au centre du Maghreb qu'il est à l'origine de l'actuelle carte politique de la région. Mais en 911, ils sont chassés de leur capitale par les Chiites fatimides qui entreprennent la conquête de toute la région. Les Rostémides, repoussés vers le sud, s'établissent à Isadraten, près de l'actuel Ouargla, puis dans la vallée de l'oued M'Zab qui leur donnera le nom de Mozabites.
En 972, après avoir vaincu la résistance des Omeyyades d'Espagne, les Fatimides déplacent leur capitale de Mahdia (Tunisie) au Caire qu'ils viennent de faire tomber et d'où ils régneront sur l'Afrique du Nord pendant trois siècles. La civilisation musulmane atteint alors son apogée même si rien n'est encore stable.
Au début du nouveau millénaire, qui voit la fondation par un Sanhaja Bologhine d'El Djezaïr (Alger) sur les ruines de l'ancienne Ikossim phénicienne, une nouvelle dynastie florissante, les Hammadites, voit le jour à la Kalâa des Béni Hammad, une ville fondée en 1007 à l'est de l'Algérie par l'émir Hammad, fils de Bologhine.
En 1048, les Zirides du Maghreb central se soumettent aux Abbassides provoquant l'envoi par les Fatimides des terribles Béni Hilal qui, en s'installant en Ifriqya méridionale, coupent toute tentative des Zirides, soutenus par les Hammadites basés à la Kaâla des Béni Hammad puis à Bejaïa, de pénétrer plus avant le territoire. Ce sont finalement les Normands de Sicile qui mettront fin aux agissements zirides en 1148.
Pendant ce temps, en 1062, les Almoravides, des musulmans intransigeants originaires du Sahara occidental, ont réussi au nom de l'ordre islamique à unifier le Maghreb pour un temps. Sur la route de l'Andalousie où Tolède est tombé aux mains des Espagnols

encouragés par la première croisade européenne, les Almoravides fondent Marrakech puis Tlemcen. Très religieux, ils ont laissé un grand nombre de monuments dont la Grande Mosquée d'Alger (1096), celles de Nédroma et de Tlemcen et de ribats, des monastères-forteresses sur la côte atlantique du Maroc. A la fin du XIIe siècle, à la mort du dirigeant almoravide Ali Ben Youssef, une nouvelle puissance prend forme, menée par Ibn Toumert dit El-Mahdi, un réformateur disciple du théologien Ghazali. L'armée des Almohades (« les unitariens ») défait les troupes almoravides au Maghreb puis en Espagne. Abd El-Moumin, un chef almohade, parvient à unifier l'Afrique du Nord qu'il fait cartographier précisément en vue de lever un impôt sur les terres exploitables. Mais la taille du califat et les conflits internes lui furent fatals. Après avoir régné sur la moitié de l'Espagne et sur le Maghreb de 1147 à 1269, la dynastie berbère des Almohades est tombée, d'abord en Espagne puis en Tunisie (Hafsides, 1236), à Tlemcen (Zayanides, 1239) et au Maroc (Mérinides, 1269).

En Tunisie, les Hafsides étaient d'anciens vassaux des Almohades chargés de surveiller les nomades hilaliens présents depuis le milieu du XIe siècle. Abu Zakariya Yahia Ier, le fils du fondateur de la dynastie, fit sécession et lança ses troupes à l'assaut de l'ouest, prit Alger en 1235 et réussit à reconstituer l'ancien royaume ziride, seulement contenu par la puissance des Zayanides (ou Abdelwadides) établis à Tlemcen depuis 1235. A l'ouest, les Mérinides sont la troisième dynastie régnant sur le Maghreb. Ils avaient établi leur capitale à Fès. Les heurts sont fréquents entre les trois dynasties régnant sur le Maghreb, les Hafsides dominant peu à peu les Zayanides coincés entre deux puissances. Du XIIIe au XVe siècle, la région connaît une certaine prospérité économique et culturelle, renforcée par l'arrivée des Morisques, les musulmans espagnols, et des juifs chassés d'Espagne après 1492.

Espagnols

A la fin du XVe siècle, les Espagnols, qui ont réussi à bouter hors de leur territoire les musulmans, les poursuivent jusqu'en Afrique. En 1505, la flotte catholique s'empare de Mers El-Kebir, la grande baie proche d'Oran. Quatre ans plus tard, Oran tombe à son tour puis, en 1510, Bejaïa, Ténès, Mostaghanem, Cherchell et Dellys, à la faveur de la désorganisation des forces musulmanes.

Alger, qui avait signé un traité avec les Espagnols par lequel la ville s'engageait à contenir les attaques corsaires contre les côtes espagnoles, subissait le contrôle des catholiques installés dans leur forteresse de Peñón de Argel édifiée sur un îlot de sa baie (l'actuelle Amirauté).

En 1512, Aroudj, l'un des frères Barberousse, reprend aux Génois la ville de Jijel et tente de chasser les Espagnols de Bejaïa avec l'aide des habitants. Blessé au cours de la bataille, il meurt en 1518 près de Tlemcen. En 1533, son frère Kheir Ed-Din reçoit du sultan Soliman II le Magnifique le titre d'amiral en chef de la flotte ottomane, chargé de mener la guerre contre Charles Quint, roi d'Espagne et de Naples et chef des « infidèles ».

En 1535, après la malheureuse bataille de Preveza au cours de laquelle les Espagnols avaient été défaits, la flotte de Charles Quint reprend la région de Tunis alors aux mains de Kheir Ed-Din et achève de soumettre la dynastie hafside. La domination espagnole semble effective mais elle se limite aux côtes de la Barbarie (déformation de Berbérine, pays des Berbères). L'intérieur des terres est constitué de plusieurs petits royaumes peu puissants mais souvent prêts à se rebeller contre l'envahisseur.

En 1541, Charles Quint, déjà humilié par Kheir Ed-Din en 1518 à Alger, organise une expédition punitive contre Alger, refuge connu des corsaires ottomans. L'Armada, composée de 65 galères et de 451 navires de transport, arrive devant Alger le 19 octobre et débarque sur la plage d'El-Hamma le 23. La résistance de la cité, dirigée par Hassan Agha le successeur de Kheir Ed-Din à la tête de la Régence d'Alger, est vive mais Charles Quint parvient cependant à installer son commandement sur les hauteurs de la ville à l'emplacement de l'actuel fort l'Empereur. Le 26, profitant de la violente tempête qui avait déjà anéanti une partie de la flotte espagnole, les Algériens reprennent confiance et, aux côtés des soldats de l'Odjqa (administration ottomane), se défendent farouchement. Les canons se déchaînent contre les navires toujours à flot. Fin octobre, Charles Quint ordonne le repli à ses troupes qui ont perdu près de 20 000 hommes.

Les Espagnols, affaiblis par les revers militaires en Méditerranée et par le départ des Morisques et des juifs qui faisaient souvent partie de l'élite intellectuelle, subissent bientôt d'autres revers. A la fin du XVIe siècle, les musulmans restés en Espagne se révoltent dans la province de Grenade, soutenus par leurs coreligionnaires d'Afrique du Nord animés par un désir de vengeance.

Ottomans

L'Empire ottoman s'est constitué à partir du XIVe siècle lorsque des Turcs d'Asie centrale chassent les Seldjoukides puis les Byzantins et s'emparent de Constantinople (1453) qu'ils renomment Istanbul, ou la Sublime Porte. Le nouvel empire qui s'agrandit de l'Egypte et de la Syrie est bientôt qualifié d'Ottoman, du nom du sultan Othman.

Au début du XVIe siècle, les frères Barberousse, Aroudj (vers 1474-1518) et Kheir Ed-Din (vers 1476-1546), qui ont commencé leur carrière de corsaires au service des musulmans d'Espagne en les aidant à passer au Maghreb, s'illustrent dans la guerre économique que se livrent les différentes puissances méditerranéennes. Amenés à repousser les attaques catholiques sur les côtes d'Afrique du Nord, ils sont appelés à la rescousse par Alger. En 1518, Kheir Ed-Din est nommé pacha d'Alger, le premier d'une domination qui durera trois siècles.

Le territoire est dirigé par les janissaires, une sorte de milice turque également appelée Odjak ou Tafias. De cette corporation sont issus presque tous les beylerbeys, les aghas et les deys qui administreront la Régence d'Alger jusqu'à l'arrivée des Français en 1830. Alger et la côte deviennent une province gérée par un pacha ou dey, vassal du sultan d'Istanbul. Le reste du pays est divisé en trois beylicats aux frontières fluctuantes. Nommés par les deys, qui ont autorité sur eux, les beys bénéficient d'une relative autonomie. L'intérieur du pays, les hauts plateaux et le désert, qui intéressent moins les Ottomans sont laissés entre les mains de petits chefs locaux et de confréries religieuses qui, de temps en temps, se soulèvent contre le pouvoir turc.

Après la défaite à la bataille de Lépante (Grèce) en 1571, la Régence d'Alger perd peu à peu le contact avec le sultanat, contact rendu difficile par les accrochages incessants avec les forces chrétiennes en Méditerranée. Aux XVIIe et XVIIIe siècles, forte de sa relative autonomie, elle s'enrichit et gagne en puissance. Sa flotte est considérable et pousse les incursions jusqu'aux côtes anglaises, prenant même un temps le contrôle de la navigation dans l'Atlantique nord. Irrité par cette puissance, Louis XIV tente même de gagner sa part en envoyant des troupes prendre Jijel en 1664, mais l'expédition menée par de Beaufort échoue et la France doit signer un traité de paix avec le dey d'Alger en 1666.

Au XVIIIe siècle, Alger est une ville de corsaires qui s'est considérablement développée, comptant plus de 100 000 habitants dont beaucoup, captifs pris par les corsaires ou anciens captifs rachetés, sont originaires des quatre coins de la Méditerranée. Les autres puissances de la Méditerranée doivent lui payer de fortes rançons pour faire revenir leurs citoyens pris pendant des raids et assurer la sécurité de leurs bateaux.

Français

Au début du XIXe siècle, en 1814, après la mort du dey d'Alger, Mohammed Ibn Othman, qui avait fortifié la ville et fait de la flotte algérienne une force redoutable, les Etats européens décident au congrès de Vienne de reprendre le contrôle de la Méditerranée, de l'en débarrasser des pirates et d'obtenir la fin de l'esclavage. En 1815, les Etats-Unis tentent d'imposer leur autorité en envoyant une escadre navale devant Alger. Un an plus tard, les Anglais alliés aux Hollandais, commandés par lord Exmouth et l'amiral hollandais Van Cappellan, bombardent Alger du port où ils ont réussi à pénétrer. Devant la menace devenue réelle, Ali Khodja, le dey d'Alger, transfère le siège du gouvernement des palais de la Jenina à la forteresse de la Casbah.

Le 30 avril 1827, Pierre Deval, le consul de France, rencontre le nouveau dey Hussein dans la salle d'audience de la forteresse pour régler, entre autres, une affaire d'argent et de dettes dues par la France depuis 1798 à des banquiers juifs algériens. Hussein, offensé par la démarche, assène à l'envoyé un coup d'éventail aux graves répercussions. La France se fâche et, soucieuse également d'empêcher les Anglais de prendre trop de place en Méditerranée, exige excuses et réparations. Le dey refuse, la France entame le blocus des côtes, le comptoir français de La Calle (El-Kala, à l'est d'Annaba) est détruit par les Algériens… Les politiques se déchaînent à Paris, les uns demandant une intervention immédiate, les autres prônant le blocus.

En juillet 1829, le dey, encouragé par les Anglais, fait donner du canon contre un navire français, mais les autorités parisiennes refusent toujours d'intervenir. Après quelques tentatives de conciliations et l'échec des pourparlers avec l'Egyptien Mehemet Ali, héritier de la Sublime Porte, le Conseil des ministres de Charles X annonce en mars 1830 un débarquement sur les côtes algériennes. Il s'agissait alors de venger l'offense faite à la France, sans intention

Pour en savoir plus sur l'Algérie précoloniale et les débuts de la colonisation française

- ***Abdelkader*** de Smaïl Aouli, Fayard, 1994.
- ***Abdelkader*** de Bruno Etienne, Hachette Littératures, Pluriel, 2002.
- ***Abdelkader le magnanime*** de Bruno Etienne et François Pouillon, Découvertes Gallimard, 2003.
- ***L'Algérie à l'époque d'Abdelkader*** de Marcel Emerit, Bouchène, 2003. Réédition.
- ***Ecrits spirituels d'Abdelkader***, Point Seuil.
- ***L'Afrique antique, histoire et monuments*** d'André Laronde et Jean-Claude Golvin (dessins), Taillandier, Historia.
- ***Histoire de l'Algérie contemporaine, la conquête et les débuts de la colonisation : 1827-1871*** de Charles-André Julien, PUF, 1986.
- ***Histoire de la France coloniale, des origines à 1914***, tome 1 de Jean Meyer, Colin, 1991.
- ***Histoire contemporaine du Maghreb : de 1830 à nos jours*** de Jean Ganiage, Fayard, 1994.
- ***L'Algérie des origines à nos jours*** de Jean-Jacques Jordi, Autrement Jeunesse, 2003.
- ***L'Algérie des Algériens : de la préhistoire à 1954*** de Mahfoud Kaddache, Paris-Méditerranée, 2003.
- ***La Maison de lumière*** de Noureddine Saadi, Albin Michel, 2000. Un agréable roman autour de la construction d'Alger.

officielle de colonisation. Le ministre de la Guerre et commandant en chef des armées, le controversé général de Bourmont, fait préparer 103 navires de guerre, 347 bateaux de commerce pour un corps expéditionnaire de 37 612 hommes, comptant alors sur la défection d'Istanbul et sur les protestations formelles des Anglais qui croyaient Alger encore invincible.
Le 10 juin 1830, la flotte française quitte Palma de Majorque où elle avait fait escale et met le cap sur la baie de Sidi-Ferruch (Sidi-Fredj, à 25 km à l'ouest d'Alger), assez peu défendue. Le débarquement commence le 14 juin mais les opérations militaires sont remises à plus tard du fait du retard pris par une partie de la flotte.
Entre le 28 juin et le 4 juillet, l'armée avance rapidement et, le 5 juillet 1830, après les batailles de Staouéli, Chrafa et El-Biar, le dey capitule et accepte que les Français occupent les forts et la Casbah à condition que lui, sa famille et les janissaires (miliciens turcs) puissent se retirer sans dommages et que la population et la foi musulmane soient respectées. Le 15 juillet, l'Algérie avait cessé d'être sous domination turque.
Les troupes de de Bourmont continuent d'avancer vers la Mitidja et se heurtent le 23 juillet aux troupes du bey Mustapha Bou Mezrag sur la route de Blida. Le 26 juillet, alors que se déroulent à Paris les Trois Glorieuses qui mettront fin au règne de Charles X, Bône (Annaba) et Bougie (Bejaïa) se soumettent. Le 27, les Français débarquent à Mers El-Kebir et entament des pourparlers avec le bey d'Oran. Mais à Paris le gouvernement a changé, Louis-Philippe est monté sur le trône de France avec l'aide d'Adolphe Thiers. Le 12 août 1830, de Bourmont, qui avait été nommé maréchal de France avant la destitution de Charles X, est remplacé par le général Clauzel. Le gouvernement français, peu décidé à conquérir l'Algérie, recommande juste de liquider l'autorité turque qui régnait sur 3 millions d'habitants. C'est alors qu'entrent en scène les Marocains qui veulent profiter de la situation pour s'étendre vers l'est. Leur tentative de prise de Tlemcen favorise la reconnaissance par la population de l'émir Abdelkader, fils du Mahdi (« envoyé du Prophète ») Ed-Din, le représentant d'un mouvement maraboutique appelé à la rescousse par Hassan, le bey d'Oran. Le 4 janvier 1831, la brigade Damrémont occupe Oran et le général Clauzel remplace le bey Hassan, qui s'enfuit vers Alexandrie puis à La Mecque, par le prince tunisien Achmet.

L'émir Abdelkader

Abdelkader est né en 1807 dans le village d'El-Qaïtana, près de Mascara. Fils de Mahdi Ed-Din, un chef soufi influent, il apprend dès son plus jeune âge le Coran, la langue arabe, l'histoire et la géographie au contact des hôtes de la zaouïa de son père. A 18 ans, il suit son père en pèlerinage à La Mecque, à Médine et à travers le Moyen-Orient.

En 1830, à l'arrivée des Français, il participe à la défense d'Oran. Son père le fait proclamer émir (chef) le 21 novembre 1832 par les tribus de l'ouest. Combattant autant les Français que les derniers Turcs établis à Tlemcen et à Mostaghanem, il accepte de signer le 26 février 1834 un traité avec le général Desmichels qui le lui accorde, entre autres, le titre de Commandeur des Croyants (Emir El-Moumenin) ce qui lui permet d'étendre son influence jusque dans la région d'Alger. En 1835, Trézel, le successeur de Desmichels, s'emploie à dénoncer l'accord de l'année précédente, ce qui relance les hostilités. Mais les défaites de Mascara et de Tlemcen font douter les alliés de l'émir qui appelle à la guerre sainte (djihad). En appelant les musulmans à combattre les infidèles, il réussit à réunir de nouvelles troupes et à infliger quelques défaites aux Français, notamment au camp de la Tafna. En juillet, on le croit enfin écrasé à Sikkak. Mais en gênant le ravitaillement des troupes françaises par les tribus locales, il parvient à restaurer son prestige, suffisamment pour que le futur maréchal Bugeaud soit envoyé par le gouvernement de Louis-Philippe pour négocier. Devant la menace grandissante d'Abdelkader à l'ouest et suite à l'échec de la première expédition contre Constantine (1836), on propose à l'émir le traité de la Tafna qui sera signé le 30 mai 1837. Par ce traité, l'émir Abdelkader obtint la reconnaissance de son autorité sur d'importants territoires et en profita pour organiser un Etat (impôts, justice, instruction et commerce) et renforcer son armée. Il fit même construire des manufactures d'armes à Médéa, Miliana et Mascara. Mais, en novembre 1839, alors qu'il doutait encore de la sincérité des Français, il prit comme prétexte le passage de la colonne du duc d'Orléans par le défilé des portes de fer pour relancer les hostilités et appeler au djihad.

Bugeaud, nommé gouverneur général de l'Algérie en 1840, choisit la manière forte en prenant systématiquement en tenaille les positions des partisans d'Abdelkader et en leur ôtant tout soutien logistique. « *Anéantir tout ce qui ne rampera pas à nos pieds comme des chiens* » écrit en mars 1843 de Montagnac.

Cette terrible politique de terre brûlée devant conduire à la défaite totale de l'émir, le duc d'Aumale, quatrième fils de Louis-Philippe, et le général Yusuf sont envoyés en mai 1843 à la poursuite de la Smala, l'ensemble des campements partisans de l'émir. Abdelkader se réfugie au Maroc et revient en 1845 à la faveur d'une insurrection algérienne préparée depuis son exil. Il écrase la colonne de de Montagnac à Sidi-Brahim mais, après la défaite d'Isly face à Bugeaud, il doit retourner au Maroc qui supporte de plus en plus mal sa présence dangereuse pour le sultanat. Acculé, l'émir Abdelkader se rend au général Lamoricière le 23 décembre 1847.

En février 1848, la chute de la monarchie de Juillet entraîne la création d'un gouvernement provisoire républicain. L'émir Abdelkader est emmené prisonnier en France. Après quatre ans de captivité à Toulon puis au château d'Amboise, sa liberté lui est rendue en octobre 1852 par le nouveau prince-président Louis-Napoléon qui lui propose de partir pour Brousse en Turquie tout en rendant « *justice à* [son] *courage, à* [son] *caractère, à* [sa] *résignation dans le malheur.* […] *ayant pleine foi dans* [sa] *parole* ».

De Brousse puis de Damas où il vivra jusqu'à sa mort, il a plusieurs fois l'occasion de tenir sa promesse de fidélité à la France, comme pendant les émeutes antichrétiennes qui agitent Damas en 1860. Appelant à l'aide les anciens fidèles qui l'avaient suivi, il aurait réussi à sauver plus de 12 000 chrétiens dont des dignitaires français en poste en Syrie. Au cours d'un voyage en France en 1865, il reçoit le grand cordon de la Légion d'honneur. Pendant la guerre de 1870, il appelle les Algériens qui osent encore se rebeller contre la France à mettre fin à leurs exactions et à soutenir l'effort de guerre. Après sa mort survenue le 26 mai 1883, son image a très rapidement été exploitée par les autorités françaises qui tenaient sa « conversion » pour l'exemple à suivre par les populations d'Afrique du Nord. Mais plus qu'un homme politique, chef militaire et religieux intègre, l'émir Abdelkader était aussi un homme de lettres, un philosophe et un poète idéaliste vers la fin de sa vie marquée par une grande piété proche de l'ascétisme. « *Si les musulmans et les chrétiens me prêtaient l'oreille, je ferais cesser leurs divergences et ils deviendraient frères à l'extérieur et à l'intérieur* » …

Mais Paris hésitant toujours, les effectifs militaires sont réduits, les généraux se succèdent – Berthezène, le duc de Rovigo et Voirol en moins de deux ans – et la situation devient confuse.
En avril 1831, le sultan Abderrahmane du Maroc profite du départ d'Achmet pour reprendre du terrain avec l'aide des tribus Douair et Smela. Mahdi Ed-Din, le père d'Abdelkader, est nommé khalife du sultan du Maroc. A partir d'août 1831, les Français dirigés par le général Boyer reprennent l'avantage à l'ouest, poussent Abderrahmane et Mahdi Ed-Din à renoncer à leurs pouvoirs et occupent Arzew et Mostaghanem. Annaba est reprise en 1831, Bejaïa en 1833, mais les rivalités entre tribus, chefs de guerre et marabouts influents, compliquent l'avancée des Français.
En mai 1832, Mahdi Ed-Din qui avait réuni autour de lui des tribus de l'ouest et proclamé le djihad (guerre sainte) attaque Oran sans beaucoup de succès. Il est lâché par ses partisans qui lui préfèrent son fils Abdelkader, nommé émir avant son entrée dans Mascara, au sud-est d'Oran.
En avril 1833, le général Boyer est remplacé par le général Desmichels qui réussira à entrer en contact avec l'émir Abdelkader et à lui faire accepter un accord en février 1834. Mais la précipitation de Desmichels au moment de rédiger le traité et un problème de traduction et de notes préliminaires qui avaient été prises au sérieux par Abdelkader fera capoter l'accord dénoncé par l'émir. A Paris, l'opinion est circonspecte : on ne voit pas bien l'intérêt de poursuivre les efforts, coûteux, d'occupation. Une commission d'enquête composée de parlementaires et de militaires et dirigée par Hippolyte Passy se rend en Algérie pour finalement recommander de rester en Afrique du Nord, au moins pour l'honneur de la France…
Le 22 juillet 1834, une ordonnance royale nomme Drouet d'Erlon premier gouverneur général des « possessions françaises dans le nord de l'Afrique », chargé d'organiser l'occupation de la seule bande côtière en entretenant les meilleures relations possibles avec les chefs de l'intérieur. Le terme Algérie n'apparaît dans les textes officiels qu'en 1838.
De l'autre côté du territoire, Ahmed, le dernier bey de Constantine, abandonne la ville mais il résistera encore une dizaine d'années dans les montagnes des Aurès. Des soulèvements plus ou moins importants auront encore lieu en 1849, 1851, 1859, 1860, 1864 et en 1871, la plupart en Kabylie, au sud d'Oran, au sud de Constantine et dans les Aurès.

Colonisation française

En 1830, les plans politiques et militaires ne prévoyaient pas la colonisation de l'Algérie qui n'intéressait pas les Français.
« *La colonisation est une chose absurde, point de colons, point de terres à leur concéder, point de garanties surtout à leur promettre. Il faut réduire les dépenses à leur plus simple expression et hâter le moment de libérer la France d'un fardeau qu'elle ne pourra et qu'elle ne voudra porter plus longtemps* », disait le député Dupin en 1834.
Bresson, l'un des premiers administrateurs civils, pensait également que la colonisation ne pouvait être qu'un rêve. Il apparaît très vite que la France reste en Algérie parce qu'elle ne peut en sortir. Pourtant, dès les toutes premières années de la présence française, principalement militaire, des hommes ont gagné les récentes possessions. Il s'agissait souvent d'aventuriers en quête de meilleure fortune, de spéculateurs fonciers mais aussi, souvent, de gens qui devaient refaire leur vie ou échapper aux autorités métropolitaines. Proches des bases militaires, les plaines littorales ont été les premières convoitées par ces colons qui n'avaient pas tous une expérience agricole.
A quelques kilomètres seulement d'Alger, ils ont trouvé la Mitidja, une plaine marécageuse, infestée de moustiques et donc de malaria, inculte.
« *Pendant longtemps, on a dit d'un visage rendu par la fièvre : c'est une figure de Boufarik. Ce point avait une telle réputation d'insalubrité que les militaires ou les voyageurs qui étaient obligés de le traverser, le faisaient le plus rapidement possible, en se voilant le visage ou en se bouchant le nez, dans la crainte d'aspirer son air pestilentiel.* »
La mortalité y est très élevée, les fonctionnaires envoyés sur place, s'ils ne meurent pas rapidement, reviennent très vite les uns après les autres de cet enfer. Le maréchal Bugeaud lui-même meurt en 1849 du choléra.
« *Au-delà est l'infecte Mitidja. Nous la laisserons aux chacals, aux courses des bandits arabes, et en domaine à la mort sans gloire. Nous y trouvons Boufarik, Blida, qui sont de grands inconvénients militaires. Des plaines telles que celles de Bône, de la Mititdja et tant d'autres, sont des foyers de maladies et de mort. Les assainir ? On n'y parviendra jamais…* », écrivait en 1841 un certain Duvivier, qui préconisait de limiter l'occupation française au Sahel, soit à une étroite bande côtière.

La pénétration saharienne

Après la mise sous protectorat du M'Zab en 1853 et l'achèvement de la conquête de la région de Laghouat et de Touggourt en 1854, les troupes allaient-elles continuer vers le sud ou non ? On commençait alors tout juste à s'intéresser au centre de l'Afrique dont revenaient des explorateurs forts de découvertes fascinantes. Le gouverneur Faidherbe étant bien installé au Sénégal, on projette rapidement d'atteindre le Sénégal, la boucle du Niger et le lac Tchad au départ de l'Afrique du Nord. La nécessité de mettre fin aux rezzous des nomades du sud est l'occasion de retrouver la route du Soudan et les voies commerciales entre la Tripolitaine et le sud marocain. Les bonnes relations entretenues avec Si Hadza Ben Ed-Din, le bachagha des Oulad Sidi Cheikh, permettent de suivre la route des oasis au sud de la province oranaise. A l'est, la région de l'oued Rhir et El-Oued investie par des planteurs européens est le point de départ d'expéditions à but économique vers Ghadamès et Ghat en actuelle Lybie. Des voyageurs indépendants suivent leurs propres routes. Parmi eux, Rohlfs, un ancien légionnaire, rejoint la Tripolitaine à partir du Tafilalet marocain et Duveyrier, qui est le premier à entrer en contact avec les Touareg. Protégé par le cheikh des Iforhas et l'amenokhal des Kel Ajjers, il montre que le Sahara n'est pas une barrière infranchissable et recueille des informations précieuses pour les futures expéditions.

Dans les années 1860 à 1870, en pleine insurrection des tribus sahariennes, l'exploration du grand désert prend un tour spirituel avec la création, par l'idéaliste cardinal Lavigerie, de l'ordre des Pères blancs toujours présent en Afrique. Les missionnaires, ou soldats du Christ, devaient précéder les armées en « instruisant » les populations mais leur prosélytisme s'est très vite heurté à l'autorité des marabouts. L'assassinat de plusieurs prêtres, plutôt que de décourager la conquête, a contribué à exciter l'imagination populaire et lancé sur leurs traces nombre d'explorateurs et de militaires. Ayant très vite renoncé à la propagande, les Pères blancs se sont consacrés à des œuvres de charité et d'éducation, aux côtés des Sœurs blanches, et à l'étude de leur nouvel environnement.

La guerre franco-prussienne de 1870 et ses suites n'ont pas ralenti les rêves de conquête et de richesses promises au-delà du Sahara. La IIIe République ayant besoin de projets fédérateurs, on lança l'idée d'un chemin de fer qui relierait les possessions françaises en Afrique. Mais le tracé arbitraire du Transsaharien n'est resté qu'une ligne sur les plans d'étude et la voie ferrée n'a jamais dépassé Biskra ou Djelfa, à une centaine de kilomètres au nord de Laghouat.

Les difficultés matérielles et humaines étaient trop nombreuses, la précipitation trop grande – on voulait poser les voies en même temps qu'on en découvrait le tracé – et l'échec de la mission Flatters en février 1881 porta un coup fatal au projet. Cette mission, commandée par le lieutenant-colonel Paul Flatters avait déjà réussi la percée de la ligne Ghadamès-Temassinine-El-Goléa et devait au cours de cette seconde mission rejoindre le Soudan par l'est du Hoggar mais le groupe a été arrêté lors d'une embuscade tendue par des Touareg qui leur reprochaient d'avoir traversé leurs terres sans permission. 96 hommes ayant été tués, le retentissement a été important en France et la pénétration du Sahara ralentie. Il faudra attendre presque une vingtaine d'années pour retrouver la route du Sud et des hommes comme Foureau ou Lamy.

A partir de 1898, les pays bordant le Sahara sont à peu près tous reconnus et le but à atteindre par tous est le lac Tchad. Trois grandes missions sont organisées dont une au départ de l'Algérie dirigée par Foureau et Lamy, certains qu'une organisation militaire légère mais très encadrée d'une petite troupe de 300 hommes suffirait. Les deux autres missions partirent l'une de Dakar, l'autre de Libreville et tous, après de grandes difficultés, se retrouvèrent en avril 1900 au lac Tchad.

A la suite de la mission Foureau-Lamy, le Tidikelt, le Touat et le Gourara sont entièrement occupés, dessinant une ligne de postes joignant Colomb-Béchar à l'ouest à Ouargla au centre-est.

En 1902, le lieutenant Cottenest accompagné d'une centaine de « goumiers » (méharistes supplétifs recrutés localement) reconnaît rapidement le Hoggar, avant de battre un groupe de Touareg à Tit, au nord de Tamanrasset. Reste à s'installer plus durablement. C'est ce que se proposent de faire le Lyautey ou le commandant Laperrine, aidés par la création en 1902 d'un nouvel organisme administratif, les Territoires du Sud algérien, qui doit gérer les énormes dépenses entraînées par la conquête et empêcher les abus de pouvoir de petits chefs militaires isolés. On prévoyait que des villes comme Biskra, Touggourt, Laghouat ou Méchéria, des centres agricoles rentables situés aux confins nord de la nouvelle zone administrée, apporteraient par les impôts prélevés une source de revenus nécessaires à l'entretien du Grand Sud beaucoup plus pauvre.

Le général Lyautey, futur maréchal, est envoyé au sud de l'Oranais en 1903 par M. Jonnart alors gouverneur général. Investi de pouvoirs étendus, le saint-cyrien, issu d'une famille militaire de Lorraine, s'emploie dès son arrivée à organiser la présence française par des actions politiques visant à gagner la confiance des chefs de tribus autrefois rebelles et par la création de postes judicieusement situés, dont Colomb-Béchar est le meilleur exemple.

A partir de 1907, la situation pour le moins instable au Maroc pousse la France à faire des incursions dans ce pays depuis l'Algérie. C'est l'occasion des premiers pas marocains du général Lyautey qui occupe Oujda puis une bonne partie de l'est marocain. En avril 1912, il est nommé par décret Résident général au Maroc, ce qui lui donne quasiment les pleins pouvoirs dans un pays où il développera avec un certain succès les actions entreprises en Algérie.

Dans le même temps, plus à l'est, le capitaine Laperrine entamait d'une façon différente une campagne qui promettait beaucoup. Le capitaine qui s'était déjà illustré au Soudan par de nombreuses percées victorieuses connaissait assez bien le monde touareg et n'avait de cesse de rencontrer les Kel Hoggar sur leurs terres. En 1898, il est nommé à la tête de l'escadron de spahis sahariens méharistes à El Goléa. Il crée des corps de méharistes indigènes recrutés parmi les nomades. Les cadres de ces troupes plus mobiles et moins coûteuses, des officiers français bien formés, administrent eux-mêmes les territoires et les tribus avec lesquelles Laperrine préconise le plus de relations amicales possible. Ce qui réussit très bien avec Moussa Ag Amestane (1867-1921), l'amenokhal des Kel Hoggar, et les Kel Rela de l'Adrar.

A l'est et plus au sud, d'autres missions ont réussi (Touchard, Theveniaux, Venel, Nieger...) mais ce sont celles de Laperrine qui ont le plus marqué, notamment grâce à son amitié avec un ancien soldat, le père de Foucauld, venu se retirer sur les rives de l'oued Tamanrasset au sud-est du massif du Hoggar. En hommage au militaire, la ville qui s'est développée à l'endroit où vivait le saint homme, la future Tamanrasset, et, à proximité, le pic Ihaghen ont porté le nom du capitaine jusqu'en 1962.

Après la Grande Guerre et au début des années 1920, l'administration marque le pas, préoccupée par les problèmes de sécheresse qui frappent les populations du sud. En 1922, la première traversée du Sahara en automobile est un succès. D'autres expéditions suivent et balisent les grandes pistes vers le Niger et le Mali (Estienne, Berliet...). Les « actualités » des salles de cinéma montrent les prouesses de la fameuse Croisière noire des autochenilles Citroën partie de (Colomb-) Béchar et qui doit rallier le sud du continent.

Au début des années 1930, le Sahara est à nouveau l'objet d'enthousiastes projets de développement.

Mais la plupart des colons qui avaient tout quitté pour venir ici se sont accrochés, ont drainé les marais et, signe qu'ils comptaient rester, ont construit des maisons en dur, bientôt rejoints par des Maltais, des Siciliens, des Sardes, des Catalans des Baléares, des Napolitains ou des Andalous qui ont apporté avec eux leur expérience du climat et des difficiles conditions de vie. Il faudra cependant travailler dur une vingtaine d'années pour que les terres deviennent cultivables. Au recensement de 1886, il y avait en Algérie presque autant de Français de souche que de colons d'origine étrangère. Les terres sur lesquelles vivaient des familles arabes et kabyles et où paissaient leurs troupeaux mais dont la propriété n'était pas établie par l'administration française étaient réquisitionnées et attribuées par lots aux colons, souvent après tirage au sort. Les familles autochtones devaient alors payer un fermage pour rester, ou partir plus au sud et, souvent, se regrouper pour agir contre le colonisateur.

Pendant ce temps-là, les militaires continuent d'avancer, malgré la résistance de l'émir Abdelkader, définitivement vaincu après la victoire du général Bugeaud à l'Isly en 1844, et d'Hadj Ahmed Bey, en fuite après la chute de Constantine en 1837. En 1854, les Français s'emparent de Laghouat et de Touggourt aux portes du Sahara. En 1857, la conquête de la Kabylie est achevée par le général Randon qui laisse aux Kabyles certaines de leurs institutions et une relative autonomie locale après une période désolante dominée par la résistance menée par l'héroïque Fadhma N'Summer.

En 1860, Napoléon III, éclairé par les aspirations saint-simoniennes, débarque en Algérie pour se rendre compte sur place de la possibilité de création d'un « *royaume arabe* », une sorte de protectorat autoritaire mais « *bienveillant* ». L'empereur des Français se proposait d'être le sultan des musulmans. Résultat : les colons furent tenus de s'installer dans des espèces de réserves, des terres désignées, le reste du territoire, le « *royaume arabe* », devant se débrouiller seul. Dans le même esprit, on prévoit que l'Algérie doit être gérée directement de Paris.

Le ministère de l'Algérie est confié au cousin de l'empereur, le prince Napoléon, qui échoue dans cette tâche impossible. En 1830, quand les Français ont débarqué près d'Alger, il y avait d'un côté les dirigeants turcs, de l'autre les paysans arabes et berbères. Il n'y avait pas en Algérie de classe dirigeante locale ni de bourgeoisie, contrairement à la Tunisie et au Maroc, et la colonisation n'a fait qu'amplifier cette « fracture sociale ».

La venue de l'empereur est l'occasion de plans de développement de l'Algérie. Les architectes se battent pour faire d'Alger une véritable capitale, inaugurant une série de grands projets d'urbanisme qui en feront l'une des premières villes « *modernes* ». En 1863, on y installe un gouvernement militaire. En 1865, l'impératrice Eugénie fait le voyage pour y inaugurer le boulevard qui porte son nom en front de mer.

Sous le Second Empire, le territoire algérien est rattaché à la France et divisé en trois départements – l'Algérois, le Constantinois et l'Oranais –, et est l'objet de nombreuses réformes administratives (préfectures et sous-préfectures) et d'un peuplement de plus en plus intense. La guerre de 1870 et ses suites sont l'occasion de l'arrivée de plus de 130 000 colons, dont des communards mais aussi des Alsaciens et des Lorrains chassés par le rattachement de leur région à la nouvelle Allemagne.

En 1871, de nouvelles réformes sont introduites comme le remplacement de l'autorité par une autorité civile unique. Le décret Crémieux, publié en 1871, naturalise en masse les juifs d'Algérie, ce qui ne manque pas de provoquer l'indignation des musulmans relégués à une citoyenneté de seconde zone. Ils n'ont que le droit de partir à la guerre... Alors que les effectifs militaires ont baissé, rappelés en Europe pour la guerre, la Kabylie se soulève, en janvier 1871, entraînée par une mutinerie de spahis qui refusaient de s'embarquer pour Marseille. En quelques jours, 150 000 Kabyles appelés au djihad par le cheikh Haddad se retrouvent dans la plaine de la Mitidja. Opposant la rapidité et la force de feu des nouveaux matériels militaires au fusil à pierre des rebelles, le mouvement est durement réprimé en juillet. Les hommes faits prisonniers, s'ils échappent à la condamnation à mort, sont déportés en Nouvelle-Calédonie avec les Communards parisiens.

En 1881, la publication du « code de l'indigénat » autorise les autorités coloniales à sanctionner les Algériens en dehors du droit commun et consacre une citoyenneté de seconde zone. En 1889, les Français nés en Algérie sont automatiquement naturalisés.

La politique d'expansion continue et, en 1882, les Français occupent le M'Zab à 600 km au sud d'Alger. Les années suivantes sont consacrées au renforcement de la présence coloniale et militaire. En 1898, on crée à Alger une espèce de parlement, les Délégations financières, qui apporte à l'Algérie une plus grande autonomie. Au progrès matériel et à la construction d'infrastructures (routes ou voies ferrées), l'administration coloniale oppose les habituelles injustices (confiscation des terres, mosquées remplacées par des églises ou négation de la culture locale) dispensées au nom de la civilisation.

Au début du XXe siècle, le Grand Sud est en voie de « pacification ». L'Afrique du Nord est bientôt totalement sous domination française – la Tunisie depuis le traité du Bardo en 1881, le Maroc lors de la convention de Fès en 1912. L'Algérie, décrite par les peintres et les écrivains (Eugène Fromentin, Guy de Maupassant, etc.) attire la bonne société métropolitaine qui vient y séjourner, pour s'imprégner d'Orient, se refaire une santé ou partir à l'aventure.

Le temps des revendications

Cependant, quelques émeutes viennent de temps en temps troubler la tranquille assurance coloniale. En 1910, c'est par exemple un mouvement de résistance à la conscription obligatoire instaurée après la guerre de 1870 qui agite plusieurs régions d'Algérie.

Mais pendant la Première Guerre mondiale, les troupes algériennes sont composées de colons, de fils de colons et de tirailleurs algériens. Près de Mascara, à l'ouest, les Béni Chougrane prennent les armes, refusent de partir en Europe et se battent contre les troupes françaises ; dans le Constantinois, des fermes sont attaquées ; au sud-est, les Sénoussites se soulèvent – le père de Foucauld sera assassiné le 1er décembre 1916 au cours de l'une de leurs actions – et dans les Aurès, on libère des conscrits en attaquant des convois militaires français. En 1918, l'administration envoie le général Laperrine mater l'insurrection des Touareg du Hoggar.

En 1919, un décret propose la nationalité française aux Algériens qui renieraient l'islam. Si 20 000 Algériens cèdent, l'apostasie est inacceptable pour les autres, dont les Jeunes Algériens, un mouvement né quelques années plus tôt et animé par l'émir Khaled, petit-fils d'Abdelkader. Le groupe est composé d'hommes de lettres et d'intellectuels qui ont bénéficié de l'enseignement dispensé par l'école républicaine. Il réclame l'égalité des devoirs et des droits entre les métropolitains et les habitants de l'Algérie.

En 1926, Ahmed Messali Hadj crée l'Etoile nord-africaine dont les sections clandestines réclament l'indépendance, de la même façon que le parti communiste algérien (PCA). Ce groupe plusieurs fois dissous deviendra en 1937 parti populaire algérien (PPA, dissous en septembre 1939), en 1945 Mouvement pour le triomphe des libertés démocratiques (MTLD) et, en 1954, Mouvement national algérien (MNA). Ce mouvement a été l'un des premiers à faire de la résistance anticoloniale rurale une lutte politique urbaine.

Dans le même temps, alors que le gouvernement célèbre en grande pompe le centenaire de l'Algérie, un courant de pensée réformiste qui s'inspire des frères musulmans égyptiens aboutit en mai 1931 à la création de l'Association des oulémas musulmans algériens. Ce mouvement, regroupé autour des cheikhs Abdelhamid Ben Badis et Bachir Ibrahimi, d'abord religieux et moral, revendique peu à peu l'indépendance de leur pays mais « avec l'aide de la France ». Il demande également le « nettoyage » de l'islam des superstitions et du maraboutisme, dont on dit qu'ils ont été encouragés par l'administration coloniale. Leur première action importante sera l'ouverture, en 1939, de 233 medersas dans toute l'Algérie, où seront entretenues les idées nationalistes.

En 1936, le Congrès musulman qui attend beaucoup du Front populaire tout juste arrivé au pouvoir publie une « charte revendicative », sans être entendu. Le projet de réforme Blum-Viollette – Viollette avait été gouverneur général d'Algérie – qui prévoyait entre autres le droit de vote pour 65 000 Algériens est rejeté par les colons. Par ailleurs, les temps sont durs hors des villes : « *Je crois pouvoir affirmer que 50 % au moins de la population se nourrissent d'herbes et de racines* », écrit Albert Camus en juin 1939 dans *Alger républicain.*

Pendant la Seconde Guerre mondiale, la défaite de la France face aux Allemands et le débarquement anglo-américain en novembre 1942, appuyé par les mouvements de résistance nord-africains, donnent une certaine confiance et laissent entrevoir l'aboutissement des revendications. En février 1943, Fehrat Abbas et quelques autres élus publient le *Manifeste du peuple algérien* qui demande une Constitution où « *l'égalité absolue entre hommes quelle que soit la race ou la religion sera proclamée* ».

En juin de la même année, le gouverneur général approuve le projet de participation des représentants musulmans au gouvernement algérien, dans un premier temps, et la création d'un Etat algérien dès la fin du conflit, mais ce n'est qu'une façon de calmer les esprits : dès mars 1944, une ordonnance de de Gaulle, qui avait créé à Alger le Comité français de libération nationale et le Gouvernement provisoire de la République française en juin 1943, reprend le projet Blum-Viollette... L'idée première d'assimilation semble peu à peu abandonnée. Les Algériens, qui ont participé à la libération de la France, ont soutenu les troupes alliées basées en Afrique du Nord et ont connu avec les Français d'Algérie de violents bombardements sur leurs côtes, attendaient un peu plus de reconnaissance. Les Amis du Manifeste de la liberté se regroupent, les slogans nationalistes fleurissent sur les murs des villes. Fin 1944, des membres du PPA (parti populaire algérien) mettent en place une organisation secrète paramilitaire prônant des actions dures.

D'autres encouragent les « défilés pacifiques », mais c'est l'un de ces défilés qui marquera le réel début des hostilités.

Le 8 mai 1945, le PPA appelle les Algériens à descendre dans la rue célébrer la chute du nazisme, et son espoir de réforme, à l'occasion de la signature de l'Armistice marquant la fin de la Seconde Guerre mondiale. Mais dans le défilé, un drapeau algérien et des banderoles aux slogans indépendantistes apparaissent. On entend des coups de feu. A Guelma, la manifestation est arrêtée par la mort de quatre manifestants.

La foule rugit, les émeutes et les coups de force qui suivent sont violents, la répression de l'insurrection encore plus. Une centaine d'Européens sont assassinés par les insurgés mais la réaction des autorités est immédiate : la gendarmerie, l'armée, les blindés, l'aviation, l'artillerie de marine et même des milices de colons sont appelés en renfort. On estime le nombre de morts algériens à 1 500 selon l'histoire de France – au pire pas un mot –, et à 45 000 selon l'histoire d'Algérie. Kateb Yacine, l'un des plus grands écrivains algériens, originaire de Sétif, avait seize ans à l'époque : « *On voyait des cadavres partout, dans toutes les rues... La répression était aveugle ; c'était un grand massacre* [...] » (Le 27 février 2005, la France, par l'intermédiaire de l'ambassadeur de France à Alger, a évoqué pour la première fois sa responsabilité dans ce drame).

La répression, qui s'est achevée, dit-on, par des séances publiques de soumission collective, semble avoir « rétabli l'ordre » mais les partisans de l'indépendance, de moins en moins de l'assimilation, continuent de se rencontrer. En 1946, naît l'Union démocratique du manifeste algérien (UDMA) de Fehrat Abbas tandis que certains membres du PPA réclament la création d'une organisation paramilitaire. Le MLTD, ex-Etoile nord-africaine de Messali Hadj, se réunit pour la première fois et clandestinement en congrès et crée en février 1947 l'Organisation spéciale, une section paramilitaire. En octobre de la même année, les élections municipales aux résultats truqués allongent l'impasse. En septembre, un nouveau statut est appliqué à l'Algérie. Conservateur, il ne change pas grand-chose aux statuts de 1900 : l'Algérie est un ensemble de départements dont l'exécutif est dirigé par le Gouverneur général, le législatif aux mains de l'Assemblée nationale française et les finances du ressort de l'Assemblée algérienne où la représentation est inégale entre les citoyens français et les « musulmans ». Les députés musulmans n'acceptent pas ce nouveau statut défavorable aux 7 800 000 des leurs qui ne verront jamais aboutir les promesses du nouveau statut (suppression des communes mixtes, indépendance du culte musulman, enseignement de l'arabe, droit de vote aux femmes musulmanes). A ce moment, l'Algérie divisée en trois départements « *grands comme quarante départements français moyens, et peuplés comme douze* » (Camus) dépend du ministère de l'Intérieur.

Le 5 janvier 1948, le PPA-MTLD associé au Néo-Destour tunisien et à l'Istiqlal marocain fondent au Caire le Comité de libération du Maghreb arabe. L'assassinat en décembre 1952 de Ferhat Hached, le dirigeant tunisien de l'UGTT soutenu par Bourguiba et le Néo-Destour, par des terroristes qu'on suppose être des policiers, secoue la région et montre aux nationalistes que la puissance coloniale est prête à transgresser ses propres règles... En avril, on organise d'autres élections censées annuler les premières. Au premier tour, le MTLD l'emporte mais le second tour aboutit à la victoire de l'administration française, comme aux prochaines élections de 1951 et de 1954.

La guerre d'Indépendance

En mars 1954, les partisans de la lutte armée dont Ahmed Ben Bella, Hocine Aït Ahmed et Mohammed Khider créent le Comité révolutionnaire pour l'unité et l'action (CRUA), le futur FLN. La chute de Dien Bien Phu, le 7 mai, ouvre de grandes perspectives, notamment celles de la lutte armée, mais, en juin, les conflits internes agitant les mouvements nationalistes poussent un groupe de 22 partisans menés par Didouche Mourad – tombé en janvier 1955, il deviendra un véritable héros de la révolution – et Ben Boulaïd à s'organiser de leur côté.

Le 1er novembre 1954 à minuit, le CRUA, le « groupe des 6 », passe à l'action en organisant simultanément une cinquantaine d'attentats dans les Aurès et en Grande Kabylie. C'est le début des « événements ». La guérilla urbaine et rurale menée par le tout nouveau Front de libération nationale (FLN) amène le Parlement français à voter l'état d'urgence le 31 mars 1955. En avril, Yazid et Aït Ahmed (FLN) font une déclaration commune lors de la conférence des pays non-alignés à la conférence de Bandoeng. En mai, des réservistes rappelés partent pour l'Algérie, bientôt rejoints par 500 000 appelés, alors que Pierre Mendès France, le président du Conseil, négocie la paix avec la Tunisie et le Maroc qui seront indépendants en 1956. En août, les insurrections donnent lieu à des rafles meurtrières (Philippeville). L'état d'urgence est étendu à toute l'Algérie jusqu'en novembre. En septembre, le PCA est dissous alors qu'il était soutenu dans sa lutte contre la puissance coloniale par l'URSS qui menait de son côté une véritable campagne de colonisation de ses « satellites ». En octobre, Edgar Faure rejette la sécession et l'assimilation et se prononce pour l'intégration. Le discours général de la France restant vague et peu décidé, les tendances se radicalisent en Algérie.

En mars 1956, alors que le président du Conseil Guy Mollet est accueilli sous les tomates à Alger et que la guérilla tient les campagnes et menace de s'étendre aux villes, la France accorde par vote des « pouvoirs spéciaux » à la police et à l'armée. 61 membres de l'Assemblée algérienne demandent la reconnaissance d'une nationalité algérienne. La même Assemblée est dissoute en avril.

DÉCOUVERTE

À lire

- ***Histoire de l'Algérie coloniale : 1890-1954*** de Benjamin Stora, La Découverte, 1991. Egalement : ***Appelés en guerre d'Algérie***, Gallimard, 1997 ; ***Histoire de la guerre d'Algérie***, La Découverte, 2001 ; ***la Gangrène et l'oubli***, La Découverte, 1998.
- **Aux origines de la guerre d'Algérie : *1940-1945 de Mers El-Kebir aux massacres du Nord-Constantinois*** d'Annie Rey-Goldzeiger, La Découverte (Textes à l'appui), 2002. Une période méconnue.
- ***Atlas de la guerre d'Algérie*** de Guy Pervillé et Cécile Marin, Autrement jeunesse, 2003. Comprendre à l'aide de cartes claires les positions de chaque camp ou le système des ilayas, etc. Egalement chez Autrement jeunesse, ***Quand ils avaient mon âge : Alger 1954-1962*** de Gilles Bonotaux et Hélène Lasserre qui raconte sous forme de BD l'histoire d'un groupe d'enfants d'origines différentes.
- ***La Guerre d'Algérie*** d'Yves Courrière, Fayard, 2001. 2 tomes incontournables.
- ***La Guerre d'Algérie*** de Jean-Charles Jauffret, De vive voix limited, 2001. Enregistrements.
- ***Histoire de l'Algérie contemporaine : 1830-1988*** de Charles-Robert Ageron, PUF Que sais-je ? n° 400, 1990. S'arrête malheureusement au tout début des années 1990.
- ***La traversée du mal,*** entretiens entre Germaine Tillon, résistante, déportée et ethnoloque engagée, et Jean Lacouture. Arléa, 2000.
- ***Algérienne*** de Louisette Ighilahriz, Arthème Fayard/Calmann-Lévy, 2001. Ce récit d'une moudjahida recueilli par Anne Nivat a fait revenir la « question » sur le devant de la scène, notamment les actions du colonel Schmitt pendant la guerre d'Algérie.
- ***La guerre d'Algérie 1954-2004. La fin d'une amnésie*** de Mohamed Harbi et Benjamin Stora, Robert Laffont,2004.

En août, le FLN entérine au congrès secret de la Soummam (Kabylie) la création d'une Armée de libération nationale (ALN) dirigée par Krim Belkacem, du Conseil national de la révolution algérienne (CNRA) et Comité de coordination et d'exécution (CCE). Dès septembre, une vague d'attentats vise les quartiers européens d'Alger et inaugure la « bataille d'Alger » qui durera un an. Des « ultras » européens posent une première bombe dans la Casbah, véritable camp retranché du FLN, « guide unique de la Révolution ». En octobre, l'avion qui transporte du Maroc à Tunis plusieurs dirigeants nationalistes (Aït Ahmed, Ben Bella, Boudiaf, Khider, Lacheraf) est détourné par les autorités françaises vers Alger où les nationalistes resteront en prison jusqu'à la fin de la guerre. La France est persuadée, entre autres, que le FLN est soutenu par l'Egypte panarabique de Nasser ; elle s'engage aux côtés des Anglais et des Israéliens dans l'expédition du canal de Suez.

En janvier 1957, le général Massu et sa 10e DP (parachutistes) sont chargés de rétablir l'ordre à Alger pendant la « grève des huit jours » menée par le FLN. En février, l'ONU adopte une résolution qui reconnaît implicitement le droit du peuple algérien à l'indépendance. Les méthodes utilisées par l'armée française sont de plus en plus dures, déplaçant les populations ou brûlant les villages soupçonnés d'accueillir des nationalistes. L'Algérie est isolée de la Tunisie et du Maroc indépendants par la ligne Morice, une barrière de clôtures électriques.

En mai, une opération du FLN contre le MNA de Messali Hadj jugé trop modéré entraîne la mort de 300 personnes à Melouza. A partir de juillet, les Algériens vivant en métropole, partisans ou non mais bientôt impliqués par le prélèvement d'un « impôt révolutionnaire » par le FLN qui frôle le racket, sont l'objet de tous les soupçons policiers.

En terre algérienne, arrestations et exécutions se multiplient. Pendant l'été, la « disparition » de Maurice Audin, un jeune professeur de mathématiques, membre du PCA, fait grand bruit à Paris, dans les journaux, à l'Assemblée et dans les tribunaux devant lesquels l'affaire est portée.

En février 1958, l'année où tout bascule, l'armée française bombarde « par erreur » un village tunisien. La destruction d'une école et la mort de ses écoliers indignent l'opinion internationale qui découvre également l'usage de la torture et de la guillotine dénoncé par des intellectuels français – l'ONU avait déjà rappelé à l'ordre la France deux ans plus tôt sur ce sujet. *La Question*, le livre d'Henri Alleg, ancien directeur communiste du journal *Alger républicain*, paraît ce même mois.

En mars, Maurice Papon est nommé préfet de Paris et déclenche d'importantes opérations de police contre les Algériens vivant en région parisienne. En avril, des représentants algériens, marocains et tunisiens annoncent à Tanger la création d'une Fédération maghrébine. Le 13 mai, alors qu'une vingtaine d'appelés sont massacrés à Palestro, les Français d'Algérie, inquiets, manifestent à Alger leur attachement à l'Algérie française ; le général Massu crée le Comité de salut public.

En réaction, le président René Coty rappelle en juin le général de Gaulle ; le « sauveur de la France » obtient de l'Assemblée nationale les pleins pouvoirs le 2 juin. Il promet de maintenir l'Algérie française où les musulmans seront des « Français à part entière ». Lors de son premier voyage en Algérie, il prononce un discours encourageant vis-à-vis des Français d'Algérie et de ceux qui soutiennent l'Algérie française : « *Je vous ai compris, je vois que la route que vous avez ouverte en Algérie est celle de la rénovation et de la fraternité* ». En octobre, il propose la « paix des braves » et déclare : « *Quelle hécatombe connaîtrait l'Algérie si nous étions assez stupides et assez lâches pour l'abandonner.* »

Mais la guerre ne cesse de durcir des deux côtés : les combattants du FLN mutilent ou égorgent ennemis et traîtres dont des Européens ou des partisans de Messali Hadj ; l'armée française utilise l'arrestation arbitraire, la torture et l'exécution sommaire à l'encontre des nationalistes ou supposés tels. En août, le FLN débute une campagne d'attentats en métropole, ce qui entraîne l'instauration d'un couvre-feu visant les Nord-Africains parisiens et lyonnais et la méfiance générale.

Le 18 septembre, le FLN crée le Gouvernement provisoire de la République algérienne (GPRA) dirigé par Fehrat Abbas qui avait rallié le FLN en février 1956.

Le référendum du 28 septembre approuve la constitution de la Ve République dont de Gaulle est le premier président. Le traumatisme créé par la bataille d'Alger, le trouble de l'opinion publique française et internationale, l'isolement de la France dont l'incohérence de la politique coloniale est difficile à justifier – la France quitte l'Otan en mars – poussent de Gaulle à reconnaître le droit des Algériens à l'autodétermination le 18 septembre 1959. Dans sa déclaration, il propose en fait trois solutions : la sécession, la francisation ou l'association. Il lance aussitôt le plan de Constantine, une campagne de modernisation qui promet aux populations musulmanes l'accès à de meilleures conditions de vie (logements, écoles, administrations...). Mais peu de solutions politiques peuvent être proposées au cours des difficiles négociations qui s'ouvrent avec le GPRA qui exige l'indépendance comme préalable. Il s'agit de ménager les intérêts français en Algérie (pétrole saharien, début des expériences nucléaires à Reggane...).

Cette même année, l'arrestation puis la mort de chefs nationalistes, dont Amirouche Aït Hamouda, Si L'Houas et Aïssat Idir, redonnent espoir aux partisans de l'Algérie française. En mars, un complot mené par des colonels français et les bruits de guerre civile planant sur la France menacent les négociations. En juin, la conférence de Melun est un échec.

Le 24 janvier 1960, quelques jours après le rappel à Paris de Massu qui a critiqué la politique gaullienne, « la semaine des barricades » organisée dans le centre d'Alger par l'association estudiantine de Pierre Lagaillarde et le Front national français de Joseph Ortiz, le propriétaire d'une brasserie du centre, s'achève dramatiquement par la mort de 22 civils et policiers. Quinze jours plus tard, alors qu'explosait à Reggane la première bombe atomique française, le Gouvernement provisoire crée le Commandement général de l'armée de libération nationale avec à sa tête le colonel Houari Boumediene.

Le 6 septembre 1960, 121 écrivains, universitaires et artistes aux noms prestigieux publient dans le journal *Vérité-Liberté* de Pierre Vidal-Naquet un manifeste par lequel ils reconnaissent le droit à l'insoumission dans la guerre d'Algérie : « *Nous respectons et jugeons justifié le refus de prendre les armes contre le peuple algérien. Nous respectons et jugeons justifiée la conduite des Français qui estiment de leur devoir d'apporter aide et protection aux Algériens opprimés au nom du peuple français. La cause du peuple algérien, qui contribue de façon décisive à ruiner le système colonial, est la cause de tous les hommes libres.* ».

La venue du général de Gaulle en Algérie le 11 décembre 1960 donne lieu à des manifestations populaires durement réprimées alors que l'ONU approuve de nouveau l'autodétermination. La Communauté française créée en 1958 est réformée et accepte l'idée d'indépendance pour ses Etats membres, un peu à la manière du Commonwealth britannique.

Le 8 janvier 1961, le référendum organisé en France et en Algérie approuve le principe d'autodétermination de l'Algérie. Les Européens d'Algérie, les pieds-noirs, se sentent trahis et, pour certains, se tournent vers la rébellion et soutiennent la toute nouvelle Organisation de l'armée secrète (OAS) créée en février. En février, des négociations débutent à Lausanne entre représentants algériens et français. Le 26 mars, une manifestation européenne qui voulait forcer l'encerclement de Bab El-Oued est arrêtée par une fusillade qui fait 46 morts et 200 blessés rue d'Isly à Alger. L'impensable est arrivé : l'armée française a tiré sur les siens... Le 22 avril 1961, tentant le tout pour le tout, un « quarteron » de généraux français démissionnaires ou à la retraite (Challe, Salan, Jouhaud, Zeller) soutenu par l'OAS tente un coup d'Etat contre le gouvernement français. Le putsch échoue mais les attentats contre les autorités, algériennes et françaises, et la population continueront jusqu'en juin 1962. Manifestations, contre-manifestations et règlements de compte entre factions rivales de tous les bords viennent appesantir le climat social et politique, très proche de la guerre civile.

En mai, une première conférence entre le gouvernement français et le GPRA se tient à Evian. La France espère maintenant exercer sa souveraineté sur le prometteur Sahara. Les négociations n'aboutissent toujours pas, à cause du Sahara, pas plus qu'aux discussions menées à Lucerne quelques temps plus tard. En août, le CNRA réuni à Tripoli peut envisager le principe d'une coopération avec la France mais dans l'indépendance.

« *Les pieds-noirs continuent à clamer Algérie française ! Comme si cette formule magique allait les sauver ! Mais l'Algérie française, ce n'est pas la solution, c'est le problème ! Ce n'est pas le remède, c'est le mal ! Comment a-t-on pu laisser croître sans contrôle cette immigration européenne au milieu d'une population radicalement différente, dans un pays hostile ?* » Général de Gaulle, 4 mai 1962, cité par Alain Peyrefitte dans *C'était de Gaulle* (Fayard 1994).

Début octobre, Maurice Papon, le préfet de Paris et ancien préfet de Constantine, instaure un couvre-feu à l'encontre des seuls « Français musulmans d'Algérie », mais tous les Maghrébins sont concernés. Le 17, ils se rendent en masse à la manifestation appelée par le FLN. Mais la police attend les manifestants aux sorties de métro : 11 000 d'entre eux sont « interpellés ». Le lendemain, les journaux rapportent la mort de trois personnes pendant la nuit mais des témoignages recueillis par le journal *Vérité-Liberté* font craindre un chiffre plus élevé. Les rumeurs courent mais il faudra attendre plus de trente-cinq ans, le procès de Papon accusé d'avoir fait arrêter et déporter des juifs alors qu'il était secrétaire général de la préfecture de Bordeaux pendant l'Occupation et l'ouverture d'archives pour qu'apparaissent des bribes du drame qui aurait fait entre 200 et 300 morts. En 1999, le tribunal qui traite la plainte de Papon contre Jean-Luc Einaudi qui a ramené l'affaire à la une reconnaît que « *la répression policière du 17 octobre 1961 peut être qualifiée de massacre* ».

Le 8 février 1962, une autre manifestation, cette fois-ci anti-OAS et regroupant une majorité d'Européens, finit mal aux alentours du métro Charonne. Les 4 et 5 mars, l'opération « rock and roll », attentats et assassinats, est menée par l'OAS. Le 15 mars, l'écrivain algérien Mouloud Feraoun est assassiné.

Le 18 mars, après des rencontres secrètes aux Rousses qui ont abouti à un avant-projet d'accord, les représentants du gouvernement français et du FLN parviennent à un accord de cessez-le-feu qui débute le lendemain à midi. Le 8 avril, les accords d'Evian sont approuvés par 90 % des votants lors du référendum organisé en France. En Algérie, un exécutif provisoire, composé d'Algériens et de Français et dirigé par Abderrahmane Fares, doit assurer la transition. En réponse aux actions menées par l'OAS qui prône la politique de la terre brûlée, le FLN organise des enlèvements d'Européens, des colons souvent isolés.

Malgré les consignes de l'OAS, les pieds-noirs commencent à quitter en masse une terre où beaucoup vivent depuis toujours et souvent depuis plusieurs générations. La découverte de charniers près de Maison-Carrée ne peut qu'accélérer leur départ. Près d'un million d'entre eux quitteront le pays dans les mois suivants, dans des conditions très difficiles (82 000 départs en mai, 350 000 en juin, 60 000 en juillet, 40 000 en août).

Au référendum organisé en Algérie le 1er juillet, 99,7 % des votants se prononcent pour l'indépendance qui est proclamée le 3 juillet. Deux jours plus tard, c'est l'anniversaire du débarquement des premières troupes françaises près d'Alger en 1830, la date est retenue pour la célébration de la fête nationale algérienne. Mais dès le 4 juillet, des Européens et des harkis (Algériens engagés comme supplétifs dans l'armée française), abandonnés par l'armée et les autorités françaises, sont enlevés et massacrés. Oran, dont le port a été incendié par l'OAS, est le théâtre de tueries qui ont profondément marqué la mémoire des pieds-noirs, abandonnés à leur sort. Les harkis désarmés et laissés sur place par l'armée française sont jetés entre les mains de ceux qui les considèrent comme des traîtres.

L'Algérie indépendante

Du côté du pouvoir, maintenant que les autorités militaires et administratives françaises sont parties, deux groupes s'affrontent. Le premier, dit « groupe de Tlemcen », réunit Ahmed Ben Bella et le colonel Houari Boumediene ; le second, le groupe de Tizi Ouzou, est constitué de Krim Belkacem, Mohammed Boudiaf et la fédération de France du FLN. Le 22 juillet, le Bureau politique est formé à Tlemcen.

En septembre 1962, Ferhat Abbas est nommé président d'un pays ravagé, où peu sont formés à la gestion et où les règlements de compte continuent à être la règle ; Ahmed Ben Bella est chargé de former le premier gouvernement algérien, dont la politique sera d'inspiration socialiste. L'arabe devient la langue nationale, mais pas encore officielle, tandis que l'Algérie adhère à l'ONU. Le FLN n'est plus que le parti unique d'un pays désigné dès sa naissance comme république arabe – alors que les Berbères représentent près de la moitié de la population –, islamique et socialiste.

En 1963, Ben Bella est nommé secrétaire général du bureau politique du FLN dont la direction est collective. Les premières mesures adoptées, sans grand succès, sont celles de presque toute république socialiste née de la décolonisation, en quelques mots : centralisation, nationalisation et réforme agraire. Un référendum accorde au nouveau président de larges pouvoirs mais il est déposé en 1965 au profit du colonel Houari Boumediene

À lire

- ***La Bataille d'Alger*** de Pierre Pélissier, Perrin, 2002. Et le film de Gillo Pontecorvo (*Créon*, 1966) qui malgré quelques approximations reste un document de référence, comme on l'a vu de façon inattendue en 2003. Sous le même titre mais de Yacef Saadi, Publisud, 2002.
- ***Chroniques du bidonville : Nanterre en guerre d'Algérie*** de Monique Hervo, Seuil, 2001. Le FLN en banlieue parisienne.
- ***Le Procès du réseau Jeanson,*** La Découverte (Textes à l'appui), 2002. Le procès des « porteurs de valise » et le *Manifeste des 121*.
- ***OAS, histoire de la guerre franco-française,*** Seuil, 2002.
- ***Avoir 20 ans dans les Aurès*** de René Vautier, Doriane Films, 1972.
- ***La Question*** d'Henri Alleg, Editions de Minuit, 1958. Longtemps interdit. Egalement une adaptation filmée de Laurent Heynemann (*Doriane*, 1977).
- ***Octobre 1961 : un massacre à Paris*** de Jean-Luc Einaudi, Fayard, 2001. Eclairage controversé sur un événement longtemps passé sous silence. Sur le même sujet : ***Police contre FLN***, de Jean-Paul Brunet, Flammarion, 1999.

soutenu par l'armée qui supplante bientôt le FLN. Le nouveau président forme un Conseil de la révolution composé de 26 membres qu'il place à la tête de l'Etat et lance le pays dans une vaste campagne d'industrialisation en oubliant l'agriculture malgré quelques réformes agraires. L'Algérie dépend bientôt de l'importation de produits alimentaires qu'elle ne produit plus.

En 1966, l'Algérie désorganisée accepte un accord de coopération avec la France qui prévoit que l'ancienne puissance coloniale aide le jeune pays pendant les vingt prochaines années. Mais cet accord ne dure pas et, à partir de 1968, des milliers de coopérants enthousiastes refont leurs bagages et repartent vers la France.

En 1968, le 17 octobre devient, en Algérie, la Journée nationale de l'émigration.

En 1971, 51 % des avoirs des sociétés pétrolières françaises, les oléoducs et la production de gaz naturel sont nationalisés.

En 1976, à la faveur d'une nouvelle constitution qui doit établir durablement les principes politiques d'un pays qui semble enfin s'en sortir, Houari Boumediene est réélu président de la République par 99 % des électeurs.

Avant sa mort en 1978, Houari Boumediene désigne le colonel Chadli Bendjedid comme successeur. Ce dernier est nommé à la tête du pays en 1979. Emanation de l'élite militaire du FLN, Bendjedid tente pourtant d'assouplir la politique autoritaire de prédécesseur et de lancer des réformes qui peuvent paraître audacieuses mais destinées à endiguer les problèmes endémiques du pays.

En 1980, il fait lever l'assignation à résidence de Ben Bella, maintenu sous surveillance depuis quinze ans.

En 1983, Bendjedid est le premier président de la République algérienne à se rendre à Paris depuis l'indépendance. Seul candidat en lice puisque le FLN est toujours le parti unique de l'Algérie, il est réélu en 1984 et en 1989 alors que le pays est en pleine stagnation, voire en récession, économique et sociale. Le Code de la famille soumis à la loi coranique, adopté en 1984, qui restreint les droits des femmes, est l'un des exemples du malaise ressenti par un pays en quête d'identité. Alors que l'arabe succède au français comme langue officielle dans les années suivant l'indépendance du pays, c'est dans les années 1980 que la population berbérophone, qui représente un quart à un tiers de la population globale, revendique la reconnaissance de l'identité et de la langue berbères. De nombreuses manifestations en Kabylie et à Alger éclatent à partir de mars 1980 afin de réclamer l'officialisation de la langue amazigh. Cet ensemble de manifestations, qu'on appelle le « Printemps Berbère », remettra sérieusement en cause la politique d'arabisation, mais n'aura son écho que 20 ans plus tard. C'est après des années de luttes et surtout les violentes émeutes en Kabylie entre 2001 et 2002, fortement réprimées par l'Etat, que le tamazight deviendra langue nationale, en 2002.

ie noire »

nées 1980, le prix du pétrole difficultés économiques et au manque de solutions proposées par l'Etat, de plus en plus d'Algériens se laissent caresser par les idées à l'origine de la naissance, quelques années plus tôt, de la première république islamique en Iran. Dès 1985, des meneurs prêchent, d'abord dans les mosquées, le retour aux valeurs islamiques, soit l'avènement d'un gouvernement islamique en remplacement d'un gouvernement qu'ils traitent publiquement de « bande d'athées ».

En 1986, une nouvelle charte nationale algérienne est adoptée en réponse aux provocations islamiques. Le gouvernement de Bendjedid engage des réformes, allège la centralisation et ouvre l'économie aux privatisations. Quelques « dinosaures » de la politique sont même écartés du pouvoir, histoire de moderniser un peu la scène politique. Mais les réformes, jugées insuffisantes, sont mal acceptées.

En 1988, les Algériens dénoncent les pénuries alimentaires dans la rue et demandent la démocratisation du régime. En octobre, de violentes émeutes secouent l'Algérie ; la jeunesse est dans la rue, l'armée lui tire dessus. Un mois plus tard, le pouvoir organise un référendum sur des amendements constitutionnels proposant de réduire le rôle du FLN en autorisant une relative opposition politique, de cantonner l'armée dans son rôle de défense et d'accorder le droit de grève au secteur public. Malgré les restrictions accolées au terme d'opposition, c'est la première fois depuis vingt-cinq ans que le pays s'ouvre au multipartisme.

Le président Chadli Bendjedid est réélu en décembre, la nouvelle constitution est adoptée en février 1989.

Le 12 juin 1990, le FIS l'emporte aux élections municipales et communales. L'essentiel de leur programme consiste en la création d'une république islamique, appelée par nombre d'électeurs qui ne peuvent et ne veulent plus croire aux promesses d'un gouvernement socialiste qui a surtout montré une certaine incompétence doublée d'autoritarisme.

En juin 1991, des affrontements entre FIS et forces de l'ordre aboutissent à l'arrestation d'Abassi Madani et d'Ali Belhadj qui seront condamnés en juillet 1992 et libérés en juillet 2003. Le 26 décembre, le FIS arrive en tête des suffrages au premier tour des élections législatives devant le FLN, mais le processus électoral est suspendu en janvier 1992. Le président Bendjedid est contraint de démissionner, remplacé par le Haut comité d'Etat (HCE).

Le 29 juin 1992, Mohammed Boudiaf, qui avait été nommé président du HCE quelques mois plus tôt, est assassiné au cours d'une réunion publique à Annaba, retransmise à la télévision. Pendant 166 jours, grâce à un discours qui tranchait avec celui des précédents gouvernants, il avait réussi à faire renaître l'espoir de millions d'Algériens qui voyaient en lui l'homme d'Etat qui réussirait à introduire l'honnêteté à la tête du pays. Ali Kafi le remplace. Le FIS, pourtant dissous en mars, est toujours très présent et sa branche armée, le GIA, commence à imposer la terreur dans tout le pays par une série d'attentats meurtriers. L'état d'urgence est proclamé. Le 26 août, un attentat meurtrier à l'aéroport d'Alger fait plusieurs morts. Les attentats touchent tout le monde, de l'intellectuel à l'artiste, du journaliste au membre du gouvernement, quiconque est soupçonné de ne pas avoir les mêmes vues que les islamistes. 30 000 victimes tombent cette année-là sous les coups des terroristes ou des représailles militaires. Parmi eux, beaucoup d'étrangers sont visés. La communauté internationale prend ses distances.

En 1993, en mai-juin, plusieurs intellectuels algériens sont assassinés. Parmi eux, Tahar Djaout, avait quelques jours avant son assassinat à Alger terminé son éditorial par ces mots prémonitoires : « *Tu dis, tu meurs ; tu te tais, tu meurs ; alors dis et meurs.* »

Ali Kafi ne reste pas longtemps au pouvoir, il est bientôt remplacé par un Haut conseil présidentiel composé de cinq personnes qui nomment à la tête de l'Etat le ministre de la Défense Liamine Zeroual en janvier 1994. Liamine Zeroual a un mandat de trois ans pendant lequel il a tout pouvoir pour négocier avec le FIS. Une Conférence nationale de consensus est aussitôt organisée. En novembre, les différentes parties se rencontrent à Rome.

Le 24 décembre, un commando du GIA s'empare d'un Airbus d'Air France à Alger. La prise d'otages dure deux jours. Trois passagers seront exécutés avant que la police française ne donne l'assaut à Marseille, tuant les terroristes qui prétendaient faire exploser l'avion au-dessus de Paris... Matoub Lounés est enlevé, Cheb Hasni assassiné.

Pendant l'été 1995, une série d'attentats à Paris est revendiquée par le GIA. En novembre 1995, Liamine Zeroual remporte les élections présidentielles devant plusieurs candidats mais le FIS veut faire annuler le scrutin pour fraude.

Liamine Zeroual, qui s'appuie sur la promesse d'importantes réformes devant mener l'Algérie vers la démocratisation de la vie politique, ne cède pas ; les émirs du terrorisme intensifient leurs actions sanglantes.

En 1996, on organise un référendum sur la révision de la Constitution, adoptée par Liamine Zeroual le 7 décembre suivant. Les amendements interdisent l'existence de partis politiques basés sur la religion, donc le FIS. Cette année-là, on estime à 80 000 le nombre de morts sous le couteau des islamistes ou au bout du canon des militaires.

En mai, sept moines trappistes français sont assassinés à Tibéhirine. Le GIA est aussitôt suspecté mais les certitudes tombent en décembre 2002, après les révélations d'un ancien cadre de la Sécurité militaire.

En juin 1997, les partis du pouvoir (RND, FLN) l'emportent aux élections législatives. Le 22 septembre, 417 personnes sont massacrées à Bentalha, dans la banlieue d'Alger. En octobre, élections régionales et municipales. Les années 1997 et 1998 marquent l'apogée des massacres entre l'armée et les groupes islamistes. En juin 1998, l'assassinat du chanteur kabyle Matoub Lounès a un grand retentissement.

Début 1999, Liamine Zeroual annonce des élections présidentielles anticipées auxquelles il ne se présentera pas. Abdelaziz Bouteflika, ancien ministre des Affaires étrangères de Boumediene, est élu président le 15 avril après la défection des autres candidats qui protestent contre la fraude. Mais ces nouvelles élections n'apportent aucun changement, tant au niveau politique, si ce n'est leur organisation démocratique, et économique qu'au niveau de la guerre civile. Le mois de ramadan est particulièrement meurtrier cette année-là et massacres de villageois, faux barrages et attentats restent le quotidien des actualités algériennes. Pourtant, l'Algérie n'est plus aussi isolée et renoue avec l'Union européenne. En septembre, un référendum sur la loi de « concorde civile » prévoit une amnistie partielle des islamistes armés.

Si certains considèrent que cette mesure a permis un retour au calme, elle fait pourtant grincer beaucoup de dents... « *Amnesty International est profondément préoccupée par d'autres mesures prises récemment par les autorités algériennes. C'est ainsi que l'amnistie accordée, en janvier 2000, à quelque 1 000 membres des groupes armés et l'application extrajudiciaire de mesures de clémence par la suite ont empêché de connaître la vérité sur les atteintes graves aux droits humains et ont garanti l'impunité aux responsables* », peut-on lire dans un rapport d'Amnesty International. Ainsi, aucune enquête ne peut être menée et la loi ne permet pas aux victimes d'obtenir réparation.

En 2001, alors que la situation semble à peu près calme l'Algérie plonge une nouvelle fois dans le chaos. En avril, alors que la Kabylie célèbre pacifiquement le 21e Printemps berbère, un lycéen, Mohammed Massinissa, meurt dans une gendarmerie de Grande Kabylie. La région s'embrase, les émeutes se multiplient. C'est ce qu'on appellera plus tard le « Printemps noir ».

Le 21 mai 2003, un tremblement de terre de magnitude 6,7 sur l'échelle de Richter, dont l'épicentre est Boumerdès, fait 2 500 morts et 250 000 sans-abri. La communauté internationale, touchée par la suite d'événements, se mobilise. Le gouvernement, mené par Ahmed Ouyahia depuis le début du mois en remplacement de Benflis, s'emploie à contenir les groupes islamistes qui s'étaient emparés de la solidarité lors de précédentes catastrophes. Début juillet, à l'approche de la fête nationale, les autorités algériennes craignent des manifestations, encouragées par la libération imminente de Madani et de Belhadj. Les télévisions étrangères ont interdiction de filmer puis sont expulsées le 3 juillet 2003. En août, les touristes européens qui avaient été enlevés en février sont libérés au Mali. L'affaire est mystérieuse et fait apparaître des conflits d'intérêt peu reluisants.

L'Algérie aujourd'hui

Le 8 avril 2004, après une campagne morne qui opposait six candidats et dans l'indifférence presque générale des électeurs désabusés – en 1999, seuls 23 % des électeurs s'étaient déplacés pour voter –, Abdelaziz Bouteflika est réélu avec 84,99 % des voies exprimées par environ 58 % d'électeurs. Malgré 192 recours déposés par l'opposition, les observateurs internationaux ont déclaré que ces élections se sont déroulées à peu près démocratiquement.

À lire encore

- ***1962, l'arrivée des pieds-noirs*** de Jean-Jacques Jordi, Autrement, 1995.
- ***La Mémoire des pieds-noirs*** de Joëlle Hureau, Perrin, 2002.
- ***Les Français d'Algérie de 1830 à nos jours*** de Jeannine Verdès-Leroux, Fayard, 2001.
- ***Pieds-noirs mémoires d'exil*** de M. Baussant, Stock, 2002.
- ***L'invention des pieds-noirs*** de E. Savareze, Seguier, 2002. ***L'histoire des pieds-noirs d'Algérie*** de Raphaël Delpard, Michel Lafon, 2002.
- ***Les pieds-noirs et l'exode de 1962 à travers la presse française*** de C. Mercier, L'Harmattan, 2003.
- ***Mon Algérie tendre et violente*** de René Lenoir, Plon, 1994. Un pied-noir resté après 1962.
- Et aussi : ***Pieds-noirs en Algérie après l'indépendance*** de J.-J. Viala, L'Harmattan, 2001.
- ***L'Histoire des pieds-noirs d'Algérie*** de Raphaël Delpard, Michel Lafon.
- ***Les Harkis, une mémoire enfouie*** de Jean-Jacques Jordi et Mohand Hamoumoun Autrement, 2001.
- ***Le Drame des harkis*** de Abd-el-Aziz Meliani, Perrin, 2001. L'auteur est un ancien officier de l'armée française.
- ***Destin de harki, 1954 : le témoignage d'un jeune Berbère enrôlé dans l'armée française à 17 ans*** de Brahim Sadouni, Cosmopole Editions, 2002.
- ***Histoire oubliée : les harkis*** de Alain de Sédouy et Eric Deroo, France 3 GMP Productions. 3 vidéos.
- ***Moze*** de Zahia Rahmani, Sabine espieser, 2003. La vie d'une famille de harkis.
- ***Histoire intérieure du FLN*** de Gilbert Meynier, Fayard, 2002. 40 ans d'histoire du FLN.
- ***La sale guerre*** de Habib Souaïdia, La Découverte, 2002. Témoignage sur les années 1990 d'un ancien officier des forces spéciales de l'armée algérienne.
- ***Les Oliviers de la justice*** de Jean Pélégri, dans ***Algérie, un rêve de fraternité*** (Omnibus). Dans la même collection, ***Algérie, les romans de guerre***.
- ***La Robe kabyle de Baya*** de Malek Ouary, Bouchène, 2000. Le déchirement entre cultures et identités.
- ***L'Honneur de la tribu*** de Rachid Mimouni, Stock, 1999 : l'histoire coloniale au travers de vie d'une communauté.
- ***Le Printemps n'en sera que plus beau***, Stock, 1995 : le parcours de personnages emblématiques de la guerre de libération.
- ***Le Fleuve détourné***, Laffont, 1982 : après la guerre.
- ***La grande maison*** de Mohamed Dib, Seuil, 1996.
- ***Les Lions de la nuit*** et ***l'Atlas en feu*** d'Azzedine Bounemeur, Gallimard, 1985 et 1987. Organisation du FLN sur le terrain.
- ***Les folles années du twist*** de Mahmoud Zemmouri, Créon Music, 1983. Comédie retraçant l'histoire de deux jeunes entre 1960 et 1962.
- ***Alger 1860-1939, le modèle ambigu du triomphe colonial*** de Jean-Jacques Jordi et Jean-Louis Planche, Autrement, 1999.
- ***Là-bas, souvenirs d'une Algérie perdue*** d'Alain Vircondelet, Ed. du Chêne, 1996. Un beau livre…
- ***L'Algérie à l'épreuve du pouvoir*** (Grasset, 1967) et ***De mémoire d'éléphant*** d'Hervé Bourges (Grasset, 2000). Alors que le premier ouvrage est épuisé mais peut être trouvé d'occasion, le second raconte l'engagement algérien de l'ancien président de France Télévisions puis du CSA, actuel président de l'Union internationale de la presse francophone (UPF). Voir aussi le documentaire ***Un parcours algérien : naissance d'une nation (1961-1962)*** et ***A l'épreuve du pouvoir (1962-1966)*** d'Hervé Bourges et Alain Ferrari.

Le 29 septembre 2005, les Algériens sont appelés à voter en faveur de la Charte pour la paix et la réconciliation nationale imaginée par Bouteflika et ses proches pour mettre fin aux années terribles, « *un chapelet de mesures de clémence et de compensation sociale en faveur de 5 à 6 000 ex-terroristes et de quelques dizaines de milliers de personnes représentatives des différentes catégories de victimes de ce qu'il est désormais convenu d'appeler officiellement la tragédie nationale. Le terrorisme et le contre-terrorisme dans lesquels a sombré l'Algérie durant la décennie 1990 – violences qui ne sont pas totalement finies – ont eu des effets terribles. Cette période s'est soldée par plus de 100 000 morts, des milliers de blessés, de « disparus », d'handicapés, de veuves et d'orphelins, quelque deux millions de personnes déplacées des campagnes vers les villes et vingt milliards de dollars de dégâts* » (RFI). Il s'agit, par ce texte, de mettre fin à toute récrimination, contestation, jugement, etc., en violation de la déclaration de l'Assemblée générale des Nations unies du 18 décembre 1992. Six mois après les résultats du vote (97,38 % en faveur du « oui » pour 79,76 % de participation), les islamistes sont libérés par centaines, sont indemnisés et regagnent leurs pénates.

Le 24 mai 2006, le Premier ministre Ahmed Ouyahia est remplacé par Abdelaziz Belkhadem qui avait été à l'origine du nouveau code de la famille. En juin, ce dernier annonce que le pays a besoin d'une nouvelle constitution. Ce qui permettrait à Bouteflika de se présenter pour un 3e mandat soit, dit-on, un mandat à vie. Sa maladie, qu'on dit très grave et qui fait régulièrement le sujet de rumeurs alarmantes, ne paraissant pas être un obstacle à sa réélection…

Investissements étrangers, amnesties, constitution d'une nouvelle classe moyenne, réformes, etc., le pays semble sortir du chaos. Mais l'Algérie a pris d'énormes retards dans ses réformes vitales (banque, école, hôpital, services publics…) et les chantiers systématiquement repoussés sont titanesques. Les jeunes continuent de vouloir émigrer et l'explosion du petit et moyen commerce, légal ou non, ne cachera pas longtemps l'incurie d'un pays aux richesses gigantesques mais peu redistribuées.

Et le spectre du terrorisme, qu'on croyait éloigné, est revenu le 11 avril 2007. Ce jour-là, après une série d'attaques en Kabylie, Al-Qaïda au Maghreb islamique, le nouveau nom du GSPC (Groupement salafiste pour la prédication et le combat), revendique les deux attentats simultanés qui réveillent Alger et font une trentaine de morts. Le choc est d'autant plus grand que c'est la première fois que des kamikazes agissent dans le pays. En septembre de la même année, le cortège du président en déplacement à Batna est secoué par un autre attentat suicide (22 morts) et une caserne de Dellys sur la côte explose faisant 32 morts. Le 11 décembre, deux nouveaux attentats suicides viennent endeuiller la capitale. L'un est commis à proximité de l'université de droit et de la Cour constitutionnelle et vise un bus d'étudiants, l'autre vise le siège du Haut commissariat aux réfugiés (HCR) à Alger. Le bilan officiel fait état de 52 morts mais il se murmure que le nombre de victimes est beaucoup plus élevé. Depuis, les façades des immeubles abîmés ont été pansées mais la tension a été, pendant longtemps, palpable chaque 11 du mois. L'été 2008 connaîtra une autre vague d'attentats, notamment dans l'est d'Alger. L'un d'entre eux, en juin, s'est attaqué à l'entreprise française Razel. Un autre, en août, fait 48 victimes. La fin de l'année 2008 est marquée par la révision de la Constitution par le président Bouteflika, sans référendum et juste avant les élections présidentielles d'avril 2009. La révision des amendements donne plus de poids au président de la République et à l'exécutif, le poste de chef de gouvernement est supprimé et remplacé par le poste de Premier ministre. Mais surtout, la révision prévoit la suppression de la limitation du nombre de mandats présidentiels successifs, ce qui permet à Abdelaziz Bouteflika de se présenter une troisième fois aux élections présidentielles, celles de 2009, malgré son âge avancé (71 ans) et un état de santé incertain. Une nouvelle fois, les élections sont marquées par un appel au boycott de la part de plusieurs partis politiques d'opposition. Si, une nouvelle fois, la victoire de Bouteflika ne laisse aucun doute, c'est le taux de participation qui devient l'enjeu de l'élection. Bouteflika est réélu sans surprises, le 13 avril 2009, avec 90,24 % des suffrages en attirant vers les urnes plus de 74 % des électeurs (!). Un taux fortement contesté par l'opposition…

En avril 2014, Bouteflika est à nouveau réélu sans suprise, malgré la maladie qui l'a affaibli. Il entame son 4e mandat mais il a toujours une santé très fragile et des rumeurs l'annoncent régulièrement mort sur le Web… Ses opposants vont jusqu'à dire que ce ne serait plus lui qui gouvernerait.

Politique et économie

POLITIQUE

Structure étatique

L'Algérie est une république démocratique. Elle est régie par la constitution de 1996 où le pouvoir exécutif est fort.

Le chef de l'Etat. Il est élu au suffrage universel direct pour un mandat de 5 ans. Depuis la réforme constitutionnelle de 2008, il peut être réélu sans limitations de mandats. Abdelazziz Bouteflika a ainsi été élu président de la République pour la 4e fois en avril 2014. Le président est chef du Conseil des ministres et du Haut Conseil de sécurité. Il est également chef des armées et de la Défense nationale. C'est lui qui nomme le Premier ministre, le président du Conseil d'Etat, le secrétaire général du gouvernement, le gouverneur de la Banque d'Algérie, les magistrats, les walis (préfets).

Le Premier ministre. Le chef de l'Etat nomme le Premier ministre qui est le chef du gouvernement. Le Premier ministre soumet son programme à l'approbation de l'Assemblée populaire nationale. Le Premier ministre doit ensuite proposer son programme au Conseil de la nation. Si l'Assemblée populaire nationale rejette le programme du gouvernement, le Premier ministre doit remettre la démission de son gouvernement au président de la République qui devra donc nommer un nouveau Premier ministre. Mais si l'Assemblée populaire rejette de nouveau le programme du chef du gouvernement, elle est dissoute et de nouvelles élections législatives ont lieu dans un délai maximal de trois mois.
Le Premier ministre répartit les attributions entre les membres du gouvernement, préside le Conseil du gouvernement, veille à l'exécution des lois et règlements, signe les décrets exécutifs et veille au bon fonctionnement de l'administration publique.

Le pouvoir législatif. Le parlement algérien est bicaméral. Il se compose de l'Assemblée populaire nationale, constituée de 389 députés, et du Conseil de la nation, composé de 144 parlementaires.
Les élections législatives ont lieu tous les cinq ans, les dernières ont eu lieu en 2012. Les deux tiers du Conseil de la nation sont élus par des autorités régionales et municipales, le dernier tiers est nommé par le président de la République. Ils ont un mandat de six ans et la composition du Conseil de la nation est renouvelable par moitié tous les trois ans. Le mandat de député et de membre du Conseil de la nation n'est pas cumulable avec d'autres fonctions. L'initiative des lois appartient à la fois au chef du gouvernement et aux députés.

Partis

Conformément à la constitution, le gouvernement algérien doit œuvrer pour la libéralisation de la vie politique et encourage la création de nouveaux partis politiques. Plus de quarante partis politiques sont actuellement en activité en Algérie mais ils ont peu d'impact sur la vie politique algérienne. Le président de la République Abdelazziz Bouteflika est étiqueté « sans parti ». Les principaux partis sont le FLN (Front de Libération Nationale), le MNR (Mouvement pour la Réforme Nationale) et le RND (Rassemblement pour la Culture et la Démocratie).

Enjeux actuels

Confrontée à des émeutes importantes en janvier 2011, l'Algérie a mis en œuvre le processus de réformes politiques, économiques et sociales lancées par le président Bouteflika qui avait levé l'état d'urgence le 3 février 2011 (en vigueur depuis 1992) puis a annoncé une révision constitutionnelle et des lois pour libéraliser le fonctionnement des institutions. Ces six lois (sur l'information, les partis, les associations, les élections, les incompatibilités parlementaires et la parité électorale) ont été adoptées par le parlement puis promulguées en janvier 2012.
A la suite des élections législatives du 10 mai 2012, le gouvernement Sellal est nommé le 3 septembre 2012 en remplacement du gouvernement Ouyahia et a pour but de

maintenir cette dynamique de transition. Ces élections n'apportent pas de changements sur la scène politique algérienne puisque le FLN, parti du président, et le RND, parti du Premier ministre, sont en tête des scrutins.

Depuis la mise en œuvre de la politique de concorde civile, et l'adoption par référendum de la « charte pour la paix et la réconciliation nationale » en 2005, le contexte sécuritaire s'est amélioré. Avec un bilan de 296 victimes pour l'année 2012, le terrorisme a vraiment reculé par rapport aux années 1992-1998. Mais AQMI (Al-Qaeda au Maghreb Islamique) en 2007 continue d'effectuer des opérations terroristes de manière ponctuelle sur le territoire algérien (attentat de l'académie militaire de Cherchell le 26 août 2011 qui a fait 18 morts). Son état-major opère toujours depuis la Kabylie et l'attentat terroriste sur le site gazier de Tinguentourine en janvier 2013 (67 morts dont 37 étrangers), réalisé par un commando venu du Mali et composé de terroristes de différentes nationalités, montre de manière tragique que le terrorisme est devenu un phénomène qui touche toute cette région de l'Afrique.

En 2014, Abdelaziz Bouteflika est réélu président de la République pour un 4e mandat avec 81,53 % des voix et un taux de participation de 51,7 %. Son principal adversaire, l'ex-Premier ministre Ali Benflis, est arrivé deuxième avec 12,18 % des voix. Aujourd'hui, le président serait encore très malade et les rumeurs le donnant régulièrement mort vont bon train sur les réseaux sociaux...

Depuis l'assassinat du Français Hervé Gourdel en septembre 2014 en Kabylie, l'Algérie est confrontée à nouveau au terrorisme de plein fouet. Ce terrorisme est celui de l'Etat Islamique basé en Irak.

ÉCONOMIE

Principales ressources

Les hydrocarbures. Dans le nord du pays, les ressources naturelles, exploitées, incluent le plomb, le zinc, le cuivre et le mercure. Si la production des mines de fer au sud d'Annaba a baissé, les réserves évaluées à 3 milliards de tonnes au sud-ouest, difficiles d'accès, promettent pourtant à l'Algérie une bonne place au classement des pays producteurs. On sait également qu'il y a du manganèse, du platine, des diamants et de l'uranium dans le Hoggar, et les gisements d'or, d'étain, de tungstène et d'uranium découverts au Sahara commencent à être exploités. Les ressources en hydrocarbures de cette même région sont la principale richesse de l'Algérie. Depuis la découverte, en 1956, de pétrole à Hassi Messaoud, à une centaine de kilomètres au sud-est d'Ouargla, l'importance de l'exploitation d'hydrocarbures a considérablement augmenté dans l'économie algérienne jusqu'à représenter 97 % des recettes d'exportation, 35 % du produit intérieur brut et 60 % des recettes budgétaires. Et avec la hausse du prix du baril de pétrole brut, les recettes ont augmenté de 32,96 %, passant de 23,84 millards de dollars en 2003, à 47,18 milliards de dollars de janvier à fin septembre 2014.

Avec des réserves de pétrole brut estimées à 11,35 milliards de barils et une production annuelle de plus de 2,09 millions de barils/jour en 2013, le pays occupe une place assez modeste au sein des pays producteurs de pétrole (18e rang mondial pour sa réserve et pour sa production totale). En ce qui concerne la pétrochimie, l'Algérie produit actuellement 250 000 tonnes d'éthylène, de méthanol, de polyéthylène et de PVC pour une valeur d'environ 110 millions d'euros. Et face aux enjeux énergétiques actuels, l'Algérie ne peut qu'être optimiste.

Les entreprises françaises en Algérie

Les banques comme la Société Générale ou la BNP Paribas, qui a même ouvert des agences Cetelem en plus du nombre croissant de ses agences bancaires, les entreprises agroalimentaires comme Danone ou Bel, le secteur de l'automobile avec Renault (une nouvelle usine a ouvert à Oran en 2014) et Peugeot, Aventis-Sanofi, Accor, Spie, Alstom, Total, Suez... La liste des entreprises françaises qui posent le pied en Algérie s'allonge de jour en jour. Jusqu'à la RATP qui a obtenu la gestion du métro d'Alger ou l'Ecole de tourisme de Montpellier chargée de former les futurs acteurs du secteur.

A consulter : www.cciaf.org, le site de la Chambre française de commerce et d'industrie en Algérie.

L'agriculture. Bien que l'agriculture, reine de l'économie pendant la période française, ne suffise plus à couvrir les besoins du pays, elle conserve cependant une part importante de la production algérienne. La population a triplé en 40 ans mais les surfaces cultivées ont à peine augmenté malgré les quelques tentatives de mise en valeur de régions sous-exploitées jusque-là par le développement de « fermes-modèles » et l'attribution de terres. Seuls 10 % du territoire sont considérés comme fertiles mais l'urbanisation, la dégradation des sols et la faiblesse de l'irrigation ne permettent pas d'augmenter les rendements. Aujourd'hui, l'Algérie doit importer 60 % de ses besoins en céréales (blé, orge, maïs, avoine et sorgho) mais, au début des années 1980, seuls 15 % étaient produits sur place. La culture de fruits et de légumes se porte mieux et permet de mettre sur le marché haricots, lentilles, pommes de terre, concombres, tomates, oignons, carottes, melons, artichauts, tournesols, betteraves et tabacs, raisins, agrumes, olives, dattes et figues…

On élève des ovins, des bovins, des lapins, de la volaille et des chèvres. La pêche (sardines, anchois, thon et fruits de mer) reste un secteur actif. A partir de 1984, la nécessité de faire face aux pénuries a entraîné un début d'investissement dans les cultures maraîchères et l'aviculture. Malheureusement, si de nombreux poulaillers ont été construits, beaucoup ont été abandonnés et leurs ruines se dressent encore pitoyablement à la périphérie des villes. A la fin des années 1990, les rendements ont considérablement augmenté, plus 25 % en moyenne, soutenus par de bonnes conditions climatiques et l'investissement de l'Etat qui a, par exemple, mis du matériel à disposition des cultivateurs. Mais ces résultats restant toujours tributaires des conditions climatiques, il suffit d'une année de sécheresse pour qu'ils chutent parfois de manière spectaculaire (- 78 % en 1996). On estime que seulement 6 % de la surface agricole utile sont irrigués de manière régulière et satisfaisante.

Vue sur le Mustapha supérieur et les quartiers sud depuis l'hôtel Saint-George, Alger.

Commerce et industrie. L'Algérie est surtout dotée d'industries lourdes (aciérie, sidérurgie, industrie métallurgique et mécanique, raffinerie, pétrochimie, fabrique de matériaux de construction, textile, agroalimentaire, cimenterie, etc.) qui représentent presque 14 % du PIB. L'industrie légère concerne le gaz naturel, l'exploitation minière, l'électricité, les engrais et l'automobile.

Outre le pétrole et le gaz qui représentent plus de 95 % des recettes à l'export, le pays vend des minerais et des produits agricoles. Il doit encore importer une grande part de biens de consommation et agroalimentaires.

Place du tourisme

Contrairement au Maroc et à la Tunisie qui ont transformé le tourisme en industrie avec de véritables campagnes de communication et des offres spéciales, l'Algérie indépendante a tardé à développer ce secteur. La gestion socialiste, le rejet des valeurs occidentales, l'importance du marché des hydrocarbures et le besoin de trouver sa propre voie économique en sont la cause avant l'état d'insécurité permanente des années 1990. Depuis la fin de la décennie noire, le tourisme en Algérie a cependant connu une augmentation régulière et soutenue, attirant de plus en plus de voyageurs en quête d'authenticité, loin du tourisme de masse du Maroc ou de la Tunisie, mais aussi des Français d'origine algérienne, enfants d'immigrés de deuxième et troisième générations désireux de découvrir le « bled » et non pas de retourner simplement passer les vacances d'été dans la ville d'origine de leurs parents. Les infrastructures hôtelieres se sont aussi considérablement améliorées par rapport aux années 1990, de nombreux établissements de standing ont vu le jour ces dernières années dans les grandes villes du pays, notamment à Alger, Oran, Tlemcen et Constantine. Le parc hôtelier étatique vieillissant est aussi en pleine rénovation et de

© SÉBASTIEN CAILLEUX

Petite station balnéaire de la côte oranaise.

nombreux hôtels d'Etat ont rouvert après avoir été refaits à neuf. Le réseau routier s'est également beaucoup développé, avec l'ouverture en 2011 de l'autoroute Est-Ouest qui permet de relier Alger à Oran en à peine 4 heures.

Résultat : en 2013, selon l'Organisation Mondiale du Tourisme, l'Algérie est la 4e destination touristique en Afrique avec 2,7 millions de touristes étrangers. Le rapport de l'OMT précise que « la richesse culturelle de l'Algérie, grâce à ses musées, ses ruines et ses dialectes, ainsi que la nature diversifiée de l'Algérie – composée de son littoral, ses montagnes et son Sahara – sont les principaux facteurs de cette affluence ». Cependant, malgré cette très bonne reprise, le tourisme n'occupe encore qu'une petite place dans les revenus nationaux. Les menaces de l'Etat islamique à l'encontre des touristes étrangers dans le monde arabe, notamment sur le sol algérien, a entraîné 70 % d'annulations de séjours en Algérie entre septembre et décembre 2014. Une situation regrettable car l'Algérie reste malgré tout un pays sûr, à condition bien sûr d'éviter les zones considérées comme dangereuses par les autorités à savoir la zone du Djudjura en Kabylie et la région de Tamanrasset désormais fermée aux ressortissants étrangers en raison des événements au Mali.

Enjeux actuels

La remontée des cours des hydrocarbures pendant les années 2000 et une bonne gestion financière ont apporté à l'Algérie une grande stabilité économique.

Sa dette extérieure a été remboursée presque intégralement et ses réserves de change ont battu des records historiques (141 milliards d'euros en 2012). La croissance est estimée à 3 % et le taux de chômage à 9,8 % en 2014. Les deux derniers plans quinquennaux (2004-2009 et 2009-2014) ont mis en œuvre des réformes pour libéraliser l'économie nationale via une politique de grands travaux qui a permis d'améliorer les infrastructures et différentes mesures pour encourager l'investissement privé.

L'économie algérienne s'ouvre aussi de plus en plus à l'international, avec l'adhésion à la Zone Arabe de Libre Echange en 2009 par exemple. Cependant, l'économie a beaucoup de mal à se diversifier tandis que le chômage des jeunes reste élevé et que les inégalités sont encore nombreuses dans la société algérienne, avec bon nombre de disparités et une répartition des richesses inégale. Il semble cependant que les autorités algériennes aient mis davantage le cap sur une politique budgétaire expansionniste.

L'économie algérienne subit également les premières conséquences d'une conjoncture pétrolière et gazière moins favorable due à une diminution de la demande externe et une plus grande concurrence internationale alors que la production stagne. C'est pourquoi l'excédent commercial algérien a été divisé par deux au premier semestre 2013. Cependant, l'Algérie dispose aujourd'hui de grandes marges de manœuvre financières tandis que la plupart des pays européens sont frappés par une forte crise économique.

Population et langues

En 2014, l'Algérie comptait 38 813 722 habitants (estimation), soit deux fois plus qu'en 1970. Si on compte environ 16 habitants au km^2 – avec des variations allant de 30 à plus de 1 000 habitants –, la répartition de la population est cependant très inégale puisque 92 % des Algériens vivent sur un sixième du territoire (exactement 14 %). Ce qui ne peut manquer de poser de gros problèmes, tant économiques (pas loin de 25 % de chômage) que sociaux.

La démographie a très fortement explosé dans les années 1970, à une époque où le taux de fécondité atteignait le chiffre très élevé de 7,4. Après les années 1980, ce taux a baissé pour atteindre aujourd'hui 2,78 (2014), une baisse qui serait due au recul de l'âge du mariage et à l'amélioration du niveau d'instruction des jeunes femmes. L'observation de la pyramide des âges fait ressortir que la population algérienne est très jeune. En 2014, les moins de 15 ans représentent presque 30 % de la population, alors que le sommet de la pyramide, c'est-à-dire les plus de 64 ans, seulement 5,2 %. L'espérance de vie est estimée à 76,18 ans. La mortalité infantile est encore élevée avec 22,57 enfants morts avant l'âge de 5 ans pour 1 000 naissances, mais elle a baissé constamment ces dix dernières années.

Population

- **Les Berbères ou Imazighen.** Le mot « berbère » est d'origine romaine : par Barbares, les Romains comme les Grecs avant eux désignaient les étrangers à Rome, et ont donc tout naturellement nommé ainsi les autochtones rencontrés lors de leurs différentes conquêtes. Le terme a perduré à peine déformé car, sous la Régence, les Européens désignaient les côtes d'Afrique du Nord sous le nom de Barbarie habitée par les Barbaresques.

Considérés comme les plus anciens habitants de la région, les Berbères ou Imazighen (« hommes libres »), autrefois Numides ou Libyens, seraient venus de l'est conduits par Melek-Ifriki, un roi sabéen. On dit aussi qu'ils descendent des mythiques Atlantes. Si leur origine géographique, orientale ou atlante, est encore discutée, ils ont en commun une langue : les différents dialectes qu'ils parlent ont en effet tous la même origine, et dérivent du libyque, que l'on retrouve sur nombre de gravures rupestres dans le pays (tifinagh). Des dialectes berbères sont aussi parlés en Egypte, en Tunisie, au Maroc ou encore en Mauritanie. La particularité majeure de cette langue est qu'elle ne s'écrit pas, ou ne s'écrit plus, puisqu'on estime que le tifinagh, antérieur à l'alphabet grec, est une forme écrite de berbère ancien. C'est l'une des raisons pour lesquelles les dialectes ont tant évolué au cours du temps et en fonction des régions. Les Berbères sont aujourd'hui principalement représentés en Algérie par les Kabyles au nord (langue tamazight), les Chaouis dans les Aurès à l'Est (langue tachawit), les Touareg dans l'extrême sud (langue tamacheq) et les descendants de Zénètes venus du Maroc dans le Gourara et la Saoura. Chasseurs puis pasteurs et cultivateurs, les Berbères étaient

Quelques chiffres

- **Population :** 38 813 722 (2014)
- **Densité de la population :** 16 habitants/km^2 (2013)
- **Indice de fécondité :** 2,78
- **Taux de mortalité infantile** : 22,57 pour 1 000
- **Espérance de vie :** 76,18 ans (74,95 ans pour les hommes, 76,30 ans pour les femmes)
- **Pyramide des âges :** près de 30 % des Algériens ont moins de 15 ans
- **Taux d'alphabétisation :** 72,6%

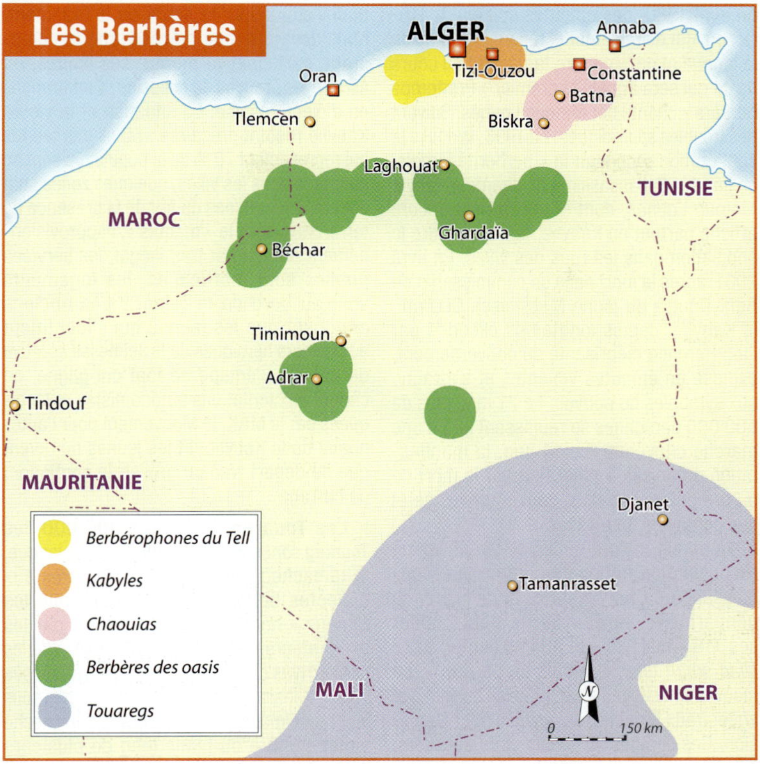

organisés en tribus et en confédérations. L'arrivée des Arabes en Algérie entraîna une conversion rapide des Berbères à l'islam, l'adoption de la langue du conquérant et un mélange des populations, malgré quelques résistances dont celle menée par la Kahena. Cependant, aujourd'hui encore, la culture amazigh demeure prégnante, surtout en milieu rural, dans le sud et dans les montagnes. En 1980, a été créé le Mouvement culturel berbère, le MCB. La culture amazigh, uniquement orale, a été menacée par l'alphabétisation, en arabe et en français, et par l'exode rural. La langue connaît un grand soutien culturel surtout en Kabylie mais, en dehors de cette région, la plupart des jeunes ne parlent plus le berbère ou n'en connaissent que les rudiments. On estime à 30 % le nombre de berbérophones en Algérie.

Les Kabyles, dont le nom vient de l'arabe qabaily, « tribu », vivent dans le djebel, « montagne », au sud-est d'Alger. Sédentaires et agriculteurs, ils vivaient autrefois au sein de tribus indépendantes dont ils portaient le nom (Aït, « enfant de ») réunies dans des dachkras, des hameaux de gourbi, des maisons traditionnellement édifiées sur les crêtes. Terre de résistance, de rébellion, d'émigration, la Kabylie a très tôt eu besoin d'affirmer une identité en opposition à l'extérieur, en premier lieu les Arabes. Mais les difficiles conditions de vie ont aussi très tôt poussé les hommes à émigrer. Au XVIIIe siècle, ils construisent l'Alger ottomane, au XIXe, l'Alger coloniale puis ils traversent la mer après les années 1880. Les Kabyles sont ainsi parmi les plus anciens immigrés de France. C'est peut-être – avec l'idée prégnante à l'époque que les Kabyles étaient des chrétiens islamisés – ce qui faisait dire à Jules Ferry qu'il fallait appuyer la colonisation de l'Algérie sur les Kabyles… Contrairement à l'idée répandue, souvent par ceux qui ont émigré, les Kabyles ne rejettent pas leur appartenance à la nation algérienne, mais ils revendiquent « seulement » la reconnaissance de leurs spécificités (langue, culture, valeurs laïques, etc.).

En avril 1980, des émeutes éclatent à Tizi-Ouzou afin de réclamer la reconnaissance de la langue et de la culture tamazight au cours de ce qui sera appelé le premier « Printemps berbère » chanté par Matoub Lounés. Suivent des troubles sporadiques. En 1996, la nouvelle constitution reconnaît la « berbérité » mais, en juin 1998, l'assassinat du chanteur kabyle Matoub Lounés, dont le portrait est encore affiché partout en Kabylie, fait descendre la population dans les rues des villes. En avril 2001, après la mort dans un commissariat de Béni-Douala du jeune Massinissa Guerma, la Kabylie, depuis longtemps excédée par l'indifférence méprisante du gouvernement, explose en émeutes violentes et s'attaque aux symboles du pouvoir. Le 21 mai, plus de 500 000 personnes se réunissent lors d'une marche citoyenne. Le 14 juin, la manifestation organisée à Alger finit par la mort de quatre personnes dont deux journalistes et des centaines de blessés.

Aujourd'hui, malgré quelques tentatives de réconciliation nationale comme la reconnaissance du tamazight et le départ de la gendarmerie, la Kabylie ne peut oublier ses 118 « martyrs » et affiche haut et fort : *Ulac smah ulac*, « jamais de pardon ». Le mouvement citoyen s'est organisé au sein des ancestraux ârouchs ressuscités pour l'occasion. Ces comités villageois et de quartiers, réunis autour de la « plate-forme d'El-Kseur » formée en juin 2001, réclament pacifiquement (par l'appel au boycott des élections par exemple) et pour toute l'Algérie la fin des impunités et des injustices, la liberté d'expression, la fin des exclusions et des mesures pour l'éducation, la santé ou le logement. Mais devant le peu de résultats, la démocratie participative montre ses limites, on accuse les ârouchs de collusion, d'infiltrations ou d'électoralisme. La situation et la vie en Kabylie restent précaires : 50 % des jeunes qui représentent 70 % de la population sont au chômage dans les villes, quelques zones sont encore insécurisées du fait de la présence de terroristes dans le « maquis », l'approvisionnement en eau est très inégal, les services publics sont inefficaces, les logements sont au bord de la ruine... Les anciens craignent que les jeunes qui s'identifient aux joueurs héroïques de la Jeunesse sportive de Kabylie, l'équipe de foot qui gagne, ne cèdent aux tentations autonomistes revendiquées par le MAK, le Mouvement pour l'autonomie de la Kabylie. Et les jeunes ne rêvent que de départ, venant grossir le contingent de harraga.

▶ **Les Touareg.** Estimés à 300 000, les Touareg sont eux aussi berbères. Leur langue, le tamacheq, ressemble de très près aux dialectes berbères. On suppose que les fameux « hommes bleus » décrits par les explorateurs fascinés des XIXe et XXe siècles sont arrivés du nord ou du Maroc, repoussés vers le Sahara lors de conquêtes. Cachés sous leur taguelmoust (litham en arabe), un chèche violet sombre ou blanc long de plusieurs mètres, ils apparaissaient comme de grands guerriers mystérieux et impitoyables comme le désert qu'ils avaient apprivoisé. Leurs femmes qui semblaient jouir de plus de libertés que les femmes du nord sont longtemps restées une énigme.

À lire à propos de la Kabylie

- ***Algérie, le livre noir***, Reporters sans frontières, La Découverte, 2003.
- ***Algérie, l'heure de vérité*** de Saïd Sadi, Flammarion, 1996.
- ***Algérie : la question kabyle***, Michalon, Ferhat Mehenni, 2004.
- ***Les romans de Jean et Taos Amrouche***, Mouloud Feraoun (dont ***Jours de Kabylie*** avec des dessins de Charles Brouty, 2002), Mouloud Mammeri, Tahar Djaout (dont ***la Kabylie*** avec des photos de Ali Amrok), etc.
- **www.kabyle.com, www.tafsut.fr, www.imyura.com, etc.**
- ***Contes berbères de Kabylie : Machaho ! Tellem chaho !***, Mouloud Mammeri, 1996.
- ***Contes de Kabylie***, Youssef Nacib, 1986.
- ***La littérature kabyle***, Fadhma Aïth Amrouche Mansour, La Découverte, 2003.
- ***Contes kabyles*** recueillis par l'ethnologue allemand Léo Frobenius dans les années 1920, Edisud, 1996.

Ces musulmans, qui auraient apostasié quatorze fois, vivaient autrefois de façon nomade, au rythme des caravanes de sel (azalaï), de la pâture ou des rezzou, des expéditions au cours desquelles ils pillaient leurs voisins, souvent des Chaambas qui le leur rendaient bien, ou des ksour. Après des années d'accrochages meurtriers, leur territoire est lentement conquis par les militaires français à partir du début du XXe siècle. Après la Seconde Guerre mondiale, le commerce du sel n'a plus cours, les caravanes ne sont plus levées, les Touareg sont de plus en plus nombreux à se sédentariser et les sécheresses des années 1970 ont réduit les troupeaux, parfois de façon dramatique. Pourtant si leur mode de vie a changé et si les séparations entre les castes sont atténuées, on retrouve encore à leur contact nombre de réflexes et de traditions restées vivaces. Autrefois guerriers, ils se consacrent aujourd'hui à l'élevage, à l'industrie, aux services ou au tourisme qui les rapproche et les maintient dans le désert.

Les Arabes. Tout comme les Berbères, les Arabes ont diverses origines ethniques, même si leur origine géographique est la péninsule arabique. Le mot *arab*, en langue sémitique, signifiait « désert » et « nomadisme ».

Les Arabes sont venus s'installer par vagues successives à partir du VIIe siècle, suivant Idriss qui fuyait les persécutions du calife de Bagdad. Idriss réussit à convertir un grand nombre de Berbères à l'islam, et fila vers l'actuel Maroc où il fonda le premier véritable royaume unifié du Maroc à Fès. Ils poursuivirent leur extension aux XIIe et XIIIe siècles. Peu attirés par les montagnes, ils ne cherchèrent pas à y pénétrer, leur préférant les plaines, les villes et les plateaux steppiques. Sédentaires, ils cultivaient la terre ; nomades, ils étaient les Bédouins. Mais quel que soit leur mode de vie, ils étaient gouvernés par des cheikhs. Ceux qu'on appelait encore au XIXe siècle les Maures descendaient de Mauritaniens, de Numides, de Phéniciens, de Romains et d'Arabes. Durant l'Antiquité, le terme maure désignait les populations berbères de l'ouest du Maghreb. Durant le Moyen Age, le terme évolue et qualifie les musulmans d'Andalousie puis devient par la suite synonyme du terme arabe. Plutôt citadins, ils s'adonnaient au commerce ou à l'administration, dirigés sous la Régence par le dey, les beys et les aghas. Les métis de Turcs et de Maures, des sous-citoyens, étaient appelés Kouloughlis. Hors des villes, les familles ou tribus se reconnaissaient par le nom du pays qu'elles occupaient, ou par celui de leurs ancêtres communs (Béni...). Réunis au sein du douar, un véritable village ambulant composé de tentes (guitoune) de laine noire et blanche, ils s'installaient pour un certain temps sur une terre qu'ils louaient grâce au produit de leurs récoltes.

Les Haratines. Les Haratines, population noire du Maghreb, descendraient de populations préhistoriques du Sahara qui, lors de son assèchement, seraient venues chercher refuge vers le nord. D'autres descendent d'anciens esclaves soudanais, en grande partie « recrutés » par le sultan Moulay Ismaïl au XVIIe siècle ou par les Touareg qui, s'ils n'en faisaient pas commerce, les employaient dans les jardins des oasis. Les Haratines appartenaient aux couches sociales les plus défavorisées mais ce sont peut-être les plus anciens habitants du pays. Aujourd'hui, ils habitent les villes du sud du pays.

Les juifs algériens. Les premiers juifs seraient arrivés, peu nombreux, en Afrique du Nord au cours du premier millénaire avant J.-C. pendant la domination phénicienne, puis plus tard après la destruction de Jérusalem par les armées de Vespasien (70 après J.-C.). Berbérisés, ils se sont rapidement enfoncés vers les oasis du sud où ils se sont regroupés, notamment dans le Touat. Mais le plus gros de la communauté est arrivé à partir des XIIe et XIVe siècles, lorsque, persécutés en Europe et notamment en Espagne, ils se sont établis dans les ports méditerranéens. Aux XVIIe et XVIIIe siècles, ce sont des juifs livournais qui sont arrivés d'Italie, surtout dans la région de Constantine.

À lire à propos des Touareg

- ***Les Touaregs du Hoggar*** d'Henri Lhote, Arthaud, 1981.
- ***Chants touaregs,*** Charles de Foucauld, rééd. Albin Michel 1997.
- ***Nofa petite Touareg,*** L'Harmattan, 1999, bilingue français-arabe.
- ***Sagesses et malices du Touareg qui avait oublié son chameau*** de Jean Siccardi et Renaud Perrin, Albin Michel, 2003, conte.

Peu avant l'Indépendance, ils étaient près de 200 000, habitant les mellahs (quartiers juifs) des grandes villes. Au XXe siècle, quelques-uns ont émigré en Israël entre 1947 et 1965, le nouvel Etat manquant de main-d'œuvre paysanne. Beaucoup, assimilés aux Européens, ont dû quitter le territoire en 1962 ; peu sont restés en Algérie. Ayant vécu sur ce territoire bien avant son arabisation, ils étaient assez bien intégrés à la population maure et berbère même si la Régence turque dont les lois étaient généralement beaucoup plus strictes envers eux – ils devaient, par exemple, se faire reconnaître par un signe distinctif – puis le senatus-consulte de Napoléon III et le décret Crémieux (1870 et 1871) ont entaché cette entente en accordant aux juifs algériens la citoyenneté française, qui était presque inaccessible aux musulmans.

La présence européenne. Au début du XIXe siècle, il y avait très peu d'Européens libres dans la région d'Alger. Avant l'expédition de lord Exmouth (1816) et l'abolition de l'esclavage des Européens exigée par l'Angleterre, les esclaves chrétiens originaires du nord de la Méditerranée étaient si nombreux, pris pendant la course, que chaque maison d'importance en avait un ou plusieurs à son service. Cervantès ou le futur saint Vincent de Paul en ont fait partie. Après 1830, la proportion a bien sûr augmenté avec la colonisation française puis avec l'arrivée de migrants italiens, espagnols ou maltais jusqu'à atteindre 1,2 million d'Européens à la veille de l'indépendance. 968 685 d'entre eux ont dû partir en 1962 (chiffre arrêté au 31 juillet 1965), quelques-uns sont restés encore quelques années en Algérie avant de rentrer en métropole. D'autres, souvent des personnes âgées, sont restés après l'indépendance mais les crises des années 1990 ont eu raison de l'attachement au pays des survivants. Aujourd'hui, la quasi-totalité des Européens ou des Américains présents en Algérie sont là pour un contrat de travail et vivent entre leur entreprise, leur hôtel ou leur appartement loué par l'employeur et les soirées entre expatriés, dans les grandes villes ou dans les zones pétrolières du sud.

Les pieds-noirs. Si l'expression qui désigne les Européens d'Algérie est assez récente, puisqu'elle serait surtout apparue après le début de la guerre d'Algérie, les explications sont nombreuses quant à son origine. Une seule certitude cependant : le terme n'est pas d'origine arabe ou berbère et s'il a été utilisé dans un premier temps de façon péjorative par les Français « de France », il est quasiment devenu la seule appellation que les Français nés en Algérie et rapatriés en métropole au moment de l'indépendance ont reprise à leur compte, d'abord par bravade puis par fierté, jusqu'à devenir l'expression de leur identité au travers d'un logo représentant deux empreintes de pieds noirs. En un demi-siècle, l'expression a plutôt bien évolué et ne porte plus en elle de connotation péjorative.
Parmi les origines possibles du terme, il y a celles qui rappellent le labeur des premiers colons, la boue noire de la plaine de la Mitidja ou le raisin foulé au pied. On évoque également les chaussures des militaires, soit celles des soldats débarqués à partir de 1830 qui contrastaient avec les pieds nus ou chaussés de babouches colorées des Turcs ou des Arabo-Berbères, soit celles des troupes d'Afrique du Nord venues se battre en métropole en 1870, mais dans ce dernier cas « pieds-noirs » n'aurait pas seulement désigné les Européens. D'autres explications, plus ou moins fantaisistes et presque toujours méprisantes, sont retenues parmi lesquelles la couleur de la poussière incrustée dans la peau des pieds des soutiers des bateaux à vapeur qui, du fait de leur « crasse », n'étaient pas admis sur les ponts supérieurs réservés aux voyageurs ou encore celle des pattes d'un certain putois ou d'un petit oiseau qui migre en automne de France en Afrique du Nord. Avant 1962, le français coloré d'Algérie désignait les Français « de France » par les mots « francaoui » ou « frangaoui », comme les Italiens étaient des « macaronis » ou les Espagnols des « étourneaux » (en référence à leur goût pour les olives, dit-on), mais quand le terme « pieds-noirs » s'est généralisé, on apprit que les métropolitains étaient des « patos ». L'expression viendrait de l'espagnol *pato*, le « canard » dont le dandinement paraît lourdaud…

La formation de la communauté pied-noire en Algérie. Dès les toutes premières années de la présence française, principalement militaire, des hommes ont gagné les récentes possessions. Il s'agissait souvent d'aventuriers d'origine bourgeoise en quête de meilleure fortune qui montent des entreprises agricoles ruineuses, de spéculateurs fonciers mais aussi, souvent, de gens qui devaient refaire leur vie ou échapper aux autorités métropolitaines et de soldats démobilisés, les « soldats laboureurs », à qui on offrait un lopin de terre à charge pour eux de le mettre en valeur. En 1840, on préconisait encore de limiter l'occupation française à l'étroite bande côtière du Sahel mais la plupart des colons qui avaient tout quitté pour venir se sont accrochés, ont drainé les marécages infestés de malaria de la plaine de la Mitidja et construit des maisons en dur pour abriter leurs familles.

Ces premiers colons, qui devront travailler très dur pour que les terres obtenues de l'administration deviennent cultivables, seront bientôt rejoints par des Espagnols à l'ouest, des Maltais, des Siciliens, des Sardes, des Mahonais des Baléares, des Napolitains à Alger, des Allemands et des Suisses qui s'installent à l'est... Une importante vague de migration est arrivée après la guerre de 1870 (Alsaciens et Lorrains) et la Commune. Dans le même temps, la communauté s'enrichit des 40 000 juifs nouvellement naturalisés. Dans les villes, les nouveaux arrivants ouvrent des commerces ou des entreprises agroalimentaires. Au recensement de 1886, il y avait en Algérie presque autant de Français de souche que de colons d'origine étrangère. Le plus gros de la colonisation se termine à l'aube des années 1930 avec la création d'un dernier village de colons.

Langues

Historiquement, le berbère (tamazight) est la plus ancienne langue parlée. Son origine, peut-être punique ou lybique, est aussi discutée que celle de ceux qui le parlent. On estime qu'environ 30 % de la population est berbérophone, entre les Aurès, la Kabylie, la région de Tlemcen et le Grand Sud avec les Touareg. Le tamazight s'est longtemps maintenu au seul sein des familles et n'était qu'oral mais la découverte dans le sud du tifinagh, une façon ancienne d'écrire le berbère, a relancé l'intérêt pour cette langue. Durant l'Antiquité, seuls les lettrés possédaient la langue des Romains. A partir du VIe siècle, les musulmans forcent les Berbères à apprendre leur langue en même temps qu'ils doivent se convertir à l'islam. Avant l'arrivée des Français, la langue turque est celle du gouvernement, des militaires et de l'appareil judicaire mais la rue parle l'arabe ou le berbère avec des variations selon les régions. On communique avec l'Européen au moyen d'une langue qu'on appelle « mauresque » ou « franke », un mélange d'espagnol, d'italien, de français et de différents dialectes locaux. Puis, le français devient la langue administrative et commerciale apportée par les colons. L'arabe et le berbère sont alors relégués à l'arrière-plan, voire niés, jusqu'à devenir le symbole de la résistance à l'occupant. Au début des années 1970, les gouvernements ont imposé l'« arabisation » du pays. Mais les instituteurs et les cadres de l'enseignement n'ayant aucune expérience, puisqu'ils avaient toujours enseigné en français, on fait alors venir des Egyptiens, rarement pédagogues mais souvent membres des Frères musulmans, pour prendre le relais. Gros problème : la langue utilisée en Egypte est très différente de l'arabe parlé en Algérie et, peut-être par rejet, le français s'est maintenu dans les foyers et la rue pour rester la langue véhiculaire. Aujourd'hui, l'Algérie est le premier pays francophone du monde après la France, sans pour autant faire partir de l'OIF, l'Organisation internationale de la francophonie. Depuis juillet 1998 – c'est très récent –, l'arabe est l'unique langue officielle de l'Algérie. On a du mal à y croire parce que presque tous les textes et annonces publics sont systématiquement doublés en français, quelquefois seulement en français. Même si les jeunes parlent moins le français, ou ne le lisent pas, les générations précédentes ont bien souvent du mal à lire l'arabe et sont plus à l'aise avec le français. Le français, donc, reste encore très présent, surtout dans les classes aisées, et vous n'aurez aucun mal à vous débrouiller si vous ne parlez que le français. Quelques aberrations subsistent dans l'organisation du pays : l'enseignement se fait en arabe jusqu'au bac, alors que quelques filières universitaires comme les sciences ne sont assurées qu'en français, d'autres seulement en arabe. En 1995, le Conseil des ministres a décidé d'introduire le tamazight (berbère) dans le système éducatif, en tant que langue nationale, et de prendre en compte « la dimension culturelle amazigh dans le programme des enseignements des sciences sociales et humaines à tous les niveaux du système éducatif ». Vous remarquerez que les discussions sont ponctuées de tant de mots français que, sans comprendre l'arabe, on a parfois le sentiment de suivre ce qui se dit. C'est le cas notamment des adverbes, des locutions ou des mots techniques qui n'ont pas d'équivalent. Certains mots français ont été adaptés par le « francarabe », comme « taxieur » pour chauffeur de taxi. Et vous en découvrirez bien d'autres au cours de votre voyage...

Mode de vie

VIE SOCIALE

Éducation

D'après les données de la Banque Mondiale, près de 100 % des enfants âgés de 6 à 13 ans sont scolarisés, soit près de 6 millions d'élèves à l'école élémentaire et primaire et au collège. Pas loin d'1 million d'entre eux poursuivent leurs études. Dans les 10 universités du pays, ils ne sont plus que 160 000, dont 70 % de jeunes filles – deux Algériennes sur trois poursuivent des études secondaires contre une Marocaine sur trois.

En 1920, seulement 47 étudiants musulmans suivaient les cours de l'université d'Alger ; en 1962, ils étaient 1 372 dont 172 jeunes femmes. Depuis cette date, le nombre d'étudiants a augmenté de 290 % pour atteindre près de 400 000 étudiants en 1995, ce qui représente plusieurs siècles de croissance en Europe ! Environ 20 000 étudiants poursuivent ou achèvent leurs études à l'étranger, notamment en France, souvent pour se spécialiser. Bien que, depuis 1976, l'école soit obligatoire pour tous les enfants jusqu'à 15 ans, un tiers de la population de plus de 15 ans n'a reçu qu'un enseignement rudimentaire. On estime que seulement 70 % de la population maîtrise les bases de l'éducation, à savoir lire, écrire et calculer. Si on considère que 30 % des Algériens ont aujourd'hui moins de 15 ans, on comprend très vite que l'éducation demeure l'un des grands enjeux du pays. Mais vu les derniers chiffres de la scolarisation en Algérie qui sont plutôt bons, les jeunes générations seront certainement plus alphabétisées que les précédentes.

Les écoles privées, payantes, abolies en 1976, ont refait leur apparition mais restent réservées à l'élite.

Habitat

Alors que la majorité des Algériens sont propriétaires de leur logement (plus de 70 %), le taux d'occupation est très élevé : 7 personnes par logement ce qui signifie aussi que certains appartements de deux pièces peuvent accueillir près de 15 personnes. 90 % des logements sont surpeuplés, plus de 50 % sont délabrés. Depuis près de 10 ans, 160 000 logements sont mis en chantier annuellement mais la tâche est énorme et, entre construction et rénovation de logements devenus vétustes ou précocement insalubres parce que construits dans l'urgence et mal conçus, la situation est loin d'être réglée. C'est un des enjeux majeurs de l'Algérie pour les années à venir.

Santé et système de santé

L'espérance de vie est, certes, en régulière augmentation et supérieure à la moyenne africaine, mais elle cache des difficultés croissantes. Les régimes socialistes ont instauré un système de santé accessible à tous. En 1974, l'accès aux soins est même devenu gratuit pour tous mais il est actuellement devenu difficile de bien se soigner car les hôpitaux sont régulièrement bondés et que certains médicaments sont introuvables et que la plupart des médicaments sont assez chers pour l'Algérien moyen. Mais, malgré le prix élevé des médicaments, les foyers algériens disposent souvent d'une pharmacie importante.

Dans les campagnes, on fait souvent confiance à la médecine traditionnelle, et le recours aux plantes – dont les femmes connaissent en général toutes les propriétés et les vertus – est répandu. Les problèmes endémiques de santé sont le diabète, l'hypertension, la malnutrition et le trachome, une forme grave de conjonctivite.

Tenue vestimentaire

Dans l'Algérie contemporaine, la différence est parfois flagrante entre les tenues vestimentaires des jeunes des grandes villes, dont l'habillement est comparable à celui des jeunes occidentaux, et les costumes traditionnels arborés par les habitants des campagnes. En Kabylie, par exemple, les femmes portent encore très souvent la robe traditionnelle à dominante rouge. N'oubliez pas que vous êtes dans un pays musulman dont certains codes vestimentaires diffèrent des nôtres – moins à Oran ou à Alger.

Paysans kabyles.

Evitez de porter des tenues jugées provocantes, trop décolletées ou trop courtes (minijupes et shorts). Dans le même ordre d'idées, les hommes éviteront de porter des shorts en dehors des zones balnéaires. Ce sont surtout les habitants des campagnes qui restent fidèles aux tenues traditionnelles variant selon les régions, comportant les vêtements suivants :

- **Burnous.** Manteau de laine marron à capuchon et sans manches cousues. Efficace contre le froid.
- **Kachabia.** Un peu la même chose que le burnous mais non ouvert sur le devant.
- **Caftan.** Vêtement féminin d'origine orientale, c'est une sorte de manteau ample et long, souvent porté à l'intérieur des habitations.
- **Chèche.** Indispensable contre les coups de soleil, ce turban vous protégera le crâne bien mieux qu'un chapeau. En voile de coton fin (les matières synthétiques sont contre-indiquées sous ce climat) de trois à quinze mètres de long, les Touareg préfèrent leur taguelmoust (litham) traditionnellement teint à l'indigo (d'où leur surnom d'« hommes bleus »). L'indigo non lavé déteint sur la peau et pénétrant jusqu'au derme la fait bénéficier de ses vertus « nettoyantes » et protectrices. Pour se protéger du soleil, du vent et du sable, on enroule le chèche autour de la tête jusqu'à ne laisser qu'une fente pour les yeux. L'opération nécessite un sérieux coup de main…
- **Djellaba.** Robe longue et droite, généralement pourvue d'un capuchon et que l'on enfile par la tête.
- **Gandoura.** Tunique sans manches tombant jusqu'aux chevilles, souvent très légère et portée dans le sud par les hommes.
- **Haïk**. Voile de coton ou de laine enveloppant le corps et rabattu sur le visage des femmes mais qui est aujourd'hui désuet ; les femmes portant généralement le hidjab. Cependant, il a été remis à la mode par certains designers et des femmes assez jeunes aiment à le porter comme une sorte d'accessoire vintage de memoire (le haïk a notamment joué un rôle important pendant la Guerre d'Algérie car les militant(e) s du FLN l'utilisaient pour cacher des documents secrets ou des bombes). Sa couleur est le signe d'une appartenance régionale (blanc à Alger, noir à Constantine par exemple).
- **Saroual ou sarouel**. Pantalon large bouffant, à ceinture large et ajustée, et dont les jambes, boutonnées à leur extrémité, s'arrêtent au-dessus de la cheville. Dans le sud, le bas du sarouel couvre le talon.

MŒURS ET FAITS DE SOCIÉTÉ

Couples et mariage

Si les mariages arrangés ont moins cours, les parents expriment encore leur avis quand le jeune couple se rencontre sans entremise et le cas échéant opposent leur refus aux tourtereaux. Cependant, quand un jeune homme demande la main d'une jeune fille, elle est totalement en droit de refuser même après que les présentations ont été faites entre les familles respectives… La femme algérienne a donc beaucoup plus de liberté que par le passé. Ce qui pose souvent problème dans le cadre d'une future union, c'est la situation matérielle. D'un côté, on a le manque de logement et de travail pour les jeunes hommes et, de l'autre, des jeunes filles instruites qui considèrent que leur avenir professionnel compte au moins autant sinon plus qu'un mariage et qui cherchent de meilleurs partis. Résultat : on se marie moins et plus tard en Algérie. Le jour de la fête pour laquelle on risque de s'endetter lourdement, les hommes ont en moyenne 33 ans et les femmes 30 ans (en ville) alors qu'elles se mariaient à 18 ans dans les années 1960. A Alger, par exemple, les célibataires seraient 800 000 sur près de 3 millions d'habitants, soit environ la moitié des jeunes de plus de 15 ans. Pour la majorité des jeunes gens, le poids des traditions, le regard de la société ou la séparation très marquée entre adolescents filles et garçons rendent difficiles les rencontres. Alors, pour se donner le frisson romantique, Internet vient compléter les petites annonces ou les rencontres arrangées peu affriolantes. Les cybercafés qui ont ouvert jusque dans la moindre bourgade ont une clientèle acquise d'internautes qui cherchent à trouver l'élu de leur cœur. Pour se rencontrer, tout se complique. On s'isole dans les parcs et il est difficile d'aller à l'hôtel, cher, où le réceptionniste peut demander le livret de famille pour partager une chambre. Il semble pourtant que les hôtels, en recherche de clientèle, soient devenus moins exigeants... Cependant, il existe des couples qui vivent en concubinage parmi les jeunes générations mais c'est souvent caché à la famille et très rarement au grand jour... Par conséquent, le mariage reste la possibilité officielle d'exprimer son envie de vivre ensemble. C'est pourquoi des associations caritatives musulmanes, conscientes des difficultés des jeunes couples et des frustrations qu'elles

À lire à propos des Algériennes

- ***Le Coran et les femmes*** de Juliette Minces, Hachette Pluriel, 1996.
- ***Le Voile et la bannière*** de Slimane Zeghidour, Hachette, 1990.
- ***Une autre voix pour l'Algérie*** de Louisa Hanoune, La Découverte, 1996. Louisa Hanoune est l'une des figures du combat pour la paix et la démocratie en Algérie.
- ***Une Algérienne debout,*** entretiens avec Khalida Messaoudi (députée du Rassemblement pour la culture et la *démocratie, RCD), J'ai lu, 1996.*
- ***Femmes rebelles d'Algérie*** de Françoise Germaine-Robin, Editions de l'Atelier, 1996.
- ***Chronique d'une femme dans la tourmente de Fatiah***, Editions de l'Aube, 1996.
- ***Cette fille-là*** de Maïssa Bey, Editions de l'Aube, 2001.
- ***La Femme sans sépulture*** d'Assia Djebar, Albin Michel, 2002. Et ***Loin de Médine : filles d'Ismaël***, Albin Michel, 1991. Destins de femmes qui ont marqué l'histoire.
- ***Trois romans algériens*** de Leïla Hamoutene, Marsa, 2002.
- ***L'Interdite*** de Malika Mokkedem, Grasset, 1994.
- ***La Saison des narcisses*** de Djura (chanteuse de l'ex-groupe Djurdjura), Le livre de poche, 1995.
- ***La jeune fille et la mère*** de Leïla Marouane, Seuil, Paris, 2005. Pourquoi une mère refuse-t-elle de donner à sa fille la liberté, la dignité et l'instruction dont elle a elle-même été privée alors qu'elle s'est battue, comme un homme, dans le maquis, pour un monde meilleur et pour libérer les hommes de l'oppression ?
- A voir : ***Elles*** et ***Algériennes, trente ans après*** : deux très beaux documentaires d'Ahmed Lallem sur la condition féminine en Algérie, le combat des femmes, leurs espoirs et leurs déceptions…

Le hidjab ou voile islamique

Hidjab : littéralement « celui qui empêche ». Le Coran opère sur plusieurs registres où se mêlent sacré, masculin et féminin, voile et corps. Le hidjab est écran de protection, c'est pourquoi la faute est « hidjab » entre le croyant et Allah, tout comme la dévotion est « hidjab » entre le croyant et l'enfer. Aux premiers temps de l'islam, la claustration par le hidjab n'existait pas. Lorsque le Prophète se réfugia à Médine, les mœurs étaient plus relâchées que ce qu'elles étaient à La Mecque. Mahomet fut alors pressé par les membres de son entourage afin que le hidjab soit institué pour les femmes. « *O, Prophète, dis à tes femmes, à tes filles, aux femmes des croyants d'abaisser sur leur front leur hidjab, on les distinguera par là, et elles ne seront pas exposées à des insultes.* »

Il fallut attendre trois siècles après Mahomet pour qu'un imam impose à toutes les femmes le port du voile, comme l'avait fait le Prophète pour ses seules épouses. En effet, le port du voile, antérieur à l'islam, était initialement l'apanage des femmes de haut rang. D'ailleurs, dans la plupart des civilisations du pourtour méditerranéen, les femmes d'un certain rang se démarquaient des esclaves en se couvrant la tête. L'Ancien comme le Nouveau Testament évoquent des femmes voilées. L'injonction chrétienne faite aux femmes, encore aujourd'hui, d'avoir la tête couverte, au moins lorsqu'elles sont à l'église, s'est imposée en Italie comme en Espagne, mais aussi en Corse, en province et même en Bretagne où les coiffes remplaçaient le foulard. La femme voilée est un objet de vénération. Elle est dans un état de grâce divine, inaccessible. Les religieuses « prennent » définitivement le voile en prononçant leurs vœux. La mariée porte un voile le jour du sacrement du mariage. Et, jusqu'à récemment, les voiles du deuil annonçaient que celle qui les portait était mise à part, comme pour un temps hors du monde… Dans le monde islamique, à l'époque des califes abbassides très rigoristes, le patriarcat et la stricte séparation des hommes et des femmes font que le voile contribue largement au maintien de la femme dans une sorte de réclusion. Quoique sacralisé par le Coran, ce vêtement n'est pas une invention de l'islam, mais l'héritage d'une longue tradition proche-orientale.

En 1923, la présidente du mouvement féministe égyptien rejetait officiellement le voile au profit du foulard. Deux ans plus tard, Mustafa Kemal en Turquie partait en guerre contre le hidjab. En 1928, le shah d'Afghanistan suivit son exemple, tout comme son homologue d'Iran. Mais, chaque fois, la rue manifesta son opposition à l'abandon du voile. Plus tard, la montée en puissance des fondamentalistes joua de ce symbole qu'est le voile pour affaiblir des régimes coupables de s'être « vendus à l'Occident ».

entraînent, organisent même des mariages collectifs, moins onéreux et en quelque sorte parrainés. Quand l'union est célébrée en famille, les réjouissances du mariage durent une petite semaine. Si dans la rue vous croisez plusieurs taxis collectifs ou minibus bondés et « sonores », c'est un mariage. Une façon comme une autre d'annoncer les épousailles ! Chaque soir on s'amuse, on chante, on danse, les hommes d'un côté, les femmes de l'autre. On y boit du thé et des sodas, officiellement pas d'alcool…

Polygamie

D'après les poètes libertins occidentaux, ce vieux fantasme nous vient de l'Orient. Quoi qu'il en soit, il faut savoir que la polygamie répond à une tradition codifiée par le Coran parce qu'elle existait bien avant la naissance du Prophète qui a juste ramené le nombre d'épouses autorisé de 10 à 4. Introduite en Algérie par les Ottomans, elle n'est autorisée par la religion qu'à condition que les épouses de l'heureux homme soient bien traitées dans tous les domaines (« Epousez comme il vous plaira deux, trois ou quatre femmes. Mais si vous craignez de n'être pas équitable, prenez une seule femme », dit le Coran, IV, 3) et que les premières épousées donnent leur accord. En Algérie, il est donc totalement légal, d'après le Code de la famille, d'avoir plusieurs femmes à condition que la première femme épousée donne son accord avec signature à l'appui et un juge doit donner son avis. Dans les faits, la plupart des femmes refusent, ce qui contraint souvent le mari à ne garder finalement une seule épouse et à avoir une maîtresse dans la clandestinité. Un peu comme partout ailleurs dans le monde finalement. Par ailleurs, la polygamie revenant cher, les hommes qui prennent plusieurs femmes ne traitent que très rarement équitablement toutes leurs épouses et c'est souvent la dernière épousée qui est favorisée à tous les niveaux...

Divorce

La répudiation est une sorte de divorce unilatéral qui peut être décidé par le mari n'importe quand. Il se traduit par un « préavis » de trois mois, pendant lesquels la femme est autorisée à rester au domicile conjugal, et où le mari continue de pourvoir à ses besoins. Passé ce délai, le mari peut revenir sur sa décision, auquel cas les époux se réconcilient, ou bien la femme doit quitter la maison. Le Coran traite longuement de cette forme de divorce, et la justifie ainsi, auprès des femmes : « S'il vous répudie, son Seigneur lui donnera peut-être en échange des épouses meilleures que vous, soumises à Dieu, croyantes, pieuses, adorantes, pratiquant le jeûne (LXVI, 5). » Cette forme de divorce n'est accompagnée d'aucun dédommagement légal, même si le Coran précise : « Les femmes répudiées ont droit à une pension convenable (II, 241). » Le divorce judiciaire est le moyen dont dispose la femme pour demander le divorce. Mais elle doit, pour cela, justifier d'une faute de son époux, sévices corporels, manque d'entretien ou absences répétées, et ses accusations doivent être relayées par des témoins. Le divorce n'est alors prononcé que si toute réconciliation est impossible. Le divorce par compensation est le plus proche du divorce occidental : il permet à la femme de demander la répudiation par son mari, si elle n'a pas les moyens de demander un divorce judiciaire. Mais, dans ce cas, elle devra verser à son mari une compensation financière pour l'épouse qu'il perd alors qu'il n'a pas fauté, et ce dernier a toujours la possibilité de refuser. Le Coran prévoit cette éventualité, puisqu'il précise que « nulle faute ne sera imputée à l'un ou à l'autre des époux si l'épouse offre une compensation (II, 229) ».

Femmes

Avec la guerre de libération à laquelle les femmes ont pris part, l'Indépendance et la construction nationale du socialisme, la place de la femme avait sensiblement évolué passant d'une conception plutôt archaïque à une reconnaissance plus moderne. L'évolution de la place de la femme dans la société demeurait cependant difficile face au poids des traditions et des préjugés.

Tout a régressé au début des années 1980 quand le gouvernement de Chadli Bendjedid a réagi à la montée de l'intégrisme islamique en promulguant, en 1984, un Code de la famille qui faisait des femmes d'éternelles mineures au regard de la société. Malgré une constitution qui reconnaît le principe de l'égalité des sexes et condamne toute discrimination envers les femmes du seul fait qu'elles sont femmes, ce code basé sur la loi coranique officialise leur infériorité par rapport à l'homme et leur dénie la possibilité de jouir de droits civiques et économiques élémentaires. Il légalise entre autres la polygamie, le devoir d'obéissance au mari et la répudiation par ce dernier ainsi que l'inégalité face à l'héritage. En dehors de l'abandon manifeste ou de maltraitance grave, il reste difficile pour une femme d'obtenir le divorce. Nombre de mouvements sociaux actuels ont pour enjeu la visibilité des femmes dans la société. Des groupes et des associations de femmes s'employant à faire revoir sinon abroger ce Code de la famille. Le « nouveau » Code de la famille présenté par Bouteflika en mars 2005 s'inscrit pourtant dans la lignée du précédent : le tutorat d'une femme par son père ou un autre homme ainsi que la polygamie sont maintenus, même si dans ce dernier cas l'avis d'un juge est devenu nécessaire. Si les femmes peuvent dorénavant demander et obtenir la garde de leurs enfants, et donc du domicile conjugal en cas de séparation, elles ne peuvent demander le divorce que dans certains cas particuliers. Autre changement, les femmes transmettent désormais leur nationalité à leurs enfants. Beaucoup de travail reste donc à faire... Les cafés, traditionnellement fréquentés par les hommes, ouvrent timidement leurs portes aux femmes et de plus en plus de restaurants et de cybercafés affichent ayli, « familial », permettant aux femmes ou aux couples de se réunir en confiance dans des établissements qui vont jusqu'à repousser les jeunes hommes seuls. Les citadines fréquentent également les salles de sport et s'y investissent quelquefois professionnellement. Depuis quelques années, on voit même des équipes féminines de football à Kouba (banlieue d'Alger) ou à Tizi-Ouzou (JSK) s'entraîner dans les stades. Pour une femme voyageant accompagnée d'un homme, il ne faut pas s'étonner qu'on s'adresse prioritairement à l'homme, la laissant aux limites floues de la vision périphérique. Il faut plutôt considérer cela comme une attitude respectueuse et non comme un signe de rabaissement. Il est dans tous les cas conseillé de conserver la même prudence que lors de tout voyage. Comme partout, il existe des personnes malintentionnées et il reste difficile voire impossible de faire certaines choses comme de s'asseoir seule à une terrasse de café, même dans les grandes villes. Aussi, les ragots et les médisances naissent et prospèrent très rapidement, alors les femmes seront prudentes en ne laissant pas prise aux racontars…

RELIGION

Islam

Selon la constitution de 1996, l'islam est la religion officielle de l'Algérie. Mais les liens entre le pays et l'islam ont connu une histoire mouvementée et conservent une nature complexe. Après l'indépendance, les autorités socialistes ont combattu si vigoureusement la pratique religieuse que barbes et moustaches ont failli disparaître des canons de la mode masculine, le visage glabre étant le meilleur moyen de se fondre dans l'athéisme ambiant. Au tout début des années 1980, les échos de la révolution iranienne atteignent les oreilles de quelques imams et d'habiles orateurs encouragés par les idées politico-religieuses des Frères musulmans et par le déclin manifeste des systèmes socialistes dans le monde. La population, en attente de jours meilleurs, ne tarde pas à se passionner pour les prêches enflammés des imams qui appellent un monde meilleur régi par la charia (littéralement « rue » ou « voie ») où le Coran, plutôt son interprétation, serait le seul code civil et social, ce qui a donné l'arrivée des islamistes au pouvoir et la décennie noire des années 1990... Mais loin des déviations islamistes, l'islam mérite qu'on s'y intéresse.

Quand un a-dieu s'envisage...

Testament spirituel du frère Christian de Chergé, moine de Tibhirine.
« *Alger, 1er décembre 1993 - Tibhirine, 1er janvier 1994.*
S'il m'arrivait un jour – et ça pourrait être aujourd'hui – d'être victime du terrorisme qui semble vouloir englober maintenant tous les étrangers vivant en Algérie, j'aimerais que ma communauté, mon Eglise, ma famille, se souviennent que ma vie était donnée à Dieu et à ce pays. [...] *J'ai suffisamment vécu pour me savoir complice du mal qui semble, hélas, prévaloir dans le monde, et même de celui-là qui me frapperait aveuglément.*
J'aimerais, le moment venu, avoir ce laps de lucidité qui me permettrait de solliciter le pardon de Dieu et celui de mes frères en humanité, en même temps que de pardonner de tout cœur à qui m'aurait atteint.
Je ne saurais souhaiter une telle mort ; il me paraît important de le professer. Je ne vois pas, en effet, comment je pourrais me réjouir que ce peuple que j'aime soit indistinctement accusé de mon meurtre.
C'est trop cher payé ce qu'on appellera, peut- être, la « grâce du martyre » que de la devoir à un Algérien, quel qu'il soit, surtout s'il dit agir en fidélité à ce qu'il croit être l'islam. Je sais le mépris dont on a pu entourer les Algériens pris globalement. Je sais aussi les caricatures de l'islam qu'encourage un certain islamisme. Il est trop facile de se donner bonne conscience en identifiant cette voie religieuse avec les intégrismes de ses extrémistes.
L'Algérie et l'islam, pour moi, c'est autre chose, c'est un corps et une âme. Je l'ai assez proclamé, je crois, au vu et au su de ce que j'en ai reçu, y retrouvant si souvent ce droit – fil conducteur de l'Evangile appris aux genoux de ma mère, ma toute première Eglise, précisément en Algérie, et, déjà, dans le respect des croyants musulmans. Ma mort, évidemment, paraîtra donner raison à ceux qui m'ont rapidement traité de naïf, ou d'idéaliste : « Qu'il dise maintenant ce qu'il en pense ! » *Mais ceux-là doivent savoir que sera enfin libérée ma plus lancinante curiosité. Voici que je pourrai, s'il plaît à Dieu, plonger mon regard dans celui du Père pour contempler avec lui ses enfants de l'islam tels qu'il les voit, tout illuminés de la gloire du Christ, fruits de sa Passion, investis par le don de l'Esprit dont la joie secrète sera toujours d'établir la communion et de rétablir la ressemblance, en jouant avec les différences.*
[...] *Et toi aussi, l'ami de la dernière minute, qui n'aura pas su ce que tu faisais. Oui, pour toi aussi je le veux, ce merci, et cet « A-DIEU » envisagé de toi. Et qu'il nous soit donné de nous retrouver, larrons heureux, en paradis, s'il plaît à Dieu, notre Père à tous deux. Amen ! Incha Allah !* »

Petit glossaire de l'islam

Charia. La loi canonique de l'islam, régissant la vie religieuse, politique, sociale et individuelle. Elaborée au cours des premiers siècles de l'islam, la charia a plusieurs sources : le Coran ; la sunna ou la Tradition ; les hadith qui recueillent les propos du Prophète et de ses compagnons. En outre, s'est greffée la jurisprudence, le fiqh, le droit élaboré par les docteurs de la Loi, pour ajuster les textes sacrés aux différents contextes culturels.

Coran. Livre sacré des musulmans, parole d'Allah transmise à Mahomet par l'archange Gabriel. Il est écrit en arabe et se compose de 114 chapitres, ou sourates. C'est un recueil de dogmes et de préceptes rituels moraux, fondement de la civilisation musulmane et de la loi de l'islam.

Djinn. Selon la conception musulmane, esprits malfaisants formés d'une flamme et d'une vapeur, imperceptibles à nos sens et doués d'intelligence.

Haddith. Commentaires, paroles ou actes du prophète Mahomet. D'abord rapportés de façon orale, les recueils les plus importants furent constitués au IXe siècle. Les hadith font autorité, après le Coran, en matière de foi islamique.

Haram. A l'origine, « haram », qui signifie « interdit », désigne un lieu, un espace privé, un périmètre dont l'accès est interdit comme les appartements des femmes dans les pays musulmans.

Imam mozabite sur le toit de la mosquée.

Hidjab. Tenue islamique correcte, littéralement « celui qui empêche de voir ». A l'origine, toute chose (tissu, enceinte, paravent) qui cache, qui empêche de voir, qui fait barrière en rendant impossible le contact entre deux choses. La nudité s'étend à tout le corps, exception faite du visage, des mains et des pieds partant du dessous du tendon d'Achille. Pour l'homme, la nudité englobe toute la partie du corps s'étendant du nombril jusqu'au-dessous des genoux, une région qu'il ne convient de montrer à personne, homme ou femme.

Imam. Littéralement « celui qui se tient devant », pour conduire la prière et donner l'exemple aux fidèles.

Islam. Littéralement « abandon ».

Muezzin. « Celui qui lance l'appel à la prière ». Fonctionnaire d'une mosquée chargé d'appeler, du haut du minaret, aux prières quotidiennes de l'islam. Le premier muezzin était Bilal.

Ouléma. Docteur de la charia chez les sunnites.

Polygamie. Au temps du Prophète s'opposaient deux tendances contradictoires : l'une favorable à la polygamie, l'autre à la monogamie. Tandis que la polygamie était défendue par des hommes attachés à la tradition de leurs ancêtres, la monogamie était revendiquée par des femmes éminentes. Célèbre est le cas de Khadidja, la première épouse du Prophète qui obligea son époux à vivre en monogame jusqu'à ce qu'elle meure. Elle fut suivie par sa belle-fille, la propre fille de Mahomet, Fatima, qui imposa elle aussi la monogamie à son époux Ali, cousin, gendre, ami et compagnon du Prophète. Aussi, Ali est-il le monogame le plus célèbre de l'islam, le mari le plus fidèle et le seul calife sans harem.

Soufisme. Courant ascétique de l'islam qui privilégie le rapport mystique et affectif avec Dieu. Le terme dérive de l'arabe *suf* (« laine ») dont étaient faits les vêtements portés par les soufis.

Sunnites. Les successeurs de Mahomet sont élus alors que le shiisme les reconnaît par hérédité.

Verset. Chacune des divisions numérotées d'une sourate (chapitre) du Coran.

Les origines. C'est un caravanier de La Mecque (péninsule arabique), Mahomet (Mohamed), qui répand cette nouvelle doctrine à partir de 610. Cet homme, alors âgé de 40 ans, appartient à la puissante tribu des Quraysh, au sein de laquelle il a peu de pouvoir. Il jouit seulement d'une certaine renommée, en raison de son comportement juste, honnête et généreux.

Après avoir reçu la visite de l'ange Gabriel (Djibrail), Mahomet entreprend de révéler une nouvelle religion qui se veut l'accomplissement des deux autres doctrines monothéistes du Moyen-Orient : le judaïsme et le christianisme. C'est pourquoi Abraham (Ibrahim), Moïse (Moussa) et Jésus (Issa) sont cités dans le Coran comme des prophètes. Mahomet s'inscrit dans cette lignée. Au nom de Dieu, il diffuse des préceptes religieux, pas très éloignés de ceux des juifs et des chrétiens, mais qui semblent épurés, résumés à quelques prescriptions essentielles. Le monothéisme est réaffirmé avec encore plus de force que dans les deux autres religions. Pour le reste, l'islam apparaît comme une morale audacieuse qui rompt avec le système clanique et traditionnel régissant jusque-là la vie des tribus arabes. Très vite, une poignée de Mecquois parmi lesquels Abou Bakr suivent les enseignements prodigués par ce caravanier mystique. On les appelle « musulmans », terme qui signifie qu'ils se soumettent à Dieu. De leur côté, les dignitaires qurayshites apprécient de moins en moins cette contestation de l'ordre établi. Les premiers musulmans subissent toutes sortes de brimades, mais leur foi demeure inaltérable. La réputation de Mahomet dépasse les frontières de La Mecque, et des fidèles viennent de très loin pour se convertir à la nouvelle religion. Beaucoup viennent de Médine (Yathrib), une autre cité d'Arabie où cohabitent des tribus juives et chrétiennes. Le 15 juillet 622, victime de nouvelles persécutions de la part des dignitaires de La Mecque, Mahomet quitte sa ville natale pour Médine. Le voyage dure deux jours. C'est l'épisode de l'Hégire qui marque le début de l'ère musulmane. A Médine, Mahomet prend la tête de la communauté des musulmans, mais son rayonnement personnel lui donne une certaine autorité sur les communautés juives et chrétiennes de la ville. Les fidèles de ces deux religions sont appelés « gens du Livre » par le Prophète, qui leur accorde sa protection. En revanche, les païens sont sommés

Mosquée Ketchaoua, Alger.

de se convertir sous peine d'être combattus. C'est pourquoi la rivalité entre musulmans et Mecquois continue, même après l'Hégire. De nombreuses batailles opposent les deux clans, jusqu'à la victoire des musulmans en 630. Les dignitaires qurayshites se soumettent à leur tour et Mahomet fait une entrée triomphale à La Mecque. Le Prophète meurt deux ans plus tard. Ses fidèles contrôlent déjà toute la péninsule arabique et se lancent à la conquête du monde pour faire connaître le message de Dieu. Ils arriveront à Memphis en 639. « [...] Telles furent la vie, la mission et la mort de Mahomet. Jamais homme ne se proposa volontairement ou involontairement un but plus sublime, puisque ce but était surhumain : saper les superstitions interposées entre la créature et le Créateur, rendre Dieu à l'homme et l'homme à Dieu, restaurer l'idée rationnelle et sainte de la Divinité dans ce chaos de dieux matériels et défigurés de l'idolâtrie. Jamais homme n'entreprit, avec de si faibles moyens, une œuvre si démesurée, puisqu'il n'a eu, dans la conception et dans l'exécution d'un si grand dessein, d'autre instrument que lui-même et d'autres auxiliaires qu'une poignée de barbares dans un coin du désert. Si la grandeur du dessein, la petitesse des moyens, l'immensité du résultat sont les trois mesures du génie de l'homme, qui osera comparer humainement un grand homme de l'histoire moderne à Mahomet ? », s'enthousiasmait Lamartine au XIXe siècle dans *Histoire de la Turquie*.

DÉCOUVERTE

À lire

- ***Mahomet*** de Maxime Rodinson, Seuil poche, 1994. L'indispensable première lecture pour approcher l'islam.
- ***Qu'est-ce que l'islam*** de Rochdy Alili, La Découverte, 1996.
- ***L'Islam*** d'Anne-Marie Delcambre, La Découverte, 2001.
- ***Islam, les questions qui fâchent*** de Bruno Etienne, Bayard, 2003.
- ***Le Choc de l'islam : XVIIIe-XIXe siècles*** de Marc Ferro, Odile Jacob, 2002. Modernisme et islam.
- ***Manifeste pour un islam des Lumières, 27 propositions pour réformer l'islam*** de Malek Chebel (Hachette Littérature, 2004), ***L'islam, passion française : une anthologie*** de Malek Chebel (Bartillat), ***Dictionnaire amoureux de l'islam***, Plon, 2004, etc.
- ***Le Coran*** d'Azzedine Guellouz, Flammarion Dominos, 2001. Une réflexion sur la « légitimité de l'origine » du Coran.
- ***Ramadan : au cœur d'un rite*** d'Angela Grünert, La Martinière, 2001.

La pratique religieuse. En terre islamique, croyances, superstitions, crainte et foi sont encore indissociables ; elles ordonnent la vie. On appelle les « cinq piliers de l'islam » les règles fondamentales qui s'imposent à tout musulman :
La chahada est la profession de foi monothéiste dont la seule répétition sincère (en arabe) suffit pour s'affirmer musulman : « Il n'y a pas d'autre Dieu qu'Allah et Mahomet est son prophète. »
La zakat, l'aumône légale, est un devoir pour chacun de donner aux pauvres et aux combattants pour la cause de l'islam. Quand ce ne sont pas des espèces sonnantes et trébuchantes, cela peut être un couscous qu'on dépose à la mosquée pour les nécessiteux.
Le hadj, le pèlerinage à La Mecque, est considéré comme l'apothéose d'une vie pieuse. Tout musulman devrait l'accomplir une fois dans sa vie. Cependant, tous ne le peuvent pas et l'islam prévoit des dispenses. La période préconisée correspond au dernier mois de l'année (de l'Hégire), une époque où des musulmans venus du monde entier se retrouvent à La Mecque ou dans ses environs. Sept pèlerinages vers la ville sainte de Kairouan, la première ville fondée par les Arabes en Tunisie, remplacent le hadj.
La sala, ou salat, la prière rituelle qui doit s'effectuer cinq fois par jour après ablutions. Si la prière commune à la mosquée, appelée par la voix du muezzin, est la plus importante, on peut toutefois prier n'importe où et même dans le désert où, à défaut d'eau, on fera ses ablutions avec du sable ; il suffit de se tourner vers La Mecque. Le jour plus particulièrement consacré à Allah est le vendredi. Ce jour-là, les fidèles se rendent traditionnellement à la mosquée.
Le sawn, le jeûne du ramadan, commémore la révélation du Coran à Mahomet. Durant le neuvième mois du calendrier islamique, chaque musulman adulte et en bonne santé doit observer un certain nombre de règles entre le lever et le coucher du soleil. Il lui est interdit de fumer, de boire, de manger et d'avoir des relations sexuelles. Il règne durant ce mois-là une ambiance particulière en Algérie. L'activité habituelle est désorganisée. Banques, administrations et commerces travaillent au ralenti. Les musulmans s'économisent le jour ; le soir, ils font la fête. C'est une période de grande ferveur, intéressante à observer. Le ramadan se termine par la fête de rupture de jeûne, l'Aïd el-Fitr.

La circoncision n'est pas recommandée par le Coran, mais cette coutume, qui est antérieure au Livre, a tout de même été intégrée aux pratiques musulmanes. Pour le jeune musulman, il s'agit du rite de passage dans la communauté des croyants. La circoncision est soit pratiquée dans la première semaine après la naissance, soit lors d'une cérémonie réunissant tous les jeunes du même âge, et c'est alors l'occasion d'une grande fête.

Les fêtes religieuses. Les dates des fêtes religieuses varient suivant le calendrier lunaire. De plus, le début de chaque fête est proclamé en fonction d'observations astronomiques, difficiles à prévoir. La date est très souvent décalée d'un jour ou deux par rapport à celle prévue.
Les jours fériés et les fêtes nationales font rarement l'objet de grandes manifestations, les fêtes religieuses, en revanche, outre qu'elles

sont l'occasion de se retrouver en famille, donnent lieu à des processions ou des défilés folkloriques.

▶ **Aïd El-Kebir**. C'est la « grande fête » (aïd = fête, kebir = grand) qui commémore le sacrifice d'Isaac par son père Abraham, obéissant à un ordre divin, lorsque Dieu, satisfait de sa soumission, lui envoya un bélier pour le remplacer. On nomme également cette fête la « fête du mouton », puisque traditionnellement ce jour-là chaque famille sacrifie un mouton. La cérémonie se déroule cinquante jours après la fin du ramadan et dure 2 jours.

▶ **Mouloud**. Cette fête commémore la naissance de Mahomet. Le peuple commence par une nuit de prières dans les mosquées du pays. A table, on déguste le plat préféré du Prophète, la assida (temmina), simple mélange de semoule, de beurre et de miel.

▶ **Premier Moharram**. Jour de l'an hégirien, 20 jours après l'Aïd El-Kébir (moharram est le premier mois de l'année musulmane). Ce jour est celui où Mahomet, en 622, quitta La Mecque pour installer une nouvelle communauté à Médine. Ce fut le point de départ de l'ère de l'Hégire.

▶ **Achoura**. C'est le dixième jour de l'année. Il s'agit à l'origine de l'anniversaire de la mort de Hossein, le petit-fils du prophète, assassiné à Kerbala en Irak en 680. Aujourd'hui, il s'agit d'une fête en l'honneur des défavorisés, qui est l'occasion de leur donner le zakat, l'aumône prévue par le Coran pour tout bon musulman. C'est également la fête des enfants.

▶ **Aïd El-Seghir ou Aïd El-Fitr**. C'est la « petite fête » qui clôture le ramadan. Les enfants sont habillés de neuf et reçoivent des cadeaux.

▶ **Le ramadan,** qui a lieu le neuvième mois de l'année selon le calendrier de l'Hégire, est le mois au cours duquel le Coran a été révélé à Mohamed. C'est pour le fidèle une période de stricte abstinence (nourriture, boisson, activité sexuelle...) entre le lever et le coucher du soleil. Partout où le jeûne du ramadan est scrupuleusement respecté, l'ambiance, particulièrement insolite, oscille entre la fête populaire pendant la nuit et l'assoupissement des villes pendant la journée.

Les nuits sont agitées puisqu'on ne dîne qu'après le coucher du soleil. En général, on casse le jeûne en famille mais les restaurants qui servent la chorba ou la h'rira (soupes traditionelles de légumes, agrémentées de pois chiches, lentilles, ou blé) sont quand même pris d'assaut jusqu'à une heure avancée. Les journées, au contraire, s'étirent doucement dans l'attente du tardif repas familial. Si les villes sont comme engourdies et les administrations fonctionnent au ralenti, les échoppes et surtout les marchés grouillent de monde jusqu'à l'heure du f'tour. Il faut que la table du ramadan soit bien garnie : boureks, chorba, fruits et pâtisseries... Mais quelle soif lorsque le ramadan tombe pendant un mois d'été ! Par égard envers ceux qui jeûnent, évitez de fumer, boire ou manger en public ! Les activités étant sensiblement ralenties, nous vous déconseillons de prévoir votre séjour en Algérie pendant cette période : les administrations ferment plus tôt, certains hôtels et magasins sont fermés et les jeûneurs affamés, en manque de café et de tabac, un peu sur les nerfs... L'Aïd El-Seghir marque la fin du ramadan. Pendant ces trois ou quatre jours de fête, toute activité est paralysée !

Le calendrier musulman

Dans la religion musulmane, on parle de calendrier de l'Hégire, en référence à la date à laquelle Mahomet s'enfuit de La Mecque pour se réfugier à Médine. La première année de l'Hégire commence donc le 16 juillet 622.

L'année est partagée en douze mois, mais ceux-ci sont alignés sur le mouvement de la lune et non celui du soleil. Ainsi, les mois durent 29 ou 30 jours, et une année lunaire dure 354,5 jours en moyenne, contre 365,25 jours en moyenne dans le calendrier solaire, soit une différence de 10,75 jours. Chaque jour commence non pas à minuit mais immédiatement après le coucher du soleil.

Pour déterminer l'année de l'Hégire dans laquelle nous sommes, il nous suffit donc de résoudre l'équation suivante :

Année de l'Hégire = (année grégorienne – 622) /0,97. Ainsi : (2014 - 622) /0,97 = 1435. En 2014, nous sommes donc en 1435 selon le calendrier de l'Hégire.

De même, le nouvel an musulman se situe chaque année 10,75 jours avant celui de l'année précédente dans le calendrier grégorien.

Le moussem est une célébration religieuse régionale, organisée à date (à peu près) fixe autour d'un sanctuaire. Il est l'occasion d'un pèlerinage mais aussi de nombreuses manifestations folkloriques (foires, danses…) autour desquelles se retrouvent les différentes tribus de la région.

Autrefois exclusivement liés aux commémorations de personnages saints, de nos jours les moussem ponctuent souvent la fin d'une récolte ou accompagnent un heureux événement survenu dans un village. Le nom est à rapprocher du mot « mousson » qui signifie « saison ». Traditionnellement, le moussem débute par le sacrifice d'un animal (le plus souvent un taureau) face au sanctuaire qui abrite les ossements du marabout. Le sacrifice des animaux doit apporter la baraka, cette grâce que chacun appelle de ses vœux. Les moussems sont surtout célébrés dans l'ouest algérien et le plus important est celui de Béni-Abbès, sur la « route des oasis ».

Autres fêtes. Les jours fériés légaux sont le jour de l'an (1er janvier), la fête du travail (1er mai), la fête de la Révolution (19 juin), la fête nationale (5 juillet) et l'anniversaire de la Révolution (1er novembre).

Marabouts et saints. Le mot marabout vient de ribat, « contrat moral au sein d'un groupe religieux » et par extension « groupe » ; les mourabitines étaient donc les gens du ribat. Le plus célèbre ribat a été dirigé par Ibn Yacin, le fondateur de la dynastie des Almoravides (XIe siècle), en Mauritanie.

En 1492, les Andalous sont chassés d'Espagne par la Reconquista des Rois Catholiques et gagnent les terres du Maghreb. Face aux envahisseurs portugais puis espagnols, tous chrétiens, les centres d'enseignement religieux (zaouïas) deviennent au XVe siècle et plus encore au XVIe siècle un pouvoir de substitution ; les marabouts quittent leur retraite et passent à l'action pour changer la société. En réaction à l'incurie des souverains zianides, le peuple fait de plus en plus appel au religieux et découvre les pèlerinages vers les tombeaux de saints. Le mouvement maraboutique est renforcé par l'arrivée des Ottomans. La société, jusqu'alors anarchique, se stabilise autour des marabouts et des chérifs, des chefs de noble ascendance, sans que l'autorité centrale ne reprenne le pas. D'où la citation populaire qu'on peut entendre dans l'ensemble du monde musulman : « Il n'y a pas de gouvernement, seule compte la parole des amis de Dieu. » Les deux principaux ordres furent celui de la tariqa des Qadrya menée par el-Djilani (1078 à Bagdad-1166) et la tariqa des Chadelya de Ech Chadeli (1197-1258). Le cercle, représentation

Yennayer

Yennayer (*Tabburt useggas*, « la porte de l'année » en tamazight) est le mois correspondant à la première (*yan*) lune (*ayour*) de l'année. On célèbre le passage à la nouvelle année entre le 11 et le 13 janvier, en souvenir du début de l'année du calendrier julien instauré en 45 avant J.-C. par Jules César, à une période de l'année où on risque la pénurie. La fête commence par le « sacrifice d'expulsion » (asfel) des premiers produits ou des premiers nés de l'année (du bétail !) qui doit permettre aux esprits bénéfiques d'investir les lieux. Le soir, toute la famille se retrouve autour d'imensi useggas, le souper de l'année. A cette occasion, les enfants sont traditionnellement gavés de tamin'a (semoule grillée, beurre, miel et grains de grenade), de beignets (lesfenj) ou de crêtes (tighrifin) en souhaitant qu'ils mangent à leur faim le reste de l'année. Les rites et les plats varient selon les régions, mais on prend toujours soin de laisser une part du repas pour les absents ou de ne pas vider complètement les ustensiles parce que tous, même les fourmis, doivent profiter de l'abondance. On évite en général de manger des aliments amers ou des plats épicés auxquels on préfère des choses douces ou sucrées pour que l'année ait le même goût. Dans la région d'Alger, on fabrique des pains surmontés d'un œuf cru qui remplace la viande (hniouna ou thajaouth amazigh) ; à Oran, on mange le cherchem (un mélange de céréales) ou l'irecman (bouillie de blé et de fèves) les jours précédant la fête ; dans l'ouest, on prépare des plats froids pour Leïla l'berda (nuit froide) et des plats chauds pour Leïla l'hamia (nuit chaude). Dans certains endroits, on changeait symboliquement les trois pierres du foyer qui symbolisent les trois derniers mois de l'année écoulée et quelques ustensiles de cuisine et on en profite pour couper les cheveux des enfants.

L'an zéro amazigh se réfère à l'accession sur le trône d'Egypte de Sheshonk Ier, fondateur berbère de la XXIIe dynastie, soit en 950 avant J.-C.

idéalisée du corps humain, est la figure parfaite dont le centre symbolise l'unicité, le but final ou la vérité ultime (haqiqa). La circonférence du cercle représente l'apparent (ilm ed-dhabir), le monde visible régi par la charia, littéralement la route, celle qui indique les règles sociales ou religieuses communes aux pratiquants. Pour aller de l'extérieur du cercle vers le centre, chaque groupe mystique emprunte sa tariqa, sa voie, dévoilée au novice lors de son initiation. Le soufisme, par exemple, est une expérience intérieure guidée par la charia orthodoxe. Les soufis dépendent de maîtres qui doivent descendre du Prophète, le premier d'entre eux. Cette pratique est arrivée au Maghreb au XIIe siècle par l'intermédiaire de Choaïb ben Hoceïn Abou Medien El-Andalousi (né en 1127 en Espagne, mort en 1198 à Tlemcen). La pratique de ces mystiques consiste en plus de prières, des louanges interminables de Dieu, des séances contemplatives menant à l'extase (« l'extinction en l'Un initial ») et quelques pratiques ésotériques. Mais, peu à peu, on reproche au mouvement d'être gâté par les mou'jizat, des miracles et un fatras de superstitions éloignées du principe charismatique (karamat).

Christianisme

Quand il est devenu officiel par la volonté de Constantin en 323 après J.-C., le christianisme avait déjà séduit suffisamment de Berbères pour que des dissidents se regroupent et entraînent un schisme entre les donatistes (voir « Histoire ») qui n'acceptent pas la domination de Rome sur l'Eglise et les chrétiens fidèles à leurs évêques dont saint Augustin qui, après sa conversion, s'emploiera à combattre toute forme d'hérésie. L'évêque d'Hippone meurt pendant le siège de sa ville par les Vandales, des envahisseurs européens qui, au cours de leur conquête dévastatrice, lancent une campagne de persécution contre les chrétiens. La foi perdure cependant dans les massifs montagneux, notamment dans les Aurès, plus difficiles d'accès. En 647 après J.-C., quand les Arabes arrivent en Afrique du Nord, porteurs d'une nouvelle doctrine religieuse, ils trouvent un territoire relativement affaibli par les luttes contre les Byzantins qui avaient rêvé de reconquérir l'ancienne puissance de l'Empire romain et Berbères résistants. L'islam porte alors un coup fatal aux croyances établies dont le christianisme ; il reviendra avec la colonisation. A partir de 1830, nombre de mosquées sont transformées en églises quand on n'en construit pas de nouvelles, et les cloches atténuent l'appel à la prière du muezzin. Quatre grands centres religieux réunissent les fidèles en pèlerinages : Santa Cruz à Oran, Notre-Dame d'Afrique à Alger, la basilique Saint-Augustin à Annaba et l'ermitage du Père de Foucauld à l'Assekrem (Tamanrasset). Toujours dédiés au culte catholique et plutôt en bon état quoi qu'on en dise, ces lieux saints sont fréquentés par une communauté composée d'Africains immigrés, d'Européens en déplacement pour leur travail ou de touristes qui perpétuent la tradition du pèlerinage, religieux (Annaba, Tamanrasset et Tibhirine) ou plus sentimental (Oran et Alger). En 2003, un article lu dans Infosud faisait état de conversions au protestantisme suffisamment nombreuses – moins d'un millier par an – dans toute l'Algérie et surtout en Grande Kabylie pour devenir un sujet de société. Ces conversions seraient surtout l'affaire de sectes adventistes nord-américaines. Mais si le protestantisme ne peut guère faire d'ombre à l'islam, il reste apparemment un sujet d'inquiétude pour le pouvoir qui agite de temps en temps cet épouvantail... Début 2008, plusieurs lieux de culte ont été fermés, un prêtre français a été condamné pour avoir organisé une réunion de prière et de jeunes convertis ont été menacés de prison ferme pour « pratique d'une religion autre que l'islam sans autorisation ». Cela dit, la présence de religieux chrétiens se remarque encore en Algérie, non seulement sur les lieux de pèlerinage que sont Annaba et Tamanrasset. Le territoire est découpé en quatre évêchés (Alger, Constantine, Oran, Laghouat) et à en croire le site de l'église catholique d'Algérie (www.ada.asso.dz), l'activité des sœurs et des frères, héritiers des Pères blancs, n'est pas négligeable, à commencer par la célébration d'offices.

Judaïsme

Les premiers juifs sont probablement arrivés après la chute de Jérusalem en 70, consécutive aux révoltes contre la domination romaine. Mais la plupart d'entre eux ont foulé la terre d'Afrique après avoir été chassés d'Europe par les persécutions qui commencent au XIVe siècle. Plutôt bien intégrés, les juifs vivaient le plus souvent dans les villes où on leur demandait tout de même de se rassembler au sein de quartiers dédiés à partir du XVIIIe siècle. Quand les Français s'installent en Algérie, on compte quelque 32 000 juifs. Les synagogues ne sont plus fréquentées par les pratiquants qui ont dû quitter le pays à l'indépendance mais la culture juive a laissé son empreinte en Algérie, ne serait-ce que dans la gastronomie et la musique.

Arts et culture

ARCHITECTURE

De son histoire mouvementée, l'Algérie a conservé plusieurs styles architecturaux bien distincts, qui doivent se comprendre en fonction de leurs origines historiques et géographiques. Des dolmens, bazinas (mausolées berbères), villes et monuments romains et arabo-islamiques aux projets algérois de Le Corbusier, l'Algérie d'aujourd'hui offre un paysage urbain et un ensemble monumental où se reflètent les influences du Moyen-Orient, de l'Afrique, de la Méditerranée et enfin coloniales. L'Antiquité est marquée par les royaumes berbéro-numides dont on retrouve la trace dans les tombes et les mausolées (bazinas, Médracen ou tombeau de la Chrétienne) et quelques villes en ruines (Tiddis), puis par la civilisation romaine qui produit des cités (Timgad, Théveste, Lambèse, etc.) reliées entre elles par un réseau routier dense tandis que des réseaux hydrauliques optimisent l'exploitation des richesses agricoles. A partir du VIIe siècle, l'islam marque l'architecture du Maghreb par l'édification de villes serrées à l'intérieur de remparts défensifs où le centre est marqué par le marché et la mosquée dont il reste de magnifiques exemples (Tlemcen, Nédroma, Alger, etc.) souvent proches de l'architecture andalouse par leur dépouillement extérieur et la richesse de leur décoration intérieure.

Au XVIe siècle, les tentatives de conquête espagnole puis l'installation d'une régence ottomane inaugurent une nouvelle ère où l'urbanisme algérien est marqué d'un nouveau style qui s'exprime dans les mosquées et les palais.

Au milieu du XIXe siècle, la conquête coloniale française remplace nombre d'édifices d'inspiration turco-vénitienne par des constructions de style occidental. On peut distinguer cinq périodes : celle de la conquête qui voit la transformation des villes arabo-musulmanes et la création de villes et de villages de colonisation ; la période du « triomphe colonial » (1860-1890) correspond à la construction dans les plus grandes villes d'immeubles de style métropolitain ; la période néomauresque (début XXe siècle) ; le mouvement moderne des années 1930 puis celui dit de l'école d'Alger inspiré de Le Corbusier, Pouillon et Perret ; le logement social avec les années Chevalier et le plan de Constantine (1959). Les années 1960-1970 voient l'édification de grands équipements hospitaliers, scolaires et hôteliers, mais c'est avec des préfabriqués ou « vite-faits » qu'on répond à la demande pressante de logements sociaux dramatiquement amplifiée dans les villes par l'augmentation de population et l'exode rural.

À lire à propos de l'architecture

- ***Alger, paysage urbain et architectures,*** L'Imprimeur, 2003. Catalogue de l'exposition organisée en 2003 par l'Institut français d'architecture.
- ***Alger, les nouveaux défis de l'urbanisation*** d'A. Hadjiedj et C. Chaline, L'Harmattan, 2003.
- ***La Casbah d'Alger, et le site créa la ville***, André Ravéreau, Actes Sud, 2007.
- ***Alger, chronique urbaine*** de Jean-Jacques Deluz, Bouchène, 2001.
- ***Urbanisme et architecture : fantasmes et réalité*** de Jean-Jacques Deluz, Barzakh, 2008.
- ***Le M'Zab, architecture ibadite en Algérie*** de Manuelle Roche, Arthaud. Un tour complet de la pentapole par la compagne de l'architecte Ravereau, à l'origine de quelques bâtiments de Ghardaïa.
- ***M'Zab, une oasis algérienne*** de Jean-Jacques Loisel, ICEM, 1991. Destiné aux enfants.

Fernand Pouillon

L'architecte dont on retrouve fréquemment le nom en Algérie et que tout étudiant en architecture connaît est né en 1912. Après la réhabilitation du Vieux-Port de Marseille, il est invité en 1953 en Algérie par Jacques Chevallier, le maire d'Alger, qui lui demande de réaliser des logements sociaux. Ainsi naissent les cités Diar Es-Saada, Diar El-Mahçoul et, plus difficilement, Climat de France.

Au début des années 1960, ayant « *opté, immédiatement et avant le soulèvement, pour l'Algérie indépendante, pour les musulmans* » et suite à un scandale immobilier, il passe quelques années en prison puis s'installe à Alger. Après avoir découvert l'architecture du M'Zab, il pense avoir compris l'architecture algérienne et c'est ce style qui l'inspire quand il dessine les structures hôtelières et universitaires commandées par l'Etat algérien. Il est mort en 1986.

▸ Pour découvrir ses nombreuses réalisations : **www.fernandpouillon.com**

Vieilles villes (médinas), souks et habitat

Les nomades vivaient sous des tentes traditionnelles (*kheima*) dressées sur des perches et recouvertes de peaux ou de bandes tissées cousues entre elles. Elles sont protégées à l'extérieur par une natte (*isebran*). A l'intérieur, on retrouve le coin des hommes et des invités délimité par des nattes. L'autre partie est consacrée aux femmes. L'architecture berbère est depuis toujours symbolisée par des constructions de pisé, un mélange de cailloux, d'argile et d'un peu de paille, tassé entre deux planches lors de la construction. Ces constructions particulièrement fragiles s'érodent avec la pluie et peuvent disparaître en moins de cinquante ans. Leur entretien étant particulièrement coûteux, les casbahs et les ksour ont été peu à peu abandonnés par les familles qui les habitaient. La casbah est une forteresse, habitée jusqu'au début du siècle par des seigneurs, qui défendaient la population aux alentours des attaques des nomades. Il s'agit en général d'une construction rectangulaire, dont les hauts murs s'inclinent légèrement vers l'intérieur. Le rez-de-chaussée est réservé aux animaux, le premier étage est utilisé comme grenier, et le deuxième réservé aux pièces d'habitation. Les casbahs sont élevées en faisant sécher du pisé humide entre deux planches de bois. Lorsque la construction s'élève, des trous sont pratiqués dans le mur pour maintenir les planches, d'où les orifices réguliers que l'on peut observer dans les façades. Les plafonds sont en général faits de poutres de palmier ou de thuya, entre lesquelles on dispose des lattes de roseau ou des palmes. L'agadir est un grenier-forteresse, tour massive, percé de meurtrières, et dans lequel les sédentaires mettaient leurs vivres et leurs animaux pour se protéger des attaques. Le ksar est un village fortifié, construit en pisé. Les murs extérieurs, aveugles, forment les remparts, et sont défendus par des tours aux angles. A l'intérieur, outre les habitations, les ksour comptent toujours un agadir pour mettre les vivres à l'abri. Les villes arabes, médinas, serrées à l'intérieur de remparts qui n'existent souvent plus, sont organisées traditionnellement autour du souk ou bazar, le marché. Ici aboutissaient les principales rues qui se ramifiaient en ruelles de la largeur d'un âne chargé et en impasses. Dans la vallée du M'Zab, c'est la mosquée qui tient lieu de centre social. Chaque maison de la vieille ville est avant tout un espace privé dans lequel la famille peut travailler et vivre. Les demeures présentent au passant un aspect austère et rébarbatif, sans ouvertures autres que la porte et des petites fenêtres, qui doit effacer les différences entre les maisons habitées par des familles modestes et celles habitées par des gens aisés. La différence se trouve à l'intérieur. Si elles sont situées en hauteur, les fenêtres se dérobent derrière des grillages ou des moucharabiehs souvent en saillie sur la rue. L'intimité est toujours préservée. L'entrée de la demeure est d'ailleurs en chicane, ce qui permet de la laisser ouverte sans qu'un regard curieux puisse y pénétrer. La porte est vaste, parfois monumentale, décorée de couleurs et de symboles destinés à écarter le mauvais œil (heurtoir en forme de main, main imprimée dans l'enduit frais, etc.). La salle de réception était la limite à ne pas dépasser pour l'« étranger ». La plus grande partie de la maison est le domaine de la femme. « L'étroite porte d'entrée des maisons semble dire que celle-ci n'est pas destinée à s'ouvrir aux bandes de joyeux lurons ; quelques rares fenêtres grillagées ou même seulement des bouches d'aération montrent que la vie de famille est strictement refermée sur l'intérieur. Le deuxième étage est en avancée, si bien que dans les rues étroites, les murs se touchent et l'ombre se propage dans les rues, ce qui est avantageux quand le thermomètre atteint les 40 degrés à l'ombre. La circulation de l'air est cependant entravée et les odeurs deviennent désagréables, lors des épidémies. [...] La maison, en règle générale à deux étages, se termine sur une terrasse fermée où les eaux de pluie se rassemblent pour remplir les citernes ; car il n'y a pas de puits dans les parties supérieures de la ville. Par beau temps, le toit plat sert de lieu de séjour aux femmes ; elles fréquentent leurs voisines et passent une partie de leur temps à fumer. » Palais et demeures d'Alger à la période ottomane, Golvin, cité in *Photographies en Algérie du XIX*e *siècle.*

Édifices religieux

Le symbole de l'urbanisme traditionnel est la mosquée (djamaa, « rassemblement »), principal édifice de la vie collective. Qu'elle soit mosquée de quartier ou grande mosquée où a lieu la prière solennelle du vendredi, elle se compose de différentes salles et cours, chacune attribuée à une étape de l'exercice du culte. Ainsi, la cour de la mosquée fait office de vestibule et, éventuellement, de lieu de prière en été. Un bassin ou une salle annexe permet de pratiquer les ablutions rituelles précédant la prière. La salle de prière (harem) permet aux fidèles de se retrouver. Le mur de prière (qibla) est orienté vers l'Orient où se trouve La Mecque dont la direction précise est donnée par le mihrab, une niche creusée dans la qibla. Le minbar est la chaire de l'imam, même s'il n'existe pas dans la religion musulmane de célébrations comparables aux messes ou aux offices. La mosquée est également le lieu d'apprentissage du Coran pour les jeunes du quartier (medersa). Le minaret est la tour du haut de laquelle le muezzin appelle les fidèles musulmans à la prière, remplacé maintenant par une bande enregistrée. On distingue les minarets octogonaux ottomans (rite hanafite) des minarets de section carrée d'influence maghrébine (rite malékite). Les marabouts sont des édifices généralement cubiques, surmontés d'une coupole blanche. Ce sont les dernières demeures des ascètes, les marabouts. Ces religieux sont considérés comme des saints et des faiseurs de miracles. De nos jours, ils continuent à faire l'objet d'une grande vénération populaire perpétrée par des femmes qui éprouvent des difficultés à concevoir, des malades ou des personnes en quête de spiritualité. La zaouïa est un bâtiment qui abrite le tombeau d'un marabout. Plus grande qu'une simple koubba, la zaouïa, généralement surmontée d'un toit pyramidal, est située à proximité d'une mosquée ou d'une medersa.

DÉCOUVERTE

Maison des frères.

ARTISANAT

Longtemps délaissé, peu mis en valeur et ayant peu de débouchés depuis la disparition des touristes, l'artisanat algérien cherche de nouvelles expressions au travers d'associations ou de fêtes locales comme la fête du tapis à Ghardaïa. Si certaines pratiques tendent malheureusement à disparaître – c'est le cas de la dinanderie –, d'autres savoir-faire, comme le tissage, la poterie en Kabylie, la maroquinerie dans le sud et l'orfèvrerie, sont perpétués. La capitale compte quelques belles boutiques d'artisanat, sinon c'est dans les souks des villes du sud qu'on pourra se procurer des pièces intéressantes.

Les bijoux font traditionnellement partie du patrimoine algérien. Toutes les occasions sont bonnes pour arborer bracelets, colliers, boucles d'oreilles et ceintures (foum) en métaux précieux. Quand les temps étaient moins durs, les bijoux faisaient partie de la dot de la future mariée qui les accumulait au fil de son mariage « au cas où… ». Les femmes répudiées quittaient le domicile conjugal avec pour seul viatique leurs bijoux.

Alger, Tlemcen et Constantine étaient réputées pour leur production mais chaque région possède son style traditionnel, comme une synthèse des héritages artistiques. Les bijoux kabyles, plus précisément ceux des Ath Yenni, sont en argent rehaussé d'émaux colorés, un savoir-faire remontant au XVe siècle, et de corail. Dans les Aurès, les bijoux chaouis sont en argent plein, creux ou ajouré. Les pièces touareg, en argent, se remarquent par une belle simplicité de formes dont la symbolique évoque la quête perpétuelle de la maîtrise des éléments naturels.

Que ramener de son voyage ?

Des bijoux kabyles, des tapis faits main, des plateaux ou des théières en cuivre, des vases de poterie, des sacs en cuir, des babouches... Vous l'avez compris, l'artisanat algérien a mille et une merveilles à vous offrir ! Ne les manquez pas ! Sans oublier la petite boîte de gâteaux orientaux pour poursuivre le voyage sur un mode culinaire une fois de retour en France.

Broderie. La broderie, *tarz*, est un art citadin très pratiqué en Algérie. A Alger, les brodeuses travaillaient de belles arabesques, d'influences turque, arabe ou andalouse, en laissant libre cours à leur imagination. A Constantine, on brode le velours de couleur sombre avec du fil doré en de magnifiques vêtements recherchés et onéreux. A Annaba, les motifs floraux ressemblent à la tunisienne broderie de Nabeul. Plus au sud, dans la région de Touggourt et du M'Zab, les motifs se font plus géométriques.

Cuir. Le travail du cuir produit des chaussures dont des « babouches » multicolores dans le Gourara, des bottes, des sacs, des ceintures, des selles de chevaux et de chameaux, des récipients, des housses de coussin, des fourreaux d'épées ou des boîtes, etc. A Tlemcen, l'artisanat est réputé pour ses traditions andalouses ; celui du Hoggar s'exprime dans la fabrication de sacs de voyage frangés, de sandales ou de grands coussins pour la tente.

Dinanderie. Héritage de l'Empire ottoman, la dinanderie, ou l'art de travailler le cuivre pour fabriquer des plateaux, des théières et autres récipients, remonte au Moyen Age mais elle a failli mourir étouffée par la production industrielle. Celle de Constantine, qui s'apprend de père en fils dans un quartier dédié, est réputée pour ses plateaux quelquefois gigantesques aux motifs d'inspiration ottomane.

A Alger, qui était pourtant un grand centre de production, la Casbah a perdu ses dinandiers – il reste un polisseur. C'est à Tlemcen que la tradition perdure vraiment. Arrivée avec les Almohades et d'inspiration andalouse, la dinanderie s'exerce à la fabrication de lanternes décorées de vitraux colorés, de marteaux de portes, de lustres et de plateaux.

La poterie a bénéficié de toutes les influences historiques et ethniques qui ont baigné l'Algérie. Guelma (est), M'Sirda (frontière marocaine) et Aït Khlili (Kabylie) sont des régions d'Algérie réputées pour la qualité de leurs gisements d'argile. On trouvera des récipients, des réchauds (kanoun), des cendriers, etc.

En Grande Kabylie (Mâatkas, Bourouh ou Ath Kheir), les poteries de couleur rouge

© SÉBASTIEN CAILLEUX

Jeune artisan kabyle.

sont ornées de motifs tirés de la symbolique rurale. En Petite Kabylie, on utilise moins de rouge mais les motifs sont très proches de ceux de Grande Kabylie. Dans le Constantinois, les poteries de Guelma sont fabriquées à partir du kaolin extrait à proximité. La poterie des Aurès paraît plus brute, celle des monts Nementcha est modelée dans des argiles aux tons rosés et ornée de dessins bruns sans vernis. A l'ouest d'Alger, à Tipasa, la poterie prend des allures marines avec des formes d'inspiration romaine. Dans le sud, c'est les poteries de la région d'Adrar qui sont les plus originales : de couleur noire, elles possèdent souvent des formes insolites.

Tapis. A l'origine, transmis de génération en génération, l'art du tissage est l'une des meilleures illustrations de la créativité artisanale et artistique de chaque région comme des métissages culturels (berbère, arabo-musulman, africain et oriental) qui ont fait le pays. Les motifs d'origine berbère sont géométriques et suffisamment simples pour plaire longtemps. Les tapis de l'est de l'Algérie, qu'ils soient des Aurès ou des Nememtcha, se reconnaissent à leurs motifs à symbolique berbéro-orientale. En Petite Kabylie, les tapis de Maâdid de la région de M'Sila, de Bordj-Bou-Arreridj ou Sétif et Bejaïa (Ghuergour) ont des influences berbères et orientales encore plus marquées. En Grande Kabylie, les plus beaux tapis sont ceux de la région de Tizi-Ouzou (Aït Hichem) aux motifs fins et discrets dominés par l'imagerie populaire et rurale. Plus à l'ouest, les tapis de Kalaâ de Béni Rached (Oranie), aux tons doux et variés, sont réputés pour leur beauté. Ceux du djebel Amour sont caractérisés par une certaine austérité qui ne manque pourtant pas d'originalité. Au sud de l'Atlas saharien, ce sont les tissages d'Oued Souf qui ressemblent quelquefois aux tapis des proches Nementcha et ceux du M'Zab (Béni-Isguen), à fond noir, qui plaisent. Enfin, plus au sud encore, les dokkali de Timimoun sont ornés de très anciens motifs d'origine zénète sur fond blanc cassé.

Vannerie. Art très ancien dont on a trouvé des traces en Mésopotamie et en Egypte, la vannerie est encore répandue en Algérie. De l'alfa des hauts plateaux, du raphia et du palmier noir on fait des nattes, des corbeilles, des paniers, des couffins, des plats et même des chaises. Une technique particulière du sud-est rend les articles en vannerie imperméables.

Verre. L'influence turque est perceptible dans le travail du verre. D'origine turque, arabe ou andalouse, le travail du verre se décline sous plusieurs formes, du verre soufflé (lampes, verres à thé, fioles à parfum ou bonbonnières) au verre martelé (fenêtres et vitraux).

EXPRESSIONS MODERNES

Le théâtre algérien est né timidement, et souvent en amateur, au début du XXe siècle, plus précisément dans les années 1920. Utilisant les codes du théâtre européen, il exprime et retranscrit en premier lieu le patrimoine oral algérien. Les pièces sont généralement écrites en arabe classique ou en arabe dialectal, comme le faisait Kateb Yacine qui voulait que ses pièces soient comprises par la majorité. Mais la véritable naissance du théâtre a lieu en avril 1926, lorsque Mahieddine Bachetarzi (1897-1986), Allalou (1902-1992) et Rachid Ksentini (1887-1944) présentent à Alger Djeha une pièce « algérienne ». A partir du milieu des années 1940, le théâtre met en scène les espoirs et les revendications qui osent s'exprimer. En 1947, Mustapha Kateb (1920-1989) crée sa propre troupe, Al-Masrah Al-Djazaïri. Il fera partie de la troupe artistique du FLN et animera l'Institut national des arts dramatiques (Bordj El-Kiffan, banlieue d'Alger) tout en militant pour la décentralisation des théâtres d'Etat. Après l'Indépendance, le théâtre, nationalisé en 1965, conserve sa valeur révolutionnaire mais entre théâtre national, théâtre militant, théâtre socialiste et théâtre populaire, les tendances s'affrontent. Abderrahmane Kaki (1934-1995) passe du français (*La Valise*, *L'Oiseau vert*) à l'arabe dialectal compris par le plus grand nombre (*132 ans*, *Al-Guerrab oua Salihine*). Kateb Yacine (1929-1989) apporte au théâtre algérien contemporain une dimension plus universelle. A partir de 1971, après avoir écrit des pièces sur la guerre de libération (*Le Cadavre encerclé*, *Les Ancêtres redoublent de férocité*), il écrit en arabe dans un style dense et espère l'émancipation des hommes (*Mohamed prends ta valise* ou *La Guerre de deux mille ans*). Il veut que « *le peuple agisse sur scène et parle par sa propre bouche, pour la première fois depuis des siècles* ». Le troisième auteur marquant de cette période post-révolutionnaire est Abdelkader Alloula, comédien et metteur en scène né en 1939 et assassiné en mars 1994. A travers ses pièces qu'il écrit à partir de 1969 (*Al-Khobza*, « Le pain », *Al-Lithem*, « Le voile » ou *Al-Adjwad*, « Les généreux »), il s'emploie à dénoncer la bureaucratie ou les fonctionnaires et à défendre le théâtre populaire et politique. Slimane Benaissa (né en 1943) continue cette tradition populaire en y ajoutant une réflexion critique et des questions auxquelles il ne propose pas de réponses sur l'histoire, le patrimoine, l'identité et les contradictions de l'individu (*Boualem Zid El-Goudem*, *Le Bateau coule*, *Fils de l'amertume*, *La Leçon de discipline* ou *Prophètes sans dieu*).

L'Algérie dispose de sept théâtres publics répartis sur le territoire mais les représentations, souvent des adaptations, sont rarement tirées de textes écrits par des auteurs algériens, qui ont été confrontés dans les années 1980-1990 à certaines pressions, voire à des violences comme ce fut le cas pour Abdelkader Alloula. Parallèlement au théâtre national, le théâtre amateur a conservé un grand dynamisme, notamment parce qu'il a également servi à véhiculer les idéologies dominantes auprès des jeunes qui se sont approprié ce moyen d'expression. Les événements d'octobre 1988 marquent une transition dans le théâtre algérien. Si les années qui ont suivi ont été difficiles, elles semblent pourtant avoir été un « coup d'accélérateur donné au quatrième art en Algérie ».

CINÉMA

A partir des années 1920 et jusqu'en 1962, une centaine de films de fiction sont tournés en Algérie qui offre aux cinéastes ses paysages et son architecture exotiques et un climat ensoleillé. Pendant la guerre d'Algérie, cinémas européen et algérien produisent des films de propagande, les uns exaltant la mission de la France, les autres dénonçant la colonisation donnant un ton à ce mode d'expression qui débute.

Dans les années 1960, le colonialisme, le mouvement de libération nationale et le patriotisme restent le sujet principal de films austères où le présent ne fait son apparition qu'à la faveur des mouvements de retour à la terre (*Le Vent des Aurès* de Mohamed Lakhdar-Hamina, 1967). Dans les années 1970, les préoccupations sociales et la construction du socialisme prennent la place du souvenir. Ces films, souvent difficiles à suivre maintenant, sont empreints d'un réalisme si marqué qu'ils frôlent presque le fantastique mais le cinéma algérien existe – Ahmed Hocine crée une cinémathèque à Alger en 1965. Les thèmes traités sont le déracinement et l'émigration (*Alice au pays des mirages* d'Ahmed Rached, 1978) ou le statut et l'émancipation des femmes (*Elles* d'Ahmed Lallem, 1966, *Leïla et les autres* de Sid Ali Mazif, 1977, et *La Nouba des femmes du mont Chenoua* d'Assia Djebar, 1977). Le monde paysan, qui connaît des jours difficiles, est glorifié dans *Le Charbonnier* de Mohamed Bouamari (1972), *Noua* d'Abdellaziz Tolbi (1973) ou *Les Nomades* de Sid Ali Mazif (1976). Pendant cette période faste, on compte environ 400 salles de cinéma en Algérie, 30 ans plus tard il y en a moins d'une dizaine à Alger…

En 1975, le film de Mohamed Lakhdar-Hamina, *Chroniques des années de braises*, reçoit la Palme d'or à Cannes et marque l'existence du cinéma algérien sur la scène internationale. Les films de cette époque, dits de « cinéma nouveau », portent sur de nouveaux thèmes et défendent une nouvelle esthétique. *Omar Gatlato*, une comédie de mœurs de Merzak Allouache (1975), est l'un des premiers films depuis longtemps dont l'action se déroule en milieu urbain.

A partir du début des années 1980, les noms de réalisateurs vivant hors d'Algérie apparaissent. Parmi ces films qui traitent de l'émigration ou de la vie en France, on se souvient du *Thé au harem d'Archimède* de Mehdi Charef (1983) ou l'émouvant *Inch'allah dimanche* de Yamina Benguigui (2000) qui réalise également des documentaires pour la télévision française comme *Mémoires d'immigrés* (1997) ou *Le Plafond de verre* (2005). A voir également *La Fille de Keltoum*, un film âpre de Mehdi Charef (2002), dans lequel Allia, une jeune fille adoptée en Suisse, revient en Algérie pour retrouver sa mère. Le film le plus récent de ce dernier, *Cartouches gauloises* (2007), dépeint l'Algérie à la veille de l'Indépendance à travers le regard d'un enfant arabe et d'un petit pied-noir qui va partir.

Les réalisateurs algériens doivent faire appel à la coproduction internationale pour sortir leurs films qui prennent un caractère plus universel. La crise identitaire qui se fait jour dans ces années annonce de nouveaux films comme *La Montagne de Baya* d'Azzedine Meddour (1997), *Machaho* de Belkacem Hadjadj ou *La Colline oubliée* d'Abderrahmane Bouguermouh (1997), le premier film tourné en tamazight, adapté d'un roman de Mouloud Mammeri.

Les films de la fin des années 1990 reflètent, souvent de façon ironique et désabusée, le désarroi de la société algérienne. *Bab El-Oued City ou Salut Cousin !* de Merzak Allouache (1996), ou *L'Arche du désert* de Mohamed Chouikh (1997) traitent de la dégradation des relations et de la perte des repères. Mohamed Chouikh, qui a débuté en 1973 avec *L'Embouchure*, un film « paysan », prépare un film sur la vie du chanteur Cheb Hasni assassiné en 1994. Le film *De Hollywood à Tamanrasset* de Mahmoud Zemmouri (1990) est une farce burlesque où tous les personnages se retrouvent coupés de la réalité.

Aujourd'hui, on espère la renaissance du cinéma algérien qui a failli disparaître, mais pour le moment c'est encore par le travail de réalisateurs ou de producteurs vivant hors d'Algérie qu'il peut exister. En 2000, Nadir Moknèche tourne *Le Harem de Madame Osmane* et montre la société contemporaine. Trois ans plus tard, il sort *Viva Laldjérie !*, dans lequel il filme à nouveau des femmes. *Délice Paloma*, son film le plus récent (2007), montre toujours l'Algérie d'aujourd'hui et ses combines. Une occasion supplémentaire de découvrir l'étonnante Biyouna.

En 2001, après sept années d'absence, Merzak Allouache retourne en Algérie pour y tourner *L'Autre monde*. Deux ans plus tard, il réalise un film sans grand rapport avec l'Algérie mais connu de tous : *Chouchou* avec son ami Gad Elmaleh rencontré sur le tournage de *Salut cousin !* En mars 2005, il sort *Bab El Web*, avec Faudel, Samy Naceri et Julie Gayet, qui relate la rencontre entre jeunes de Bab El-Oued et une Française connue sur un tchat. En février 2010, il sort *Harragas*, un film poignant sur les milliers de jeunes qui chaque année veulent quitter les côtes africaines pour cette Europe idéalisée.

En 2002, *Wesh wesh, qu'est-ce qui se passe* de Rabah Ameur-Zaïmeche traite de la double peine. *Bled Number One* raconte le retour difficile au bled d'un homme condamné à la double peine (sorti en juin 2006). Il signe un 3e film en 2008, *Le Dernier Maquis*.

Rachida, un film dur et émouvant de Yamina Bachir Chouikh sur les années de terrorisme, a été présenté à Cannes en 2002 dans la sélection « Un certain regard » avant d'être diffusé sur Arte et sur TV5.

Le Thé d'Ania du réalisateur Said Ould Khelifa, sorti en mai 2005, met en scène Ariane Ascaride dans une Alger meurtrie par la décennie noire.

Un peu dans la veine de *Bab El Web*, le film *Il était une fois dans l'Oued* (octobre 2005) de Djamel Bensalah (qui avait réalisé *Le Ciel, les oiseaux et… ta mère !* et *Le Raid*) raconte l'épopée de Johnny Leclerc qui, à la fin des années 1980, voulait devenir épicier à Alger. Parmi les autres sorties récentes, *Morituri* (2007) de Okacha Touita est une adaptation du premier volet de la trilogie de Yasmina Khadra dans laquelle le commissaire Llob traque les terroristes des années 1990.

Mascarades, de Lyes Salem (2008), est la dernière grande sortie cinématographique algérienne. Le réalisateur traite, dans ce film burlesque, des faux-semblants et de l'hypocrisie, et dépeint avec humour plusieurs facettes de la société algérienne. Mais pour que revive le cinéma algérien, l'entreprise risque d'être ardue parce qu'il ne suffit pas de faire des films, encore faut-il qu'ils soient vus par un public qui n'a plus l'habitude d'aller au cinéma et pour qui la location de DVD de films disponibles le jour même de leur sortie en France (et souvent avant grâce au piratage de DVD doublés en québécois) est synonyme de cinéma... Depuis quelques mois, des salles font peau neuve et rouvrent pourtant leurs portes.

LITTÉRATURE

L'histoire de l'Afrique du Nord commence avec les Libyens, les Berbères et surtout les Puniques, très productifs en écrits mais l'histoire littéraire de la région commence après la chute de Carthage avec les grands écrivains originaires d'Afrique : Apullée, Tertullien ou saint Augustin. Au VIIIe siècle, le Maghreb devient une province arabe. L'activité culturelle qui consiste essentiellement en l'écriture de traités de philosophie religieuse ou politique se concentre dans des centres dynamiques comme la nouvelle ville de Kairouan, Tlemcen et Bejaïa en Algérie ou Fès, Meknès ou Marrakech au Maroc. Les étudiants et les lettrés voyagent de ville en ville à l'écoute d'un enseignement dispensé par des maîtres. Les grands hommes de lettres ne sont pas nés en Algérie mais ils y ont souvent séjourné comme Ibn Khaldoun, le précurseur de l'historiographie arabe né en 1332, ou Ibn Batutta dont les longs récits géographiques décrivent de façon parfois fantastique l'Orient, l'Asie mineure, la Chine, la Russie ou l'Afrique noire de l'époque. L'imagination ne s'exerce qu'au travers de la poésie classique codifiée et peu créative, encore basée sur les thèmes antiques. Reste l'expression orale dans les dialectes locaux pour perpétrer les traditions restées vives malgré les invasions successives. Chants d'amour et de guerre, contes et fables instructives, berceuses et comptines enfantines, poèmes, etc., composent un univers tout en finesse méprisé par les lettrés mais transmis de génération en génération.

De la pénétration française au XIXe siècle, on ne connaît que les récits et fictions écrits par des écrivains français en voyage en Algérie, même si quelques écrits imitant les codes européens ont été produits vers 1890 par des lettrés autochtones (Si M'Hamed Ben Rahal). Au début du XXe siècle, dans les années 1920, le courant algérianiste réunit des artistes qui revendiquent leur algérianité, à la différence des écrivains qui ne font que passer en Algérie et ne peuvent rien y entendre. Robert Randau (1873-1946), qui a écrit *les Colons* et *Cassard le Berbère*, apparaît comme le chef de file du mouvement au sein duquel s'illustrent Jean Pomier (*Chronique d'Alger*, *Le Temps des Algérianistes*), Louis Lecoq (*Broumitch* et *Le Kabyle*), Louis Bertrand pourtant né en France (*Le Sang des races*), Gabriel Audisio (*Jeunesse de la Méditerranée*) ou Lucienne Favre. Ce mouvement, qui se retrouvait autour de la revue *Afrique*, vit aujourd'hui au travers d'associations algérianistes installées en France qui ont créé en 1975 un prix littéraire et une revue qui s'attachent à perpétrer leur mémoire (*L'Algérianiste* : BP 213, 11102 Narbonne Cedex). L'école d'Alger, quant à elle plus universelle, regroupe à partir du milieu des années 1930 Albert Camus, Emmanuel Roblès, Jules Roy ou Jean Pélégri autour d'Edmond Charlot. Pendant la Seconde Guerre mondiale, quelques éditeurs se sont réfugiés à Alger pour continuer à imprimer journaux et revues dont la revue *Fontaine* de Max-Pol Fouchet et le poème *Liberté* de Paul Eluard imprimé sous forme de tract et lâché par les Anglais au-dessus de la France occupée.

La maison d'édition fondée par Edmond Charlot prend son essor. Ami de Camus qu'il a connu au lycée Bugeaud à Alger et défenseur de la « nouvelle culture méditerranéenne », il publiait déjà Camus, René-Jean Clot, Max-Pol Fouchet, Jean Grenier, Roblès, Jules Roy ou Federico Garcia Lorca mais c'est avec l'édition d'ouvrages de Gide, Kessel ou Vercors, impubliables en France, qu'il devient incontournable. Quant aux rares écrivains musulmans, francisés, ils s'attachent encore à témoigner de la vie de leur communauté et de leur différence et il faut attendre les années 1945-1950 et l'affirmation de l'identité et de la culture algériennes, jusqu'alors niées, pour qu'apparaisse une littérature algérienne où la recherche esthétique devient sensible. Se distinguent l'écrivain kabyle chrétien Jean Amrouche (*L'Eternel Jugurtha*, 1946), les Kabyles Mouloud Feraoun (*Le Fils du pauvre*, 1950), Mouloud Mammeri (*La Colline oubliée*, 1952) et Mohamed Dib (*La Grande Maison*, 1952), ou, plus revendicatifs, Kateb Yacine (*Nedjma*, 1956), Malek Haddad, Assia Djebar, Djamel Amrani, mais aussi deux poètes d'origine européenne, Anna Greki (*Algérie capitale Alger*, 1963) et Jean Sénac (*Matinale de mon peuple*, 1961).

Mais les écrivains qui écrivent en français se sentent coupables d'utiliser la langue du colonisateur et se trouvent donc devant un dilemme : continuer ou renoncer à écrire en français comme l'a fait Malek Haddad. Certains intellectuels ont même pensé que la littérature maghrébine d'expression française allait ou devait bientôt disparaître.

Dans un premier temps, les écrivains algériens d'expression française (Mouloud Feraoun, Mouloud Mammeri, Mohamed Dib, Malek Ouary (*La Robe kabyle de Baya*, Stock, rééd. 2000), Kateb Yacine, Malek Haddad, Jean Sénac, Anna Greki et Jean Pélégri, restés en Algérie après 1962, ont continué à écrire en français. « *Quand il est question d'écrivains algériens, il s'agit évidemment d'auteurs nés en Algérie, d'origine européenne ou autochtone, auxquels il faudrait ajouter ceux qui, ayant vécu ou vivant en Algérie, ont découvert ou découvrent ici leurs sources d'inspiration. Les uns et les autres sont Algériens dans la mesure où ils se sentent eux-mêmes Algériens, et où leur œuvre concerne l'Algérie. S'ils ne sont rassemblés autour d'aucun manifeste, il est indispensable, je crois, que quelque chose les réunisse : la même fidélité à la terre et aux hommes, le même esprit, les mêmes goûts, une certaine complicité peut-être… En tout cas, l'expression « écrivains algériens » ne comporte à mon sens nulle ambiguïté* » déclarait Mouloud Feraoun dans *Les Nouvelles littéraires* en octobre 1960.

D'autres, très rares, écrivent en arabe. Kateb Yacine compose ses pièces de théâtre en arabe dialectal pour les rendre accessibles au plus grand nombre. Le genre romanesque en arabe apparaît dans les années 1950 avec Reda Houhou, se développe dans les années 1970 avec Abdelhamid Benhedouga (*Vent du Sud*, 1971) et Tahar Ouettar (*L'As*, 1974), traduit dans plusieurs langues. L'Algérie est alors le premier pays d'Afrique en matière de production littéraire.

À lire pour découvrir la littérature algérienne

- ***Algérie Littérature Action*** est une revue mensuelle fondée par Marie Virolle composée d'un court roman et d'un cahier « actualités littéraires » auxquels participent un grand nombre de « parrains » prestigieux (Marsa Editions : 103, boulevard MacDonald 75019 Paris Tél/Fax 01 40 16 06 23 – algerie.literature@free.fr).
- ***Littératures francophones du monde arabe*** chez Nathan, Al Madariss, 1994. Une anthologie de textes judicieusement choisis.
- ***Les Belles Etrangères,*** Editions de l'Aube/Barzakh, 2003. Le recueil réunissant 13 auteurs algériens publiés en Algérie par la vaillante maison d'édition Barzakh fondée en 2000 à Alger est une belle occasion de découvrir la littérature algérienne d'aujourd'hui.
- ***L'Algérie des deux rives : nouvelles de guerre*** (collectif : Pierre Bergounioux, Maïssa Bey, Yasmina Khadra, Amin Zaoui, etc., Mille et une nuits, 2003). 14 nouvelles portant sur la période 1954-1962 écrites par des auteurs nés après 1945.
- ***La Poésie algérienne***, Mango Jeunesse et Institut du monde arabe, 2003. Poèmes algériens, berbères et touareg du XIIe siècle à nos jours.
- ***Algérie : un rêve de fraternité*** et ***Algérie : les romans de guerre***, Omnibus, 1997 et 2002. Ces recueils de textes d'écrivains européens et musulmans, comme on les distinguait à l'époque, sont très pratiques pour découvrir rapidement des auteurs étonnants.
- ***Jean Pélégri, alias Yahia El-Hadj*** de Jean-Pierre Lledo, 2001. Le documentaire, une rencontre avec l'écrivain, permet de partir à la découverte des fondements de la littérature algérienne.
- ***L'écrivain de langue française et les pouvoirs en Algérie*** de R. Soukehal, L'Harmattan, 1999.
- ***L'Imposture des mots*** de Yasmina Khadra, Julliard, 2002. Sous ce pseudo, Mohamed Moulessehoul évoque son désarroi face au monde de l'édition algérienne.
- ***Nuit afghane*** de Ahlem Mosteghanemi, N. Philippe, 2002. Un intellectuel doit choisir entre rester et partir…
- **www.dzlit.fr :** un site très complet et de nombreuses bibliographies.

Mais dès 1966, la poétesse Anna Greki, restée en Algérie, remarquait que « *le portrait idéal de l'écrivain algérien rêvé serait le suivant selon nos censeurs : être arabo-musulman (critère de race), être d'expression arabe (critère linguistique), être rattaché aux valeurs traditionnelles de l'islam (critère religieux), être le héraut de notre socialisme spécifique (critère politique)* ». Au fil des années post-Indépendance, l'arabisation du pays rend la situation des écrivains moins confortable jusqu'à devenir intolérable au cours des années 1990 qui ont vu partir nombre d'écrivains francophones menacés par l'intégrisme islamique. La lutte pour la libération et la construction du socialisme restent longtemps la thématique principale du roman algérien mais peu à peu les littératures d'expression francophone ou arabe s'interrogent sur le sens de la lutte de moins en moins évidente à la lumière de la réalité algérienne. Dans les années 1980, l'amertume, le désespoir, le sentiment d'avoir été abusés, partagés par les Algériens restés au pays et les émigrés, se font jour. Après le classicisme et la littérature engagée viennent de nouvelles générations d'écrivains, en français ou en arabe, comme Rachid Boudjedra né en 1941 (*La Répudiation*, 1969), Nabile Farès (*Yahia, pas de chance*, 1970, *L'Exil au féminin*, 1986), Mourad Bourboune (*Le Muezzin*, 1968), Yamina Mechakra (*La Grotte éclatée*), Tahar Djaout (*L'Exproprié*, 1981), Rachid Mimouni (*Tombeza*, 1984), Rabah Belamri (*Femmes sans visage*, 1992), Malika Mokeddem (*L'Interdite*, 1993).

Dans les années 1990, ce sont les contradictions d'une société schizophrène et la terreur exercée au quotidien qui dominent les écrits d'écrivains dits de « l'urgence » : Abdelkader Djemaï (*31, rue de l'Aigle*, 1998, *Un été de cendres* et *Dites-leur de me laisser passer*, 2000, *Camping*, 2005 en poche, *Le Nez sur la vitre*, 2006 en poche), Aïssa Kelladi (*Rose d'abîme*, 1998), Mohamed Kacimi (*Le Jour dernier*, 1996), Habib Tengour (*Gens de Mosta : moments 1990-1994*, 1997), Malika Mokeddem (*La Nuit de la lézarde*, 1998), Yasmina Khadra (*Les Agneaux du seigneur*, 1998), etc.

Aujourd'hui, et malgré des années éprouvantes, la littérature algérienne, les romans, les récits, le théâtre ou la poésie, semblent avoir découvert une identité qui se dégage peu à peu des écrits d'urgence même si le poids de la guerre, des crises, de l'exil, du partage entre plusieurs cultures ou du rejet sont toujours lourds et marquent encore, parfois de loin comme c'est le cas pour les écrivains français nés de parents algériens, une expression prolifique et d'une richesse souvent malconnue. Parmi les œuvres récentes, on retient : *Le Village de l'Allemand ou Le journal des frères Schiller* (2008) de Boualem Sansal, *Ce que le jour doit à la nuit* (2008) de Yasmina Khadra, *La Chambre de la vierge impure* (2009) de Amin Zaoui, *La Kahina* (2007) de Gisèle Halimi, *Le Faiseur de trous* (2007) de Chawki Amari, *Archéologie du chaos amoureux* (2007) de Mustapha Benfodil, *Bleu, blanc, vert* (2007) de Maïssa Bey, etc.

MÉDIAS

ALGERIADES.COM

www.algeriades.com
mus_laribi@hotmail.com
« Le site de l'Algérie à l'affiche », soit le site d'actualités culturelles le plus à jour.

ALGERIE FOCUS

www.algerie-focus.com
Toute l'actualité sur l'Algérie : économie, politique, société, culture, sports...

ASSOCIATION ALPHATIS

24, rue Polonceau
75018 Paris ✆ 06 03 36 62 60
www.arabe-dialectal.fr
contact@alphatis.fr
Au cœur du quartier de la Goutte d'Or à Paris, l'association Alphatis, animée par une équipe de jeunes enseignants compétents, est l'une des rares structures dans la capitale proposant l'enseignement de l'arabe dialectal. La méthode, essentiellement orale et interactive, s'adresse autant aux débutants qu'à tous ceux souhaitant se perfectionner.

OFFICE NATIONAL DES STATISTIQUES

8-10, rue des Mousseblime
ALGER ✆ +213 21 63 99 74
www.ons.dz – ons@ons.dz
Statistiques algériennes. Une bonne photographie de la situation socio-économique actuelle.

PORTAIL SUR L'ALGÉRIE ANCIENNE

www.algerie-ancienne.com
alainspenatto@orange.fr
Site dédié à l'histoire de l'Algérie et notamment à l'Algérie ottomane. Des livres à télécharger ou à consulter en ligne.

MUSIQUE

Que ce soit la musique arabo-andalouse, la musique citadine (chaâbi à Alger, raï à Oran, etc.), la chanson kabyle, l'ahallil de Timimoun, le tindé du Hoggar ou le chant bédouin, la musique algérienne dans sa grande diversité est née de diverses influences, qu'elles soient ethniques ou religieuses. Elle tient une grande place dans la vie quotidienne en rythmant les événements, heureux ou malheureux, depuis les temps les plus reculés.

- **Sur Internet :** www.algeriemusique.com, www.zikdalgerie.com

Musique arabo-andalouse

« Poètes et musiciens furent chassés des cours royales. Ils furent traités avec le plus grand des mépris. Pourtant cet art survécut grâce au peuple andalou. Il exprimait l'art de vivre des habitants de Grenade, de Tolède, Cordoue, Séville, Murcia et Alméria. C'est dans les tavernes de ces villes que cet art prit son essor. Ce sont les « gueux » qui lui permirent de s'épanouir. […] C'est beaucoup plus tard que les princes et les nobles des cours andalouses permirent à leurs chastes oreilles de s'encanailler. » Latifa Ben Mansour, *La Prière de la peur*, Editions de la Différence, 1997.

La musique classique algérienne dite « andalouse » est l'une des expressions de l'héritage des traditions musicales orientales, autant grecque que persane et arabe, réunies à Bagdad et à la cour de la dynastie abbasside (VIIIe-XIIIe siècles). La légende raconte qu'en 822, un musicien venu de Bagdad avec son luth (oud) d'argent auquel un ange aurait ajouté une corde, celle de l'âme, fut reçu à la cour du fondateur du califat de Córdoba. Abou El-Hassan Ali Ibn Ennafi, dit « Zyriab », tel était son nom, avait retenu au cours de sa vie plus de 10 000 mélodies et poèmes célébrant l'amour courtois et l'élan vers Dieu qui lui permettaient de créer une nouba pour chaque heure (noubate au pluriel) et 84 modes au travers desquels pouvaient être exprimés autant d'états d'âme qui leur ont donné leur nom.

A partir du XIIIe siècle, les musulmans chassés d'Andalousie échouent sur les côtes d'Afrique du Nord et transmettent leur art à leurs hôtes qui s'enivrent des *noubate* jouées à l'unisson sur des rythmes et des modes rigoureusement établis, ponctuées de pièces lyriques, souvent des poèmes en arabe classique (le mouwashah et son dérivé populaire le zajal). Les orchestres, qui respectent la règle de l'unisson, sont composés de flûtes de roseau (nay), de tambours et de tambourins (tbiblat, tar et derbouka), de luths (oud), de cithares, de rebebs (petits violons à deux cordes dont est issu le rebec de l'Europe médiévale) et de violons qu'on joue verticalement posés sur une cuisse.

Le hawzi est la forme populaire de la musique arabo-andalouse de l'école ghernati dite de Tlemcen, qui revendique l'héritage musical de Grenade, et chante les sentiments souvent contradictoires qui animent la vie et l'amour pour la cité « aux 1 000 sources ».

À lire et à écouter

- ***La Musique arabo-andalouse*** de Christian Poché, Actes Sud, 2001.
- ***La Musique arabe*** de S. Jargy, Que sais-je ? PUF, 1977.
- ***Salama : Chant des femmes d'Algérie,*** Virgin. Une compilation réunissant les interprètes représentatives du discours féminin algérien (Cheikha Remitti, Djurdjura, Cherifa, Naïma…).
- ***Algérie : Voix de femmes,*** Blue Silver. A peu près la même sélection que le CD précédent.
- ***Chants sacrés d'Algérie,*** Virgin. Chants religieux interprétés par plusieurs artistes vocaux et instrumentalistes.
- ***L'Algérie en musiques,*** Virgin. Trois disques pour découvrir en une fois la musique algérienne des chansons dites « citadines » (Lili Boniche, Reinette l'Oranaise, Dahmane El-Arachi, Line Monty, Hocine Lasnami…), aux chansons berbères (Takfarinas, Aït Menguellet, Louiza…) en passant par les musiques « urbaines » (Cheb Mami, Raina Raï, Cheb Hasni, Fadela, X Press, Bilal, Khaled, Cheb Dali…).
- **www.music.art.dz**

Une sélection algéroise

Voici quelques titres d'essais, de nouvelles, de romans et de beaux livres suggérés par notre ami Boussad Ouadi, propriétaire de la librairie des Beaux-Arts à Alger (28, rue Didouche Mourad) et éditeur, chez qui on trouvera tous ces livres à lire les yeux fermés ou presque !

Littérature générale

- ***Grenade*** de Yamilé Haraoui-Ghebalou (Chihab). Nouvelles.
- ***Les Révoltes feutrées*** de Slimane Aït Sidoum (Chihab). Un livre drôle écrit par la victime d'un attentat.
- **Djamel Mati (djamelmati.ifrance.com) :** plusieurs romans à lire (Apic ou Marsa).
- **M'Hammed B. Larbi :** *Le Goût de la terre*, *Le Piano d'Esther*, *Les Voix et les ombres*, etc. (Dalimen et Musk Editions).
- ***Anastasia*** de Rachida Titah est un roman sur les couples mixtes (Alpha).
- ***Cinq dans les yeux de Satan*** de Hamid Ali Bouacida (Casbah). Un titre symbolique…
- **Salim Bachi :** *Le Chien de Jugurtha* ou *Les douze contes de minuit* (Gallimard et Barzakh) sont quelques-uns des livres édités par ce jeune romancier.
- **Tous les romans de Nina Bouraoui…**

Tourisme

- ***10 balades à Alger*** de Philomène Bon et Karine Thomas (Barzakh et Le Bec en l'air).
- ***Alger guide Nomad*** de Mohamed Rezala. Une mine d'informations qui complète le *Petit Futé* pour ceux qui vivent à Alger.
- ***Alger en 5 jours*** de Safir Benali et Pierre Assus (Images en Manœuvres Editions). Un autre regard sur la capitale.

Histoire et société

- ***La Nuit du corsaire*** de Corinne Chevalier (Casbah). Retour sur l'Alger ottoman par la fille de Jacques Chevalier, un ancien maire de la capitale. La plupart de ses autres romans ont pour cadre l'Algérie.
- ***Alger, des origines à la Régence turque*** de Nadir Assari (Alpha).
- ***L'Histoire d'El-Djazaïr Béni Mezghrena*** d'Abderrahmane Khelifa. Livre complet sur Alger.
- ***Où es-tu passé Tarek ?*** d'Abdellali Farrah (Zafira) raconte la conquête d'Espagne.
- ***Le Pays des hommes libres*** d'Ali Zamoum (Casbah). Ami de Kateb Yacine, l'auteur raconte l'Algérie indé*pendante*.
- ***Une œuvre, un itinéraire*** de Mostefa Lacheraf (Casbah).
- ***Mémoire algérienne*** d'Henri Alleg (Casbah et Stock). Retour sur les heures précédant l'Indépendance.
- ***Algérie, histoire contemporaine 1830-1988*** de Benjamin Stora (Casbah).

Le Musée national du Bardo, Alger.

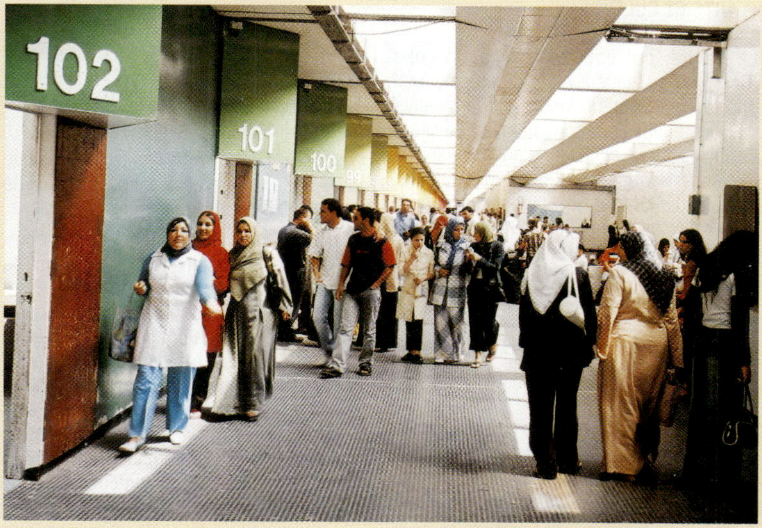

© SÉBASTIEN CAILLEUX

Université des Frères Mentouri, à Constantine.

- ***Algérie, le passé revisité*** (analyses de toutes les périodes historiques, chronologie) de Chemsedine Chitour (Casbah).
- ***La Guerre d'Algérie*** d'Yves Courrière (Casbah).
- ***Histoire de la guerre d'Algérie*** d'Alistair Horne (réédité chez Dahleb).
- ***Une Education algérienne*** de Wassyla Tamzali (Gallimard).
- **M*a Mère, histoire d'une immigration*** de Farida Hamak. La petite et la grande histoire au travers de photos de famille (Inas).
- ***Les Geôles d'Alger*** de Mohamed Benchicou (Inas). L'expérience récente vécue par le directeur de l'ex-journal *Le Matin* emprisonné deux ans.
- ***Dictionnaire encyclopédique de l'Algérie*** d'Achour Cheurfi (Anep), journaliste au quotidien *El Moudjahid*. 1 200 pages pour tout connaître des personnalités algériennes.
- ***Mystère de gaulle, son choix pour l'Algérie***, Benjamin Stora, Robert laffon.
- ***PME magazine***, mensuel économique.

Presse

- ***Visions d'Algérie***, magazine photo et textes qui paraît 4 à 5 fois dans l'année.
- ***Checkpoint***, revue d'art contemporain éditée par l'artiste Djamel Kokene (www.revuecheckpoint.fr).

Beaux-livres et culture

- ***Timimoun*** de Said Hassan : belles photos, textes et citations (Sequoia).
- ***Mienne Casbah*** de Louis Fontugne et Himoud Brahimi. Dessins et poèmes.
- ***Abzim, parures et bijoux de femmes d'Algérie*** de Wassyla Tamzali (Alpha).

Musique

- ***L'Ahellil ou les louanges du Gourara*** de Saïd Bouterfa (livre + CD).
- ***Dida Badi – Imzad, une musique millénaire touarègue*** (Association des amis du Tassili).
- ***Chansons de la Casbah*** (en arabe et en français des chansons chaabi) de Ahmed Amin Dellai (Enag).
- ***Chants andalous*** d'Ahmed Serri (livre + CD, 12 noubates pour découvrir la musique andalouse).

Kabylie

- ***Digest de Kabylie*** de Youcef Merahi (Alpha). Almanach, portraits, anecdotes, photos et articles de presse.
- ***Almanach berbère*** de Mohamed Akli Haddadou (Inas).
- ***Les 100 Berbères célèbres*** de Mohamed Akli Haddadou (Berti).
- ***Proverbes et dictons de Kabylie*** de Youcef Nacib (Maison des Livres).

Le çanaa, qui est rattaché à Córdoba (Cordoue), est joué à Alger où a également pris forme le chaâbi, tandis que le maalouf de Constantine serait originaire de Séville.
Parmi les interprètes, on retient les noms de Cheikh M'Nemmeche, Benteffahi, Mouzino, Mohamed, Abderrezzak Fekhardji (violoniste et chef d'orchestre mort en 1984), Mahieddine Bachtarzi, Dahmane Benachour, Abdelkrim Dali, Mohamed Khaznadji, Ahmed Serri d'Alger, Cheikh El-Arbi Bensari et Cheikh Redouane Bensari (Tlemcen). Parmi les femmes, on note les noms de Yamna Bent El-Hadj El-Mahdi, Cheikha Tetma, Meriem Fekkaï ou Fadhila Dziria.

- **Dahmane Ben Achour :** la nouba, musique classique arabo-andalouse, école d'Alger. Plusieurs CD enregistrés dans les années 1990 distribués par le Club du disque arabe.
- ***Mohamed Khaznadji* :** anthologie de la musique arabo-andalouse. Plusieurs CD distribués par Ocora/Radio-France.
- **Les disques produits** par les ensembles Es-Soundoussia, Ahbab Cheikh El-Arbi Bensari (Tlemcen) ou El Djazaïriya-El Mossiliya chez Ocora ou Institut du monde arabe.
- ***Nour Ed-Dine Saoudi* :** musique classique arabo-andalouse en Algérie dans une série de CD édités par Artistes arabes associés.
- **Le maalouf** qui signifie « fidèle à la tradition » est l'émanation constantinoise et tunisienne de la musique arabo-andalouse dont elle diffère par le rythme et les instruments parmi lesquels on distingue une flûte bédouine. En dehors d'Enrico Macias qui a été formé à cette musique au sein de l'orchestre de son beau-père Cheikh Raymond, l'un des plus célèbres représentants du maalouf, on retient notamment les noms de Hadj Mohamed Tahar Fergani (né en 1929), Cheikh Darsouni, Cheikh Bentobal et, parmi les plus jeunes, Taoufik Bestandji.

« Fermez les yeux et bientôt vous connaîtrez ce que les Arabes nomment le tarab, cette extase qui libère l'âme hors de la prison du

Le diwane : la tradition revisitée

« Mon enfance mascaréenne a été rythmée par un événement singulier, mystérieux qui se déroulait tous les samedis et qui se concluait en apothéose à la fin du printemps par une procession menée par un taureau harnaché et richement enrubanné. Cet événement, c'était le diwan. Il se tenait au village nègre (el graba). Le maître de cérémonie, Hadj Guenga (que Dieu ait son âme), arrache à une guitare sommaire pourvue d'une seule corde une mélopée envoûtante à laquelle répond en contrepoint le son des karkabous. Peu à peu, des rangs des spectateurs émergent des danseurs ou des danseuses. Le mouvement est d'abord gracieux puis saccadé pour se terminer en transe libératrice. Je n'ai jamais oublié ces instants où l'Afrique noire s'invitait dans l'Afrique blanche jusqu'à faire corps avec elle. [...]. *Le nom complet du diwan est en réalité diwan salihine, ce qui signifie « réunion des gens de bien » ou « hommage aux ancêtres vertueux » (ceux qu'on appelle les marabouts en France). On y chante leur geste (le medh) et on appelle les participants à s'inspirer de leur exemple en communiant dans l'amitié des hommes et l'amour de Dieu. Les rythmes africains syncopés viennent rappeler l'apport des Noirs à la grandeur de l'Islam et le syncrétisme qui a été à la base du succès de cette religion dans les temps anciens où elle s'imposait par la conviction et non par la force. Elle rappelle le temps où l'Islam prônait l'amitié entre les hommes, quelle que soit leur race ou leur religion. C'est le chant de la fraternité, du bonheur du « vivre ensemble » incompatible avec le développement de la solitude, marque de notre temps. C'est le chant entêté de l'ouverture vers les autres, en ces temps où on électrifie les frontières et on cultive la peur de l'Autre. C'est le chant de la confiance dans la bonté ultime de l'Homme. C'est le chant de l'exaltation du versant mystique de la religion, celui de la quête individuelle de la Vérité, hors des chapelles et des prêches enflammés des porteurs de haine. El Gaâda s'inscrit dans cette tradition. Plus encore, elle en fait une arme pour mener le combat de l'heure, celui de l'intégration de tous les citoyens dans la République, celui qui promeut le métissage fécond, celui qui pourfend le repliement mortifère. C'est à son honneur et c'est notre bonheur... »*

- **Brahim Senouci,** maître de conférences, université de Cergy-Pontoise, mars 2004. Cité sur www.gaada.net

corps » écrit Jean-Luc Allouche sur la jaquette du disque *Hommage à Cheikh Raymond* rendu par Enrico Macias au Printemps de Bourges 1999 (Trema/Sony Music).

- **Cheikh Raymond :** *Anthologie de la musique citadine algérienne*, volumes I à VI, Al Sur/Média 7.

- **Hadj Mohamed Tahar Fergani :** *Anthologie de la musique arabo-andalouse*, volumes I et II, Ocora/Radio-France, 1991 et 1992.

- **Taoufik Bestandji :** *Anthologie de la musique citadine algérienne*, maalouf et çanaa, Al Sur, 1994.

- **Chaâbi.** Musique citadine apparentée par sa forme à la musique arabo-andalouse mais enrichie aujourd'hui d'influences arabe, africaine et européenne dans ses mélodies, et gnawa et berbère dans ses rythmes, le chaâbi (« populaire » en arabe) algérien est né du moghrabi au début du XXe siècle à Alger dont il parle encore le dialecte. Des textes qu'on apprécie dans toute l'Algérie pour leur aspect social et moral ; ils étaient autrefois interprétés par les cheikhs (maîtres) et leur orchestre dans les soirées entre hommes où l'improvisation tenait une grande place. *Ya rayah* (« Le voyageur ») de Dahmane El-Harrachi, né en 1926, en est peut-être la chanson la plus connue reprise au début des années 1990 par Rachid Taha. Parmi les maîtres, on retient les noms de Hadj M'hamed El-Anka (considéré comme le créateur du chaâbi avec Cheikh Nador), Amar El-Achab (né en 1932), Boudjemaa El Ankiss, El-Hachemi Guerouabi (né en 1938), Kamel Messaoudi (né en 1938) ou Amar Ezzahi (né en 1941, difficile à trouver en France).

- **www.webchaabi.com :** à consulter absolument !

- **Dahmane El-Harrachi :** *Le chaâbi*, Club du disque arabe. Plusieurs volumes dont le premier a été enregistré en 1991. Egalement des disques chez Blue Silver.

- **Amar El-Achab :** *Le chaâbi des grands maîtres*, Harmonia Mundi, Institut du Monde arabe, 2000.

- **Compilation :** *Le chaâbi moderne*, Artistes arabes associés, 1994.

- **Compilation :** *Super Chaâbi Algérois*, Creon, 2002. 3 disques pour faire le tour, si c'était possible, du chaâbi.

- **Lili Labassi :** *Le génie du chaâbi, succès de 1932 à 1958*, Blue Silver. Un voyage dans le passé en compagnie de ce violoniste né à Marseille en 1897 et, au passage, père du comédien Robert Castel.

- **Guerouabi El-Hachemi :** *Salam Maghreb*, Sonodisc, 2000, et un disque sans titre sorti en 2002 sur lequel le maître du chaâbi (mort en juillet 2006) rend hommage à son pays.

- **Kamel Messaoudi :** *Chaâbi*, CMM Productions.

- **Lili Boniche (mort en 2008) :** *Œuvres récentes*, APC, 2003 et *Il n'y a qu'un seul Dieu* enregistré à l'Olympia en 1999.

Raï

Le mot raï signifie « conseil » dispensé par les vieux du village mais qualifie aussi la vulgarité. Il désigne aujourd'hui une forme musicale connue dans le monde entier et chantée par toute une jeunesse algérienne qui a soif de vivre, avec pour thèmes principaux l'amour, la fête, la vie noctambule et la solitude, exprimés dans un langage souvent cru. Mais le raï est bien antérieur à l'apparition du sourire éclatant de Khaled. On le fait remonter à la rencontre entre le bédoui traditionnel, la forme populaire du nomade gharbi du sud-ouest algérien, qui a investi les cafés d'Oran dans les années 1920-1930 et les chansons chantées par les femmes (cheikhats) pour les femmes pendant les fêtes familiales. Les stars du moment se nommaient Hachemi Bensmir, Abdelkader El-Khaldi (mort en 1964) ou Cheikh Hamada (mort en 1986). Les textes poétiques des maîtres (cheikhs) étaient alors accompagnés par un petit orchestre composé d'une flûte en roseau (gasba), d'un tambourin (bendir) et par des percussions (guellal ou derbouka). Une décennie plus tard, le bédoui prend de nouvelles teintes inspirées des accords de la musique égyptienne, dont la star de l'époque, Oum Kalthoum, inonde les ondes du Maghreb, et les textes prennent un ton légèrement plus revendicatif. Deux chanteurs se distinguent. Le premier, Blaoui El-Houari, musicien autodidacte né à Oran, est considéré comme le précurseur de la chanson réellement oranaise. Puisant dans le répertoire du bédoui oranais, il agrémente les textes traditionnels de rythmes espagnols et latinos et d'instruments européens dans une volonté de modernisation. Sa renommée dépasse rapidement les rues d'Oran et toute l'Algérie connaît bientôt ses chansons simples, spontanées et fraîches. Le second, Saoud El-Medioni (qui mourra en déportation) tient un café à Oran puis à Paris.

Dans les années 1950, les vedettes du raï s'appellent Lili Boniche, Reinette l'Oranaise (morte en 1998), Edmond Atlan ou Djelloul Bendaoud.
Ahmed Wahby, « la voix de velours d'Oran », quant à lui, est né au début des années 1920 à Marseille. De retour en Algérie, il se produit à Oran et à Alger mais c'est à Paris qu'il enregistre la première chanson dite « oranaise » : *Alache Tloumouni*. Auprès de Mohamed Djamoussi, compositeur, de Mohamed Abdelwahab et de Farid El-Atrach, le « rossignol triste », il perfectionne sa pratique de l'oud (luth) et étudie la musique arabe classique. Son premier grand succès, *Wahran Wahran*, repris plus tard par Khaled, célèbre sa ville et devient emblématique du raï. Il s'engage dans la lutte pour l'indépendance en 1957 et, dès 1965, il crée l'Institut de la musique arabe à Oran avant de s'installer au Maroc. En 1970, il célèbre son retour en Algérie en composant l'un de ses succès les plus retentissants, *Fet elli fet*.
Pendant ce temps, le raï des débuts rencontrait le jazz et la pop dans les années 1960 et préparait la voie à l'explosion du raï dans les années 1980. Le trompettiste Messaoud Bellemou est le premier qui ose remplacer les instruments traditionnels par trompettes, saxophones et guitares électriques. En 1974, il rencontre Safi Boutella, un jazzman. Une dizaine d'années plus tard, de jeunes musiciens introduisent synthétiseurs et boîtes à rythmes de leur époque. C'est en 1986 que la France découvre le raï avec Khaled, encore Cheb (le préfixe signifiant « jeune » distinguait les nouveaux venus des générations précédentes), qui rencontre le succès en 1992 avec *Didi*. L'autre star du raï, Cheb Mami, originaire de Saïda, a ouvert encore plus grand les portes du monde au raï en travaillant avec, entre autres, Sting.
En peu de temps, le raï est devenu l'un des grands ambassadeurs de l'Algérie à travers le monde et une des preuves de la vivacité de la culture algérienne. C'est sûrement pour cela que nombre de ses représentants ont été la cible des terroristes dès le début des années 1990 dont certains furent les victimes, comme Cheb Hasni, le chanteur emblématique assassiné en 1994 et dont la mort est toujours pleurée.
Aujourd'hui, le raï continue de rencontrer tous les styles du reggae au rap, en passant par le R'n'B...

- **Messaoud Bellemou :** *Oran*, Longue Distance, 1999.
- **Reinette l'Oranaise :** *Mémoires*, Blue Silver, 1994.
- **Aux sources du raï :** les cheikhat/chants de femmes de l'Ouest algérien avec Cheikha Rimitti, Cheikha Khaira El-Abassia, etc., Artistes arabes associés.
- *Cheikha Rimitti, aux sources du raï*, enregistrement public à l'Institut du monde arabe. Egalement *Le meilleur de Cheikha Rimitti*, des enregistrements des années 1980 (Globe Music), *European Tour 2000* (Musisoft), Nouar (Sonodisc, 2000), Sidi Mansour (Média 7, 1994), N'Ta Goudami (*Toi, face à moi*, Because Music. 2005).
- **(Cheb) Khaled :** *Kutche* (Zone Music, 1988), *Didi* et *N'ssi N'ssi* (Barclay, 1992 et 1993), *Aiysha* (2000), *Le meilleur de Cheb Khaled* (volumes I et II, Blue Silver), *Hafla/Kenza Tour et Kenza* (Barclay, 1997 et 1999), *Les Années raï* (2005), *Ana Mardhi Taouel 'M' Galbi* (Mpmed, 2006).
- **Cheb Mami :** *The Prince of Raï Music/Douni El-Bladi* (Blue Silver), *Let me raï*, *Saïda* et *Meli Meli* (Totem Records, 1990 et 1998), *Dellali* (Virgin, 2001) et *Le Meilleur* (compilation, Virgin, 2002), *Live au Grand Rex* (DVD, EMI, 2004).
- **Cheb Hasni :** *Raï Love* (Voix du Maghreb VDMA), *Gualou Hasni Met* et *Ala Besse* (Blue Silver), *Cheb Hasni* (Super Bazar Suba), *Nti Nti mon amour* (Créon Music), *Best of* (Fassiphone) et *8 ans déjà/Succès* (MWD, compilation éditée à l'occasion du 8e anniversaire de la mort de Cheb Hasni).
- *Le monde du raï des années 50 à nos jours*, compilation, Blue Silver.
- *L'Officiel du raï*, volume I, Maghreb World Development. Très intéressant parce le disque réunit des interprètes très variés, de Cheb Hasni à Bilal en passant par Chaba Zahouania ou Cheikha Rimitti.
- *Fiha Dauphin* de Houari Dauphin, Créon Music, 2002.
- *Un homme libre* de Cheb Sahraoui et Cheb Maghni, Musisoft, 2000. Raï et salsa.
- *Sidi Sidi* de Bilal (Polydor, 2002).
- **Faudel :** *Bled Memory* (Universal, 2010).
- *Absolute Raï*, compilation, Virgin.

- **Reda Taliani :** *Nabghik*, Aladin le Musicien, 2005.
- **Raïna Raï :** *Zina* (1983), *Raïna Hack* (1985), *Chouli* (1986), *SAF* (1987), *Waïlé* (1988), *Ghaba* (1989), *Rana H'na*, *Datni*.

Chanson kabyle

Révélée en Europe par Marguerite Taos Amrouche (1913-1976) qui a collecté et interprété des chants traditionnels inspirés de contes et de poèmes transmis depuis des siècles, la chanson kabyle a rencontré le succès avec Idir, Matoub Lounés ou Aït Menguellet qui interprètent des textes identitaires ou contestataires sur des musiques souvent proches du chaâbi jouées par une seule guitare ou par un orchestre au grand complet.

- *Le Folklore kabyle*, anthologie au Club du disque arabe, 1990.
- **Collectif :** *La Kabylie au cœur*, Virgin, 2001 (Takfarinas, Matoub Lounés, ONB, Idir, Aït Menguellet, etc.).
- **Collectif :** *Planète Kabylie*, Déclic, 1998 (Idir, Aït Menguellet, Matoub Lounés, Cherifa, Taos Amrouche, etc.).
- **Marguerite Taos Amrouche :** *Algérie : chants berbères de Kabylie*, L'empreinte digitale, 2002.
- **Hanifa, Cherifa :** *Les grandes dames de la chanson kabyle*, Night and Day, 2000.
- **Idir :** *A vava inouva* (1991), *Les Chasseurs de lumière* (1993), Blue Silver, et *Identités* en collaboration avec Manu Chao, Geoffrey Oryema, Maxime Le Forestier, Thierry Robin (dit « Titi »), etc., Sony Music, 1999. Dans son disque le plus récent, *La France des couleurs* (2007), il s'est entouré de chanteurs de tous horizons.
- **Aït Menguellet :** *Amjahed* (Mélodie), *Inagan et Chants et poésie de Kabylie* (Blue Silver), *L'Algérie en fête* (DVD d'un concert à Mogador en compagnie de Lili Boniche, Guerouabi El-Hachemi, etc., 2005, Night&Day).
- **Djur Djura :** *Le Printemps* (1990), *A yemma*, *Asirem*, *Kondo-Ra*, *Kodo*.
- **Matoub Lounés :** *Mimezran* (Sonodisc, 1994), *Lettres ouvertes aux...* (Blue Silver, 1998), *Sserhass Ayadu* (Virgin, 2000), *Eras Tili* (Virgin, 2003).
- **Cheikh El Hasnaoui :** *La maison blanche*.
- **Slimane Azem :** *Le malheur des temps*, *Chants berbères de Kabylie*, *Les temps révolus*, *Une légende de l'Exil*.
- **Takfarinas :** *Yal* (BMG, 1999), *Quartier Tixeraïne* (RCA, 2001), *Honneur aux dames*, (RCA, 2004).
- **Nora At Brahim :** *Chants berbères féminins au présent* (Iles, 1985), *Les Chants de l'an 2000* (ACM, 1989), *Une femme, une espérance pour l'Algérie* (ACM, 1995), *Traditionnellement vôtre* (Club du disque arabe, 1998).
- **Mugar :** rencontre entre musiciens berbères et celtes, le groupe Mugar réunit plusieurs sensibilités sur ses albums *Kabily-Touseg* et *Penn Ar Bled* (2005).

Chant des Aurès

Dans les Aurès, on chante surtout de la poésie populaire sur une musique dite « chaoui », un mélange de musique sahraoui et de rythmes marqués et dansants. Les noms à retenir sont Aïssa El-Djermouni, Hadj Bouragaa, Djenia Khaled, Ali El-Khenchli, Teldja ou Zoulikha.

- **Houria Aïchi :** *Chants de l'Aurès* (Auvidis, 1990), *Les Cavaliers de l'Aurès* (Accords Croisés Harmonia Mundi, 2008).
- **Aurès Markunda :** *Chants de femmes des Aurès*, Arbmu, 1999.
- **Ali Khenchli**, Institut du monde arabe.

Musiques du Sud

La musique sahraoui, bédouine à l'origine, bénéficie d'influences africaines et arabes. Les textes d'une grande poésie, accompagnés de flûtes et de bendir, célèbrent le désert. Khelifi Ahmed (un CD, *Zineb*, trouvé sur le Net), Bar Amar, Rah Tahar ou Bachir Sahraoui figurent parmi les représentants les plus connus de la musique sahraouie.

L'ahallil de Timimoun (Gourara) est beaucoup mieux diffusé. Il s'agit d'une musique, religieuse et hypnotique, jouée et surtout chantée par des groupes lors de soirées musicales.

Enfin, du côté de Béchar, on écoute en boucle l'enfant du pays, Alla, dont la musique envoûtante et sortie de nulle part puisqu'elle ne renvoie pas à une tradition, serait diffusée dans des services psychiatriques en Allemagne...

- **Ahallil de Gourara**, *Barka Foulani* (Institut du monde Arabe, 2000).
- **Alla :** *Taghit, Fondou de Béchar* (Al Sur, 1995) et *Zahra* (Night&Day, 2002).

Musique gnawa

Les Gnawas, également présents au Maroc où un festival annuel les réunit à Essaouira et en Tunisie depuis quatre siècles environ, descendent des esclaves noirs originaires de l'ancien Soudan occidental – leur nom vient de Guinée – réunis au sein d'une confrérie de musiciens et de voyantes. Les textes en arabe sont chantés par les maalem (maître) sur une musique jouée dans la rue ou dans les diwan en association à des rituels à but thérapeutique, qui mène à la transe (hal). Karkabou (crotale), une espèce de castagnettes doubles en métal, gembri, une basse, et le tambour sont les instruments caractéristiques de cette musique qu'on joue lors des lila (concerts), généralement près d'un mausolée.
Le groupe Gaâda Diwane de Béchar (www.gaada.net) donne régulièrement des concerts en France. Il faut découvrir cette musique envoûtante au travers de *Gaâda Diwane de Béchar* (Samarkand/Night&Day, 1998) et de *Ziara* (Night&Day, 2003). Ziara signifie « rendre visite » et désigne un périple vers la guérison.

- *Rituels de la Layla et du Moussem*, confrérie saiddiya, Gnawa de Mostaganem enregistré en 1971, Iris Musique Production, 2000.
- *Le diwan de Biskra*, collectif, Ocora/Radio-France, 1993.
- Maalem Benaissa : *Diwan* (Belda Diffusion).
- *Living remixes*, Gnawa Impulse, GIP Music/Fairplay/SED. Croisement entre musique gnawa et sonorités occidentales.

Musique touareg

La musique touareg, indissociable de la poésie, du Sahara central est jouée en Algérie dans les régions de Tamanrasset et de Djanet. Les deux instruments de base sont l'imzad, un violon à une corde joué par les femmes, et le tobol (t'bel) ou tindé (tendé), un tambour en forme de mortier. Parmi les thèmes les plus développés, de façon toujours poétique, on retrouve souvent la guerre et ses héros devenus mythiques, les femmes, la beauté des montagnes et des rochers qui ont tous une personnalité propre, les animaux qui expriment chacun un trait de caractère tout à fait humain comme dans les *Fables* d'Esope qui étaient d'origine éthiopienne, le silence du désert, etc. Ne manquez pas d'écouter cette musique, souvent appelée « blues du désert » au cours de votre séjour dans le sud ; elle vous marquera aussi sûrement que vous auront impressionné les paysages…

- *Chez Al Sur* : Imzad et tindé du Tassili N'Ajjer, Tis Ras (Othman Othmani, Khadija Othmani) et Imaran (Ahmed Chakali), volumes I, II, III et IV, Al Sur, 1994.
- *Rythmes et mélopées du Tassili N'Ajjer*, Khadija Othmani, Blue Silver, 1998.
- *Assouf* (la nostalgie) et *Assarouf* (le pardon) de Bali Othmane et Steve Shehan, Triloka/Safar, Al Sur. La voix la plus connue de Djanet s'est éteinte en juin 2005 par la volonté d'un oued en crue… A écouter également *Live à Caracas* et *Kef none live* (Belda Diffusion).
- *Ihendja, chants et rythmes touareg d'aujourd'hui*, Ahmed Chakali et Imaran, Blue Silver, 1998.
- *Musique des Touareg du Hoggar*, ensemble Stella de Tamanrasset, Chants du Monde.
- *Le Festival au désert, Paix et musique au désert*, collectif, Triban Union/Créon Music/EMI, 2003. Le disque a été enregistré à Essakane, au Mali, lors du festival touareg de janvier 2003.
- Les membres du groupe Tinariwen sont d'origine malienne et algérienne et ont porté avec succès la musique touareg jusque sous nos latitudes. Pour se familiariser avec ces rythmes, écouter leur disque *Amassakoul* (Universal) ou, plus récent, *Aman Iman, Water is Life* (2007, World Village) dont le titre résume à lui tout seul le désert : « l'eau c'est la vie ».
- Le jeune groupe Tamikrest est malien mais sa musique traverse le Sahara (*Ishumar, Tapsit*, 2008).

Rap, rock, fusion, etc.

Parmi les groupes comme Intik ou Index, Micro Brise le Silence (MBS), City 16, Belcourt Long Dinasty (BLD), Tox, Hamma Boys, Cause Toujours, K-Libre, Abranis (rock kabyle), Lotfi Double Kanon, RQP (Rappeurs des Quartiers Populaires), Tout passe ou Les Messagères (un groupe de filles d'Alger), la plupart jouent dans des cafés, des restaurants, des salles d'université en attendant un festival ou une invitation à l'étranger. Brigade Anti-Massacre (BAM) allie jazz fusion, hip-hop et ragga, en arabe, en français et en anglais, pour exprimer sa révolte. Lakamora est un groupe de rap d'Alger. Inclassable parmi les rubriques précédentes, Souad Massi est aujourd'hui la chanteuse algérienne la plus populaire en France.
Baâziz, né à Cherchell dans une famille plutôt dédiée au chaâbi, est qualifié de m'roufez (de « refuser »). Après avoir adapté des chansons de Renaud en arabe dialectal, il s'attaque aux

généraux (*Waili waili* : « Quand j'entends ce général, je ris sans pitié… Mêlé aux affaires, il est devenu personnalité… Il a le pouvoir, l'argent et la double nationalité… Il humilie les hommes… Et même dans la mort, il trouve son compte… On a le président, la démission ou la mort… Chaque semaine, il y a un vote… »), à la présidence, mais n'oublie pas de déclarer son amour dans *Algérie mon amour*, une chanson qu'il a fait chanter sur scène par un groupe composé de la plupart des chanteurs algériens vivant en Fance.

Cheikh Sidi Bemol est un groupe inclassable formé autour de Hocine Boukella. Le style du groupe, fusionnant les genres comme le rock, le blues ou encore les musiques traditionnelles celtiques et algériennes (kabyle, gnawa, chaâbi…), est qualifié de Gourbi-Rock. Ironiques, critiques ou drôles, les textes dépeignent la société algérienne.

PEINTURE ET ARTS GRAPHIQUES

Calligraphie

L'islam interdisant toute représentation du vivant, c'est au travers des ornementations florales et géométriques mais plus encore par la calligraphie que se sont d'abord exprimés les artistes musulmans. Le Prophète aurait d'ailleurs dit qu' « une belle écriture met la vérité en évidence ». Très respectés, les calligraphes décoraient les lieux de prière avec des extraits du Coran, suivant différents styles ou écoles, puis les textes ont orné les poteries ou les carreaux de céramique.

Céramique

Avec des motifs géométriques ou fleuris, acceptés par l'islam, à dominante bleue et ocre, c'est dans les maisons et les palais que la céramique a trouvé sa place à partir du IXe siècle après J.-C. Il reste malheureusement assez peu d'exemples « d'époque » mais les restaurateurs s'emploient à perpétuer cet art de la décoration.

Dessin

Vu le dynamisme de l'école supérieure des beaux-arts d'Alger, on devine que la tradition picturale est très vivace en Algérie même si on s'en rend assez peu compte dans la rue. Pourtant, c'est peut-être au travers du dessin de presse qu'on découvre le mieux cette expression.

Chaque journal a son dessinateur (Ayoub pour *El Khabar* par exemple) mais le plus connu d'entre eux reste encore Dilem, le caricaturiste du journal *Liberté* qui dessine également pour la chaîne internationale française TV5 Monde. On peut également découvrir sur Internet ou sur papier Slim (minouche.ifrance.com/minouche, à lire *Walou à l'horizon : La dernière aventure de Bouzid et Zina*, Tartamudo, 2003), Gyps (www.louzine.net/_gyps.htm, à lire *Algérien*, 1998, un album de planches portant un regard amusé sur la société algérienne) ou encore *Le Hic qui dessine* pour El Moudjahid.

Mosaïque du boulevard Krim Belkacem, Alger.

Peinture

L'islam interdisant toute représentation des êtres vivants, l'art islamique a trouvé son expression dans les formes géométriques complexes, la représentation des végétaux et la calligraphie. Au XIXe siècle, ce sont les peintres occidentaux qui ont mis en scène l'Algérie au travers notamment du courant orientaliste mis à la mode par des peintres comme Delacroix (*Femmes d'Alger dans leur appartement*), Eugène Fromentin ou Albert Marquet au début du XXe (pour tout savoir, consulter le très complet orientaliste.free.fr/). Cependant, le XXe siècle a vu naître avec les premiers mouvements nationalistes des artistes talentueux, libérés des interdits de la religion. A l'époque, les frères Omar et Mohamed Racim (dont le nom signifie « peintre », *er-racim*), nés dans une famille d'artistes miniaturistes, rejettent les valeurs culturelles rattachées au colonialisme. Aujourd'hui, peintres, sculpteurs et photographes exposent leurs œuvres dans les galeries et centres culturels du pays. Parmi les artistes les plus connus en Algérie comme en Europe, on rencontre les noms de peintres exilés à Paris dans les années 1960 (Abdallah Benanteur, M'Hamed Issiakhem – membres.lycos.fr/issiakhem/details2.html, Abdelkader Guermaz, Mohamed Khadda, Mohamed Aksouh, Denis Martinez) qui s'inspirent souvent du symbolisme et de la calligraphie berbères. Les peintres du groupe Aouchem (années 1960 et 1970), dont le nom signifie « tatouages », sont également connus comme les peintres du signe.

Décoration murale.

Dans les années 1990, la peinture devient souvent plus violente, plus âpre, en miroir à la situation du pays. On évoque alors le néofauvisme, représenté par les peintres Djeffal Adlane, Zoubir-Hellal, Aït El-Hana, Karim Sergoua, Belhachmi, Mammeri. Parmi les grandes figures de la peinture algérienne contemporaine, citons aussi Ali Khodja Ali. Ce descendant du dey d'Alger et neveu des frères Racim auprès desquels il a commencé sa carrière a exposé au mois de mai 2005 à Alger (visualiser quelques œuvres sur bi.adagp.fr).

Baya (Baya Mahieddine, 1931 à Bordj-El-Kiffan-1998 à Blida) n'a que 16 ans quand elle est remarquée par Aimé Maeght, André Breton ou Picasso. Mariée « au bled » en 1953, elle ne se remettra à la peinture que 10 ans plus tard. Tahar Djaout disait d'elle qu'elle était « la sœur de Schéhérazade. Schéhérazade, la tisserande des mots qui éloignent la mort. Schéhérazade, cette autre femme qui fabule pour compenser sa réclusion. Nous voici donc dans le conte, avec ses univers merveilleux (titre d'une œuvre de 1968). Baya abroge les formes, les classifications et les dimensions : l'oiseau s'étire et devient serpent, arbres et cahutes poussent de guingois, les vases se ramifient, deviennent arborescents comme des queues ou des huppes d'oiseaux. Dans cette sorte de village des origines où cases, arbres et oiseaux sont emmêlés, les paysages et objets baignent dans l'informulé et la liberté du monde placentaire. Aucun centre de gravité n'est admis. Tout l'effort de l'artiste est tendu vers la recherche d'une sorte d'harmonie prénatale que la découverte du monde normé, balisé, anguleux nous a fait perdre », *Schéhérazade aux oiseaux*, 1987.

Rachid Koraïchi, originaire des Aurès, est né en 1947 dans une famille de tradition soufie. Il vit aujourd'hui à Paris mais expose dans le monde entier peintures et sculptures qui évoquent le voyage transcendental du mystique et le symbolisme berbère. Il a notamment illustré nombre de livres dont un recueil de poèmes, *Tu es mon amour depuis tant d'années*, de Nancy Huston, *Les Sept Dormants : Sept livres en hommage aux 7 moines de Tibhirine* (Actes Sud, 2004), *La Poésie algérienne* (Mango Jeunesse, 2003), etc.

- *Alger et ses peintres (1830-1960)* et *L'Algérie du Sud et ses peintres (1830-1960)* de Marion Vidal-Bué (Paris-Méditerranée, 2000, 2002 et 2003).
- *Denis Martinez, peintre algérien* de Noureddine Saadi (Le Bec En l'Air, 2003).
- *Khadda Mohammed*, collectif broché, Institut du monde arabe.
- *Benanteur* de D. Kalid, Myriam Solal, 1998.
- *Les deux vies d'Etienne Dinet peintre en islam* de F. Pouillon, Balland, 1998. *Etienne Dinet* de Denise Brahimi et Koudir Benchikou, ACR.
- *Les artistes de l'Algérie, dictionnaire des peintres, sculpteurs, graveurs, 1830-1962* de Elisabeth Cazenave, Bernard Giovanangeli (Association Abd-el-Tif, 2001) ainsi que *La Villa Abd-el-Tif, un demi-siècle de vie artistique en Algérie 1907-1962*.
- *L'Algérie et les peintres orientalistes*, Victor Barrucand (réédition de l'ouvrage de 1930, Editions du Tell, 2004 - www.editions-du-tell.com).

Tatouage

Il a aujourd'hui perdu sa signification initiale : loin d'être un signe d'identification tribale ou un insigne magique, il est devenu purement décoratif. Il est pratiqué – par infiltration d'aiguilles ou, plus fréquemment, par simple dessin – lors des fêtes religieuses ou des cérémonies familiales. Les tatouages les plus courants se font sur les mains, les pieds ou le visage et représentent des zelliges ou des résilles noires qui font ressortir la blancheur de la peau. Ils ont toujours des formes géométriques, et ne sont jamais des scènes de la vie quotidienne ou des représentations animales, conformément à l'islam. Pratiqués à l'aide du harqus, bâtonnet imprégné de cendres de charbon de bois et d'épices, ces tatouages ne durent que le temps d'une fête avant de s'écailler comme n'importe quel maquillage.

TRADITIONS

Fantasia

La fantasia, devenue rare mais toujours organisée du côté de Tiaret, est un spectacle au cours duquel des cavaliers, vêtus de leurs plus beaux atours, mènent une charge héroïque, montés sur leurs fidèles destriers (eux-mêmes parés de harnais somptueux et de décorations multicolores), accompagnés des youyous des femmes de l'assistance et de l'odeur de poudre que répandent les moukkalas, ces longs fusils incrustés de pierreries qu'on tire vers le ciel (baroud)… On peut assister à une fantasia au cours d'un moussem.

Festivités

Voici une liste de quelques festivals, rendez-vous culturels importants, foires et fêtes locales folkloriques et touristiques qui mettent en valeur le patrimoine culturel des régions.
A noter également qu'en 2015, la ville de Constantine accueillera l'événement « Constantine, capitale de la culture islamique ».

Un site utile : toutes les informations sur les événements culturels en Algérie sont régulièrement mises à jour sur : www.kherdja.com

Janvier

FESTIVAL DU FILM EUROPÉEN
Cinémathèque Mohamed Zinet
ALGER
Fin janvier.
Ce festival débute chaque année fin janvier et dure une dizaine de jours. L'événement vise à promouvoir la culture européenne à travers la participation de réalisateurs représentant les 18 Etats membres de l'Union européenne. Films, concerts, spectacles, expositions...

YENNAYER
ALGER
Nouvel An berbère. Il est fêté le premier jour du calendrier agraire utilisé par les Berbères correspondant ainsi au 1er de l'an du calendrier julien et donc au 14 janvier (calendrier grégorien).

Mars

FÊTE DE LA DATTE
TOUGGOURT
En mars, parfois en avril.
Fête de la datte en mars ou avril durant la période de fécondation du palmier-dattier. Courses de chameaux.

Mai

FOIRE INTERNATIONALE D'ALGER
Pins Maritimes
Safex-Palais des expositions
ALGER
fia.safex.dz
Fin mai, début juin.
Manifestation économique et commerciale d'envergure internationale réunissant pendant une semaine environ 250 exposants algériens et une trentaine de firmes étrangères dans les secteurs de l'industrie, du bâtiment, de la mécanique, des services, de l'énergie, de l'agroalimentaire...

SITEV – SALON INTERNATIONAL DU TOURISME ET DES VOYAGES
Safex-Palais des expositions, Pins-Maritimes
ALGER
Courant du mois de mai.
Le salon vise, par la présence de professionnels du tourisme de plusieurs régions d'Algérie et de l'étranger, à promouvoir le tourisme algérien qui reste encore focalisé sur les régions sahariennes. Conférences, exposants, animations...

Juillet

FESTIVAL NATIONAL DE LA CHANSON CHAÂBI
Riad El Feth
ALGER
www.festivalchaabialgerie.com
Début juillet.
Concerts de musique chaâbi dans le cadre d'une compétition musicale réunissant une trentaine de candidats originaires de différentes régions d'Algérie.

FÊTE DE L'INDÉPENDANCE
ALGER
Le 5 juillet.
Le 50e anniversaire de l'indépendance a eu lieu en 2012.

Août

FESTIVAL CULTUREL INTERNATIONAL DE LA MUSIQUE DIWAN
ALGER
www.festival-alger-diwan.com
contact@festival-alger-diwan.com
Tous les ans au mois d'août, durant la première quinzaine.
Ce festival se veut cette passerelle qui s'étend du Nord au Sud et d'Est en Ouest, sur des cultures musicales provenant du monde entier. Nombreux concerts d'artistes algériens, maghrébins, africains...

FESTIVAL INTERNATIONAL DE DJEMILA
DJEMILA – CUICUL
www.festival-djemila.org
Mi-août.
Festival international de la chanson arabe avec une grande panoplie de chanteurs algériens.

FESTIVAL INTERNATIONAL DES DANSES POPULAIRES DE SIDI BEL ABBES
Début août.
Ce festival, qui a fêté ses 10 ans en 2014, présente les danses populaires de l'Algérie mais aussi d'une dizaine de pays au travers de différents spectacles de danse.

FESTIVAL NATIONAL DU THÉÂTRE PROFESSIONNEL D'ALGER
Théâtre National Algérien
De fin août à début septembre.
Représentations théâtrales de pièces d'auteurs algériens. Rencontres, débats.

Septembre

FESTIVAL INTERNATIONAL DE LA BANDE DESSINÉE
Esplanade Riad El Feth
ALGER
www.bdalger.net
Fin septembre.
Institué depuis 2008, le FIBDA tente de faire vivre ou revivre le 9e art. Expositions, conférences, ateliers de formation, concours, ventes-dédicaces...

RENCONTRES CINÉMATOGRAPHIQUES DE BEJAÏA
Cinémathèque de Bejaïa
BEJAÏA
Début septembre.
Projection de films, documentaires et courts-métrages algériens.

Octobre

FESTIVAL INTERNATIONAL DU MALOUF
CONSTANTINE
Début octobre.
Chaque année, au mois d'octobre, un festival de la chanson arabo-andalouse est organisé à Constantine. Les apparitions du Cheikh Mohamed Tahar El-Fargani, maître incontesté de la chanson arabo-andalouse, restent un moment fort de cette manifestation.

SILA – SALON INTERNATIONAL DU LIVRE D'ALGER
Pins Maritimes
Complexe olympique Mohamed Boudiaf
Dély-Brahim
ALGER
www.sila-dz.com
Fin octobre.
Le salon du livre a pris beaucoup d'importance et de prestige depuis sa première édition en 1995. Si les conférences touchent à des thèmes toujours plus intéressants (l'enfance dans la littérature, la littérature post-exil, le devenir de la littérature en langue française, etc.), le salon est également l'occasion de se rendre compte des difficultés du secteur de l'édition en Algérie.

Novembre

FESTIVAL INTERNATIONAL ABALESSA
ABALESSA
Mi-novembre.
Une semaine de manifestations folkloriques. La figure mythique de Tin-Hinan, reine des Touareg, est célébrée.

FÊTE NATIONALE
ALGER
Le 1er novembre.
Cette journée commémore le déclenchement de l'insurrection par le FLN le 1er novembre 1954.

MARATHON INTERNATIONAL D'ALGER
ALGER
Début novembre.
Marathon organisé par l'EURL Sport Events International (marathon, semi-marathon, 10 km).

Décembre

FESTIVAL INTERNATIONAL DE MUSIQUE ANDALOUSE ET DES MUSIQUES ANCIENNES
Salle Ibn-Zeydoun, Riadh El-Feh
ALGER
Fin décembre.
Important festival réunissant des artistes et des ensembles musicaux algériens et étrangers pour des concerts de musique andalouse et de musiques anciennes (rebétiko, fado de Coimbra, musique de chambre Renaissance, etc.), des master class et des hommages.

Cuisine algérienne

Dans un pays méditerranéen avant tout, la cuisine algérienne a intégré un ensemble d'influences – cuisine berbère, touches de cuisines méditerranéenne et juive, cuisine aux parfums ottomans, quelques accents de cuisines espagnole et française – qui font qu'à la première bouchée, on croit la connaître sur le bout de la langue. Si elle ressemble beaucoup à celle qu'on goûte au Maroc ou en Tunisie, la cuisine algérienne se caractérise par l'usage sans retenue d'herbes et de condiments qui lui donnent toute sa saveur.

Mais chaque région, chaque famille, a sa spécialité originale ou dérivée d'une base commune aux quatre coins du pays, ainsi le couscous aux fèves dans l'Algérois, le couscous d'orge (d'chich ou belboula) à Jijel, des préparations un peu plus relevées dans la région d'Annaba et dans les Aurès, la soupe au blé vert dans le sud, etc.

Au quotidien, les repas consistent en un seul service. La viande étant onéreuse, les plats de base sont souvent, outre des crudités, des ragoûts de légumes longuement mijotés, quelquefois agrémentés d'une minuscule portion de viande – pour le goût ! A proximité de la côte, on mange du poisson abordable (sardines, maquereaux, anchois…) et quelquefois des fruits de mer.

La corbeille de pain est toujours très généreusement remplie, sans doute pour « caler » les grands estomacs. Sous toutes ses formes (pain, couscous, galettes, pâtes, blé concassé…), le blé revient d'ailleurs souvent sur la table agrémenté de légumes (carottes, choux, aubergines, courgettes, fenouil, blettes, fèves, haricots verts, tomates…) ou en alternance avec des légumes secs (pois chiches, lentilles, pois cassés, haricots kabyles à œil noir, etc.).

Dans un pays où les chèvres sont si nombreuses, on produit étonnamment peu de fromages. En dehors du fromage fondu représenté par une vache dans tous ses états et du fromage d'origine hollandaise, on en consomme très peu et, presque toujours importé, il est hors de prix voire introuvable. Le dessert peut être un fruit mais il se résume souvent au thé qu'on boit un peu plus tard.

Echappant à cette frugalité, les repas « de fête » comme les dîners du ramadan sont copieux.

Mieux vaut commencer doucement, on vous en voudrait, même au restaurant, de ne pas finir votre assiette et on trouvera que vous ne mangez jamais assez. Fête autant que spectacle, d'innombrables plats, dont le premier est une soupe (chorba), se succèdent, accompagnés de parfums et de couleurs qui suffiraient à rassasier.

En famille ou entre amis, on se sert avec les doigts dans le plat posé au centre de la table en s'aidant d'une boulette de couscous ou de riz ou d'un morceau de pain mais, rassurez-vous, il y aura toujours une fourchette !

La production viticole

PRODUITS CARACTÉRISTIQUES

Les épices et les herbes

Les épices que l'on trouve en Algérie ne sont pas très relevées. On les achète au détail au souk et il est conseillé de les conserver dans un pot hermétique, plutôt en verre, afin de conserver leur parfum puissamment évocateur. On y trouve coriandre, cumin, clou de girofle, curry, poivre, safran, gingembre, cannelle mais aussi du musc, du henné ou du rassoul. Le ras el hanout, dont le nom signifie « la tête de la boutique », est un savant mélange d'épices : il en faut des dizaines pour obtenir le fameux arôme qui le caractérise. Indispensable, le ras el hanout est un échauffant puissant. La tunisienne harissa, une pâte à base de piments séchés, fait partie des habitudes culinaires du pays.

En plus des condiments mentionnés ci-dessous, on continue à utiliser des herbes qu'on collecte soi-même comme la menthe sauvage (*fliou*). Nombre d'Algériens vivant à la campagne ont appris à les reconnaître et les utiliser.

Avant d'acheter des épices ou des herbes, faites-vous expliquer leurs vertus autres que culinaires. Il en est qui font maigrir, dormir, séduire ou tout simplement digérer !

- **Basilic.** Les feuilles fraîches sont surtout utilisées dans le centre et l'ouest.
- **Cannelle.** On utilise surtout l'écorce non moulue, en association aux clous de girofle dont elle tempère la force.
- **Clou de girofle.** Le bouton floral séché du giroflier est utilisé en cours de cuisson.
- **Coriandre ou persil arabe.** Les feuilles fraîches de l'ombellifère agrémentent les chorbas, les salades et la viande. La graine moulue entre dans la cuisine avant la cuisson.
- **Cumin.** Idéal avec les légumes secs.
- **Eau de fleur d'oranger.** Avec du miel dans les desserts ou le café.
- **Fenouil.** En poudre en Kabylie.
- **Laurier.** On ajoute une feuille de *Laurus nobilis* en cours de cuisson dans les plats qui mijotent.
- **Menthe.** En dehors du thé, ses feuilles sont quelquefois utilisées en cuisine.
- **Muscade.** On râpe cette amande, noyau du fruit du muscadier, dans les préparations « blanches » et certains desserts.
- **Paprika.** Pour les préparations « rouges ».
- **Persil.** Très commun.
- **Poivre.** Dans tous les plats salés et quelquefois dans le café dont il corse le goût.
- **Safran.** Il colore les pâtes ou les plats de viande mais il est souvent remplacé par du curcuma, moins onéreux.
- **Sésame.** Sur les pains ou les galettes (comme les grains de nigelle) et dans les pâtisseries.
- **Chehma.** Graisse et viande de mouton séchée et conservée pour l'hiver.
- **Beurre de chèvre.** Utilisé dans le sud, il se prépare et s'utilise un peu comme le ghee indien.
- **Keddid.** Viande séchée, souvent de la viande d'un mouton tué lors de l'Aïd El-Kebir.
- **Olives.** Omniprésentes. Les meilleures, dit-on, viennent de Sig à l'est d'Oran.

Spécialités algériennes

- **Le couscous.** Son nom désigne d'abord la semoule de blé dur, autrefois roulée à la main, gonflée à la vapeur. Agrémenté de nombreuses manières dont la plus connue est le couscous sauce rouge, à base de tomate, de légumes, de viandes et d'épices communes à tout le Maghreb, c'est le roi de la gastronomie nord-africaine et il ne fait pas exception en Algérie où la garniture varie selon les régions. Les plus difficiles à cuisiner sont le couscous sauce blanche ou le couscous de poisson. Le couscous kabyle (amakfoul) ne contient pas de viande.

Clémentine

Ce fruit de nos hivers nordiques est né à Misserghin, maintenant dans la grande banlieue d'Oran, d'une greffe entre mandarinier et bigaradier dans le jardin de l'orphelinat dirigé par le père Clément. Son nom a été accepté en 1904 par la Société d'horticulture et, en saison, n'hésitez pas à en acheter sur les marchés : elles sont délicieuses !

Couscous.

La chorba. Il s'agit d'une soupe traditionnelle avec laquelle on rompt le jeûne du ramadan (f'tour). Elle est à base de viande de mouton, de légumes, d'herbes parfumées, d'épices et de tomates, mijotée à feu doux pendant plusieurs heures. On y ajoute au dernier moment une poignée de maktfah (vermicelle roulé à la main) ou de frik (grains de blé concassé, boulghour). Dans certaines variantes, on ajoute un jaune d'œuf, du persil plat, de la coriandre presque indispensable ou de la menthe, du citron... et de la harissa ! Dans le sud, on prépare une délicieuse chorba au blé vert. La hrira (ou harira) est une soupe de légumes moulinés épaissie au levain, au riz ou aux pois cassés qu'on prépare dans l'ouest du pays.

Le bourek. Les boureks sont des feuilletés confectionnés dans des feuilles de dioul farcies avec une préparation à base de purée de pommes de terre mais aussi avec du thon, des crevettes, des épinards, du poulet, de la viande hachée, etc., et pliées en forme de triangle, de carré ou roulées en cigares.

La tchektchouka. Plat traditionnel de l'est algérien (à ne pas confondre avec la chackchouka qui est une sorte de ratatouille avec des œufs) composé d'une kesra dense émiettée dans une sauce à la tomate, à la viande et aux pois chiches. C'est lourd, cela nécessite une longue préparation mais c'est délicieux ! La version de cette recette dans le désert est la taguella, une galette plus épaisse, cuite sous le sable recouvert de braise et le plus souvent accompagnée d'une sauce au mouton agrémentée de tomate et de légumes frais (oignons, pommes de terre, carottes, piment...) ou d'une sauce à base de beurre de chèvre. Les tridas ou la rechta algéroise, des pâtes maison à base de semoule fine et de farine, sont une variante de la tchektchouka.

Autres plats. Les viandes les plus consommées sont celle du poulet, du mouton et de l'agneau préparées en sauce, en boulettes, en tajine (mijotées), grillées ou rôties (méchoui). Quand c'est possible, on compense la cherté de la viande par des abats (foie, cervelle, tripes, langue, cœur...) qu'on mange grillés en brochette.
La calentica oranaise, calentita ou encore garantita à Alger, est une galette moelleuse épaisse, un flan, à base de farine de pois chiches. Vendue dans la rue et très consommée à la pause déjeuner, son nom viendrait de l'espagnol caliente qui signifie « chaud ».

La pâtisserie est très prisée, surtout au cours du ramadan pendant lequel on ne trouve pratiquement que ça dans les échoppes, d'autant que chaque région voire chaque ville possède de délicieuses spécialités à base de semoule ou de farine où dominent le miel, la fleur d'oranger et les amandes, les dattes ou les cacahuètes. On n'hésitera pas à déguster quelques baklawa, makrout, griouech (beignets rectangulaires au miel et au sésame), samsa (triangle farci à la pâte d'amandes), z'labiya (beignet spiralé très gras) ou de délicieuses cornes de gazelles, à moins de craquer sur les succulentes crêpes de semoule au sirop de miel et à l'eau de fleur d'oranger (beghrir à Alger ou ghrayef à Jijel), accompagnées d'un thé à la menthe ou d'un petit kahwa.

Le pain. Très important dans l'alimentation algérienne, le pain est consommé sous diverses formes (rond ou en baguette), de semoule ou de farine, avec ou sans levure, pains secs ou briochés, garnis de graines odorantes (anis, sésame...). Les pains algériens sont savoureux et méritent qu'on les teste.
La kesra (*aghroum tajine* en kabyle) est une délicieuse galette de semoule de blé ou d'orge, ronde et plate, fine et dense ou épaisse et gonflée et consommée comme pain ou émiettée dans une sauce. Cuite dans le sable chaud du foyer, c'est la taguella des Touareg.

Boissons

Leben ou l'ben. Lait fermenté, traditionnellement dans une outre en peau de bouc, aujourd'hui en briques. Rafraîchissant en été.

Eau. « C'est de l'eau que vient toute vie », dit le Coran. Dans les grandes villes, l'eau du robinet peut se boire à condition de tolérer les goûts la caractérisant. Dans les sources des villages et des oasis, l'eau est meilleure au goût, mais peut être à l'origine de troubles intestinaux... On trouve partout des bouteilles d'eau minérale (qu'on appelle généralement Saïda) souvent de marque Ifri, El-Goléa ou Lalla Khadidja, qui sont presque devenues des noms génériques.

Jus de fruits et sodas (gazouz). Il existe une quantité de jus de fruits. Les plus connus étant Toudja et Ifri ou N'Gaous et Orangina, pétillants. Quant aux sodas, on trouve, comme partout, Coca-Cola, Pepsi ou Fanta de toutes les couleurs, mais qui ne détrônent pas pour autant les marques locales, comme le fameux Hamoud Boualem (Selecto à goûter pour l'expérience ou Slim).

Café. Pas de café turc mais un café expresso un peu fort – c'est presque toujours du robusta –, souvent servi dans un verre et avec du lait (noss-noss, « moitié-moitié »). Introduit par les Turcs, le café maure traditionnel était une salle rectangulaire avec des bat-flancs garnis de nattes et au fond de laquelle se trouvait le fourneau. Là, dans la braise et les cendres brûlantes, le barman de l'époque préparait un délicieux café, plus ou moins sucré et à la cardamome. A l'extérieur, de chaque côté de la porte, des banquettes permettaient aux consommateurs assis à la turque de jouir du mouvement de la rue, en fumant le narguilé. Comme dans la plupart des pays méditerranéens, les cafés sont au centre de la vie sociale et plutôt fréquentés par les hommes. On y sert principalement du café, du thé, des boissons non alcoolisées et, quand la nuit avance, des infusions de verveine.

Thé. On consomme essentiellement du thé vert. Dans le nord, on boit le thé « algérois », doux et sucré, « rincé » pour en ôter l'amertume et parfumé de menthe. Dans le désert, le thé « cuit » longuement sur la braise dans des théières de métal coloré (bleues, rouges ou vertes). On sert traditionnellement trois thés et on dit assez justement que le premier est fort comme la mort, le second, sucré et parfois agrémenté de menthe, doux comme l'amour, et le dernier, léger comme la vie. Si l'amertume du premier thé vous rebute, dites-le franchement ou prétextez un estomac fragile...

Cafés et bars. S'il est devenu facile de trouver des bars où l'on sert de l'alcool à Alger, il en va autrement dans d'autres villes et a fortiori à l'intérieur du pays. Les bars (les bars d'hôtels surtout, ndlr) sont certes des lieux de convivialité mais aussi et surtout des lieux où les clients viennent pour s'enivrer ou pour oublier et il n'est pas rare d'y croiser quelques femmes. En revanche, dans les cafés arabes, aucune femme et les clients consomment uniquement du café et du jus de fruits.

Thé à la menthe

Tout simplement incontournable, le thé à la menthe c'est toute une cérémonie qui obéit à des règles bien précises. La préparation d'abord : dans une théière rincée à l'eau bouillante, faire infuser quelques secondes 2 cuillères à café de thé (vert de Chine, type gunpowder) puis jeter le liquide. Ajouter un bouquet de menthe fraîche lavée et froissée et, par-dessus, soit des fragments de pain de sucre concassé, soit une douzaine de morceaux de sucre sur lesquels on verse de l'eau bouillante jusqu'à ce que la théière soit pleine. Laisser infuser quelques minutes avant de s'assurer de l'homogénéité de la préparation en remplissant un verre à thé, puis en reversant son contenu dans la théière. Répéter l'opération au moins trois fois. Après quoi, on sert le thé en le versant d'assez haut afin de l'aérer. Un thé réussi doit mousser. La dégustation obéit à quelques règles : ne remplissez votre verre qu'aux deux tiers pour éviter de vous brûler ; si votre thé est trop chaud, ne soufflez jamais dessus mais buvez en aspirant fortement. Vous émettrez alors un bruit que vos hôtes considéreront comme l'expression de votre satisfaction. Ne refusez pas un second verre, ce n'est qu'après le troisième que vous pourrez décliner l'offre sans vous montrer impoli.

Alcool. En novembre 2003, le parlement algérien a voté l'interdiction d'importer de l'alcool. Ce qui a été présenté comme une victoire des islamistes n'est peut-être qu'une façon de privilégier la production locale et inquiète assez peu les Algériens consommateurs qui savent que les boissons alcoolisées arriveront par d'autres voies... Et à en croire les monceaux de canettes de bière – 17 marques sont produites nationalement – qu'on retrouve un peu partout, les Algériens sont de grands consommateurs malgré l'interdit religieux. Selon un étude récente, les Algériens seraient même les plus grands consommateurs d'alcool en Afrique.

Avant 1962, on produisait en Algérie une anisette commercialisée sous divers noms, comme Cristal Anis à Alger, née de l'initiative de deux frères espagnols. On en consomme encore de ce côté sud de la Méditerranée. L'Amer Picon, un apéritif à base d'écorces d'orange, de gentiane et de quinquina, est également né ici, à Skikda (Philippeville).

Vin. Apportée vraisemblablement par les Phéniciens, la vigne a très tôt été cultivée en Algérie pour la table ou pour l'élaboration de vins, notamment par les Romains, mais c'est avec la colonisation française qui a introduit de nouveaux cépages provenant du sud de la France et d'Espagne et de nouvelles méthodes de vinification que la production a pu atteindre la qualité qu'on lui reconnaît encore aujourd'hui. Vers 1950, le vignoble algérien dit « de cuve » couvre près de 400 000 ha et la région, ou plutôt la famille Borgeaud qui détient le quasi-monopole, exporte 20 millions d'hectolitres, soit près de 50 % des exportations, ce qui ne manque pas d'inquiéter les viticulteurs métropolitains. Après l'Indépendance, la culture a continué mais la consommation jusque-là limitée aux Européens et une politique de reconversion qui voulait limiter le vignoble aux coteaux et aux montagnes pour favoriser une production de qualité a entraîné l'arrachage de milliers d'hectares de vigne, principalement dans la Mitidja. Depuis quelques années, c'est la production de vins issus de la culture biologique qui promet de nouveaux débouchés, caractérisés par l'intensité de leur couleur, une richesse en alcool et en extrait sec ainsi que par une diversité d'arômes. On dénombre sept AOG (Appellation d'origine garantie), définies en 1970 : -Oranais (3/4 de la production) : Coteaux de Mascara, très colorés et charnus, parmi les meilleurs du paysCoteaux de Tlemcen, robustesDahra, très alcoolisés-Monts du Tessalah, dans la région de Sidi-Bel-Abbès-Algérois (1/4) : Aïn-Bessem-Bouïra, amples et généreuxCoteaux du Zaccar, peu fruitésMédéa, vigoureux mais souplesOn peut également goûter le gris d'Algérie à la saveur douce et à la texture tendre et désaltérante. La fameuse Cuvée du Président résulte d'un assemblage de terroirs et de millésimes.

RECETTES

Couscous (seksu en berbère)

Ingrédients pour 4 à 6 personnes : 1 kg de viande de mouton, 300 g de pois chiche (trempés dans l'eau depuis la veille), 2 oignons, 2 tomates épluchées (plonger les tomates dans l'eau bouillante pour enlever la peau plus facilement), 2 cuillères à soupe de concentré de tomate, 1/2 cuillère à café de poivre, 1 cuillère à soupe de sel, 3 cuillères à soupe d'huile, 1 cuillère à café de tabel (assaisonnement pour la viande), 2 courgettes, 4 navets, 2 pommes de terre, 1 kg de couscous fin, 4 carottes, 1 cuillère à café de harissa.

Préparation. Dans la grande marmite du couscoussier, faire mijoter pendant 10 minutes les morceaux de viande avec les 3 cuillères à soupe d'huile, les 2 oignons coupés fin, le sel, le poivre, le cumin, le tabel, les 2 tomates broyées et le concentré de tomate. Eplucher les carottes et les ajouter à la préparation (les puristes ôtent le cœur de la carotte) en même temps que 2 litres d'eau. Laisser bouillir à feu moyen. Rincer le couscous sous l'eau froide jusqu'à ce qu'il soit mouillé. Le travailler ensuite avec les mains pour qu'il absorbe bien l'eau. Ajouter un peu d'huile pour bien séparer les grains. Mettre le couscous dans la partie supérieure du couscoussier et laisser cuire 1 heure à la vapeur produite par la cuisson du mélange précédent. Ajouter dans la partie inférieure les navets, les courgettes et les pommes de terre épluchés. Quand le couscous est cuit et tendre, le travailler dans un grand plat (kasaa) avec un peu d'eau salée et de l'huile d'olive avant de le remettre à cuire. Ajouter 200 g de pois chiche au ragoût. Faire cuire encore 5 minutes. Servir le couscous sur lequel on aura déposé la viande et les légumes, et la sauce dans un plat séparé.

Dans le sud, le reconstituant tagdourt des caravanes est confectionné à partir de semoule grillée, de dattes, de beurre fondu ou de lait de chèvre caillé, séché et pilé.

Chorba

Ingrédients pour 6 personnes : 250 g de viande de mouton ou de veau, 1 cuillère à café de concentré de tomates dilué, 3 tomates, 1 oignon, 1/2 cuillère à soupe de poivre rouge, 1/2 cuillère à café de cannelle, 1 verre de frik, 1 bouquet de coriandre, 1 cuillère à café de menthe séchée, 2 cuillères à soupe d'huile, sel, poivre.

Préparation. Couper la viande en dés et disposer ceux-ci dans une cocotte. Ajouter l'oignon râpé, la coriandre hachée, le sel, le poivre noir, le poivre rouge, la cannelle et l'huile. Faire revenir pendant quelques minutes dans un 1/2 verre d'eau. Ajouter les tomates réduites en purée et le concentré de tomates et laisser revenir encore une dizaine de minutes en remuant. Ajouter 1,5 litre d'eau, couvrir et laisser cuire. A mi-cuisson de la viande, verser le frik dans le bouillon puis terminer la cuisson. Saupoudrer de coriandre hachée et de menthe séchée réduite en poudre et servir chaud avec des rondelles de citron.

Source : www.dziriya.net

Bourek

Les boureks sont des feuilletés confectionnés dans des feuilles de dioul farcies avec une préparation à base de purée de pommes de terre mais aussi avec du thon, des crevettes, des épinards, du poulet, de la viande hachée, etc., et pliées en forme de triangle, de carré ou roulées en cigares. Ils accompagnent généralement la chorba ou la harira lors des repas du ramadan.

Ingrédients : une douzaine de feuilles de dioul, 2 œufs et 1 blanc d'œuf, 125 g de purée de pommes de terre, 3 gousses d'ail, olives noires, persil, emmental râpé, sel et poivre, huile pour la friture. Ajouter à la purée les olives dénoyautées coupées en morceaux, le persil et l'ail haché et les œufs battus en omelette. Placer 2 cuillères à soupe de farce au centre d'une feuille de brick et rabattre les côtés de la feuille selon la forme souhaitée. Badigeonner chaque bourek de blanc d'œuf pour le faire tenir puis les faire frire dans une poêle, en les retournant, jusqu'à ce qu'ils soient bien dorés.

Recette au thon. Ingrédients pour 4 personnes : 4 paquets de feuilles de brick (rayon frais), 500 g de thon, 1/2 tasse de feuilles de coriandre, 1 gousse d'ail, 1 cuillère à café de cumin, 1 cuillère à café de paprika, 3 feuilles de laurier, 3 ou 4 clous de girofle, 2 cuillères à soupe d'huile, 1/2 cuillère à café de sel, 1 blanc d'œuf. Faire revenir le thon dans 2 ou 3 tasses d'eau avec le sel, les clous de girofle, les feuilles de laurier et l'huile. Egoutter puis hacher en incorporant la coriandre et l'ail. Ajouter le cumin et le paprika. Bien mélanger le tout. Etaler une feuille de brick et déposer 2 cuillères à soupe de la farce à 5 cm d'un bord. Plier l'extrémité de la feuille sur la farce et rouler en forme de cigare de 10 cm environ dont on colle l'extrémité avec du blanc d'œuf. Faire frire les cigares dans une poêle jusqu'à ce qu'ils soient bien dorés.

Kalb ellouz

Ingrédients : 500 g de grosse semoule, 2 x 200 g de sucre, 100 g d'amandes en poudre, beurre, eau de fleur d'oranger, amandes émondées, 500 ml d'eau.

Préparation : mélanger la poudre d'amandes à 3 cuillères à soupe de sucre et d'eau de fleur d'oranger. Mélanger la semoule au beurre, au reste du sucre et à un peu d'eau de fleur d'oranger pour former une pâte friable et légère. Verser la moitié de la pâte au fond d'un plat beurré, recouvrir d'une couche de poudre d'amandes et finir par une couche de semoule. Après 20 minutes de cuisson à four moyen, retirer et découper des losanges à décorer d'une amande. Remettre au four pendant 20 minutes. Préparer un sirop avec l'eau, 200 g de sucre et un peu d'eau de fleur d'oranger. Quand le gâteau a pris une belle teinte dorée, le sortir du four et l'arroser copieusement du sirop jusqu'à complète absorption. Cette délicieuse pâtisserie fondante est servie tiède à tout moment pendant les longues soirées de ramadan.

Kesra

Ingrédients pour une galette : 250 g de semoule de préférence fine, 1 cuillère à soupe d'huile, sel, eau.

Préparation : mélanger et pétrir la semoule, le sel et l'huile en ajoutant au fur et à mesure 1 verre d'eau jusqu'à obtenir une pâte ferme et lisse. Abaisser la boule de pâte en une galette d'un demi-centimètre d'épaisseur qu'on pique avec une fourchette. Faire cuire un côté puis l'autre dans une crêpière en veillant à l'empêcher d'accrocher en la déplaçant de temps en temps. La kesra est meilleure très fraîche, tiède ou froide, et peut être consommée comme du pain.

Jeux, loisirs et sports

DISCIPLINES NATIONALES

Football

C'est le sport roi. Il est inscrit dans l'ADN des Algériens. Avant même d'être un Etat indépendant (1962), l'Algérie avait une équipe nationale de fooball. En 1958, plusieurs joueurs autour de la grande star Rachid Mekhloufi fondent en effet une équipe sous l'égide du Front de Libération Nationale (FLN). Ce onze de l'indépendance réalise une tournée mondiale d'environ quatre-vingts rencontres, notamment en Europe, en Asie et en Afrique pour internationaliser la cause algérienne. Dans ce pays, tout est prétexte pour jouer au football : les terrains vagues, la rue, la plage... Le ballon est partout, et il a enfanté des artistes qui ont brillé sur la scène mondiale. Au Mondial 1982, Les Fennecs, surnom de la sélection, ont terrassé la RFA (2-1), alors championne d'Europe en titre. En 1990, Rabah Madjer et ses coéquipiers remportent la Coupe d'Afrique des Nations (CAN) dans l'immense stade du 5-Juillet-1962 à Alger. Sevrés d'émotions footballistiques, en raison de la situation sécuritaire du pays dans les années 1990, les Fennecs retrouvent le Mondial en 2010 aux cris du fameux chant devenu incontournable : « one, two, three, viva l'Algérie ! ». Au Brésil, quatre ans plus tard, *El-Khedra* (La Verte, nom estampillé de la sélection), atteint les huitièmes de finale de la Coupe du monde. Le talent de ses joueurs, son abnégation, et la ferveur qu'elle procure sont salués par toute la planète football.

Football : Entretien avec Nabil Djellit, journaliste à France Football, spécialisé dans le football maghrébin

Qu'est-ce que représente le football en Algérie ?

L'Algérie est un grand pays de football. C'est dans le sang, ça ne s'explique pas. Je suis souvent tenté de dire qu'il y a deux religions dans ce pays. L'Islam, la religion officielle, et le football, la religion officieuse. Les Algériens sont les champions du monde de la passion autour du ballon rond.

Quels sont les grands clubs du pays ?

Il y a la JS Kabylie. C'est le club le plus titré du pays, et un phare identitaire pour toute une région. Le MC Alger est celui qui draine le plus de monde. L'ES Sétif, le MC Oran et l'USM Alger sont les clubs majeurs. Comme en Angleterre ou à Marseille, toutes les équipes ont un rôle social pour les villes et les régions.

L'Algérie a brillé au Mondial au Brésil. Quel est le style de football de ce pays ?

A l'image de Zinédine Zidane, les Algériens sont d'extraordinaires manieurs de ballons. Ils sont techniques, vifs et doués. Mais plus que les autres pays de la région, ils sont habités d'une « grinta », d'un sentiment patriotique fort qui leur donne une âme supplémentaire.

Quels sont les grands joueurs qui ont marqué l'histoire du football algérien ?

Je pense à toute l'équipe du FLN autour de Mekhloufi ou Zitouni. La fantastique équipe de 1982 qui a battu l'Allemagne avec Madjer, Assad, ou Belloumi. Il y a évidemment l'épopée de 2014 où les Slimani, Brahimi, Bougherra ou Feghouli ont été brillants lors de leur parcours.

Enfants du pays

LITTÉRATURE

Les précurseurs

Taos Amrouche

La sœur de Jean Amrouche et la fille de Fadhma Aït Mansour Amrouche, qui a écrit *Histoire de ma vie*, est née en 1913 à Tunis. Romancière algérienne de langue française, elle a défendu tout au long de sa vie la culture amazigh. Ses romans sont souvent l'expression de sa recherche d'identité, déchirée entre les deux cultures et deux religions, et l'exil forcé. Elle a publié *Jacinthe noire* (1947), *Rue des tambourins* (1960), *Solitude ma mère*, *Le Grain magique* (1966) et *L'Amant imaginaire* (1966). Egalement interprète de chansons kabyles qu'elle a collectées, elle est morte en 1976.

Albert Camus

Le prix Nobel de littérature 1957 est né en 1913 à Mondovi en Algérie. Orphelin de père, il passe son enfance dans le quartier algérois de Belcourt avec sa mère, femme de ménage. Au lycée Bugeaud, il découvre la philosophie qu'il décide de continuer à étudier. Au début des années 1930, il écrit avec des amis *Révolte dans les Asturies,* une pièce de théâtre interdite.

En 1938, il entre comme journaliste au journal du parti communiste et à *Alger républicain*. Pendant la Seconde Guerre mondiale, il choisit la résistance à l'occupant nazi et publie, en 1942, *L'Etranger* et *le Mythe de Sisyphe* grâce à Jean Paulhan (Gallimard).

En 1943, Albert Camus rencontre Jean-Paul Sartre et entre au journal *Combat*. Au début de la guerre d'Algérie, alors qu'il a déjà publié dans ce journal plusieurs chroniques (*Chroniques algériennes 1939-1958*, Gallimard, Folio) démontrant combien sa situation est difficile entre attachement à son pays dont il reconnaît la souffrance et convictions politiques, il décide de ne plus s'exprimer sur le sujet.

En 1956, il publie *La Chute*, un livre pessimiste. Il est mort en 1960 dans un accident de voiture. A découvrir, entre autres, *Noces* (1939), *Caligula* (1944, théâtre), *La Peste* (1947), *Les Justes* (1950, théâtre), *L'Homme Révolté* (1951, essai). Dans le cadre de la célébration du 50e anniversaire de sa disparition en 2010, le président de la République Nicolas Sarkozy souhaitait que sa dépouille soit transférée au Panthéon, mais le projet a été compromis suite au refus de Jean Camus, son fils.

A lire : *Camus à Oran,* d'Abdelkader Djemaï (Michalon, 1995), *Les Derniers jours de la vie de Camus*, de José Lenzini (Coédition Barzakh – Actes Sud, 2009).

Edmond Charlot

Le grand homme de lettres qui n'a pourtant pas écrit est né en 1915 à Alger dans une famille installée en Algérie depuis 1830. Au lycée Bugeaud, il rencontre Albert Camus et Jean Grenier, un professeur de philosophie qui l'encourage à créer une librairie-maison d'édition-galerie qui porte le nom d'un roman de Giono (*Les vraies richesses*). Il publie très rapidement les premières œuvres de Camus, René-Jean Clot, Max-Pol Fouchet, Jean Grenier, Roblès, Jules Roy ou Federico Garcia Lorca et défend la « nouvelle culture méditerranéenne ».

C'est pendant la Seconde Guerre mondiale que sa maison d'édition prend véritablement de l'ampleur parce qu'elle est la seule à pouvoir publier les œuvres de Gide, Kessel ou Vercors.

Après la Libération, il fonde à Paris une autre maison d'édition et publie Jean Amrouche, Jules Roy, Henri Bosco ou, moins méditerranéenne, Virginia Woolf. Mais dans les années 1950, il fait faillite et retourne à Alger où il fonde Rivages tout en travaillant pour Radio-Alger.

En 1980, après avoir dirigé le Centre culturel français d'Izmir (Turquie) puis celui de Tanger (Maroc), il s'installe à Pézenas (Hérault) et crée la librairie Le Haut Quartier (44, rue Conti 34120 Pézenas Tél : 04 67 98 27 41) et la bouquinerie Car Enfin (21, rue des Litanies 34120 Pézenas). Jules Roy disait de lui qu'il « *était comme la porte généreuse par laquelle on entrait dans le monde de l'esprit* ». Il meurt le 10 Avril 2004 à Béziers.

A lire : *Edmond Charlot, éditeur* par Michel Puche, préface de Jules Roy. Domens Editions, Pézenas, 1995.

Jean Amrouche

Né en 1906, l'écrivain kabyle chrétien fut l'un des précurseurs de la littérature algérienne de langue française. A lire : *Jean El-Mouhoub Amrouche, l'Algérien universel*, sa biographie par R. Le Baut chez Alteredit ; *Cendres* (1934) et *Etoile secrète* (1937), ses recueils de poèmes, mais aussi *Chants berbères de Kabylie* (1939) ou *L'Eternel Jugurtha* (1947). Tous ces livres sont réédités chez L'Harmattan.

Mouloud Feraoun

Assassiné par l'OAS en mars 1962, le romancier « *du terroir kabyle* » a été instituteur puis directeur d'école.

▸ **A lire** : *Le Fils du pauvre* (roman, 1950, Le Seuil, 1995), *La Terre et le sang* (roman, 1953, Le Seuil, 1998), *Jours de Kabylie* (récits, 1954, Le Seuil, 1968), *Les Chemins qui montent* (roman, Le Seuil, 1957), *Les Poèmes de Si Mohand* (poésie, Les Editions de Minuit, 1960), *L'Anniversaire* (textes divers, Le Seuil, 1989) ainsi que son journal (Le Seuil, 2001) et des essais, et *Mouloud Feraoun ou l'émergence d'une littérature* de Robert Elbaz et Martine Mathieu-Job, Karthala.

Mouloud Mammeri

Né en 1917 et mort en 1989, le romancier, poète, sociologue, anthropologue et linguiste est devenu le symbole de la culture amazigh à laquelle il consacre des premiers écrits dès 1938. A lire la trilogie *La Colline oubliée*, *Le Sommeil du juste* et *L'Opium et le Bâton* (Plon) ou *La Traversée* (Plon, 1982). Dans les années 1970, il a produit une grammaire kabyle qui consacre le tamaâmrit, une forme de transcription du berbère.

Emmanuel Roblès

Il est né en 1914 à Oran. Dans les années 1930, il rencontre Albert Camus et Edmond Charlot, l'éditeur algérois qui a permis la publication des écrivains algériens d'expression française, qui lui font rencontrer d'autres jeunes écrivains dont René-Jean Clot, Max-Pol Fouchet ou Fréminville. Avant la Seconde Guerre mondiale à laquelle il participe en tant que correspondant de guerre, il publie *L'Action* et *Travail d'homme* (Grand Prix littéraire d'Algérie et Prix populiste). Après la guerre, il travaille à Radio-Algérie et crée la revue littéraire *Forge*. En 1948, il obtient le prix Fémina pour *Les Hauteurs de la ville* et publie *Montserrat*, une pièce de théâtre qui rencontre le succès. Par la suite, il crée la collection « Méditerranées » au Seuil qui promeut, entre autres, Mouloud Feraoun ou Mohamed Dib. En 1952, Emmanuel Roblès, tout en étant reporter et conférencier, publie *Cela s'appelle l'aurore*, le premier tome d'une trilogie d'inspiration italienne. En 1973, comme couronnement d'une œuvre romanesque et théâtrale considérable, il est élu à l'académie Goncourt. Il est mort en 1995.

La littérature de la guerre

Kateb Yacine

Romancier, poète, dramaturge et chroniqueur, il est né en 1929 à Constantine. Alors qu'il est encore élève du lycée français, il participe à la manifestation du 8 mai 1945 à Sétif. Arrêté, il reste quatre mois en prison. Après un séjour en France, il revient en 1948 à Alger et entre au quotidien *Alger républicain* où il travaille jusqu'en 1951. De retour en France, il entame une série de voyages et publie un premier roman. Son roman le plus connu, *Nedjma* (Points roman, 1996), ne doit pas faire oublier ses chroniques regroupées dans *Minuit passé de douze heures* (Seuil, 1989) ou ses œuvres théâtrales, composées par souci de se faire comprendre par la majorité de ses compatriotes pas toujours formés à la littérature. Mais qu'ils soient journalistiques ou littéraires, ses textes sont tous soutenus par l'idée de résistance qui n'a jamais quitté l' « un des plus grands écrivains de ce siècle » jusqu'à sa mort en 1989, quelques mois après les émeutes d'octobre 1988 qui l'ont très profondément bouleversé. Autres écrits : *Le Cercle des représailles* (Le Seuil, 1959), *Le Polygone étoilé* (Le Seuil, 1966), *L'Homme aux sandales de caoutchouc* (Le Seuil, 1970), *L'Œuvre en fragments* (Sindbad, 1986). Théâtre en arabe dialectal algérien : *Mohamed prends ta valise* (1971), *Saout Ennisa* (1972), *La Guerre de 2 000 ans* (1974), *La Palestine trahie* (1972-1982). Kateb Yacine écrivait ses romans en français, langue qu'il considérait comme « *un butin de guerre* ».

A lire également, sa biographie par M. Benamar : *Kateb Yacine, un poète au cœur du monde*, Aden.

Malek Haddad

Le grand mais méconnu écrivain algérien d'expression française, traduit dans quatorze langues, est né en juillet 1927 à Constantine. Pour lui, le français qu'il vit comme un exil peut être un « *instrument qui exclut toute aliénation culturelle* » : « *Nous écrivons le français, nous n'écrivons pas en français* ». Entre 1954 et

1962, il collabore aux revues *Entretiens*, *Progrès*, *Confluents* et *Lettres françaises* et commence à écrire des romans. Après 1962, de retour à Constantine, il travaille avec l'hebdomadaire *Atlas* et la revue *Novembre* et crée la revue *Promesses* avant de prendre la direction de la culture au ministère de l'Information entre 1968 et 1972. En 1974, Malek Haddad devient secrétaire de la Nouvelle union des écrivains algériens et cesse d'écrire. Il est mort en juin 1978 à Alger. Parmi ses œuvres, difficiles à trouver aujourd'hui : *Le Malheur en danger* (poèmes, La Nef de Paris, 1956), *La Dernière Impression* (roman, Julliard, 1958), *Je t'offrirai une gazelle* (roman, 1959, réédition 10/18), *L'Elève et la Leçon* (roman, 1960, réédition 10/18), *Le Quai aux Fleurs ne répond plus* (roman, 1961, réédition 10/18), *Les Zéros tournent en rond* (essai, Maspéro, 1961), *Ecoute et je t'appelle* (poèmes, Maspéro, 1961) et quelques manuscrits inachevés.
A lire également sa biographie par Tahar Bekri : *Malek Haddad, l'œuvre romanesque*, 1986.

Jean Sénac

L'écrivain non-conformiste, « *poète, bâtard, pédéraste* », né en 1926 à Béni-Saf de père inconnu – ce qui marquera son œuvre – est revenu en Algérie après l'Indépendance pour, entre autres, devenir conseiller du ministre de l'Education nationale. Il est mort en 1973 dans des circonstances douteuses peut-être liées à sa vie affective tourmentée. A lire : *Jean Sénac, clandestin des deux rives* de Jamel-Eddine Bencheikh et Christiane Chaulet-Achour, Seguier, 1999 ; *Jean Sénac l'Algérien* de Nicole Tuccelli et Emile Temine, Autrement, 2003 ; *Albert Camus-Jean Sénac, correspondance 1947-1958*, Paris Méditerranée, 2004. Parmi son œuvre : *Visages d'Algérie, écrits sur l'art*, Paris Méditerranée, 2002 ; *Jean Sénac pour une terre possible*, poèmes et textes inédits, Marsa, 1999.
A Voir : *Le Soleil assassiné*, un film d'Abdelkrim Bahloul (2004) qui retrace la vie et le combat de Jean Sénac en Algérie dans les années post-indépendantes jusqu'à sa mort.

Jean Pélégri

Né en 1920, mort en septembre 2003. A lire dans le recueil *Algérie, un rêve de fraternité* (Omnibus), *Les Oliviers de la justice*, un magnifique récit très touchant publié en 1959 qui conte deux déchirements : la mort du père et l'abandon prévisible de la terre natale. En 1962, un film, dans lequel joue Pélégri, a été tiré de ce roman mais n'a jamais été diffusé en salle jusqu'en novembre 2004. A lire encore : *Les Etés perdus*, Le Seuil, 1999.

Jules Roy

Il est né en 1907 à Rovigo (Bougara) dans la Mitidja dans une famille de colons installés en Algérie depuis les débuts de la colonisation. Jeune homme, il entre au séminaire avant de choisir l'armée au sein de laquelle il participe aux premiers combats de la Seconde Guerre mondiale jusqu'à ce que la flotte se saborde dans la rade de Mers El-Kebir en 1940. Après le débarquement des Alliés en Afrique du Nord, il rallie Londres et s'engage dans la RAF. Il rompt définitivement avec l'armée en juin 1953, pendant la guerre d'Indochine, alors qu'il a déjà publié des textes où il exprime ses doutes et a rencontré Albert Camus. Pendant la guerre d'Algérie, il s'emploie à dénoncer la misère du peuple algérien et les méthodes militaires françaises mais c'est avec les six volumes des *Chevaux du soleil* (1967-1972, Grasset) qui racontent le parcours d'une famille de pieds-noirs qu'il trouve comment célébrer son pays. Retiré à Vézelay, haut lieu religieux, celui qui se disait « *déchiré entre le ciel et la terre* » est mort en juin 2000.

Littérature contemporaine

Azouz Begag

L'écrivain, sociologue, économiste et ex-secrétaire d'Etat à l'égalité des chances du gouvernement Villepin, s'est fait connaître par son roman *Le Gone du Châaba* (1986, réédité chez Seuil poche en 2004), le récit de l'enfance d'un enfant d'immigrés adapté au cinéma. Il est né à Villeurbanne en 1957. Son écriture colorée, parfois crue mais souvent drôle, se lit avec régal. A lire également : *Les Voleurs d'écriture* et *Les Tireurs d'étoiles* (Seuil jeunesse, 2002), *Béni ou le paradis privé* (Seuil poche, 2001), *Quand on est mort, c'est pour toute la vie* (Gallimard), *L'Intégration* (Cavalier bleu, essai), *Le Passeport* (Seuil, 2000) qui raconte la descente aux enfers de policiers algérois « spéciaux », *Le Marteau pique-cœur* (Seuil, 2004) ou *Un Train pour chez nous* avec Catherine Louis (Magnard, 2006) destiné aux enfants. En 2007, il publie *Un mouton dans la baignoire* (Fayard) dans lequel il revient sur sa participation, décevante, au gouvernement puis, en 2008, *La Guerre des Moutons*. Depuis septembre 2013, il dirige l'Institut culturel français à Lisbonne, mission qui devrait durer trois ans.

Maïssa Bey

Née en 1950 à Sidi-bel-Abbès où elle vit toujours, elle est notamment l'auteure de : *Entendez-vous... dans les montagnes* (Editions de l'Aube, 2002), *Au commencement était la mer* (Editions de l'Aube, 2003, d'abord publié par Littérature/Actions chez Marsa), *Nouvelles d'Algérie* (Grasset), *Cette fille-là* (Editions de l'Aube) et *Surtout ne te retourne pas* (Editions de l'Aube, 2005) qui revient sur le séisme de mai 2003. *Sous le jasmin la nuit* (Editions de l'Aube, 2006) est un recueil de onze magnifiques nouvelles. En 2007, le roman *Bleu, blanc, vert* (Points) relate le rejet du français après 1962. Dans *Pierre, Sang, Papier* ou *Cendre* (L'Aube, 2008), Maïssa Bey revient sur les 132 années de colonisation. En 2009, elle publie son autobiographie, *L'une et l'autre*, aux éditions de l'Aube. Son dernier roman, *Puisque mon cœur est mort*, publié en 2010 aux mêmes éditions, revient sur les douloureuses années post-terrorisme.

Anouar Benmalek

Né en 1956 à Casablanca. A lire : *L'Amour loup* (L'Harmattan, 1994) se passe entre Moscou et un camp de réfugiés palestiniens au Liban ; *Les Amants désunis* (Calmann Lévy, 1998) met en parallèle la barbarie de la guerre de libération et celle des années 1990 ; *L'Enfant du peuple ancien* (Fayard, juillet 2000) met en scène un Kabyle et une « communarde » qui refont leur vie en Australie autour d'un enfant, le dernier aborigène de Tasmanie. Ses plus récents ouvrages (*Ma planète me monte à la tête, Historiettes à hue et à dia pour briser le cœur humain*, Fayard, 2005, et *L'Année de la putain*, Fayard, 2006) confirment son talent de conteur. En 2006 toujours, *O Maria* raconte l'histoire poignante d'une Andalouse à la veille de l'expulsion des Morisques d'Espagne (Fayard). *Le Rapt*, publié aux Editions Fayard en 2009, évoque une Algérie sous l'emprise du terrorisme.

Rachid Boudjedra

Né en septembre 1941 à Aïn-Beida, il grandit en Tunisie avant de rejoindre le maquis en 1959 qu'il quitte après une blessure (cf. *Fascination*, 2003). Représentant du FLN en Espagne, il revient en Algérie en 1962 puis part suivre des études de philosophie en France où il présente un mémoire sur Céline. Enseignant dans le supérieur en Algérie et conseiller au ministère de l'Information et de la Culture (1977), il tient des chroniques littéraires dans la presse, milite au PCA puis au PAGS, est nommé secrétaire général de la Ligue des droits de l'homme (1989) et secrétaire général de l'Union des écrivains algériens (1990). S'il fallait le classer, on le situerait à la charnière de deux générations, les classiques et les contemporains, auxquelles il ne ressemble en rien tant son style est particulier. Le provocant *La Répudiation* (Folio Gallimard, 1969) est devenu un classique. A lire également : *Topographie idéale pour une agression caractérisée* (Denoël, 1975), *FIS de la haine* (Folio Gallimard, 1994), *Peindre l'orient* (Zulma, 1996), *Timimoun* (Gallimard, 1995) ou *les Funérailles* (Grasset, 2003) ainsi que *L'Ecriture de Rachid Boudjedra : Poét (h) ique des deux rives* de Mohammed-Salah Zeliche, Karthala, 2005. En 2007, *Hôtel Saint-Georges* (Editions Dar El-Gharb, Oran) raconte les désillusions d'un ébéniste français réduit à fabriquer des cercueils pour les morts de la guerre d'Algérie. En 2010, dans *Les figuiers de Barbarie* (Editions Barzakh), l'auteur revient sur la guerre de libération nationale. Dans son dernier ouvrage, *Printemps* (Editions Grasset, 2014), l'auteur raconte l'histoire du monde et de son pays à travers la romance de deux jeunes femmes.

Tahar Djaout

L'écrivain et journaliste est né en 1954 à Oulkhou, en Kabylie. Après des études à Alger et à Paris, il devient journaliste à *El-Moudjahid* et *Algérie Actualité* avant de fonder en janvier 1993 l'hebdomadaire *Ruptures* dans lequel il appelle au discernement quant à la nature de la crise qui secoue l'Algérie. Il est mort en juin 1993 des suites d'un attentat terroriste le visant, à Baïnem dans la banlieue ouest d'Alger. A lire (certains titres sont épuisés) : *L'Exproprié* (1981), *Les Chercheurs d'os* (Seuil poche, réédition 2001), *L'Invention du désert* (Seuil, 1996), *Les Vigiles* (Seuil, 1995), *La Kabylie* (avec Ali Marok, Paris Méditerranée, 1997), *Pérennes* (1993, poésies). *Le dernier été de la raison* (Seuil, 1999) a été écrit juste avant sa mort.

Assia Djebar

Fatma Zohra Imalayene, alias Assia Djebar, élue à l'Académie française en juin 2005, est née à Cherchell en 1936. Après des études à Blida et à Alger, elle entre à l'Ecole normale de Sèvres en France. Féministe, elle est historienne, critique d'art, dramaturge, cinéaste, poète et romancière. En 1957, elle publie *La Soif*, un premier roman remarqué par la critique parisienne qui la compare à Françoise Sagan. Depuis, elle a écrit *Les Impatients* (1958), *Les Enfants du nouveau monde* (1962), *Les Alouettes naïves* (1967), *Femmes d'Alger dans leur appartement* (1977), *L'Amour, la Fantasia* (1985, réédité 2001), *Ombre sultane* (1987), *Loin de Médine* (1991),

Oran, langue morte (Actes Sud, 2001), *Mon cœur est une prison* (2002), *La Femme sans sépulture* et *La Disparition de la langue française* (Albin Michel, 2003), des romans ou nouvelles racontant souvent des destins tourmentés de femmes. L'écriture est dure, précise, parfois d'une violence tempérée par une grande poésie. Elle a également réalisé quelques films dont *Nouba des femmes du mont Chenoua* (1977). *Assia Djebar, le corps invisible : voir sans être vue* de Anna Rocca (Editions L'Harmattan, 2005) analyse les personnages féminins de ses romans. Dans *Nulle part dans la maison de mon père* (2007, Fayard), elle raconte son enfance et son adolescence.

Mohamed Fellag

Comédien, humoriste tendre et cruel et poète surréaliste, il est né en mars 1950 à Azzefoun (Kabylie). Il suit les cours de l'Institut d'art dramatique et chorégraphique de Bordj El-Kiffan et fonde une troupe qui ne produira qu'une seule pièce (*Es-Soussa*, « la vermine »). Fellag quitte l'Algérie et revient en 1985 pour entrer au TNA. Après le succès des *Aventures de Tchop*, un clown, et après octobre 1988, Fellag trouve sa voie et se met en scène dans *Cocktail Khorotov*, une galerie de portraits au vitriol qui illustrent l'Algérie d'alors (hittistes, flics, femmes rejetées, hommes politiques, etc.), diffusée sur la chaîne nationale en 1989 qui sera brocardée un an après dans *SOS Labès* (« *au secours, tout va bien* »). En 1991, il règle ses comptes avec sa jeunesse dans *Babor l'Australie* (« *un bateau pour l'Australie* ») ; en 1994, *Délirium*, après un bref passage au TN de Bejaïa ; en 1995, il crée en France *Djurdjurassique Bled* (Lattès) dans laquelle il propose une explication de la situation qui s'aggrave dans son pays. Autres livres : *Rue des petites daurades* (Lattès, 2001), *C'est à Alger* (Lattès, 2002), *Comment réussir un bon petit couscous* (Lattès, 2003), *Le Dernier chameau et autres histoires* (Lattès, 2004). *L'Allumeur de rêves berbères* (Lattès, 2007) est son roman le plus récent. En 2010, il partage la scène avec Marianne Epin, sa compagne, au théâtre des Bouffes-Parisiens, dans son spectacle *Tous les Algériens sont des mécaniciens.* En 2012, il est sur scène au Théâtre du Rond-Point dans *Petits Chocs des Civilisations.* Dans cette nouvelle pièce, il parodie avec beaucoup d'humour les préjugés entre Français et Algériens.

Yasmina Khadra

Sous ce pseudo féminin « emprunté » à son épouse se cache Mohamed Moulessehoul, né en 1955. Entré à l'âge de neuf ans à l'école des cadets d'El-Mechouar, il est devenu officier supérieur de l'armée algérienne avant de se consacrer à l'écriture. Après avoir beaucoup reproché à son pays son manque de reconnaissance, il a cependant été nommé directeur du Centre culturel algérien à Paris. Souvent durs, ses romans racontent l'Algérie actuelle et s'élargissent au monde arabe en général : *A quoi rêvent les loups* (1999), *Les Agneaux du seigneur* (1998), l'inégale trilogie policière du commissaire Llob (*Morituri*, *Double blanc* et *L'Automne des chimères*), *L'Ecrivain* (2001), *Les Hirondelles de Kaboul* (2002) ou *Cousine K* (2003). *L'Attentat* (Julliard, 2005), qui met en scène un médecin israélien d'origine palestinienne dont l'épouse est soupçonnée d'être à l'origine d'un attentat-suicide, remporte un succès retentissant. En 2006, c'est l'Irak et l'invasion américaine qu'il met en scène dans *Les Sirènes de Bagdad* (Julliard). En 2007, il est nommé directeur du Centre culturel algérien à Paris. En 2008, il publie *Ce que le jour doit à la nuit,* un roman poignant peignant l'Algérie du XXe siècle à travers le personnage attachant de Younès. Puis, en janvier 2010, il sort *L'Olympe des infortunes* (Julliard) : cette fois-ci l'auteur explore à travers un voyage philosophique les méandres du mensonge et de la culpabilité. En 2014, il publie *Qu'attendent les Singes* (Editions Julliard) où il dresse un portrait sombre et déliquescent de son pays.

Leïla Sebbar

Née en 1941 à Aflou d'un père algérien et d'une mère française, elle vit maintenant en France où elle publie des romans et des essais traitant de la condition des femmes et des immigrés en général. Parmi ses nombreux livres, dont des romans pour enfants, à lire : *Les Algériens au café* (Al Manar, 2003, textes d'écrivains algériens et dessins), *Le Baiser* (Hachette jeunesse, 1997), *Le Chinois vert d'Afrique* (Eden, rééd. 2002), *Une enfance algérienne* (Gallimard, 1997), *J'étais enfant en Algérie*, juin 1962 (Sorbier, 1997), *Je ne parle pas la langue de mon père* (Julliard, 2003), *La Seine était rouge* (Thierry Magnier, 2003) ou *La Jeune fille au balcon* (Seuil, 1996). *Mes Algéries en France* (Bleu Autour, 2004) est un carnet de voyage ou plutôt un carnet de mémoires. En 2008, elle publie aux éditions Elyzad *Mon cher fils*, un roman sur l'exil et l'incompréhension entre les générations et, aux Editions Bleu Autour, *Voyage en Algéries autour de ma chambre,* un abécédaire autobiographique et collectif offrant une perception particulière de la colonisation et des liens Algérie-France.

ÉCOLOGIE

Pierre Rabhi

Né à Kenadsa près de Béchar, fondateur de l'association Terre et Humanisme, pionnier de l'agriculture écologique et de la lutte contre la désertification, Pierre Rabhi appelle à l' « insurrection des consciences » pour fédérer ce que l'humanité a de meilleur et cesser de faire de notre planète-paradis un enfer de souffrances et de destructions. Il a notamment écrit *Du Sahara aux Cévennes* (Albin Michel) et *Paroles de terre, une initiation africaine* (préface de Yehudi Menuhin, Albin Michel, 2002). *Le Gardien du feu* (Albin Michel, 2003) raconte une enfance aux limites du désert. Il a aussi collaboré à plusieurs ouvrages publiés par Nicolas Hulot dont *Graines de possibles : Regards croisés sur l'écologie* (Calmann-Lévy, 2005).

▶ **http://www.pierrerabhi.org/blog**

HISTOIRE

Mohamed Arkoun

Franco-Algérien né en 1928 à Taourirt-Mimoun, village de Kabylie. Agrégé en langue et littérature arabe en 1956, puis docteur en philosophie en 1968, il est une sommité en islamologie. Ses recherches sur les textes coraniques et l'étude critique de la raison islamique en font un spécialiste incontournable de la pensée musulmane. Professeur à l'université de la Sorbonne, ses séminaires furent très recherchés. Invité par les universités les plus prestigieuses, il a formé des générations de spécialistes de l'islam que l'on voit sur les plateaux de télévision aujourd'hui. Voici quelques-unes de ses publications : *L'humanisme Arabe au Xe siècle* (Vrin, 1982), *Lectures du Coran* (Maisonneuve et Larose, 1982), *L'Islam, morale et politique* (Desclée de Brouwer, 1986).

Mohammed Harbi

Né à El Harrouch en Algérie en 1933, Mohammed Harbi est un historien, spécialiste de la vie politique et de l'histoire d'Algérie. Ancien membre du FLN, il participa aux négociations des accords d'Evian et fut conseillé du président Ben Bella. Après le coup d'Etat de Boumedienne en 1965, il est arrêté et mis en prison jusqu'en 1968, puis en résidence surveillée en 1971 à Skikda. En 1973, il quitte clandestinement l'Algérie et s'installe à Paris où il poursuit son parcours par une brillante carrière de professeur de sociologie et d'histoire à l'université Paris VIII. Il est l'auteur de nombreux ouvrages : *Archives de la révolution algérienne* (Jeune Afrique, 1981), *Le FLN, mirage et réalité* (Jeune Afrique, 1980 et 1984), *L'Islamisme dans tous ces états* (sous sa direction), 1991 ; *Le nouvel ordre international* (Arcantères, 1992), *L'Algérie et son destin* (Arcantères, 1992), *1954, la guerre commence en Algérie* (Complexe, 1998), *Une vie debout*, vol.1 (La découverte, 2001), *Aux origines du FLN-la scission du PPA MTLD* (Bouchène, 2003), *La guerre d'Algérie, 1954-2004. La fin de l'amnésie* (Robert Laffont, 2004), sous sa direction et celle de Benjamin Stora.

Benjamin Stora

Historien et professeur de la décolonisation, d'abord de celle du pays où il est né en 1950 (Constantine). Œuvres concernant l'Algérie : *Messali Hadj, pionnier du nationalisme algérien* (1986), *Dictionnaire biographique des militants nationalistes algériens* (1985), *Nationalistes algériens et révolutionnaires français au temps du Front populaire* (1987), *Les Sources du nationalisme algérien* (1988), *La Gangrène et l'Oubli, La mémoire de la guerre d'Algérie, Histoire de l'Algérie coloniale* (1830-1954) et *Histoire de la guerre d'Algérie* (1954-1962), 1991, *La France en guerre d'Algérie et 200 hommes de pouvoir en Algérie* (codirection), *Ils venaient d'Algérie, l'immigration algérienne en France* (1912-1992) et *Aide-mémoire de l'immigration algérienne* (1992), *Histoire de l'Algérie depuis l'indépendance* (1962-1994), *1994, Ferhat Abbas, une utopie algérienne* (en coll.) et *L'Algérie en 1995* (1995), *Dictionnaire des livres de la guerre d'Algérie* (1996), *La Guerre d'Algérie à l'écran* (codirection), *Imaginaires de guerre, Algérie-Vietnam, Appelés en guerre d'Algérie* (1997), *Le Transfert d'une mémoire, de l'Algérie française au racisme anti-arabe* (1999), *La Guerre invisible. Algérie, années 90* (2001). Documentaires : *Les Années algériennes, 1954-1962* (1991), *Algérie, les années d'espoir, de cendres, 1962-1994* (1995), *Les Massacres de Sétif* (1995). Coscénariste du film *Là-Bas, mon pays* (2000). En 2009, son essai *Le mystère de Gaulle. Son choix pour l'Algérie* (Editions Robert Laffont) nous entraîne dans un récit sur les choix qui ont conduit de Gaulle à donner l'indépendance aux Algériens.Depuis août 2014, il dirige la Cité nationale de l'histoire de l'immigration.

▸ **www.univ-paris13.fr/benjaminstora**.

MUSIQUE

Elie « Lili » Boniche

Le chanteur de chaâbi est né en 1922 à Alger. Ce descendant de juifs expulsés d'Espagne au XVe siècle a commencé sa carrière très jeune dans les boîtes de nuit où il mettait à la « sauce chaâbi » des danses alors à la mode. Il abandonne la scène dans les années 1950, rentre en France, se lance avec succès dans les affaires et revient sur scène à plus de 70 ans : triomphe ! Il est mort le 6 mars 2008.

Cheb Hasni

Hasni Chakroune est né le 1er février 1968 dans le quartier Gambetta à Oran. Il apprend le chant lorsqu'il intègre la chorale de son école, arrête tôt ses études pour devenir footballeur. A seize ans, il se produit dans des soirées et des fêtes où il reprend, entre autres, les succès de Cheb Khaled. En 1986, après avoir été remarqué par un producteur, il chante *Barraka m'ranka* en duo avec Zahounia, une chanteuse déjà célèbre, et commence une carrière prometteuse dans le pop raï. Ses tubes (*Tal ghiabekya ghzali*, *Malabki ma îgouli hada makîoubi*, *Visa*, *Ki mtfakar*, *Khalitlek Amana* ou *Gaâ N'sa*) évoquent les difficultés de vivre des jeunes Algériens, déchirés entre le poids des traditions et la modernité. Celui qu'on appelait le prince du raï ou le Julio Iglesias oranais, tant pour son charisme que pour le nombre de ses succès, a connu la fin tragique d'un conte de méchantes fées. En 1991, il chante *Ils ont dit que Hasni est mort* (*Gallou Hasni mat*) après la mort d'un chanteur portant le même nom que lui, trois petites années avant que des balles intégristes l'assassinent, le 29 septembre 1994, en bas de chez lui à Oran.

Idir

Hamid Cheriet, le plus célèbre représentant de la chanson kabyle, est né à Aït-Lahcène, près de Béni Yenni au sud de Tizi-Ouzou. Il rencontre très tôt le succès avec *A Vava Inouva* (« Mon petit papa »), une berceuse composée initialement pour la chanteuse Nouara, mais qui sera finalement interprétée par Idir et la chanteuse Mila. L'album du même nom sort en 1976, le succès est immédiat et mondial. C'est le premier grand tube d'Afrique du Nord. Pendant les sept années qui suivent, il enchaîne les concerts tant en Algérie qu'en Europe et produit un nouvel album *Ay Arrac Neg* en 1979 avant de se retirer par goût de la discrétion. Il continue cependant à écrire en France des musiques de films et des chansons pour les enfants et participe aux productions d'autres chanteurs. Il relance sa carrière au début des années 1990 avec le ré-enregistrement d'anciens titres. Aujourd'hui, il est sur le devant de la scène World, grâce à la sortie de son album en 2007, *La France des couleurs*, dans lequel il collabore avec des artistes comme Tiken Jah Fakoly, Yannick Noah ou Zaho…

Amazigh Kateb et Gnawa Diffusion

Le fils de l'écrivain Kateb Yacine est l'un des créateurs, au début des années 1990, de Gnawa Diffusion, un groupe qui mélange allègrement les genres entre reggae, ragamuffin, chaâbi, rythmes gnawas ou rap, sur des textes en arabe et en français. A écouter : *Le Blues des 1001 nuits* (auto-production, 1993), *Algéria* (GDO Records/Mélodie, 1997), *Bab el Oued Kingston* (GDO Records/Musisoft, 1999) et *Souk system* (D'jamaz/Warner Jazz France, 2003). *Fucking Cowboys : Live in Paris* (Uncivilized World, 2007) est l'enregistrement d'un concert à l'Elysée-Montmartre. Depuis 2007, Amazigh Kateb se consacre à des projets plus personnels et sort son premier album en solo, *Marchez noir*, à une date symbolique, le 17 octobre 2009, en souvenir du massacre d'Algériens perpétré par le préfet de police Maurice Papon à Paris en 1961.

Khaled

Khaled Hadj Brahim est né en février 1960 à Sidi El-Houari, l'ancien quartier espagnol d'Oran. Il apprend le banjo et monte très tôt un premier groupe avec lequel il se produit dans les cabarets d'Oran où il rencontre des maîtres qui l'initient à toutes formes musicales. En 1976, il sort un premier disque qui contient *Trig el lici* (« le chemin du lycée »), un titre empreint de rythmes raï enregistré sur un petit magnétophone. Au tout début des années 1980, il rencontre déjà un certain succès avec *El babor qelaâ* puis *El Mersem*, *Ya loulid*, *Roh ya wahran* et *Essada,* et travaille avec Safi Boutella, l'un des « rénovateurs » du raï. En 1986, il est invité en France au premier festival de raï de Bobigny en région parisienne et fait sortir cette forme musicale de son pays. Il s'installe en France en 1989 pour ne pas effectuer son service militaire en Algérie et enregistre ses premiers albums, dont *Way Way* et *Ha Rai*. Il commence une carrière internationale mais ne reviendra en Algérie qu'en janvier 1992. C'est après ce voyage qu'il sort *Didi*, le tube qui l'a fait connaître auprès d'un grand public qui n'avait pas encore eu accès au raï. En 1994, il obtient même un César pour la musique qu'il a composée pour *Un, deux, trois soleil*, le film de Bertand Blier. Son dernier tube *C'est la vie* en 2012 est repris en 2013 par la star de la salsa Marc Anthony et donne un autre tube international intitulé *Vivir mi vida,* en espagnol cette fois.

Enrico Macias

Gaston Ghrenassia est né le 11 décembre 1938 à Constantine dans une famille juive. Son père, violoniste dans le plus célèbre ensemble de maalouf dirigé par Raymond Leyris, le fait entrer à 15 ans dans l'orchestre. Quelques années plus tard, Gaston épouse la fille de Cheikh Raymond à qui il a rendu hommage au Printemps de Bourges 1999 (disque indispensable disponible chez Trema/Sony Music). Dernier album : *La Vie populaire*, 2006.

Matoub Lounés

Né en 1956 à Tawnirt Moussa, près de Béni Douala au sud de Tizi-Ouzou, celui dont la mort est devenue le symbole de la cause berbère a commencé sa carrière sous le regard d'Idir qui lui a permis de sortir son premier album en 1978 (*Agraw*). Il écrit en kabyle des textes engagés, très critiques, inspirés par ce qu'il observe et qu'il chante sur un rythme proche du chaâbi. Militant actif au sein du Mouvement culturel berbère (MCB), il participe aux manifestations dont il parle dans ses chansons. En 1994, il sort un album qui revient sur les manifestations du 20 avril 1980 et sur les émeutes sanglantes du 5 octobre 1988. L'un des titres de cet album, *Kenza*, porte le nom de la fille de Tahar Djaout, l'un des premiers intellectuels poètes assassinés par ces « *monstres qui éteignent les étoiles* ». Quelques mois plus tard, le 10 octobre 1994, il est enlevé par un groupe armé. Libéré, il écrit un livre qui raconte son kidnapping (*Rebelle*, Stock) mais son étoile s'éteint sur une route de Kabylie, à proximité de sa ville natale, lors d'une embuscade tendue en 1998.

Cheb Mami

Mohamed Khelifati est né en juillet 1966 à Saïda, au sud d'Oran. Son pseudonyme Mami peut dériver de Mohamed mais signifie également « le môme » en dialecte oranais, et c'est vrai qu'il a toujours l'air d'un gamin, peut-être en souvenir de ses débuts dans des fêtes familiales à l'âge de 12 ans. Précédé d'une déjà bonne réputation, il apparaît pour la première fois à la télévision algérienne en 1982 où il chante *El-Marsam* (« le refuge »), un classique oranais des années 1920. On le découvre en France en même temps que le raï juste avant qu'il ne rentre au pays pour effectuer son service militaire. En 1989, de retour à Paris, il se produit à l'Olympia mais il ne rencontre pas encore le même succès auprès des médias français qui trouvent sa musique un peu trop « algérienne ». En 1991, il enregistre *Let me raï* à Los Angeles mais c'est avec *Saïda*, produit en 1994, qu'il se fait plus largement connaître. Cette même année, il s'installe en Europe. Sa consécration arrive en janvier 2001 lorsqu'il ouvre en compagnie de Sting la finale du Superbowl américain. *Du Sud au Nord* permet de découvrir 13 de ses meilleurs titres, en duo avec Sting, Idir, Aswad, etc. Ses démêlés avec la justice qui l'accuse d'avoir séquestré et maltraité une photographe française ont terni la sortie de l'album *Layali* (2006) qui aurait dû le ramener sur le devant de la scène. Un tribunal français le condamne à 5 ans de prison en 2009 pour les violences contre son ex-compagne.

Souad Massi

On la qualifie de chanteuse folk mais les chansons qu'elle interprète en arabe, en tamazigh et en français, pourraient appartenir à tout le monde. A la première écoute, le timbre et les mélodies de Souad Massi se rapprocheraient même quelquefois de ceux du groupe portugais Madredeus. La chanteuse est née à Alger et dès son arrivée à Paris en 1999, invitée et aidée par les organisateurs du festival Femmes d'Algérie du Cabaret Sauvage, elle joue en première partie de l'Orchestre National de Barbès, de Geoffrey Oryema ou d'Idir. A écouter : *Raoui et Deb*

(Island/Universal), *Mesk Elil* (« chèvrefeuille ») sorti en octobre 2005, le live acoustique qu'elle enregistre en 2007, et le single *Houria*, sorti en 2010. Elle a reçu la Victoire du meilleur album de musique du monde en 2006.

Aït Menguellet

Le symbole de la revendication identitaire berbère est né à Ighil Bouammas en Haute Kabylie. Il a commencé à chanter en 1967 et participe à de premières éditions de TV. Ses chansons, des poèmes souvent nostalgiques, évoquent alternativement la sentimentalité de l'individu, les problèmes sociaux et politiques, ses frères et sœurs kabyles.

Reinette l'Oranaise

Reinette Sultana Daoud est née en 1915 dans une famille juive d'origine marocaine. Devenue aveugle à l'âge de deux ans, son avenir est sombre mais c'est sa mère qui la fait initier à la musique arabo-andalouse. Elle intègre à 13 ans l'orchestre de Saoud l'Oranais qui lui donne son nom et enregistre un premier disque en même temps qu'elle apprend à jouer de plusieurs instruments (derbouka et oud). Dans les années 1940, elle quitte Oran pour Alger où elle se fait connaître en animant une émission de radio et des soirées. Par la suite, elle enregistre de nombreux disques et devient l'une des voix les plus connues de la musique arabo-andalouse. Elle est morte en novembre 1998 à Paris.

Cheikha Rimitti

Saâdia Bediaf est née le 8 mai 1923 à Bouni, près de Sidi-Bel-Abbès. Elle commence à danser, chanter et jouer du bendir (tambourin) sous le nom de El-Ghilizania, « celle de Relizane », dans les mariages et les fêtes populaires et suit des troupes de musiciens au hasard de leurs galas dans l'Oranais (« Je participais aux fêtes en l'honneur des saints, entre Relizane, Oran et Alger. On invitait les plus grandes chanteuses, comme Oum Keltoum ou Cheikha Fadela la Grande, je montais à cheval lors de la fantasia, avec un fusil dans chaque main et je tirais », racontait-elle). A la source du raï, elle chantait le statut de la femme, l'amour ou le plaisir charnel, s'attirant une réputation sulfureuse. Son premier disque est enregistré en 1936 chez Pathé mais elle doit attendre 1954 pour rencontrer le succès avec un titre osé qui dénonce le tabou de la virginité (*Charak, guetaâ*, « Déchire, lacère »). Ses chansons sont même censurées par le FLN après l'Indépendance ! La future Cheikha (« maîtresse ») adopte le surnom de Rimitti à cette époque : voulant offrir une tournée à des admirateurs, elle lance un soir « Remettez, remettez » au patron du bar, ce qui sonne « Rimitti » avec l'accent... Après une longue carrière exigeante qui s'est poursuivie en France, elle s'est éteinte le 15 mai 2006, quelques heures après s'être produite au Zénith de Paris au côté de Khaled. Elle a été enterrée au cimetière d'Aïn El Beïda près d'Oran. Celle qui fut la « mamie du raï » – elle se plaignait d'ailleurs d'avoir été pillée – se produisait régulièrement en public, dans des soirées privées comme dans de grandes salles et avait sorti un nouveau disque fin 2005 (*N'Ta Goudami*, « toi, face à moi », Because Music).

Rachid Taha

L'ancien meneur du groupe Carte de séjour, très connu dans les années 1980, surtout après la reprise de *Douce France* de Charles Trénet encouragée par l'auteur, est né à Oran en 1958 et est arrivé en France, à Lyon, à l'âge de 10 ans. En 1990, il sort *Barbès*, son premier album en solo sur lequel il chante en français et en arabe et qui contient le maintenant célèbre *Ya rayah* (« le voyageur »), une chanson qu'il a extraite du répertoire de Dahmane El-Harrachi, une référence chaâbi, qu'il célèbre encore avec El Hadj el-Anka, Khelifi Ahmed et Farid El-Atrache sur ses albums *Diwan* (Barclay, 1998) et *Diwan 2*. Sur son album, *Tékitoi ?* (Barclay, 2004), il reprend avec bonheur *Rock in The Casbah* des Clash, duquel il tirera le titre de son autobiographie sortie en 2008 (Flammarion).

Takfarinas

Issu d'une famille berbère de musiciens, Takfarinas est né à Tiksraine (banlieue d'Alger). Il commence par s'intéresser au chaâbi et enregistre son premier album en France en 1979. En 1986, son double album *Weithelha* (« qu'elle est belle ») et *Arrach* (« les jeunes ») se vend à près de deux millions d'exemplaires et quelques-unes de ses chansons, qu'il chante en tamazight, adaptées en arabe par d'autres interprètes. En 1994, son album *Romane* atteint la 4e place au classement des World Music Europe Charts. La musique jouée sur un mandole (guitare à double manche) est variée, ses textes forts et engagés. Autres albums : *Salamet* (1996), *Zaama Zaama* en collaboration avec le groupe Sixun, *Quartier Tixeraïne* (RCA, 2001), *Honneur aux dames* (RCA, 2004).

Orchestre National de Barbès

L'ONB réunit une douzaine de musiciens français, marocains et algériens qui mélangent leurs styles. Drôle, dynamique, l'Orchestre est également à l'origine de manifestations multiculturelles. A écouter : *Youcef* (Virgin, 1994), *Poulina* (1998) et *Alik* (Wagram, 2008).

Warda El-Djazaïria

« L'Algérienne ». La cantatrice est née à Puteaux en 1940 et a commencé sa carrière au TamTam, le cabaret de son père, avant que sa famille quitte la France en 1958 pour le Liban, en interprétant des chansons de Mohamed Abdelwahab ou de Farid El-Atrache. Sa chanson *Djemila* est un hymne aux résistantes algériennes.

DESSIN

Ali Dilem

Incontournable parce qu'il met en scène depuis presque 20 ans l'actualité algérienne et mondiale mais aussi parce que condamné si souvent par la justice algérienne pour ses dessins, il est malgré lui devenu l'emblème des journalistes opprimés. Sa notoriété a dépassé le cercle algérien ou celui des lecteurs avertis et son travail s'est vu récompensé par plusieurs prix internationaux. Et pourtant, en mai 2003, c'est son nom qui a été attribué ironiquement par ses confrères à un amendement au Code civil qui prévoit une série de mesures allant jusqu'à la peine de prison ferme – ce à quoi il a été condamné plusieurs fois – contre les journalistes se risquant à offenser de quelque manière le président de la République ou les corps constitués. Ses hilarantes caricatures sont à découvrir chaque jour dans le quotidien *Liberté*.

Jacques Ferrandez

Né en 1955 à Alger. Après des études à l'école des arts décoratifs de Nice, il se tourne vers l'illustration et la bande dessinée. Dans son œuvre, nous intéressent particulièrement les albums de la série « Carnets d'Orient » qui retracent la fin de la période coloniale : *Retours à Alger*, *La fille du Djebel Amour*, *Rue de la Bombe*, *La Guerre fantôme*, *Le Cimetière des princesses* ou *L'Année de feu*, tous publiés chez Casterman (bd.casterman.com/bio/ferrandezja).

Mazari Mohamed

Plus connu sous son nom de signature, « Maz ». Né le 12 août 1946 à Dellys, ce précurseur de la bande dessinée algérienne devient vite un incontournable bédéiste du pays. Il participe à des expositions collectives, travaille comme dessinateur pour les journaux *M'Quidech*, *El Watan*, *El Manchar*, sort l'album *Le lion de la mer*, et réalise le conte pour enfants, *Le lion et le rat*... En 1982, il remporte avec le collectif algérien le « *Premio Caran d'ache* » de la bande dessinée du salon international de Lucca en Italie (collectif). Erudit et intarissable, il aime croquer la société politique ; sympathique et attachant, il laissera une trace indélébile dans le paysage de la bande dessinée.

SPORT

Zinedine Zidane

Le footballeur aux trois Ballons d'or, sacré trois fois meilleur joueur du monde, est toujours dans le cœur des Français et des Algériens. Bien que né à Marseille le 23 juin 1972, le dieu du foot est d'origine algérienne. Après un passage au Creps à Aix-en-Provence, il entre en 1985 au centre de formation de Cannes. A 16 ans, il débute en première division avec Cannes avant de rejoindre, en 1991, Bordeaux, entraîné alors par Roland Courbis. En 1994, les Girondins arrivent en finale de la coupe d'Europe des champions – ils seront battus par le Bayern de Munich –, Zidane est sélectionné pour la première fois en équipe de France la même année. En 1996, il part jouer à la Juventus de Turin. C'est en 1998 que son sacre arrive avec une très bonne saison à la Juve et la Coupe du monde dont personne ne peut oublier le résultat. Lors de l'Euro 2000 qui voit la victoire de l'équipe de France, les spécialistes admettent qu'il est à son meilleur niveau. « C'est un des grands maîtres du contrôle, et il a une vision du jeu qui ne cesse de s'affiner lui permettant d'organiser le jeu d'une équipe en attaque de manière quasiment parfaite. » En 2006, il termine une belle carrière au Real de Madrid, a tout gagné et surtout les cœurs, tristes à l'idée qu'après la Coupe du monde en Allemagne il ne jouera plus dans une équipe de France à qui il manquera réellement... Pendant cette Coupe du monde 2006, il a été critiqué, raillé, traité de « vieux », encensé après un incroyable match contre le Brésil puis quasi sanctifié après un « coup de boule » désormais légendaire dans une finale perdue face à l'Italie... Depuis juin 2014, il est l'entraîneur de l'équipe réserve du Real Madrid.

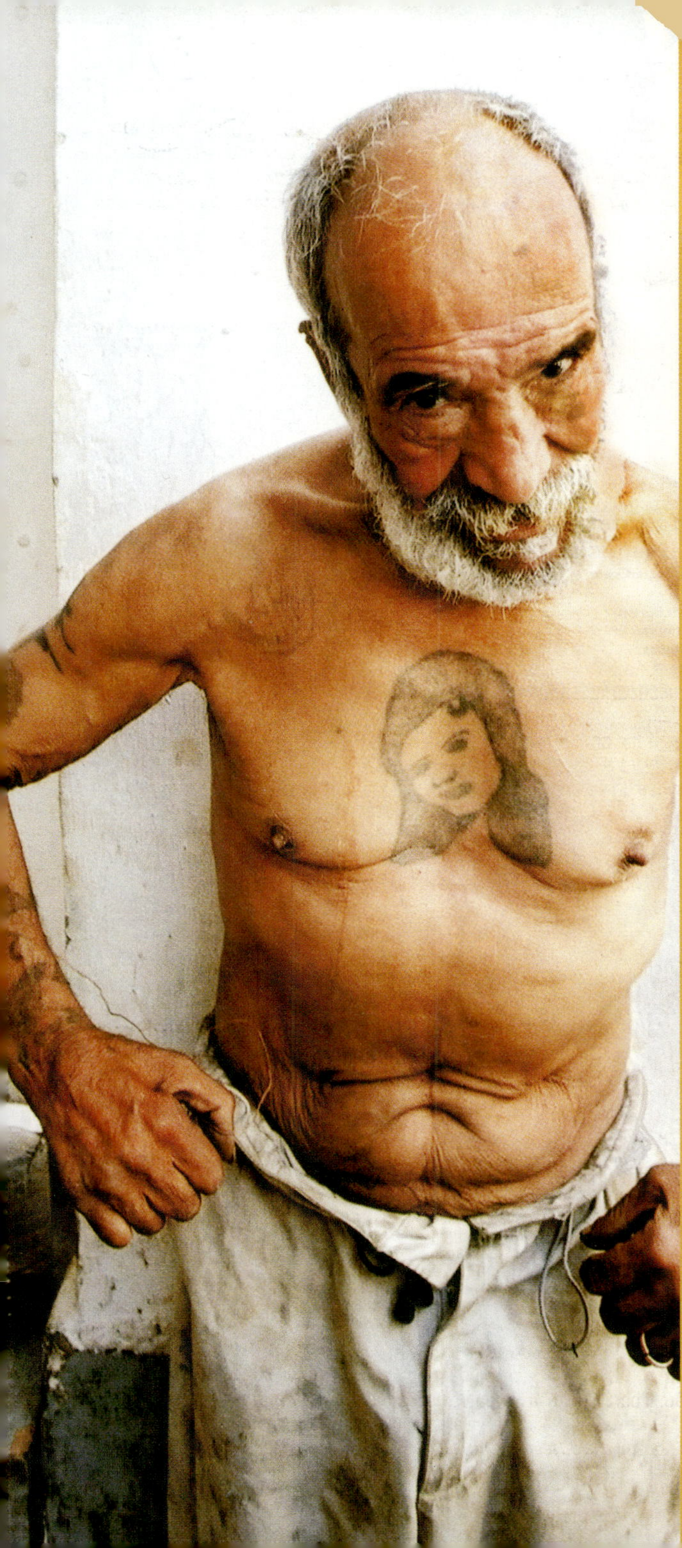

ALGER

Vieux marin d'Alger.

© SÉBASTIEN CAILLEUX

Le centre d'Alger
1 Points d'intêret
Divers
Mosquée
Hôpital
1 POINTS D'INTÊRETS
1- Aérohabitat
2- Cathédrale du Sacré-Coeur
3- Grande Poste
4- Immeuble-pont Burdeau
5- Musée des antiquités et des arts islamiques
6- Parc de la Liberté
7- MAMA (Musée d'art moderne d'Alger)
8- Jardin de Beyrouth
9- Hôtel el Djazaïr & parc botanique
10- Musée du Bardo
LES TAGARINS
TELEMLY
LA PERLIER
Jardin Sfindja
SIDI M'HAMED
UNIVERSITE D'ALGER
Bibliothèque nationale
Mosquée
Hôpital Mustapha Bacha
Jardin de Beyrouth
Parc de la Liberté
Palais du Peuple
Place Zabana
Boulevard Docteur Frantz Fanon
Rue Boukhdimi Aberrahmane
Boulevard Taleb Mohamed
Avenue Gaid Malika
Rue des Frères Bellili
Rt. des 4 canons
Chemin des sept Merveilles
Rue Boyau
Rue Salah
Chemin Pouyanne
Rue George Aimé
Che. Pouyanne
Rue des Frères Boutouta
Rue Salah Mecheri
Rue Frères Djoudi
Blvd. Krim Belkacem
Rue Yoghurta
Rue A. Mokrane
Che. Rubens
Boulevard Krim Belkacem
Rue des Fidayines
Rue Berrezouane
Rue Hamza Amar
Rue Ibnou Batouta
Rue Henri Dunant
Rue Benaiche Yahia
Pas Sengho
Cmdt. Tarik
Rue Ferradi Yahia
Rue Krim Belkacem
Rue Frères
Rue Benbatouche Abdelafi
Rue des Moussebilines
Rue Poiret
Cherif Omar
Rue Khinache
Ravel
Rue A. H. Moussa
Rue d'El Biar
Boulevard Mohamed V
Rue Didouche Mourad
Rue Frères Alem
Rue B. Khelifa
Rue Boulhart
R. Frères Boulahdour
Rue Aissaoui
Rue Touileb Med
Ahmed & Boualem Khalfi
Boulevard Mohamed V
Rue Remini Omar
Rue B. Mouloud
Rue Ahmed Zabana
Rue M. Djelloul
Rue Reda Houhou
Rue Chouder med
Rue Maidi Achour
Rue Didouche Mourad
Rue Ferhat Boussad
Rue Ibnou Nafis
Rue Colonel Chabani Mohamed
Rue Boukhifa Khelifa
Rue des Frères Meslem
Rue Lallouche mohamed
Chemin Aknouche Moussa
Chemin Sfindja
Chemin Henry Mirchau
Chemin Aknouche
Chemin Bensayah
Chemin Sidi Ibrahim
Rue Bouchareb Tayeb
Rue des Oliviers
Rue Mirad Salah
Boulevard Mohamed V
Rue Ahmed Afferoune
Ave. Mustapha Sayed El Ouali
Rue Barbar Ali
Rue Beladjel Hocine
Ait Meziane
P. Valmi
Sacré Coeur
Ammimour M.
Essaid Akli
Chemin Oustani Belaid
Rue Didouche Mourad
R. Nocard
Al Maari
Rue Capt. Mannami Noureddine
Rue Ali Ait Mehdi
Bd Ibnou El Khatib
Rue Bouchakour Med
Rue Maidat Rabah
Rue Bourab
Noureddine Mennani
Chemin Chaaf Tahar
Ave. Ghermoul Ahmed
Rue Houchi M.
R. Habbou Med
Rue Boufelgued Ali
Rue Becquerel E. et N.
Rue Haya Med
Boulevard Krim Belkacem
Roosevelt
400 m.
100 m.

Passe Nord
Quai n°8
Quai n°9
Quai n°10
GARE MARITIME
MOLE EL DJAZAIR
Quai n°11
Quai n°12
BASSIN DU
VIEUX PORT
Quai n°13
Quai n°15
Quai n°16
Quai n°17
Quai n°18
Quai n°19
Quai n°20
Quai n°21
Quai n°22
Quai n°23
Quai n°24
Quai n°25
Quai n°26
JETEE DU VIEUX PORT
PORT
D'ALGER
MOLE OUED
HAMAMINE
Passe
Vieux Port
MOLE
GHARA DJEBILET
BASSIN DE L'AGHA
Passe de
Mustapha
MOLE DE BOLOGHINE
0
250 m
N
Rue des Frères
Ali Ziane
Rue Barbézieux
Rue d'Angkor
Rampe Magenta
Rue des Frères Kaïa
Rue B. Said
Rue de la Liberté
H. Naffaa
Rue Bab Azzoun
Rue Hamitouche
Rue Boubzari Med
Rue Mouzaoui
Rue Ikhabouiene Tayeb
Rue Benzine Hamoud
Rue Hariched Ali
Rue Lari Ben M'Hidi
R. Frères Amouche
Boulevard Zirout Youcef
R. Amal
Rue Asselah Hocine
Boulevard Mustapha Ben Boulaid
Rue Cle.
Abdelaziz
Rue Col. Haous
Ben Amara
Khelafi
Rue Capt. Hassani
B. said
L. Med
R. de l'Argentine
Isaad
R. Saadane Cherif
Rue Dubief
Palais du
Gouvernement
Esplanade
d'Afrique
Idris Bey Med
El Idrissi
Rue Lari Ben M'Hidi
Y. Said
Rue Docteur Saadane Cherif
Blvd. Khemisti
Boulevard K. Mohamed
Rue G.
Rue du 19-05-56
Avenue Pasteur
Djebiler
R. E. Zola
Rue Serg. Ahmed
Boulevard Colonel Amirouche
Rampe Tafourah
Bellouchi
Bouhired
Rue Emir El Khettabi
Rue Hamani Arezki
Hamraras
Rue de Bapaume
Rue Jawaharlal Nehru
Rampe Gherbi Salah
Mustapha
Rue de Beauvais
Aissou
AGHA
Avenue Al Moutanabi
Rue Hassiba Ben Bouali
Rue Ali Bessaou
Rue Bouzerari Mohamed
Rue Ahcene
Rue Hamadani Lahcene
Rue de Cherbourg
Rue Brakbi Hacene
Châtellerault
Clermont
R39
Tachouaft
Bourahla
Rue des Libérés
Rue de Cognac
Rue Ben. Ahdelina
Rue A. Saadik
Place du
1er Mai
Rue A. Cherif
Rue de Domrémy

Alger

« Féérie inespérée et qui ravit l'esprit ! Alger a passé mes attentes. Qu'elle est jolie, la ville de neige sous l'éblouissante lumière ! Une immense terrasse longe le port, soutenue par des arcades élégantes. Au-dessus s'élèvent de grands hôtels européens et le quartier français, au-dessus encore s'échelonne la ville arabe, amoncellement de petites maisons blanches, bizarres, enchevêtrées les unes dans les autres, séparées par des rues qui ressemblent à des souterrains clairs. » Guy de Maupassant, *Au Soleil*, 1884.

Qu'on connaisse ou non déjà la ville, on ne peut s'empêcher d'y accoler « la blanche « , ce qu'on croit être devenu un lieu commun sans fondement tant l'actualité des vingt dernières années nous a brouillé l'imaginaire. Et, pourtant, c'est avec une certaine émotion qu'on découvre que le blanc n'a pas terni, ou qu'il a été rafraîchi, et qu'il illumine la baie d'un éclat rendu inoubliable par quelques touches de couleurs intenses : le bleu des ferronneries et de la mer qu'on ne quitte presque jamais du regard, le vert des jardins et le fuschia des bougainvillées qui débordent de leurs enceintes sur les hauteurs et des places du centre. Et puis quand vient le soir, la ville se farde de mauve, de rose ou de bleu pâle sous un ciel où la première étoile apparue déclenche le lancinant appel à la prière. Belle alanguie au fond de la baie qu'on escalade par des ruelles tortueuses, des escaliers ou de grandes avenues débordant de vie, Alger est une ville des plus séduisantes, même si de tentaculaires banlieues aux barres bétonnées déprimantes pour ceux qui y vivent difficilement ou de nouvelles constructions poussant anarchiquement cherchent à l'étouffer.

El-Djezaïr, le nom arabe d'Alger quelquefois surnommé *Badhja* (la « radieuse ») ou *Assima* (« la capitale »), dériverait du mot kabyle « gzir » et fait référence aux quatre îlots qui fermaient l'entrée de la baie d'Alger. Une pièce de monnaie trouvée en 1940 dans le quartier de la Marine montre qu'une ville a probablement été créée au VIIe siècle avant J.-C. sur le site d'Alger, probablement la légendaire *Ikosim*, une ville phénicienne qui aurait été fondée par vingt compagnons d'Hercule. En grec, eikosi signifie « vingt » mais *Ikosim* aurait également signifié « île aux mouettes ». On connaît mieux l'Icosium romaine dont les vestiges posent les limites entre l'actuel lycée Emir-Abdelkader, le square Port-Saïd, la mosquée Ketchaoua et le quartier de la Marine.

Longtemps restée un petit port, la ville commence à se développer quand elle est intégrée à l'Empire romain en 146 après J.-C. Devenue siège d'un évêché chrétien, elle est délaissée par les Vandales (V^{e} et VIe siècles après J.-C.). Au VIIe siècle, elle est occupée par des Béni Mezghrana, des agriculteurs qui entretiennent des relations commerciales avec d'autres ports de la Méditerranée quand arrivent les premiers Arabes et leur nouvelle religion. En 952 après J.-C., le Berbère Bologuine Ibn Ziri, prince de la dynastie ziride à qui les Fatimides ont confié la gestion de cette région, fortifie et agrandit la petite cité qu'il nomme *El-Djezaïr*, nom qui sera déformé en *Alguer* par les Catalans, et qu'on retrouve sur des cartes du XIIIe siècle.

Pendant les siècles suivants, Alger est dominé tour à tour par les vainqueurs des luttes pour le contrôle du Maghreb et de la Méditerranée. Entre les Xe et XVe siècles, elle passera ainsi brièvement sous les bannières hammadite, almoravide, almohade, hafside puis abdelwadide et zianide, le XIVe siècle étant celui des Mérinides. Au XVe siècle, elle voit arriver un grand nombre de Morisques expulsés d'Andalousie en 1492. A la même époque, idéalement située en Méditerranée, elle devient un repaire de corsaires. La tribu arabe des Thaaliba (dont est issu Abou Zeid Abderrahmane Ben Mekhlouf At-Thaâlibi, le patron de la ville) y crée un protectorat en réponse aux tentatives d'installation des catholiques espagnols qui édifient en 1510 la forteresse du Peñon de Argel à l'entrée de la baie. En 1516, Alger se déclare lui-même ottoman et appelle à la rescousse les frères Barberousse basés à Jijel, de célèbres corsaires à la solde de Constantinople. Après treize années de batailles, les Turcs enlèvent enfin la ville. Kheir Ed-Dine fait détruire le Peñon et relier les îlots entre eux par une jetée.

Les communes d'Alger

En 1541, la flotte de Charles Quint perd un grand nombre de bateaux dans la baie d'Alger. Le gouvernement ottoman (les beylerbeys de 1534 à 1585, les pachas de 1585 à 1659, les aghas de 1659 à 1971 et les deys de 1671 à 1817) s'installe au palais de la Jenina, près du port. Pendant cette période de domination turque appelée « Régence d'Alger », et encore plus après le tremblement de terre de 1716, Alger, dirigé par l'Odjak (corporation de janissaires) se développe et voit s'élever nombre de palais et de luxueuses demeures qu'on connaît encore (Dar Hassan Pacha, Dar Aziza, Dar Mustapha Pacha – *dar* était le nom donné aux maisons de ville, *djenane* aux demeure du *fahs*, de banlieue) financées par les expéditions des pirates. Les remparts de la ville courent sur 3,2 km, percés de cinq portes (*bab*). La partie basse de la ville, entre Bab El-Oued et Bab-Azzoun est réservée aux affaires. La ville haute (*Djebel*) se couvre de maisons d'habitation et de mosquées desservies par d'étroites ruelles.

Les attaques corsaires, la course, menaçant l'équilibre de l'Europe, les Espagnols et les Anglais essaient d'y mettre fin mais c'est un Américain, Stephen Decatur, qui réussit à faire signer un pacte de non-agression censé protéger les bateaux de son pays. Les pirates se replient sur les vaisseaux européens. Les Hollandais et les Anglais organisent alors une expédition punitive qui échoue. C'est finalement les Français qui réussiront…

Le 14 juin 1830, la flotte française débarque à Sidi-Fredj à l'ouest d'Alger pour lever l'affront fait au consul français par le dey d'Alger (*voir chapitre « Histoire »*), qui capitule le 5 juillet. Ce qui ne devait être au début qu'une expédition militaire se transforme très vite en administration coloniale qui va durer pendant cent trente-deux ans. Alger comptait à l'époque quelque 30 000 habitants. En 1962, au moment de l'Indépendance de l'Algérie, la capitale perd près de 300 000 habitants européens. Elle compte aujourd'hui 1 500 000 habitants (2 300 000 pour l'agglomération).

Avec l'occupation française, Alger est transformé en profondeur. Les quartiers du bas de la ville sont rasés par les militaires qui y percent des artères et une place d'armes et le centre de la capitale se déplace peu à peu vers l'est jusqu'aux pentes du Hamma.

Pendant la Seconde Guerre mondiale, la ville a joué un rôle stratégique en offrant un refuge de choix à l'Armée française de libération du général de Gaulle qui y a établi ses quartiers de 1943 à la fin du conflit. Mais elle a dû également essuyer quelques bombardements des forces aériennes nazies et a payé son tribut à la libération de la métropole.

QUARTIERS

Alger-centre

Alger-Centre est le centre-ville de la capitale. Délimité à l'est par la mer, à l'ouest par El Biar, au nord par la Casbah, au sud par Sidi M'Hamed, il correspond au cœur de l'ancienne ville coloniale. Le quartier s'est développé autour des axes les plus commerçants ; les rues Didouche Mourad (ex-rue Michelet) et Larbi Ben M'Hidi (ex-d'Isly) qui traversent la ville du nord au sud. Les boulevards Zirout Youcef (ex-Carnot) et Che Guevara (ex-de la République) forment le front de mer qui borde l'est de la ville. La longue rue Hassiba Ben Bouali longe à l'est le quartier de Belouizdad (ex-Belcourt) pour joindre les quartiers sud au cœur de la ville en passant par la place du 1er-Mai. Le boulevard Krim Belkacem, bordé à l'ouest par les premières pentes, traverse le quartier du Télémly en suivant l'ancien tracé de l'aqueduc du même nom. Son parcours devient sinueux entre le jardin de Beyrouth et le rond-point faisant jonction avec le boulevard Frantz Fanon filant vers les Tagarins et El Biar. Le boulevard Khemisti (ex-Laferrière) percé au début du XXe siècle sur le tracé de l'ancienne muraille édifiée par les Français est orienté vers le sud-est perpendiculairement aux artères principales de la ville. Il est ainsi la jonction des rues Emir El Khettabi (ex-Charles Peguy, prolongement de la rue Didouche), Pasteur et Larbi Ben M'Hidi, puis des boulevards Colonel Amirouche (ex-Baudin) et Zirout Youcef. Dominé au nord-ouest par l'hôtel Aurassi, il est balisé en bas par la Grande Poste qui constitue le cœur même d'Alger. Plus au sud, la place Audin constitue un autre centre animé de la capitale. De là, grimpe le boulevard Mohamed V pour rejoindre le Télémly. Le tunnel des Facultés débouche sur l'avenue Pasteur qui rejoint plus haut le boulevard Frantz Fanon.

La Casbah

La Casbah n'était à l'origine que la Citadelle ; c'est-à-dire la forteresse érigée par Aroudj Barberousse en 1516. Les trois siècles de présence ottomane ont progressivement permis à une ville de se développer depuis les hauteurs où avait été bâtie l'ancienne ville arabo-berbère ; El-Djazaïr Beni Mezghana jusqu'à la mer. Elle a ainsi pris la forme d'un triangle de 48 hectares, cerné à l'époque par une enceinte flanquée de bastions et percée de six portes, et dont la Citadelle, bâtie à 118 m au-dessus de la mer, constitue la pointe. La ville est composée d'un labyrinthe de ruelles étroites au sein duquel se sont amassées des maisons traditionnelles, des hammams, des palais, des souks, des mosquées et des fontaines... Les rue Sidi Driss Hamidouche (ex-rue de la Casbah) et Rabah Riah (ex-rue de la Porte-neuve) la traversent de haut en bas, du boulevard de la Victoire à la rue Ben Cheneb. Sa partie basse est traversée par les rue Amara Ali (ex-Randon) et Arbadji Abderrahmane (ex-Marengo).

A l'époque ottomane, la partie basse de la Casbah s'organisait autour de la *Djenina* ; siège du gouvernement de l'administration, des palais des dignitaires, du Badestan (marché aux esclaves), des souks, des artisans et de nombreuses mosquées. Cette partie de la Casbah a malheureusement été fortement endommagée par le tremblement de terre de 1716, le terrible incendie de 1844 mais surtout par l'intervention des Français. L'aménagement de la place du Gouvernement (place des Martyrs), le plan d'embellissement du quartier en 1903 et le plan d'urbanisation du quartier de la Marine dans les années 1950 détruisirent une grande partie de la Basse Casbah. Ville musulmane pendant la période de colonisation, elle joua un grand rôle dans la guerre d'Algérie puisque c'est en son cœur que s'est déroulée la bataille d'Alger. A l'Indépendance, si elle est abandonnée par une partie de sa population en quête des logements laissés pas les Français, elle se repeuple rapidement et devient un lieu de repli pour les familles les plus démunies. Aujourd'hui, habitée par environ 100 000 personnes, la Casbah souffre de son surpeuplement. Les aléas de l'histoire, l'installation de l'eau courante et le désintérêt des politiques l'ont peu à peu laissé sombrer, même si un ambitieux programme de restauration a été lancé il y a quelques années. Classée au patrimoine mondial de l'Unesco en 1992, ce joyau, qui représente un type unique de médina et qui atteste d'une grande authenticité au niveau de son architecture, son urbanisme, et matériaux de construction utilisés, est vraiment unique et à visiter absolument. Certains palais de la Basse Casbah ont été restaurés et les façades des maisons de la Haute Casbah ont été consolidées, peintes et chaulées, les rues ont été repavées. Cependant, ces discrets travaux cachent une réalité plus sombre ; celle d'une Casbah de l'intérieur qui s'effondre en silence et loin des regards. Espérons que les travaux de restauration, actuellement en cours (mais qui risquent de s'éterniser), permettront de préserver une des casbahs les plus authentiques du Maghreb où tout respire l'authenticité, loin des souks qui ont envahi certaines casbahs du Maroc ou de Tunisie. Quand on est dans la Casbah d'Alger, on est vraiment dans un lieu de vie où le quotidien a sa place et où le touriste n'est pas plus attendu que ça, ce qui suscite toujours un accueil chaleureux des habitants et un sentiment de surprise. Certains vous diront que la Casbah est dangereuse, et il est vrai qu'elle le fut pendant la décennie noire, mais lors de notre visite, nous n'avons pas du tout eu ce sentiment. La seule chose que vous risquez vraiment c'est peut-être de tomber sur un pickpocket, comme cela pourrait vous arriver dans le métro à Paris, ou plus probablement de vous perdre dans le labyrinthe de rues ; c'est pourquoi nous vous conseillons de la visiter avec un guide spécialisé (comme Nordine Bouanani que vous trouverez dans la rubrique guides) ou un habitant que vous connaissez.

Palais de la Casbah.

Points d'intêret
Gare ferroviaire
Lot de la Marine
Jetée Khiereddine
Rue Bouadou Aziouz
Place Halo Mohand
Mole de pêche
Quai n°1
Quai n°3
Rue d'Angkor
Boulevard Amra Rachid
Avenue du 1er novembre
Rue Med Aliouane
Rue Sellami Aziz
Rue Bessayeh Med
Rue Al Mourabitine
Rue Saadi et Mokhtar Ben Hafidh
Place du 8 mai 1945
Place des Martyrs
Rue Sidi Fredj
Rue Boutas Med
Rue Bab el Oued
Jardin de Prague
Sidi Abderahmane
Rue Sidi Abderahmane
Rampe Louni Arezki
Rue Tazairt Mohamed
Rue Rachid Khefallah
Rue Rouibah Hocine
Rue Dr. Bentami
Boulevard Hahad Abderrezak
Blvd Hahad Abderrezak
R.B. Saadek
Rue Ben Cheneb
Rue Merouane fils
Rue Lalahoum Mokhtar
Imp. Lahmer
Rue Professeur Med Soualah
C. Rachid
Ben Larby
Rue Hadj Omar
R. Malek
Z. Mokhtar
Rue du Vieux Palais
R. Mahon
Ben Ferhat
Rue Arek Aoua
N. Bouchali
Rue El Kama Amar
Frères Zoubiri
Chibah Said
Rue Bouzrina Arezki
Rue Med & Ahmed
Mecheri
Rue de l'Intendance
Rue A. Said
Rue Malek
Cheikh El Kinai
R. du Soudan
Rue Salustre
Rue Aoua AEK
Rue Tamglit Ali
Rue Frères Ousliman
Rue Zouaoui Mokrane
Rue Arbadji Abd
Rue Med Gamri
Khebache
Rue Sidi Driss Hamidouch
Rue Kataroudjil
Rue Barberousse
Rue Hocine Bourahla
Rue Mustapha Latreche
Rue Smala
Rue N. Ramdane
Rue Maouche
CASBAH
Ramdane
Rue Nfissa
Ben Ali
Rue Sidi Abdallah
Rue Larich Ahmed
Frères Bachara
Fatah Brahim
Rue Azzouzi Mohamed
Ali Zerari
Rue Sidi Ramdane
A. Med
A.E.K
Madje n
Rue Sidi Driss Hamidouche
Rue B. Kaddour
Rue Kadi Said
Mahious
Frères Racim
Ali Lahmer
Rue des Abencerages
Imp. Pyramides
Sidi Mohamed Cherif
Boulevard de la Victoire
PALAIS DU DEY

La Casbah

1 POINTS D'INTÊRETS

1- Citadelle / Palais du dey
2- Dar Aziza Bent El-Bey
3- Dar Es-Souf
4- Dar Hassan Pacha
5- Dar Kha'daoudj El-Amia (Musée Nat. des Arts et Traditions populaires)
6- Dar Mustapha Pacha (Musée Nat. de la miniature, de l'Enluminure, et de la Caligraphie)
7- Djamaâ Ali Bitchine
8- Djamaâ El-Djedid
9- Djamaâ El-Kebir
10- Djamaâ Ketchaoua
11- Djamaâ Es-Safir
12- Djamaâ Lihoud
13- Hammam Sidna
14- Maison d'Ali La Pointe
15- Maison du Millénaire
16- Bastion 23
17- Zaouia Sidi M'Hammed Cherif

Bab El Oued et le nord

Le quartier de Bab El-Oued (« porte de la rivière ») tient son nom d'une des portes de l'enceinte ottomane qui s'ouvrait à l'époque sur l'oued M'kacel. Il est délimité au nord-ouest par Bologhine, à l'ouest par Oued Koriche et la carrière Jaubert puis plus loin par Bouzaréah, au sud par la Casbah, et à l'est par le front de mer. Le quartier se développe à l'arrivée des Français et attire très vite une population ouvrière principalement espagnole travaillant aux carrière Jaubert (La Cantera) toute proche, dans les fours à chaux, les manufactures de tabac ou de tapis ou comme charretiers.

Bab El Oued est alors un faubourg insalubre habité par une population européenne assez pauvre. Les cultures castillanes, andalouses et valenciennes se mêlent et bientôt le quartier se peuple d'Italiens, de Maltais et de Français. Le quartier se développe : usines, commerces, cinémas, stades, églises, cimetières, hôpital sont édifiés. Les plages de Padovani et Nelson et les dancing attirent la bourgeoisie française. Cependant, le nord du quartier qui s'articulait autour de la *Basetta* (le lavoir où les femmes venaient laver leur linge et où les chevaux s'abreuvaient) reste pauvre. Au lendemain de la Première Guerre mondiale, les quartiers nord de Bab El Oued et Saint Eugène (Bologhine) attirent les juifs. De nombreuses synagogues sont édifiées. A la fin de la guerre d'Algérie, les activistes de l'OAS tentent de faire de Bab El Oued un bastion de l'Algérie française. Au lendemain des accords d'Evian du 19 mars 1962, l'OAS organise une grève générale et se retranche dans le quartier de Bab El Oued. Rapidement encerclé par l'armée, le quartier devient, du 23 mars au 6 avril, le théâtre d'affrontements sanglants entre activistes de l'OAS et l'armée. A l'Indépendance, Bab El Oued se peuple progressivement de la population algérienne. Pendant la décennie noire, le quartier devient le fief des islamistes. C'est dans la mosquée Essounaque qu'Abassi Madani et Ali Belhadj constituèrent le FIS (Front islamique du salut) le 18 février 1989. En 2001, des pluies diluviennes inondent le quartier et causent la mort de 700 personnes. Aujourd'hui Bab El Oued est un des quartiers les plus populaires de la ville. Il s'étend du lycée Emir Abdelkader (ex-Bugeaud) au sud à l'hôpital Maillot au nord. La cité Climat de France conçue par Fernand Pouillon dans les années 1950 marque sa limite à l'ouest. La place des Trois-Horloges est son cœur bouillonnant. Au nord-ouest, l'avenue Abderrahmane Mira joint Bab El-Oued à la commune de Bologhine (ex-Saint-Eugène), située au pied du massif de la Bouzaréah. Elle est dominée par le quartier de Z'ghara et la basilique Notre-Dame d'Afrique.

Le Mustapha Supérieur et les Quartiers Sud

A l'époque ottomane, les dignitaires profitent de la campagne qui cerne la ville (*fahs*) pour bâtir leurs résidences d'été au milieu de luxuriants jardins. La quiétude des coteaux bordant la ville au sud attira notamment le dey Mustapha Pacha qui édifia plusieurs villas. Les Français nommèrent ainsi ces coteaux Mustapha Supérieur, en référence au dey bâtisseur. Dès la fin du XIXe siècle, les Anglais sont attirés par l'exotisme d'Alger et par les bienfaits de son climat. Ils réinvestissent les villas ottomanes ou construisent de nouvelles villas sur le modèle d'architecture ottoman. Ces coteaux deviennent un véritable lieu de villégiature de la bourgeoisie britannique jusqu'à ce que ces *hiverneurs* ne quittent progressivement Alger à la fin de la Première Guerre mondiale. Le Mustapha, qui ne se limitait pas qu'à sa partie supérieure mais s'étendait aux quartier de l'Agha et au Mustapha inférieur, attire bientôt les Français trop à l'étroit dans le centre-ville. De 1871 à 1904, il est une commune indépendante. Aujourd'hui, le Mustapha Supérieur est cet agréable quartier situé entre le palais du Peuple et le siège de l'ENTV. Il abrite le fleuron de l'hôtellerie algéroise, le Saint-George. Il domine le quartier populaire de Sidi M'Hamed. Plus au sud, le quartier de Belouizdad, traversé par la rue Belouizdad (ex-rue de Lyon), est anciennement Belcourt où vécut Albert Camus. Belcourt est alors un quartier populaire où vivent 13% des musulmans d'Alger. Le quartier industriel de Belcourt et les maraîchers mahonnais du Hamma attirent très vite les ouvriers espagnols. Aujourd'hui, le quartier Belouizdad est encore très populaire malgré la réhabilitation du Hamma (création de la bibliothèque, rénovation du Jardin d'Essai, réouverture du Sofitel). El-Mouradia (ex-le Golf) est un quartier résidentiel et plutôt chic ; El-Madania dévoile ses cités populaires, Diar El-Maçoul et Diar Es-Saada.

Bab El Oue
Edifice chrétien
Points d'intêret
Hôpital
N
0
250 m
Notre-Dame d'Afrique
Stade O. Hamadi
Bologhine Ibn Ziri
BOLOGHINE
Cimetières juif et chrétien de Bologhine
Hôpital Maillot
Stade Ferhani
Pointe El Kettani
BAB EL OUED
Cimetière
Jardin de Prague (ex-Marengo)
Mausolée Sidi Abderrahmane Etthaalibi
Boulevard Emir Khaled
Avenue Commandant Mira Abderahmane
Rue du Commandant Mira Abderahmane
Rue Commandant Mira Abderahmane
Boulevard Lounas Omar
Rue Fechkeur
Chemin Al Mahdi Ibn Toumeur
Chemin des Pelerins
Rue Ghides Omar
Rue Bissas Rabah
Chemin Ouail Med
Rue Rahim Akli
Chemin Sidi Bennour
Chemin Bihi Mohamed
Rue Benali Boualem
Rt. de Zeghara
Y. Arezki
Salvini
Chemin
Ouail
Rue du Cassis
Rue B. Rabah
Rue Olvier de Serre
Rue H. Hadj Amar
Boulevard Touati Said
Rue Lieutenant Belkacemi
Boulevard Touat
Rue Zouche Med
Rue Hocine Kadri
Rue Nobel
Rue Khouache Rachid
Rue Si Kaddour Idir
Rue Admane Akli
Avenue Askri
Rue Mechkal Ali
Tazairt Mohamed
Rue Hassena Ahmed
Rue Berekia Mohamed
Ch. Colomb
Rue Bouzbid Ahmed
Rue Tazairt Mohamed
Mabrouk
Rue des Frères Achachi
R. Condorcet
Rue Ahmed Boukhezer
Rue Derraoui
Avenue Colonel Lotti
Rue Rebai
Moussa
Avenue Gharfa Brahim
Rue Orit Hadj Med
Rue K. Boualj
Rue Hami
Rue Madi Larbi
Rue tchalalene
Rue Benaissa Amar
Abderahmane
Mohamed Ouali
Rue Ibnou Marzouk
R. Frères Merzoug
Rue du Dey
Rue A. Mammar
Rue M. Boualem
Rue Ibnou El Khattab Omar
Rue Dj. Omar
Rue Adim Ali
Rue Foudil
Rue Boumezrag
Rue Ourembane
Rue Frères Belazoug
Blvd. Taleb Abderrahmane
Rue Mokrani
Rampe Louni Arezki
Rampe L. Arezki
Avenue Boubella Mohamed
Rue Allouche Mustapha
Rue Sadaoui Mohamed Seghir
Rue Kadri Ali
Rue Fatiha Iratni
Rue Meriem Abdelaziz
Rue Ancene
Rue Icasium
R. T. Med
R. O. Med
Boulevard Amara Rachid
Rue Laroussi
Ave. du 1er Novembre
Hogar
R. du Tergui
Rue du Jaboulay

… sont ces quartiers chics … ar, d'Hydra, Poirson. El … s puits » en raison des … s'y trouvaient, est une … 9 m d'altitude qui s'articule autour de la place Kennedy (ex-Carnot), dont les bâtiments publics (poste, mairie) ont été conçus dans un style néomauresque. Depuis la place, le long boulevard Bougara descend jusqu'à la place Addis Abeba, l'avenue Ali Khodja file vers les Tagarins et le chemin Cheikh Bachir El Ibrahimi bordé d'ambassades et de consulats permet de rejoindre la Colonne Voirol (Hydra). Hydra se situe au sud-ouest et compte parmi ses quartiers, Sidi Yahia, la Placette, la Colonne Voirol, le Pradou et le Val d'Hydra. Le chemin Poirson (Al Mouiz Ibnou Badis) serpente à travers résidences et consulats et rejoint plus bas le boulevard Bougara.

La périphérie

La ville s'est considérablement développée depuis plusieurs années et sa périphérie englobe désormais les communes de Kouba, Hussein Dey, El Harrach, Bouzaréah, Bab Ezzouar, Chevalley, Cheraga, Rouiba, Dely Brahim, Birkhadem, Dar El Beïda et Mohammadia qui est sûrement la périphérie qui connaît le plus important développement ces deux dernières années… La grande mosquée d'Alger y est actuellement en construction (c'est la future plus grande mosquée d'Afrique ; elle devrait surpasser celle de Casablanca), le bord de mer de cette commune a récemment été transformé en une longue marina très familiale baptisée « les Sablettes » et qui devrait bientôt s'étendre jusqu'à Alger-centre. Enfin, le nouveau centre commercial Ardis, moderne à souhait, attire nombre d'Algérois avides de consommer dans ce mini-mall à l'américaine qui compte presque autant de commerces que Bab Ezzouar…

SE DÉPLACER

L'arrivée

Avion

AÉROPORT HOUARI BOUMÉDIÈNE
Dar El Beïda
✆ + 213 21 50 91 00 / +213 21 50 92 21
L'aéroport d'Alger-Houari Boumédiène est situé sur la commune de Dar El Beïda, à 16 km à l'est d'Alger. Actuellement géré par les Aéroports de Paris, il comprend trois terminaux :

- **Le terminal 1** dédié aux vols internationaux a été inauguré le 5 juillet 2006.
- **L'ancien terminal international** a été rénové en 2007 pour devenir terminal 2 et desservir les vols intérieurs.
- **L'ancienne aérogare nationale,** devenue depuis peu terminal 3 destiné aux vols charters et aux vols « pèlerinage » à destination de La Mecque.
- **A l'arrivée,** il faut donner au contrôle des passeports le formulaire remis par le personnel de la compagnie pendant le vol si vous n'êtes pas citoyen algérien. Ne pas oublier de remplir la ligne « adresse pendant le séjour ».

Une borne wi-fi permet de se connecter à l'intérieur de l'aéroport : 250 DA pour 30 minutes, 420 DA l'heure de connexion. Vous trouverez, dans le hall, les comptoirs des grands hôtels de la capitale, des agences de location de voitures et de tourisme, et des banques ainsi que quelques bonnes boutiques pour les derniers achats au retour (dattes, gâteaux algériens, livres, CD, DVD, vins, artisanat…).

- **Pour rejoindre le centre-ville :** prendre l'autoroute de l'Est, rocade Nord puis l'avenue de l'ALN.

Des taxis assurent la liaison aéroport-centre-ville pour 1 200 DA environ. La station de taxis se situe à une cinquantaine de mètres à droite en sortant du terminal 1. Compter environ 800 DA dans le sens contraire : centre-ville-aéroport. Par bus : l'aéro-ville (ligne 100 de l'ETUSA) relie l'aéroport au centre-ville d'Alger toutes les heures pour 50 DA par voyageur. La ligne dessert la Place des Martyrs, l'Assemblée Nationale, l'hôtel Essafir, l'hôtel Albert Ier, la place Audin, la Grande Poste et la gare routière. Premier départ à 6h de l'hôtel Essafir, dernier départ de l'aéroport à 18h.
Par navette : les grands hôtels disposent d'un service de navette 24h/24.

AIGLE AZUR
2, rue Didouche Mourad
✆ +213 21 64 14 52 / +213 21 64 14 53
www.aigle-azur.com – charter@aigle-azur.fr
Aigle Azur assure des vols toute l'année à destination d'Alger au départ de Lille, Lyon, Marseille, Mulhouse, Paris et Toulouse.

Les hauteurs d'Alger
Edifice chrétien
Points d'intêret
Hôpital
Villa du Traité
Djenane Raïs Hamidou
Balcon
Saint-Raphaël
POIRSON
HAUT HYDRA
HYDRA
Avenue Khodja Mustapha dit Ali
Mouna Sma
Benarbia Abd
R. Mohamed &
Rue Hamouda
Lamanri Ali
Takali Abd
Mansour
Rue Y. Med
Rue C. Gounod
Rue Boufatit Pere & Fils
Rue Kouba Ahcene
Avenue Khellaf Mustapha
Rue Yahiaoui Rachid
Rue Chabane Mohamed
R. Dekkar
Rhamoune
Avenue Souiki Amar
Boulevard Colonel Bougara M'Hamed
Rue Abdelkrim
Turqui Nadji
Rue C. Liabres
R Bourbia Rabah
Rue Balzac
Rue Pierre Curie
Rue V. Duruy
Rue Ahmed Benchiheb
Fr. Nouches
Firouzabadi
Rue des Palmiers
R.O.Ben Ali Khodja
Rue des Rosiers
Rue des Frères Hocine
Chemin Tavebi Youcef
Rue Benadd
Rue C. Azouz Amar
Chemin Abbas
Chemin des Moatazilites
Bdv. Colonel Bougara M'hamed
Chemin des Abassides
Amellal Med Ouidir
Rue Khoudi Mohamed
Chemin Bachir El Ibrahimi
Al Mouiz Ibnou Badis
Chemin Al Mouiz Ibnou Badis
Boulevard du 11 décembre
Lotissement
El Fath
Cité
évolutive
Rue Badjaoui Ali
El-Mazouni
Rue el Mazouni Yahia
Chemin d'Hydra
Chemin Al Barki
A.E.K
Chemin du Petit Hydra
Fellouh Kaddour
Ben Ibr. Mizouni
Chemin Youcef
Salvador Allende
(Colonne voirol)
Chemin Al Bakri A.E.K
Mosquée
Chemin Gadouche Abdelkader
Dar el Afia
Aqueduc
d'Ain Zeboudja
Pont d'Hydra
Rue A
Rue Che Kara Ahmed
Rue B
Rue C
Mosquée
Sonatrach
Rue Al Fath Ibnou
Avenue Larbi Allik
Rue Ben Hayet Yahia
Rue H. Mohamed Said
Clinique
Rue Omar Chiche
Rue Hadj ahmed Mohamed
0
400 m
N

▸ **Autres adresses :** 11, avenue Pasteur : ✆ +213 21 64 20 20. • Comptoir Aéroport international ✆ +213 21 50 98 88 / +213 21 50 91 91

■ **AIR ALGÉRIE**
1, place Maurice Audin
✆ +213 21 68 95 05
✆ +213 21 74 24 28
✆ +213 21 65 33 40
www.airalgerie.dz
contact@airalgerie.dz
La compagnie assure des liaisons régulières avec Bordeaux, Lille, Lyon, Marseille, Metz, Nice, Paris (vols quotidiens), Toulouse, Bruxelles, Genève et Montéral.
Au départ d'Alger, toutes les grandes villes d'Algérie sont desservies par la compagnie.

▸ **Autres adresses :** 29, boulevard Zighout Youcef ✆ +213 21 73 67 63 • 39, rue Didouche Mourad ✆ +213 21 63 41 24 • Comptoir Aéroport ✆ +213 21 68 95 00

■ **AIR FRANCE**
Tour Algeria Business Center
1er étage, Pins Maritimes
✆ +213 21 98 04 04
www.airfrance.dz
mail.reservation.algeria@airfrance.fr
Ouvert tous les jours sauf le vendredi de 8h30 à 16h30.
La compagnie dessert Alger au départ de Paris CDG (4 vols par jour) puis des principales villes de France : Lyon, Marseille, Bordeaux, Toulouse avec escale à Paris.
Les tarifs des billets combinant liaisons ferroviaires et vols Air France assurées par la compagnie en association avec la SNCF (TGVair) sont bien souvent avantageux (exemple : Lille-Alger via Paris CDG).

▸ **Autre adresse :** Comptoir Aéroport (ouvert tous les jours de 8h à 18h45) ✆ +213 21 98 04 04

■ **TASSILI AIRLINES**
Route de Sidi Moussa
Dar El Beïda
✆ + 213 21 75 27 53
✆ + 213 21 75 27 54
www.tassiliairlines.aero
A l'origine destinée aux compagnies pétrolières, cette compagnie s'est ouverte au grand public depuis 2013. Elle dessert la plupart des villes du pays et devrait bientôt effectuer de nombreux vols depuis la France. Elle a d'ores et déjà lancé une ligne Strasbourg-Alger.

Train

■ **GARE SNTF DE L'AGHA**
Avenue Al Moutanabi ✆ +213 21 71 15 10
Alger dispose de deux gares : la gare centrale et la gare de l'Agha (au niveau de l'immeuble Maurétania). Cette dernière étant plus importante et plus centrale, les horaires sont indiqués au départ de celle-ci.

▸ **De Bejaia :** liaison quotidienne, départ de Bejaia à 6h35, compter 4 heures de voyage (700 DA).

▸ **D'Oran :** liaisons quotidiennes, départs d'Oran à 6h30, 8h (train rapide), 12h30, compter 4 heures 30 de voyage (4 heures pour le train rapide). Compter 900 DA l'aller.

▸ **De Constantine :** liaisons quotidiennes, deux départs par jour dans les deux sens, à 6h30 et 14h30. Durée : 6 heures. Compter 600 DA l'aller simple.

▸ **Autre adresse :** Gare centrale : Près de la gare maritime, à hauteur de l'APN

Bus

■ **GARE ROUTIÈRE DE KHAROUBA (CAROUBIER)**
Avenue de l'ALN
Hussein Dey
✆ +213 21 49 71 51 / +213 21 77 00 77
www.sogral.dz – contact@sogral.dz
Il est possible de se rendre à Alger en autocar depuis pratiquement toutes les villes d'Algérie. Les liaisons sont fréquentes et le parc de véhicules est important. Certains autocars sont tout neufs mais d'autres plus vieux et mal équipés peuvent rendre le voyage fatiguant surtout sur les longues distances. Cependant le bus reste un moyen économique et pratique pour voyager à l'intérieur du pays. Les tarifs sont très abordables : compter environ 150 DA pour un trajet de 100 km.
Evitez de voyager la nuit et attention à l'affluence les veilles de vacances, de week-ends ou de fêtes comme l'Aïd. Retrouvez toutes les informations et horaires des départs d'Alger sur le site Internet de la SOGRAL.

Bateau

■ **ALGERIE FERRIES-ENTMV**
6, boulevard Khemisti
✆ +213 21 42 46 50 / +213 21 63 53 88
www.algerieferries.com
Bateaux El Djazaïr II, Tariq Ibn Ziyad, Tassili II, Ariadne...

Autres adresses : 25, rue Saint Augustin 75002 Paris, ✆ +33 1 49 27 91 20 • 37, rue Didouche Mourad : +213 21 63 53 88 • 37, rue Servient 69003 Lyon, ✆ + 33 4 78 60 13 87 • 58, boulevard des Dames 13002 Marseille, ✆ +33 4 91 90 64 70.

SNCM

28, boulevard Zirout Youcef
✆ +213 21 71 81 15
www.sncm.fr
Pour une famille de 4 personnes avec un véhicule standard en aller simple : 200 € la traversée avec places en fauteuil, 500 € la cabine avec 4 lits et sanitaires communs, 800 € la cabine avec 4 lits et sanitaires privés.
Plusieurs rotations par semaine : Marseille-Alger, Marseille-Skikda, Marseille-Oran. Liaisons plus fréquentes en période estivale. Pensez à réserver plusieurs mois à l'avance si vous partez à ce moment-là car les prix s'envolent l'été.

Autres adresses : Lille ✆ 03 20 51 81 77 • Lyon ✆ 04 72 41 61 10 • Marseille ✆ 04 91 56 33 90 • Paris ✆ 01 49 24 24 61 • Réservations depuis la France : 3260, à l'international : +33 825 88 80 88

Voiture

AUTOGO RENT A CAR

2, rue Ramdane Boukhachba
El Madania
✆ +213 21 27 84 38 /
+213 7 70 94 63 33
www.auto-go-dz.com
lebib@auto-go-dz.com
L'agence, sérieuse et professionnelle, propose ses services aux sociétés : transport de salariés, accueil de délégations, visite de sites, transferts aéroports/gares-centre-ville...

CEVICAR

165, lotissement Saidoune Mohamed
Kouba
✆ +213 21 28 67 24 / +213 21 28 78 00
www.cevicar.com – info@cevicar.com
A partir de 3 500 DA/jour.
L'agence Cevicar, filiale du groupe Cevital, dispose d'un parc de bons véhicules asiatiques. Plusieurs formules de location : journée, week-end, semaine, mois, année.

Autres adresses : 216, rue Hassiba Ben Bouali ✆ +213 21 67 57 17 • Comptoir Aéroport ✆ +213 21 20 72 81

ALGER

En ville

TÉLÉPHÉRIQUES

www.etusa.dz
Ticket 20 DA.
Alger dispose de 4 téléphériques gérés par le réseau Etusa qui s'occupe aussi des bus de la ville.

1re ligne : Bologhine-Notre-Dame d'Afrique. Distance : 250 m.

2e ligne : Oued Kniss (quartier Ruisseau) -Palais de la culture. Distance : 250 m.

3e ligne : El Madania (Diar el Mahçoul) -Belouizad (Laâkiba). Distance : 220 m.

4e ligne : Jardin d'Essai (Hamma) -Mémorial Riad El Feth (Monument des Martyrs). Distance : 230 m.

En projet : une 5e ligne (Oued Korich-Bouzareah), une 6e ligne (Grande Poste-Hôtel Aurassi-El Biar), une 7e ligne (Place du 1er-Mai-El Mouradia). Distance : 1 200 m.

© JEAN-PAUL LABOURDETTE

Vue sur la ville et sur le port d'Alger.

Métro

MÉTRO D'ALGER

✆ +213 21 778 779
www.metroalger-dz.com
Tous les jours de 5h à 23h. Ticket : 50 DA. Carnet de 10 tickets : 400 DA.
Inauguré en 2011, le métro d'Alger a une seule ligne en fonctionnement pour l'instant mais le réseau est amené à s'étendre dans les années à venir. La ligne 1 dessert les stations suivantes : Grande Poste, Khelifa Boukhlafa (rue Didouche Morad), 1er Mai, Aissat Idir (quartier Mohamed Belouizad, ex-Belcourt), Hamma & Jardin d'Essai, Les Fusillés, Amirouche, Mer et Soleil (sur les hauteurs d'Hussein Dey), Hai El Badr (la seule station aérienne).

Bus

ETUSA

✆ +213 21 66 03 02
✆ +213 21 68 03 75
www.etusa.dz
Les bus circulent de 5h30 (hiver) ou 6h (été) jusqu'à minuit. Les tarifs sont fixés à 20 DA pour un trajet en ville et de 25 à 30 DA pour un trajet suburbain. Rendez-vous également sur le site Internet pour obtenir des informations sur les lignes desservies.

Tramway

TRAMWAY D'ALGER

De 6h à 21h. Billet : 20 DA.
Inauguré en 2011, le tramway relie les quartiers est de la capitale. Arrêts : Carrefour des Fusillés, Hussein Dey, El Harrach, Cinq Maisons, Cité des Bananiers, Bab Ezzouar, Bordj El Kiffan et Dergana.

Taxi

Le taxi est un des moyens les plus pratiques pour se déplacer en ville, si votre destination n'est pas couverte par le métro ou le tramway (qui permettent d'éviter les embouteillages). Mais encore faut-il en connaître les différentes catégories et comprendre leur fonctionnement ! Prendre un taxi pourra vous paraître compliqué au début mais ne vous découragez pas, vous en comprendrez rapidement le fonctionnement...

▶ **Les taxis classiques** pratiquent des prix à la course ou au compteur. Il faut les

Le métro d'Alger

héler même s'il y a déjà des clients à bord. N'hésitez pas à crier bien fort votre destination à leur passage, sinon le taxi ne s'arrête pas. Comptez 60 DA la course dans le centre-ville, 150 DA pour traverser la ville. Si vous êtes pressé, exigez une course, sinon demandez le prix au compteur. La place Audin (à la sortie du tunnel des Facultés) est un bon point de passage des taxis.

- **Les taxis « collectifs »** , eux, fonctionnent comme des bus. Leur trajet est prédéfini, la destination est souvent indiquée sur le devant du taxi. Le prix est fixe et ne dépasse pas 25 DA pour une petite course et 50 DA pour une course moyenne. Ils sont reconnaissables à leur plaque jaune. Une station se trouve également sur la place Audin.
- **Les « radio-taxis »** sont un peu plus chers. On les appelle juste avant de partir et ils viennent vous chercher à l'adresse indiquée.
- **Les taxis « inter-wilayas** » sont jaunes. Ils assurent les liaisons entre Alger et les grandes villes du pays. On les trouve à la gare routière du Caroubier. Il ne faut pas être pressé car le chauffeur ne démarre que lorsque le taxi est rempli.

RADIOS TAXIS
✆ +213 21 56 56 56
Disponibles "H24".

RADIO TAXIS EL-BAHDJA
2, avenue Taleb Mohamed
Haute Casbah
✆ + 213 21 96 12 12

STATION DE TAXIS DE CAROUBIER (KHAROUBA)
Avenue de l'ALN
Hussein Dey
Des taxis collectifs « interwilaya » (jaunes) vous permettent de rejoindre Alger depuis les principales villes du pays. Vous payez votre place et attendez que le taxi se remplisse.

Histoire de tram

Un premier tramway a été construit à Alger en 1895. La ligne allait de Saint-Eugène, l'actuelle Bologhine, au Jardin d'Essai.

Si vous ne souhaitez pas attendre et que vous êtes seul, vous pouvez payer le montant correspondant à l'ensemble des places. Si d'autres passagers attendent avec vous, proposez-leur de partager entre vous le montant des places vacantes. La station de taxis collectifs se situe derrière la gare routière de Caroubier.

TAXI DJAMEL
✆ +213 7 71 50 62 68
Navette entre le centre d'Alger et l'aéroport.

TAXI MINUTE
✆ +213 21 66 66 66
De 7h à 21h.

Voiture

GARAGE DIDOUCHE
38, rue Didouche Mourad
50 DA l'heure de stationnement. Ouvert tous les jours de 7h à 20h.
Parking couvert pratique pour le stationnement en centre-ville.

PARKING HAMMA
Rue Hassiba Ben Bouali
Hamma – Belouizdad
Le parking se situe au niveau de l'entrée de l'hôtel Sofitel. Pratique pour la visite du Jardin d'Essai ou du musée des Beaux-Arts.

PARKING PLACE DES MARTYRS
Tous les jours de 6h à minuit.
Sur l'avenue du 1er-Novembre, près de la Grande Mosquée. L'entrée se situe du côté de l'Amirauté.

PRATIQUE

Tourisme – Culture

ABDEDDAIM TRAVEL GROUP
34, cité Maya
Route de Bachdjrah H-Dey
✆ +213 21 77 41 44
Une très large gamme de prestations. Du voyage religieux à la billetterie en passant par l'organisation d'excursions ou de croisières, rien ne semble impossible à l'équipe d'ATG.
Nous avons apprécié l'accueil très professionnel.

ALL WAYS TRAVELS

212, bois des Arcades II Dely Ibrahim
✆ +213 21 38 43 84
www.allwaystravel-dz.com
infos@allwaystravel-dz.com
L'agence propose des visites guidées de la Casbah ainsi que des voyages en Algérie et des circuits pour les pèlerins chrétiens (Tibihrine, Tamanrasset et l'Ermitage de Foucauld...). L'agence All Ways Travel est le représentant exclusif, en Algérie, de Global Sales Agency, offrant un système de réservation en ligne à travers plus de 115 pays pour 25 000 hôtels.

ALOES VOYAGES

Cité 602 Logts Bt 16 (B)
Les Vergers ✆ +213 21 40 43 63
www.algerie-aloesvoyages.com
aloesvoyages@yahoo.fr
Aloès Voyages est une agence agréée par le ministère du Tourisme et spécialisée dans le tourisme réceptif. Elle organise des circuits culturels à la découverte d'Alger ou d'autres régions du pays, des séjours d'affaires, ainsi que des congrès et séminaires. Elle propose également des séjours à destination des « pieds-noirs » (Hussein Dey, Maison carrée, Kouba, El Biar...). Diplômé de l'Institut supérieur de tourisme à Paris, Tayeb, le patron de l'agence et guide national pendant de longues années, a établi des partenariats avec des agences européennes.

CLUB D'AVENTURES AFRICAINES

7, rue des Frères-Oughlis
El Mouradia ✆ +213 21 69 79 22
www.caa-dz.com
contact@caa-dz.com
Spécialiste des circuits organisés à travers le désert algérien (méharées, randonnées, circuits 4x4), ce voyagiste propose également des raids motos (comptez 1 550 € sans le vol pour la semaine). Dispose aussi d'une agence à Tamanrasset.

ÉLITE VOYAGES

Hydra
28 bis, rue des Frères Kadri
✆ +213 21 60 39 02
www.elitevoyages.org
elitevoyages@hotmail.fr
L'agence, franchisée American Express, possède le système GTA en exclusivité sur l'Algérie (réservation). Billetterie, réservation d'hôtels et appartements, assistance et transferts aux aéroports, location de véhicule, excursions, organisation de séminaires, assurance voyages, etc.

ESPRIT NOMADE

Cité Chevalley, Bt 1
Bouzareah
✆ +213 29 47 04 95
✆ +213 773 34 36 21
✆ +33 6 76 62 27 54
www.espritnomade.net
info@espritnomade.net
Organisation de circuits dans le nord (Algérie antique) et dans le grand sud (4x4, méharées).

HYDRA TRAVEL

Cité Sellier Paradou Hydra
Ahmed Bousmaha
✆ +213 21 60 67 64 / +213 21 48 20 86 / +213 5 50 50 09 00
hydravoyages@gmail.com
« Vous avez des rêves, Hydra Travel les réalise pour vous », le slogan en dit long, l'agence paraît capable de tenir cet engagement.

L'EXCELLENT

El Mouradia
1, rue Hadj Oukhil Mohamed
✆ +213 21 54 31 17 / +213 7 72 35 14 81 / +213 7 73 48 38 53
www.excellent-voyages.com
excellentvoyages@hotmail.fr
Agence résolument tournée vers l'extérieur. Pèlerinage, Omra et quelques week-ends dans le pays. Accueil sympathique.

LINA TRAVEL GROUP

Résidence Chabani, bât. 8c, n° 5
Val d'Hydra
✆ +213 21 60 00 02
✆ +213 7 70 50 69 74
www.linatravelgroup.com
info@linatravelgroup.com
Agence sympathique, située derrière le ministère des Mines et de l'Energie, qui propose un tourisme à la carte et utilise les services des guides de l'ONAT.

NAD SERVICES

Bordj El Kiffan
60, rue Saidi Ahmed
✆ +213 770 82 83 14
www.nad-services.com
contact@nad-services.com
Entreprise facilitant les séjours par des services aussi variés que l'assistance et le transfert à l'aéroport, la réservation d'hôtels, de restaurants, organisation d'événements, location de véhicules avec chauffeurs, indispensable pour sillonner la ville en toute quiétude. Aide également à l'Assistance Business Development, travaux d'admi-

nistration pour les sociétés étrangères qui cherchent des contacts en Algérie, traduction/interprétariat. Un appui indispensable aux déplacements professionnels.

OFFICE NATIONAL ALGÉRIEN DU TOURISME (ONAT)
126 bis A, rue Didouche Mourad
✆ +213 21 61 59 16
www.onat.dz
onat@onat-dz.com
L'ONAT est l'entreprise nationale algérienne du tourisme. Disposant d'un réseau très dense d'agences (35) réparties dans tout le pays, l'ONAT possède un catalogue de prestations très large à destination des groupes ou des individuels : réservations hôtelières, billetterie aérienne et maritime, excursions et visites guidées, circuits touristiques réguliers et à la carte, voyages à thèmes, incentive-tours, séminaires et colloques… Il dispose d'une flotte de transport moderne : autocars « Grand tourisme » Pullman sonorisés et climatisés, véhicules 4x4 confortables et climatisés et collabore avec les institutions hôtelières et de transport. Au niveau d'Alger, l'ONAT propose les circuits suivants : « Alger et ses environs » (Alger, Blida, la Chiffa, Cherchell, Tipasa, Tizi Ouzou, Tigzirt), « La boucle algéroise » (Alger, Tipasa, Cherchell, Blida, Tizi Ouzou, Bejaia), « Le Sahel algérois et la Kabylie » (Alger, Tipasa, Cherchell, Ath Yenni, Tizi Ouzou, Tigzirt, Blida, la Chiffa).

Autres adresses : Comptoir Aéroport international ✆ +213 21 50 94 80 • Riad El Feth ✆ +213 21 67 12 50

OFFICE NATIONAL DU TOURISME
2, rue Smail Kerrar – Bd Ernesto Che Guevara
✆ +213 21 71 29 81 / +213 21 71 30 60
www.ont.dz
ont@ont-dz.org
L'Office national du tourisme est notamment en charge de la communication autour du tourisme algérien (voyages de presse, salons…). Il édite de très belles brochures sur les différentes régions touristiques du pays et possède un site Internet intéressant pouvant vous orienter dans l'organisation de votre séjour.

SOURCES VOYAGES
8, rue Guy de Maupassant
Bir Mourad Raïs
✆ +213 21 56 45 57
sourcesvoyages@yahoo.fr
Assia, la directrice de l'agence, passionnée par le tourisme, propose une large gamme de prestations : des destinations sahariennes, historiques ou la simple visite de villes. Equipe sympathique et dynamique, qui donne envie d'en découvrir plus.

TAPIS ROUGE
24, boulevard Saïd Hamdine
Hydra
✆ +213 021 69 28 97
✆ 070 92 42 48
www.tapisrouge.biz
tapisrouge@tapisrouge.biz
La présence de l'agence à l'hôtel Hilton confirme son positionnement haut de gamme. L'équipe propose des circuits types ou sur mesure à la découverte du Sahara algérien. Services divers tels que réservation et émission de titres de transports, réservation de chambres d'hôtel, transport VIP, location de véhicules avec ou sans chauffeur, organisation de séminaires, etc.

Autre adresse : Agence Hôtel Hilton : Pins Maritimes – El Mohammadia, ✆ +213 021 21 98 82.

TOURING VOYAGES D'ALGÉRIE
3, boulevard Zirout Youcef
✆ +213 21 73 71 08
✆ +213 21 50 91 52
www.algeriatouring.com
tva-zirout@touring-algerie.com
Tour-opérateur, filiale du Touring Club d'Algérie. Organisation de séjours par un réseau national d'agences. Pour Alger, l'agence propose un week-end à la découverte de la capitale et un combiné Alger, Tipasa, Cherchell, Médéa sur six jours.

Autres adresses : Comptoir Aéroport International ✆ +213 21 50 91 05 • Comptoir Aéroport national ✆ 213 21 54 13 13

VOLGA VOYAGES ALGÉRIE
9, route Neuve
Bouzaréah
✆ +213 21 90 23 41
✆ +213 5 54 65 66 61
volgavoyages@yahoo.fr
Organisation de séjours thématiques et culturels dans l'Algérois (Albert Camus, Alger la Blanche, Tipasa…) et dans le sud, assistance aux séjours d'affaires (formalités pour obtenir un visa, réservations d'hôtels, billetterie…). Et si, par hasard, vous lisez ces lignes en Russie, Volga Voyages y a un représentant…

VOYAGE PLUS
2, rue Bitche
Place Audin
✆ +213 21 64 25 36 / +213 21 64 41 16
voyageplusresa@hotmail.com
Rue perpendiculaire au niveau des arrêts de bus sur D.
Cette agence propose des circuits touristiques en individuel ou en groupe en Kabylie, sur la côte Turquoise, Timimoun, Tamanrasset, etc. Des formules week-end en thalassothérapie sont également au programme.

XL TRAVEL SERVICES
Chéraga
4, rue de Dely Brahim
✆ +213 21 57 98 91
Alex met un point d'honneur à ce que son équipe reçoive les clients avec un objectif prioritaire « personnalisation ». A l'image des locaux, à la déco résolument moderne, l'équipe est jeune et dynamique. L'Algérie dans tous ses recoins, avec les enfants, en famille, pour une lune de miel ou pour votre bien-être l'agence peut organiser à la carte votre séjour y compris pour le business. Groupes et location de voitures sont aussi au catalogue. Accueil sympa.

ZAATCHA VOYAGES
N° 55 Coopérative Logis Parc Ben Omar
Kouba
✆ +213 21 28 08 76
zaatchavoyages@hotmail.com
L'agence offre tout ce dont un touriste peut avoir besoin. Location de voitures, excursions guidées, réservations d'hébergement... L'agence possède aussi une villa d'hôtes dans une palmeraie, à 20 km de Biskra.

ZENATA VOYAGES
16, rue Didouche Mourad
✆ +213 21 63 39 44
www.zenatavoyages.com
Un réseau familial d'agences qui organise des circuits dans l'ouest algérien au départ d'Alger.

ZYRIAB VOYAGES
Boulevard Sidi Yahia, Pavillon 586
Hydra
✆ +213 21 74 64 02 / +213 21 74 64 03
www.zyriab-voyages.com
zyriab@zyriab-voyages.com
Près de la station essence Naftal
Organisation de séjours à la carte à travers l'Algérie et visites thématiques d'Alger : Alger capitale andalouse, l'Algérois antique, Alger ville coloniale. Sérieux et dynamisme garantis par la solide expérience du responsable, Aflah Hadj Nacer. L'accueil à l'agence est quant à lui toujours chaleureux et plein de convivialité. Nous avons personnellement testé et approuvé les services de cette agence.

Représentations – Présence française

AMBASSADE DE FRANCE
25, chemin Abdelkader Gaddouche
Hydra ✆ +213 21 98 17 17
www.ambafrance-dz.org

CONSULAT GÉNÉRAL DE FRANCE
25, chemin Abdelkader Guadouche
Hydra
✆ +213 21 98 15 05
http://alger.ambafrance-dz.org
consulat.alger@ambafrance-dz.org

Argent

BANQUE ALBARAKA
13, rue Abane Ramdane
Chéraga
✆ +213 21 36 77 85
www.albaraka-bank.com
Change et retrait d'euros.

BANQUE CENTRALE D'ALGÉRIE (BCA)
8, boulevard Zirout Youcef
✆ +213 21 73 96 65
www.bank-of-algeria.dz
Change et retrait.

BANQUE EXTÉRIEURE D'ALGÉRIE (BEA)
Aéroport international Houari Boumédiène
✆ +213 21 20 70 09
www.bea.dz
Change et retrait d'euros. Distributeur pour l'achat d'euros et de dollars. Possibilité de rétrocession avec le reçu.

Autre adresse : Alger-centre : 6, boulevard Ernesto Che Guevara, ✆ +213 21 43 93 77

BNP PARIBAS
9A, rue Didouche Mourad
✆ +213 21 64 24 92
www.bnpparibas.dz
Change et retrait. Transfert d'argent avec Western Union.

Autres adresses : 10, rue des Frères Oughilis – El Mouradia ✆ +213 21 69 00 04 • 4, Chemin Sidi Yahia – Bir Mourad Raïs ✆ +213 21 60 29 43 • 82, boulevard Krim Belkacem ✆ +213 21 63 29 26

CAISSE NATIONALE D'ÉPARGNE ET DE PRÉVOYANCE (CNEP)
42, rue Khelifa Boukhalfa
✆ +213 21 71 56 93
www.cnepbanque.dz
Change et retrait d'euros.

CRÉDIT POPULAIRE D'ALGÉRIE (CPA)
41, rue Didouche Mourad
✆ +213 21 63 37 86 / +213 21 63 37 87
Change et retrait. Le distributeur automatique, à l'extérieur de la banque, accepte les cartes Visa.

Autre adresse : 02, Boulevard Colonel Amirouche ✆ +213 21 64 37 48

SOCIÉTÉ GÉNÉRALE ALGÉRIE
1, rue Didouche Mourad
✆ +213 21 63 08 49 / +213 21 63 08 97
A l'extérieur de la banque, distributeur de billets pour cartes Visa.

Moyens de communication

DHL EXPRESS
7A, rue Blaise Pascal
✆ +213 21 23 01 01
www.dhl.com – service@dhl-globalmail.com

DJEEZY
23, rue Didouche Mourad
Place Audin – www.djezzygsm.com
Un des principaux opérateurs mobiles.

GRANDE POSTE
Boulevard Mohamed Khemisti
www.poste.dz
Au croisement entre le boulevard et la rue Larbi Ben M'Hidi.
Tarifs affranchissement carte postale pour l'Europe et la France : 25 DA, lettre jusqu'à 20 g : 30 DA. Service de transfert d'argent Western Union.
N'attendez pas d'avoir besoin de ses services pour visiter ce magnifique endroit.

MOBILIS
Rue Asselah Hocine (angle avec le boulevard Mohamed Khemisi)
www.mobilis.dz
Un des principaux opérateurs mobiles.

RENSEIGNEMENTS
✆ 19

UPS
4, rue Blaise Pascal
✆ +213 21 23 04 60
www.ups.com

Santé – Urgences

AMBULANCES
✆ +213 7 70 68 01 01
24h/24.

CENTRE ANTIPOISON
CHU Bologhine
Rue Saïd Touati, Bab El Oued
✆ +213 21 97 98 98

CHU AÏT IDIR
Bab El-Oued
✆ +213 21 62 99 48 / +213 21 96 30 99

CHU BAÏNEM
Baïnem
✆ +213 21 81 61 13

CHU BELFORT
El-Harrach
✆ +213 21 59 53 25

CHU BEN-AKNOUN
Ben-Aknoun ✆ +213 21 91 21 63

CHU BENI-MESSOUS
Cheraga
✆ +213 21 93 11 90

CHU BIRTRARIA
El-Biar ✆ +213 21 92 11 46

CHU BOLOGHINE
Bab El-Oued ✆ +213 21 95 86 02

CHU DRID-HOCINE
Les Anassers
✆ +213 21 23 41 59

CHU MUSTAPHA PACHA
Place du 1er Mai, Sidi M'Hamed
✆ +213 21 67 33 33

HOPITAL EL-HARRACH
El-Harrach
✆ +213 21 52 24 00

PROTECTION CIVILE / POMPIERS
✆ 14 / +213 21 71 14 14
www.protectioncivile.dz

SAMU
✆ 16

Adresses utiles

BUREAU DES ÉTRANGERS DE LA WILAYA D'ALGER
Wilaya d'Alger
20, boulevard Zirout Youcef
✆ +213 21 73 00 73

Ouvert du dimanche au jeudi de 8h30 à 15h30. Dépôts des demandes le matin jusqu'à 11h30 et retrait des documents de 13h30 à 15h30.
Le visa peut être prolongé sous certaines conditions et si la demande est effectuée bien avant la date d'expiration du visa en cours.

■ **LUTTE ANTI-TERRORISTE**
✆ 15 90

■ **POLICE**
✆ 17

■ **UNION DES FRANÇAIS DE L'ÉTRANGER**
172, rue Hassiba Ben Bouali
Sofitel Alger BP 172R, Hamma
✆ +213 5 56 61 03 87 – algerois.ufe.org/fr/
L'UFE favorise les contacts entre les Français vivant à Alger et la France et vise à défendre leurs intérêts moraux et matériels.

SE LOGER

La capitale est assez bien pourvue en hôtels, mais l'offre proprement touristique est assez restreinte pour une si grande ville. Le standing des établissements ne correspond pas toujours au nombre d'étoiles affiché et les bâtiments peuvent être vétustes. Si coupures d'eau, manque d'entretien, mobilier hétéroclite et bancal sont le lot des hôtels bas de gamme, c'est la qualité de l'accueil qui fait fréquemment défaut dans les hôtels des catégories supérieures. Quoi qu'il en soit, vous trouverez des valeurs sûres comme l'Ibis, le Mercure ou encore le Sofitel et l'Aurassi pour les plus fortunés. Récemment, de nouveaux hôtels de catégorie moyenne ont vu le jour ; l'Oasis dans le quartier d'Hussein Dey est une réussite et de bon rapport qualité-prix. Les hôtels affichent souvent complet en semaine et pendant les foires et salons. Il ne faudra pas oublier que les vendredis et samedis sont jours de congé en Algérie, et qu'il est pratiquement indispensable de réserver une semaine, voire quinze jours, avant un déplacement à Alger.
Pour occuper une chambre d'hôtel, les couples algériens doivent présenter un certificat de mariage. Si cette règle n'est généralement pas appliquée aux étrangers, on recommandera aux couples mariés d'emporter dans leur bagage leur certificat de mariage et, aux couples non mariés de téléphoner au préalable à l'hôtel pour demander s'il exige le certificat, afin d'éviter des situations embarrassantes. N'oubliez pas également que pour l'obtention du visa, vous avez besoin d'une réservation d'hôtel.

Alger-centre

Bien et pas cher

■ **HÔTEL DES ÉTRANGERS**
1, rue Ali Boumendjel
✆ +213 21 74 33 59
Chambres doubles de 2 000 à 3 600 DA. Quelques chambres sont à 1 200 DA mais le confort est vraiment sommaire.
A deux pas du square Port-Saïd et relativement calme pour un hôtel du centre-ville. Les 44 chambres offrent un confort basique mais suffisant avec TV et salle de bains privée. Bon rapport qualité-prix. Seule ombre au tableau : l'ascenseur en panne depuis presque toujours...

■ **HÔTEL SAMIR**
74, rue Didouche Mourad
✆ +213 21 63 02 51
✆ +213 21 63 02 67
Comptez 4 920 DA la chambre simple, 5 952 DA la double. Chambres de confort supérieur : 5 136 DA la simple, 6 138 DA la double. Réception ouverte 24h/24.
L'hôtel Samir vaut surtout pour sa situation. En plein cœur d'Alger, l'établissement est installé dans un ancien immeuble colonial de la rue Didouche Mourad. S'il est plutôt propre et correct, l'hôtel dispose de chambres au confort sommaire. Climatisation et wi-fi dans toutes les chambres.

■ **HÔTEL SOFIANE**
17, rue Abane-Ramdane
Entrée au 2, rue Omar Lagha
✆ +213 21 71 28 0
✆ +213 21 71 28 02
info@hotelsofiane.com
Compter 2 850 DA la chambre simple et 3 850 DA la double.
L'hôtel Sofiane, situé à quelques encablures de la place Emir Abdelkader, est récent et plutôt bien tenu. L'accueil est agréable, les chambres au confort simple sont propres et disposent des commodités basiques (douches, toilettes, TV, clim). wi-fi accessible au salon. Attention à la fréquentation du quartier le soir.

Confort ou charme

HÔTEL ALBERT 1ER

5, avenue Pasteur
✆ +213 21 73 65 06
✆ +213 21 73 65 07
✆ +213 21 73 65 08
hotelalbert1@hotmail.com
63 chambres, dont 2 suites. Comptez 7 600 DA la chambre simple, 8 600 DA la double. Petit déjeuner inclus et wi-fi gratuit.
L'hôtel de style colonial édifié en 1907 est l'un des établissements historiques de la ville. Situé au coin de l'avenue Pasteur et du boulevard Khemisti (ex-Laferrière), il se trouve à deux pas de la Grande Poste. Sa façade haussmanienne est magnifique et la vue depuis les vastes balcons des chambres donnant sur le parc de l'Horloge florale est à couper le souffle. La vingtaine de chambres restaurées des deux derniers étages sont belles, confortables, bien équipées et dotées de grandes salles de bains, cependant la plupart des chambres sont anciennes et, quoique charmantes, demeurent plutôt désuètes et au confort limité. A noter : toutes les chambres sont équipées de TV à écran plat avec câble. L'hôtel dispose d'un bar et d'un restaurant agréables.

HÔTEL ES-SAFIR (EX-ALETTI)

2, rue Asselah Hocine
✆ +213 21 73 50 40
safirhot@yahoo.fr
A partir de 9 400 DA la chambre simple et 10 200 DA la double.
Surplombant le port, l'ancien palace Aletti n'est plus aussi fastueux que lors de son inauguration par Charlie Chaplin en 1930 à l'occasion des fêtes du centenaire de la colonisation. Certes, l'établissement, rebaptisé Hôtel Es-Safir en 1984, paraît un peu délaissé, les longs couloirs sont vides, l'appareil de projection du cinéma ne tourne plus depuis des lustres et le casino n'est plus, mais il a néanmoins gardé un charme fou. Il suffit de pénétrer dans le vaste hall de réception, de tirer la grille de l'antique ascenseur, ou de déguster un café au bar-salon de thé « Cintra » pour apprécier le style résolument Art déco de son architecture et imaginer l'ambiance mondaine qui pouvait y régner. Les chambres, rénovées, sont très agréables et ont conservé leur élégant mobilier d'époque. Toutes les chambres sont communiquantes et offrent ainsi une formule conviale pour les familles ou les groupes. Spacieuses, elles sont équipées de belles salles de bains et du wi-fi, et offrent pour certaines, une magnifique vue sur le port. Le restaurant, aux larges baies vitrées, propose une cuisine internationale convenable. Les tarifs des chambres qui augmentent régulièrement sont toutefois assez élevés.

HÔTEL MALIK

15, rue Mustapha Ferroukhi
✆ +213 21 63 40 94
Comptez 3 900 DA la chambre simple et 4 900 DA la double. Petit déjeuner inclus et wi-fi gratuit.
Proche de la rue Didouche Mourad, l'hôtel Malik, ouvert depuis 2009, est une bonne adresse du centre-ville. Bien tenu, l'établissement dispose de chambres simples, propres et correctement équipées (douche, téléviseur, climatisation). Accueil sympathique et sécurité assurée.

HÔTEL SUISSE

6, rue du Lieutenant Boulhart
✆ +213 21 63 10 09
www.hotelsuisse-dz.com
direction@hotelsuisse-dz.com
Comptez de 6 000 à 7 000 DA la chambre simple standard, 8 000 DA la chambre simple standing et 10 000 DA la double standing.
Inauguré en 1914, l'hôtel Suisse est situé dans une rue calme adjacente à la bouillonnante artère Didouche Mourad. La bonne réputation de cet établissement, son accueil et son cadre chaleureux, la qualité de ses services et le confort de ses chambres en font une des meilleures adresses de la catégorie. L'hôtel dispose de deux suites pour quatre personnes composées de deux chambres, d'un salon et d'une grande salle de douche. Personnel compétent et prévenant. Bar et restaurant gastronomique de qualité.

Luxe

EL AURASSI

2, boulevard Frantz Fanon
Les Tagarins
✆ +213 21 74 82 52
www.el-aurassi.com
reservation@el-aurassi.com
Comptez 27 000 DA la chambre single vue mer et 22 000 DA côté jardin, 30 000 DA la double (mer) et 24 000 DA (jardin). Suites de 39 000 à 60 000 DA. Suite présidentielle 250 000 DA. wi-fi gratuit mais petit déjeuner en extra : 2 200 DA le petit déjeuner continental et

2 500 DA le petit déjeuner buffet. Accès à la piscine pour les non-résidents : 2 500 DA par personne.
Peut-on imaginer Alger sans l'Aurassi ? Assurément pas. L'hôtel, conçu par l'Italien Luigi Moretti, est depuis son inauguration en 1973 un véritable repère visuel dans le paysage algérois. Ses neuf étages en font l'un des plus hauts édifices du centre-ville et son architecture moderne d'inspiration cubiste lui vaut le surnom de « climatiseur » (il est vrai que de loin, on dirait vraiment un climatiseur !). L'hôtel, en restauration pendant plus d'un an, a rouvert ses portes en mars 2012. Le style intérieur années 1970, emblématique de l'hôtel, a laissé place à une décoration plus moderne, entre design et rétro. Les chambres « vue mer », dotées de balcons, offrent une vue imprenable sur la baie d'Alger. Entre autres commodités : piscine, bars, restaurants, salles de conférence, salle de fitness. Si vous n'avez pas les moyens de dormir à l'Aurassi, n'hésitez pas à aller prendre un verre au bar avec terrasse de l'hôtel, le Seventy-Five, pour profiter de la superbe vue panoramique sur Alger.

Le Mustapha Supérieur et les Quartiers Sud

■ SAINT-GEORGE

24, avenue Souidani Boudjemâa
✆ +213 21 23 09 33
✆ +213 21 69 21 21
A partir de 22 000 DA la chambre single et 24 000 la double. Petit déjeuner : 1 450 DA.
L'hôtel Saint-George de la toute jeune chaîne hôtelière *El Djazaïr* est une des adresses les plus emblématiques et les plus prestigieuses de la capitale. Situé dans l'ancien *fahs*, la campagne algéroise à l'époque ottomane où étaient installées les résidences d'été des deys, l'hôtel a été édifié en 1889 sur l'emplacement d'une de ces anciennes demeures. Rénové puis agrandi depuis, il a largement conservé l'esprit mauresque des lieux. L'établissement qui n'a cessé d'accueillir la bourgeoisie étrangère, les personnalités politiques et intellectuelles fut pendant la Seconde Guerre mondiale le quartier général d'Eisenhower. Bordé d'un magnifique jardin botanique, le Saint-George est une véritable oasis au cœur de l'agitation algéroise. Les chambres, confortables et coquettes, donnent sur le jardin ou offrent une vue admirable sur la baie d'Alger. Restaurants Le Saint-George (gastronomie algérienne et française), La Pagode de Jade (cuisine chinoise), Snack-bar El Yasmine. Bar lounge Le Dey et discothèque Le Pacha Club. Piscine, tennis, salle de fitness, hammam et salle de massage. Salles de conférences. wi-fi.

■ SOFITEL ALGIERS HAMMA GARDEN

172, rue Hassiba Ben Bouali
El Hamma
✆ +213 21 68 52 10
✆ +213 21 68 52 11
✆ +213 21 68 52 12
www.sofitel.com
h1540@sofitel.com
A partir de 20 000 DA la chambre le week-end et 29 000 DA en semaine. Petit déjeuner non compris (2 500 DA).
C'est sans doute la proximité du Jardin d'Essai qui confère au Sofitel, situé à 5 minutes du centre-ville et 20 minutes de l'aéroport, un charme indéniable malgré sa taille. Ses 309 chambres (supérieures et exécutives) et ses 24 suites « côté ville » ou « côté jardin », à la décoration moderne et raffinée, sont ultra-confortables (lit *Mybed*) et très bien équipées (téléviseur LCD, wi-fi, douche « ciel de pluie », produits Hermès...). Centre fitness avec sauna, solarium, piscine semi-couverte chauffée avec vue sur le Maqâm Echahid. Restaurants Difa (buffet), le Continental (gastronomie française) et le Mordjane (cuisine traditionnelle algérienne), deux bars.

Les Hauteurs

■ HÔTEL HYDRA

Boulevard Ben Youcef Benkhedda
(ex-Sidi Yahia)
Bp.16 Bis Said Hamdine – Hydra
✆ +213 21 54 89 42
✆ +213 21 54 89 43
www.hotelhydra.dz
contact@hotelhydra.dz
Accessible par la voie rapide sortie Hydra, au premier rond-point à gauche juste après la station-service.
A partir de 6 550 DA la chambre simple et 7 600 DA la chambre double.
Proche du centre animé de Sidi Yahia, l'hôtel Hydra est une bonne adresse dans un quartier encore chiche en hôtels. L'établissement est doté d'une centaine de chambres classiques possédant tout le confort nécessaire : TV avec 34 chaînes, réfrigérateur, connexion wi-fi, climatisation. Restaurant gastronomique (pas d'alcool), parking gardé, navette aéroport, service de location de voitures.

La périphérie

Confort ou charme

■ HÔTEL DAR DIAF

Chemin de la Redoute, Bouchaoui
✆ +213 21 38 20 20
www.dardiafbouchaoui.com
info@dardiafbouchaoui.com
A partir de 7 800 DA (centre-ville), 7 200 DA (Chéraga) et 8 500 DA (Bouchaoui).
Trois hôtels portant le même nom, trois styles différents mais de qualité équivalente. Dans un bâtiment de style néomauresque, l'hôtel du centre d'Alger possède deux restaurants avec vue sur la ville. Celui de Bouchaoui (Hammamet) est proche de Staouéli et de la forêt de Bouchaoui et propose cinq forfaits cure thermale et séjour de remise en forme. Décoration quelquefois un peu chargée mais assurément mauresque.

▶ **Autre adresse :** 48, boulevard des Martyrs (centre), ✆ : +213 21 69 20 20 – Chéraga, ✆ : +213 21 36 10 10

■ HÔTEL DE L'AÉROPORT

Rue Mouloud Feraoun
Dar El Beïda
✆ +213 21 50 75 52
hotel_aeroport@netcourrier.com
A partir de 5 900 DA la chambre simple et 7 000 DA la double.
Comme son nom l'indique, l'hôtel est proche de l'aéroport. 85 chambres. L'établissement est plutôt triste mais s'avère pratique en cas d'étape à Alger ou pour des vols à des heures trop matinales.

■ HÔTEL EMIR

33, rue Tella Ahcene
Route de Dély Ibrahim, Chéraga
✆ +213 21 36 15 10
www.hotelemir.com.dz
A partir de 7 900 DA la chambre simple, 8 400 DA la twin et 9 200 DA la double.
Hôtel bien tenu disposant de chambres correctement équipées. Restaurant sans alcool. Piscine.

■ HÔTEL IBIS

Route de l'Université
Bab Ezzouar
✆ +213 21 98 80 00 / +213 21 98 80 20
www.ibishotel.com
A partir de 100 € la chambre simple ou double.
Situé dans la zone aéroportuaire de la capitale, l'hôtel Ibis conviendra parfaitement aux voyageurs venant à Alger pour affaires ou en transit. Il s'adresse également à des touristes peu hasardeux en quête d'un confort et de services standard à l'occidentale (wi-fi, climatisation, TV écran plat, parking, navette aéroport-hôtel...). Les chambres sont fonctionnelles et sans surprise. Bar, restaurant « Sud & Cie » proposant une cuisine gastronomique et méditerranéenne.

■ HÔTEL MONCADA

Parc de la Concorde Civile, Ben Aknoun
✆ +213 21 94 80 19
A partir de 8 000 DA, petit déjeuner compris.
Hébergement seulement dans des suites. Service impeccable. Situé dans le parc zoologique et des loisirs de la Concorde Civile, l'hôtel, d'architecture hispano-mauresque et dont le nom rappelle une défaite espagnole devant Alger en 1519, fut la résidence des hôtes d'Etat. Restaurant de cuisine algérienne et internationale.

■ MERCURE ALGER AÉROPORT

BP 12
5 juillet, route de l'université
Bab-Ezzouar
✆ +213 21 24 59 70 / Réservation : +213 21 24 59 11
www.mercure.com
H3173@accor.com
A partir de 22 000 DA la chambre. 1 700 DA le petit déjeuner.
Situé dans la zone aéroportuaire, l'hôtel Mercure est pratique et fonctionnel pour les voyageurs en transit ou en voyage d'affaires. L'établissement, conforme aux standards de la chaîne, dispose de 307 chambres, dont 92 non fumeurs. Trois restaurants (*El Behdja* pour la cuisine traditionnelle, *Mu Dan* pour les spécialités chinoises et *El Beida* pour la gastronomie internationale), bar et piano-bar, salles de séminaires, piscine extérieure, deux courts de tennis, salle de fitness, hammam et sauna. wi-fi dans tout l'hôtel. Certes, la moitié des chambres ont été rafraîchies et sont dotées d'une décoration plutôt moderne, mais elle restent d'un standing inférieur aux chambres d'autres hôtels pratiquant les mêmes tarifs.

Luxe

■ HILTON ALGER HOTEL

Pins Maritimes
El Mohammadia
✆ +213 21 21 96 96
www.hilton.com

A partir de 11 000 DA la chambre le week-end et 23 000 DA en semaine. Les tarifs varient en fonction du taux d'occupation et de la vue. Ajouter 4 000 DA pour une chambre avec vue sur mer. 1 800 DA le petit déjeuner. Taxe de séjour : 600 DA/pers/nuit.
Situé à dix minutes de l'aéroport et face au centre d'exposition de la SAFEX, l'hôtel Hilton se trouve au cœur du projet Alger Medina qui réunira dans quelques années tours d'affaires, hôtels et résidences de luxes, centres commerciaux et de loisirs. Les chambres spacieuses, luxueuses et très confortables sont dotées de balcon et donnent pour certaines sur la baie d'Alger, pour d'autres sur le jardin. Restaurants *Casbah* (spécialités algériennes), *Tamina* (cuisine méditérranéenne et gastronomie internationale), bars *The Pool House* (autour de la piscine en été), *Crystal Lounge* (musique live, DJ's). Piscines extérieure et intérieure, court de tennis, salle de fitness, sauna. Ses nombreuses salles de séminaires en font l'hôtel d'affaires de référence. Les tarifs pratiqués le week-end permettront aux voyageurs de séjourner dans un hôtel de luxe pour un coût relativement bas.

HÔTEL OASIS

32 rue Mouloud Belhouchet
Hussein Dey
✆ +213 21 77 04 04
www.oasishotel-dz.com
reservation@oasishotel-dz.com
Près de la station de tramway.
Chambre simple à 14 000 DA, double à 16 000 DA. Petit déjeuner inclus. wi-fi gratuit.
Un hôtel 5 étoiles tout nouveau à Alger. Dans un style à la fois moderne et mauresque, il dispose de 191 chambres spacieuses et confortables dont des 22 junior suites et une suite présidentielle. Parmi les commodités sur place : un business center, une piscine, un spa, un hammam, un bain à remous et un salon de beauté. Une belle adresse.

SHERATON CLUB DES PINS

BP 62 Club des Pins
Staoueli
✆ +213 21 37 77 77
www.sheratonclubdespins.com
reservations.algiers@sheraton.com
A partir de 22 000 DA la chambre simple et 25 000 DA la double. Petit déjeuner : 1 800 DA.
Situé au bord d'une plage dans la zone balnéaire huppée et sélecte du Club des Pins, le Sheraton ne dépare pas la chaîne hôtelière Starwood et ses luxueuses adresses, cependant ce gigantesque établissement composé de 419 chambres manque de chaleur et son personnel de sympathie. Les chambres sont convenablement aménagées et bien équipées (lit « Sweet Sleeper », bureau spacieux, grandes, fenêtres, salle de bains en marbre, climatisation, TV satellite, mini-bar, wi-fi). Piscines intérieure et extérieure, terrains de tennis, salle de gym, saunas, hammam, plage privée. Restaurants La Brasserie (buffet), La Trattoria (cuisine italienne), la Daurade (spécialité de poissons et fruits de mer), Le Tassili (spécialités algériennes). Bars. L'établissement est particulièrement fréquenté par la jeunesse dorée algéroise pour sa discothèque « Les 1001 nuits ».

SE RESTAURER

Les hôtels d'au moins trois à quatre étoiles ont en général des restaurants convenables si on ne se sent pas de sortir « en ville » ; les plus renommés étant ceux du Saint-George (El-Djazaïr) dont un restaurant chinois apprécié.
Dans le centre, les petits restaurants se valent plus ou moins et ils sont à petits prix. Il suffit de jeter un œil à l'intérieur et sur les vitrines de brochettes pour se faire une idée et choisir. Il reste cependant difficile de trouver un restaurant de couscous ou autres spécialités algériennes. Les établissements qui affichent le couscous sur leur carte ne le servent qu'un jour donné de la semaine, le vendredi en général.
Du côté de la pêcherie, sous la place des Martyrs, on a le choix entre des restaurants de poissons frais pêchés et de grillades bon marché, les « chouwayine ». Et le soir, on préfère les pizzerias et les petits cafés dans les ruelles autour de l'université, rue Didouche Mourad.
Cependant, de plus en plus de restaurants d'un certain standing ouvrent à Alger. La plupart de ces établissements haut de gamme se trouvent dans les hauteurs d'Alger mais désormais on en trouve aussi de plus en plus dans les quartiers de la périphérie d'Alger comme Dely Brahim (le Kokkinos, Porto Alegre Plaza) ou à Bab Ezzouar (Le Havana).

Alger-centre

Pause gourmande

PÂTISSERIE-BOULANGERIE LE RÉGAL

38, rue Ahmed-Zabana (ex-Hoche)

L'ensorcelante devanture de la pâtisserie qui existait déjà avant l'indépendance laisse imaginer la qualité de ses produits…

PÂTISSERIE-BOULANGERIE PASTEUR

17, rue Pasteur

Boulangerie-pâtisserie envahie à l'heure du déjeuner pour ses quiches, *cokas* et autres excellents feuilletés… La pâtisserie propose un large choix de gâteaux traditionnels et toutes sortes de pains également.

PÂTISSERIE LOUATI

(Ex-Robertseau)
104, boulevard Krim Belkacem
Télémly
✆ +213 21 63 91 22
www.louati.com
louati-traiteur@lycos.com

Un des pâtissiers-traiteurs les plus connus d'Alger. Vous retrouverez tous les gâteaux traditionnels orientaux (Baklaoua, Mblebess, Tanit, Papillon, Bdjaouyette…). L'établissement dipose d'une boutique à l'aéroport pour les achats de dernière minute.

PÂTISSERIE NOOR EL HANI

5-7, chemin du Sacré-Cœur
✆ +213 21 74 41 68
noorelhani.com
Ouvert tous les jours jusqu'à 18h.

Pâtisseries traditionnelles et pains spéciaux. Une bonne adresse.

Autre adresse : Avenue 11 décembre, Val d'Hydra ; 15 rue Abane Ramdane, Chéraga.

Bien et pas cher

ALADIN

✆ +213 5 50 31 59 32
Ouvert tous les jours de 11h à 22h. Comptez 400 DA le plat et 200 DA le sandwich shawarma.

Restaurant palestinien de spécialités orientales : kebab, chich taouk, koubihmis, shawarma... Idéal pour casser rapidement la croûte. Shawarma et falafel à emporter. Un délice, on a testé ! Et en prime, le service est professionnel et serviable. Le seul problème c'est que c'est très souvent bondé mais c'est la rançon de la gloire...

LA BAIE D'ALGER – CHEZ RILI

6, rue de Tindouf (à côté du Centre Culturel Français)
✆ +213 21 73 83 57
✆ +213 7 70 31 05 76
Comptez 600 DA le repas.

Plutôt calme le midi, le restaurant est fréquenté par les hommes politiques, fonctionnaires des administrations avoisinantes, employés du Centre Culturel Français… On y sert sardines grillées, entrecôtes, sépia en sauce, etc. Le soir, la Baie d'Alger devient un lieu exclusivement fréquenté par les hommes qui aiment se retrouver autour d'une Beaufort ; la bière locale, ou d'une bonne bouteille de Médéa. L'ambiance reste agréable et son ouverture sur la rue et ses grandes fenêtres en font une adresse, certes un peu enfumée mais fort plaisante.

LE CHALET ROUGE

120, boulevard Krim Belkacem
✆ +213 21 74 06 28
Fermé le jeudi soir et le vendredi. Comptez 500 DA le repas et 300 DA le plat de sardines.

Sur le Télemly, derrière une façade qui peut paraître close, le Chalet Rouge est un petit bar-restaurant très populaire où l'on mange parmi les habitués une des meilleures sardines à la sauce *dersa hamra* (sauce relevée à l'ail et la tomate)
d'Alger.

LE ROI DE LA LOUBIA

Rue Chaïb Ahmed (ex-rue de Tanger)
Ouvert tous les jours de 7h à 19h30. Comptez 140 DA le plat de loubia et 220 DA le plat de sardines.

Réputé pour sa loubia (recette de loubia spéciale secrètement gardée) que l'on mange debout ou sur un bout de table dans la mini-échoppe qui pourrait avoir 100 ans d'âge. Une adresse incontournable de la très populaire rue de Tanger.

TANTONVILLE

7, square Port-Saïd
✆ +213 21 74 86 61
Ouvert tous les jours de 6h à 20h. Comptez 800 DA le repas.

Situé sur le square Port-Saïd (ex-Bresson), à deux pas du Théâtre, c'est l'adresse à retenir pour un café en terrasse ou une pause déjeuner après une balade dans la Casbah. Ouvert depuis 1870, l'établissement, dont le nom Tourtel-Tantonville évoquait alors la brasserie fondée par les frères Tourtel dans cette commune de Meurthe-et-Moselle, est une institution. La grande salle de l'ancienne brasserie est aujourd'hui partagée en un café prolongé par sa légendaire terrasse et un restaurant aux hauts plafonds, moulures, miroirs et photos anciennes des comédiens de théâtre. Autrefois fréquenté par les journalistes, intellectuels et comédiens du théâtre, le Tantonville, au charme nostalgique, est toujours bien tenu. Les plats (tajines, grillades, ragouts, boureks...) sont délicieux et peu onéreux.

Bonnes tables

■ L'ARC-EN-CIEL

3, rue du Colonel Haoues (place Emir Abdelkader)
✆ +213 21 73 83 60
Comptez 1 600 DA. Fermé le vendredi.
Tout près de la place Emir-Abdelkader, l'Arc-en-Ciel est une bonne adresse pour un déjeuner en ville. Spécialités de poissons, couscous et méchoui (sur commande), paella le mercredi. Alcool.

■ CLUB 15 (EL-KENZ)

15 rue Moustafa-el-Ouali (ex-Debussy)
✆ +213 21 74 07 67
Ouvert du dimanche au vendredi midi et soir. Comptez 1 800 DA le repas.
Ancien cercle de bridge, le Club 15 fait encore partie des petits nouveaux d'Alger mais fait déjà figure d'institution. Accueil agréable dès la réception, dominée par un énorme coffre berbère. La carte est riche de nombreuses spécialités algéroises (méchoui) et françaises (terrines, escargots de Bourgogne, etc.) ajoutées au menu par l'épouse française du patron kabyle. Soirées animées par un petit orchestre ou par les stars du coin.

■ LE MAISON DU COUSCOUS

5 rue Ernest Zeys
✆ +213 21 64 01 17
Par l'avenue Mustapha Sayed E1 Ouali (ex-Debussy), la rue Ernest Zeys monte en escaliers.
Ouvert tous les jours midi et soir. Comptez 1 500 DA pour le repas.
Pour un Algérien, manger un couscous dans un restaurant est en quelque sorte un sacrilège. Le couscous est un plat que l'on mange chez soi et que l'on apprécie plus que tout lorsque c'est celui de sa mère. C'est pourquoi très peu de restaurants proposent le couscous à la carte. Pour vous qui n'aurez peut-être pas l'occasion d'être invité à déjeuner dans une famille algérienne, rendez-vous à la Maison du couscous, une adresse incontournable située à quelques pas de la cathédrale du Sacré-cœur. D'orge ou de blé, le couscous est servi chaque jour dans un cadre agréable au style berbère. La carte affiche également d'autres plats traditionnels délicieux comme la *rechta*, ou la *chakhchoukha* et des soupes du pays ; la *hrira* et la *chorba*.

■ RESTAURANT DE L'HÔTEL SUISSE

6, rue du Lieutenant Boulhart
✆ +213 21 63 10 09
www.hotelsuisse-dz.com
Ouvert midi et soir. Comptez 1 500 DA le repas.
Convivial et intimiste, le restaurant est généralement fréquenté par les clients de l'hôtel mais s'avère être une bonne adresse à retenir, surtout les jours de fête comme l'Aïd lorsque la plupart des restaurants sont fermés. Cuisine internationale de qualité. Alcool.

Luxe

■ LE BÉARNAIS

5, rue Ahmed et Boualem Khalfi
Rue Burdeau
✆ +213 21 63 03 07
Ouvert midi et soir. Fermé le samedi. Comptez 2 000 DA le repas.
Le Béarnais est une des plus anciennes références gastronomiques de la capitale. Au menu : classiques de la gastronomie française mais également paella, méchoui et poissons. Service aimable et attentionné dans un cadre très agréable.

■ LE CARACOYA

3, rue de Pierre
✆ +213 21 73 39 44
✆ +213 7 70 40 49 78
La rue de Pierre est une perpendiculaire à la rue Didouche Mourad, au niveau du cinéma l'Algeria.
Ouvert midi et soir jusqu'à minuit. Fermé le vendredi. Comptez environ 2 000 DA le repas.
Le restaurant Caracoya, ouvert depuis 1966, est une des adresses favorites des expatriés qui s'y retrouvent les veilles de week-end pour un dîner « à la française ». La carte change suffisamment souvent pour avoir envie d'y revenir. Jardin et terrasse.

LE DAUPHIN

Rue d'Angkor
Pêcherie d'Alger ✆ +213 21 71 68 62
Compter 2 500 DA.
La pêcherie, située dans le vieux quartier de la Marine, ancienne bâtisse qui a vu débarquer plus d'un marin est devenue un restaurant de spécialités de poissons et que du bon S.V.P ! Djamel, le maître des lieux, l'a créée de toutes pièces et a ainsi donné une deuxième jeunesse au lieu. Picada d'espadon, sole cordon bleu, merlan beurre de moutarde, crevettes royales, gambas grises ou roses, poissons gros sel, dorades roses et bien d'autres plats sont à déguster, sur la superbe terrasse qui borde les quais, ou dans la salle principale qui offre une vue imprenable sur la baie d'Alger. Le service, excellent au demeurant, vous proposera un chariot de vins avec des crus algériens délicieux. Avantage indéniable de cette adresse en plein centre de la ville : son parking. Nous avons apprécié la délicieuse salade de poulpe et la crêpe Suzette « légendaire ».

EL DJENINA

10, avenue Franklin Roosevelt
✆ +213 21 74 40 26
Ouvert midi et soir. Fermé le vendredi. Comptez 2 500 DA le repas.
Situé à deux pas du musée du Bardo, ce restaurant aux allures de palais ottoman, ouvert depuis 1968, propose une carte riche en spécialités algériennes (chorba, hrira, boureks, tajines, poulet au citron, sfiria, couscous...). Les plats du jour varient entre rechta algéroise, tchekhtchoukha de Biskra et autres plats du pays. Le restaurant porte bien son nom : *El Djenina* était le nom donné au siège du gouvernement et de l'administration à l'époque ottomane. Les propriétaires ont consacré trois années pour l'aménagement du lieu et ainsi en faire une véritable réplique des palais de la Casbah : carreaux de faïence, lampes de dinanderie, coffres en bois chinés ici et là, plafond en bois sculpté. Le cadre et la cuisine vous charmeront.

L'ÉTALON

2, rue Belkacem Hamidi (ex-Bitche)
✆ +213 5 52 26 09 20
✆ +213 21 61 76 84 / +213 21 64 93 78
Fermé le vendredi et le samedi à midi. Comptez 2 000 DA le repas.
Dans une ruelle proche de la place Audin, l'Etalon est un restaurant très apprécié, tant pour ses propositions culinaires autour de la viande et du poisson que pour ses jeudis musicaux, plutôt jazzy. Mieux vaut réserver pour être de ces soirées.

LE NORMAND

1, rue Tancrède
✆ +213 21 73 19 69
✆ +213 6 61 54 52 10
resto_lenormand@yahoo.fr
Situé entre la Grande Poste et la place Emir Abdelkader, deuxième ruelle à gauche. Le stationnement est possible dans la ruelle et plus aisé après 19h dans la rue principale.
Ouvert midi et soir, fermé le vendredi. A partir de 2 200 DA le repas.
Le Normand est l'un des établissements les plus anciens de la ville et dont la réputation n'est plus à faire. La cuisine des terroirs est excellente. Queue de bœuf, perdreaux farcis aux raisins secs, confit d'oie, daube de joues de bœuf, faisan à l'ancienne, escargots de Bourgogne, choucroute de la mer, etc. Pour éviter d'avoir à choisir parmi les nombreux plats de la carte, laissez-vous tenter par la suggestion du jour de Farid, le patron et maître des fourneaux. Le cadre est rustique et l'ambiance chaleureuse. Réservation conseillée.

LE RACYM'S

8, rue Aouchiche Larbi (ex-Francis Garnier)
✆ +213 5 51 48 77 68
✆ +213 7 70 33 94 73
Près du Sacré-Cœur
Comptez 2 000 DA le plat. Ouvert tard le soir. Réservation conseillée.
Bar-restaurant dont les dîners dansants sont animés par un groupe oriental relayé par un DJ qui mixe jusqu'au petit matin... L'ambiance est plutôt familiale, les animations débutent assez tard dans la soirée. Parmi les spécialités : osso bucco, chakhchoukha le lundi, couscous royal le mardi, paella le mercredi. Souvent complet, mais on s'arrangera toujours pour vous trouver une petite table.

La Casbah

PÂTISSERIE LALLA DJAMILA

Rue Sidi Ramdan
✆ +213 5 57 18 51 12
Ouvert de 9h à 18h.
L'une des meilleures pâtisseries de la Casbah. Il est possible de voir travailler les pâtissières dans l'arrière-boutique. C'est toujours très instructif !

RESTAURANT CHOUAII

Place des Martyrs
Ouvert tous les jours jusqu'à 18h. Comptez 600 DA le repas.

Un restaurant populaire de grillades pas chères et délicieuses. Sur deux étages, l'établissement est toujours plein à craquer et il faut parfois patienter pour avoir une table, mais cela vaut la peine car la qualité est au rendez-vous et les prix tout doux.

Le Mustapha Supérieur et les Quartiers Sud

AU BON GIBIER

Local OS02, ex-El Arich, Bois des Arcades
Riad El-Feth
✆ +213 21 66 29 80 / +213 6 61 51 00 80
www.aubongibier.com
laradicherif@yahoo.fr
Ouvert midi et soir. Fermé le vendredi. Comptez 3 000 DA le repas. Parking gardé.
Ce restaurant, spécialisé dans le gibier comme son nom l'indique, est sans doute l'adresse la plus conviviale du Bois des Arcades. La cuisine y est fine et les mets sont raffinés. De la suggestion du jour à une carte où se mêle la cuisine européenne avec celle du pays, la liste est longue : cailles grillés, canard à l'orange, chevreau rôti, lapins, pintades, foie gras frais... Belle salle chaleureuse à la décoration à la fois rustique et moderne, veranda et agréable terrasse.

LE TANTRA

Villa n° 2, Bois des Arcades
Riad El-Feth
✆ +213 21 65 46 54 / +213 5 56 46 31 19
Ouvert midi et soir tous les jours. Comptez 4 000 DA le repas.
Le restaurant-lounge haut de gamme et select a beaucoup d'adeptes. Son cadre est si agréable que beaucoup y organisent même systématiquement leurs déjeuners d'affaires, surtout depuis qu'une salle leur est exclusivement réservée. Grande salle lumineuse, déco tendance, cuisine méditerranéenne et gastronomique internationale soignée et créative (renouvellement de la carte tous les deux à trois mois). Bar réservé aux clients du restaurant.

LA VÉRANDA

Bois des Arcades, Riadh El-Feth
El Madania ✆ +213 21 65 29 09
Ouvert du samedi au mardi de 19h à 2h. Fermé le vendredi. Comptez 2 500 DA le repas.
L'ancienne discothèque courue de la capitale est devenue un bar-restaurant au style lounge. La cuisine y est moderne et élaborée : pavé à l'ananas, filet aux morilles, cèpes et pleurottes, filet de saint-pierre parfumé au basilic, magret de canard...

Les Hauteurs

BEN BURGER

Boulevard Sidi Yahia, Hydra
✆ +213 7 70 98 09 75
Ouvert de 7h à 23h. Comptez 1 000 DA le repas.
Ce restaurant est fameux pour ses excellents burgers. Il ne désemplit pas et les prix sont doux.

COUZ FOOD

Boulevard Sidi Yahia, Hydra
✆ +213 21 00 00 00
A côté de l'agence Zyriab Voyages
Ouvert de 8h30 à 21h30. Fermé le vendredi. Entrées de 200 à 250 DA, plats et pizzas de 300 à 500 DA, sandwichs de 150 à 250 DA. wi-fi gratuit.
Une cafétéria cosy où l'on peut manger des plats simples et consistants : gratin, merguez-frites, entrecôte, poulet, pizza... Les amateurs de café apprécieront le bon expresso. Service efficace et attentif. Une bonne adresse.

LA GÉNOISE – CHEZ CHAÏB

3, place El Qods (la placette)
Hydra ✆ +213 21 48 21 62
chaibgenoise@yahoo.fr
Ouvert tous les jours.
Boulangerie-pâtisserie réputée comme étant l'une des meilleures de la capitale. Tenue de père en fils depuis 50 ans. Gâteaux occidentaux et algériens, grand choix de pains spéciaux.

PIZZERIA WOODPECKER

12, rue Icosium
Hydra ✆ +213 21 60 43 33
Ouvert midi et soir. De 150 à 600 DA la pizza. Plats de 400 à 900 DA.
Bonne pizzeria connue des Algérois. Service en salle, pizzas à emporter et service de livraison à domicile.

La périphérie

Pause gourmande

PÂTISSERIE ZERROUATI

58, avenue des frères Abdeslami
Kouba ✆ +213 21 28 64 61
Ouvert tous les jours de 9h à 18h, sauf le dimanche.
Si vous avez marre de la pâtisserie orientale et rêvez de gâteaux à la française, c'est ici qu'il faut venir. Les pâtisseries sont excellentes, les gâteaux design et colorés. Bonne adresse.

Bien et pas cher

LE ROUGET

Tamentfoust (ex-La Pérouse)
Situé sur le port au bord de la plage, c'est l'une des meilleures adresses du coin, et depuis un bon bout de temps... Pas d'alcool. Si c'est complet, essayer le Romarin ou l'Espadon, juste à côté.

LA SIRÈNE

24, boulevard de la Victoire,
Aïn-Taya (Surcouf)
✆ +213 7 72 14 09 45
Bonnes spécialités de poissons dans un cadre très agréable.

Bonnes tables

CHEZ RACHID, L'ARAUCARIA

Route du Club des Pins
Forêt de Bouchaoui
✆ +213 6 61 51 65 00
Ouvert tous les jours. Comptez 2 500 DA.
La bonhomie du patron et de son épouse qui supervise le service et la bonne cuisine font la réputation de cet établissement.

DAR GNAWA

Résidence Les Deux Bassins,
Oued El-Romane
Ben Aknoun
✆ +213 21 94 77 81
Fermé le vendredi, ouvert uniquement le soir. Comptez 2 000 DA le repas.
Situé à côté de l'entrée du parc zoologique, entre Oued El-Romane et Ben-Aknoun. Plats traditionnels algériens et marocains dans une ambiance feutrée et une déco orientale assez réussie. Fréquenté essentiellement par la communauté étrangère. Bar, salon de thé.

DAR LAHLOU

Palais des Expositions, SAFEX,
Pins Maritimes
Mohammadia
✆ +213 21 21 08 07 /
+213 7 70 34 60 44
Compter 1 000 à 1 500 DA le couscous.
Spécialisé dans la gastronomie ancestrale, Dar Lahlou est l'adresse à retenir pour le couscous traditionnel. Roulé à la main dans l'entreprise familiale de Frikat en Kabylie, la Maison Lahlou, le couscous est de blé, d'orge, d'avoine, de gland, de riz, de maïs, de sorgho, de caroube ou à base de plantes (thym, lavande, basilic). Les couscous de blé et d'orge sont servis chaque jour, les couscous spéciaux sur commande. Vous pourrez également goûter d'autres plats traditionnels comme la *chakhchoukha*, la *rechta* ou les *tadjines*. Ambiance berbère parfaitement recréée par un intérieur décoré avec soin et une *khaima* (tente berbère) montée à l'extérieur pour les beaux jours. Pour vous y rendre, mieux vaut être véhiculé, le restaurant se situe dans la zone excentrée de la SAFEX (proche hôtel Hilton). Les différentes variétés de couscous de la Maison Lahlou sont en vente dans une des boutiques du hall d'embarquement de l'aéroport.

▸ **Autre adresse :** Maison Lahlou : BP N°04, Frikat centre, Draa-El-Mizan, Wilaya de Tizi Ouzou, Tél : +213 26 38 62 00

HAVANA

17, route de l'Université
Centre commercial Bab-Ezzouar
www.havana-dz.com
Ouvert le soir. Comptez 2 200 DA le repas (avec spectacle inclus).
Un restaurant steack-house de standing dans un cadre latino comme l'indique son nom. Il est au dernier étage du centre commercial Bab-Ezzouar, là où se trouvent tous les restaurants du centre. Spécialités de grillades onctueuses et bonne musique live au rendez-vous. Le jeudi c'est soirée latino, le vendredi c'est soirée flamenco et le samedi c'est soirée piano-bar avec de la variété française.

KOKKINOS

48, route de Dely Brahim
Dely Brahim
✆ +213 5 50 46 68 86
Ouvert midi et soir. Comptez 2 000 DA le repas.
Un nouveau restaurant au style moderne qui propose des spécialités françaises. Les Algérois y ont déjà leurs habitudes. Les portions ne sont pas toujours suffisantes mais la qualité est au rendez-vous.

MAHARAJA

Villa n° 308
El-Moustakbel, Aïn-Allah,
Dély-Ibrahim
✆ +213 21 91 92 02
www.maharaja-dz.com
Ouvert tous les jours midi et soir. Comptez 2 000 DA le repas.
Un des meilleurs restaurants indiens d'Alger. Attention : plats servis par défaut très épicés. Si vous n'êtes pas amateur, n'oubliez pas de préciser « non épicé ». A essayer lors d'une sortie shopping dans un quartier animé.

■ **PORTO ALLEGRO PLAZA**
Ain Allah
Dely Brahim
✆ +213 5 50 09 66 87
✆ +213 5 50 95 02 28
Ouvert de 11h30 à 23h30. Comptez 2 000 DA le repas.
Ce nouvel établissement à la déco cosy propose des plats d'inspiration italienne dont les fameuses pizzas. Egalement des grillades de viande et de poisson. Bonne adresse.

■ **ROSTOMIA**
117 bis, route de Sidi M'Barek
Oued Roumane, El Achour
✆ +213 21 30 80 16 / +213 7 70 97 27 94
www.rostomiatraiteur.com
mail@rostomiatraiteur.com
Restaurant-traiteur dont on se repasse l'adresse pour toutes sortes de réceptions comme pour de plus humbles festivités.

Luxe

■ **L'AUBERGE DU MOULIN**
24, rue Abane Ramdane
Chéraga
✆ +213 21 36 10 73
Ouvert midi et soir. Fermé le samedi. Comptez 3 500 DA le repas.
Idéalement éloigné des bruits de la ville, le restaurant, entouré d'un jardin luxuriant, sert une cuisine algérienne et française fine et délicatement relevée (bon méchoui d'agneau) dans un beau cadre, chaleureux en hiver et bucolique aux beaux jours. Service impeccable et note en rapport.

SORTIR

Cafés – Bars

■ **CAFÉ DU COIN DE MÉMOIRE**
Rue Sidi Driss Hamidouche
Haute Casbah
✆ +213 6 63 14 96 30
Ouvert jusqu'à 18h.
Un petit café tout simple dans une petite rue de la Casbah. Ce sont des pieds-noirs revenus dans ce quartier récemment qui auraient baptisé ce bout de rue « le coin de mémoire » en l'inscrivant sur le mur ; le café qui se trouve au même endroit a donc été baptisé ainsi. En fait, il est surtout constitué des quelques chaises à l'entrée où des habitants du quartier refont le monde pendant des heures. Son ambiance est très typique de la Casbah. Yacine Boussoufa, le patron, est très sympathique et vous pourrez parler longtemps avec lui du quartier mais aussi de l'Algérie en général.

■ **CAFÉ MALAKOFF**
Rue du Vieux-Palais
Basse Casbah
Le mythique café Malakoff, à la belle façade fraîchement repeinte, est l'ancien fief des maîtres du chaâbi : El Anka, Dahmane El Harrachi et M'Rizek. Ses murs, tapissés de photos des célèbres interprètes, résonnent encore des *qacidates* (poèmes chantés) de cette musique si populaire. Idéal pour boire un thé à la menthe ou une bonne *cherbet* (citronnade à base de fleur d'oranger, de sucre vanillé, de feuilles de menthe ou de fleurs de jasmin) si rafraîchissante en été après une balade dans la Casbah.

■ **MILK BAR**
Place Emir Abdelkader
Ouvert en journée seulement. Comptez 200 DA.
A l'occasion d'une balade dans le centre, on passe forcément devant ce bout de mémoire qui n'a pas beaucoup changé. Le Milk Bar fut la cible, le 30 septembre 1956, de l'attentat du FLN qui a le plus marqué les esprits pendant ce qu'on appelait les « événements ». Idéal pour un café-crème-gâteau, le Milk Bar dispose d'une belle terrasse vraiment agréable.

■ **MOONLIGHT**
8, rue Mouloud Zadi ✆ +213 21 71 87 55
Ouvert de 11h à 22h30. Fermé le vendredi.
Un petit café tendance aux lumières tamisées et à l'ambiance lounge sur 2 étages. Des chichas sont à disposition pour les amateurs. Clientèle jeune et plutôt branchée.

Clubs et discothèques

■ **LE PACHA CLUB**
24, avenue Souidani Boudjemaâ
Hôtel Saint-George (El-Djazaïr)
✆ +213 21 69 21 21
Ouvert du mardi au jeudi soir. Entrée libre.
La discothèque de l'hôtel Saint-George est l'une des boîtes les plus courues de la capitale. Tenue correcte exigée.

LE RACYM'S
8, rue Aouchiche Larbi
✆ + 213 21 74 90 58
✆ +213 7 70 33 94 73
Ouvert tous les soirs.
Le Racym's est un club de jazz connu pour ses soirées musicales qui durent jusque tard dans la nuit…

LE TRIANGLE
OREF
Riadh El-Feth, El-Madania
Le Triangle est une ancienne discothèque connue d'Alger. Fermée comme de nombreux autres clubs pendant des années, elle a rouvert en 2009 pour une clientèle assez branchée et friquée. Deux salles avec deux ambiances ; l'une orientale (avec souvent de la musique live) et l'autre disco, plus club. Nous regrettons cependant le grand nombre de prostituées. Les femmes seules se sentiront bien seules... Dommage car le DJ du club est très doué.

Spectacles

Alger-centre

CINÉMATHÈQUE ALGÉRIENNE
26, rue Larbi Ben-M'Hidi
✆ +213 21 73 75 49
Séances à 13h30 et 17h tous les jours sauf le vendredi. 70 DA la séance.
Créée en 1965, la Cinémathèque algérienne, véritable carrefour culturel dans les années 1970 et 1980, a, comme de nombreuses autres salles de cinéma, subi les affres de la décennie noire. Fermée pour travaux pendant quelques années, elle a rouvert ses portes en décembre 2010 pour le plus grand bonheur des cinéphiles. L'occasion de voir ou revoir des classiques algériens mais également d'assister à des rétrospectives de grands cinéastes, des journées thématiques, des projections de courts-métrages, des soirées-débats…

EL MOUGGAR
2, rue Asselah Hocine
✆ + 213 21 73 61 93
Près de l'hôtel Safir.
Rénovée il y a quelques années, la salle El Mouggar, exploitée par l'Office national de la culture et de l'information, accueille régulièrement concerts, conférences, spectacles et séances de cinéma. Salle moderne et bien équipée de 650 places.

INSTITUT FRANÇAIS
7, rue Hassani Issad
✆ +213 21 73 78 20
✆ +213 21 73 78 21
www.if-algerie.com
Organisation régulière de spectacles, concerts, conférences, séances de cinéma, rencontres-débats, expositions… Centre de langues et médiathèque.

INSTITUT FRANÇAIS D'ALGER
7, rue Hassani Issad
✆ +213 21 73 78 20
✆ +213 21 73 78 21
www.if-algerie.com
Entrée libre pour toutes les manifestations culturelles organisées au sein de l'Institut. Les concerts organisés hors les murs sont généralement payants. Entrée à la médiathèque sur inscription.
Les services de coopération éducative, universitaire et culturelle de l'ambassade de France et le Centre culturel français ont récemment fusionné pour devenir l'Institut français d'Alger. Acteur culturel majeur de la capitale algérienne, il accueille régulièrement concerts, expositions, conférences, rencontres-débats, pièces de théâtre, lectures et une séance de cinéma hebdomadaire. Son implication dans le réseau culturel local a permis le développement, en son sein, de projets de coopération de qualité. L'institution, qui abrite également un centre de langues, une médiathèque et un café, est un espace culturel et d'échanges privilégié et convivial en plein cœur d'Alger.

THÉÂTRE DE VERDURE / AUDITORIUM DU CENTRE CULTUREL LAADI FLICI
Boulevard Docteur Frantz Fanon
✆ +213 21 64 72 88
Centres d'art et culture de la wilaya d'Alger, le théâtre de verdure situé en contrebas de l'hôtel El Aurassi et l'auditorium qui le jouxte accueillent régulièrement festivals et concerts de musiques chaâbi et arabo-andalouse…

THÉÂTRE NATIONAL ALGÉRIEN
Square Port Saïd
✆ +213 21 63 58 91
✆ +213 21 71 21 75
L'ancien Opéra d'Alger conçu par les architectes Chassériau et Ponsard en 1853, puis réédifié en 1883 suite à l'incendie qui l'endommagea, est devenu à l'Indépendance le TNA : Théâtre national algérien. Doté d'une belle salle de 750 places, il accueille régulièrement

des troupes nationales et étrangères, des concerts de l'orchestre symphonique national et de l'orchestre philharmonique d'Alger, mais on rêve de voir plus souvent son rideau se lever et son activité théâtrale s'intensifier. Si jamais vous passez au théâtre dans la journée, hors représentation, demandez à parler au régisseur, Sherif Chikhechioukh, qui est adorable et vous fera visiter avec plaisir et gratuitement les coulisses du théâtre, à condition qu'il ait un peu de temps libre au moment de votre passage bien sûr.

Bab El Oued et le nord

SALLE ATLAS

27, rue Mohamed Seghir Saadaoui (square Nelson)
Bab El-Oued

L'ex-Majestic, qui a accueilli autrefois Bob Marley, Charles Aznavour ou encore Johnny Hallyday et dont les anciens se souviennent qu'elle était la plus grande salle du pays et, dit-on, d'Afrique, a rouvert ses portes en 2008 après plusieurs années de restauration. Pouvant accueillir jusqu'à 3 500 personnes sur trois niveaux, la salle dispose d'un plafond ouvrable permettant l'été d'apprécier les spectacles en plein air.

Le Mustapha Supérieur et les Quartiers Sud

PALAIS DE LA CULTURE

Plateau des Anassers
Kouba ✆ +213 21 29 10 10
www.palaisdelaculture.dz
info@palaisdelaculture.dz

Un peu excentré, le palais de la Culture à l'architecture arabo-musulmane a été inauguré en 1984 pour abriter le ministère de la Culture et accueillir des manifestations culturelles et scientifiques (expositions, concerts, conférences, salons...). Belle vue sur la ville, la baie et les quartiers de Kouba et Hussein-Dey depuis la terrasse.

SALLE IBN-ZEYDOUN

OREF
Riadh El-Feth, El-Madania

Une des plus belles salles de spectacles d'Alger à l'acoustique impeccable. Concerts de qualité et festivals y sont régulièrement organisés.

À VOIR – À FAIRE

Visites guidées

NORDINE BOUANANI

✆ +213 5 50 38 55 20
www.nono-tourisme.com
nordine9290@hotmail.com

« Nono », ancien professeur de maths, correspondant à Alger de plusieurs agences, traducteurs de langues et traiteur à ses heures, est le plus débrouillard et le plus réactif des guides algérois ! Il connaît tout, du lieu à visiter le plus confidentiel au bar où il faut être vu en passant par la plus petite boutique. Surprises et anecdotes à chaque coin de rue. Son dynamisme, sa curiosité insatiable et sa bonne humeur le rendent pratiquement indispensable, d'autant plus qu'il peut organiser votre voyage. Une vraie agence à lui tout seul !

Alger-centre

CATHÉDRALE DU SACRÉ-CŒUR

Rue Didouche Mourad

Au niveau de la station essence Naftal

L'entrée se fait sur le côté de l'édifice par le portail gris situé dans la rue Ibnou Hazm, perpendiculaire à la rue Didouche. La cathédrale n'est pas ouverte en permanence. Préférez les visites l'après-midi, de 14h à 17h. Contactez père Julien Oumedkane (© +213 7 76 32 35 20) pour vous assurer de sa présence et de la possibilité d'une visite. Pour plus d'informations sur les offices par exemple, vous pouvez également contacter l'archevêché d'Alger : 13, rue Khelifa Boukhalfa, © +213 0 21 63 35 62 - evechealger@yahoo.fr

Défigurée par la station essence Naftal qui s'est installée sur ce qui devait être initialement son parvis, la cathédrale du Sacré-Cœur se distingue par son architecture moderniste. Sa construction en 1962 est la consécration d'un vœu fait par Mgr Leynaud en 1944 et Mgr Duval en 1958. Edifiée selon les plans de Paul Herbé et Jean Le Couteur, elle remplace la cathédrale Saint-Philippe restituée au culte musulman à l'Indépendance. La « tour » hyperboloïde, s'apparentant à une centrale nucléaire, s'élève à 35 m. L'intérieur est saisissant. La « coupole », surmontée d'une rosace, repose sur quatre arcs de béton soutenus par huit piliers. Les jeux des lignes et l'utilisation du béton restituent parfaitement l'idée de la tente de Dieu selon l'Evangile de Saint-Jean pensé par les architectes Paul Herbé et Jean Lecouteur. Les tapis ont été offerts par Louis Philippe à la cathédrale Saint-Philippe. Le coffre berbère a été donné à la cathédrale par les moines de Tibhirine onze jours avant leur enlèvement et assassinat. L'autel en marbre de Carrare pesant 6 tonnes détient les reliques des saints africains Victor et Fulgence. Le lutrin est un don de Napoléon III et l'antiphonaire appartenait aux trappistes de Staouéli. Les colonnes en marbre authentique viennent de l'église de Tamentfoust. Au fond de la nef, la mosaïque, datant de 324, provient de la première basilique de *Castrum Tingitanum* (Chlef, ex-Orléansville). Il s'agit d'une pièce unique de l'art chrétien antique puisqu'elle serait la plus ancienne représentation de l'Eglise sous la forme d'un labyrinthe. L'orgue est un don de la paroisse de Boufarik. Les vitraux sont l'œuvre du maître-verrier Henri Martin Granel.

FRONT DE MER

Long balcon de 1 500 m, le front de mer surplombe le port et domine la mer. Inauguré par Napoléon III en 1865 et baptisé boulevard de l'Impératrice Eugénie puis renommé plus tard boulevard de la République, l'actuel boulevard Che Guevara conçu par l'architecte Frédéric Chassériau est un des premiers aménagements du génie militaire français. Bordés d'immeubles à arcades, les boulevards Zirout Youcef (ex-Carnot) et Che Guevara sont souvent comparés à la rue de Rivoli à Paris. Une promenade le long du front de mer offre, outre un magnifique panorama sur la baie, la possibilité de découvrir certains des édifices les plus emblématiques de la ville comme les majesteux immeubles néo-classiques et haussmanniens occupés principalement par des banques, la wilaya de style néomauresque, le siège de l'Assemblée populaire nationale (ancien hôtel de ville d'Alger) inspiré de l'hôtel de ville de Puteaux, l'hôtel Safir (ex-Aletti) et son cachet Art déco, la mosquée El Djedid, à l'architecture harmonieuse d'influence byzantine et la mosquée El Kebir, rare héritage almoravide, l'amirauté où plane encore le souvenir des courses barbaresques…

GRANDE POSTE

Boulevard Mohamed Khemisti

www.poste.dz

Au croisement entre le boulevard et la rue Larbi Ben M'Hidi.

Edifiée en 1913 sur les plans des architectes Voinot et Tondoire, la Grande Poste devait alors marquer le déplacement du centre-ville colonial vers le boulevard Laferrière (aujourd'hui Mohamed Khemisti), établi sur l'emplacement de l'ancien mur d'enceinte de l'époque française. Elle est le symbole du courant architectural néomauresque amorcé au début du XXe siècle par le gouverneur Jonnart dans le cadre des réformes engagées en faveur des Algériens et dans la perspective d'un rapprochement des populations européennes et autochtones. La façade extérieure présente les archétypes du style mauresque : grandes coupoles, minarets, escalier de marbre, portes en bois. Le couronnement de l'édifice est composé de bandeaux de faïence verte, de panneaux où sont gravés les noms des principales villes d'Algérie, d'arcs, d'une corniche de tuiles et d'une rangée de merlons. L'ornementation intérieure d'un grand raffinement est inspirée des édifices hispano-mauresques d'Andalousie :

coupole ornée de stuc finement ciselé et d'une couronne de stalactites, colonnes en marbre surmontées de chapiteaux sculptés... Les murs sont ornementés d'inscriptions religieuses en arabe. Les anciennes boîtes aux lettres situées près de l'entrée sont particulièrement belles.

IMMEUBLE-PONT BURDEAU

Boulevard Krim Belkacem
Télémly

Si le viaduc habitable du plan Obus de Le Corbusier ne s'est jamais concrétisé, l'esprit de l'architecte suisse plane cependant sur le Télémly. Conçu par l'architecte Pierre Marié en 1952, l'immeuble-pont Burdeau s'inscrit dans la démarche urbanistique et architecturale de Le Corbusier. Cet ouvrage est l'un de ces coups de génie architecturaux répondant parfaitement aux contraintes du terrain abrupt sur lequel est bâtie Alger. Erigé au dessus du ravin Burdeau, au niveau de la boucle du boulevard Krim Belkacem débouchant sur le quartier de la Robertsau, le pont est également le toit d'un immeuble d'habitation. Il n'existerait que deux ouvrages de ce genre au monde. Visible depuis la boucle du boulevard Krim Belkacem.

JARDIN DE BEYROUTH (EX-PARC SAINT-SAENS, EX-MONT-RIANT)

Boulevard Krim Belkacem
Télemly

C'est sans doute à la proximité des belles demeures, des consulats, ambassades et entreprises étrangères que ce parc doit d'être bien entretenu. Toujours est-il que l'ancien parc Saint-Saëns, très fréquenté par les familles, offre l'une des escales les plus apaisantes du centre-ville. On a presque l'impression d'y respirer un air plus frais qu'en bord de mer, et un musée des enfants y fait régner une atmosphère d'école buissonnière.

L'AÉROHABITAT

Boulevard Krim Belkacem
Télémly

Ascenseur à 5 DA pour aller au 10e étage et profiter de la vue sur Alger.

Beaucoup d'Algérois attribuent la réalisation de l'Aérohabitat à Le Corbusier. En réalité, si Le Corbusier avait de nombreux projets architecturaux pour Alger, aucun n'a pu voir le jour. C'est toutefois à des élèves de l'architecte suisse – Pierre Bourlier, José Ferrer-Laloë et Louis Miquel – que l'on doit cet ouvrage. Bâti en 1955 sur le modèle du « village vertical » de la Cité radieuse de Marseille, l'ensemble est composé de quatre immeubles. Le plus haut, de 23 étages, bien qu'imposant, s'intègre remarquablement au site. Sa disposition perpendiculaire aux courbes de niveau a permis aux maisons environnantes de préserver leur vue sur Alger, sa construction en arches n'obstrue pas la circulation routière. Le dénivelé et le caractère accidenté du terrain ont été utilisés de façon astucieuse par l'intégration d'un étage-coursive au milieu du bâtiment composé de commerces et permettant de rejoindre, dix étages plus haut, l'arrière du bâtiment depuis le boulevard Krim Belkacem. Tout comme l'unité d'habitation de Marseille, l'Aérohabitat est composé d'appartements en duplex. Le projet avait suscité à l'époque une forte opposition des habitants du quartier craignant qu'une telle construction n'endommage profondément le site.

ALGER

© SÉBASTIEN CAILLEUX

Rue Emir El Khettabi, vers la Grande Poste.

© SÉBASTIEN CAILLEUX

La salle des marbres au Musée national des Antiquités.

MAMA (MUSÉE D'ART MODERNE D'ALGER)

25, rue Larbi Ben M'Hidi
✆ +213 21 71 72 52 – www.mama-dz.com
contactmamalger@gmail.com
Ouvert de 10h à 12h et de 14h à 18h du 1er novembre au 30 avril. Du 1er mai au 31 octobre : de 11h à 18h30. Mois de ramadan : de 12h à 15h et de 21h30 à 00h30. Fermé le vendredi et les jours fériés tout au long de l'année. Entrée : 200 DA.

Inauguré en décembre 2007, le MAMA a réinvesti le majestueux cadre des anciennes Galeries de France (plus tard devenues Galeries algériennes). Pendant algérois des Galeries Lafayette, elles ont été conçues en 1914 par l'architecte Henri Petit, grande figure de l'école néo-mauresque. Si les puristes regrettent les boiseries anciennes des balustrades et ascenseurs ou du monumental escalier recouvert aujourd'hui d'une peinture blanche, l'ensemble est assurément saisissant et on ne peut que se réjouir de voir Alger se doter d'un lieu dédié à l'art contemporain. Le musée accueille des expositions temporaires thématiques, des rétrospectives d'artistes, de photographes et d'installations de plasticiens algériens ou étrangers. Les expositions changent tous les 6 mois environ. Ne manquez pas d'aller faire un tour à la petite librairie du musée qui contient les catalogues de toutes les anciennes expositions et de nombreux ouvrages sur l'art contemporain ou la photographie en rapport avec l'Algérie.

MUSÉE NATIONAL DES ANTIQUITÉS ET DES ARTS ISLAMIQUES

177, boulevard Krim Belkacem
Parc de la Liberté, Télémly
✆ +213 21 68 11 29
www.musee-antiquites.art.dz
museemna@musee-antiquites.art.dz
Ouvert de 9h à 12h et de 13h à 16h30. Fermé le vendredi toute la journée et le dimanche matin. Entrée 200 DA.

Inauguré par Félix Faure en 1897, le Musée des Antiquités fut le premier musée municipal d'Alger. C'est aujourd'hui l'un des musées les plus intéressants d'Alger. Il abrite une importante collection d'antiquités classiques composée de vestiges (sculptures, mosaïques, bronzes, poteries...) mis au jour lors de fouilles sur les différents sites archéologiques d'Algérie et une section d'art musulman présentant une collection d'objets provenant des différentes dynasties arabes et berbères ayant exercé leur pouvoir en Algérie et dans le Maghreb. Quelques pièces viennent également du Proche-Orient. Dans la salle des cultes païens, un sarcophage provenant d'Azzefoun (Kabylie) et datant du IIIe siècle après J.-C. représente la légende grecque de Béllérophon. Dans la salle des monnaies, des tablettes en bois de cèdre datant de 493 représentant des actes de vente témoignent du passage de Vandales. Les mosaïques mythologiques provenant de Tipasa, Constantine, El Asnam ou Bordj Bou Arreridj sont particulièrement bien sauvegardées. Dans l'autre partie du musée consacrée aux arts islamiques sont exposés pièces de monnaie provenant de toutes les dynasties arabo-berbères, sabres, fusils, bijoux, tapis, vêtement, mobilier, faïences, cuivres... Parmi les pièces majeures de cette section, le minbar de la Grande Mosquée d'Alger daté de 1097 et la porte en bois sculptée provenant de la mosquée Ketchaoua.

MUSÉE NATIONAL DU BARDO

3, rue Franklin Roosevelt
✆ +213 21 74 76 41
Le musée a rouvert ses portes en 2014 après de longs travaux mais n'accueille pour l'instant que des expositions temporaires. Les collections du musée n'étaient toujours pas accessibles au public à l'automne 2014. Le musée en tant que tel devrait être ouvert au public courant 2015.

Le Musée du Bardo est installé dans une ancienne villa ottomane des hauteurs d'Alger qui aurait été bâtie par un riche Tunisien à fin du XVIIIe siècle. Acquise par le général Exelmans en 1830, elle revint à l'agha de Biskra, Ali Bey, en 1975 jusqu'à ce qu'elle devienne la propriété d'un certain Pierre Joret en 1879. Mélomane et passionné d'histoire, il fit de grandes transformations dans la villa sans pour autant dénaturer les lieux afin de donner des concerts, dont celui de Camille Saint-Saëns, et d'accueillir une collection de pièces préhistoriques. En 1926, la villa est cédée à l'Etat français qui la transforme en Musée d'Ethnographie et d'Art indigène. Inauguré en 1930, à l'occasion du centenaire de la colonisation, le musée devient Musée de Préhistoire et d'Ethnographie puis Musée du Bardo en 1985, et est classé la même année monument historique. Blottie au fond d'un jardin exquis, la villa, qui conjugue les éléments traditionnels de l'architecture ottomane (bois précieux, faïence, fer forgé, portes basses, chicanes, cour intérieure verdoyante et son bassin fontaine de marbre, etc.). abrite de très intéressantes collections de vestiges découverts pour la plupart lors de fouilles menées en Algérie.
Collections de préhistoire provenant du Maghreb et du Sahara : outils paléolithiques et néolithiques, poteries, idoles, etc. Reproduction de fresques rupestres. A voir également, les fragments de mâchoire et de pariétal d'un *Atlanthropus mauritanicus*, qui vécut il y a environ cinq cents mille ans à Ternifine, dans la région de Mascara. Pièces protohistoriques : anneaux de bronze, dalles gravées... Tombeau de Tinhinan, l'ancêtre légendaire des Touareg, dont le squelette fut trouvé en 1926 près d'Abalessa dans le Hoggar. Une vitrine dévoile les bijoux de la reine trouvés dans le tumulus abritant son tombeau. La partie ethnographique se compose d'une section urbaine (dinanderie, fusils, sabres, bijoux berbères, costumes traditionnels de Constantine, Alger, Tlemcen, poteries et coffre de Kabylie...), d'une section saharienne (collections du Hoggar : objets en cuir peint, selles, boucliers, poignards...) et d'une section consacrée à l'Afrique noire.
La villa abrite également le CNRPAH (Centre national de la recherche préhistorique, anthropologique et historique), ex-CRAPE, créé en 1955 et dirigé de 1969 à 1980 par le chantre de la culture berbère : Mouloud Mammeri.

■ PARC DE LA LIBERTÉ (EX-PARC DE GALLAND)

Rues Krim Belkacem et Didouche Mourad
Deux entrées : par le haut du parc rue Krim Belkacem et par le bas rue Didouche Mourad
Ouvert tous les jours de 7h30 à 18h et jusqu'à 20h en été.
L'ancien Parc de Galland a été inauguré en 1915 par Charles de Galland, maire d'Alger de 1910 à 1919 et proviseur du lycée de Ben Aknoun, qui fit don à la ville de ce magnifique terrain. Ses jardins en terrasses entrecoupés d'escaliers, ses volières et son plan d'eau en faisaient alors l'un des lieux de promenades les plus appréciés des Algérois et l'un des plus élégants parcs de la ville. L'entrée par la rue Didouche Mourad s'ouvre sur un monumental escalier bâti autour d'un bassin surmonté d'une plaque commémorant l'initiative de Charles de Galland. En haut du parc se trouve le Musée national des antiquités et des arts islamiques.

La Casbah

■ AMIRAUTÉ ET PHARE DE L'AMIRAUTÉ

Ne se visite pas.
En 1511, Pedro Navarro fait construire sur un des îlots au large, le Penon, un bastion circulaire doté de canons et situé à 300 mètres du port. Kher-Eddine arrache le Penon aux espagnols en 1529, fait joindre les îlots au port et bâtit ainsi une jetée afin de protéger la ville et le port. Le pouls de la ville sous la régence d'Alger se mesurait dans la darse puisque c'est là que se préparaient les expéditions des redoutables corsaires qui firent d'Alger une cité imprenable et qu'étaient débarqués prises, marchandises et prisonniers. Le Bordj El Fanar, agrémenté plus tard par le phare, a été édifié entre 1541 et 1544 par Hassan Pacha qui installa également les premières batteries. Les différents bâtiments militaires et autres forts aménagés progressivement ont façonné l'Amirauté, qui est aujourd'hui le commandement des forces navales.

Des ânes pour nettoyer la Casbah

Lors de votre visite de la Casbah, vous verrez sûrement passer dans les ruelles des ânes aux paniers chargés. La voiture étant interdite à la Casbah, ce sont en fait les éboueurs de la ville. Un bon moyen écolo de garder la Casbah propre !

med Taleb

st fermée au public pour travaux de rénovation mais certains gardiens autorisent parfois la visite.

Bâtie en 1516 par Baba Aroudj, corsaire turc, autoproclamé roi d'El Djazaïr suite à la libération d'Alger de l'emprise espagnols, la Citadelle (*Casbah* en arabe) s'étend sur 9 000 m² sur l'emplacement du palais du prince berbère Bologhine Ibn Ziri, fondateur d'El-Djazaïr Beni Mezghana.

La construction de cette forteresse, située à 118 m au-dessus de la mer et destinée dans un premier temps à abriter une garnison de janissaires, ne s'achèvera qu'en 1591. Ce n'est qu'en 1818 qu'elle devient le siège de la Régence. Ali Khodja, avant-dernier dey d'Alger, menacé par les janissaires (soldats de la milice du sultan ottoman), quitte la *Djenina*, qui était jusqu'alors le siège du gouvernement et de l'administration, pour se réfugier dans la Haute Casbah. La Citadelle devient ainsi le palais du dey, dont le dey Hussein parachèvera les installations. A la prise d'Alger, le palais est réquisitionné par le maréchal de Bourmont qui en fait sa résidence, puis revient à Clauzel, général en chef des troupes de l'Algérie et à d'autres généraux. La caserne d'Orléans est édifiée en 1926 et le musée militaire colonial Franchet-d'Esperey est installé dans le palais du dey en 1930 à l'occasion du centenaire de la présence française.

Les occupations et aménagements successifs ont malheureusement fortement endommagé les lieux, en cours de rénovation depuis des années. Le boulevard Mohamed Taleb, percé par les Français sur l'emplacement des jardins de la Citadelle, a notamment scindé le site. A droite du boulevard Mohamed Taleb (dans le sens de la descente), vous apercevrez la poudrière, *Dar El Baroud*, les anciennes écuries, le palais des beys. Autour de ces bâtiments et de la cour, des remparts servaient d'abri à cinq batteries qui pointaient leurs canons vers le port, la côte et l'arrière-pays.

A gauche, vous remarquerez la mosquée des Janissaires et, derrière, la mosquée du dey, flanquées de leur minaret octogonal orné de bandeaux de faïence. Le palais du dey s'articule autour d'un patio et se constituait des salles du Trésor, du hammam, des appartements des femmes et ceux du dey et du *Diwan* (salle du conseil) où aurait eu lieu le fameux « coup de l'éventail » le 30 avril 1827. Cette offense faite à l'encontre du consul de France Deval par le dey Hussein, irrité par une dette de la France envers la Régence, aurait été le prétexte à la prise d'Alger par les Français. Presque tous les carreaux de faïence ont été arrachés par les occupants successifs – militaires puis squatteurs après l'Indépendance – et seuls quelques lambeaux colorés et des embrasures de portes en marbre sculpté laissent deviner une ancienne splendeur.

« Quelques minutes de marche ascendante vous amènent devant la Casbah, vaste et somptueux palais qu'habitait le dey, converti maintenant en forteresse, contenant une bonne garnison, la poudrière et de beaux jardins au milieu desquels se trouve le télégraphe (disparu, ndlr). Les vastes appartements de ce palais méritent d'être visités tant par leur construction curieuse que par les souvenirs historiques qui s'y rattachent. Mais n'y cherchez rien qui rappelle le luxe et l'élégance des palais de l'Orient, tout a disparu ; cette architecture même, si légère autrefois, a dû céder sa place à des constructions massives. On trouve encore dans les appartements et dans les vastes cours de cet édifice des restes de ce style mauresque si plein de poésie, mais tellement mutilés, que cela fait peine à voir. Les galeries et les salles du rez-de-chaussée servent de réfectoires ; l'odeur du tabac a remplacé celle des parfums de La Mecque. La belle mosquée du palais, avec ses élégantes colonnes, ses mosaïques et son dôme, sert de dortoirs aux artilleurs. Le harem, cette voluptueuse habitation des femmes, sert d'atelier aux tailleurs et aux cordonniers. Le magasin à poudre de la Casbah, lorsque nous avons visité cette forteresse en 1845, contenait 6 482 coups pour bouches à feu, 3 000 000 de cartouches et un grand nombre d'autres projectiles. »

Cette description de la Citadelle a été trouvée dans un guide touristique daté de 1848, à consulter sur le site gallica.bnf.fr qui met en ligne beaucoup d'autres guides anciens.

■ DAR AHMED

10, rue Hadj Omar

Fermé au public.

L'ancien palais d'Ahmed Pacha, à la tête de la Régence d'Alger de 1805 à 1808, devait faire partie de l'ensemble architectural de la *Djenina*. Il abrite aujourd'hui la direction du Théâtre national algérien.

■ DAR AZIZA-BENT-EL-BEY

Rue Hadj Omar

Basse Casbah

Situé en face de la mosquée Ketchaoua, ce joyau de l'architecture ottomane, est comme Dar Ahmed, un des rares édifices du grand ensemble de la *Djenina,* siège du gouvernement et de l'administration de la Régence a avoir survécu à l'incendie de 1844 et à la destruction du quartier par les français en 1856. Dar Aziza-Bent-El-Bey, qui siginifie « Palais d'Aziza, fille du Bey » aurait été bâti au XVIe siècle pour Aziza à l'occasion de son mariage avec le bey de Constantine. Il servait alors de demeure régents d'Alger et aux dignitaires étrangers de passage. Pendant la présence française, il devint la résidence de l'évêque puis en 1838 le domicile de l'archevêché. A l'indépendance, il est affecté tour à tour au Ministère du tourisme, puis à l'Agence algérienne du tourisme, à la revue Al Takafa puis à l'Agence nationale d'archéologie et de protection des monuments et sites historiques. Le palais abrite aujourd'hui l'Office national de gestion et d'exploitation des biens culturels protégés. S'il est officiellement fermé au public, il est toutefois parfois possible de pénétrer dans sa cour selon le bon vouloir du gardien.

A l'origine, le palais disposait de trois étages, dont le dernier ne résista pas au violent séisme de 1716. Conçue selon les principes architecturaux de l'époque ottomane, la demeure s'articule autour de son magnifique patio entouré de *s'hine* (galeries), soutenus par des colonnes en marbre surmontées de chapiteaux, et ornées de carreaux de faïence, de boiseries sculptées, de claustras... La porte actuelle a été prélevée en 1835 sur une autre entrée, lors de transformations qui ont supprimé la maison annexe. Les spécialistes s'accordent à dire que c'est le plus beau palais de la Casbah.

DAR HASSAN PACHA

Place Ben Badis, rue Hadj Omar
Basse Casbah
En restauration. Ne se visite pas.

Ce palais, faisant face à Dar Aziza, est sans doute l'un des endroits où l'entrechoquement de l'histoire ottomane et celle de la France en Algérie est demeuré le plus palpable. Bâti vers 1791 par le dey Hassan Pacha (1791-1798), le palais a subi de nombreuses transformations par les français qui en firent dès 1830 le Palais d'hiver du gouverneur d'Alger. La façade en marbre blanc aux fenêtres en ogive et l'encadrement de la porte à colonnes de marbre jaspé ont été aménagés par l'architecte Pierre-Auguste Guiauchain dans un style, inspiré des palais vénitiens, très éloigné de l'architecture locale. Même si certaines pièces comme l'ancienne salle de réception ont été fortement dénaturées par l'apport de cheminées, de lustres, de miroirs et de plâtre sculpté, c'est à l'intérieur de la demeure que l'on retrouve des éléments remarquables de l'époque ottomane comme les faïences de Delft, les plafonds peints ou à caissons sculptés, le patio à arcades et les lourdes balustrades et huisseries de bois, la salle de réception du dey aux murs couverts de carreaux de faïence du XVIe siècle provenant d'Italie, Delft et de Tunisie certainement prélevés sur des palais plus anciens. Certains apports français sont également saisissants comme ces motifs sur les plafonds peints sur le modèle de ceux du Château de Versailles.

Comme l'indique une inscription gravée sous la corniche, le patio a été couvert d'une verrière en 1875 sous le gouvernement du général Chanzy. C'est dans ce palais qu'auraient séjourné Napoléon III et l'impératrice Eugénie lors de leur visite à Alger en 1860 et 1865. Il est depuis les années 1950 attribué à diverses institutions rattachées au Ministère des affaires religieuses.

DAR KHADAOUDJ EL AMIA / MUSÉE NATIONAL DES ARTS ET TRADITIONS POPULAIRES

9, rue Mohamed Akli Malek
Basse Casbah
✆ +213 21 43 94 14
Ouvert tous les jours de 8h30 à 16h30, sauf le vendredi. Entrée 40 DA.

Construit sur l'emplacement d'une ancienne zaouïa aux alentours de 1570 par Yahia Raïs, officier de la flotte algérienne, ce palais est également connu sous le nom de Dar Bacri. La demeure fut pendant quelques années la demeure de Michel Cohen Bacri, riche négociant en blé connu pour son implication dans le contentieux de la dette de la France envers l'Algérie à l'origine du « coup de l'éventail », prétexte à la prise d'Alger par les Français.

Le palais est racheté en 1789 par Hassan El Khaznadji, qui était alors ministre des finances du dey Mohamed Ben Othman (1766-1791). Le ministre, futur dey Hassan Pacha, le restaure et l'agrandit pour l'offrir à sa fille Khadaoudj qui serait devenue aveugle à force, dit-on, d'admirer sa beauté dans le miroir. Les petits-enfants du dey Hassan Pacha héritent du palais avant que les Français ne la réquisitionnent en 1830 pour abriter la première mairie d'Alger puis plus tard l'Hôtel du procureur général et l'Hôtel du premier président de la cour d'appel. Le palais subit alors de nombreuses transformations.

Dès 1947, la demeure est attribuée au service technique de l'Artisanat d'Algérie puis devient Musée des arts et traditions populaires en 1987. La musée regroupe une belle collection de tapis, de poteries, de céramiques, de pièces de dinanderie, de broderies ainsi que de somptueux bijoux berbères. L'exposition est intéressante et c'est à nouveau l'occasion de découvrir une demeure typique de la Casbah. Une des salles à l'étage est ornée de magnifiques carreaux de Delft.

DAR MUSTAPHA PACHA / MUSÉE NATIONAL DE L'ENLUMINURE, DE LA MINIATURE ET DE LA CALLIGRAPHIE

12, rue des frères Mecheri
Basse Casbah
✆ +213 21 42 92 29
musee.emc@gmail.com
Ouvert du samedi au jeudi de 9h à 17h. Adultes 200 DA, étudiants 100 DA, gratuit pour les enfants.

Restauré dans le cadre de la manifestation « Alger, capitale culturelle du monde arabe », Dar Mustapha Pacha est rouvert au public depuis 2007 et abrite le musée de l'enluminure, de la miniature et de la calligraphie. Ce magnifique palais fut édifié en 1798 par le dey Mustapha Pacha (1798-1805) pour sa famille. Mustapha Pacha avait bâti plusieurs villas dans le *fahs*, la campagne algéroise dont de nombreux terrains lui avaient été donné par son oncle Hassan Pacha. C'est ainsi que les Français appelèrent *Mustapha*, la banlieue sud de la ville.

Après avoir été propriété du fils de Hassan Pacha à l'assassinat de Mustapha Pacha en 1805, la demeure est ensuite occupée par des généraux français à partir de 1830. Elle devient Bibliothèque Nationale jusqu'en 1948 après avoir abriter un musée d'art antique. En 1962, le Front de Libération Nationale y installe ses services administratifs. Les portes en bois de cèdre sculpté, la vasque en marbre du patio, la sqifâ où sont intégrées des niches à colonnettes ornées de magnifiques carreaux de faïence de Delft, les quelques 500 000 carreaux de faïence italienne, tunisienne, espagnole et hollandaise en font l'un des plus beaux palais de la Casbah. Dans quelques pièces du palais sont exposées de magnifiques enluminures ainsi que des œuvres d'artistes miniaturistes et calligraphes.

MAISON D'ALI LA POINTE

5, rue des Abderrames

C'était dans une maison au numéro 5, rue des Abderrammes que se trouvait la cache d'Ali Ammar, plus connu sous le nom d'Ali La Pointe et de ses compagnons de combat, H assiba Ben Bouali, Mahmoud Bouhamidi et le petit Omar. Refusant de se rendre, ils sont tués dans le dynamitage de la maison par les parachutistes français dans la nuit du 8 au 9 octobre 1957. Leur mort marque pour les français l'aboutissement du démantèlement du réseau FLN et la fin de la bataille d'Alger. Le petit musée consacré à ce héros de la bataille d'Alger et aux autres martyrs a été inauguré dans ces lieux de mémoire en juillet 2006.

MAISON DU MILLÉNAIRE (EX-DU CENTENAIRE)

Rue Mohamed Azzouzi
Haute Casbah
Fermé le vendredi.

Cet édifice qui abrite la Direction de la Culture de la wilaya d'Alger est l'œuvre de l'architecte français Léon Claro, héritier du mouvement initié au début du XIXe siècle par Henri Klein, fondateur du Comité du Vieil Alger visant à défendre et à faire connaître le patrimoine de la vieille ville. L'architecte réalise, sur une commande du Gouverneur général à l'occasion du Centenaire en 1930, une réplique de la maison traditionnelle de la Casbah. La « maison indigène », comme elle fut également nommée, permettait alors aux Français de découvrir les différents espaces (*sqifa, west eddar, byoutes*...) et les éléments décoratifs d'une maison arabe. Les matériaux (marbre, faïence, bois...) provenaient de démolitions de maisons de la Basse Casbah. Si son nom a pris quelques siècles, c'est pour célébrer les mille années d'existence d'El-Djazaïr.

MENUISERIE D'ART ET TRADITIONNELLE DE KHALED MAHIOUT

76, rue Sidi Driss Hamidouche
Haute Casbah
✆ +213 7 92 27 41 81
✆ +213 5 60 71 00 61
khaled.casbah@yahoo.fr

Khaled Mahiout exerce le métier de menuisier depuis l'âge de 14 ans. Ayant hérité du savoir-faire de son père et de son oncle et de leur sensibilité à l'architecture mauresque et néomauresque, il se spécialise rapidement dans la menuiserie d'art et traditionnelle. Il travaille ainsi avec son fils à la rénovation des boiseries (portes, balustrades, fenêtres...) des maisons traditionnelles de la Casbah. Il est régulièrement sollicité pour les travaux de restauration des palais comme le Bastion 23 pour lequel il a réalisé les cache-climatiseurs en forme de *moucharabieh*. Khaled est passionné par l'histoire de son quartier qu'il s'attache à faire connaître. Si vous visitez son atelier, montez à la terrasse pour découvrir le fabuleux panorama sur la Casbah et le port depuis sa terrasse.

MOSQUÉE EL DJEDID

Place des Martyrs

Visite autorisée de 9h à 12h, sauf le vendredi.

Construite en 1660 pour les Turcs de rite hanéfite, la mosquée El Djedid est également connue sous le nom de mosquée de la Pêcherie. C'est l'un des rares édifices à ne pas avoir été détruit lors de la refonte du quartier de la Marine par les français. Son originalité réside dans son plan architectural en forme de croix latine qui rappelle celui d'une église. Si la légende raconte qu'un esclave chrétien chargé de sa conception serait à l'origine de cette excentricité, ce particularisme s'explique plutôt par la volonté des occupants ottomans de calquer l'architecture byzantine des églises de Constantinople. A l'intérieur, le minbar est en marbre, le mihrab est orné de carreaux de faïence et de moulures en plâtre. Le musée des Antiquités possède un manuscrit du Coran datant du XVIIIe siècle. Le minaret carré haut de 27 mètres est agrémenté d'une horloge, datant de l'époque française et autrefois placée sur le palais de la Djenina. L'harmonie de ses lignes et sa blancheur immaculée font d'elle un fascinant édifice religieux.

MOSQUÉE EL-KEBIR

Front de mer et rue Al Mourabitine

La Pêcherie

La grande mosquée d'Alger, *Djamaâ El-Kebir*, est avec la mosquée Sidi Ramdane une des plus anciennes mosquées de la ville. Bâtie au XIe siècle par le fondateur de Tlemcen, Youssef Ben Tachfin, sur l'emplacement d'une ancienne basilique chrétienne du municipe romain Icosium, elle est consacrée au rite malékite et elle est l'un des rares héritages almoravides.

Fortement remaniée au cours des siècles, elle a perdu son aspect d'origine mais a gardé une certaines sobriété architecturale. Le minaret a été ajouté par le sultan zianide de Tlemcen Abou Tachfin en 1324. La mosquée est bordée, dans la rue Al Mourabitine, d'une galerie de colonnes en marbre provenant de l'ancienne mosquée Es-Saïda et posée par l'architecte Guiauchain en 1836.

L'édifice dispose de cinq portes donnant chacune accès à une partie de la mosquée (ancien tribunal, cour aux ablutions...). La salle de prières se compose de onze travées que composent 72 piliers soutenant des arceaux en ogive. L'ancien minbar aux 45 panneaux de cèdre sculpté, et datant de 1097, est exposé dans la section des arts islamiques du Musée des Antiquités.

MOSQUÉE KETCHAOUA

Place Ben Badis

Basse Casbah

En restauration.

La mosquée Ketchaoua a été bâtie en 1612 sur l'emplacement d'anciens thermes romains mis au jour en 1844. Elle était située au cœur du quartier animé de la basse Casbah qui s'articulait autour de l'ancien Palais de la Djenina, les souks et le Badestan, le marché aux esclaves. Restaurée sous le dey Hassan Pacha en 1795, elle est bâtie selon le style byzantin. Confisquée au culte musulman par les français en 1832, la mosquée devient église et subi d'importants remaniements entre 1842 et 1890. Consacrée cathédrale Saint-Philippe en 1860, l'édifice est mutilé de son minaret, flanqué de deux tours-clochers et d'un imposant escalier menant à un portique à arcades, tandis que la façade adopte un style néo-byzantin et néo-mauresque au cours de travaux réalisés par l'architecte diocésain et des monuments historiques d'Algérie ; Albert Ballu. La cathédrale célébra les obsèques du compositeur et musicien Camille Saint-Saëns en 1921. L'intérieur de l'édifice, réaffecté au culte musulman depuis 1962, présente des éléments de la mosquée originelle : minbar et colonnes en marbre, vasque aux ablutions... L'ancienne porte en bois sculpté de la mosquée, œuvre du XVIIe siècle attribuée à Ahmed Ben Lablatchi, est conservée au musée des Antiquités et des Arts islamiques. Une des cloches de l'ancienne cathédrale, trop lourde, n'a pas pu être ôtée de l'édifice ; elle est visible dans une des tours-clochers, à l'arrière de la mosquée. Le mot turc *Ketchaoua* signifie « plateau des chèvres ». La mosquée fait l'objet depuis quelques années d'un important plan de rénovation qui ne semble pas être sur le point de s'achever à l'heure où nous écrivons ces lignes.

Retrouvez l'index général en fin de guide

PALAIS DES RAÏS / BASTION 23 - CENTRE DES ARTS ET DE LA CULTURE

23, boulevard Amara Rachid
Entre l'Amirauté et la Pointe El Kettanti, près de la DGSN
✆ +213 21 43 98 44 / +213 21 43 95 70
www.palaisdesrais-bastion23.dz
contact@palaisdesrais-bastion23.dz
Ouvert du lundi au jeudi de 10h à 17h, le dimanche de 13h à 17h. Fermé le vendredi. Entrée 20 DA.

Rare vestige témoignant du prolongement de la Casbah jusqu'à la mer à l'époque ottomane, le palais des Raïs est un ensemble de trois palais (17, 18 et 23) et six *douérates* (maisons de pêcheurs) édifié sur l'emplacement d'un fort du XVIe siècle. Le palais 18, qui présente le plus grand intérêt architectural, aurait été construit dans la seconde moitié du XVIIIe siècle par le Raïs Arnaout Mami puis acquis en 1798 par le dey Mustapha Pacha.

Le palais devient, au début de l'occupation française, la demeure du contre-amiral en charge de la gestion du port, puis plus tard consulat américain, pensionnat de jeunes filles, résidence du duc d'Aumale et, enfin, bibliothèque municipale, avant d'être abandonné, pillé puis squatté par des familles algéroises après 1962. Sauvé d'une destruction imminente, le palais a été restauré et abrite depuis 1994 le Centre des arts et de la culture qui organise en son sein des expositions temporaires, des activités muséales et des spectacles sur la « batterie » (terrasse rouge) ouverte sur la mer.

Les travaux de restauration entrepris permettent aujourd'hui de déambuler à travers les différents espaces composant les palais et l'ensemble architectural et de découvrir ainsi les caractéristiques d'une demeure ottomane. La visite peut débuter par le Palais 18 par lequel on accède en entrant dans le vestibule (*sqifa*), où quelques panneaux présentent l'histoire de la Basse Casbah et son évolution. La suite de la visite laisse découvrir le patio (*wast eddar*), les galeries (*shine)*, les pièces (*byoutes* au rez-de-chaussée et *ghrofs* à l'étage), la salle de bains *(hammam)*, la cuisine (*khiama)*, la terrasse (*menzah*). Les éléments décoratifs : arcs, colonnes en marbre, portes en bois, carreaux de faïence, plafonds sont représentatifs de l'art mauresque. Dans Les *byoutes* et *ghrofs*, sont exposées des photos des lieux emblématiques de la Casbah ou des reprographies de scènes quotidiennes ou de vêtements traditionnels de l'époque ottomane et également des maquettes d'ensembles d'habitations typiques de la vieille ville. Les palais 17 et 23, plus modestes, destinés autrefois aux domestiques, accueillent aujourd'hui très régulièrement de belles expositions d'artistes (photographes, plasticiens, peintres…) algériens et étrangers. Vous découvrirez les *douerates* en empruntant le *sabat* (passage couvert). Harmonieusement alignées, elles étaient quant à elles les maisons des marins et des pêcheurs.

Maladroitement restauré pour certains spécialistes, le palais des Raïs a l'intérêt de présenter au public une vision globale d'un vaste ensemble urbain de l'époque ottomane et de dévoiler de nombreux éléments d'origine comme les magnifiques plafonds en bois sculpté et peint de la salle de réunion et de la salle à manger (paniers de fruits) du palais 18.

PLACE DES MARTYRS (EX-PLACE DU GOUVERNEMENT)

La place des Martyrs est obstruée depuis quelques années par les travaux de l'extension de la ligne de métro, ralentis par les fouilles archéologiques qui ont récemment permis de mettre au jour d'importants vestiges des époques romaine (basilique, mosaïques) et ottomane (ateliers de ferronnerie, rues pavées...). Les responsables de la société de transports, en charge du chantier, envisagent d'ailleurs de faire de la future station Place des Martyrs une station-musée, un peu à l'image de la station Louvre-Rivoli du métro parisien, avec quelques objets d'antiquité donc. C'est ici que convergent les rues Bab Azoun, Bab El Oued, Saadi et Mokhtar Ben Hafidh (ex-Anatole France) et le boulevard Ernesto Che Guevara (ex-de la République et ex-de l'Impératrice). Dégagée, la vaste place parée de son joli kiosque est ouverte sur le port et la mer. Elle est bordée d'immeubles à arcades à l'ouest et au sud, par la mosquée El-Djedid à l'est et prolongée par la place du 8 mai 1945 (ex-place de la Régence) au nord. Lorsque les Français occupent Alger, la création d'une place d'armes devient nécessaire. La mosquée Es-Saïda, le palais de la Djenina, les rues des teinturiers, bijoutiers et armuriers et pas moins de 420 maisons anciennes sont détruits pour permettre à la place du Gouvernement de voir le jour en 1841. Bientôt plantée de bellombras, d'orangers, et de platanes, la place devient le centre de la nouvelle ville coloniale. Point de rencontres des Algériens, juifs, militaires, marins, colons, etc., elle prend des allures de forum cosmopolite.

Elle est le théâtre des banquets, processions et défilés. Le 28 octobre 1845 est inaugurée la statue équestre en bronze du duc d'Orléans, œuvre de Marchetti, haute de 5 m et pesant 8 tonnes. La place reste le cœur d'Alger jusqu'au déplacement de la ville vers le sud au début du XXe siècle. Elle est rebaptisée, à l'Indépendance, à la mémoire des martyrs de la guerre.

Bab El Oued et le nord

CIMETIÈRE D'EL KETTAR

Créé en 1838, le cimetière d'El Kettar est installé sur un terrain en pente d'une superficie de 14 ha. C'est l'un des plus anciens et des plus importants cimetières musulmans d'Alger. Le mot *kettar* signifie « distillerie ». Son nom fait ainsi référence à la *bridja*, un monument funéraire datant de l'époque ottomane où étaient autrefois distillés les bouquets de jasmin. Parmi les 65 000 tombes que compte le cimetière se trouvent celles de nombreuses personnalités algéroises comme les maîtres du châabi El Hadj El-Anka, Dahmane El Harrachi, El Hadj M'Rizez, la cantatrice Fadela D'Ziria, l'acteur Rouiched, l'épouse de Frantz Fanon, Josie Fanon, le dramaturge Mohamed Boudia et le comédien Rachid K'sentini.

CIMETIÈRES CHRÉTIEN ET ISRAÉLITE DE BOLOGHINE (EX-SAINT-EUGÈNE)

Avenues Abdelkader Ziar et du Commandant Abderahmane Mira

Ouvert tous les jours de 8h à 16h30.

Situé au pied de la colline de la Bouzaréah et de Notre-Dame d'Afrique, le cimetière européen, envahi par une végétation bucolique, comprend un cimetière chrétien, créé en 1836, et un cimetière israélite, créé en 1847. Le cimetière chrétien est constitué d'une centaine de carrés, dont un carré des Consuls, et un carré des premiers militaires morts lors de la conquête française de l'Algérie et de la guerre 1914-18. Dans le cimetière israélite, dont l'accès se trouve au fond du cimetière chrétien, vous remarquerez les tombeaux des rabbins fondateurs de la communauté juive d'Alger au XIVe siècle, Ribach et Raschbash. Lieux de mémoire importants.

CLIMAT DE FRANCE OU « CITÉ CHEVALIER »

Oued Koriche

Boulevard El-Kettar

La cité Climat de France, située dans un des quartiers les plus populaires de la ville, ne se visite pas mais elle peut intéresser les amateurs d'architecture. Dans ce cas, évitez de vous y rendre à pied et demandez à un taxi de vous y accompagner. Dans les années 1950, alors que la population algérienne souffre de la paupérisation et la ville d'une bidonvilisation de ses faubourgs, le maire Jacques Chevalier commande à l'architecte Fernand Pouillon la réalisation de la Cité Climat de France. Troisième projet de l'architecte français à Alger, cette cité de recasement de 4000 logements destinée à la population algérienne devait accueillir 30 000 habitants. La cité, bâtie en pierre massive selon un plan rectangulaire s'articulant autour d'une place longue de 235 mètres, large de 40 mètres et bordée de colonnes, « la place des deux 200 colonnes », voit le jour en 1957 après quatre ans de chantier. Le film mythique de Merzak Allouache, *Omar Gatlato*, réalisé en 1976 a pour cadre cette célèbre cité.

MAUSOLÉE SIDI ABDERRAHMANE

Rue Ben Cheneb

Ouvert tous les jours de 8h à 16h.

Le mausolée du saint patron de la ville, Sidi Abderrahmane, est composé d'une *koubba* abritant le tombeau du saint et d'une mosquée édifiée en 1697 sur un site plus ancien.

Né en 1437, Sidi Abderrahmane, de la tribu des Thaâliba, est un savant et théologien vénéré, fondateur de la zaouïa Thaâlibiya octroyant divers enseignements. La *koubba*, où une châsse couverte d'étoffes de soie renferme la dépouille du saint homme mort en 1471, est couverte de carreaux de faïence, de versets du Coran, d'ex-voto : tableaux, plaques, lustres dont un aurait été offert par la reine Victoria qui aurait enfin réussi à tomber enceinte après sa visite. Ce lieu sacré est un havre de paix très apprécié des femmes qui viennent nombreuses solliciter la bénédiction du saint homme auprès de qui il suffirait de faire un voeu pour que les problèmes de couple se règlent, pour trouver l'amour ou même pour réussir à avoir un enfant. C'est aussi un lieu où les femmes d'un certain âge cherchent des filles à marier pour leurs fils ou leurs petit-fils car les jeunes filles y viennent nombreuses. Vous verrez donc pas mal de femmes, assises autour du mausolée, discuter de leurs histoires d'amour ou d'un futur mariage... La mosquée est flanquée d'un joli minaret quadrangulaire dont le haut est cerné de carreaux de faïence bleue et blanche de Perse et de Rhodes. L'eau de la fontaine de la cour passe pour être miraculeuse. N'oubliez pas de vous déchausser avant de pénétrer dans la *koubba*.

© MARC DORIA

Basilique Notre-Dame d'Afrique.

NOTRE-DAME D'AFRIQUE

Quartier de Z'Ghara
Accessible par téléphérique depuis Bologhine (ex-Saint-Eugène)
Ouvert tous les jours de 11h à 12h30 et de 15h à 17h30, messe quotidienne à 18h.

Dressée sur un promontoire à 124 m au-dessus de la mer et dominant les quartiers de Bab El Oued et Bologhine (ex-Saint-Eugène), la basilique Notre-Dame d'Afrique est considérée comme le pendant de Notre-Dame-de-la-Garde à Marseille. Consacrée en 1872 par Mgr Lavigerie, fondateur des Pères blancs, elle est l'œuvre de l'architecte Jean-Eugène Fromageau. La basilique, couramment appelée *Madame l'Afrique* ou *Lalla Myriam*, est dédiée à la Vierge. Sa construction est l'aboutissement d'un pèlerinage qui débuta en 1846 à l'initiative de deux Lyonnaises, Marguerite Berger et Anna Cinquin, qui placèrent une statuette de la Vierge dans le tronc d'un olivier d'un ravin voisin en hommage au sanctuaire de leur ville natale. La chapelle Saint-Joseph, érigée en 1857, fit suite à ce premier sanctuaire avant d'être supplantée par la basilique, dont les travaux débutèrent en 1858. Coiffée d'un dôme orné d'une croix et flanquée d'un campanile en forme de minaret abritant onze cloches, la basilique est construite dans un style néo-byzantin. Sa façade sobrement décorée est couronnée par une frise en céramique bleue et blanche. A l'intérieur, de style hispano-mauresque, les murs sont couverts d'*ex-voto* offerts par des croyants de toutes confessions venus d'Algérie, de toute l'Afrique et d'ailleurs en reconnaissance à la Vierge Marie. Ecrits en français, en arabe ou en kabyle, les premiers datent des origines de la basilique, d'autres sont très récents.
Parmi eux, vous remarquerez celui du père Charles de Foucauld, celui de l'astronaute Frank Borman qui visita le sanctuaire en 1970 et sur lequel est inscrite une parole de la Genèse prononcée dans l'espace en 1968 et ceux des marins remerciant la Vierge de ne pas les avoir abandonnés pendant les tempêtes. Dans l'abside aux murs ornés de fresques retraçant la vie de saint Augustin et de sainte Monique – sa mère –, se dresse la statue de Notre-Dame d'Afrique offerte en 1838 par les jeunes filles du pensionnat du Sacré-Cœur de Lyon à Mgr Dupuch. La couleur de son bronze altéré par le temps vaut à la statue la dénomination de Vierge Noire. Le piédestal orné de céramiques bleues a été restauré par le maître Mohamed Boumehdi qui réalisa également les céramiques placées à droite du cœur en hommage aux Pères Blancs de Tizi Ouzou assassinés en 1994.
Les étonnantes inscriptions en français, arabe et kabyle et la prière *« Notre-Dame d'Afrique, priez pour nous et pour les musulmans »* révèlent toute la dimension fraternelle et interculturelle du lieu. Des modèles réduits de bateaux sont suspendus en hommage aux marins ayant sombré en mer. L'orgue, joliment décoré, et récemment restauré, aurait été choisi par Camille Saint-Saëns. Abîmée par les vents marins et les tremblements de terre, la basilique fut l'objet d'importants travaux de restauration dirigés par l'architecte Xavier David, qui fut chargé de la rénovation de Notre-Dame-de-la-Garde à Marseille. Des concerts d'orgue y sont régulièrement donnés. Sur l'esplanade, la statue du cardinal Lavigerie, œuvre de J. Vezien, érigée en 1925 et accessoirement un fourgon de policiers veillent sur les fidèles et les visiteurs occasionnels.
Belle vue sur les quartiers Nord de la ville ; les cimetières chrétien et juif, le stade Omar Hamadi (ex-Saint-Eugène) et la mer depuis le parvis de la basilique.

Le Mustapha Supérieur et les Quartiers Sud

BIBLIOTHÈQUE NATIONALE D'ALGÉRIE

Boulevard Mohamed Belouizdad
Esplanade du Hamma
✆ +213 21 67 95 44
www.biblionat.dz

Ouverte du samedi au jeudi de 8h30 à 20h30, le vendredi de 15h à 20h.
Inaugurée en 1994, la Bibliothèque du Hamma a remplacé l'ancienne bibliothèque du boulevard Frantz Fanon. Celle-ci, devenue insuffisante, est désormais son annexe. Cet imposant édifice constitué de 13 niveaux stocke pas moins de 10 millions d'ouvrages et abrite notamment quatre salles de lecture, un village électronique, un service audiovisuel, une bibliothèque jeunesse, un service d'animation et d'activités culturelles.

CIMETIÈRE CHRÉTIEN D'EL MADANIA (EX-BRU)

Chemin Mohamed Gacem
El Madania
Ouvert de 8h à 16h30.
C'était l'un des plus importants cimetières chrétiens de la période coloniale. Beaucoup de souvenirs dont celui d'Henri Maillot, qui y est enterré. Originaire de Clos-Salembier (El-Madania), il avait milité pour la cause algérienne en rejoignant le maquis où il sera tué quelques mois plus tard par l'armée française.

CIMETIÈRE SIDI M'HAMMED

Rue Belouizdad
C'est l'un des plus anciens cimetières musulmans d'Alger. Il abrite le mausolée de Sidi M'Hammed Ben Abderrahmane (1720-1793), saint fondateur de la confrérie des Rahmania, une des plus grandes confréries musulmanes soufies d'Algérie. Sidi M'Hammed crée une première zaouïa dans son village natal, Aït Smaïl en Kabylie, puis une deuxième dans le quartier du Hamma à Alger et enseigna sa doctrine pendant plus de vingt-cinq ans. A sa mort, les disciples des deux zaouïas se disputèrent la dépouille de leur maître. D'abord enterré à Aït Smaïl, son corps aurait été dérobé par les disciples de la zaouïa d'Alger. La légende raconte alors que, pour éviter la guerre des frères, son corps se serait dédoublé pour se trouver dans les deux sépultures. C'est pourquoi le saint est surnommé Sidi M'Hammed Bou Qobrine, « le saint aux deux tombeaux ».
Le cimetière abrite les sépultures des grandes familles algéroises. Hassiba Ben Bouali, militante algérienne durant la guerre d'Algérie, tuée en octobre 1957 à l'âge de 19 ans, y repose également.
Le nom du saint a été donné à une *daïra* (subdivision de la *wilaya*) d'Alger et à une de ses communes. N'oubliez pas de vous déchausser avant de pénétrer dans le mausolée du saint où vous resterez bien entendu discret.

Zaouïa : le terme désigne à la fois une confrérie soufie et le siège de celle-ci, abritant généralement un lieu de prière et d'enseignement, une maison d'accueil et parfois le tombeau du saint fondateur.

DIAR DIAR ES-SAADA / EL-MAHÇOUL

El Madania
La cité Diar El-Maçoul se situe au pied du Maqâm-Echahid et la Cité Diar Es-Saâda, derrière le cimetière chrétien de Clos-Salembier.
Les deux cités conçues par Fernand Pouillon intéresseront les amateurs d'architecture. Face à la pénurie de logement et au problème des bidonvilles qui se développent sur les hauteurs de la ville et dans lesquels sont cantonnés les Algériens, le maire d'Alger Jacques Chevallier, élu en 1953, engage un vaste programme d'amélioration de l'habitat de la capitale. C'est dans ce contexte qu'il fait appel à Fernand Pouillon, qu'il nomme architecte de la ville, pour réaliser trois cités : Diar Es-Saâda, Diar El-Maçoul et Climat de France. En un peu plus d'un an, la première cité Diar Es-Saâda (« cité du bonheur »), voit le jour. Comprenant 732 logements modernes et équipés, ce premier ensemble dit à « confort normal » est attribué à la population européenne. La cité Diar El-Maçoul, livrée en 1955 et comprenant 1 550 logements est quant à elle partagée en deux ensembles, l'un à « confort simple » pour les Algériens et l'autre à « confort normal » composé d'appartements avec vue sur mer, plus lumineux et plus spacieux, destinés aux Européens. Remarquablement intégrées au site et inspirée des principes architecturaux traditionnels méditerranéens (patios, placettes, jardins, portiques...), ces deux cités sont bâties avec de la pierre calcaire et selon un plan harmonieux respectant l'équilibre des masses. Vous ne manquerez pas d'admirer les céramiques bleues du minaret de la mosquée Bachir-Ibrahimi (ex-église Saint-Jean-Baptiste), œuvre de Mohamed Boumehdi, fidèle collaborateur de Fernand Pouillon. La « fontaine aux chevaux », se trouvant actuellement devant le Bastion 23, était à l'origine au cœur de la cité Diar El-Mahçoul, sur la Place « Porte de la mer ». Si ces cités étaient fortement critiquées pour leur aspect discriminatoire, c'est la première fois que la population algérienne était intégrée à un projet urbanistique.
Le téléphérique d'El Madania relie le quartier de Belouizdad (ex-Belcourt) à la cité Diar El-Maçoul.

GROTTE CERVANTÈS

Boulevard Cervantès
Belouizdad (ex-Belcourt)

En 1575, l'écrivain et soldat Miguel de Cervantès Saavedra (1547-1616), de retour de Palerme, est capturé à bord de sa galère par des corsaires commandés par le raïs Arnaout Mami. Il sera captif à Alger pendant cinq ans malgré plusieurs tentatives d'évasion. En 1577, il réussit à s'échapper et trouve refuge dans cette grotte où il se cache pendant sept mois, attendant la venue d'une frégate armée espagnole censée le libérer. L'opération échoue et le « Manchot de Lépante », retrouvé par les corsaires, est conduit au bagne. Ce n'est qu'en 1580 que la somme de cinq cents écus d'or, demandée par Aranout Mami, est récoltée par le frère Juan Gil et d'autres chrétiens pour affranchir l'écrivain. A son retour à Madrid, il écrit plusieurs récits autobiographiques, *Los tratos de Argel*, *Los baños de Argel* (« *Les Bagnes d'Alger* »), *Le Récit du Captif*, relatant les conditions de sa captivité à Alger. En 1894, un buste en marbre, détruit depuis, fut installé par la colonie espagnole à la mémoire de Cervantès. Une stèle, érigée en 1926, orne à présent un petit square aménagé autour de la grotte.

JARDIN D'ESSAI (DU HAMMA)

Rues Mohamed Belouizdad
et Hassiba Ben Bouali
El Hamma / Belouizdad (ex-Belcourt)
www.jardindessai.com
Station de métro « Jardin d'Essai »
à côté de l'entrée rue Belouizdad.

Jardin ouvert de 10h à 17h d'octobre à avril et de 10h à 19h de mai à septembre. Zoo ouvert de 11h à 16h d'octobre à avril et de 12h30 à 18h30 de mai à septembre. Fermé le dimanche et le mardi (réservé aux visites de groupes d'enfants). Entrée 60 DA.

Véritable poumon vert de 32 ha, le Jardin d'Essai a rouvert ses portes au public en 2009 après dix ans d'abandon. Le « Jardin du Hamma » est créé en 1832 sur cette ancienne bande marécageuse située entre le rivage et les premières pentes du Bois des Arcades dont il s'agissait d'assainir. *Hamma* signifie à la fois « boue, vase » et « fièvre ». Le Jardin primitif de 5 ha se voit en 1837 doté de 13 ha supplémentaires. Fournisseur de plants, le Jardin est alors la « Pépinière centrale du Gouvernement » jusqu'en 1861, date à laquelle il devient « Jardin scientifique et d'acclimatation pour les végétaux exotiques ». De 1842 à 1867, de nombreuses espèces végétales sont introduites : araucarias, platanes, palmiers, bambous, dragonniers, ficus…

Concédée à la Compagnie algérienne en 1867, son exploitation est reprise par le gouvernement français en 1913. Entre temps le jardin zoologique est introduit en 1900, ses premiers pensionnaires furent une paire d'autruches, un sangliers, quelques singes et un dromadaire. Considéré comme l'un des plus beaux jardins botaniques au monde, il reçoit notamment la visite de Napoléon III en 1865 et attise la curiosité de Karl Marx, alors en cure de repos à Alger, qui s'y promène en 1882. En 1885, le Jardin, alors dirigé par Charles Rivière, s'agrandit par l'aménagement de la colline en section forestière.

Des travaux d'embellissement et d'agrandissement sont entrepris en 1914 par les architecte français Régnier et Guion qui aménagent le Jardin français s'articulant autour de cette majestueuse allée de washingtonias superbement alignée avec le musée des Beaux-Arts. En 1918, le Jardin se dote d'un pôle d'enseignement important avec la création de l'école d'horticulture et l'école ménagère. L'histoire du Jardin est marquée par son occupation par les Alliés en 1942 qui en font un dépôt et un atelier de réparation de camions. Fortement endommagé par les bombardements, le Jardin est réhabilité dès la fin de la guerre. A l'Indépendance, la gestion du Jardin est confiée à l'Institut national de la recherche agronomique d'Algérie relayé plus tard par l'Agence nationale pour la conservation de la nature. Le Jardin connaît une période difficile pendant laquelle il sera dépouillé de plus de la moitié de ses espèces végétales. De 2001 à 2009, le jardin a bénéficié d'importants travaux de réhabilitation en coopération, à partir de 2005, avec la Mairie de Paris. Le Jardin d'Essai, où sont répertoriées plus de 3 000 espèces végétales, est structuré autour de l'allée des Platanes, l'allée des Dragonniers (*Dracaena*), l'allée des Ficus, l'allée des Cocos et se compose d'un jardin français qui s'articule autour de l'allée des washingtonias, d'un jardin anglais à la végétation sauvage composée d'arbres à lianes et agrémenté de deux bassins. De nombreuses serres occupent également l'espace. Le jardin zoologique héberge ryms, lamas, ours, cerfs, gazelles, fennecs, lions, tigres, panthères…

Pour la petite histoire, la végétation luxuriante du Jardin d'Essai a servi de décor pour le tournage du film *Tarzan* sorti en 1932.

MAQAM ECHAHID / MONUMENT AUX MARTYRS

Espalande Riadh El-Feth
El Madania
Edifié en 1982 par une société canadienne et inauguré à l'occasion du vingtième anniversaire de l'indépendance du pays, le Maqâm Echahid, appelé également « Houbel » par les Algérois, est un mémorial pour les martyrs de la guerre d'Algérie. Haut de 92 m, le monument se compose de trois palmes en béton symbolisant les trois piliers de l'Algérie nouvelle : agriculture, industrie et culture. La construction du monument était censée marquer le déplacement du centre-ville vers le sud. Sous le monument se trouve le Musée national du Moudjahid. Un beau panorama sur la baie et les quartiers sud s'offre à vous depuis la balustrade en haut du chemin Omar Kechkar.

MUSÉE DE L'ARMÉE

Esplanade Riadh El-Feth
El Madania
✆ +213 21 67 15 47
Ouvert du lundi au samedi de 10h à 19h, du 15 mai au 15 septembre, et de 10h à 18h du 16 septembre au 14 mai. Fermé le dimanche. Entrée 20 DA.
Les collections de ce bâtiment aux lignes modernes retracent surtout les luttes pour l'indépendance menées tant par les rois numides que par les opposants aux dominations ottomane et française. D'une épée offerte à l'émir Abdelkader par Napoléon III aux objets personnels du colonel Amirouche ou d'Ali la Pointe qui s'est illustré pendant la bataille d'Alger en 1957, en passant par la guillotine de la prison de Serkadji (ex-Barberousse), elles ne sont pas sans intérêt.

MUSÉE DES BEAUX-ARTS

Placette Dar Es-Salam,
rue Mohamed Belouizdad
El Hamma
✆ +213 21 66 49 16
L'accès se fait par l'arrière du bâtiment, dans la rue du Docteur Laveran montant vers le Maqâm Echahid.
Ouvert du samedi au jeudi de 9h à 17h. Entrée 20 DA. Parking.
L'élégant Musée national des Beaux-Arts, dont la conception fut confiée à Paul Guion, se dresse majestueusement face au Jardin d'Essai. Inauguré en 1930 à l'occasion de la célébration du centenaire, c'est le plus grand musée d'Algérie. Le musée reçut dans un premier temps les collections de l'ancien musée municipal des Beaux-Arts qui se trouvait sur l'emplacement actuel de l'hôtel Safir, puis s'enrichit sous la direction de Jean Alazard. Pendant la guerre d'Algérie, la France rapatrie de nombreuses œuvres, et il faut attendre 1965 pour que le musée rouvre ses portes et 1968 pour que l'institution retrouve ses œuvres. Le musée ne cessera de s'enrichir notamment grâce à des dons et l'acquisition d'œuvres d'artistes algériens contemporains. Le musée présente une collection de peintures de facture européenne du XIVe au XXe siècle (Fantin-Latour, Pissaro, Gauguin, Corot, Monet, Vuillard ou Utrillo), de sculptures, notamment des œuvres de Rodin, Maillol, Bourdelle et Belmondo. Trois salles sont consacrées à l'orientalisme qui se répand à partir de 1830 à travers les œuvres de Eugène Delacroix, Alfred Dehodencq, Théodore Chassériau, Auguste Renoir, Eugène Fromentin ou encore Etienne-Nasreddine Dinet. L'art algérien est représenté par une collection d'œuvres de Mohamed Temmam, Abdelhalim Hemche, Mohamed Ranem, Bachir Yellès et par le travail des artistes de l'« école du signe », dont Mohamed Khadda, et ceux du collectif Aouchem, Denis Martinez, Baya, Mesli Choukri... Le courant algérianiste est représenté par les œuvres d'Albert Marquet mettant principalement en scène des vues du port. Le musée présente également les artistes algériens contemporains comme Boutaleb, Mohamed Bouzid, Baya, Mohamed Khadda, Abdallah Benanteur, et plusieurs artistes internationaux comme Wilfredo Lam, Roberto Matta, Ernest Pignon-Ernest... ayant soutenu la cause algérienne et qui ont fait don d'œuvres en 1963, à l'occasion de l'exposition « Art et Révolution ». Le cabinet d'estampes présente une sublime collection du maître algérien de la miniature et de l'enluminure ; Mohamed Racim.
La bibliothèque du musée a été rénovée et offre depuis avril 2009 un nouvel espace de lecture, de rencontres culturelles, d'ateliers. L'agréable terrasse du musée offre une vue majestueuse sur le Jardin d'Essai.

MUSÉE NATIONAL DU MOUDJAHID
Esplanade Riad El-Feth, sous le Maqâm Echahid (monument aux Martyrs)
El Madania
✆ +213 21 65 45 06
Ouvert tous les jours de De 9h à 16h45. Entrée 20 DA.
Ouvert en 1984, le musée retrace les différentes luttes en consacrant une bonne partie de ses collections à la lutte contre la présence française et à la guerre d'Algérie : expositions d'armes, objets de guerre, documents d'archives, photos, rapports, le plus souvent accompagnées d'étiquettes explicatives en arabe. Vous découvrirez notamment de nombreux objets personnels et armes ayant appartenu à l'émir Abdelkader ainsi qu'un portrait de lui peint en 1853 par Ange Tissier, remis au pays par la France en 1976. Parmi les objets les plus intéressants : l'éventail avec lequel le dey Hussein a souffleté le consul de France en 1827, ce qui aurait provoqué la prise d'Alger par les Français en 1830. Une visite intéressante pour confronter les points de vue… Au sous-sol du musée se trouve la crypte.

VILLA ABD EL TIF
Chemin Kechkar Omar
El Hamma ✆ +213 21 65 01 45
www.aarcalgerie.org
Situé dans une petite rue derrière le Musée des Beaux-Arts.
Accès par la rue du Docteur Laveran.
Ouvert du samedi au jeudi de 10h à 19h.
Après avoir été longtemps abandonnée et squattée, la villa Abd El Tif a été l'objet d'un plan de restauration et a rouvert ses portes en 2009. Cette ancienne *djenane*, résidence d'été de l'époque ottomane, aurait été réquisitionnée par l'armée française qui en fit un hôpital pour les soldats avant de devenir en 1907 une résidence d'artistes à l'instar de la villa Médicis à Rome. Les cinq ateliers de la villa ont vu se succéder, de 1907 à 1962, 97 peintres et sculpteurs, sélectionnés sur concours pour des résidences de deux ans. La villa est actuellement le siège de l'AARC (Agence algérienne pour le rayonnement culturel) et tente de renouer avec sa vocation artistique en destinant à nouveau mais timidement ses ateliers rénovés à des artistes algériens et étrangers. La bâtisse présente les archétypes de l'architecture ottomane : maison principale avec *wast eddar*, *byoutes*, *skiffa*, *menzah*…, jardin, bassin, cour intérieure et *douera*.

Les Hauteurs

BALCON SAINT-RAPHAËL / EZ-ZAHIRA
Rues Dziri Khodja Fatiha et Buffon
El Biar
Près du ministère de la Justice.
On y accède (habituellement) par un modeste portail. Ouvert tous les jours jusqu'à 17h.
Retiré dans le coude des rues Dziri Khodja Fatiha et Buffon, ce belvédère naturel, connu

Alger demain

Après une période de disette architecturale, Alger voit fleurir nombre de nouveaux projets. Les premiers investisseurs sont les Emiratis, suivis par les Européens, notamment les Italiens et les Espagnols qui devancent les Français qui, en général, obtiennent plutôt des contrats de gestion ou d'équipement. Les Chinois, quant à eux, viennent pour construire. C'est ainsi qu'ils ont commencé à métamophoser le littoral de Mohammadia en presqu'île artificielle façon The Palm ou Jumeirah à Dubaï (sans la forme de palmier) et en ont fait une belle promenade baptisé « les Sablettes ». Toujours à Mohammadia, face à la mer, c'est une grande, une immense, la 3e plus grande mosquée du monde qui est en train de sortir de terre. Avec un minaret haut de 300 m, elle pourra accueillir quelque 40 000 fidèles et sera entourée d'hôtels et de restaurants, de centres d'étude, de musées, d'un centre commercial artisanal et même d'un centre de loisirs ! Le centre d'affaires Al-Qods complètera les vastes friches industrielles du Hamma. Sur les hauteurs, à Ouled-Fayet et Chéraga, Dounia Park, un très vaste complexe à la fois immobilier et de loisirs, avec parc d'attraction, jardin botanique, clinique, école internationale, appartements de standing et golf, bénéficie lui aussi de fonds émiratis. Ailleurs en ville, les grues et les tractopelles investissent chaque recoin. Centres d'affaires ou commerciaux, immeubles d'habitation ou bâtiments administratifs, la frénésie est grande et les ouvriers chinois (estimés à plus de 100 000) ne peuvent qu'être de plus en plus accusés de prendre le travail des Algériens…

Points de vue

Pour bénéficier des plus beaux panoramas sur la ville en amphithéâtre ouvert sur la mer :

- **Parvis de Notre-Dame d'Afrique**
- **Balcon Saint-Raphaël à El-Biar**
- **Maqam Ech-Chahid**
- **Balcon Diar El-Mahçoul en bas du Maqam Ech-Chahid**
- **Toits-terrasses de la Casbah et remparts de la citadelle**
- **Balcons des Martyrs (boulevard)**
- **Esplanade du Palais de la Culture**

sous le nom de balcon Saint Raphaël, offre depuis le haut de la falaise sur laquelle il est perché un panorama de toute beauté sur la baie d'Alger.
Propriété du consulat de Suède qui en fit ses jardins, le terrain est ensuite acquis en 1913 par la compagnie Claridge qui ambitionnait d'y construire un hôtel. Le projet ne vit pas le jour et le terrain, alors classé site pittoresque, est cédé à la mairie d'Alger en 1928 qui, après une campagne de promotion touristique du lieu à l'occasion de la célébration du centenaire, aménage le terrain pour en faire un jardin public en terrasses. Un escalier, fermé aujourd'hui au public, permettait alors de rejoindre le boulevard Bougara (ex-Gallieni) depuis le balcon à travers les parties boisées du parc Saint-Raphaël.

■ VILLA DU TRAITÉ / DJENANE RAÏS-HAMIDOU

Rue Lamamri Ali
El Biar
La Djenane Raïs-Hamidou, appelée plus tard par les Français Villa du Traité, est l'une des 120 demeures du *fahs* (campagne à l'époque ottomane). Si la demeure est endommagée et ne fait pas l'objet d'un quelconque plan de réfection, sa valeur historique et architecturale n'en demeure pas moins considérable. Occupée actuellement par un centre de soins, annexe de l'hôpital de Bir-Traria, cette ancienne résidence d'été du XVIIIe siècle appartenait au célèbre corsaire Raïs-Hamidou avant d'abriter en 1830 le quartier général de M. de Bourmont, commandant en chef du corps expéditionnaire d'Afrique. C'est dans ces murs que fut signé le 5 juillet 1830 le traité de paix et de capitulation du dey Hussein. La villa ne se visite pas mais vous pouvez admirer ses façades agrémentées de carreaux de faïence, ses portes de bois sculpté, la ferronerie des fenêtres ornée de croissants, symbole de l'Empire ottoman.

La périphérie

■ MARINA LES SABLETTES

Mohammadia
Construite récemment, cette nouvelle marina baptisée «Les Sablettes» est très agréable avec ses aires de jeux pour enfants, ses snacks, ses buvettes, ses vendeurs de thé à la menthe... Elle s'étend sur tout le bord de mer de la commune de Mohammadia et devrait, dans les années à venir, s'étendre jusqu'à Alger-centre. Elle est très prisée par les familles et ne désemplit pas aux beaux jours dès qu'il fait un peu moins chaud, vers 17h. Ne manquez pas le magnifique coucher de soleil sur les Sablettes !

SHOPPING

Les artères les plus commerçantes du centre-ville sont les rues Larbi Ben M'hidi et Didouche Mourad qui voient fleurir de grandes enseignes internationales où les prix, sensiblement les mêmes qu'en Europe, ne sont pas donnés pour les locaux mais en tant que touriste vous vous y retrouvrerez. Et n'espérez pas trouver de souk dans la Casbah qui n'a rien à voir avec les médinas d'autres villes du Maghreb car c'est un vrai lieu de vie et pas un marché réservé aux touristes donc on n'y trouve quasiment plus de boutiques, si ce n'est quelques comptoirs d'alimentation dans les hauteurs.

Dernièrement, la tendance en matière de shopping à Alger, c'est vraiment celle des grands centres commerciaux. Le centre commercial Ardis, où l'on trouve des centaines de boutiques de marques françaises ou américaines, a ouvert en 2012 à Mohammadia et c'est déjà un carton. On y trouve aussi un grand nombre de fast-foods rassemblés autour d'un *food court* à l'américaine, exactement comme au centre commercial de Bab Ezzouar. Comme le centre de Bab Ezzouar, Ardis (comme l'appellent tout simplement les Algériens) ne désemplit pas et le succès est impressionnant. Mais attention, tous les Algériens que vous y verrez ne viennent pas y faire leurs emplettes... Bien souvent, ils sont surtout là pour faire du lèche-vitrine car les prix restent assez élevés pour leur porte-monnaie. Beaucoup viennent aussi simplement manger un bout dans l'un des restaurants mais les prix restent chers pour les locaux et puis surtout le service est encore lent et désorganisé, surtout à Ardis (nous avons attendu 1 heure pour une pizza une veille de week-end dans une pagaille terrible).

En revanche, en tant que touriste fan de shopping, vous serez aux anges dans ces centres commerciaux car les prix sont un peu plus bas qu'en France, les promotions nombreuses et que les marques françaises et internationales les plus connues ont une boutique. Avis aux filles : achetez-vous une 2e valise directement sur place pour le shopping, et deux si c'est la période des soldes !

Alger-centre

Artisanat – Déco – Maison

LA CAVERNE D'ALI
98, boulevard Krim Belkacem
✆ +213 21 64 47 74
Fermé le vendredi.
C'est l'une des meilleures adresses à Alger pour chiner de belles pièces du XIXe siècle, des meubles et des bibelots anciens.

Les antiquaires d'Alger, lampe Art Déco.

EL ANDALOUSSIA

145 ter, boulevard Krim-Belkacem

Véritable caverne d'Ali Baba, la boutique recèle mille et une pièces de dinanderie provenant de Constantine, Tlemcen ou de la Casbah d'Alger. Théières, plateaux (*sniwa*), lanternes, chaudrons d'influence turque et andalouse…

FORUM DES ARTS, AZZI

74, rue Didouche Mourad

✆ +213 21 63 09 18

Céramique, broderie ou confection de tenues traditionnels (karakou, etc.).

MAISON BENMANSOUR

48, rue Didouche Mourad

✆ +213 21 63 23 78

La boutique semble minuscule mais se révèle un dédale bourré d'objets de toutes les régions du pays. Le rez-de-chaussée est peut-être envahi de babioles et souvenirs un peu médiocres mais les tapis et vêtements traditionnels au sous-sol et les objets d'artisanat principalement touareg au 1er étage sont de très bonne facture. Les prix sont assez élevés.

MAISON GAOUAR

11, rue Didouche Mourad

✆ +213 21 73 40 67

Cette boutique située face à la Fac centrale offre un bon choix d'objets d'artisanat à des prix abordables : babouches, poteries, boîtes en cuir touareg, vêtements et sacs traditionnels… L'adresse vaut surtout pour son bel éventail de bijoux kabyles et touareg.

ZF ANTIQUITÉS

131, rue Didouche Mourad

✆ +213 21 74 59 60

Un antiquaire intéressant. Meubles et objets de décoration de l'époque coloniale, quelques antiquités berbères et des créations plus récentes de céramistes et peintres algérois.

Bijouteries

CORAIL BIJOUX

43, rue Moustafa El-Ouali (ex-Debussy)

✆ +213 21 74 23 13

www.corail-bijoux.com

Une excellente bijouterie-joaillerie spécialisée dans la création de bijoux berbères. Bagues, bracelets, colliers, boucles et objets aux motifs inspirés du style berbère (chaoui, tourareg, kabyle) sont en argent et agrémentés de corail. Superbes créations.

EL SOLTANI

106, rue Didouche Mourad

✆ +213 21 74 28 16

Fermé le vendredi.

Bijoux émaillés ou incrustés de corail. Egalement boutique de poteries et de céramiques.

Librairies

LIBRAIRIE DU TIERS-MONDE

8, place de l'Emir Abdelkader

✆ +213 21 71 57 72

Cette ancienne librairie étatique a bien failli disparaître au moment de la privatisation du secteur de l'édition. Aujourd'hui gérée par les Editions Casbah, la mythique librairie du Tiers-Monde organise régulièrement des ventes-dédicaces et des rencontres littéraires. Grand choix de littérature en français et de beaux livres sur l'Algérie (architecture, histoire, photographies...).

LIBRAIRIE KALIMAT – LES MOTS

27, avenue Victor Hugo

✆ +213 21 71 95 75

libkali@hotmail.fr

C'est l'une des plus belles librairies d'Alger. On retrouve notamment une bonne partie de la collection des excellentes éditions Barzakh publiant les nouveaux auteurs comme les écrivains algériens renommés : Mohamed Dib, Maïssa Bey, Rachid Boudjedra et un très bon choix de beaux livres sur Alger et l'Algérie.

Mode – Sport

OULD SAÏD

51, rue Larbi-Ben-M'Hidi

✆ +213 21 73 71 76

Broderie sur velours, modèles « couture » à acheter sur place ou sur commande.

Musique

CADIC-SOLI

16, rue Hassiba Ben Bouali

✆ +213 21 71 74 04

De 100 à 250 DA le DVD. 100 à 150 DA le CD.

C'est l'adresse à retenir pour garnir votre discothèque de musique algérienne. Chaâbi, raï, fusion, rock, arabo-andalou, gnawi, chanson kabyle, jazz... vous trouverez tous les styles et tous les albums des grands groupes, musiciens et chanteurs algériens, dont pratiquement tout le catalogue de la très bonne maison de disques Belda Diffusion. Un étage de ce temple de l'image et du son est consacré aux DVD. C'est l'occasion d'acheter quelques bons films algériens, quoique difficiles à trouver, mais surtout les spectacles de l'excellent humoriste Fellag.

■ **CLUB MUSIC MONDIAL**
38, rue Didouche Mourad
Disques de musique algérienne, tous les styles.

La Casbah

■ **CASBAH ART**
Rue Sidi Ramdan
✆ +213 7 79 06 55 18 / +213 6 97 67 92 66
Ouvert de 10h à 19h.
Bahia Rouibi est une pro de la décoration sur poterie. Elle crée notamment de charmants petits tableaux représentant des scènes de la vie quotidienne de la Casbah. C'est aussi la seule femme artisan de la Casbah alors ne serait-ce que pour cela, allez faire un petit tour dans sa boutique !

■ **MAÎTRE DINANDIER HADJ HACHEMI**
6, rue Hocine Bourahla
✆ +213 5 51 62 68 68
L'un des derniers artisans dinandiers de la Casbah. L'occasion de chiner parmi les nombreux ustensiles en cuivre (services à thé, *sniwa*, vasques...).

Bab El Oued et le nord

■ **MAISON DE L'ARTISANAT « LES FRERES MEZIANI »**
20, rue Nacer El Hamdi
Oued Korreich
lesartsdusiecle@hotmail.fr
Ouvert tous les jours de 10h à 18h.
Etablissement dépendant de la direction du tourisme et de l'artisanat de la wilaya d'Alger, la Maison de l'artisanat est ouverte depuis 2006. Elle regroupe dans un très bel ensemble architectural de style néo-mauresque une vingtaine d'ateliers-boutiques spécialisés dans la céramique, la peinture, la dinanderie, la broderie et la couture traditionnelle, la maroquinerie ou encore la verrerie…

Les Hauteurs

■ **DVD SHOP**
6, route de Sidi Yahia, Hydra
✆ +213 7 91 41 25 35
Grand choix de films récents, français et US, à peine sortis en France et à des prix indécents. Bons conseils.

■ **LIBRAIRIE DES ARTS ET DES LETTRES**
4, Val d'Hydra ✆ +213 21 60 45 50
Fermé le vendredi.
Belle et grande librairie. Bonne sélection d'ouvrages en français et de livres pour enfants.

La périphérie

■ **ATELIER-BOUTIQUE MOHAMED BOUMEHDI**
43, rue Boualem Bouchafaa
Kouba
✆ +213 21 28 44 02 / +213 21 28 44 86
www.ceramique-boumehdi.com
contact@ceramique-boumehdi.com
Mohamed Boumehdi a été le céramiste « officiel » de l'architecte Fernand Pouillon qui lui avait confié la tâche de restaurer les fresques des maisons et palais qu'il réhabilitait, comme l'hôtel El-Djazaïr ou la Villa des Arcades. Aujourd'hui, l'atelier-boutique de la famille Boumehdi est certainement un des endroits les plus intéressants, sinon des plus originaux, pour acheter des pièces d'artisanat du pays. Ses poteries aux couleurs chatoyantes, mêlant habilement tradition et modernité, sont connues à travers l'Algérie. Les enfants du maître perpétuent le souvenir de leur père, disparu en 2007, en entretenant ses techniques et son art.

■ **CENTRE COMMERCIAL ARDIS**
Medina Center, Pins Maritimes
Mohammadia ✆ +213 21 89 13 40
www.ardis.dz
Ouvert tous les jours de 10h à minuit.
Ouvert en 2012 dans la commune de Mohammadia, le complexe est composé d'un hypermarché Ardis, de 49 boutiques (nombreuses marques françaises et internationales), de 5 restaurants et même d'un parc aquatique. Si vous souhaitez manger dans l'un des restaurants du centre commercial, sachez que le service est lent et désorganisé. Comptez minimum 1 heure d'attente sur place même lorsqu'il s'agit d'un fast-food ; le restaurant le plus lent est la pizzeria où il faudra vraiment s'armer de patience si vous avez faim...
Un parking de 5 000 places est également mis à la disposition des usagers.

■ **CENTRE COMMERCIAL ET DE LOISIRS DE BAB EZZOUAR**
Cité 5-Juillet
17, route de l'Université
Bab Ezzouar
www.babezzouar-dz.com
Ce centre commercial, ouvert en 2010, abrite de nombreuses boutiques de grandes marques internationales (Benetton, Lacoste, Mango, Swatch, Geneviève Lethu, Orchestra, etc.), une multitude de restaurants, un hypermarché, une salle de fitness, un bowling et bientôt des salles de cinéma.

■ **LIBRAIRIES EL BADR**
Aéroport international Houari Boumédiène
✆ +213 21 50 90 91
La maison possède deux bonnes librairies à l'aéroport, l'une se trouve dans le hall des départs et arrivées et l'autre dans la salle d'embarquement. Pratique en descendant de l'avion pour acquérir un guide et quelques cartes touristiques du pays ou en partant pour glisser dans ses bagages quelques bons romans algériens.

SPORTS – DÉTENTE – LOISIRS

Courir à Alger. Pour courir à Alger, il faut soit un peu d'argent pour s'inscrire dans un club de fitness ou disposer d'un véhicule car il est pratiquement impossible de courir en ville, qui n'est pas faite pour les joggeurs (pollution et trottoirs trop étroits).
Pour courir, nous vous conseillons le complexe Mohamed-Boudiaf qui entoure le stade olympique du 5-Juillet (mieux que les trottoirs étroits de la ville), la forêt de Bouchaoui (très fréquentée le week-end) ou celle de Baïnem (chemins escarpés et vues imprenables).

Les piscines à Alger. Les piscines municipales ne font pas bonne figue et on nagera plutôt dans une piscine d'hôtel (El-Djazaïr, Aurassi, Sheraton, Hilton, Sofitel). On peut également se payer une petite séance de gym ou de musculation dans ces mêmes hôtels, qui disposent de salles de fitness.
Autre possibilité : les parcs aquatiques dans les environs d'Alger. Ils se concentrent à Bordj El Kiffan et nous vous recommandons Aquafortland qui a également un club de fitness et un spa.

Les plages. A Bab El Oued, les pages Padovani et R'mila font bonne figure, Raïs-Hamidou aussi. Les rochers de Pointe-Pescade (10 km) sont souvent squattés par de jeunes garçons qui s'essaient au plongeon, Club des Pins est une belle plage privée, Palm Beach (20 km) et Azur Plage plaisent aux familles, tandis que Zéralda (35 km) est une belle et grande plage très fréquentée. A l'est d'Alger, les plages s'étendent de Bordj El Kiffan à Aïn Taya (35 km), mais on préférera les plages de la côte ouest vers Tipasa et Cherchell.

Sports – Loisirs

■ **CLUB ALY SUB**
Ain Benian
Port de la Madrague
✆ +213 6 61 56 96 67 /
+213 6 61 51 71 29
Club situé à l'entrée du port bien équipé en matériel. Possibilité de plonger dans les grottes et d'explorer les épaves après une formation assurée par Amine ou Momo. Les fonds marins sont magnifiques.

■ **CLUB DE PLONGÉE DE L'ESPADON**
Quai de Guelma
Port d'Alger ✆ +213 21 42 36 99
Le Club de Plongée de l'Espadon, connu des anciens et fréquenté par les fins connaisseurs, se situe sur la jetée du vieux port. L'accès se faisant par bateau au niveau du port de pêche, il faut obtenir une autorisation de la part du Club pour se rendre sur la jetée, d'où la vue sur la ville est exceptionnelle. Contacter Sid Ali, le responsable.

■ **FORÊT DE BAÏNEM**
Bouzaréah
Située dans la commune de Bouzaréah, la forêt de Baïnem domine les villages situés sur la côte à la périphérie ouest d'Alger ; Raïs Hamidou (ex-Pointe-Pescade), Baïnem, Cap Caxine, etc. D'une superficie de 500 hectares, c'est la forêt la plus vaste d'Alger. Idéale pour le jogging et les promenades.

■ **FORÊT DE BOUCHAOUI**
Chéraga
Située à l'ouest d'Alger, dans la commune de Chéraga, la forêt de Bouchaoui est un des lieux prisés des Algérois pour les pique-niques, les promenades mais surtout pour le footing du week-end. Un club d'athlétisme, le Bouchaoui Athletic Club, y a même été créé. La forêt faisait autrefois partie d'un vaste domaine agricole fondé par des moines trappistes en 1843, dont l'aspect viticole fut développé plus tard par le Français Henri Borgeaud.

■ **HARAS D'AÏN TAYA**
Centre équestre Bordj El-Bahri
Cité du 20-Août ✆ +213 21 86 30 31
Ouvert de 8h à 11h20 et de 15h40 à 19h. Fermé le samedi.
Les cavaliers iront louer un cheval au haras d'Aïn Taya. Les enfants peuvent faire un tour de poney dans la forêt de Bouchaoui.

Les environs d'Alger

Dès mars 1842, les Français avaient mis sur pied un plan d'urbanisation qui prévoyait de relier entre eux les villages du Sahel d'Alger, la bande de collines au sud-ouest de la capitale. La première « ceinture », le fahs, englobait d'est en ouest les villages de Hussein-Dey où se trouvait un palais ottoman, Kouba ordonné par le duc de Rovigo, Birkhadem, Draria, Dely-Brahim et Cheraga. Une deuxième zone périphérique plus distante du centre commençait au-delà de Birkhadem, passait par Saoula, Baba-Hassen, Ouled-Fayet pour se terminer par Staoueli (couvent de trappistes) et Sidi-Ferruch (Sidi-Fredj), un village de pêcheurs. Les villages ont été reliés entre eux par de nouvelles routes plus commodes et des îlots d'habitations qui venaient renforcer les villages existants. Les premiers kilomètres de la plaine de la Mitidja furent bientôt ponctués de fermes-châteaux érigées par les colons. En dehors de ces boucles, les gorges d'El-Harrach à l'est d'Alger sont bientôt dépassées. La RN1, la Transaharienne ou la « route de l'Unité », inaugurée par Houari Boumediene, conduit en quasi-ligne droite sur 2 000 km au Niger ou au Mali. Permettant un voyage presque initiatique à travers le verdoyant Algérois, la plaine de la Mitidja et les hauts plateaux jusqu'au désert infini, la route quitte la capitale par les faubourgs du sud, se tourne légèrement vers le sud-ouest et traverse le patchwork cultivé de la plaine de la Mitidja en direction de l'Atlas blidéen, la première chaîne de montagne, qu'elle contourne par l'ouest avant d'éviter l'Ouarsenis par l'est et de prendre le cap du sud.

SUD D'ALGER

BLIDA

Situé au pied de l'Atlas Tellien, Blida, qui signifie « petite ville », bénéficie d'un air pur et d'un environnement de qualité. Protégée des vents secs du sud par les contreforts de l'Atlas, la ville bénéficie d'un climat et d'une hydrographie propices aux cultures de céréales, de fleurs, de fruits et de légumes, qui ont fait la richesse de la région. Mais c'est surtout sa position sur la route naturelle qui s'enfonce de la plaine alluvionnaire de la Mitidja vers le sud qui lui a permis de se développer.

La ville est fondée en 1553 par Ahmed El Kebir puis développée par Kheir Eddine Barberousse pour des musulmans originaires d'Andalousie qui s'installent en y important la culture des arbres fruitiers, notamment des orangers, et leur savoir-faire en matière d'irrigation. La ville, alors entourée de rosiers, fut surnommée *Ourdia*, « la petite rose ». Les janissaires et les raïs enrichis profitent de l'abondance de cette ville proche de leur capitale pour en faire une cité des plaisirs qu'ils surnomment « la prostituée ». Les Français occupent définitivement Blida en 1839, quatorze ans après le terrible tremblement de terre qui détruisit la ville et entraîna la mort de plus de la moitié de ses habitants. La ville est relevée de ses ruines selon un plan moderne de rues à angles droits, avec des bâtiments peu élevés afin d'atténuer l'effet d'éventuelles nouvelles secousses. Blida devient ensuite un centre agroalimentaire florissant et l'une des premières bases militaires d'Afrique du Nord.L'époque où la ville, entourée de rosiers, organisait à chaque printemps la bataille des fleurs paraît révolue mais Blida reste une ville très agréable, ombragée de ficus et d'orangers, où il fait bon se promener et faire du shopping, malgré les douloureux souvenirs d'une histoire récente qui fit d'elle l'un des sommets du « triangle de mort » pendant la décennie noire.

Transports

Blida se trouve à 50 km au sud-ouest d'Alger sur la N1. Elle est desservie par le train, le bus et les taxis collectifs. Comptez environ 45 minutes de route depuis Alger.

Pratique

■ **KATLYSE**
Cité Mouloud
Rue C n°5 ✆ +213 5 50 38 55 20
katlysecabinet@gmail.fr
Cabinet de marketing/consulting spécialisé dans l'événementiel et le tourisme d'affaire.

Se restaurer

■ **PÂTISSERIE MESK ELLIL**
20, boulevard El-Aichi (ex-Boulevard des Orangers)
✆ +213 5 53 54 05 15
✆ +213 7 70 50 02 98 / +213 5 56 49 31 42
Ouvert de 9h à 20h. Fermé le vendredi.
Cette agréable pâtisserie où des petits oiseaux chantent dans des cages suspendues est tout simplement la meilleure de la ville. Gérée d'une main de maître par le chaleureux patron Djamal Areski, cet établissement est une vraie caverne d'Ali Baba des délices. Vous y trouverez absolument toutes les pâtisseries possibles et imaginables, même des personnages de dessins animés de chez Dreamworks en pâte d'amande. Tout est très créatif et onctueux. Mais notre coup de cœur gourmand va aux macrouts ! C'est tout simplement les meilleurs macrouts que nous avons mangés dans notre vie. Mais ne cherchez pas à repartir avec la recette... C'est un secret jalousement gardé par Djamal. En résumé, ne manquez pas d'aller faire un tour chez Mesk Ellil lors de votre passage à Blida, sauf si vous êtes au régime bien sûr, mais si vous devez faire un écart, faites-le ici !

À voir – À faire

LIBRAIRIE-IMPRIMERIE MAUGUIN

18, place du 1er-Novembre (ex-place d'Armes)
✆ +213 25 40 39 53
www.librairie-mauguin.com
contact@librairie-mauguin.com

Cette librairie-imprimerie fondée par Alexandre Mauguin, ancien maire de la ville en 1857 et reprise par Chantal Lefèvre, l'une de ses arrières-petites-filles en 1993, est une institution. Née à Alger en 1945, Chantal Lefèvre gagne l'Espagne plutôt que la France au moment de l'indépendance afin de rester plus proche de sa terre natale qu'elle retrouve définitivement 48 ans plus tard, alors que le pays était en pleine tourmente, pour reprendre les rênes de l'entreprise familiale.

Plus qu'une imprimerie, Mauguin était, il y a quelques années, l'un des rendez-vous culturels incontournables de la région. La librairie créée par l'héritière semble fermée et les écrivains n'ont plus l'air d'animer les fameuses « causeries blidéennes » qui y étaient organisées mais les machines de l'imprimerie tournent toujours et donnent notamment vie aux magnifiques ouvrages de l'édition Barzakh ou aux affiches des quelques bons événements culturels ayant lieu dans la capitale. La maison abrite également les éditions du Tell. Dehors, les chariots en bois d'un autre temps, marqués du nom de l'institution, attendent la marchandise, comme si le temps n'avait pas bougé. Mauguin est l'une des rares institutions coloniales à avoir fait le trait d'union entre la période française et l'Algérie d'aujourd'hui et à fonctionner quasiment de la même façon malgré les aléas de l'histoire. C'est dans cette imprimerie que sont fabriqués tous les livrets de famille d'Algérie et la plupart des documents administratifs officiels.

Sports – Détente – Loisirs

NOELIA BEAUTE

5 cité Mouloud
Sidi-Abdelkader
✆ +213 5 50 51 57 36
Ouvert de 9h à 17h. Fermé le dimanche.

Situé au rez-de-chaussée d'une villa, l'institut de beauté de Nawel Bouanani, vous accueille dans une atmosphère décontractée. L'équipe d'esthéticiennes et de coiffeuses est professionnelle et les soins de qualité. Parmi les prestations proposées : épilation, manucure/pédicure, traitement à la kératine...

Shopping

Venir faire du shopping à Blida est un vrai bon plan car les prix sont de 25 % à 50 % moins chers qu'à Alger. C'est d'ailleurs pour cette raison que de nombreux habitants d'Alger et de sa région viennent faire leurs emplettes ici. C'est surtout dans les marchés autour de l'ex-rue Abdallah, aussi appelée la rue des Juifs en raison de l'ancienne synagogue (fermée) à proximité, que vous ferez les meilleures affaires. Vous trouverez de tout : des vêtements pour toute la famille, des robes de mariage, des chaussures, des bijoux en or...

PARC NATIONAL DE CHRÉA

A 50 km au sud-est de Blida, le parc national de Chrea, d'une superficie de 26 000 ha, abrite notamment les gorges du ruisseau des Singes, le sentier du col des Fougères et les forêts de cèdres millénaires. On atteint les sommets enneigés (en hiver) de l'Atlas tellien par la route nationale 37, qui monte en lacet jusqu'à Chréa, à 1 550 m.Là-haut, le dépaysement est garanti. L'altitude et l'orientation de cette station d'hiver permettent aux pentes du sommet de retenir la neige pendant une période qui peut aller de décembre à mars. De ces hauteurs, on jouit d'un panorama époustouflant sur le massif, les forêts environnantes et la Mitidja. On voit même, au fond, la mer et le mont Chenoua, et un petit monticule, là-bas, au loin, qui n'est autre que le tombeau de la Chrétienne.

Le charmant village de montagne de Chréa a été la première station de ski créée par les Français en Algérie. Elle est rapidement devenue un lieu de villégiature réputé. Ses petits chalets en bois faisaient presque penser aux Vosges ou au Jura. L'enneigement y était capricieux et le dénivelé faible, mais on pouvait quand même s'y adonner aux joies du ski en hiver. Aujourd'hui, plus personne ne skie sur place pendant la saison hivernale mais les paysages enneigés restent grandioses.

En été, il est agréable de s'y rendre pour trouver un peu de fraîcheur et éviter les torrides chaleurs de la Mitidja. Au niveau du site baptisé « le Ruisseau des Singes » (en raison des nombreux singes magots qui fréquentent le coin et que vous apercevrez depuis la route), vous trouverez un très agréable complexe hôtelier avec cafétéria et restaurant... Des tables et des chaises ont été installées dans l'eau pour se rafraîchir les gambettes en été : un bonheur. Les enfants apprécieront le mini-zoo qui se trouve sur place.

Il y a peu, on vous aurait déconseillé d'y mettre les pieds : la région était un fief islamiste, mais, aujourd'hui, la zone a retrouvé sa sécurité et on aime à nouveau s'y promener le week-end, surtout depuis la réfection du téléphérique qui relie Blida à Chréa.

■ GORGES DE LA CHIFFA ET RUISSEAU DES SINGES

La N1 qui mène à Médéa remonte l'oued Chiffa à travers la forêt et le parc national de Chréa. Dans les gorges de la Chiffa, les nombreuses cascades dévalant les pentes de l'Atlas offrent de belles possibilités de baignade. On notera la présence des anciennes voies de chemin de fer qui joignaient autrefois Alger à Djelfa. Le ruisseau des Singes est la partie la plus pittoresque des gorges. Vous aurez la chance d'apercevoir de nombreux singes qui ont élu domicile dans les bois environnants le ruisseau. Le chalet-hôtel du Ruisseau des Singes, haut lieu de villégiature à l'époque française, a été rénové récemment ce qui a redoré son image ; c'est un établissement agréable.

■ HÔTEL RUISSEAU DES SINGES

Ruisseau des Singes
✆ +213 5 59 72 39 51 / +213 5 50 57 36 08
Chambre double à 6 000 DA. Petit déjeuner inclus.

Une vingtaine de chambres installées dans un hôtel-châlet au beau milieu de la nature, à proximité du fameux Ruisseau des Singes. 8 chambres ont récemment été rénovées et la totalité des chambres devrait bientôt l'être. Une cafétéria, un salon de thé et un bon restaurant agrémentent le tout. A noter : les couples algériens non mariés peuvent venir séjourner dans cet hôtel sans problèmes et ne sont pas obligés de présenter un certificat de mariage au moment du check-in comme c'est habituellement le cas. Vous remarquerez donc de nombreux couples très amoureux dans la clientèle et autour du ruisseau... Et il est vrai que les lieux sont délicieusement romantiques.

■ MINI-ZOO DU RUISSEAU DES SINGES

Ouvert tous les jours de 9h à 19h en été et jusqu'à 17h en hiver. Entrée gratuite pour les enfants, 50 DA pour les adultes.

Un petit zoo avec des animaux endémiques de l'Algérie. Vous y verrez les fameux fennecs, ces renards du désert qui ont donné leur nom aux joueurs de foot de l'équipe nationale algérienne. Une visite à ne pas manquer d'autant que les animaux y sont plutôt bien traités.

MÉDÉA

A une quarantaine de kilomètres au sud de Blida et à 920 m d'altitude, la romaine Lambdia occupe le centre d'une dépression creusée par l'oued Chiffa entre l'Atlas Blidéen et le massif de l'Ouarsenis, au pied du djebel Nador (1 108 m). La ville actuelle, fondée par les Fatimides et fortifiée par les Ottomans, s'est développée autour de la culture d'arbres fruitiers apportée par les Andalous, avant de devenir l'un des symboles de la résistance contre les Français, au milieu du XIXe siècle. Sous la régence ottomane, on disait d'elle : « Médéa, ville d'abondance ; si le mal y entre le matin, il en sort le soir ». Aujourd'hui Médéa est avant tout une ville administrative et résidentielle, sans grand intérêt pour les touristes mais ses environs sont intéressants. Parmi les sites à ne pas manquer : le monastère de Tibhirine.

À voir – À faire

DJEBEL NADOR

Le djebel Nador domine le nord de Médéa de ses 1 108 m. On accède au sommet et au point de vue sur l'Atlas blidéen et sur les pentes chauves de l'Ouarsenis par un chemin goudronné. Plus au sud, à une vingtaine de kilomètres, au-delà de la plaine des Béni Slimane, le sommet du Ben Chicao est un peu plus élevé et annonce la petite ville de Berrouaghia entourée de vergers. A cette hauteur, on peut quitter la N1 pour emprunter sur la gauche une jolie petite route qui mène à Ksar el-Boukhari dont le nom rappelle que le vieux village est fortifié. De là, il est possible de rejoindre Miliana en traversant le massif de l'Ouarsenis.

OUEST D'ALGER

L'autoroute direction Koléa et Tipasa permet de gagner rapidement les plages de l'ouest, mais nous vous conseillons de passer par Bab El Oued et de suivre la route en corniche qui contourne le massif de la Bouzareah, par Bologhine, Pointe Pescade, Ain Benian aux nombreuses petites criques, Djemila, son petit port et ses restaurants et Staoueli. De chaque côté de la route, et parfois perchées sur un rocher en surplomb de la mer, des villas délabrées ont dû être belles autrefois… A Bologhine, une d'entre elles se dresse seule, laissant voir le ciel au travers de ses fenêtres cassées. Comme une maison hantée – c'est d'ailleurs ce qu'on dit d'elle –, elle attise les fantasmes, alors qu'il ne s'agit que d'une ancienne école qui n'a jamais trouvé de seconde vie après l'Indépendance. Le casino de la corniche, qui fut la cible d'un attentat le 3 juin 1957, a été transformé en commissariat.

STAOUELI

Avant d'arriver à Sidi Fredj, on traverse Staoueli dont la rue principale, toujours très encombrée en été, est bordée de terrasses de cafés et de restaurants.

SIDI FREDJ

A une vingtaine de kilomètres au sud-ouest du centre d'Alger, la presqu'île de Sidi Ferruch où les Français posèrent le pied en juin 1830 et les Américains en 1942 est devenue un lieu de vacances et de repos couru sur la côte Turquoise. Hérissé d'établissements hôteliers, touristiques et commerçants construits dans le style popularisé par Fernand Pouillon qui s'inspirait de l'architecture traditionnelle, le port de plaisance (400 anneaux) est occupé du printemps à l'automne par de jeunes couples audacieux qui suivent la longue jetée main dans la main ou se cachent dans les rochers à l'abri des regards, ou presque, et des familles qui s'arrêtent aux terrasses des restaurants et des cafés. L'ensemble est plutôt réussi – voûtes, encorbellements soutenus par des arcs-boutants, patios, moucharabieh, etc. – et on se croirait pour un peu revenu au temps des raïs qui menaient la course en Méditerranée. La capitainerie, qui ne s'adresse qu'aux bateaux de plaisance, attend peut-être encore un chebek turc. Parmi les édifices ocre, une espèce de bastion desservi par un pont-levis est plus ancien mais on remarque à peine la différence… Un peu plus loin, la plage Palm Beach et sa promenade en bord de mer est agréable à l'heure où le soleil se couche.

Transports

L'accès en voiture depuis Alger prend 45 minutes environ, sans encombrements. Attention, ces délais peuvent être considérablement allongés en été, surtout si c'est le week-end (vendredi ou samedi). Les soirs d'été pendant le week-end, le complexe est presque entièrement bouché et il est quasi impossible de circuler. Nous avons personnellement vécu cette situation et avons passé 3 heures à faire du sur place avant de faire demi-tour, dans une circulation totalement anarchique. Les amateurs de yoga tiendront bon, quant aux autres, ils éviteront de prendre la route pour aller à Sidi Fredj les soirs de week-end pendant l'été (crise de nerfs garantie).

Se loger

Les hôtels du complexe balnéaire de Sidi Fredj se trouvent tous le long de la route principale de la ville.

EL-MANAR

✆ +213 21 37 69 44 / +213 21 37 69 45

A partir de 5 500 DA la chambre double.

Au sein du complexe balnéaire de Sidi Fredj, un grand hôtel Pouillon réparti sur 13 bâtiments, avec restaurant, bar, piscine et tennis. Chambres et appartements.

Testament de Christan de Chergé, Alger, 1er décembre 1993, Tibhirine, 1er janvier 1994

« S'il m'arrivait un jour – et ce pourrait être aujourd'hui – d'être victime du terrorisme qui semble vouloir englober maintenant tous les étrangers vivant en Algérie, j'aimerais que ma communauté, mon Eglise, ma famille, se souviennent que ma vie était donnée à Dieu et à ce pays. Qu'ils acceptent que le Maître unique de toute vie ne saurait être étranger à ce départ brutal. Qu'ils prient pour moi : comment serais-je trouvé digne d'une telle offrande ? Qu'ils sachent associer cette mort à tant d'autres aussi violentes, laissées dans l'indifférence de l'anonymat. Ma vie n'a pas plus de prix qu'une autre – elle n'en a pas moins non plus. En tout cas, elle n'a pas l'innocence de l'enfance, j'ai suffisamment vécu pour me savoir complice du mal qui semble, hélas, prévaloir dans le monde et même de celui-là qui me frapperait aveuglément. J'aimerais, le moment venu, avoir ce laps de lucidité qui me permettrait de solliciter le pardon de Dieu et celui de mes frères en humanité, en même temps que de pardonner de tout cœur à qui m'aurait atteint. Je ne saurais souhaiter une telle mort. Il me paraît important de le professer. Je ne vois pas, en effet, comment je pourrais me réjouir que ce peuple que j'aime soit indistinctement accusé de mon meurtre. C'est trop cher payer ce qu'on appellera, peut-être, la "grâce du martyre" que de la devoir à un Algérien, quel qu'il soit, surtout s'il dit agir en fidélité à ce qu'il croit être l'islam. (...) L'Algérie et l'islam, pour moi c'est autre chose, c'est un corps et une âme. Je l'ai assez proclamé, je crois au vu et au su de ce que j'en ai reçu y retrouvant si souvent ce droit fil conducteur de l'Evangile appris aux genoux de ma mère, ma toute première Eglise. Précisément en Algérie, et, déjà, dans le respect des croyants musulmans. Ma mort, évidemment, paraîtra donner raison à ceux qui m'ont rapidement traité de naïf, ou d'idéaliste : "Qu'il dise maintenant ce qu'il en pense !" Mais ceux-là doivent savoir que sera enfin libérée ma plus lancinante curiosité. Voici que je pourrai, s'il plaît à Dieu, plonger mon regard dans celui du Père pour contempler avec lui ses enfants de l'islam tels qu'il les voit, tout illuminés de la gloire du Christ, fruits de sa Passion investis par le don de l'Esprit dont la joie secrète sera toujours d'établir la communion et de rétablir la ressemblance en jouant avec les différences. Cette vie perdue totalement mienne et totalement leur, je rends grâce à Dieu qui semble l'avoir voulue tout entière pour cette joie-là, envers et malgré tout. Dans ce merci où tout est dit, désormais de ma vie je vous inclus bien sûr amis d'hier et d'aujourd'hui, et vous, ô mes amis d'ici aux côtés de ma mère et de mon père, de mes sœurs et de mes frères et des leurs, centuple accordé comme il était promis ! Et toi aussi, l'ami de la dernière minute, qui n'auras pas su ce que tu faisais. Oui pour toi aussi je le veux ce merci, et cet "A Dieu" envisagé de toi. Et qu'il nous soit donné de nous retrouver larrons heureux, en paradis s'il plaît à Dieu, notre Père à tous deux. Amen ! Inch'Allah ! »

MONASTÈRE DE TIBHIRINE

www.monastere-tibhirine.org
contact@monastere-tibhirine.org
A la sortie de Médéa, une petite route à droite en direction de Draa Esmar monte vers le monastère de Tibhirine.
Ouvert aux visiteurs de 10h à 12h et de 14h30 à 17h30. Visite gratuite mais dons appréciés. Le monastère ne reçoit aucune subvention et vit seulement des revenus de sa petite production agricole ; vous pouvez donc aussi acheter des produits qui en sont issus dans la petite boutique sur place (confitures, etc.).

Rattaché à l'abbaye de Notre-Dame d'Aiguebelle, le monastère Notre-Dame de l'Atlas fut fondé en 1938 par quelques moines trappistes sur le domaine agricole de Tibhirine à 7 kilomètres de Médéa.

Le monastère, qui reçut le statut d'abbaye en 1947 et de prieuré autonome en 1984, était devenu ce que souhaitait tant le prieur de la communauté, Christian de Chergé, une « maison de prière pour tous les peuples ». Entretenant de très bonnes relations avec le peuple algérien, les moines de Tibhirine créèrent une coopérative agricole avec les habitants du village et ils cultivaient les terres ensemble. Malgré la montée du FIS et les menaces islamistes, les moines décidèrent unanimement de rester à Tibhirine. Sept des neuf moines furent enlevés dans la nuit du 26 au 27 mars 1996. Leur assassinat, plusieurs semaines après leur enlèvement, fut attribué au GIA mais une enquête est toujours en cours. Lieu de douloureux souvenirs, le monastère est en passe de devenir l'un des arrêts inévitables au cours d'un pèlerinage. Rouvert au public depuis peu, il a été l'objet de travaux de restauration et il est désormais possible d'y résider contre un don au monastère. Toutes les personnnes, quelle que soit leur confession, sont les bienvenues pour une retraite spirituelle ou un séjour au calme pendant une certaine période.

- **Les suites de l'enquête**. Mi-octobre 2014, les têtes des moines sont déterrées pour une autopsie, 18 ans après le drame. Le juge d'instruction Marc Trévidic, qui suit l'affaire, a pu se rendre en Algérie et l'enquête suit son cours.
- **Pour visiter les lieux**, contacter Jean-Marie Lassausse, prêtre de la Mission de France assurant une permanence au monastère depuis 2001, ou Frédéric de Thysebaert, un laïc qui vit au monastère et le fait visiter depuis le printemps 2014 : Maison diocésaine d'El Biar ✆ +213 7 79 51 28 93.
- **Pour des raisons de sécurité**, une escorte policière accompagne tous les visiteurs à leur sortie et il est interdit de repartir sans cette escorte qui tarde parfois à venir (prévoir un peu de temps en fin de visite).
- **A voir** : *Des hommes et des dieux* de Xavier Beauvois. Primé au festival de Cannes 2010, le film retrace les trois dernières années de la vie des moines de Tibhirine.

Les plages à l'ouest d'Alger, Sidi-Fredj.

EL-MARSA

✆ +213 21 37 61 61

Comptez 6 000 DA la chambre simple et 7 000 DA la double.

Hôtel dessiné par Fernand Pouillon, à l'architecture toutefois moins traditionnelle que son voisin El-Riadh. Les chambres sont vétustes mais propres. Certaines sont dotées de balcons avec vue sur le port. Restaurant, bar, salon de thé, piscine découverte fonctionnelle à partir du mois de juin. Accès plage. Accueil sympathique.

HÔTEL EL-RIADH

Complexe touristique de Sidi Fredj

✆ +213 21 39 05 97

✆ +213 21 39 04 55

hotelriadh@gmail.com

Comptez 9 595 DA la chambre simple, 14 140 DA la double, 17 675 DA la triple, 20 200 DA la suite pour deux personnes. Petit déjeuner inclus. wi-fi gratuit mais accessible seulement dans le lobby. Accès à la piscine possible pour les personnes non clientes de l'hôtel : 1 000 DA par personne.

L'ancien hôtel étatique conçu par Fernand Pouillon a été récemment racheté par un groupe libanais mais l'établissement a fait pas mal de travaux de restauration. Les chambres simples mais confortables (grandes salles de bains, TV à écran plat et câblée, corbeille de fruits pour les nouveaux arrivants...), dont certaines ont une vue sur mer, sont réparties dans de petits immeubles de deux étages aux allures de bungalows. Restaurants (gastronomie internationale et cuisine libanaise), bar, salle de gym, piscine. Accès plage.

Se restaurer

LE CORSO

Port de plaisance

Comptez 1 500 DA le repas.

Un joli restaurant à la décoration traditionnelle où l'on mange sur de grandes *sniwas* (plateau en cuivre) de bonnes spécialités algériennes (chtitha, tajine, couscous...). Les prix sont abordables et le cadre sympathique. Salons privés et intimistes. Alcool.

LE VIVIER

Port de plaisance

✆ +213 21 37 69 10

Comptez 1 500 DA le repas.

Poissons, fruits de mer et paella régaleront les amateurs qui en ont marre des viandes grillées. Et comme c'est agréable de profiter des produits de la mer dans un complexe au bord de l'eau !

ZÉRALDA

A 5 km de Sidi-Fredj, le village de vacances a été la première occasion de renouer avec l'architecture traditionnelle. Les hôtels, villas et bungalows d'un blanc éclatant ont été édifiés dans le style ibadite caractéristique de la vallée du M'Zab. Dans les environs proches, la campagne est encore dédiée aux cultures de légumes et d'agrumes. Plus loin, la forêt de Baïnem couvre près de 500 ha de colline au-dessus de la mer.

HÔTEL LES SABLES D'OR

✆ +213 21 32 69 83

Comptez 5 000 DA la chambre single et 8 000 DA la double en demi-pension.

Chambres avec vue sur mer dans ce village de vacances.

SAFIR MAZAFRAN

✆ +213 21 32 00 00

www.safirmazafran.com/

reservation@safirmazafran.com

A partir de 8 000 DA la chambre simple et 9 000 DA la double. Petit déjeuner : 1 300 DA.

Ce grand hôtel de plus de 400 chambres est situé dans le complexe touristique de Zéralda en bord de mer, avec accès direct à la plage. Récemment rénové, il propose trois restaurants et un bar. Bon standing. Parking gardé.

CLUB DES PINS

Complexe touristique plutôt chic, le Club des Pins qu'on atteint rapidement par l'autoroute de l'ouest accueille également le Palais des Nations, un grand centre international de conférences, et l'hôtel Sheraton.

▸ **Accès à la plage privée.** Pour profiter de la belle et célèbre plage privée du Club des Pins fréquentée par une clientèle huppée, il vous faudra montrer patte blanche à l'entrée, à savoir prouver que vous êtes d'une famille de militaires (le Club leur est réservé) au moyen d'une carte d'accès spéciale fournie aux membres du Club, ou venir accompagné d'une personne qui réside déjà dans le Club et qui a donc la fameuse carte...

Les clients de l'hôtel Sheraton n'auront pas ce problème et pourront accéder à la plage normalement.

TIPASA

« *Au printemps Tipasa est habitée par les dieux et les dieux parlent dans le soleil et l'odeur des absinthes, la mer cuirassée d'argent, le ciel bleu écru, les ruines couvertes de fleurs et la lumière à gros bouillons dans les amas de pierres… A peine au fond du paysage puis-je voir la masse noire du Chenoua qui prend racine dans les collines autour du village et s'ébranle d'un rythme sûr et pesant pour aller s'accroupir dans la mer* », Albert Camus, *Noces*.

A 70 km à l'ouest d'Alger, au pied du djebel Chenoua au profil reconnaissable entre tous et où se serait échoué un bateau de Normands qui auraient laissé une certaine blondeur et des yeux bleus dans les environs, Tipasa qui a enchanté Albert Camus a conservé son nom phénicien qui signifiait « escale », sans doute dû à sa situation sur un littoral découpé peu propice au mouillage. On a retrouvé des traces d'occupation humaine remontant à au moins 12 000 ans avant J.-C. dans la grotte de Rassel, mais c'est au Ier siècle après J.-C., quand les Romains choisissent ce site proche de Caeserea (Cherchell) pour développer une ville qui bénéficie du rayonnement de la capitale de Juba II, le roi numide, que Tipasa devient une véritable cité.

Devenue une importante colonie romaine dès le IIe siècle, elle connaît les influences artistiques gréco-romaines et s'étend vers l'ouest sur l'emplacement d'une ancienne nécropole. La ville est défendue par une muraille longue de 2 km. Quand le christianisme atteint les côtes d'Afrique, elle devient un centre influent de la nouvelle religion monothéiste dont sainte Salsa est l'une des figures célébrée par l'édification d'une basilique. En 430, les Vandales menés par Genséric détruisent Tipasa qui, malgré les efforts de restauration des Byzantins, est tellement défigurée que les Arabes la baptisent Tefassed, « l'abîmée ».

Aujourd'hui, de part et d'autre des sites antiques, Tipasa-Plage et Tipasa-Village en sont les centres modernes. Mais c'est le site antique qui nous intéresse le plus et sa proximité avec Alger rendent la balade possible dans la journée, à combiner avec Cherchell et le tombeau de la Chrétienne. Entre Alger et Tipasa, le début de la route de la Corniche qui suit le Sahel d'Alger est bordée de maisons fantômes, des pâtisseries, datant de l'époque coloniale et abandonnées sinon squattées après l'Indépendance. Après Tipasa, en direction de Cherchell, nous vous conseillons d'oublier l'autoroute et de suivre la route côtière, un enchantement qui prolonge en douceur celui ressenti pendant la visite de ce qui fut l'une des plus belles villes de l'Afrique du Nord romanisée.

Passer quelques heures dans les ruines, presque seul dans un silence quasi absolu, c'est presque parcourir une autre époque tant le site a gardé de son charme…

Transports

Tipasa se trouve à 70 km à l'ouest d'Alger et à 25 km à l'est de Cherchell. Il est possible de s'y rendre en taxi collectif au départ d'Alger ou de louer un taxi pour la journée (plus pratique). Comptez 1 heure de trajet par l'autoroute.

Se loger

En général, on ne passe que la journée à Tipasa avant de retourner passer la nuit à Alger, à seulement 1 heure par l'autoroute, mais voici quelques adresses en cas de besoin.

■ CLUB TIPASA CORNE D'OR

✆ +213 24 47 08 15

A l'entrée de Tipasa sur la droite.

Comptez 6 000 DA la chambre double.

Composé d'une centaine de maisonnettes au style architectural traditionnel, le village conçu par Fernand Pouillon, construit entre mer et montagne, s'intègre admirablement bien à l'environnement. Les chambres, mignonnes et au décor méditerranéen, sont simples et plutôt propres. Petit port avec base nautique (pédalos, planches à voile, plongée sous-marine). Théâtre en plein air. Restaurant, bar, pizzeria. Le site pourrait être mieux tenu.

■ HÔTEL DE LA BAIE

Matares

✆ +213 24 46 18 22

A partir de 4 000 DA la chambre double.

Hébergement dans un complexe touristique réputé de la région de Tipasa.

Se restaurer

Non loin du musée et juste à l'entrée du site archéologique, vous trouverez une petite allée piétonne où se concentrent tous les restaurants. La plupart sont en plein air et c'est agréable d'y manger en terrasse aux beaux jours mais ils disposent aussi d'une salle climatisée pour ceux qui auraient trop chaud. Les prix sont généralement identiques d'un établissement à l'autre. Ici, vous vous régalerez avant tout de grillades de viandes ou de poissons.

Tipasa
MER MEDITERRANEE
Phare
Eglise chrétienne
Capitole
Curie
Forum
Basilique
Villa
Cardo
Grande basilique
Thermes privés
Thermes
Nouveau Temple
Temple
Decumanus
Amphithéâtre
Entrée
Théâtre
Nymphée
Nécropole de l'Ouest
Chapelle de l'évêque Alexandre
Mausolée
Crypte
Porte de l'Ouest
vers Cherchell
Porte du Sud
vers Cherchell
Musée
PORT
Mausolée punique
Tombeaux puniques
Basilique Pierre et Paul
Nécropole de l'Est
Monts de Sainte-Salsa
Basilique de Sainte-Salsa
vers Alger, tombeau de la Chrétienne
Porte de l'Est
Rempart
0
200 m
vers Alger, tombeau de la Chrétienne

LE DAUPHIN – CHEZ SID ALI

Rue du port

✆ +213 7 70 43 10 17

Comptez 200 à 250 DA le plat de sardines grillées et environ 1 000 DA le plat de poisson. Ouvert tous les jours.

La meilleure adresse de Tipasa et sans doute une des meilleures de la côte pour manger du bon poisson frais et des fruits de mer grillés. Terrasse agréable et accueil sympathique. Idéal pour une pause déjeuner lors d'une journée à la découverte des sites antiques.

MASSINISSA

Rue piétonne

✆ +213 7 71 93 96 13

Ouvert tous les jours midi et soir. Comptez 1 500 DA le repas.

Un très bon restaurant de grillades de viandes et de poissons. Aussi de très bonnes pizzas. Terrasse agréable ou salle climatisée, au choix. Un seul regret : le service un peu lent...

À voir – À faire

MAUSOLÉE ROYAL DE MAURETANIE

En venant d'Alger, quelques kilomètres après Aïn Tagourirt, une route à gauche en direction de Sidi Rached mène au tombeau.

Ouvert tous les jours de 9h à 17h pendant l'hiver et de 9h à 20h pendant l'été.

Situé à 13 km à l'est de Tipasa, le Tombeau royal de Maurétanie s'élève à 261 m d'altitude sur une des collines verdoyantes du Sahel. Ce qui semble de loin un monticule est un édifice circulaire de 63 m de diamètre au tambour cylindrique. Sa paroi extérieure est ornée de soixante colonnes en relief surmontées de chapiteaux de style ionique qui soutiennent une corniche au-dessus de laquelle un cône en gradins de pierre s'élève à plus de 30 m de hauteur.

Les moulures en forme de croix chrétienne des fausses portes dressées aux quatre points cardinaux expliquent certainement la dénomination de Tombeau de la Chrétienne attribuée à tort au Mausolée. Si les archéologues s'accordent à dire qu'il s'agit d'un mausolée royal datant de l'époque maurétanienne, les informations à son sujet sont pauvres. Certains spécialistes ont pensé qu'il s'agissait peut-être des tombeaux de Juba II et de son épouse Cléopâtre Séléné, fille de Cléopâtre et de Marc Antoine mais, pour d'autres, l'édifice est plus ancien et daterait approximativement d'entre les IIIe et Ier siècles av. J.-C. De nombreuses légendes entretiennent le mystère des lieux. L'intérêt fut grand, à tel point que les Ottomans sont allés jusqu'à bombarder le sommet de l'édifice dont l'inviolabilité devait renfermer de merveilleux trésors. En 1865, des fouilles ordonnées par Napoléon III révèlent une entrée sous la fausse porte de l'Est. Il fallut aux chercheurs suivre un couloir en spirale et franchir deux portes bien défendues pour atteindre une double chambre funéraire, vide et sans aucune trace qui permettrait d'imaginer qu'il a un jour servi de tombeau.

Depuis le site, la vue sur le littoral, la plaine de la Mitidja et l'Atlas est saisissante.

MONT CHENOUA

Après 2 heures de marche, on accède au sommet de ce mont, le plus élevé du Sahel. De là, vue imprenable sur la baie de Tipasa et sur la corniche du Chenoua qui rejoint Cherchell.

MUSÉE ARCHÉOLOGIQUE DE TIPASA

Rue du Port

✆ +213 21 47 75 43

Ouvert tous les jours de 9h à 17h pendant l'hiver et de 9h à 20h l'été. Entrée 20 DA.

Erigé en 1955, le musée de Tipasa est d'une grande richesse historique. Il présente une collection de vestiges relatifs à la vie civile et religieuse, ainsi que du mobilier funéraire mis au jour sur les deux principaux sites de la ville. Dans le patio sont exposés des éléments architecturaux tels que bases, fûts et chapiteaux de colonnes ainsi que des stèles puniques. Dans la salle d'exposition, la mosaïque ornant le mur faisant face à l'entrée est impressionnante. Il s'agit de la « mosaïque des captifs » (IIe siècle) provenant de l'abside de la basilique judicaire. Elle représente trois captifs entourés de têtes symbolisant les races africaines. Une autre mosaïque, représentant des poissons et portant l'inscription *In Deo, Pax et Concordia sit convivio nostro*, fait référence à un repas funéraire.

Le musée renferme également une belle collection de verre antique, des sarcophages de marbre (Pelops et Hippodamie, Centaures marins et néreides), des tables funéraires, des fragments de stèles puniques destinées au culte de Tanit, des statues romaines, des pièces de monnaie, des céramiques et des bijoux.

SITE ARCHÉOLOGIQUE

Ouvert tous les jours de 9h à 17h pendant l'hiver et de 9h à 20h l'été. Entrée : 100 DA. Visites guidées possibles : se renseigner au musée. Les gardiens du site archéologique se feront aussi un plaisir de vous donner des indications (petit pourboire bienvenu).

La basilique de Sainte-Salsa. A l'entrée de la ville, à droite, derrière le cimetière musulman se trouvent les vestiges de la nécropole de l'Est, dite promontoire de Sainte-Salsa, dont les tombes encerclent la basilique de Sainte-Salsa, construite sur le tombeau de la martyre. La petite chapelle, érigée au IVe siècle à la mémoire de la jeune Salsa, martyrisée aux premiers temps du christianisme, est devenue plus tard un important édifice religieux long de 30 m et composé de trois nefs. Une mosaïque comportant une inscription atteste que le corps de Salsa était déposé sous l'autel. Les fouilles autour de la basilique ont permis de mettre au jour la nécropole dont certains sarcophages étaient bien préservés ainsi qu'une chapelle dédiée aux saints Pierre et Paul.

L'ancien amphitéâtre. Le site archéologique s'ouvre sur les vestiges de l'ancien amphithéâtre. Long de 80 m, c'est le plus vaste monument de la cité antique. Son arène, de forme ellipsoïdale, présente deux portes placées aux extrémités de son axe est-ouest. C'est également l'un des édifices les plus récents de la ville romaine. Les gradins ont quasiment disparu mais on peut encore apercevoir le tunnel par lequel entraient les gladiateurs.

Décumanus et Cardo. Comme toutes les cités romaines, Tipasa s'organisait autour de ses deux axes principaux : Decumanus et Cardo, qui se croisent au niveau du temple. La partie mise à jour du Decumanus, au dallage particulièrement bien préservé, rejoint la porte de Cesarée, à l'ouest, au Cardo, à l'est. Cet axe de 12 m de large est un tronçon de la route qui reliait Caesarea (Cherchell) à Icosium (Alger). A son croisement avec le Cardo, les pierres arrondies témoignent du passage des chars.

Les deux temples. Derrière l'amphithéâtre, vous apercevez les vestiges des deux temples de la cité de Tipasa : le nouveau temple, à gauche, et le Temple anonyme, à droite, tous deux datant de la fin du IIe, début du IIIe siècle apr. J.-C. Les arcades et les murs des commerces ont disparu, mais les colonnes du Cardo attestent l'aspect économique, social et économique de cet axe nord-sud. Le Cardo, dont les vestiges donnent l'impression de plonger dans la mer, offre l'un des points de vue les plus beaux de Tipasa.

La villa des fresques. Construite au IIe siècle selon un plan hellénistique, les ruines de la villa des fresques comportent les restes de la mosaïque qui ornait le sol de la salle à manger. Des traces d'enduit trouvées sur des fragments de murs témoignent de la prospérité de la cité et de la richesse de cette demeure qui en expliquent son nom.

La basilique judiciaire. Plus haut, la basilique judiciaire, dans laquelle fut découverte la mosaïque des Captifs, exposée au musée de Tipasa, date du Ier ou IIe siècle ap. J.-C. Elle servait à la fois de chambre de commerce et de bourse. Derrière la basilique judiciaire, vous apercevez le dallage parfait du forum, cœur de la cité, les vestiges de la curie, siège du conseil municipal de la cité.

ALGER

Mausolée circulaire du site archéologique de Tipasa.

Fontaine romaine sur la place des martyrs, Cherchell.

Les thermes. Les irrégularités du sol du Cardo laissent apercevoir entre les dalles les canalisations et les égouts du système de distribution d'eau. Sur le Cardo, on longe, sur la gauche, les thermes, qui précèdent un sentier menant à la basilique chrétienne, d'où la vue sur le site et la baie est extraordinaire. Un peu plus loin, sur le sentier qui mène à la basilique, les grandes jarres mises au jour et exposées dans le jardin-musée témoignent du caractère industriel de ce lieu qui ont amené les archéologues à penser qu'il s'agissait soit d'une ancienne fabrique de garum (condiment fait à base de déchets de poissons, très apprécié dans l'antiquité). Avant d'arriver à la basilique chrétienne, sous les arbres curieusement penchés par les vents d'est, on peut distinguer les vestiges de thermes privés plutôt bien conservés.

La grande basilique chrétienne. Sur la colline de l'Ouest, la grande basilique chrétienne, édifiée vers le IVe siècle, est le plus vaste édifice chrétien fouillé en Algérie. Elle mesure 58 m de long et 42 m de large et comprend neuf nefs séparées par des colonnes surmontées d'arcades, dont une partie est encore visible. Le reste des grandes mosaïques qui ornaient le sol des nefs centrales dévoile l'importance du lieu.

La nécropole et le cimetière chrétien. Près de la basilique s'étendent les vestiges de la muraille d'enceinte, dont l'angle nord-ouest est marqué par les restes d'une des 37 tours cylindriques qui la renforçaient. La vaste nécropole de l'Ouest s'étend à travers la végétation sauvage. Il s'agit d'un cimetière chrétien construit sur l'emplacement d'une nécropole punique et où de nombreux sarcophages et tombeaux creusés dans la roche ont été mis au jour. Quelques mètres plus loin, le mausolée circulaire d'un diamètre d'une vingtaine de mètres abritait quatorze tombeaux. Un sentier tracé à travers la végétation mène aux vestiges de la chapelle de l'évêque Alexandre bâtie par l'évêque au Ve siècle pour abriter les corps des « justes antérieurs » qui devaient être les premiers évêques de la cité. Leurs tombeaux sont alignés au fond de la chapelle, à l'est. Celui de l'évêque Alexandre aurait été installé à l'opposé dans un hémicycle. La crypte à droite contient les restes de onze caveaux. Des mosaïques dissimulées sous la terre sont encore intactes. Plus bas, un enclos funéraire contenait les caveaux des martyrs.

La stèle dédiée à Albert Camus. En retrait, face au mont Chenoua, une stèle honore d'une touchante manière le profond attachement d'Albert Camus aux ruines romaines de Tipasa, qu'il immortalisa, en 1939, dans *Noces*. Les phrases gravées dans la pierre antique par le sculpteur Louis Benisti à la mort de Camus sont extraites de ce magnifique essai.

« Je comprends ici ce qu'on appelle gloire : le droit d'aimer sans mesure. Il n'y a qu'un seul amour dans ce monde. Etreindre un corps de femme, c'est aussi retenir contre soi cette joie étrange qui descend du ciel vers la mer. Tout à l'heure, quand je me jetterai dans les absinthes pour me faire entrer leur parfum dans le corps, j'aurai conscience, contre tous les préjugés, d'accomplir une vérité qui est celle du soleil et sera aussi celle de ma mort. »

- **Le théâtre.** Pour descendre vers la Porte de l'Ouest, le chemin longe la muraille d'enceinte. Vous remarquez les restes d'une piscine avant de découvrir le théâtre, dont il reste quatre rangées de gradins, la scène et les voûtes.

- **La fontaine, la nymphée.** Le Decumanus conduit à la nymphée, une fontaine reliée à l'aqueduc principal. Sa taille et sa conception laissent imaginer la splendeur de cette fontaine consacrée aux nymphes, d'où l'eau devait ruisseler en cascade entre les colonnes en marbre. A la sortie du site, le jardin-musée rassemble des fragments d'édifices (chapiteaux, jarres, sarcophages…) mis au jour sur le site et dans ses environs.

Shopping

Les boutiques de souvenirs ne manquent pas à Tipasa et vous trouverez aussi bien des bibelots de style antique que des bijoux fantaisie et les traditionnels souvenirs que vous trouvez partout en Algérie (plats, vases...). Les points de vente sont tous concentrés au niveau de l'allée piétonne où se trouvent les restaurants, non loin de l'entrée du site archéologique. Pensez bien à négocier au moment de l'achat car, dans ce site très touristique, les vendeurs ont tendance à faire flamber les prix...

CHERCHELL

Un peu isolée sur la côte, à environ 70 km d'Alger, et protégée par une chaîne montagneuse, Cherchell mérite pourtant qu'on s'y attarde, elle est un peu devenue la cousine quelquefois oubliée de Tipasa toute proche. Les quelques fouilles menées autour du cap Tizerine à l'est de la ville et du phare érigé sur un ancien îlot relié à la terre font remonter l'existence d'une organisation urbaine au moins au VIe siècle avant J.-C. Deux siècles plus tard, les Phéniciens connaissent Iol et son petit port facile d'accès. Au Ier siècle avant J.-C., la petite ville fait partie de l'héritage du roi maure Bocchus, le beau-père de Jugurtha dont il a entraîné la chute. L'empereur romain Auguste confie le royaume de Maurétanie à Juba II, en 25 après J.-C., qui choisit de faire de Iol sa capitale et entreprend d'importantes transformations de la ville qu'il baptise Caesarea en hommage à son bienfaiteur.

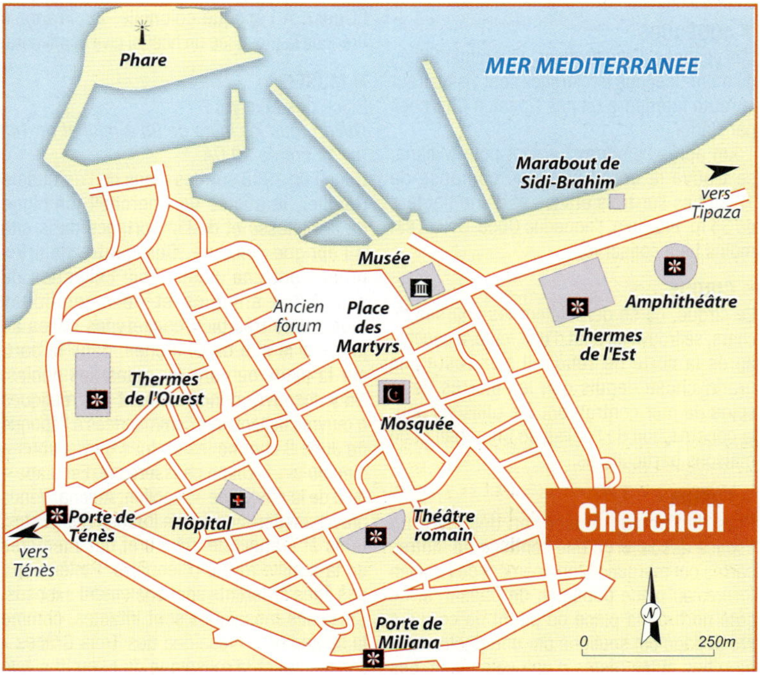

ALGER

Transports

Comment y accéder et en partir

Cherchell est à 25 km de Tipasa. Il existe deux routes pour aller de Tipasa à Cherchell : une route dans les terres et une route côtière. Nous vous recommandons de prendre la route côtière pour pouvoir profiter des beaux paysages.

À voir – À faire

AMPHITHÉÂTRE

Route d'Alger

Construit à l'époque de Juba II sur l'emplacement de la nécropole de Iol qui se prolonge vers le cap Tizerine à l'est de la ville, il est unique par sa forme et par sa taille qui le placent au-dessus du Colisée de Rome. Au temps de sa splendeur, il pouvait accueillir jusqu'à 15 000 spectateurs autour d'une arène rectangulaire (100 x 45 m) où se donnaient des combats de fauves, de gladiateurs ou même des reconstitutions de batailles. Plusieurs fois remblayée, l'arène n'a pu livrer ses secrets, notamment ceux des galeries souterraines où s'organisaient les spectacles. Sainte Marcienne y aurait selon la légende subi le martyre.

AQUEDUCS

Les vestiges des aqueducs acheminant l'eau du mont Chenoua à Cherchell sont visibles sur la route intérieure reliant Tipasa à Cherchell par Nador.

1 km après l'embranchement pour Miliana, se trouve le grand aqueduc composé de 17 arches sur trois étages et d'une hauteur de 35 m. Plus loin, l'aqueduc Oued-Bellah est moins bien conservé.

CIRQUE

Le cirque, où se déroulaient les courses de chars, se trouve au bout d'une route, à gauche, après la porte de Ténès. Il n'en reste pas grand-chose depuis que les pierres de la spina (le mur central) ont été utilisées pour la construction de l'église de Cherchell et de maisons particulières.

FORUM

Près de l'ancien musée, on découvre un espace découvert d'une centaine de mètres carrés qui marque l'emplacement de l'ancien forum, ou place publique, de Caesarea. Le côté nord de la place ou plutôt de ce qui a été dégagé est souligné par une rigole, deux marches et les restes d'une colonnade. Les fouilles ont permis de faire remonter ce forum au plus tard au IIe siècle ap. J.-C. mais il est probable qu'il en existait déjà un dès la fondation de la ville par Juba II. La place devait être entourée d'un portique dont il ne reste que l'angle nord-est ; au bas des marches de ce portique, l'examen révèle la signature de constructions en bois, certainement des boutiques édifiées contre la colonnade. A l'est de la place s'élevait la basilique judiciaire dont les murs étaient couverts de marbre blanc si on se réfère aux morceaux qui subsistent. Le sol était couvert d'une mosaïque au motif géométrique noir et blanc (Ve siècle ap. J.-C.), postérieure donc à l'édification de la basilique (IIe siècle). On accédait à la basilique judiciaire par une entrée monumentale encadrée de trois rangées de doubles colonnes. L'angle sud-est du forum bute sur un espace cimenté qui semble avoir accueilli un podium.

MOSQUÉE AUX CENT COLONNES

La Grande Mosquée, dite « aux cent colonnes », se situe au cœur de la vieille ville. Elle aurait été bâtie au début du XVIe siècle par des Andalous sur l'emplacement d'un temple romain. La centaine de colonnes qui la supportent, et dont elle tient son nom, provenaient certainement des thermes de l'Ouest. A l'époque coloniale, les Français firent de la mosquée un hôpital civil et militaire.

MUSÉE

Place des Martyrs

Ouvert tous les jours de 9h à midi et de 14h à 17h. Entrée 20 DA.

Conçu en 1908 sur des plans de l'architecte Régnier, le musée de Cherchell témoigne de la richesse et de l'importance de la cité à l'époque romaine. Ses quatre galeries présentent une inestimable collection de sculptures antiques et de magnifiques mosaïques très bien conservées mises au jour sur le site de Cherchell, dans le port, sur la plage ou dans les villas des nobles. On y découvre principalement des répliques d'œuvres helléniques commandées à l'époque de Juba II comme les statues de Bacchus – dieu du vin –, Diane chasseresse, Esculape – dieu de la médecine –, Apollon, Athéna, Vénus provenant des thermes de l'Ouest. Des bustes, têtes et statues de Juba II et des membres de la famille royale (Cléopâtre, Ptolémée) à des âges différents sont également exposés. Certaines mosaïques sont intactes, comme la splendide « mosaïque des Trois Grâces » (IVe siècle) et la mosaïque du Ier ou IIe siècle représentant les travaux des champs. Dans la cour du musée sont exposées quelques fontaines ornées de mosaïques, dont une provient de la place romaine (actuelle place des Martyrs). Le musée apporte de précieux renseignements sur l'histoire gréco-romaine.

NOUVEAU MUSÉE ET PARC DES MOSAÏQUES

Route principale✆ +213 24 43 91 84

Ouvert tous les jours de 9h à 17h. 20 DA.

Le Nouveau Musée a été édifié en 1979 en appui à l'Ancien Musée. La première salle est consacrée à une collection d'objets de la vie quotidienne (pièces de monnaie, bijoux, poteries) et du mobilier funéraire (stèles, sarcophages) des trois périodes – punique, romaine et musulmane. Dans la deuxième salle, dédiée à l'art romain, sont exposées une série de sculptures : bustes et têtes de philosophes, divinités romaines d'origine grecque ainsi que des fragments de reliefs et de fresques qui ornaient les murs des villas. Les très belles mosaïques découvertes dans les années 1960 ont été rassemblées dans un lieu unique, le parc des mosaïques, dans un souci de conservation. Provenant des salles de réception des maisons de riches habitants de Caesarea, elles présentent des motifs inspirés de la vie quotidienne ou de la mythologie (Thésée et le minotaure, la toilette de Vénus, etc.). Leur état de conservation est remarquable.

PLACE ROMAINE (PLACE DES MARTYRS)

Ornée d'une magnifique plantation de bellombras, la place des Martyrs est dotée d'une réplique d'une fontaine romaine aux quatre têtes énormes, dont l'original se trouve dans la cour du musée. On y voit aussi de multiples fragments d'ouvrages antiques : colonnes, chapiteaux… Sa promenade en corniche offre de beaux panoramas sur le phare et le port, enclavé entre le quai de la Douane et l'îlot Joinville.

PLAGES

Après Cherchell, on peut faire encore quelques kilomètres pour atteindre de jolies petites plages, comme celle de Larhat, encore sauvages et désertes par les chaudes journées d'été.

PORTE DE TENES

Située à l'ouest de la ville, au bout de la rue Abdelhak (ex-Césarée).

THÉÂTRE ANTIQUE

Rue Youcef Khodja

Le théâtre se trouve en contrebas du plateau qui supporte les gradins (*cavea*). Il ne reste malheureusement pas grand-chose de ces derniers dont les pierres ont été prélevées au milieu du XIXe siècle pour la construction d'édifices militaires français. Le théâtre, 130 x 72 m, a été construit au Ier siècle ap. J.-C., probablement sous le règne de Claude mais il a subi d'importantes modifications aux IIe et IIIe siècles quand la tendance des jeux a supplanté l'intérêt pour les arts dramatiques. L'orchestra et les premiers rangs de gradins ont alors été aménagés en arène elliptique destinée aux combats de gladiateurs.

THERMES

Caesarea comptait trois établissements thermaux. Les thermes du centre qui se trouvaient près du théâtre ont disparu et ceux de l'est ne peuvent être visités. Les thermes de l'ouest (115 x 70 m), appelés palais du Sultan pendant la période ottomane, sont plus imposants que ceux de Timgad. Bien conservés, ils semblent dater du IIe siècle ap. J.-C., construits selon un plan symétrique qui répondait surtout à un souci pratique. A partir de l'accès actuel, on parvient au *frigidarium* constitué de trois bains froids et de deux espaces de promenade. A l'ouest du *frigidarium*, le *tepidarium* (salle tiède) mène au *caldarium* dont les épais murs retenaient la chaleur. Le bain se trouvait dans un renfoncement semi-circulaire. Le granit utilisé pour les colonnes provenait de Hadjret Ennous, les murs étaient plaqués de marbre et les sols recouverts de mosaïques ou pavés en onyx. Un grand nombre de statues exposées à l'Ancien Musée proviennent de ces thermes.

EST D'ALGER

Les environs est d'Alger sont essentiellement constitués de petites stations balnéaires très fréquentées par les Algérois l'été à savoir Bordj El Kiffan, Ain Taya et Boumerdès. En saison, ces villes accueillent un public familial, généralement pour la journée, ce qui crée des bouchons le soir au moment du retour sur Alger.

BORDJ EL KIFFAN

A 18 km d'Alger, Bordj El Kiffan (ex-Fort de l'Eau) est la première station balnéaire à l'est de la capitale. Elle compte beaucoup de restaurants de grillades (choua) et plusieurs centres de loisirs aquatiques privés dont l'Aquafortland.

AQUAFORTLAND

56 RN 24
✆ +213 21 21 25 36
✆ +213 7 70 24 48 26
www.aquafortland.com
aquafortland@gmail.com
Ouvert de mai à fin octobre, de 10h à 19h (fermeture des bassins à 18h). Spa ouvert toute l'année. Entrée au parc : 1 200 DA. Enfants : 600 DA. Transat inclus dans le prix. Attention : les hommes seuls ne sont pas autorisés, il faut venir accompagné d'une femme (l'établissement veut un public familial et tient à éviter une surpopulation masculine). Repas au restaurant : 2 000 DA en moyenne. Massages au spa : de 4 000 à 6 000 DA. Accès au hammam : 2 500 DA.
Aquafortland est un grand parc de loisirs avec plusieurs piscines, dont une rivière rapide de 150 m, une pataugeoire de 200 m² pour les tout-petits et un grand bassin de plus de 650 m² agrémenté d'un bain à remous et d'espaces de spectacles (Avec DJ l'après-midi et une fête dans une piscine à mousse une fois par semaine), des toboggans d'une hauteur de 11 m, une aire de jeux pour enfants avec trampolines et trampo-élastiques, un parcours acrobatique aquatique, deux terrains de beach-volley, de basket et deux restaurants dont un fast-food. Depuis peu, un spa est également sur place ; on peut s'y faire masser, profiter de nombreuses prestations esthétiques mais aussi y pratiquer le fitness. Contrairement au parc aquatique, le spa est ouvert toute l'année.
La directrice Nora Benouniche et son époux gèrent le parc et le spa de manière très professionnelle et nous y avons passé un très bon moment. En tant que femme seule, vous ne serez pas du tout embêtée par de jeunes dragueurs ou des remarques car le public est très familial et de nombreuses filles viennent y bronzer seules également. Le maillot hidjab (maillot avec voile intégré) est interdit pour des raisons de sécurité donc le ton est donné dès l'entrée... Votre bikini ne posera de problèmes à personne ici, on a pu le constater par nous-mêmes. Très bonne adresse pour faire bronzette et se détendre pendant les vacances !

AÏN TAYA

Aïn Taya, située à 22 km d'Alger, est bâtie sur une falaise. La commune est connue pour ses belles plages de sable fin (Surcouf, Décaplage, El Qadous).

LE GOURBI

Avenue Ibn Khaldoun, Suffren
✆ +213 21 86 62 90
legourbialger@hotmail.fr
Ouvert le soir. Comptez 2 000 DA le repas.
Un des meilleurs restaurants de poissons de la région d'Alger. Les portions sont copieuses et le cadre agréable, même si la déco est un peu kitsch.

HÔTEL TURQUOISE

Plage n° 26
Aïn Chrab (ex-Surcouf)
✆ +213 21 86 85 77
www.turquoise-hotel.com
Comptez 7 050 DA la chambre simple et 8 600 DA la double.
Construit en bord de mer, l'hôtel Turquoise, auquel on accède par un tout petit chemin, est un hôtel « pieds dans l'eau ». Assez récent, il a un certain standing et sa situation isolée lui donne un attrait supplémentaire. Le salon de thé aux larges baies vitrées, la terrasse du restaurant de cuisine méditerranéenne et le jardin surplombent la mer.

BOUMERDÈS

Sur la côte, à 60 km seulement d'Alger, Boumerdès, en bordure d'une très grande plage, avait été presque complètement détruite par le tremblement de terre du 21 mai 2003. Ses habitants ont été relogés depuis mais ce séisme fut particulièrement meurtrier et il reste encore dans toutes les mémoires. Aujourd'hui, la ville affiche un visage radieux, loin de la catastrophe. Le centre-ville est moderne et bien entretenu. Quant au bord de mer, il offre une longue et agréable promenade bordée de restaurants de grillades à petits prix mais aussi d'un petit marché de souvenirs pendant l'été. C'est une station balnéaire agréable qu'il ne faut pas manquer lors d'un séjour à la capitale.

LE NORD-OUEST

Place du 1er novembre à Oran.

Ville principale
Autre localité
Parc national
Sommet
Autoroute
Route nationale
Route secondaire
Voie férrée
Dune
Altitude (en mètres)
2000
1500
1000
400
0
Hadjadj
Aïn Tédélè
MOSTAGANEM
N 90
Arzew
Mazagran
Aïn-El-Türck
Gdyel
N 11
El Ancor
ORAN
Bou-Sfer
N 4
Mohammadia
Misserghin
El Amria
Grande Sebkra
Oued Tlétat
Sig
Hassi
El-Ghella
Terga
N 6
Tighenn
El Malah
N 13
Mascara
N 22
Benisaf
Aïn Ben Berd
Aïn-Témouchent
Sfizef
Bou-Hanifia
N 17
SIDI-BEL-ABBÈS
Melrir
Saïdia
Ghazouet
Remchi
Meftah
Sidi Boubekeur
N 7
Nédroma
Hennaya
N 6
N 7
Ben Badis
vers
Nador
Maghnia
Mansourah
TLEMCEM
Parc National
de Tlemcem
Saïda
El Hacaïba
Khemis
1616 m.
1356 m.
OUJDA
Sebdou
Mazzer
MONTS DE
TLEMCEM
1843 m.
N 22
Res El-Ma
Modzbah
MAROC
El Aricha
ATLAS SAHARIEN
CHOTT
Aïn-Benumathar
Bougtob
N 6
N 22
Mecheria
vers Aïn Sefra

MER MEDITERRANEE
Aïn Benian
ALGER
Sidi-Ferruch
Staouéli
Zéralda
El Harrach
Dj. Chenoua 905 m.
Bou Ismaïl
Koléa
Tipaza
Boufarik
Gouraya
Cherchell
Hadjout
Ténès
Port-Breïra
BLIDA
Chréa
1041 m.
Dahra
1415 m.
Hamman-Righat
1629 m.
Parc National de Chréa
El-Marsa
Zeboudja
Kherba
Miliana
Tadjena
MÉDÉA
Khemis Miliana
Aïn Merane
Aïn Defla
Tazgait
Sidi Bénali
CHLEF
Oued-Fodda
Berrouaghia
Bou Kadir
Barrage du Ghrib
Chélif
Oued Chélif
ATLAS TELLIEN
Barrage Steeq
Djidioura
Oued Rhiou
Boghar
Ksar El Boukhari
Bordj Bounaama
Theniet El-Had
Relizane
Parc National de Theniet El-Had
Zemmora
Bougzout
Tissemsilt
Plateau du Sersou
Barrage
Rahouia
1168 m.
Hamadia
Dahmouni
Aïn Oussera
Malah
Tiaret
Soussellem
Sougueur
Takhemaret
Frenda
1225 m.
Zahrez-Rharbi
El Mesrane
Ksar Chellala
Medrissa
Aïn Deheb
Ben Yakoub
El Idrissia
Aïn Skhouna
CHERGUI
HAUTS PLATEAUX
Aïn El-Hamara
Mocta-El-Oust
Aflou
1721 m.
Mzi
Laghouat
2008 m. Djebel Ksel
Boualem
El Bayadh
1977 m.
El Melah
Tadjrouna
0
40 km
vers Ghardaïa
N4
N19
N14
N1
N23
N40
N47
N6a

Le Nord-Ouest

ORAN

Prise entre le Murdjadjo, un massif rocheux haut de 400 m, et la mer, l'agglomération d'Oran, deuxième plus grande ville d'Algérie après Alger, compte aujourd'hui deux millions d'habitants. Ce qui frappe le visiteur à son arrivée c'est le superbe front de mer d'Oran et cette corniche préservée qui contraste avec la mer d'un bleu intense, telle une petite sœur de la corniche d'or de l'Esterel sur la Côte d'Azur. C'est un beau spectacle qu'on admire en voiture, et encore plus si on est dans les bouchons quand on quitte Oran pour aller à la plage l'été ! Mais le trésor d'Oran c'est vraiment pour nous le Fort de Santa Cruz qui surplombe la baie d'Oran et offre une vue magnifique sur toute la ville avec en contrebas cette statue de Marie au sommet de la basilique Notre-Dame-du-Salut qui domine la ville et fait immédiatement penser au Corcovado de Rio, ce qui a d'ailleurs valu au site le surnom de «Corcovado d'Algérie». Si vous n'êtes jamais allé à Oran, c'est vraiment par là qu'il faut commencer la visite car vous serez non seulement saisi par la beauté de la ville mais, surtout, vous aurez une vision panoramique de l'agglomération et pourrez admirer la corniche vue du ciel ou presque.

Au niveau économique, Oran, chef-lieu de la wilaya, est une ville industrielle (Arzew-Bethioua, Es Senia et Hasi Ameur) et un grand centre commercial dont le port enregistre un important trafic avec l'Europe. La qualité de vie des Oranais s'est améliorée ces dernières années. Pour résoudre le problème du manque de logements, de vastes programmes de construction sont en cours. Comme partout dans le pays, les grues signalent les chantiers. Il reste cependant qu'Oran la coquette, « El-Bahia », est une ville dynamique dont la devise pourrait être « Oran ne se décrit pas, elle se vit ». Elle se vit d'abord dans les rues qui grimpent les pentes, dans l'animation quasi perpétuelle de ses artères principales, dans ses soirées raï qui animent la corniche et dans cette légèreté typiquement oranaise où tout est prétexte à la fête et à la convivialité, où les habitants sont plus ouverts aussi quant à l'alcool ou aux tenues des femmes ce qui fait parfois dire aux Algérois, souvent plus conservateurs, que les Oranais sont « libertins ».

Histoire. Le fond de la baie de Mers El Kebir a été occupé dès la préhistoire, il y a environ 100 000 ans, par une tribu berbère. Au paléolithique et au néolitique, on vivait ici dans des grottes (Cuartel, de Kouchet, El Djir ou abri Alain) qui ont donné leur premier nom au site (*Ifri*, « les cavernes ») mais qui, pour certaines, ont été rendues inaccessibles par une urbanisation anarchique récente.

Par la suite, la ville de Ouahran, dont le nom signifierait « deux lions », a été officiellement fondée au tout début du Xe siècle, en 903, par des marins musulmans d'Andalousie. Très bien située entre le Maroc et l'Espagne, Oran devient rapidement une cité florissante au centre des liaisons maritimes entre les deux continents. Après un conflit entre Omeyyades de Cordoue et Fatimides d'Ifrikia, la ville passe en 1082 aux mains de Youssef Ibn Tachfine, fondateur de la dynastie des Almoravides. En 1145, elle devient almohade jusqu'à ce que les Zianides, établis à Tlemcen, s'en emparent en 1228, à leur tour délogés en 1345 par les Mérinides. De cette époque datent les fortifications de Mers El Kebir et les donjons du Rozalcazar. Comme l'a décrit Al-Hassan al-Wazzan, Léon l'Africain, au XVe siècle, Oran était une ville maritime, commerçante et lettrée, illuminée par la présence, entre autres, et la culture d'hommes comme Sidi El-Houari (1351-1439) et son disciple Ibrahim Tazi, mort en 1463.

A la fin du XVe siècle, l'Espagne se retourne contre les musulmans qui se réfugient en masse sur les côtes proches d'Afrique du Nord. A sa mort en 1504, la reine d'Espagne, Isabelle la Catholique, laisse un testament dans lequel elle recommande la conquête de l'Afrique. En 1501, les Portugais lancent une attaque sur la ville mais, en 1509, quatre ans après la prise de Mers El Kebir et l'implantation d'une petite colonie espagnole sur le site aujourd'hui appelé Les Andalouses, le cardinal Ximénes conquiert la ville dont le premier gouverneur sera Fernández de Cordova, marquis de Comarès. Oran devient une place forte militaire, fortifiée de murailles, de fortins et de châteaux forts qui doivent la protéger des raids de corsaires à la solde des Ottomans. Après deux siècle de batailles, les Ottomans, présents en Algérie depuis le début du XVIe siècle, prennent la ville en 1708. Mais l'armada du duc de Montemar sur les plages d'Aïn El Turk venge l'Espagne en 1732. De nouvelles fortifications aux noms de saints (San Felipe, San André, Santa Barbara, San Gregorio, etc.) sont rapidement édifiées mais elles sont gravement endommagées lors du terrible tremblement de terre qui secoue la ville en 1790, faisant plus de 2 000 victimes, soit presque un quart de la population. La ville est affaiblie, le bey Mohamed El-Kebir en profite et s'empare d'Oran en février 1792. Il y fait bâtir un palais, la mosquée du Pacha et de nouveaux quartiers. Mais, sous ses successeurs, des luttes intestines viennent entraver le développement d'Oran qui se laisse cueillir en janvier 1831 par les troupes françaises du général Damrémont. Oran peut être considérée comme définitivement prise après la chute de l'émir Abdelkader en 1847, même si les transformations urbaines entreprises par les militaires ont déjà changé le visage de la cité. La capitale du département de l'Oranie, une région à vocation agricole qui produit des fruits et des légumes ainsi que du vin, voit la création de nouvelles rues dont la promenade Ibn-Badis ou de quartiers comme M'Dina El-Djedida également appelé le village nègre. Une unité de « planteurs militaires » est chargée vers 1855 du boisement de 670 ha sur les pentes, donnant naissance au jardin des Planteurs et aux espaces verts du Murdjadjo, plantés de chênes verts, de pins d'Alep et de caroubiers. La ville s'étend bientôt au-delà de ses limites ottomanes vers les plateaux de Karguentah et son centre est redessiné par les places d'Armes, des Victoires et Hoche, les grands boulevards Joffre et Clemenceau, les rues du Général-Leclerc et de l'Alsace-Lorraine, l'avenue Loubet et, surtout, le front de mer. Au début du XXe siècle, Oran fait même partie un temps des 10 premières villes de France… Après l'Indépendance, la ville cosmopolite qui comptait jusqu'alors plus d'Européens que de musulmans et où s'étaient réfugiés nombre d'Espagnols fuyant le franquisme a eu du mal à se remettre du départ de plus de 200 000 Européens qui n'étaient plus considérés comme Oranais. Il a fallu à la ville plusieurs années pour retrouver sa place et un certain dynamisme.

Transports

Comment y accéder et en partir

▸ **Voiture.** Depuis 2010, avec l'ouverture de l'autoroute A1 qui relie Alger à l'ouest de l'Algérie jusqu'à Maghnia au niveau de la frontière marocaine, il est possible d'aller à Oran depuis Alger en seulement 4 heures de route. L'autoroute est gratuite et elle est équipée d'aires d'autoroute avec buvettes, toilettes (payantes contre quelques pièces) et supermarchés qui sont parfaits pour une pause sur la route. La route est agréable et les embouteillages rares, sauf en cas d'accident. Plutôt que de prendre l'avion depuis Alger pour aller à Oran, nous vous recommandons désormais d'y aller en voiture. C'est beaucoup plus pratique, moins coûteux et presque aussi rapide ! C'est d'ailleurs pour cette raison que beaucoup d'Algérois vont plus facilement passer le week-end à Oran qu'ils ne le faisaient auparavant.

Cependant, attention, les jeunes fêtards algérois ont aussi tendance à prendre le volant la nuit pour sortir en club à Oran et ils roulent très très vite (peu ou quasi pas de radars la nuit sur l'autoroute), nous vous déconseillons donc de prendre la route la nuit le week-end...

■ **AÉROPORT BEN BELLA**
✆ +213 41 59 10 31 / +213 41 59 10 40
A une vingtaine de kilomètres du centre-ville. Bus et taxi.
Vols en provenance/en direction d'Alger (tous les jours), de Bechar (lundi et samedi), de Hassi Messaoud (tous les jours sauf vendredi et dimanche), de Constantine (mardi, mercredi, vendredi, dimanche), de Biskra et Annaba (jeudi), de Tamarasset/Ghardaia (vendredi), de Timimoun (jeudi et dimanche).

■ **AIGLE AZUR**
4, rue Kheloufi-l'Houari
www.aigle-azur.fr
charter@aigle-azur.fr

■ **AIR ALGÉRIE**
2, bd Emir-Abdelkader
✆ +213 41 41 20 13 / +213 41 42 72 05
www.airalgerie.dz

▸ **Autres adresses :** 15, boulevard de l'ALN ✆ +213 41 33 47 26 • 38, rue Khemisti ✆ +213 41 33 44 77 • Aéroport ✆ +213 41 51 12 59 • Place du 1er-Novembre ✆ +213 41 41 39 27

■ **ALGÉRIE FERRIES**
9 boulevard de la Soummam
✆ +213 41 59 80 02
www.algerieferries.com

▸ **Autre adresse :** 3, boulevard Abane-Ramdane ✆ +213 41 33 27 67

Fort Lamoune
vers Mers El-Kebir, corniche et Andalouses
Ancienne batterie
Bassin de Ghazaouet
PORT
Bassin de Mostaganem
Vieux Port
Bassin d'Arzew
tu
Santa Cruz
Fort Santa Cruz
MARSA
Gare maritime
Théâtre de verdure
Châteauneuf
Lycée Pasteur
Ancienne église St-Louis
Grande Mosquée
Mosquée El-Haouari
Ancienne préfecture
Place du 1er-Novembre
Théâtre national
CASBAH
Mausolée Sidi-El-Haouari
Hôtel de Ville
Poste
Ancienne cathédrale (bibliothèque)
Rue Abderrahmane-Ahmed
Bd Maata Mohamed-Habib
Bd du Cdt-Abderrhamane-Mira
Ancienne synagogue
Palais de Justice
Zighout-Youcef
Bd Dicouche-Mourad
Rue Djebbour-Maamar
Boulevard Zabana
Musée des Beaux-Arts
Cimetière Sidi-El-Ghrib
M'DINA EL-DJEDIDA
ST-ANTOINE
Marché
Cimetière juif
vers Tlemcen, Misserghine
vers Mascara

Mosquée et medersa
Monument et administration
Hôpital
Gare ferroviaire
Avant-port
Bassins
de Ténès
et de Bejaïa
vers Kristel
et Canastel
Usine
électrique
Pont Zabana
GAMBETTA
Boulevard de l'ALN
Vieille
Mosquée
Marché
Michelet
Bd
named Khemisti
Rue de Tripoli
Rue Larbi-Ben-M'Hidi
Siège de
la wilaya
Rue Larbi-Ben-M'Hidi
Rue Maoued-Ahmed
Rue Boulenouar El-Arbi
Rue Moulmoud-Feraoun
Rue Frères Ould-Ahcène
ST-EUGENE
BEL-AIR
Rue du Colonel-Abdelkader
Bd Colonel-Abderrazak
Gare
Bd Ali-Mellah
vers Arzew
0
400 m
N
Rue des Frères-Bouchakour
vers aéroport
Es-Senia
et Alger
Cimetière
européen

■ **GARE DES CASTORS**
Bus pour le nord-ouest de l'Algérie (Chlef, Mascara, Mostaganem...) et également le sud (Bechar, Adrar). Taxis pour le centre-ville d'Oran et taxis collectifs pour Alger, Blida, Constantine, Tizi Ouzou...

■ **GARE ROUTIÈRE DE YAGHMORACEN**
Bus et taxis pour Tlemcen et l'ouest (Aïn Temouchent...).

■ **GARE ROUTIÈRE EL-HAMRI**
Angle avenues Cheikh-Abdelkader et Colonel-Lofti
Ancienne gare routière centrale. Bus pour Alger, Sétif, Constantine, Ouargla, Ghardaia. Taxis pour Béchar.

■ **GARE ROUTIÈRE STADE AHMED-ZABANA**
Taxis vers le sud d'Oran : Mascara, Saida...

■ **GARE SNTF**
Boulevard Mellah-Ali

► **Liaisons quotidiennes pour Alger.** Départs d'Oran à 6h25, 8h (train rapide), 12h30, 15h. Compter 4 heures 30 de voyage (4 heures pour le train rapide) et entre 940 et 1 320 DA l'aller.
Départs d'Alger à 6h25, 8h (train rapide), 12h30, 15h.

► **La ligne Oran-Béchar,** fermée depuis 1990, est à nouveau fonctionnelle depuis juillet 2010. Liaison quotidienne.

► **Départ d'Oran** à 18h25. Compter 12 heures de voyage (arrêts à Sidi Bel Abbès, Redjem-Demouche, Mecheria, Naâma, Beni Ounif). Départ de Béchar à 18h50.

■ **HERTZ**
Comptoir Aéroport
✆ +213 41 59 10 06
www.caronline-dz.com
location@caroline-dz.com
A partir de 3 500 DA/jour (Renault Campus, Symbol, Toyota Yaris).
Tarifs spéciaux à la semaine ou au mois. Possibilité de réserver et payer en France ou ailleurs. Compter 15 000 DA pour le rapatriement du véhicule si celui-ci est loué à Oran et remis à Alger ou Annaba.

Se déplacer

■ **TAXI MOMO**
✆ +213 5 52 97 81 31
Chauffeur de taxi sérieux et sympathique. Il connaît bien Oran et saura notamment vous conduire à la maison d'Yves Saint-Laurent que nous avons eu tant de mal à trouver.

Pratique

Tourisme – Culture

■ **MAGHREB TOURISME**
10, rue des Aurès
✆ +213 41 39 42 22
Dirigée par la famille Afane, la dynamique agence s'est faite spécialiste des groupes de pieds-noirs qui traversent la mer à la recherche de leurs racines.

■ **MISSERGHIN-TOURS**
9, avenue Sidi-Chami
✆ +213 41 45 36 34
www.misserghintours.com
misserghintours@yahoo.fr
L'agence a été l'une des premières à avoir organisé des voyages destinés à des natifs d'Algérie. Elle dispose de tous les moyens logistiques nécessaires pour recevoir des groupes. Kouider Djilali et son équipe s'adaptent aux demandes particulières de la clientèle : circuit Souvenir avec visites personnalisées, circuit sud vers Timimoun, Adrar, Taghit, Ghardaïa, séjours culturels : Oran sous l'Empire ottoman, Oranie sous l'Empire romain, Oran l'Espagnole, Oran et sa chapelle, Tlemcen et ses vestiges historiques, etc. Séjours sportifs, chasse sous-marine, chasse, battue de sangliers. L'agence organise, à la demande, des séminaires sur des thèmes particuliers.

■ **OFFICE DE TOURISME**
4, rue Mohamed-Khemisti
✆ +213 41 27 78 61
✆ +213 41 44 20 12
✆ +213 41 29 34 32
Fermé le vendredi.
Accueillant, mais information minimale. Cartes, plans, guides sur Oran... En face, la boutique de l'artiste Abdallah Benmansour vaut une pause.

■ **ONAT**
6, boulevard Emir-Abdelkader
✆ +213 41 29 63 57
Service minimum.

■ **ZENATA VOYAGES**
24, rue de Tripoli
✆ +213 41 39 12 57
www.zenatavoyages.com
Réseau d'agences dans l'ouest algérien.

▶ **Autre adresse :** 28, rue Abderrhamane-Mira ✆ +213 41 41 36 33 – www.zenatavoyages.com

Représentations – Présence française

■ CENTRE CULTUREL FRANÇAIS D'ORAN
112, rue Larbi-Ben-M'Hidi
✆ +213 41 40 35 41
ccforan@ccf-oran.com
Ouvert du samedi au jeudi de 9h30 à 17h30 sauf le mercredi de 13h à 17h30.
Pour ne pas perdre le fil... Bibliothèque, médiathèque, expos, cours, spectacles.

■ CONSULAT GÉNÉRAL DE FRANCE
1 rue Aimeur-Brahim
✆ +213 41 33 65 53
oran.ambafrance-dz.org
Ouvert du dimanche au jeudi de 8h à 11h. En dehors de ces horaires, le consulat est joignable par téléphone en cas d'urgence.
Depuis septembre 2007, Oran a enfin son consulat de France qui concerne toute la région ouest d'Adrar à Chlef.

Argent

Les banques sont ouvertes de 8h30 à 16h. Elles sont fermées le samedi.

■ BANQUE CENTRALE D'ALGÉRIE
13, boulevard de la Soummam
Change de devises.

■ BANQUE NATIONALE D'ALGÉRIE
4, boulevard de la Soummam

■ CRÉDIT POPULAIRE D'ALGÉRIE (CPA)
Boulevard de la Soummam
Possibilité d'y retirer des dinars avec une carte bancaire Visa.

■ SOCIÉTÉ GÉNÉRALE
Angle boulevard de la Soummam et rue des Sœurs-Benslimane
Change de devises et service Western Union.

Moyens de communication

■ POSTE
Place du Maghreb
Boulevard Mohamed-Khemisti

Santé – Urgences

■ CENTRE HOSPITALIER ET UNIVERSITAIRE D'ORAN
Boulevard Docteur Benzerdjeb
✆ +213 41 41 39 26

Orientation

Au pied du Murdjadjo, au plus proche de la mer et du port, il y avait le quartier de la Marine, la ville basse, où on observe encore de vieilles maisons aux couleurs passées. La vieille ville grimpe en douceur vers la casbah à l'ouest de la place du 1er-Novembre à partir des rues Sidi-Brahim-Tazi (ex-rue des Jardins) et Tayeb et Boutkhil qui desservent la Grande Mosquée, la mosquée du Pacha, tout contre Châteauneuf. On peut pénétrer la vieille ville, aux quelques escaliers très méditerranéens, en suivant les boulevards Khedim Mustapha et celui des Frères Guerrab qui partent de l'ex-Quinconces en bordure du ravin Ras El Aïn. De l'ancienne place Kléber (Hasni) où se trouvait la préfecture construite en 1852, on monte vers la place de la Perle où l'église Saint-Louis, la première édifiée par les Français à Oran sur l'emplacement d'une église espagnole, est devenue une mosquée puis un centre culturel. La place de la Perle, ancienne Plaza Major espagnole, est l'aboutissement de petites rues où nombre de maisons datent du XVIIIe siècle et de la toute première partie de l'occupation française.
Juste avant la casbah, le marabout Sidi El-Houari a donné son nouveau nom au quartier. Au détour des ruelles se montrent de temps à autre de beaux morceaux de panorama sur la baie et, par beau temps, jusqu'aux collines annonçant Arzew. Le quartier juif, qu'on repère aujourd'hui à son ancienne synagogue brune, s'étendait à l'est et au sud de la casbah, à droite de l'actuel boulevard Maata-Mohamed-Habib (ex-Joffre).
Marquant l'Oran coloniale, le boulevard du Front-de-Mer, aujourd'hui devenu boulevard de l'ALN, court sur presque 3 km du jardin du pont Zabana au théâtre de verdure et au lycée Pasteur et, en poussant un peu, à la place du 1er-Novembre (ex-Foch). A l'ouest et au sud-ouest de la place s'étendaient les beaux quartiers commerçants de la ville coloniale.
Le boulevard Emir-Abdelkader (ex-Clemenceau) qui part de la place du 1er-Novembre pour remonter jusqu'à la place de la Kahina où s'élève la néobyzantine cathédrale du Sacré-Cœur, devenue bibliothèque, demeure le pôle d'attraction le plus important du centre-ville. De là partent les rues les plus animées comme le boulevard de la Soummam (ex-Gallieni) ou les rues Khemisti (ex-Alsace-Lorraine) et Larbi Ben-M'Hidi (ex-Général-Leclerc ou d'Arzew), elles-mêmes grossièrement parallèles au front de mer auquel elles sont reliées par le boulevard Abane-Ramdane, l'avenue Cheikh-Larbi-Tebessi qui descend au monument du Maghreb et le boulevard de Tripoli qui passe devant le marché couvert Michelet. L'étroite rue des Aurès entre les rues Khemisti et Ben-M'Hidi est animée une bonne partie de la journée par un long marché où les étals ne font qu'un.
En remontant la rue Khemisti, parallèle à la rue Larbi Ben-M'Hidi, on arrive au jardin de la Roseraie et au square Emile-Cayla, architecte de la ville d'Oran. Un peu plus loin, la sobre Grande Poste et la place du Maghreb (ex-Bastille), son Grand Hôtel et son ancienne église du Saint-Esprit. L'architecture du bâtiment du Crédit populaire d'Algérie évoque Venise. La rue Larbi-Ben-M'Hidi, très commerçante, est bordée d'arcades.
Comme pour délimiter le centre de la ville, des ravins entaillent la masse rocheuse. En 1941, on a entrepris de les franchir à l'aide de viaducs mais les difficultés géologiques et le manque de fonds ont failli avoir raison des grands travaux. Le premier viaduc, qui devait faire 300 m de longueur, a eu du mal à voir le jour à cause du terrain argileux et gorgé d'eau. Le second ravin important a été franchi dans les années 1950 au niveau du square Port-Saïd.

Se loger

Des petits hôtels plutôt bien tenus du centre-ville aux grands hôtels de luxe, des campings aux complexes touristiques de bord de mer, Oran est sans doute la ville algérienne la mieux pourvue en établissements hôteliers. Il y en a pour tous les goûts et tous les budgets. Les chambres des petits hôtels sont en général assez propres et bien équipées. Quelques terrains de camping opérationnels mais bondés en été à Aïn-El-Türk, à Bou Sfer, et à Mers El-Hadjadj près d'Arzew.

Bien et pas cher

AUBERGE DE JEUNESSE DU CAP FALCON
Rue Kissani Med, cap Falcon
Aïn El Turk
✆ +213 41 36 51 58 / +213 41 26 55 45
Au niveau de la première plage de Cap Falcon.
350 DA la nuit. 100 DA le petit déjeuner. wi-fi gratuit.
Une auberge de jeunesse propre et bien tenue. Dortoirs de 4, 6, 8 et 10 lits. Toutes les chambres sont équipées de sanitaires.

Egalement un petit restaurant sur place. Billard, ping-pong et espace vert. Une bonne adresse pour les petits budgets.

■ **LE GALION**
Route nationale, parc de loisirs
Bousville, Aïn El Turk
✆ +213 41 44 62 82
Suites pour deux personnes de 3 000 à 4 000 DA la nuit.
Un petit hôtel charmant au cœur de la station balnéaire de Aïn El Turk. On y trouve un bon restaurant aux spécialités de poissons, dans une ambiance chaleureuse et un décor marin où le fond musical est bien souvent de la chanson française.

■ **HÔTEL 8-MAI-1945**
(Ex-Marcel-Cerdan)
10, rue Achour-Med.Tabet
✆ +213 41 33 19 34
Comptez 1 600 DA la chambre simple et 1 800 DA la double.
L'hôtel du 8-Mai-1945 dispose d'une cinquantaine de chambres propres et équipées de douches, téléviseur et climatiseur. Restaurant à la carte. Accueil chaleureux. Une des meilleures adresses pour les budgets serrés.

■ **HÔTEL KHALID**
(Ex-Marcel-Cerdan)
21, rue Achour-Med.Tabet
✆ +213 41 33 26 28
A partir de 1 500 DA la chambre simple et 1 900 DA la double.
Propre et bien tenu. Chambres simples (douche, téléviseur) et chambres équipées (réfrigérateur et climatiseur). Ascenseur. D'un standing identique au précédent établissement (son voisin).

Confort ou charme

■ **EL AYOUNE**
Boulevard de la République
Aïn El Turk
✆ +213 41 44 97 84
✆ +213 25 41 32 58
✆ +213 41 44 97 86
Appartement type studio : à partir de 4 000 DA, type F2/F3 : à partir de 6 000 DA. 90 appartements.
Appartenant à la famille Zaïm dont le nom apparaît sur les bouteilles d'Orangina fabriquées à Blida, la résidence touristique a été rénovée dans un style « atlantique ». Belles vues sur la mer et nombreuses terrasses. Piscine. Parking.

■ **BEL AIR**
12, rue de l'Escalonne
Bel-Air
✆ +213 41 28 43 09
Comptez 4 500 DA la chambre simple, 6 000 DA la double.
Bien situé, l'hôtel est moderne et rénové. Chambres confortables et accueil agréable. Deux restaurants, bar, salle de conférence, parking. wi-fi (gratuit). Une bonne adresse tranquille qui ne devrait pas décevoir.

■ **COMPLEXE TOURISTIQUE LES ANDALOUSES**
Corniche ouest d'Oran
Plage Les Andalouses
✆ +213 41 26 01 24
✆ +213 41 26 01 25
www.andalouses.com
Chambre single ou double non climatisée à 6 000 DA, chambre single ou double climatisée à 8 000 DA, bungalow à 12 000 DA.
Un complexe touristique d'Etat en bord de mer, bien géré et superbe avec ses murs au blanc immaculé. On regrette cependant qu'ils aient fermé le night-club et que deux des quatre bâtiments ne soient pas climatisés. Une adresse mythique d'Oran cependant.

■ **HÔTEL COLOMBE**
6, boulevard Zabour-Larbi
Hai Khaldia – Delmonte
✆ +213 41 74 61 76
www.hotelcolombe.com
reservation@hotelcolombe.com
De 7 200 à 8 200 DA la chambre double. Petit déjeuner inclus.
L'hôtel Colombe, qui appartient à la chaîne Best Western, occupe un bâtiment de construction récente. Chambres et suites confortables, business center et restaurant-pizzeria font de cet hôtel une adresse sûre, assez centrale, proche des bâtiments de la wilaya. Accès wi-fi dans les chambres (gratuit). Location de voitures.

■ **HÔTEL TIMGAD**
22, boulevard Emir-Abdelkader
✆ +213 41 29 47 97
✆ +213 41 29 47 98
Comptez 6 000 DA la chambre simple, 7 000 DA la double.
Dans le centre d'Oran, à côté de l'hôtel Royal, cet hôtel propose des chambres rénovées et spacieuses. Parmi les commodités : un bar, un restaurant, une pâtisserie, un salon de thé et un sauna. Parking et location de voitures.

■ NEW BEACH

Route des Andalouses
✆ 041 26 02 11
✆ 05 55 03 27 29
www.hotel-oran.com
hotelnewbeach@yahoo.fr
Comptez 5 000 DA la single et 7 000 DA la double en basse saison, 11 000 DA et 12 000 DA en haute saison.
Non loin des Andalouses, au bord d'une belle plage de sable fin, le New Beach est un complexe composé d'un bel hôtel et d'un village touristique de bungalows et chalets. L'hôtel dispose de chambres équipées et confortables. Accès wi-fi dans les chambres (gratuit). Restaurant à la carte. Pizzeria. Vaste piscine avec jeux aquatiques (toboggans...), terrains de sport, accès direct à la plage.

■ PHOENIX

Rond-point de l'aéroport Es-Sénia
✆ +213 41 41 89 91
www.edenphoenix.com
12 300 DA la chambre double en semaine, 9 000 DA la chambre double en semaine. Petit déjeuner inclus.
A 5 minutes de l'aéroport et 20 minutes du centre-ville, cet hôtel de la chaîne Eden, de bon confort, a deux restaurants dont Le Régent, une piscine, un centre de remise en forme, un bar musical et plusieurs salles de conférences. Accès wi-fi.

Luxe

■ EDEN RESORT & SPA

Route du cap Falcon
Aïn El Turk
✆ +213 41 44 34 41
✆ +213 41 44 34 43
www.edenresortspa-oran.com
contact@edenresortspa-oran.com
A 20 minutes du centre-ville d'Oran, à Aïn-El-Türk.
A partir de 9 000 DA la single et 12 000 DA la double avec petit déjeuner inclus et wi-fi gratuit.
L'Eden Resort & Spa est un bel hôtel moderne, tout confort, situé en bord de mer, avec piscine, bars, restaurant, night-club (le Sun House), plage privée sublime aux eaux cristallines et institut de remise en forme par l'eau (bains bouillonnants, hydromassage, hammam...). Les chambres sont équipées de TV à écran plat avec le câble et de très grandes salles de bains. La vue sur mer depuis le balcon de certaines chambres est un bonheur pour admirer le soleil couchant. Egalement des bungalows dans l'Eden Village, à proximité ; une bonne solution pour des vacances en famille.
En résumé, à l'Eden, on se sent vraiment en vacances grâce à la plage paradisiaque, bien loin du brouhaha de la ville d'Oran. Nous avons adoré ! C'est notre hôtel coup de cœur dans la région.

■ EDEN VILLAGE

Route du cap Falcon
Aïn El Turk
✆ +213 41 60 31 47
www.edenvillage-oran.com
Studios de 5 000 à 9 000 DA, bungalows F2 de 8 000 à 11 500 DA, bungalows F4 de 12 000 à 20 000 DA.
Ce complexe touristique est composé uniquement d'appartements et de bungalows. Il est parfait pour un séjour en famille. Une passerelle relie Eden Village à Eden Resort & Spa ainsi qu'à Reinette Plage. Le village dispose de sa propre piscine, d'une pizzeria, et d'une salle pour petit déjeuner. Il est à la proximité de magasins, d'un supermarché et de différents commerces.

■ **ROYAL HÔTEL**
1, boulevard de la Soummam
✆ +213 41 98 10 00 / +213 41 29 17 17
www.royalhoteloran.com
contact@royalhoteloran.com
Chambre double de 15 000 à 18 500 DA. Petit déjeuner offert.
Rénové de manière remarquable en 2006, l'hôtel de la marque MGallery, qui fait partie du groupe Accor, est connu dans le centre-ville depuis le début des années 1920 et a retrouvé son lustre d'antan dans son architecture originelle. Sa décoration sobre et chaleureuse, l'atmosphère intimiste et raffinée, la qualité de ses services, le confort et l'équipement des chambres en font aujourd'hui l'un des plus beaux hôtels d'Algérie. Restaurant de gastronomie méditerranéenne Les Ambassadeurs, restaurant de spécialités locales et orientales L'Alhambra, bar Le Pacha (ouvert de 7h à 1h), salon de thé, espace bien-être (hammam, sauna, fitness...), salles de réunion.

■ **SHERATON ORAN**
Route des Falaises
Avenue Canastel, Es-Seddikia
✆ +213 41 59 00 19
reservations.oran@sheraton.com
A partir de 14 600 DA et jusqu'à 30 800 la chambre simple, 18 500 DA jusqu'à 35 000 DA la double (selon saison, confort et disponibilité). Petit déjeuner non compris (2 000 DA/personne).
A Canastel, près du centre-ville, à 10 minutes de l'aéroport international, le Sheraton a ouvert en septembre 2005. Avec plus de 300 chambres et des infrastructures énormes, c'est un mastodonte qui domine la baie d'Oran de sa masse de verre, presque devenue le phare de la ville. Services à la hauteur de la chaîne (piscines, centre de remise en forme avec hammam et fitness, restaurants, bars, discothèque, tennis, centre d'affaires, etc.).

Se restaurer

A Oran, vous mangerez bien en général et à tous les prix. Les bonnes tables de la ville se trouvent dans les hôtels haut de gamme comme le Sheraton ou le Royal Hotel mais aussi en ville ; le Méditerranéen et le Cintra sont des valeurs sûres. Vous pouvez aussi trouver en centre-ville des tables à prix doux et à la cuisine copieuse comme le restaurant Ambiance. Du côté de la pêcherie, vous apprécierez les établissements simples où l'on mange du bon poisson frais qu'on peut également acheter sans le déguster sur place. Le Corsaire est particulièrement recommandé. On y choisit son poisson sur l'étal avant de se le faire servir à table, cuit comme vous l'aurez demandé. Presque tous annoncent de la paella à commander à l'avance, influence espagnole oblige.

Bien et pas cher

■ **AMBIANCE**
10 rue Wahrani
✆ +213 778 249 505
Ouvert de 11h à 23h, le vendredi à partir de 17h. Comptez 1 000 DA le repas.
Pizzas, plats de viande ou de poisson, pâtes, burgers, paninis... La carte du restaurant Ambiance est variée, les portions copieuses et c'est toujours très bon. Salle sur 2 étages. Service attentif. Un restaurant de standing installé dans une villa, et géré par les propriétaires de cet établissement, devrait ouvrir prochainement à proximité. Si vous allez visiter Tlemcen, sachez qu'il existe également trois restaurants Ambiance là-bas et que la qualité est aussi au rendez-vous.

■ **LA GRANDE POSTE**
11, rue Mohammed-Khemisti
Comptez de 500 à 1 000 DA le repas.
Cafétéria-crèmerie agréable avec un étage au plafond très bas. Bonne adresse pour un en-cas.

Bonnes tables

■ **LE BON COIN**
28, rue Charles-Quint
La Pêcherie
✆ +213 7 70 45 32 00
Ouvert à midi et soir. Comptez 1 500 DA le repas.
Très bonnes préparations de poissons.

■ **LE CINTRA**
14, boulevard de la Soummam
✆ +213 5 60 00 03 46 / +213 41 29 12 16
cintra@hotelseden.com
Ouvert midi et soir. Comptez entre 1 500 et 2 500 DA le repas.
Ce restaurant mythique d'Oran, longtemps fréquenté par Albert Camus et nombre d'intellectuels, a rouvert en février 2014 après de longs travaux. Il garde son cachet de brasserie d'antan, et la cuisine qui privilégie les saveurs de la gastronomie méditerranéenne européenne est un régal. Bonne carte de vins algériens, français et espagnols. Espace lounge à l'étage. Une valeur sûre.

LE CORSAIRE – CHEZ NACER
9, place de la République
Sidi-El-Houari
✆ +213 41 39 31 20
✆ +213 7 70 99 99 31
www.lecorsaire.net
resto.corsaire@hotmail.com
Ouvert tous les jours, vendredi uniquement le midi. Compter 700 DA le plat.
Le restaurant de poissons le plus réputé d'Oran. Très fréquenté le midi comme le soir. Paella à commander 1 heure à l'avance. Belle terrasse et cadre convivial.

EL BAHRI
Bousfer Plage
✆ +213 41 26 32 00
Ouvert tous les soirs jusqu'à tard. Comptez 3 500 DA par personne pour un repas complet.
Ce restaurant de bord de mer dispose d'une très belle terrasse au-dessus de l'eau qui est très appréciable. On peut y bavarder des heures entre amis. La bière coule à flots et la clientèle n'est pas vraiment familiale... La cuisine est excellente avec des fruits de mer et des poissons du jour délicieusement préparés. Alors, oui c'est un peu cher, mais le repas vaut les dinars. Le seul bémol : le service assez désorganisé. Un incontournable.

LEBANON CAFÉ ET BAKERY
Hai El Nour
B1, rue El mouhit
USTO (derrière la clinique Nekkache)
lebanoncafeal@yahoo.fr
Comptez de 1 500 à 2 000 DA le repas.
Jouxtant « La Table d'Hôtes », ce salon de thé-restaurant libanais est fréquenté à toute heure par la jeunesse oranaise : à l'heure du goûter pour ses crêpes, glaces et gâteaux, à l'heure du déjeuner ou du dîner pour ses plats épicés. On l'aime pour sa terrasse colorée qui sent bon la récup'.

RESTAURANT LA COMÈTE
Sidi El Houari
✆ +213 41 29 45 84
Fermé le vendredi et le samedi soir. Comptez 3 500 DA pour un menu.
Un bon restaurant connu de tous dans le centre d'Oran. Gastronomie française. Couscous une fois dans la semaine. Sert de l'alcool.

TABLE D'HÔTES
Boulevard périphérique
Usto
✆ +213 40 23 31 54
✆ +213 6 61 22 40 53
Ouvert tous les jours. Comptez 1 500 DA le plat.
Un peu excentré et difficile à trouver, la Table d'hôtes est un des restaurants les plus cotés d'Oran. Gastronomie internationale et spécialités algériennes dans un cadre agréable. Poissons, m'hammar, m'faouar, couscous (sur commande)... Belle terrasse. Sert de l'alccol. Soirées concert et karaoké tout au long de la semaine.

Sortir

NUMIDIA
17, rue Mohammed-Khemisti
✆ +213 41 40 45 35
Pour regarder le foot à la télé dans un café de supporters.

SUN HOUSE CLUB
Aïn El Turk
Route du cap Falcon
A côté de l'Eden Hôtel
✆ +213 771 82 50 68
Ouvert le mercredi, le jeudi et le vendredi à partir de 23h. Entrée : 2 500 DA avec une boisson incluse.
Le meilleur club d'Oran pour danser sur de la bonne musique électro ou les tubes du moment. Il faut dire que DJ Fodil est un très bon DJ résident. Ambiance garantie. L'été, un peu trop de monde peut-être...

À voir – À faire

CATHÉDRALE DU SACRÉ-CŒUR (BIBLIOTHÈQUE MUNICIPALE)
Place de la Kahina
Boulevard Hammou-Bou-Tlelis,
au bout de la rue Larbi-Ben-M'Hidi
En restauration.
On remarque de loin la façade dorée de style néobyzantin, de cette cathédrale érigée en 1913, encore plus belle de nuit. En haut d'un vaste escalier, le porche est dominé par un fronton décoré de délicates mosaïques aux motifs bleu et blanc cassé rehaussés d'or. La façade est délimitée par deux clochers carrés en briques et surmontés d'une croix de pierre toujours en place. Dans la nef, trois coupoles précèdent le chœur qui prend place sous un grand dôme. Le parvis était autrefois orné d'une statue équestre de Jeanne d'Arc qui donnait son nom à la place bordée de ficus à l'ombre épaisse et de palmiers. Contre la cathédrale, un enclos délimite le jardin de l'évêché. C'est Mgr Claverie qui a obtenu que l'ancienne cathédrale soit transformée en bibliothèque.

CHÂTEAUNEUF

Ouvert de 9h à 16h. Fermé vendredi et samedi. Entrée 20 DA.

Emergeant de la verdure, la forteresse Ras El-Kasr (« tête de la forteresse ») ou Rozalcazar est l'ancienne demeure du bey d'Oran – il y en eut six – protégée par de hautes murailles de 500 m sur 200 m, ponctuées de courtines et de bastions dont, au nord-ouest et donnant sur le port, le donjon des Maltais édifié vers 1347 par Abou El-Hassan, le « sultan noir » mérinide de Fès, conquérant de Tlemcen. Le palais est décrépit et encore en restauration mais il mérite quand même un petit détour. Les pièces intérieures ont conservé leur style hispano-mauresque dont de beaux plafonds peints. A proximité, se trouvent l'ancienne préfecture et la porte de Canastel difficile à trouver parce qu'encastrée entre des maisons. La porte de Canastel était l'entrée principale du vieil Oran, donnant sur la route qui menait au village du même nom.

CIMETIÈRE TAMASHOUET

Près de la gare routière
Avenue Cheikh AEK

D'une superficie de 12 ha, il s'agit du plus grand cimetière chrétien d'Oran. Le plan des concessions est consultable à l'entrée, renseignez-vous auprès des gardiens dont l'un tiendra à vous suivre entre les tombes à la recherche, peut-être, de la sépulture de l'un de vos parents.

FORT LAMOUNE

Ne se visite pas (édifice militaire)

Sur la route de la corniche à la sortie ouest d'Oran, au début de la grande jetée qui protège le port, il a été construit par les Espagnols en 1742 pour devenir un bagne.

FORT SANTA CRUZ, CHAPELLE DE LA VIERGE ET BASILIQUE NOTRE-DAME-DU-SALUT

Edifiée à un endroit stratégique, sur la montagne de l'Aïdour, pendant la seconde moitié du XVIe siècle sur ordre du marquis Santa Cruz alors gouverneur espagnol d'Oran, la forteresse permettra aux occupants la surveillance d'Oran et de Mers El Kebir. Restaurée grâce à une collaboration entre l'Espagne et l'Algérie, elle se visite en journée et est mise en valeur dès le crépuscule par des éclairages qui attirent le regard de toute la ville. En contrebas, la chapelle de la Vierge, plus connue sous le nom de Santa-Cruz, se signale par un dôme dont la blancheur aveuglante se détache sur le bleu profond de la mer et souligne la bienveillance de Notre-Dame-de-Santa-Cruz, encore appelée Lala Mariam, qui veille sur la ville. La première chapelle a été commandée par le général Pélissier après une terrible épidémie de choléra qui décima la ville en 1849. En 1859, la basilique Notre-Dame-du-Salut s'ajoutera à la chapelle afin d'accueillir les pèlerins venant nombreux au moment de Pâques. Au moment de la consécration de la chapelle, le 9 mai 1850, l'évêque d'Oran, Mgr Pavie, bénit également une statue de Notre-Dame-du-Salut. Abîmée par les attouchements fervents des pèlerins, elle a été remplacée au début des années 1930 par une statue inspirée de l'Immaculée de Murillo. La première statue estropiée se trouve à la cathédrale d'Oran (ex-Saint-Eugène) et la seconde est abritée au mas de Mingue près de Nîmes depuis 1965. Aujourd'hui, une statue en bois s'ennuie pas loin de l'entrée de l'église. Plus récente, cette dernière a été construite dans les années 1950 dans le style dépouillé de ces années.

De l'esplanade ou du haut de la forteresse, la vue est époustouflante sur Oran dont on comprend soudain le plan et sur les environs de la ville, notamment sur le miroir de la Grande Sebkha, un grand lac salé au sud, sur le Sahel et la chaîne du Tessala, la rade de Mers El Kebir et la baie d'Oran jusqu'aux falaises de Kristel et la montagne des Lions et la pointe de l'Aiguille.

Si on accédait autrefois à la forteresse par la route qui serpentait à travers le bois des Planteurs, aujourd'hui déconseillée parce que mal fréquenté, on préfère aujourd'hui celle qui contourne le rocher par le nord. Le téléphérique est un autre moyen de grimper sur les hauteurs du Murdjadjo.

FRONT DE MER

Boulevard de l'ALN

C'est une très belle promenade longue de près de 3 km qui surplombe le grand port d'Oran du grand pont Zabana sous le quartier Gambetta à l'est du centre-ville au Théâtre de verdure et au square de la Victoire à l'ouest. Véritable balcon sur la mer et, au premier plan, le port dont on ne se lasse pas d'observer le mouvement, le front de mer est un très agréable lieu de flânerie jusque tard dans la nuit d'été. A l'est du port, la grande et agressive cheminée est celle de la centrale électrique édifiée au début des années 1950.

GARE FERROVIAIRE

Boulevard Mellah-Ali

Au style architectural mauresque, avec son horloge-minaret et sa rotonde dont on admirera à l'intérieur stucs et mosaïques. Une belle œuvre qui mérite le coup d'œil.

KOUBBA ET MOSQUÉE SIDI EL-HOUARI

Rue du Vieux-Château

La Koubba et la mosquée qui la jouxte ont été édifiées en 1793 sur demande du bey Mohamed Ben Othman El Kebir qui voulait honorer la mémoire du saint éponyme du quartier, patron de la ville. Face à la Koubba, se trouve la première zaouïa El-Alaouia. La Tariqa El-Alaouia est une confrérie soufiste, qui se distingue par son interprétation moderne de l'islam et son ouverture d'esprit. Elle fut fondée en 1920 par Cheikh Ben Alioua.

LYCÉE PASTEUR

A hauteur du théâtre de verdure
Square de la Victoire
www.lyceepasteuroran.com

Construit au tout début de l'implantation coloniale, il ressemble en tout point aux grands collèges et lycées construits à cette époque en métropole. Dans la cour d'accueil, une stèle gravée porte les noms des anciens élèves du lycée « morts pour la France ».

MAISON D'ENFANCE D'YVES SAINT-LAURENT

11, rue Stora
Quartier du Plateau
✆ +213 41 40 44 43

Téléphonez avant d'aller visiter.

Voici une exclusivité du *Petit Futé* car vous ne trouverez cette maison référencée dans aucun guide et, même à Oran, personne ne sait où elle est vraiment. Pour preuve, nous avons passé deux heures à la chercher avant de la trouver car nous n'avions pas l'adresse exacte. Yves Saint-Laurent est né en 1936 à Oran et c'est dans cette maison qu'il a passé son enfance. C'est aujourd'hui la famille Guellil qui y vit et elle a conservé la maison telle qu'elle était à l'époque. Le carrelage du salon n'a pas bougé et certains meubles ont été conservés. C'est avec plaisir que la maîtresse de maison vous racontera l'histoire de l'acquisition de cet appartement après l'indépendance de l'Algérie. Il est possible de visiter l'appartement sur demande.

Cependant, sachez que le quartier du Plateau où se trouve cette maison n'est pas très bien fréquenté donc évitez de vous promener avec des objets de valeur en vous y rendant. Et pour la trouver le plus simple est encore d'y aller en taxi. Nous avons référencé, dans la section transports, un chauffeur de taxi, Momo, qui sait où est la maison (nous l'avons trouvée avec lui) car peu de taxis connaissent cette adresse.

M'DINA EL-DJEDIDA, « LA VILLE NOUVELLE »

Délimité par les boulevards Zabana (ex-Doumer) et Houaha (ex-Mascara), le quartier qu'on appelait le « village nègre » pendant la période coloniale même s'il n'a aucun charme particulier est fameux pour son souk où les métiers étaient regroupés par rues et son animation.

MOSQUÉE BEN OTHMAN

Près de la rue Khemisti

La mosquée porte le nom de Mohamed Ben Othman, connu sous le nom de Mohamed El-Kebir, « le grand », pour avoir libéré Oran sous l'occupation espagnole. Le bey avait fait construire cette mosquée pour contenir sa tombe.

MOSQUÉE DE LA PERLE, BAINS TURCS ET VIEIL HÔPITAL

Sidi El Houari

Edifiée en 1793, elle se distingue par son architecture dépouillée qui rappelle notamment les mosquées de Tlemcen et le style andalou : minaret à base carrée orné de briques.

Sur le site de la mosquée de la Perle, se trouvent les anciens bains turcs construits en 1708 par le bey Bouchlaghem. Sur la terrasse, on aperçoit les coupoles des bains. L'intérieur, un ensemble de plusieurs petites pièces : les vestiaires, les chambres chaudes, tièdes et d'intimité. Sous l'occupation française, ces bains servirent de laverie.

Sur ce même site, les Français bâtirent un hôpital militaire dès les premières années de l'occupation jusqu'en 1843. C'est ce qu'on appelle aujourd'hui le « vieil hôpital d'Oran ». En 1849, l'hôpital Baudens, jouxtant l'église Saint-Louis (complètement abandonnée), viendra s'ajouter à l'édifice initial devenu trop exigu.

MOSQUÉE DU PACHA

Vieille ville, près de Châteauneuf, rue Benamara-Boutkhil

Construite à partir de 1792 par le bey Mohamed Ben Othman, dit « le borgne » ou encore El-Kebir, avec l'argent reçu lors du rachat des prisonniers espagnols, elle était dédiée au dey d'Alger. Ses fondations égaleraient la hauteur de son minaret octogonal. Voir avec le gardien s'il est possible de monter en haut du minaret, ou au moins sur la terrasse, d'où la vue est dégagée sur les ruelles avoisinantes et sur le Murdjadjo. La mosquée se visite en dehors des heures de prière.

MUSÉE NATIONAL AHMED ZABANA MUSÉE DES BEAUX-ARTS

19, boulevard Zabana
✆ +213 40 62 76
Ouvert de 9h à midi et de 14h à 17h (horaires plus étendus en hiver) sauf le vendredi après-midi. Entrée 20 DA.
Dans un superbe cadre, le musée expose des vestiges préhistoriques retrouvés lors de fouilles menées dans tout le Maghreb, et plus particulièrement dans la région d'Oran. Le premier étage est consacré à la lutte pour l'Indépendance, tandis que la petite collection de peintures regroupe des œuvres d'orientalistes et d'artistes algériens contemporains, et quelques « égarés » comme cette Hollandaise de Philippe de Champaigne. Egalement une salle consacrée à la faune et à la flore nord-africaines. Le groupe de bâtiments de l'ex-musée Demaeght a été édifié dans les années 1930 dans un style proche du dorique orné de frises multicolores représentant des scènes issues de la mythologie grecque.

PLACE DU 1ER-NOVEMBRE – HÔTEL DE VILLE ET THÉÂTRE, ANCIENNE PLACE D'ARMES OU PLACE FOCH

Réplique de la place du Théâtre national à Alger, elle était à l'origine destinée aux démonstrations militaires qui pouvaient se faire hors les murs de la vieille ville. Dans les années 1860, on y vendait de tout. Au centre de la place bordée de ficus et de palmiers, une stèle à l'effigie de l'émir Abdelkader est surmontée d'une Victoire ailée sculptée par Aimé-Jules Dalou. A l'origine, ce monument célébrait la mémoire des « braves » tombés lors de la bataille de Sidi-Brahim (1845) livrée contre les troupes de l'émir Abdelkader.
Sur le côté sud, l'hôtel de ville, aujourd'hui siège de l'APC, équivalent à la municipalité, a été construit entre 1882 et 1886. Sa façade principale est marquée par un escalier monumental gardé par deux lions de bronze, œuvres d'un élève de Rodin. A l'intérieur, un magnifique escalier de marbre et d'onyx rouge dessert le premier étage et une belle verrière a été restaurée. Sur le côté ouest de la place, le théâtre d'Oran, de style italien et édifié en 1907, porte maintenant le nom d'Abdelkader Allouala, le premier dramaturge algérien à avoir écrit en arabe dialectal à une époque où le pouvoir ne jurait que par l'arabe classique.

PLATEAU DU MURDJADJO

Culminant à 430 m d'altitude, la montagne de l'Aïdour, autrement nommée « Murdjadjo », domine Oran. On peut accéder au plateau uniquement par la route des Planteurs (téléphérique en panne). C'est sur ces hauteurs que se trouve l'un des édifices les plus emblématiques de la ville : la chapelle de Santa-Cruz, mais également son fort et la koubba de Sidi Abdelkader, érigée pour la première fois en 1425, en hommage à Sidi Abdelkader El Djilani, saint protecteur, originaire de Bagdad, qui diffusa le soufisme en terre d'islam. La koubba fut plusieurs fois détruite puis reconstruite. Cette montagne est bien plus connue sous le nom de « Murdjadjo ». Cette appellation, aux sonorités ibériques, nous rappelle encore les trois siècles de présence espagnole. Lorsque les Espagnols construisent le fort de Santa-Cruz, le problème de l'acheminement de l'eau vers les hauteurs les oblige à engager des hommes des tribus autochtones afin de transporter l'eau jusqu'au fort. La montagne porte ainsi le nom que l'on donna aux hommes de la tribu des Hamianes, dirigée par Merdja, qui se chargeront de l'acheminement.
Le plateau est un endroit prisé par les Oranais pour les pique-niques.

PORTES DU SANTON, DE CANASTEL, D'ESPAGNE

Conscients qu'Oran était très convoité, les Espagnols encerclèrent la ville d'une muraille trouée de portes, pour en faire la ville la plus fortifiée d'Afrique.
Tout comme les forts et les remparts, les portes d'Oran témoignent de cette occupation espagnole. On peut encore admirer les plus belles : la porte d'Espagne (Sidi-El-Houari, rue des frères Dahi), ornée d'un bel écusson, malheureusement abîmé, a été réalisée en 1589 par Don Pedro de Padilla, la porte de Canastel (Sidi-el-Houari, place Kleber), la porte du Santon (Sidi-El-Houari, rue du Petit-Santon), construite en 1745, servait à barrer le chemin de la Marine.

STÈLE DU MAGHREB

Au débouché de l'avenue Cheikh-Larbi-Tebessi sur le front de mer
Place Bamako
Ce monument colonial représentant une croix plantée dans le sol a été recouvert de mosaïques à la fin des années 1980.

THÉÂTRE DE VERDURE

A l'extrémité du front de mer

C'est le lieu des représentations de plein air. On y accède après avoir traversé un beau petit jardin autrefois appelé le Petit Vichy. Ce jardin a été planté de ficus, de palmiers ou de térébinthes sur les remblais apportés pour combler le ravin de l'Aïn Rouina.

ZOO « L'ARCHE DE NOÉ »

Jardin public, face au palais des Expositions.

Mdina J'dida.

Ouvert tous les jours de 9h30 à 20h30. Entrée 30 DA.

Si ce zoo permet aux petits Oranais de découvrir en plein cœur de leur ville la faune qui peuple leur pays (sanglier, dromadaire, porc-épic...), il est toujours triste de voir ces animaux privés de leur liberté et particulièrement les fennecs ; symboles de l'immensité dunaire algérienne. L'« Arche de Noé » est un zoo privé de proximité, créé en 1996, qui a le mérite de subsister sans subvention et de garantir à ses animaux de « bons traitements ». Pour ceux qui n'auraient pas la chance de voir ces animaux en pleine nature...

Sports – Détente – Loisirs

Les plages à l'ouest d'Oran. Sur la route des Andalouses, en bordure de la plaine d'El-Eurfa longtemps principale région de production agricole de l'Oranie, Aïn El Turk, à 16 km d'Oran et la plus vaste des plages de l'Oranie, était à l'origine un petit village frangé de palmiers-nains. En 1850, un décret du président Louis-Napoléon Bonaparte ordonne le défrichage de cette zone qui prend son essor et devient officiellement Aïn-El-Turk-la-Plage en 1931. Le lieu tire son nom des janissaires qui avaient l'habitude d'y débarquer quand ils venaient assiéger Oran. C'est aujourd'hui une station balnéaire si bondée de juin à septembre qu'il est quasiment impossible d'y trouver une nuit dans les trop rares hôtels et éprouvante pour la patience du chauffeur coincé en plein bouchon estival. Sur la place où il fait bon flâner, les bars et les cafétérias rivalisent alors d'astuces pour attirer le passant.

A 30 km à l'ouest du centre d'Oran, la belle plage des Andalouses, dont le nom rappelle la conquête espagnole, est abritée à l'ouest par le cap Lindles. A l'époque où il a fallu agrandir le site et y implanter un complexe touristique d'une blancheur éclatante, les travaux ont mis au jour les restes d'une nécropole punique (du VIe au Ier siècles avant J.-C.) et de sites romains. La plupart des vestiges retrouvés, des outils, des stèles ou des statues, sont visibles au musée Zabana à Oran.

A une quinzaine de kilomètres des Andalouses, la plage de Madagh est une belle anse bordée d'une forêt. Son éloignement d'Oran l'a relativement préservée des pollutions.

Les plages à l'est d'Oran. De l'autre côté d'Oran, à l'est, une première plage précède la pointe de Canastel. A 25 km au nord-est, sur la route d'Arzew, Kristel est un petit port de pêche pittoresque dans une crique abritant une plage. De là, possibilité de grimper sur le Djebel Kristel (490 m) d'où la vue est fantastique.

A 40 km d'Oran, Arzew était autrefois un port de pêche réputé mais la route qui mène jusqu'à Port-Aux-Poules a perdu beaucoup de son charme depuis que la bourgade est devenue un site pétrochimique dans les années 1970 où aboutit le gazoduc d'Hassi R'Mel. Ce port, déjà connu au XIIe siècle, est devenu le plus important port méthanier d'Afrique du Nord et le premier ensemble de liquéfaction de gaz naturel au monde. Au-dessus, Portus Magnus est devenu Bethioua mais recèle encore nombre de vestiges romains dont quelques pièces animent aujourd'hui un petit musée et les salles du musée Zabana. De là, grimper un peu sur les flancs du Djebel Dar Amara ou aller jusqu'au cap Carbon, à 8 km au nord-ouest d'Arzew, en passant par la crique de la fontaine des Gazelles. A Mers El Hadjadj, une petite ville balnéaire, les troupes françaises furent défaites par les soldats de l'émir Abdelkader en 1835.

Visites guidées

ASSOCIATION BEL HORIZON

4, rue Latrèche-Mohamed

Miramar

✆ +213 41 39 64 23

www.oran-belhorizon.com

oranbelhorizon@yahoo.fr

Une association très active animée par des passionnés de patrimoine. Elle organise entre autres des balades patrimoniales dans la ville et des visites thématiques. Par exemple : visite de la promenade de Létang en musique...

SIDI-BEL-ABBÈS

Au sud de la chaîne du Tessala qui cerne la rive sud de la Grande Sebkha d'Oran (32 000 ha), la plaine et la ville de Sidi-Bel-Abbès sont dominées par la lourde masse calcaire du causse oranais et par les monts Daya. La ville où sont nés la chanteuse Cheikha Remitti et Marcel Cerdan, le boxeur d'Edith, est située à presque égale distance entre Oran et Tlemcen et porte le nom d'un saint homme qui aurait vécu ici au XVIIIe siècle et dont le marabout se trouve à 1,5 km du centre-ville.
Pour le visiteur, Sidi-Bel-Abbès est une ville dynamique dont les rues rectilignes sont agréables à parcourir. La place de la Mairie, avec son kiosque à musique, et la mairie elle-même dégagent beaucoup de nostalgie.

Histoire. En 1840, des légionnaires français installent un campement dans la plaine et, en 1843, le général français Bedeau fait construire à portée de pierre du marabout un fortin destiné à contrer les soulèvements des Béni Ameur, une confédération de tribus qui occupent la région depuis au moins le XIVe siècle. En septembre 1845, le général Lamoricière essuie une lourde défaite face aux hommes de l'émir Abdelkader mais les Béni Ameur sont ensuite définitivement défaits et expulsés. Une ville à la française est alors édifiée qui restera longtemps le siège du 1er régiment étranger d'infanterie de la Légion étrangère qui est venue prendre ses quartiers à Aubagne (Bouches-du-Rhône) après l'Indépendance, avec le Camerone (en souvenir d'une bataille livrée au Mexique en 1863) inscrit sur leur uniforme et la marche militaire, *Le Boudin*, hymne de la Légion depuis le XIXe siècle.

Transports

Comptez 1 heure de route pour aller à Sidi-Bel-Abbès depuis Oran.

Pratique

TAXI

Sidi-Bel-Abbès est la ville où circule Soumicha, une femme courageuse à qui Belkacem Hadjadj a consacré un émouvant documentaire diffusé sur Arte et France 2, *Une femme taxi à Sidi-Bel-Abbès*. Le 8 mai 2004, elle a remplacé son antique 4L par un véhicule neuf offert par des associations touchées par son histoire.

Se loger

HOTEL EDEN BEL ABBES

Lotissement n°173 Makam El Chahid
✆ +213 48 77 10 10
edenbelabbes.com
Chambre simple à 9 500 DA (6 735 DA le week-end), double de 11 000 à 13 500 DA (de 8 035 à 8 335 DA le week-end), suites de 18 600 à 20 200 DA (de 12 650 à 14 250 DA). Petit déjeuner inclus.
Ouvert en 2014, ce nouvel hôtel, le dernier-né de la chaîne Eden, affiche un design moderne et luxueux. Il est composé d'une centaine de chambres spacieuses et tout confort. Les deux restaurants sur place proposent des spécialités méditerranéennes autres que maghrébines ou italiennes, ce qui permet de changer un peu de la cuisine locale et c'est très réussi. Une bonne adresse.

HÔTEL MÉTROPOLE

Dans le centre-ville
Sur la route d'Oran
✆ +213 48 54 65 35
metropole@metropolehotels-dz.com
A partir de 4 000 DA la chambre double.
Bel hôtel mélangeant ornements mauresques et modernité. Chambres propres et confortables. Deux restaurants dont une très bonne pizzeria et un restaurant plus classique, donc plus cher, à l'étage.

AÏN TEMOUCHENT

La ville de Aïn Temouchent dispose de nombreux atouts notamment avec ses 80 km de littoral quasi vierge mais reste un peu à l'écart, coincée entre les trois grandes villes d'Oran, Tlemcen et Sidi-Bel-Abbès. En décembre 1999, un tremblement de terre a ravagé une bonne partie de la vieille ville qui a pu se reconstruire et voir s'édifier de nouveaux équipements grâce à un prêt de la Banque mondiale. Le jardin public, par exemple, a été réalisé par un architecte paysagiste algérien diplômé de la grande école française du paysage de Versailles.
Hors de Aïn Temouchent, on fait volontiers halte à Béni Saf, un port de pêche avec des plages protégées par des collines couvertes de végétation, très fréquentées en été. La belle plage de Rachgoun accueille l'Oued Tafna qui se jette ici dans la Méditerranée. La commune proche d'Oulhassa abrite les vestiges d'une poudrière datant de l'émir Abdelkader.

Histoire. Aïn Temouchent, dont le nom arabo-berbère signifie « source des chacals », a connu très tôt un développement humain comme l'attestent les ossements découverts au début du XXe siècle de celui qu'on appelle l'« homme de Rio Salado » (15 000 ans), du nom que portait alors la localité d'El Malah qu'on traverse quelques kilomètres avant la bifurcation de la nationale vers Aïn Temouchent. C'est à El Malah qu'est mort, en 1518, Aroudj, l'un des frères Barberousse, après le siège de Tlemcen.

Jusqu'au XIIIe siècle avant J.-C., les Phéniciens puis les Carthaginois fréquentent un comptoir aux abords de la plage de Béni Saf, sur l'îlot volcanique de Rachgoun (cap d'Acra, Layella) et à Sufat, un village berbère dont l'emplacement se confond aujourd'hui avec une banlieue d'Aïn Temouchent. C'est ce dernier village que les Romains choisissent au Ier siècle avant J.-C. pour édifier des fortifications autour desquelles se développe bientôt Albulae (« la blanche »), une ville prospère qui perd de son prestige cinq siècles plus tard et se laisse prendre par les Vandales qui déferlent de l'ouest. L'arrivée des Byzantins puis un séisme ont raison de la cité qui disparaît. Les Arabes y fondent une nouvelle ville, Ksar Ibn Sinane qui devient peu après Aïn Temouchent.

Se loger

L'offre de logement à Aïn Temouchet est assez basique. Un hôtel du groupe Eden, qui a plusieurs très bons établissements à Oran et sa région, devrait ouvrir dans 2 ans et changer la donne. En attendant, nous vous avons sélectionné deux hôtels relativement corrects.

HÔTEL BEL AIR

Aïn Temouchent
✆ +213 43 60 13 92 / +213 43 60 13 47
6 200 DA la single, 6 900 DA la double.
Un bon hôtel. Restaurant, cafétéria, bar, discothèque, piscine. Si le Bel Air est complet, possibilité de loger au Bel Air II (moins bien tenu et moins intéressant mais il peut dépanner).

RÉSIDENCE EL NABILE

Plage de la Marmite
En face de l'île de Rachgoun
Béni Saf ✆ +213 43 26 61 55
megatep@hotmail.fr
A partir de 3 000 DA pour un studio, 9 000 DA pour un appartement F3 et 10 000 DA pour un bungalow F3.
Location de bungalows et de studios meublés dans un complexe comprenant également glacier, restaurant et piscine. Plage privée, possibilités d'excursion vers l'île Leïla... Malheureusement, l'établissement est mal géré et assez mal tenu. A réserver si on n'a vraiment pas le choix.

TLEMCEN

Voisine d'Oran, Tlemcen est une ville de taille plus réduite mais qui est beaucoup plus riche en histoire et en sites culturels. La mentalité y est aussi beaucoup plus conservatrice qu'à Oran qui passe pour une dévergondée à côté... Et ce n'est vraiment pas à Tlemcen que vous ferez la fête, tout au mieux pourrez-vous prendre un bon café en terrasse.

Vous apprécierez de vous promener en ville sous les alignements d'érables bien méridionaux ou de platanes qui lui donnent parfois des airs de Miliana. Pour le shopping, rien de tel que d'aller faire un tour dans le marché très typique de Kissaria d'où vous ramènerez probablement une belle djellaba, tenue typique de Tlemcen.

La ville a accueilli l'événement « Tlemcen, capitale de la culture islamique » en 2011 et a bénéficié à cette occasion de rénovations et de réaménagements. C'est à ce moment-là qu'a été ouvert l'impressionnant hôtel de luxe Renaissance qui appartient au groupe Marriott.

Histoire. Située à 140 km au sud-ouest d'Oran, Tlemcen a été habitée dès la préhistoire avant d'être dirigée par des militaires romains qui lui ont donné à l'époque de Septime Sévère le nom de Pomaria, « vergers », ce qui laisse entrevoir la richesse agricole de la région.

Au VIIIe siècle, les Arabes musulmans s'installent à Agadir (« falaise », « citadelle »), menés par Idriss Ier, le fondateur de Fès au Maroc. Le chef almoravide Youssef Ibn Tachfine, fondateur lui de Marrakech, en fait sa capitale en 1079, développant autour de la forteresse et de la toute nouvelle mosquée une ville florissante qui porte maintenant le nom de Tlemcen, du berbère tilmas (« source »), après avoir été appelée un temps Taggrart. La ville est entourée d'un rempart sous les Almohades (XIIe-XIIIe siècles). Sous la dynastie zianide et surtout sous le long règne de Yaghmoracen, Tlemcen est la capitale très active du Maghreb central qui attire autant les marchands africains ou européens que les savants. Sur la route de l'Afrique à l'Espagne, elle bénéficie de tous les courants, économiques et culturels.

A la fin du XIIIe siècle, les Mérinides de Fès fourbissent leurs armes contre la riche cité et, pendant le siège qu'ils organisent, édifient Mansourah qui doit concurrencer Tlemcen. Les Mérinides narguent les Zianides de Tlemcen jusqu'en 1307, date à laquelle ils doivent se retirer de la région. Mais la bataille pour la domination continue et s'intensifie entre 1337 et 1359 jusqu'à ce que Tlemcen tombe et perde son éclat au profit de Mansourah, la nouvelle capitale mérinide. Les Zianides évincés par les Mérinides puis par les Hafsides de Tunis disparaîtront sous les assauts des Espagnols et, surtout, des Ottomans qui prennent Tlemcen en 1555. Délaissée par les conquérants, la ville s'étiole.
Au début des années 1830, les Français divisent Tlemcen entre Kouloughlis, des métis arabo-turcs qui se sont mis au service des occupants, et partisans de l'émir Abdelkader qui s'opposent à la domination européenne. Douze longues années de lutte plus tard, la ville tombe mais garde le souvenir de son combat – Messali Hadj, fondateur de l'Etoile nord-africaine puis meneur du MTLD avant d'être écarté de la lutte nationaliste y est né en 1898.
Au pied du plateau de Lalla Setti, dans une plaine couverte d'oliviers, de vignes et de vergers et cernée de bois de pins, Tlemcen bénéficie de ressources en eau rares, dont les regrettées cascades d'El-Ourit étaient le symbole, et d'un climat tempéré bénéfique aux cultures à la base de sa richesse et de sa renommée, qui a attiré dans ses murs nombre d'étrangers. Les Espagnols musulmans et juifs qui fuyaient la Reconquista sont venus trouver refuge ici et ont recréé leurs conditions de vie andalouses.

Transports

Comment y accéder et en partir

▸ **Voiture.** Tlemcen est à 140 km au sud-ouest d'Oran. La frontière marocaine se trouve à 63 km à l'ouest. Avec l'autoroute A1 qui relie Alger à l'ouest algérien depuis 2010, il faut 1h30 environ pour arriver à Tlemcen depuis Oran.

■ **AÉROPORT INTERNATIONAL MESSALI HADJ**
Zenata
✆ +213 43 22 03 14
Vols quotidiens en direction et en provenance d'Alger.

■ **AIR ALGÉRIE**
Rue Dr-Damerdji-Tedjini
✆ +213 43 26 45 18
3 rotations par semaine Alger/Tlemcen.

■ **GARE FERROVIAIRE**
✆ +213 43 26 37 47

▸ **Arriver à Tlemcen.** Oran – Tlemcen : départs quotidiens à 7h35 (arrivée 9h56) ; Ghazaouet – Tlemcen : départs quotidiens à 4h30 (arrivée 7h40).

▸ **Partir de Tlemcen.** Tlemcen – Oran : départs quotidiens à 10h30 (arrivée 12h49) ; Tlemcen – Ghazaouet : départs quotidiens à 16h30 (arrivée 19h42).

Se déplacer

■ **TÉLÉPHÉRIQUE**
Ticket de 20 à 50 DA.
Ce téléphérique permet de relier le centre-ville au plateau de Lalla Setti dans les hauteurs de Tlemcen en moins de 10 minutes. Il marque deux arrêts avant d'arrriver au plateau : Grand bassin et Boulevard ALN.

Pratique

■ **BUREAU DU PARC DE TLEMCEN**
Sis Plateau Lalla Settit
✆ +213 43 27 16 38
www.pntlemcen.com
contact@pntlemcen.com
Informations, et droits d'entrée.

■ **GUIDE ABDELLAH GUELLIL**
Boulevard Amara Benamara
Lot 459
✆ +213 5 57 73 45 03
Prix à négocier avec le guide.
Ce guide est un intellectuel et poète qui fait visiter la ville à ses heures perdues. Parfaitement francophone, il est passionnant, même s'il se perd parfois un peu dans des petites digressions...

■ **OFFICE DE TOURISME**
En face de l'entrée principale du Mechouar
✆ +213 43 26 34 56
Ouvert de 9h à midi et de 14h30 à 18h30. Fermé mardi après-midi et vendredi.
Office de tourisme le plus vieux du Maghreb, installé dans une ancienne synagogue, devenue église sous la colonisation. Plans, cartes, guides... Accueil instructif. Il est conseillé de commencer la visite de la ville par ce bâtiment discret.

■ **ONAT**
15, rue de l'Indépendance
✆ +213 43 27 16 60
Bureaux de l'Office national algérien du tourisme et agence de voyages de l'Etat avec dépliants. Mais pour les informations pratiques, mieux vaut vous rendre à l'office de tourisme.

■ **POSTE**
Avenue du Colonel-Lotfi

■ **ZENATA VOYAGES**
11, rue du Commandant-Mokhtar
✆ +213 43 27 70 90
www.zenatavoyages.com
La famille Midoun gère un réseau d'agences dans l'ouest algérien et organise excursions, location de voitures, réservation de billets et de nuits d'hôtel ou pèlerinages. Une adresse pour organiser son séjour en Oranie, dans la région d'Aïn-Sefra, dans le sud comme des petits circuits (visite de domaines agricoles et de caves de la région, dégustation de vins, découverte des petites villes coloniales, etc.). L'agence organise également un pèlerinage à Tlemcen au moment de la Hailoula, une fête qui célèbre le célèbre rabbin Ephraïm El-N'Koa.

Autre adresse : Boulevard de la Soummam, Kiffane ✆ +213 43 27 35 45 4, rue Mohammed-Khemisti, Remchi ✆ +213 43 24 98 01.

Se loger

Bien et pas cher

■ **AUBERGE DE JEUNES BAB EZZIN (ASSOCIATION)**
(Ex-Georges-Aurès)
3, boulevard Gawar-Houcine
✆ +213 43 27 16 49
Compter 500 DA par personne.
Une dizaine de chambres simples. Salles d'eau communes. Auberge sympathique et bien située. L'idéal pour les petits budgets.

■ **HÔTEL BELKAID**
9, rue Bekhti-Boumediène
✆ +213 43 26 44 87 / +213 43 26 34 49
A partir de 2 000 DA la double.
Une des meilleures adresses pour petits budgets. Hôtel propre et bien situé.

■ **HÔTEL EL MANSOUR**
Place des Feddayines ✆ +213 43 26 56 78
Comptez 1 000 DA la single, 2 000 DA la double. Sans petit déjeuner.
Hôtel rudimentaire mais bien situé et tenu par un patron sympathique et bienveillant. Lavabo et toilettes à l'étage. Fréquenté essentiellement par des hommes. Une adresse qui dépanne.

Confort ou charme

■ **HOTEL AGADIR**
19, boulevard Khedim-Ali
✆ +213 43 27 19 62
A partir de 3 500 DA la simple et de 4 800 DA la double.
Bon hôtel de centre-ville, situé près de la gare routière. Chambres équipées de climatiseur et de téléviseur. Bon restaurant assez fréquenté et salle de restaurant style « Khaima » (tente berbère) pour les groupes.

■ **LES ZIANIDES**
Boulevard Khedim-Ali
✆ +213 43 27 71 21
contact@egtt-dz.com
A partir de 5 000 DA la chambre double.
L'hôtel d'Etat, qui a longtemps souffert du manque d'entretien et d'hygiène, a été rénové récemment ce qui lui a donné un coup de jeune appréciable. Inauguré en 1973, l'hôtel au style hispano-mauresque est une réussite architecturale. Bâtie en briques rouges autour d'un patio qui rappelle l'Alhambra de Grenade, l'œuvre de Fernand Pouillon s'intègre une nouvelle fois parfaitement à l'environnement architectural de la région. Les jardins qui entourent une piscine aux jolies courbes sont admirables.

Luxe

■ **RENAISSANCE TLEMCEN HOTEL**
Plateau Lalla Setti
Les Cerisiers
✆ +213 43 40 11 11
renaissancetlemcen.com
Chambre double à partir de 15 500 DA. Petit déjeuner inclus et wi-fi gratuit. Promotions régulièrement sur le site ou sur place (téléphoner).
Dans les hauteurs de Tlemcen, sur le plateau Lalla Setti, cet hôtel sublime construit sur 11 hectares a été inauguré en 2011, l'année où Tlemcen était capitale de la culture islamique. Situé à une altitude de 2 648 pieds (807 mètres), l'hôtel est à seulement 25 kilomètres de l'aéroport international de Tlemcen/Zenata. Il appartient à la chaîne Marriott et le luxe y est omniprésent. Son architecture arabo-mauresque avec une touche de

modernité est très réussie. Les 204 chambres sont toutes spacieuses, modernes et très confortables avec TV câblée et grande salle de bains. 2 bons restaurants font partie du complexe : El Bustan qui propose une cuisine méditerranéenne et l'Alcazar qui est un bon steack-house aux délicieuses grillades.
Entre autres commodités : une grande piscine extérieure, spa avec hammam et sauna, club de fitness. Egalement un pool-bar, ouvert seulement en été quand il fait bon bronzer près de la piscine. Pour faire la fête, ne manquez pas le night-club de l'hôtel, le Mirage, qui peut accueillir jusqu'à 2 000 personnes et se veut le plus grand club d'Afrique. Une belle adresse.

Se restaurer

Nombre de petits restaurants et pizzerias sont ouverts tard dans le centre, du côté de la Grande Mosquée et de la place de l'Emir-Abdelkader.

AMBIANCE

19, avenue du 1er-Novembre
✆ +213 43 26 22 91
Ouvert midi et soir mais uniquement le soir le vendredi. Comptez 1 000 DA le repas.
Installé en plein centre de Tlemcen, ce restaurant familial propose une carte variée (pizzas, pâtes, plats de viandes ou de poissons...), le tout dans de grandes salles climatisées. C'est consistant et les prix sont doux. L'idéal pour déjeuner entre deux visites. Une valeur sûre.

Autre adresse : Chalet du lac, Plateau Lala Setti, ✆ +213 5 55 68 04 10

CAFÉ RESTO AMBIANCE

142, rue des frères Kara Torki
✆ +213 5 56 33 38 18
Ouvert de 7h30 à 23h, le vendredi entre 12h et 14h seulement.
C'est le pendant gastronomique du restaurant Ambiance avec des plats consistants mais plus élaborés. Aux commandes en cuisine, un disciple du chef Escoffié. La carte des desserts est fournie et travaillée. On vous recommande la crème brûlée au miel de dattes qui est à se damner. Quant au cadre, il est cosy et on est délicieusement bercé par une musique lounge ou jazzy. On peut aussi venir ici pour prendre un bon cappuccino accompagné d'une glace ou d'une pâtisserie. Un délice pour les papilles du début à la fin. A ne pas manquer.

Sortir

MIRAGE CLUB

Renaissance Tlemcen Hotel
Plateau de Lalla Setti
✆ +213 43 40 11 11
Ouvert jeudi et vendredi à partir de 23h. Entrée : de 1 000 à 3 000 DA.
Ce night-club qui appartient au très chic Renaissance Hotel a vu les choses en grand et se veut le plus grand club d'Afrique avec sa capacité de 2 000 places. Au niveau de l'ambiance, c'est généralement réussi. Soirées raï, électro, R'n B... Pour connaître la programmation, rendez-vous sur la page Facebook du club.

À voir – À faire

AGADIR

A la sortie Est de Tlemcen, en contrebas, dans le prolongement de la rue Mrabet-Mohamed
La forteresse édifiée par Idriss Ier et les fondations de la mosquée, dont on peut observer les ruines au travers d'un grillage en face du minaret, élevée à la fin du VIIIe siècle sont certainement parmi les plus anciens monuments de Tlemcen. L'agadir a beaucoup changé au fil des siècles suivant les dispositifs de défense adoptés par les Omeyyades de Cordoue ou encore par les Zianides qui y ont entrepris de grandes rénovations. De la mosquée, il ne reste que le minaret commandé au XIIIe par Yaghmoracen et maintenant isolé en bordure de la ville. Il faut grimper 127 marches pour accéder à son sommet haut de presque 26 m. Les pierres utilisées pour le soubassement ont été prélevées sur des constructions romaines comme le montrent des inscriptions latines.
Peu après le minaret, Bab El-Akba, « la porte de la montée », est l'une des plus anciennes portes de la vieille ville. En continuant sur cette route, on parvient au bois Sacré De Sidi Yacoub qui abrite sous son ombre le sobre tombeau du saint, la Koubba De Sidi El-Ouahab, qui aurait abrité la dépouille d'un compagnon du prophète proche d'Okba le conquérant du Maghreb, et le tombeau de la Sultane. Appelé ainsi parce qu'on y a retrouvé l'épitaphe d'une princesse, descendante de Yaghmoracen, morte en 1412, et celle d'une femme de sang royal, le tombeau aurait en fait été édifié au XIIe siècle par les Almoravides. La koubba repose sur une base octogonale soutenue par des arches lobées.

BAB EL-KERMADINE

Tout au bout de l'avenue de l'Indépendance Constituée d'un mur percé d'une tourelle et ponctué de tours, « la porte des tuiliers » faisait partie, au nord-ouest, de l'enceinte de la Taggrart de Youssef Ibn Tafchine qui a pratiquement disparu. Elle doit son nom aux fragments de poterie qu'on retrouve dans le toub utilisé pour sa construction. Les annales historiques la mentionnent pour avoir été le théâtre d'une tentative de meurtre contre Yaghmoracen par le chef de sa garde chrétienne.

BAB EL-KHEMIS

Sur la route de Sebdou, près du centre hospitalier de Tlemcen, la sobre « porte de l'armée », haute de 9 m, faisait partie d'un ancien mur d'enceinte mais elle a peut-être été construite pour célébrer une victoire. Tout ce qu'on sait c'est qu'elle a été édifiée sous les Mérinides.

DAR EL-HADITH

Avenue de l'Indépendance

De construction récente, elle a été inaugurée en 1937 par le cheikh Ben Badis, le père du mouvement des oulémas, pour dispenser des cours de religion et d'arabe.

GRAND BASSIN OU SAHRIDJ

Aujourd'hui espace vert, le Sahridj date du règne de Youssef Ibn Tachfine qui l'a fait creuser sur le modèle d'un bassin marrakchi, probablement pour servir de réservoir et permettre l'alimentation en eau de la ville et l'irrigation des jardins et des vergers qui en ont fait la renommée. Long de 200 m et large de 100 m, il a fait l'objet de nombreux mythes dont le plus réjouissant met en scène la fille d'un roi qui venait s'y baigner et le plus terrible raconte qu'Aroudj, l'aîné des frères Barberousse, y a fait noyer les derniers princes zianides au XVIe siècle.

GRANDE MOSQUÉE

Place de l'Emir-Abdelkader

Visite possible le matin tous les jours.

Entreprise en 1102 par Youssef Ibn Tachfine, le fondateur almoravide de Tlemcen, sa construction a été terminée par son fils vers 1135 qui y a fait embellir le minaret, le mihrab – d'inspiration andalouse, c'est l'un des plus beaux du Maghreb – et la coupole qui le devance. Un siècle plus tard, Yaghmoracen fait construire sept nouvelles nefs et un dôme central. Située en plein cœur de la ville, la Grande Mosquée est remarquable par la régularité de ses proportions harmonieuses, par sa décoration toute en finesse et parce qu'elle est l'une des trois mosquées almoravides d'Algérie – les deux autres sont celles d'Alger et de Nédroma.

On pénètre d'abord dans la grande salle de prière (50 x 25 m) constituée de treize nefs et de cinq rangées de 72 piliers de formes différentes. Sur le mur sud, une tablette en bois finement sculptée évoque l'existence d'une belle bibliothèque fondée au XIVe siècle par le sultan Abou Hammou. Le lustre qui orne la nef centrale est une copie d'un lustre offert par Yaghmoracen dont on peut voir les restes (du lustre !) au musée de la ville. De cette salle, on accède à la cour de 20 x 20 m ornée d'une vasque en onyx translucide. Le minaret rectangulaire en brique, haut de 29 m et de 133 marches, est l'un des plus anciens du pays.

Sur le côté sud-ouest de la mosquée, la koubba de Sidi Merzouk est tout ce qui reste de la nécropole des Béni Zianes et abrite peut-être les restes de Yaghmoracen.

KISSARIA

Ce quartier commerçant date de l'époque dominée par les Zianides, période pendant laquelle il était organisé comme un grand caravansérail. Sur une superficie de cinq hectares, le quartier abritait près de 2 000 commerces et ateliers d'artisans protégés par une enceinte hérissée de créneaux et percée de deux portes principales. Témoignage d'une époque animée par le commerce entre les ports chrétiens du nord et de l'ouest de la Méditerranée et les ports musulmans de la côte africaine, la Kissaria était semée d'églises, de couvents et de mosquées. Une partie du quartier a été occupée par les militaires français puis rasée à la fin du XIXe siècle, là où se trouve actuellement le marché couvert. Aujourd'hui, la Kissaria est toujours aussi commerçante, animée autour de la rue piétonne Mrabet-Mohamed.

Dans les quartiers qui entourent la Kissaria, notamment l'ancienne Medina et autour de la place des Martyrs (Chouhada), la balade permet de découvrir les façades décrépies de vieilles bâtisses autrefois habitées par les membres de l'élite commerçante et intellectuelle.

MANSOURAH

Dans la dernière année du XIIIe siècle, alors que le siège qu'il mène contre Tlemcen se prolonge, le sultan mérinide de Fès, Abou Yacoub, se fait construire dans les environs immédiats une demeure royale et des habitations pour accueillir ses troupes pendant l'hiver. La nouvelle cité est entourée d'une muraille et est modes-

tement appelée le « camp de la victoire », El-Mahala El-Mansourah. Pendant les huit années du sévère blocus de Tlemcen, le camp de Mansourah récupère les activités commerciales de la ville assiégée et se développe jusqu'à concurrencer sérieusement sa voisine. On y bâtit des caravansérails pour abriter les caravanes, des bains et une mosquée et la ville prend des allures de capitale régionale. Quand Abou Yacoub est assassiné par l'un des ses esclaves, le trop jeune Mansourah ne résiste pas au sursaut de défense des assiégés de Tlemcen qui boutent les Mérinides hors les murs de Tlemcen la Neuve.
Mais en 1335, Abou El-Hassan, appelé le Sultan noir, revient à la charge et ne laisse aucune chance à Tlemcen. Mansourah est remis debout et fait capitale du gouvernement mérinide, dominé par le palais de la Victoire édifié à cette époque. Plus tard, quand Tlemcen regagne un peu de sa force, Mansourah décline jusqu'à être démonté puis rasé. Il n'en reste pas grand-chose sinon quelques éléments de construction recyclés lors de l'édification d'autres mosquées et monuments, des morceaux des quelque 4 000 m d'enceinte et du Mausalah, un oratoire à ciel ouvert, et, surtout, le minaret de la mosquée haut de 40 m et un porche monumental qui n'ouvre que sur le ciel.

■ MECHOUAR

Entrée rue du Comandant-Ferradj
Edifiée en 1145 à l'emplacement de la tente du roi almoravide Youssef Ibn Tachfine, la vieille citadelle était à l'origine destinée à abriter les gouverneurs almoravides puis almohades. Elle est devenue palais quand Yaghmoracen, le roi zianide, a décidé de quitter sa résidence de Qasr El-Qadim pour ce rectangle simple de 200 m sur 150 m. Embelli au cours des siècles suivants, le Mechouar doit son nom à la salle où se réunissaient les ministres autour du roi de Tlemcen. La mosquée a été élevée vers 1317 par le prince zianide Abou Hammou Moussa Ier, les murailles extérieures ont été édifiées par Abou Abbès Ahmed et c'est pendant le règne de Abou Hammou II que le Mechouar a connu la vie de cour la plus fastueuse.
Pendant la période ottomane, inaugurée par l'occupation des frères Aroudj et Kheireddine « Barberousse », le Mechouar s'est dégradé et s'est vu enlever quelques-uns de ses bâtiments, notamment pendant la révolte tlemcénienne contre le bey Hassan en 1670. Après le traité de la Tafna (1837), les troupes d'Abdelkader, alors gouverneur de l'ouest algérien, ont occupé la forteresse pendant quatre ans avant que les Français la reprennent et y apportent quelques modifications en le transformant en caserne avec hôpital militaire.
Fermé au public jusqu'en 1986 parce qu'appartenant à l'armée qui y avait ouvert l'école des cadets de la révolution – lire à ce propos *L'Ecrivain* de Yasmina Khadra –, le Mechouar retrouve peu à peu sa place au centre de Tlemcen. Aujourd'hui, les murailles plusieurs fois restaurées et percées de deux portes dont la principale se trouve à l'ouest dans la rue du Commandant-Ferradj protègent une vaste esplanade et des carrés de verdure et de fleurs entourés de bâtiments, administratifs pour la plupart, dont le bureau du parc national de Tlemcen, commerciaux avec la Maison de l'artisanat (fermée vendredi et samedi).
Tout au bout de l'esplanade, la mosquée et la koubba de Sidi Brahim, toutes les deux édifiées par Abou Hammou Moussa II, sont les restes d'un ensemble architectural qui comportait également la medersa Yacoubia et une zaouïa. Seul le minaret haut de 30 m, rénové, rappelle l'ancienne splendeur du palais.

■ MOSQUÉE DE SIDI EL-HALAOUI

(Chouhada)
Au nord de la place des Martyrs
Originaire de Séville où il était qadi, Abou Abdallah Echoudi a tout abandonné pour se retirer à Tlemcen en 1266. Presque mendiant, il survit en vendant des bonbons jusqu'au jour où le prince Abou Inan, qui a entendu parler de sa piété, lui confie l'éducation de ses fils. Envieux de sa promotion, le grand chambellan de la ville le fait accuser de sorcellerie et décapiter vers 1305. Le prince, touché par cette fin tragique, fait construire en l'honneur du saint homme un mausolée digne de son enseignement. Alors que le chambellan a connu une fin encore plus misérable, la vie de Sidi El-Halaoui a inspiré nombre de textes de chansons andalouses de Tlemcen dont l'une des plus connues a été composée par cheikh Ibn M'Saïb.
Commandée en 1354 par le sultan mérinide Abou Inan Farès, la mosquée a été construite sur le modèle de la mosquée Sidi Boumediene. Assez petit et simplement composé d'une salle de prière, d'une cour et d'un minaret, le bâtiment épouse la forte pente sur laquelle il est édifié. On y remarque la porte principale décorée d'arabesques polychromes et un auvent de tuiles vertes soutenu par treize fines colonnes.

MEDERSA, EX-LYCÉE FRANCOMUSULMAN

Place des Moudjahidine
A côté du mausolée de Sidi Mâamar Ben Ali
L'école coranique a été construite en 1905 dans un style néomauresque inspiré de la Grande Mosquée et ornementé d'arabesques en mosaïque de faïences. Les salles de cours sont distribuées autour d'une belle cour dallée de marbre.

MOSQUÉE DE SIDI SENOUCI

A l'entrée d'une impasse, Kissaria
La petite mosquée, dont la salle de prière est située inhabituellement au premier étage, a été embellie par le joli minaret ajouté au XIVe siècle au bâtiment à l'architecture simple par Abou Abbès Ahmed, le concepteur des murailles du Mechouar. Sidi Senouci, de son nom cheikh Mohamed Ben Youssef Benameur Ben Chouayb Essenouci, issu des Beni Snous, était un exemple de piété au XVe siècle. Mystique porté sur la théologie unitaire, il a également composé beaucoup d'ouvrages scientifiques. En face de la mosquée, on peut visiter le hammam Essebaghine (hammam des Teinturiers) datant des Almoravides.

MOSQUÉE SIDI BEL HASSAN

Place Mohamed-Khemisti
Ancien musée de Tlemcen, la mosquée Sidi Bel Hassan a été édifiée en 1297 par Abou Saïd Othman, le premier fils de Yaghmoracen, en l'honneur de l'émir Abou Amar Ibrahim même si elle porte le nom d'Abou El-Hassan Ben Yekhlef El-Tenessi, un savant qui vécut sous le règne d'Abou Saïd Othman. A l'origine, cette mosquée était certainement un oratoire princier mais elle a servi de grange au début de la conquête française, avant de devenir une école et enfin un musée en 1901.

MUSÉE DE TLEMCEN

Rue du 20-Août
✆ +213 43 20 46 20
Ouvert de 9h à midi et de 13h à 16h30. Fermé le vendredi. Entrée 20 DA.
Le bâtiment qui abrite aujourd'hui le musée est une ancienne école et abrite des expositions de pièces issues de l'artisanat florissant des Almoravides et des Zianides ainsi que des vestiges romains découverts lors des fouilles de Siga entre autres. On y trouve également une plaque de marbre trouvée dans le quartier de la Kissaria et indiquant la longueur de la coudée royale calculée à partir du bras de Youssef Ibn Tachfine.

PARC NATIONAL DE TLEMCEN

✆ +213 43 27 16 38
www.pntlemcen.com
Classé en 1993, ce parc est l'un des plus récents d'Algérie ; il protège d'importants vestiges archéologiques et des sites remarquables de la région de Tlemcen : les ruines de Mansourah, la mosquée de Sidi Boumedienne, les cascades et les falaises d'El-Ourit, les grottes de Beni Add, les forêts d'Ifri et de Zariffet, et Aïn Fezza.
A une douzaine de kilomètres de Tlemcen, sur la route de Sidi-Bel-Abbès, dans un décor éminemment bucolique :

- **L'oued Meffrouch,** une rivière épisodiquement souterraine, a creusé un profond ravin entre de hautes falaises rougeoyantes. La construction d'un barrage a malheureusement entraîné la disparition des fameuses sept cascades d'El-Ourit, souvent évoquées dans la littérature tlemcénienne.
- **Les grottes de Beni Ad** à Aïn Fezza. Les fameuses grottes dites «merveilleuses» sont creusées dans la roche calcaire du massif de Tlemcen en une profonde galerie et quelques salles sculptées de stalactites et de stalagmites fantastiques et aménagées pour la visite. Attention, les horaires sont stricts et non négociables, en raison des coupures d'électricité au moment où la grotte est fermée au public. Vous pourrez donc visiter les grottes tous les jours aux horaires suivants : de 9h à 11h30 et de 14h à 16h30.

PLATEAU DE LALLA SETTI

Au nord de Tlemcen, les monts de Tlemcen grimpent vers deux plateaux. Sur le premier, à 805 m d'altitude, a été édifiée l'ancienne ville de Tlemcen. Le second, à 1 025 m, domine la ville actuelle, ses environs et, au loin, permettent de voir les monts des Traras. On atteint Lalla Setti par le téléphérique, depuis le Grand Bassin, ou le lycée Benzekri (centre-ville) ou par la RN 22 qui passe par Mansourah et le village de Béni-Boublen évoqué par Mohammed Dib dans plusieurs de ses romans ou, peu après ce village, par une petite route qui grimpe sur la gauche, on arrive à une koubba qui abrite les restes de Lalla Setti, une héroïne du grand siège de Tlemcen. De là, on a une très belle vue sur Tlemcen, d'El-Eubbad et Agadir à Mansourah.

SIDI BOUMEDIENE

En haut du boulevard de l'ALN qui court après l'hôtel Zianide
El-Eubbad

Ouvert du samedi au jeudi de 9h à 19h.
Choïab Ibn Hocine El-Andaloussi, dit Sidi Boumediene ou Sidi Abou Madyane, est né à Séville en 1126. Il a été initié au soufisme à Fès par le cheikh Abou Al-Hassan Ibn Harzihim avant de se retirer dans les environs de Tlemcen. Sa quête spirituelle l'a ensuite mené vers La Mecque où il est devenu un disciple de cheikh Sidi Abdelkader El-Djilali. Il part alors porter son enseignement à Bagdad, à Séville et à Cordoue avant de s'installer à Bejaïa où il se marie et passe les dernières années de sa vie. En 1197, le sultan de Marrakech le fait appeler mais en vue de Tlemcen, à Aïn-Tekbalet précisément, il s'arrête devant le ribat (monastère-forteresse) d'El-Eubbad (« les dévots ») et s'écrie « *que ce lieu est propice pour y dormir en paix !* » avant de sombrer dans « l'éternel sommeil ».
Surnommé le cheikh des cheikhs ou encore le Ouali, « l'ami de Dieu », Sidi Boumediene est le saint homme parfait, le « sauveur » (al ghaout) à qui on demande tout, et son mausolée est le but de nombreux pèlerinages. On lui attribue, entre autres, une belle parole : « *En louant ce qu'il croit, le croyant loue sa propre âme et c'est pourquoi il condamne les croyances étrangères à la sienne. S'il était juste, il ne le ferait pas.* »
Saccagé et incendié au début des années 1990, le sanctuaire a subi d'importants travaux de rénovation qui lui ont rendu sa splendeur épurée. La mosquée a été construite en 1328 par Abou El-Hassan, sultan mérinide de Fès. On y accède par une dizaine de marches qui montent à un très impressionnant porche monumental dont la lourde porte en bois de cèdre recouvert de plaques de bronze fixées par des clous finement décorés est si massive qu'elle nécessite un système de fermeture assez fantastique. On dit que cette porte, originellement fabriquée en Espagne, est arrivée miraculeusement seule par la mer. Au-delà de la cour carrée dont le centre est marqué par une vasque pour les ablutions, la salle de prière est constituée de cinq nefs. Le délicat mihrab est signalé par une belle coupole ajourée. Le minbar en bois de cèdre a été offert par l'émir Abdelkader. De part et d'autre de la mosquée, des dépendances comportaient des bains, une medersa (1347) et une maison d'hôtes. L'historien Ibn Khaldoun a donné des cours dans la medersa.
Après l'entrée du sanctuaire, une porte sur la gauche et un étroit escalier descend au tombeau de Sidi Boumediene. A droite de l'escalier, un petit cimetière abrite les tombes de notables de la ville. Edifié à la fin du XIIe siècle sur ordre du calife almohade Mohamed Ennacir, il a été plusieurs fois remanié. Les chapiteaux des colonnes de la petite cour proviennent de Mansourah. Sur la gauche de l'entrée de la cour, un puits surmonté d'une margelle en onyx porte, profondément incrustée, la trace du frottement de la chaîne qui aidait à remonter une eau qui était connue pour ses nombreuses vertus. A l'intérieur de la koubba, surmontée d'une coupole richement décorée, deux tombeaux sont baignés par une douce lumière dispensée par d'étroites fenêtres ornées de carreaux colorés : celui de droite est celui du saint, celui de gauche celui d'un savant, Sidi Abdelslam Ettounsi.
A El-Eubbad, à l'ambiance de village, le sultan Abou El-Hassan avait fait construire près de la mosquée une belle demeure, Dar Essoltane, qui n'est plus que ruines.

■ TOMBEAU DE SIDI BOU ISHAQ EL-TAYYAR

Sur la droite, en descendant d'El-Eubbad
Construit sous les Mérinides, il ne reste de ce qu'on suppose avoir été le tombeau d'un marabout mort vers 1300 que des ruines qui laissent cependant imaginer la grâce du monument d'origine qui s'élevait près d'une source.

Mausolée de Sidi Boumediene

■ **TOMBE DU RABB EPHRAÏM ENKAOUA**
Un peu après Bab El-Kermadine
Fuyant les persécutions dont sont l'objet les juifs d'Espagne, les parents d'Ephraïm se sont installés en 1391 à Tlemcen où la communauté juive était déjà importante. Après une formation médicale, le jeune homme s'impose par sa piété et obtient le regroupement dans le centre de Tlemcen des juifs disséminés dans la région. A sa mort en 1442, la communauté reconnaissante lui a fait édifier un tombeau dans le cimetière juif. Le tombeau, simplement marqué par des pierres, est rapidement devenu un lieu de pèlerinage, dont le plus important a lieu en avril, tout comme la fontaine au fond du jardin où l'usage veut qu'on jette une pièce en formulant un vœu.

Shopping

■ **KISSARIA**
Ouvert tous les jours de 9h à 18h.
Ce quartier commerçant historique de Tlemcen dispose d'un grand marché qui s'étend sur plusieurs rues dans le centre-ville. Vous ne pouvez pas le rater et c'est le bon endroit pour acheter des souvenirs de la ville à prix doux et trouver la djellaba de ses rêves (tenue typique des femmes de Tlemcen). N'hésitez pas à négocier les prix bien sûr !

MAGHNIA

A 50 km à l'ouest de Tlemcen par la N7 via Sabra et à presque 80 km par la vallée du kef, une vallée profonde creusée par un morceau de la Tafna, la principale rivière de la wilaya de Tlemcen qui prend sa source près de Sebdou au sud de Tlemcen, Maghnia est à quelques kilomètres seulement du Maroc et à 25 km d'Oujda. C'est une ville moyenne de près de 100 000 habitants qui doit son développement à l'irrigation de la région et, dit-on, aux trafics entre Maroc et Algérie. Mieux vaut filer vers les plages toutes proches si on ne se rend pas aux stations thermales de Boughrara ou Chigueur…

Transports

▶ **Voiture.** Via l'autoroute A1, Maghnia est accessible en 2 heure depuis Oran et en 1 heure depuis Tlemcen.

Se loger

■ **HÔTEL EL-IZZA**
Route d'Oujda
Maghnia ✆ +213 43 31 44 66
A partir de 2 500 DA la single, 4 000 DA la double.
Un hôtel récent disposant de chambres confortables. TV satellite, climatisation, restaurant…

■ **HÔTEL TAFNA**
Route d'Oujda ✆ +213 43 31 56 86
tafna@egtt-dz.com
Comptez 2 500 DA la single et 3 000 DA la double.
L'hôtel de l'EGT Tlemcen, ouvert depuis 1970, est un bel hôtel. Les chambres sont confortables mais les salles de bains mal entretenues. Hall de réception agréable et accueil chaleureux. Jardin, piscine (pas toujours remplie), barbecue.

Sports – Détente – Loisirs

■ **COMPLEXE THERMAL HAMMAM BOUGHRARA**
EGT Tlemcen
✆ +213 43 30 11 77 / +213 43 30 14 76
boughrara@egtt-dz.com
Comptez 2 500 DA la single et 3 000 DA la double avec petit déjeuner. 3 000 DA et 4 500 DA en demi-pension. Bungalows à partir de 4 000 DA, appartements (6 personnes) à 5 000 DA. Soins de 500 à 1 000 DA.
Une dizaine de kilomètres avant Maghnia sur la N35, à 260 m d'altitude, la station bénéficie d'eaux sulfatées et bicarbonatées à 45 °C salutaires dans les traitements dermatologiques et les affections respiratoires. Sur place, un centre de soins avec massages et rééducation en piscine.

■ **HAMMAM CHIGUEUR**
A 13 km au nord de Maghnia
Station thermale ouverte le matin. Possibilité de louer des chalets (à partir de 2 000 DA).
Sources thermales chlorurées sodiques, réputées pour le soin des affections rénales et les maladies dermatologiques. Bains à 53 °C pour le traitement des rhumatismes. Les Algériens viennent des quatre coins du pays pour boire cette eau à la fontaine (devant la station) ou s'y baigner.

NÉDROMA

A une petite quarantaine de kilomètres au nord de Maghnia, cette vieille cité berbère est devenue à partir du XIIe siècle après J.-C. une ville florissante choisie par Abdelmoumen Ben Ali, le fondateur de la dynastie almohade, pour être la capitale du Maghreb qu'il était en train d'unifier. A partir du XVe siècle, Nédroma

accueille des réfugiés andalous fuyant la Reconquista et bénéficie de leur dynamisme intellectuel et de leur savoir-faire artisanal.
Il reste de cette époque des vestiges de la muraille et des tours qui protégeaient la ville, la grande mosquée édifiée sous les Almoravides (XIe siècle) et agrémentée d'un minaret sous les Zianides (XIVe siècle).
A partir de Nédroma, quelques circuits bucoliques sont possibles dont celui qui grimpe vers le djebel Fillaoucène au cœur de la chaîne des Traras qui domine la côte.
Sur la route de Tlemcen, la zaouïa de Sidi Ben-Amar était un lieu de pèlerinage connu pour soulager certains maux dont la sciatique.

GHAZAOUET

Fondée en 1845 par le maréchal Bugeaud qui voulait faire ravitailler par la mer les soldats cantonnés dans des baraquements nouvellement construits dans cette crique, la petite ville (ex-Nemours) dont le nom actuel signifie « conquête » est protégée par les Traras et des pentes couvertes de pins et de cyprès. Sa plage est surveillée par les Deux Sœurs, deux rochers qui émergent de l'eau et qui furent deux frères sous les Romains, quand la ville s'appelait Ad Fratres. Elle a connu un développement industriel important et c'est à partir de là, via Tounane, que l'on a accès à de jolies petites plages...
En empruntant la route côtière vers l'ouest, on aboutit à l'une des plus belles d'entre elles : Marsa Bem M'Hidi, près de l'embouchure de l'oued Kiss, qui est encore appelée Port-Say ou la Moscarda, se trouve si près de la frontière qu'elle partage son sable avec la plage marocaine de Saïdia. Sur le chemin, on peut également choisir de s'arrêter à Ouled Benaïl ou à Bieder.

SAÏDA

Portant un nom qui signifie en arabe « l'heureuse », Saïda est situé à 840 m d'altitude sur les Hauts Plateaux, en bordure du Tell oranais. De vocation agricole – 80 % de la population en vit –, elle s'est développée autrefois grâce à l'alfa très présent dans cette région qui était traité dans l'ancienne manufacture d'aïn El-Hadjar. Au sud de la ville, on peut encore voir les ruines de la cité fondée par l'émir Abdelkader à l'époque de sa résistance contre les Français.
Sur la route entre Oran et Saïda, il y avait le barrage d'Habra, long de 500 et haut de 40 m, qui s'est effondré en 1882 faisant des centaines de morts.

Transports

Saïda est à 175 km au sud-est d'Oran, à 75 km au sud de Mascara et à 440 km au sud-ouest d'Alger, sur la N6.

LA CÔTE D'ORAN À ALGER

L'autoroute est-ouest permet de relier Oran à Alger en 4 heures mais, pour admirer de beaux paysages, vous pouvez opter pour la route côtière qui invite à découvrir un littoral magnifique parsemé de ports pittoresques comme Kristel ou plus industriels comme Mostaganem et Arzew et de sites antiques (Tipasa, Cherchell). Pour rejoindre Alger par l'intérieur des terres, on traversera Mascara et son domaine vinicole, les villes de Miliana et Chlef et la plaine de la Mitidja. Un crochet vers Tiaret, au sud du massif de l'Ouarsenis peut faire l'objet d'une halte intéressante afin de découvrir le haras Chaouchaoua, la jumenterie la plus importante du pays.

MOSTAGANEM

Sur la rive orientale du golfe d'Arzew, à 80 km à l'est d'Oran, dans une région jadis marécageuse mais aujourd'hui aménagée pour la culture du riz, de céréales et d'arbres fruitiers, Mostaganem a été fondé au XIe siècle par les Almoravides et a si bien su résister aux Espagnols (1558) qu'ils décidèrent d'arrêter là leurs incursions sur les côtes algériennes. Pourtant, Mostaganem est devenu plus tard l'une des villes les plus hispaniques d'Algérie. A l'arrivée des Français, Mostaganem soutenu par l'émir Abdelkader résiste plusieurs années jusqu'à la bataille de Mazagran, en 1840. Aujourd'hui, la ville doit son développement à son port et à ses usines de transformation. On y visite la mosquée Abou El-Hassan (XIVe siècle), la Casbah et le quartier plus récent de Tidjdit ou on prend le soleil sur les belles plages des environs proches, dont celle de la MACTA qui se trouve à mi-chemin d'Arzew et la superbe plage des Sablettes bordée de restaurants et de petites boutiques. De Mostaganem, possibilité de suivre la côte jusqu'à Ténès puis la corniche des Dahra entre cette dernière et Cherchell.

Se loger

Bien et pas cher

HÔTEL ROYAL
52, avenue Cherik-Saïd
Centre-ville
✆ +213 45 21 36 25 / +213 7 75 52 72 56
Comptez 2 000 DA la single et 2 500 DA la chambre double.
Le plus ancien hôtel de Mostaganem. Chambres au confort simple mais suffisant pour passer une nuit. Souvent complet l'été.

Confort ou charme

EL DJAZIR
6, place du 1er-Novembre
✆ +213 45 21 44 45
A partir de 2 600 DA la chambre double.
Un hôtel simple pour dépanner. Chambres basiques et propres.

HÔTEL EL FETH
Plage des Sablettes
✆ +213 45 33 98 27
✆ +213 7 73 81 37 63
hotelelfeth@yahoo.fr
A partir de 3 000 DA la single et 4 000 DA la double.
Un joli hôtel situé sur la plage des Sablettes disposant de 15 chambres équipées (téléviseur, réfrigérateur, climatiseur) réparties autour d'un patio. Propre. Internet wi-fi dans tout l'hôtel (gratuit). Restaurant. Cafétéria.

HÔTEL EL MOUNTAZAH
Plage des Sablettes
✆ +213 33 90 59
4 500 DA la chambre single, 5 000 DA la double. Appartements à partir de 10 000 DA.
Un mini-complexe touristique composé d'un hôtel de 16 chambres et de 52 bungalows (TV, réfrigérateur, climatiseur). Deux piscines, restaurant, pizzeria, cafétéria.

HÔTEL MURUSTAGA
Plage des Sablettes
✆ +213 45 33 93 25 / +213 45 33 93 26
murustaga-hotel@yahoo.fr
Comptez 7 000 DA la single ou la double. Appartements à partir de 11 000 DA.
Ce bel hôtel, assez récent, est en bord de mer. Il dispose de chambres soignées, dont le mobilier en fer forgé apporte un charme certain. TV, climatiseur, balcon. Belle piscine. Restaurant à la carte.

HÔTEL SENOUCIA
Plage de la Salamandre
✆ +213 45 33 97 53
✆ +213 45 33 97 48
✆ +213 5 61 77 66 60
Comptez à partir de 4 000 DA la single ou la double.
Un grand complexe hôtelier, avec restaurant et discothèque, très prisé en été. Chambres confortables et bien équipées. Location de voitures.

Se restaurer

En dehors des petits restaurants de centre-ville, les gargotes de la pêcherie offrent la possibilité de manger du poisson frais même si l'environnement du port n'est pas si agréable. Sinon, la plage des Sablettes, plus agréable, est bordée de petits restaurants (grillades…). Sur la côte, entre Oran et Alger, deux bons restaurants réputés : Le Petit Chalet à Kristel et Les Gazelles à Arzew.

LE PETIT CHALET
Ain Franine
Kristel
✆ +213 7 70 54 75 71
✆ +213 7 71 48 56 48
Comptez 2 000 DA le repas.
Sur la corniche, entre Kristel et Oran, Le Petit Chalet, au bord d'une falaise, jouit d'un cadre exceptionnel. Trois belles terrasses sous les pins, avec vue sur mer et une bâtisse de 1926 abritant une salle de restaurant magnifiquement restaurée où pierre et fer forgé se marient harmonieusement. Couscous, M'Faouar, poissons selon l'arrivage (lapin de mer, merlan en colère), paella (sur commande).

LES GAZELLES
80, fontaine des Gazelles
Arzew
✆ +213 41 37 34 14
Ouvert de 12h à 23h. Comptez 2 500 DA le repas.
Un restaurant de bord de mer réputé dans l'Oranie. Spécialité de poissons et de fruits de mer. Cadre très agréable.

MASCARA

A 100 km au sud-est d'Oran et à 600 m d'altitude, Mascara est le domaine bien connu de la production vinicole algérienne protégé au nord par les monts des Beni Chougran. Son histoire a commencé il y a au moins 400 000 ans, l'âge des ossements retrouvés et regroupés sous le nom d'homme de Ternifine. Au début du XVIIIe siècle, la cité devient le siège du beylicat turc jusqu'à l'arrivée des Espagnols en 1791. En 1832, l'émir Abdelkader choisit de s'y installer pour résister aux Français qui occupent la ville entre 1834 et 1837 avant de la laisser aux mains du « chef des croyants ».

Se loger

HÔTEL BENI CHOUGRANE

Station thermale de Bouhanifia
✆ +213 45 86 71 33
A partir de 3 000 DA la chambre.
A une vingtaine de kilomètres de Mascara, dans l'une des plus anciennes stations thermales d'Algérie dont les eaux étaient déjà connues des Romains qui l'appelaient la source Aqua Sirens. Restaurant, piscine, parking. Mieux vaut réserver parce que la station fait le plein pendant les vacances...

HÔTEL EL-HOGGAR

Bouhanifia
Route de Mascara
✆ +213 45 86 76 67
A partir de 1 500 DA la chambre.
Chambres rénovées avec salle de bains, terrasse et TV. Une bonne affaire.

À voir – À faire

Outre le vieux quartier de Bab-Ali et les vestiges du rempart en terre qui protégeait autrefois la ville, on visite avec intérêt les domaines vinicoles qui parsèment les contreforts des monts Beni Chougrane.
Sur la route qui mène à Mostaganem, à Sig (ex-Saint-Denis), on dépasse beaucoup de fabriques d'huile d'olive et de conserveries. La petite ville a été fondée en 1845 mais ne s'est développée qu'après la première moitié du XXe siècle avec la construction des barrages de Cheurfa et de Sarno qui ont permis la culture des oliviers et des agrumes.

TIARET

Au sud du massif de l'Ouarsenis, à 1 050 m d'altitude sur le plateau du Sersou propice aux cultures céréalières, la Columnata ou Tingartie romaine a été détruite par les Vandales puis occupée par les Byzantins avant de devenir la capitale d'un royaume numide au VIe siècle. Au VIIIe siècle, Tahert accueille une forte communauté ibadite (Kharidjites) en provenance de Tunisie qui, chassés par les Fatimides, fuiront au Xe siècle vers le sud-est pour fonder Sedrata (Ouargla) puis les villes du M'Zab.
En 1841, Bugeaud fait raser la ville où l'émir Abdelkader avait fait édifier une redoute dans le village de Tagdempt, à 6 km. Plusieurs fois détruite et reconstruite dans un style colonial, Tiaret n'a conservé que peu de traces de son prestigieux passé mais on peut encore voir dans ses proches environs des sites préhistoriques, des tombeaux datant des royaumes berbères et quelques vestiges rostémides (de la période ibadite).

LES ABASSIDES

37, rue Kouidmi-Abdelkader
✆ +213 46 41 55 55
✆+213 46 41 44 66
Comptez 2 500 DA la simple et 3 500 DA la double.
Bon hôtel de centre-ville. Chambres sans charme mais confortables.

DJEDDARS

Sur la route de Frenda
Les treize Djeddars, des mausolées berbères de l'époque byzantine donc chrétiens, édifiés sur les Djebels Laghdar et Araoui. En forme de pyramides tronquées, ils ont été construits en pierres taillées sur des socles de forme carrée dans un paysage saisissant de solitude. A Ternaten, le Keskès, surnommé ainsi en raison de sa forme rappelant le plat utilisé pour cuire le couscous, est le plus grand de ces tombeaux qui rappellent le tombeau de la Chrétienne près de Tipasa ou le Médracen près de Batna. Le Keskès, 48 x 45 m, est creusé de galeries et d'une vingtaine de salles dont deux sont reconnues comme des chambres funéraires à cause des traces de peinture qui subsistent.

HARAS DE TIARET

www.haras-tiaret.com
Le haras le plus important d'Algérie, qui a vu la naissance d'étalons arabes pur-sang et de barbes à l'origine de lignées équines célèbres. A l'origine, le haras a été créé en 1877 afin de sélectionner et produire des étalons destinés à l'armée coloniale. Pas loin du haras, quelques ruines à peine identifiables témoignent de l'existence de Tahert, détruite en 908, qui fut la première capitale des Ibadites, des orthodoxes musulmans emmenés par le Persan Ibn Rostom, le fondateur de la dynastie rostomide.

VILLAGE DE TAOUGHAZOUT

Le petit village de Taoughazout a accueilli vers 1375 Ibn Khaldoun, celui qui peut être considéré comme le précurseur de l'histoire des civilisations et de la sociologie. Il y a vécu dans des grottes maintenant classées monuments historiques où il aurait écrit ses *Prolégomènes*.

AFLOU

Sur la route du sud, à 170 km de Tiaret, Aflou est la capitale du Djebel Amour, renommé pour ses gravures rupestres datant du néolithique (El Ghicha, El Khotara, El Hamra) et ses tissages rouges et noirs.

CHLEF

Se loger

HÔTEL EL WANCHARIS

Esplanade de la Solidarité
Centre-ville
✆ +213 27 77 86 80
Comptez 3 000 DA la chambre simple et 4 000 DA la double.
Un bon hôtel dans le centre de Chlef. Chambres équipées de climatiseur et téléviseur. Propre. Restaurant, parking gardé.

À voir – À faire

Les restes d'une basilique chrétienne édifiée en 324, en plein schisme donatiste, sont les seuls témoignages de l'Antiquité. On y a retrouvé une mosaïque, aujourd'hui exposée à la cathédrale du Sacré-Cœur d'Alger.
Au départ de Chlef, une belle balade est à faire jusqu'au Djebel Ouarsenis qui s'étend au sud de la ville. On passe par Tissemsilt et le plateau du Sersou couvert de cultures céréalières avant d'arriver au point le plus haut du djebel (1 983 m). Au retour, on peut descendre par le rond-point des Cèdres, un belvédère à 1 714 m d'altitude, et Theniet El-Haad, à l'est, une zone classée parc national pour protéger des forêts de cèdres, avant de rejoindre Miliana.

MILIANA

Fondée par Bologhine Ibn Ziri, le fondateur berbère d'Alger et de Médéa, à l'emplacement de la cité romaine de Zucchabar, Miliana domine les vergers des pentes du Djebel Zaccar qui s'élève jusqu'au-dessus de la ville (1 579 m). Incendiée en 1844 à l'arrivée des Français qui voulaient en déloger les partisans de l'émir Abdelkader, la ville elle-même ressemble à d'autres petites villes à l'allure coloniale. Il reste cependant quelques vestiges de sa riche histoire comme les anciens remparts visibles depuis la route d'El-Khemis, le minaret blanc sur la place de l'Emir-Khaled qui appartenait à la mosquée El-Batha, élevée au Xe siècle au début de la période turque mais aujourd'hui disparue. Le minaret a été décoré d'une horloge en 1884. Tout près, une ancienne maison où aurait vécu Abdelkader est devenue un musée. Restaurée, cette grande demeure de style mauresque a été aménagée et présente aujourd'hui les souvenirs de l'émir et de la ville et de ses environs. Sur la route d'El-Khemis, l'ancienne manufacture d'armes de l'émir est ouverte au public.
La mosquée-mausolée de Sidi Ahmed Benyoussef, construite en 1774 par le bey d'Oran Sidi Mohamed El-Kebir, est un important sanctuaire dédié à la mémoire d'un saint homme devenu patron de la ville, qui avait prédit que Miliana serait prospère. La porte du sanctuaire, de style almohade, date du XIVe siècle. Le grand jardin public, créé en 1890, mérite un détour rafraîchissant.

À voir – À faire

MANUFACTURE D'ARMES DE L'ÉMIR ABDELKADER

A l'est de la ville
En contrebas des remparts
Ouvert de 8h à 12h et de 13h à 16h30, l'été jusqu'à 19h. Entrée 20 DA.
Edifiée en 1889, cette manufacture d'armes était dirigée par Alquier-Cazes, un ingénieur minéralogiste français qui avait déserté l'armée française pour se mettre au service de l'émir. Cette usine était à l'époque alimentée en minerai de fer extrait de la montagne voisine, le Zaccar. On y fabriquait des affûts de canon et des baïonnettes. On peut aujourd'hui visiter les deux pavillons de la manufacture : l'atelier de fabrication des armes et la maison des ouvriers.

MUSÉE DE L'ÉMIR ABDELKADER

Place de l'émir Abdelkader
✆ +213 27 64 95 51
Ouvert de 8h à 16h30. Fermé le vendredi mais ouvert tous les jours de juillet à septembre. Entrée 10 DA.
Le bâtiment de style mauresque du musée est l'ancienne demeure de l'émir Abdelkader, restaurée et transformée en musée à partir de

1997. Au travers des différents objets exposés, ce musée retrace aussi bien l'épopée de l'émir Abdelkader que l'histoire de Miliana. Dans le jardin sont exposés des vestiges archéologiques d'époques romaine et musulmane. Une visite à ne pas manquer pour comprendre à quel point la petite ville de Miliana est riche historiquement.

■ **STATUE D'ALI LA POINTE**
Remparts
De son vrai nom Ammar Ali, Ali La Pointe (1930-1957) est né à Miliana. C'est un combattant du FLN connu pour sa participation à la bataille d'Alger aux côtés, notamment, de Hassiba Ben Bouali. C'est lors de cette bataille qu'ils perdront tous deux la vie. Il est considéré comme un héros national. Il aurait été surnommé «Ali La Pointe» car il venait souvent discuter avec ses amis au niveau de ces remparts, tout au bout de Miliana à «la pointe des blagueurs» où se trouve aujourd'hui sa statue.

■ **TOMBEAU DE SIDI AHMED BEN YOUSSEF**
Le marabout de Miliana était connu pour ses petites phrases et maximes qu'on se répétait de ville en ville.

Sports – Détente – Loisirs

■ **SALON DE COFFURE KHOLOUD**
Rue Hamdane Batal
✆ +213 5 42 22 68 54
Ouvert de 8h à 17h. Brushing 300 DA, couleur 500 DA, mèches 500 DA, pédicure/manucure 500 DA, chignon simple 2 000 DA, coupe 200 DA.
Salon de coiffure très bien tenu et très professionnel. La preuve : il ne désemplit pas. Mais la gentille patronne, Fouzia Soumatia, vous trouvera toujours un petit créneau. Une bonne adresse pour ressortir toute belle.

Shopping

■ **BOUTIQUE SOUMATIA**
Rue Hamdane Batal
✆ +213 5 60 00 12 35
Ouvert de 9h à 19h. Fermé le vendredi.
Une petite boutique de vêtements où l'on peut faire des bonnes affaires. Vente de pyjamas, tee-shirts, robes, foulards...

AÏN DEFLA

A 145 km à l'ouest d'Alger, Aïn Defla est le siège d'une wilaya qui vit essentiellement d'une agriculture qui bénéficie de terres fertiles alluvionnaires et d'un réseau hydrique dense dont le principal cours d'eau, l'oued Chélif, est également le plus important d'Algérie. Mais pour le visiteur, Aïn Defla n'a pas grand intérêt si ce n'est pour acheter des fruits et des légumes peut-être, mais vous trouverez les mêmes à Miliana...

HAMMAM RIGHA

A peu près à mi-chemin entre Miliana et Tipasa, la station thermale Hammam Righa est certainement la plus réputée, tant pour ses eaux bonnes contre les rhumatismes, les insuffisances hépatiques et rénales ou l'anémie que pour son environnement, et sa proximité avec Alger. Récemment rénovée, elle a vraiment pris un coup de jeune avec un hôtel refait à neuf et un centre thermal qui fonctionne parfaitement. Faire un petit séjour à Hammam Righa est donc plus que bienvenu pour se reposer et repartir en pleine forme.

■ **HÔTEL ZACCAR**
✆ +213 27 64 31 31
✆ +213 27 64 31 01
www.hammam-righa.com
Chambre double à 6 910 DA en pension complète, appartement F3 et F4 de 4 423 à 6 210 DA.
Entre Hadjout et Tipasa, l'hôtel accueille les curistes. Complètement refait à neuf, il offre des chambres confortables et bien équipées. Trois restaurants viennent compléter l'offre d'hébergement.

■ **STATION THERMALE HAMMAM RIGHA**
✆ +213 27 64 31 31
www.hammam-righa.com
info@hammam-righa.com
Soins avec visite médicale incluse : 1 500 DA. Bain individuel : 300 DA. Bain collectif : 200 DA.
La station thermale de Hammam Righa est connue pour son eau thermale riche en sels minéraux aux vertus curatives. Situés à 640 m d'altitude, ses thermes auraient été découverts en 44 av. J.-C. L'hôtel Zaccar offre la possibilité de séjourner sur place.

LA KABYLIE

Cap Carbon, près de Bejaïa.

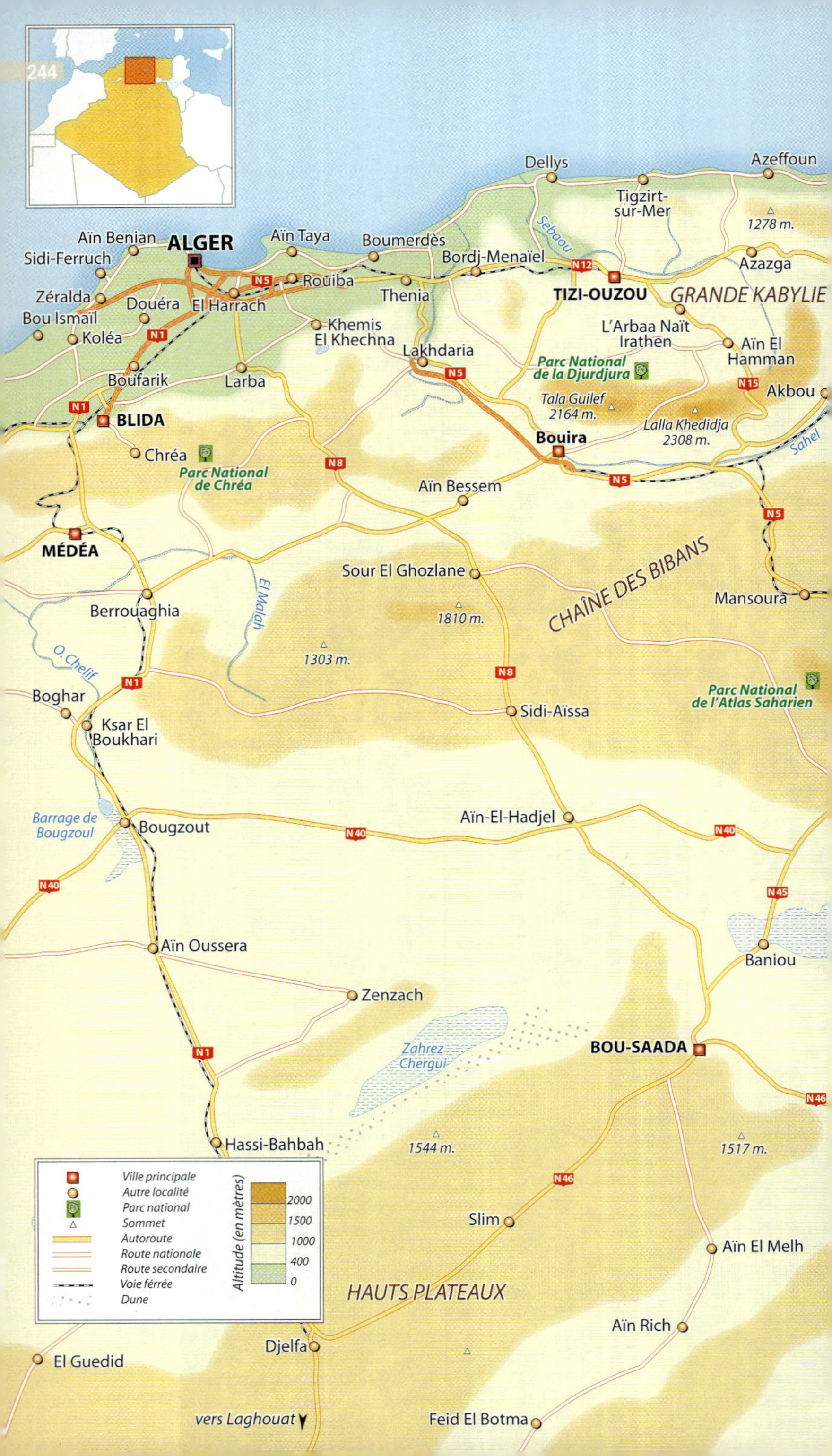

Dellys
Azeffoun
Tigzirt-sur-Mer
1278 m.
Sebaou
Aïn Benian
ALGER
Aïn Taya
Boumerdès
Sidi-Ferruch
Bordj-Menaïel
N12
TIZI-OUZOU
Azazga
GRANDE KABYLIE
N5
Rouïba
Thenia
Zéralda
Douéra
El Harrach
Bou Ismaïl
Koléa
N1
Khemis El Khechna
L'Arbaa Naït Irathen
Aïn El Hamman
Lakhdaria
Parc National de la Djurdjura
Boufarik
Larba
N5
N15
Akbou
N1
BLIDA
Tala Guilef 2164 m.
Lalla Khedidja 2308 m.
Bouira
Sahel
Chréa
Parc National de Chréa
N8
Aïn Bessem
N5
N5
MÉDÉA
Sour El Ghozlane
CHAÎNE DES BIBANS
Mansoura
Berrouaghia
El Malah
1810 m.
O. Chelif
1303 m.
N8
N1
Parc National de l'Atlas Saharien
Boghar
Sidi-Aïssa
Ksar El Boukhari
Barrage de Bougzoul
Bougzout
Aïn-El-Hadjel
N40
N40
N40
N45
Baniou
Aïn Oussera
Zenzach
N1
Zahrez Chergui
BOU-SAADA
N46
Hassi-Bahbah
1544 m.
1517 m.
N46
Ville principale
Autre localité
Parc national
Sommet
Autoroute
Route nationale
Route secondaire
Voie férrée
Dune
Altitude (en mètres)
2000
1500
1000
400
0
Slim
Aïn El Melh
HAUTS PLATEAUX
Aïn Rich
Djelfa
El Guedid
vers Laghouat
Feid El Botma

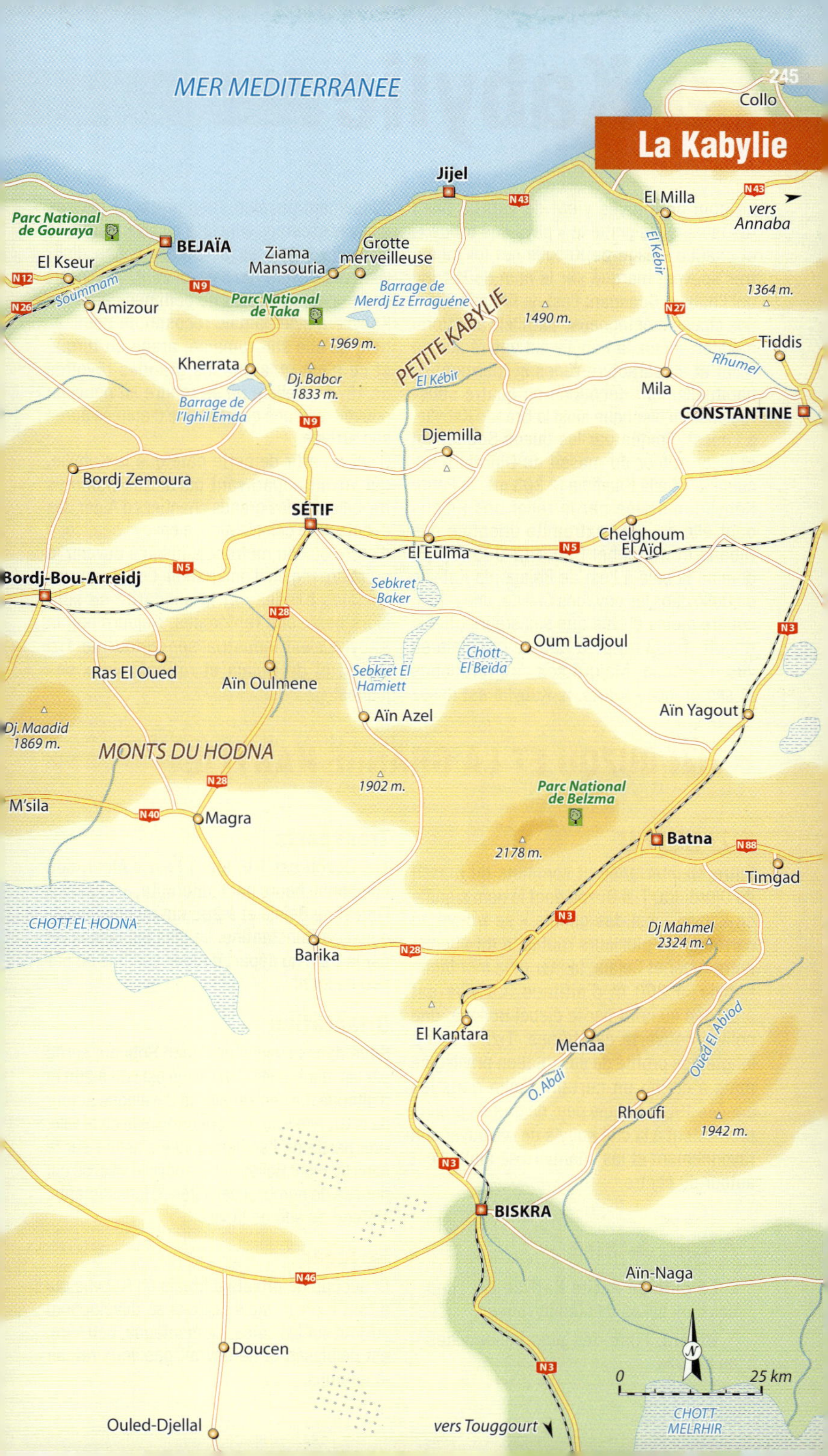
MER MEDITERRANEE
Collo
Jijel
N43
El Milla
N43
vers Annaba
Parc National de Gouraya
BEJAÏA
El Kseur
N12
N26
Soummam
Amizour
Ziama Mansouria
Grotte merveilleuse
N9
Parc National de Taka
Barrage de Merdj Ez Erraguéne
PETITE KABYLIE
1490 m.
El Kébir
1364 m.
N27
1969 m.
Dj. Babor 1833 m.
El Kébir
Tiddis
Rhumel
Kherrata
Mila
Barrage de l'Ighil Emda
N9
CONSTANTINE
Djemilla
Bordj Zemoura
SÉTIF
Chelghoum El Aïd
El Eulma
N5
N5
Bordj-Bou-Arreidj
Sebkret Baker
N28
Oum Ladjoul
N3
Chott El Beïda
Ras El Oued
Aïn Oulmene
Sebkret El Hamiett
Aïn Azel
Aïn Yagout
Dj. Maadid 1869 m.
MONTS DU HODNA
N28
1902 m.
Parc National de Belzma
M'sila
N40
Magra
Batna
N88
2178 m.
Timgad
CHOTT EL HODNA
N3
Dj Mahmel 2324 m.
Barika
N28
El Kantara
Menaa
Oued El Abiod
O. Abdi
Rhoufi
1942 m.
N3
BISKRA
N46
Aïn-Naga
Doucen
N
N3
0
25 km
Ouled-Djellal
vers Touggourt
CHOTT MELRHIR

La Kabylie

Le nom de Kabylie vient de l'arabe Bilad Al-Qabail qui signifie le « pays des tribus », et chaque village de Kabylie est lui-même très souvent marqué par le nom de la tribu qui l'habite. Occupant l'est de l'Atlas tellien, une chaîne montagneuse parallèle au littoral méditerranéen, la Kabylie est une région au relief et au caractère rudes et tourmentés, habituellement découpée en quatre sous-régions. On distingue ainsi la Grande Kabylie, à l'ouest, limitée par les oueds Soummam et Isser autour du massif du Djurdjura qui culmine à Lalla Khadidja (2 308 m) ; la Petite Kabylie marquée par le relief des Bibans dont elle couvre l'extrémité orientale des Bibans et du djebel Babor (2 005 m) qui domine la baie à l'est de Bejaïa ; la Kabylie de Collo dans les environs Skikda, une région côtière moins élevée que ses sœurs (djebel Ghoufi, 1 183 m) et la Kabylie orientale en vue d'Annaba. Malgré ses airs farouches et ses grandes forêts, la Kabylie est assez densément peuplée. Bien protégée par ses massifs escarpés enneigés en hiver, couverts de forêts de chênes, de chênes-lièges, d'oliviers et de cèdres au bois odorant, et à l'écart des principales voies de communication, la Kabylie n'avait jamais reconnu de domination, qu'elle soit romaine, arabe ou turque et ce n'est qu'après les grandes révoltes de 1871 qu'elle a dû se rendre au nouveau pouvoir, soit une quarantaine d'années après son arrivée.

C'est à partir de cette date que la Kabylie, qui voyait auparavant partir ses hommes travailler sur les grands chantiers d'Alger des débuts de la colonisation, a envoyé beaucoup d'entre eux en métropole jusqu'à devenir la première région d'émigration. Les structures sociales basées sur la solidarité se sont alors beaucoup renforcées. Aujourd'hui, la Kabylie s'est industrialisée autour de Tizi Ouzou et de Bejaïa et retient mieux ses jeunes.

TIZI OUZOU ET LA GRANDE KABYLIE

TIZI OUZOU

Entre Méditerranée et sommets du massif du Djurdjura, Tizi Ouzou dont le nom signifie en kabyle « col des genêts » se trouve au carrefour de plusieurs routes, à mi-chemin entre Alger et Bejaia, la mer et la montagne kabyle, à 200 m d'altitude. La ville est protégée au nord par le djebel Belloua, une colline couverte de chênes. Tizi Ouzou a longtemps profité de sa situation privilégiée mais a connu un certain déclin dans les années 1980. Depuis peu, de grands projets promettent à la cité kabyle de retrouver son rayonnement et les chantiers se multiplient autour du centre.

A voir, à faire

- **La côte de Petite Kabylie** est l'une des plus belles de Méditerranée.
- **Béjaïa,** l'une des plus belles villes de Kabylie.

Transports

Tizi Ouzou est 105 km à l'est d'Alger, soit une bonne heure par l'autoroute, à 130 km à l'ouest de Bejaïa et à 285 km au nord-nord-ouest de Constantine. La ville est desservie par le train au départ d'Alger, par bus ou par taxi collectif.

Orientation

Situé dans la vallée de l'oued Sebaou, cerné par les montagnes, Tizi Ouzou est bâti à 200 m d'altitude. Le centre-ville se développe autour de la Grande Rue, l'artère principale de la ville. Une partie de l'ancienne ville s'assoit sur le flanc du mont Belloua et la nouvelle ville, où ont poussé de nombreuses cités et lotissements, s'étend au sud de la ville.

Se loger

Beaucoup de projets d'hôtels en Kabylie qui a tant à offrir, mais ceux-ci se développent surtout sur les côtes. La montagne, peu sûre, est délaissée et ne devrait pas vous retenir longtemps.

HÔTEL AMRAOUA
Route de Tala-Allam
✆ +213 26 12 85 46
✆ +213 26 12 85 50
hotelamraoua.com
Compter 5 800 DA la single et 6 200 DA la double. wi-fi gratuit.
A l'entrée de la ville en arrivant d'Alger. Géré par l'ancien directeur des hôtels Sofitel et Hilton d'Alger, c'est le plus grand hôtel de la région. Les chambres sont modernes et confortables. Muni d'un parking de 150 places, d'une piscine de 300 m^3 et de terrains de sport, l'hôtel Amraoua propose calme et tranquillité du fait de son retrait du centre de l'agglomération. Restaurant gastronomique d'une capacité de 150 couverts. Brasserie. Bar.

HOTEL MIZRANA
Rue Merkitout-Mohamed
Tigzirt-sur-Mer
✆ +213 26 25 80 85
✆ +213 26 25 80 88
www.hotelmizrana.com
hotelmizrana@hotmail.fr
A 40 minutes de route de Tizi Ouzou.
Comptez 4 800 DA la chambre simple, 6 400 DA la chambre double avec petit déjeuner en basse saison, 7 600 DA la triple.
Coup de cœur pour cet ancien hôtel étatique, né dans les années 1970, privatisé il y a peu. Réouvert en 2008 après trois années de travaux de restauration, il crée la surprise dans l'hôtellerie algérienne en devenant une très belle adresse de bord de mer dans la petite station balnéaire de Tigzirt. La blancheur immaculée des façades, l'accueil et la propreté des lieux en disent large sur la gestion de cet hôtel appartenant au directeur de l'hôtel Suisse d'Alger. L'hôtel dispose de 40 chambres confortables et coquettes, toutes pourvues de balcons donnant sur la belle piscine ou sur la mer. Restaurant. Snack-bar, aire de jeux pour les enfants. wi-fi dans tout l'hôtel. Une adresse à retenir pour les séjours en bord de mer.

LE NUMIDE
RN24
180, rue Ahmed-Chaffai
Tigzirt-sur-Mer
✆ +213 26 25 86 61
A 100 m de la plage Feraoun. Comptez 2 100 DA la chambre double avec petit déjeuner en basse saison, 4 200 DA en demi-pension (obligatoire) en haute saison.
Un bon hôtel pour faire étape dans la sympathique station balnéaire de Tigzirt. Les chambres sont simples et propres. Restaurant. Bar. Parking gardé.

À voir – À faire

Le centre ancien de Tizi Ouzou est assez réduit le long de l'artère principale. On peut y visiter une mosquée entourée d'arcades blanches et noires et couverte de tuiles d'un joli vert brillant et un mausolée de l'époque romaine. Ne pas manquer au cours d'un séjour dans la cité de faire un détour par l'active maison de la culture Mouloud Mammeri.Mais si la ville a peu d'attrait, la Grande Kabylie en a beaucoup plus mais il est impératif de rester prudent et de bien vous renseigner sur le niveau de sécurité et de prendre toutes les mesures de précaution possibles (se renseigner sur le niveau de sécurité des routes, ne jamais partir seul, ne pas rouler la nuit, etc.). Il faut noter que la police s'intéresse souvent de près aux groupes de touristes et les incite, quelquefois avec beaucoup d'empressement, à rejoindre la capitale au plus direct…
Et il est vrai que depuis l'assassinat d'Hervé Gourdel en septembre 2014 dans cette région de la Kabylie, nous vous recommandons vraiment de vous renseigner auprès des autorités sur place. Juste au nord de Tizi Ouzou, une petite route mène au sommet du Djebel Belloua (695 m) dont le point de vue surplombe la ville et la plaine de l'autre côté de l'oued Sebaou, en direction de la station balnéaire de Tigzirt.Dès la limite sud de Tizi Ouzou, on se trouve pris dans ce qui a été appelé le « labyrinthe kabyle ». C'est dire si la route est sinueuse et vallonnée, donnant l'impression quelquefois de revenir sur ses pas au gré des pentes, des crêtes, des cols et des vallées ou des ravins, de hameaux en villages, jusqu'au sommet du massif du Djurdjura qui précède la chaîne des Bibans.

MAISON DE LA CULTURE MOULOUD MAMMERI
Avenue Houari Boumediene
✆ +213 26 22 90 80
www.mcmmto.dz
Une maison de la culture très active avec de nombreux festivals, concerts et expositions. Consultez le programme sur le site Internet.

PARC NATIONAL DU DJURDJURA

« *Les torrents dévalent du Djurdjura vers le Sebaou à travers des failles creusées dans le calcaire et le schiste perpendiculaires à la vallée* », écrivait Mouloud Feraoun, l'écrivain assassiné par l'OAS en 1962. Le massif du Djurdjura s'étend sur près d'une cinquantaine de kilomètres. Trois sommets élevés le hérissent : le Lalla Khedidja (2 308 m) à l'est du massif, le Ras Timedouine (2 305 m) au centre et le Djebel Heidzer (2 164 m) au-dessus de Bouira. Plusieurs routes, pas toujours carrossables, y pénètrent. Les Romains l'appelaient la montagne de fer autant pour la nature de son sol que pour le caractère de ses habitants réputés farouches résistants à tout envahisseur.

Au plus simple, la N15 effleure le massif par l'est en longeant le lac de retenue du barrage de Taksebt, traverse Larbaa Naït Irathen puis Aïn El-Hammam avant de monter vers le col de Tirourda (1 750 m) et rejoindre la N26.

Les 90 km de cette voie traversent de somptueux paysages. Larbaa Naït Irathen domine la plaine qui descend jusqu'à la mer de ses 900 m de hauteur. Idéalement située sur un piton rocheux, elle a servi de poste militaire dès les débuts de la conquête française et s'est vue coiffée du fort national, une forteresse construite dans les années 1850 pour surveiller la Kabylie difficilement conquise. Les villages des environs immédiats de la ville qui porte aujourd'hui le nom de la tribu des Aït Irathen sont réputés pour la production de poteries utilitaires dont la forme est étudiée pour s'adapter aux hanches des femmes, éternelles porteuses d'eau.

Plus loin sur la N15, Icherridene est la capitale des cerises qu'on célèbre au mois de juin au cours d'une fête qui s'achève par un concours entre producteurs de cerises. La petite ville a connu au cours de son histoire des épisodes tragiques, des soulèvements populaires sévèrement réprimés.

A près de 1 800 m d'altitude, Aïn El-Hammam, construite à flanc de paroi, est connue pour sa production de tapis aux couleurs vives.

A quelques kilomètres au nord-est de la petite ville, par la route N71 qui rejoint la route de Bejaïa, le village de Aït Hichem réunit chaque année producteurs et amateurs de tapis et de tissages berbères.

Quelques kilomètres plus loin, on aperçoit, perché sur un piton, le village de Koukou, assez représentatif des villages kabyles. A voir également dans les environs la grotte Du Macchabee où dort une intrigante « momie » et une grotte jonchée de squelettes de singes, le cimetière des Singes.

De retour sur la N15, on peut également

Les bijoux des Aït Yenni

Les hommes, et depuis les femmes, de la tribu des Béni Yenni travaillent traditionnellement l'argent, le corail et les émaux cloisonnés, et appliquent leurs techniques au façonnage de coffres en bois finement sculptés et incrustés de métal. Les bijoux d'argent, qui faisaient traditionnellement partie de la dot de la jeune mariée, à l'origine des pièces d'argent montées, sont sertis de corail récolté en Méditerranée et d'émail teint en jaune pour symboliser le soleil, vert pour la nature environnante et bleu pour le ciel. Les bijoux étaient quelquefois bordés d'une frange en argent appelée achrur u dabal. Dans la parure que la jeune femme emportait avec elle on trouvait des broches de front ou de poitrine (tavrucht) et des fibules (tavzimt) qui retenaient en divers points les robes, des ceintures (tahzamt), des colliers (azrar), des bracelets (azevg), des bagues (tikhutam) et des boucles d'oreilles (talukin). On raconte qu'autrefois le savoir-faire et l'inspiration étaient si jalousement préservés au sein des familles qu'on ne se mariait qu'entre Béni Yenni, mais aujourd'hui l'apprentissage se fait autant auprès des artisans eux-mêmes que dans des centres de formation créés pour donner un nouvel élan à un art séculaire qui pâtit de la crise économique. Dans les années 1970, on estimait qu'il y avait environ 500 artisans, aujourd'hui ils ne sont plus qu'une pauvre soixantaine dont la production constitue presque 60 % du revenu de la région. Chaque année, fin juillet-début août, les artisans se réunissent à Béni Yenni, qu'ils soient joailliers, vanneurs ou brodeurs, et organisent des expositions-ventes dans les lieux publics comme l'espace culturel Mouloud-Mammeri, la Maison des jeunes et l'école Meziani-Larbi à Béni Yenni.

emprunter la minuscule W17, sur la gauche avant d'entrer à Aïn El-Hammam, qui descend par des lacets serrés jusqu'à Djemaa dont les eaux canalisées alimentent Aïn El-Hammam et ses environs.

Peu après l'oued, la W17 rejoint la N30 et Béni Yenni, un ensemble de hameaux dispersés en altitude (Aït Lahcene, Aït Larbaa, Taourirt Mimoun Et Agouni Ahmed).

Au départ de Tizi Ouzou, la deuxième route, la N30, passe toujours par le barrage de Taksebt qui retient les eaux d'un petit lac et mène au cœur même du massif du Djurdjura en passant à proximité de Beni Yenni, un village à 900 m d'altitude connu pour l'habileté de ses artisans, joailliers depuis des générations. Profitez de cette visite pour faire le plein de bijoux kabyles colorés à des prix imbattables.

A une vingtaine de kilomètres au sud et après plusieurs épingles à cheveux, on doit choisir, au niveau de Tizi N'kouilal, entre continuer vers le sud et passer au pied du Lalla Khedidja, le plus haut sommet du massif, ou emprunter la N33 qui mène par une suite vertigineuse de belvédères à la station de montagne de Tikjda (1 475 m) au pied de l'Akouber réputé pour la durée de son enneigement avant de descendre doucement vers Bouira (525 m). Cette route est souvent fermée en hiver pour cause de neige, mais est magnifique et nous emmène bien loin... A Tikjda, comme ailleurs, les installations ne permettent plus de skier sur les pistes. En hiver, on ne vient ici que pour « voir la neige » et apprécier le calme feutré.

A 20 km au sud de Tizi Ouzou, sur la route de Beni Douala, sur une petite route qui descend parallèlement à la N30 vers Ouadhia, une stèle commémore l'assassinat par « un groupe armé non identifié » du chanteur kabyle Matoub Lounès.

Par cette route, la N33, on a traversé en partie le parc national du Djurdjura (superficie : 18 500 ha). Il a été créé en 1983 pour protéger le massif qui, de sommets enneigés en forêts épaisses, de gorges en vallons, du lac aux hauts plateaux, abrite une belle quantité d'espèces animales dont le singe magot, l'aigle botté, le sanglier, l'hyène rayée, le faucon ou le héron cendré... On y aperçoit même des loups.

A l'ouest de Tizi Ouzou, la N25 contourne le massif du Djurdjura avant de rejoindre la N5 pour Bouira. A Draa El-Mizan, prendre à gauche la route qui mène à Boghni. A une dizaine de kilomètres au nord du village tapi au fond d'une vallée sous le regard d'un ancien fort ottoman, on arrive à Souk El- Khemis (« marché du jeudi »), un hameau qu'on reconnaît à sa pancarte signalant une Maison de l'artisanat. Il s'agit de ce qu'on appellerait en France un écomusée. L'intérieur d'une maison kabyle typique y a été reconstitué où on retrouve parmi les objets usuels à peu près l'ensemble de la production artisanale de la région (poterie, bois, tissage...) dont la plus connue est la poterie de Maâtkas. Maâtkas désigne le territoire compris entre Tizi Ouzou et Boghni, au sud, autour de la daïra sur la route W128. La ville s'est fait connaître ces dernières années par de dramatiques événements qui ont agité la Kabylie mais, au-delà de l'insécurité et de la politique, une partie de l'économie de la région repose traditionnellement sur la poterie produite essentiellement par les femmes Aït Khlil, Aït Smaïl et Aït Kheir. Fabriquées à partir de l'argile rouge qu'on trouve sur place, ces poteries vernissées sont réputées pour leurs formes et leur décoration qui utilise au mieux la symbolique berbère. Chaque année, au mois de juin, une grande fête réunit les potières de tous les villages.

Au sud de Boghni, une petite route souvent enneigée en hiver mène à la station de montagne de Talaguilef, à près de 2 000 m d'altitude, en lisière d'une forêt de cèdres et de chênes.

Recommandations importantes. Cette zone montagneuse de la Kabylie reste peu sûre et nous vous recommandons de ne pas vous y rendre seul et de bien vous renseigner auprès des autorités locales et de la police avant tout déplacement dans ce massif. C'est là que l'otage français Hervé Gourdel a été enlevé puis assassiné en septembre 2014. La plus grande prudence s'impose donc, même si depuis les années 1990 aucun Français n'avait plus été victime d'enlèvement en Algérie.

BOUIRA

Au sud de Tizi Ouzou, très bien situé au carrefour d'axes principaux, Bouira est né en 1872 par la volonté de l'amiral français de Guydon. D'origine agricole, Bouira est alors rapidement devenu un centre commercial actif.

Transports

Bouira se trouve à 122 km à l'est d'Alger et à 110 km au sud de Tizi Ouzou. On y accède par une route qui franchit les gorges de Palestro qui ont accumulé au fil des ans de tristes souvenirs.

Dans les environs

Sour El Ghozlane, l'antique Auzia, occupait une position stratégique durant la colonisation romaine. Après sa prise par les troupes françaises du général Bugeaud en 1842, la ville a reçu le nom du duc d'Aumale, le fils de Louis-Philippe, et est devenue un poste militaire. Son nom actuel vient du mur de protection qui la traverse.Pour se rendre à Hammam Ksena, prendre la N18, route du sud-ouest ; à Aïn Bessem, tourner à gauche et suivre la W97 pendant une quarantaine de kilomètres, via El Hachimia. La station thermale est située dans le massif des Bibans qui sépare Bouira de Bordj Bou Arreridj ; ses eaux sont recommandées contre les dermatoses et les affections respiratoires.A 50 km de Bouira, les eaux de Tata Rana sont bénéfiques contre l'asthme et, tout simplement, pour le repos.

LA CÔTE AU NORD DE TIZI OUZOU

La N72 contourne le djebel Belloua par l'est et descend vers la côte en direction de Tigzirt, une petite ville doublée d'une agréable station balnéaire aux allures typiquement méditerranéennes. La plage de sable, gardée par un îlot solitaire, est protégée par des collines boisées couvertes de chênes-lièges, d'eucalyptus et de pâturages. L'îlot de Tigzirt peut être rejoint par barque. Près de là, des vestiges anciens dorment à Iomnium dont une basilique byzantine tournée, solitaire, vers le large. A l'extérieur de la basilique en assez bon état, on peut encore voir un baptistère et des chapiteaux de colonnes richement décorés. A une quarantaine de kilomètres à l'est de Tigzirt, sur la N24, Azzefoun est un petit port qui a connu une certaine prospérité à l'époque où les bateaux embarquaient du charbon de bois fabriqué dans les forêts alentour. On accède au port de pêche par une petite route sur la gauche à la sortie d'Azzefoun. La petite ville, un peu isolée sur la côte kabyle, est blottie au pied des falaises du cap Corbelin, un bon spot de plongée. Pas loin, à l'est du village, on peut grimper vers les vestiges mal répertoriés de Rusazus, une ville romaine du Ier siècle avant J.-C., qui devait être assez importante pour nécessiter la construction de thermes de grande taille. Mais plus étonnantes sont les allées couvertes de Aït Rehouna. A une petite quinzaine de kilomètres d'Azzefoun, ces huit allées qu'on appelle localement « maisons romaines » remonteraient à 3000 ans avant J.-C. Leur longueur varie entre 8 et 15 m et leur largeur ne dépasse pas 1,5 m pour une hauteur allant jusqu'à 3,5 m, dans un environnement bucolique mais, comme presque partout en Algérie, dans un état d'abandon avancé. A 25 kilomètres à l'ouest de Tigzirt, à quelques kilomètres avant l'embouchure de l'oued Sebaou, Dellys est un port de pêche construit autour d'une avancée dans la mer. Les Algérois y viennent nombreux dès le mois de mai profiter de belles plages. La route Tigzirt-Dellys est maheureusement fermée depuis de nombreuses années pour des raisons de sécurité. On rejoint Tizi Ouzou par la N25 puis la N12 qui file vers Bejaïa après avoir longé la rivière Sebaou. De retour sur la RN12, presque exactement à mi-chemin entre Tizi Ouzou et Bejaïa, Yakouren est un village de moyenne montagne cerné de forêts de chênes traversées de ruisseaux dont la grande forêt d'Akfadou.
A partir de là, une petite route pénètre dans la forêt des Beni Ghobri qui abrite des vestiges romains et d'autres plus anciens comme des gravures rupestres. Un peu plus loin, à proximité du De Tagmat, une boucle permet de traverser une forêt de chênes zéens protégée sous le nom de Tizi Tiouririne, autour du mont Azerou N'taghat, le plus élevé de la région (1 542 m).
A Lakhdaria, l'oued Isser s'est frayé un passage entre les roches et a creusé les gorges de Beni Amrane sur une longueur de 19 km.

BEJAÏA ET LA PETITE KABYLIE

BEJAÏA

Située sur la côte à 260 km à l'est d'Alger, à 135 km de Tizi Ouzou et à 110 km au nord-ouest de Sétif, Bejaïa est la capitale de la Petite Kabylie. La place Gueydon est le centre de la ville historique qui s'est élargie à l'époque française autour de la casbah. L'ancienne ville est bâtie le long de la baie, au-dessus du port et jusque sur les hauteurs. Elle regroupe la poste, l'APC (la mairie), le théâtre, la cinémathèque et la banque d'Algérie... Autour de celle-ci, se sont largement développés les nouveaux quartiers d'El Khmis, Daouadji, El Qods, Aamriw, ou plus loin Sidi Ahmed et Ihaddaden, où l'activité est plus intense.

Bejaïa
CITE
AMIMOUN
Cimetière
Sidi Med.
Amokrane
BAB ELOUZE
OUED
ACHAALAL
ACHERCHOUR
KERAMANE
CASBAH
PORT
Place
Larbaoui
Hôpital
Frantz Fanon
Sidi Soufi
Musée
Bordj
Moussa
Mosquée
Mosquée
Si El Mouhoub
Mosquée
Mosquée
Mendjahed
Cherif
Théâtre
Place Frères
Boucheffa
Place
A.E.K
Bab el Bahr
Carrefour
du Port
Rue Benchaouch Lounis
Rue Frères Badjradj
Rue Frères Badjradj
Rue Habiben Tahar
Rue Frères Redjadj
Rue Chelouah
Ould Ali
Rue Ghedjghoudj
A.E.K
Ali Bouabid
Rue Rachid Bouzerar
Rue Med. Medjahed
Rue Tatah
Rue Oued Challal
Rue Med. Saimi
Escalier Ben Attia
Rue Lalaoui
Rue Mokrani
Rue Arbaoui
Rue Abbas Foudil
Rue Salah Arroul
Rue Kareb D
Zidane Laïd
Rue Salah Arroul
Boulevard Boualem Ouchen
Escalier des Remparts
Rue Hamanou Boulquiza
Rue Mahmoud Saidani
Esc. Sidi Soufi
Rue des Frères Arbouche
Rue Abbas Foudil
Rue Med. El Hachemi
Boulevard Frères Bouaouina
Rue du Vieillard
Rue Boudjmaa
Rue Djouder
Rue Fatima
Iboussoufa
Boualem
Akrouri
Rue Belhocine
Frères Sahi
Rue Touati Mourad
Rue Bachir Boussebissi
Rue Alloua Touati
Rue Maurice Audin
Rue du Vieillard
Rue Dehas Ancene
Rue Med. Natouri
Boulevard Colonie Amirouche
Rue Fatima
Rue Frères Goui
Bacha Mekki
Rue Touti Fatah
Mouhoub
Rue Fatah Natouri
Rue du Vieillard
Rue Si El Houes
Zaouil
Rue Hocine Rihat
Rue Larbi Ben M'Hidi
Rue A.E.K Idjraoui
Rue Benyahia Nacer
Rue Bouchebah Youcef
Rue Bouchebah Youcef
Rue Aissat Idir
Rue Boudjadi
Rue Aissat Idir
Rampe du Port
Rue Amirouche
Boulevard Frères Amrani
Rampe Ali Rabhi
Boulevard Frères Amrani
Quai Central
Quai Nord
Rampe du Port
Quai nord Ouest
Musée
Mosquée
Curiosité
Hôpital
N
0
200 m

Histoire. Protégé du souffle de l'ouest par le massif du Gouraya, le site de Bejaïa était déjà connu des Phéniciens qui l'avaient appelé Vaga (« les ronces »), certainement en référence au type de végétation qui couvrait les contreforts rocheux. Les Romains se sont installés à Saldae mais c'est au XIe siècle après J.-C. que la cité a connu son plus important développement. A cette époque, les Béni Hammad quittent leur kalaa des montagnes, dans la région de M'Sila, et descendent vers la côte plus accueillante et propice aux relations commerciales. En 1067, En-Nasser, souverain de la rayonnante dynastie hammadite, donne son nom à la ville qui deviendra vingt-cinq ans plus tard la capitale politique et culturelle du royaume. Dès lors centre de construction navale renommé, En-Nassria prospère et de cité édifiée en escalier entre montagne et mer d'un bleu profond se transforme en véritable ville convoitée puis prise au milieu du XIIe siècle par les Almohades puis par les Hafsides de Tunisie. Au XVIe siècle, les Espagnols soucieux de s'assurer le contrôle de l'ouest de la Méditerranée s'emparent d'En-Nassria (Naciria) et l'occupent pendant un demi-siècle avant de céder leur place aux Ottomans au début du XVIIe siècle. En 1833, les troupes françaises s'emparent de la ville dont ils avaient depuis longtemps déformé le nom arabe de Bejaïa en Bougie, nom qui désignera ensuite les petites chandelles en cire d'abeille produite dans les hauteurs de la Kabylie et exportées depuis le XIVe siècle. Aujourd'hui, Bejaïa a retrouvé son nom arabe (Bgayet en tamazight) mais elle est surtout devenue un grand centre pétrolier qui s'est développé autour du terminal de l'oléoduc de la Soummam qui arrive ici en provenance des forages d'Hassi Messaoud. Malgré cette proximité peu attractive, Bejaïa conserve un grand charme, que ce soit dans le centre-ville ou dans ses environs immédiats.

Transports

Bejaïa se trouve à 260 km à l'est d'Alger, à 135 km de Tizi Ouzou et à 110 km au nord-ouest de Sétif. En plus de l'avion, la ville est desservie par le train au départ d'Alger et par le bus. Mais comme la route n'est pas très bonne, on vous recommande plutôt le train ou l'avion qui sont beaucoup plus confortables.

Comment y accéder et en partir

En train. Une liaison quotidienne dessert Alger au départ de Bejaïa à 6h35 et Bejaïa au départ d'Alger à 14h30 (arrivée à 18h30). Comptez 500 DA l'aller et 4 heures de trajet.

Location de voitures. Pensez à réserver votre voiture de location longtemps à l'avance si vous venez à Bejaïa pendant la période estivale, un week-end ou les jours fériés. Lors de cette période, elles sont prises d'assaut par les nombreux touristes qui arrivent par train ou par avion, sans voiture donc.

AÉROPORT ABANE-RAMDANE
✆ +213 34 21 18 45
Vols en provenance d'Alger et de Paris, Lyon et Marseille. A une demi-heure en voiture du centre-ville.

AIR ALGÉRIE
Rue de la Liberté
✆ +213 34 22 62 42
Départ d'Alger pour Béjaïa tous les matins à 7h35. Seulement 30 minutes de vol. Très pratique.

BUS
Centre-ville
C'est à partir de la nouvelle gare routière « 4 chemins » que partent les bus qui font les liaisons régionales et inter-wilaya.
Vers Alger : chaque quart d'heure à partir de 3h du matin jusqu'à 15h (500 DA le billet).
Vers Bejaia : dernier départ d'Alger vers 17h.
Liaisons vers Hassi Messaoud, Oran, Sétif, Jijel, Annaba, Tizi Ouzou (Azzefoun). Bus vers la côte Est : Aokas, Tichy. Vers l'intérieur des terres : Akbou, Tazmalt, El kseur. Vers la côte Ouest : Boulimat, Saket et autres.

POINT.L
Résidence 2000
✆ +213 34 21 59 73
✆ +213 7 70 12 06 87
✆ +213 7 72 94 96 41
point-l@hotmail.com
Près de l'hôtel Chrea
Comptez 3 000 DA la journée de location pour une voiture compacte.

RAPIDE CAR
Hôtel Sophotel, RN 9
Route de Sétif, Ireyahene
✆ +213 7 70 92 44 23
Comptez 3 000 DA la journée de location pour une voiture compacte.
A 5 minutes de l'aéroport.

SAPHIR AUTO
17, rue des frères Ferdjallah
El Khmis
✆ +213 34 22 02 21
Comptez 3 000 DA la journée (Clio, Clio Classic).

Se déplacer

- **Taxis.** « Course ». En face de la gare des bus SNTV. 100 DA la course dans le centre-ville mais 200 DA pour aller dans la partie nouvelle de la ville depuis le centre.
- **Taxis collectifs.** Station de bus El Qods (près de la SNTV). Compter 800 DA la place de taxi pour Alger (départ quand la voiture est remplie).

Pratique

■ ONAT
31, rue Ahmed Ougana
✆ +213 34 21 20 22
Bureaux de l'Office national algérien du tourisme et agence de voyages de l'Etat avec dépliants. Mais pour les informations pratiques, mieux vaut vous rendre à l'office de tourisme.

■ TAXIPHONE – CHEZ BOUALEM
Cité Sghir
Boulevard de la révolution
Près de la maison de la culture
✆ +213 34 21 43 22
Un bon taxiphone, connu de tous, dans le quartier d'Aamriw. Boualem assure tous les services liés à la téléphonie et à la réception de courrier...

Se loger

Bien et pas cher

■ AUBERGE DE JEUNESSE DES FRÈRES SOUMARI
Cité Soumari
✆ +213 34 22 97 64
bejaia@faaj.org
Comptez 350 DA la nuit.
Une belle auberge, près du centre de Bejaia. Propre.

■ HÔTEL DE L'ÉTOILE
4, place Gueydon
✆ +213 34 21 18 00
Comptez 2 000 DA pour une chambre double. Pas de petit déjeuner.
L'hôtel Etoile, ex-Royal Hôtel, vieux de plus d'un siècle, est un petit établissement d'une quinzaine de chambres simples, propres et non dénuées de charme. Douches dans les chambres, toilettes communes. Le plus : sa situation en plein cœur de la ville ; les chambres avec balcon dominent la place Gueydon et le port. On comprend pourquoi le président portugais Manuel Texeira Gomez a choisi d'y résider pendant 10 ans, de 1931 jusqu'à sa mort en 1941. Sa chambre est restée intacte. On ne peut pas la louer mais on peut y jeter un coup d'œil. Un accueil plus chaleureux ferait de cet hôtel une adresse incontournable pour un séjour dans l'ancienne capitale hammadite.

Confort ou charme

■ HÔTEL CHREA
4, boulevard Krim Belkacem
Près de la maison de la culture
✆ +213 34 20 50 50
Comptez 5 000 DA la chambre double.
En plein centre urbain de Bejaïa, l'hôtel dispose d'une quarantaine de chambres agréables et spacieuses. Accueil chaleureux et service de qualité. Restaurant gastronomique. wi-fi en accès libre dans tout l'hôtel. Une des meilleures adresses.

■ HOTEL CRISTAL
4, route de Sidi-Ahmed
✆ +213 34 21 08 97
www.cristalbejaia.com
contact@cristalbejaia.com
A partir de 5 000 DA pour les suites et de 5 500 DA pour les appartements (prix pour deux personnes).
Un bon hôtel dans le centre-ville. Idéal pour les familles, il ne comprend que des suites et des appartements à des prix de chambres standard. Jusqu'à huit lits pour les appartements. Restaurant, caféteria, pizzeria. wi-fi en accès libre.

■ HÔTEL ROYAL
Route de l'Université, Ihaddadene
✆ +213 34 21 69 40
Comptez 3 600 DA la simple et 4 600 DA la double.
A 6 km de Bejaïa. Belles chambres. Organisation de randonnées et de sorties de chasse en saison. Piscine.

■ L'HIPPOCAMPE
RN24 Oued Saket
Village de vacances familiales
✆ +213 7 70 95 32 97
Entre 3 500 et 4 500 DA la chambre double.
Un joli petit hôtel situé à 300 m de la plage. Les chambres sont simples et propres, malheureusement dépourvues de balcon, mais desservies autour d'une agréable cour arborée de citronniers et de vignes. Cafétéria, restaurant, barbecue. Bon accueil.

MADALA
Rue Hassiba-Ben-Bouali
Ex-route de l'Université
✆ +213 34 21 52 92
A partir de 3 000 DA la chambre double.
Un bon hôtel en centre-ville, propre et confortable.

Se restaurer

Sur le pouce

DALI BOU LA GLACE
Rond-point du centre-ville
✆ +213 30 43 21 90
Envahi le week-end et tout l'été pour son créponné (sorbet au citron, spécialité pied-noir), et sa garantita (flan de pois chiches) qui rivalise avec les meilleures d'Oran, ce snack est idéal pour les petits creux en centre-ville.

Pause gourmande

MAISON AOUCHICHE
Piétonnière
34, rue Larbi-Ben-M'hidi
✆ +213 34 22 99 47
Excellente pâtisserie qu'on recommande pour ses gâteaux et ses salés, notamment son excellente tarte à la tomate et aux oignons.

PÂTISSERIE LA DUCHESSE
Centre-ville
Rue du Vieillard
Une autre valeur sûre pour les pâtisseries et autres en-cas.

Bien et pas cher

PLAZZA
Carrefour de Daouadji
Route de Sidi Ahmed
Comptez 500 DA le plat.
Un self-service sympathique au carrefour de Daouadji.

TIZI LUNCH
Rond-point d'Aamriw
En remontant vers Sidi Ahmed
Comptez 350 DA le plat.
Un des meilleurs petits restos du côté d'Aamriw. Plats populaires (tripes, abas en sauce, loubia, lentilles...) dans une ambiance populaire. Réputé pour son bouzelouf, dont il est le seul sur la place à préparer. On apprécie la galette (aghroum tajine) toute chaude.

Bonnes tables

FAB – CHEZ FARID
Centre-ville
6, rue Idjraoui-Aek ✆ +213 5 50 98 02 39
Derrière la rue piétonne.
Comptez 1 000 DA le repas.
Une belle petite adresse gastronomique en centre-ville. Les plats sont succulents et les prix raisonnables. Crevettes sautées, escalope à la crème, gratin de choux-fleurs... Pas d'alcool. Idéal pour le déjeuner.

RESTAURANT AUBERGE DU PALMIER
4, rue Nacer-Ben-Yahia
✆ +213 34 22 78 02 / +213 34 21 28 62
Ouvert tous les jours sauf le vendredi. Comptez 1 700 DA pour l'entrée, le plat et une boisson non alcoolisée.
Fréquenté par les hommes d'affaires, les ambassades et ses habitués, le Palmier est sans doute la seule table pour un dîner en ville. Poissons frais selon l'arrivage : rouget, merlan, espadon, sépia... Paella (le jeudi soir). On le recommande pour son service, sa cuisine et surtout son cadre. C'est de loin le meilleur restaurant de la ville. Sa terrasse et ses trois salles, dont l'une typique avec son ancienne cheminée, donnent directement sur le port. Sert de l'alcool.

Sortir

CAFÉ DE FRANCE
Centre-ville
Sans doute un des bars les plus sympathiques d'Algérie. Ce bar du centre-ville, aux murs revêtus de bois et de miroirs, est franchement convivial. Il invite ses habitués, principalement intellectuels et universitaires de Bejaïa, à se retrouver autour d'une bonne bière. La vue sur le port et la baie est imprenable. Un accueil chaleureux vous sera réservé.

CYBERCAFÉ ROND-POINT.COM
Rue Larbi Ben M'hidi
Piétonnière
50 DA l'heure de connexion.
Sur la droite, en descendant du rond-point du centre-ville pour aller vers la place Gueydon. Bonne connexion et parc informatique tout neuf.

THÉÂTRE RÉGIONAL DE BEJAÏA
Centre-ville
Boulevard Amirouche
Le TRB, dirigé jadis par un certain Mohamed Fellag, redore son blason et se fait de plus

en plus accueillant. Sa dynamique compagnie joue fréquemment des classiques algériens et spectacles pour enfants. Il accueille régulièrement compagnies de théâtre, maîtres du chaâbi, orchestres symphoniques et un café littéraire invitant chaque samedi à découvrir ou redécouvrir un auteur algérien.

À voir – À faire

Construite sur les ruines de la cité antique, Bejaïa a conservé peu de vestiges de son passé. On peut cependant admirer une mosaïque romaine dans le hall de la mairie ainsi que des morceaux de remparts, des citernes et quelques sépultures antiques. En ville, la place Guédon surplombe le port.Deux portes de la période hammadite, Bab El-Bahri (« la porte de la mer », également appelée porte sarrazine) édifiée en arc au XIe siècle par les Hammadites et Bab El-Bounoud (Bab El-Fouka) flanquée de tourelles à l'ouest de la ville, évoquent les murailles qui protégeaient l'En-Nassria arabe et le palais qui a entièrement disparu.

■ ANSE DES AYGUADES

Il faut suivre le sentier aménagé le long de la falaise et du cap Noir pour arriver à cette petite crique idéale pour la baignade, à mi-chemin du cap Carbon. Le nom Ayguades rappelle la proximité d'une source d'eau douce où venaient s'approvisionner les marins. C'est dans cette crique que les Espagnols ont débarqué en 1507 avant d'être repoussés vers la mer par Salah Raïs.

■ BRISE DE MER

La brise de mer n'était il y a quelques années qu'un simple front de mer un peu délaissé, fréquenté principalement des pêcheurs et jeunes couples à la recherche d'un coin tranquille. Il a fait peau neuve pour devenir aujourd'hui une belle promenade bordée de cafés et de restaurants de poissons et fruits de mer, envahie par les Bejaouis, dès les premiers rayons de soleil. La brise de mer de Bejaïa fait pâlir de jalousie la capitale.

■ CAP CARBON

Au nord de Bejaïa, une petite route grimpe au travers des oliviers et des pins, contourne les hauteurs du Gouraya avant d'aboutir à une aire de parking, à moins de 5 km du centre-ville. On emprunte un petit tunnel, une espèce de sas avant de découvrir le magnifique cap Carbon, en fait un îlot relié à la côte par un petit isthme alluvionnaire. Le sentier mène à un phare édifié à 220 m, l'un des plus élevés de la Méditerranée, longeant de très jolies criques.

■ LA CASBAH

Blottie sur les pentes de la falaise autour d'une petite place ouverte sur la mer à laquelle on accède par des escaliers, la vieille ville conserve quelques vestiges de la période almohade qui la vit naître au fil des ruelles de son labyrinthe. La mosquée de la casbah a vu Ibn Khaldoun y dispenser des cours.

■ FORT MOUSSA

Edifié au XVIe siècle par Pedro de Navarro pendant l'occupation espagnole, le fort domine le golfe qui s'arrondit à l'est de Bejaïa.

■ KALAA ATH ABBÈS

L'historique village de la Kalaa Ath Abbès se situe à une cinquantaine de kilomètres d'Akbou, dans la wilaya de Bejaia.
L'historique village de la Kalaa Eth Abbès est perché à 900 m d'altitude dans les monts des Bibans. On y accède par la route qui monte vers Ighil Ali depuis Akbou, le village de Jean et Taos Amrouche, célèbres écrivains kabyles. La Kalaa Ath Abbès, aux maisons traditionnelles en pierre, a gardé tout le charme de son passé légendaire malgré le temps, les batailles qui l'ont intensivement détruite et l'exode de ses habitants. Fondée à l'époque hammadite, la Kalaa, comme son nom l'indique, était alors une forteresse militaire. C'est surtout avec l'insurrection menée contre l'armée coloniale française en 1871 par El Hadj Mohamed El Mokrani, fils du village, alors khalifa (gouverneur de la province), que la Kalaa devient historique. Si cette révolte se termina par la mort de Cheikh El Mokrani et après 9 mois de combat par la capture des chefs militaires avec lesquels il la dirigea, elle mit sérieusement en danger le système colonial. Le tombeau de Cheikh El Mokrani, mort au combat le 5 mai 1871, se situe près de la mosquée Djamaa El Kebir, en haut du village.

■ MARABOUT DE SIDI TOUATI

Sur la route du Gouraya, sur les hauteurs de Bejaïa, le tombeau célèbre la mémoire du fondateur, au XIIe siècle, d'une université musulmane ouverte aux étudiants jusqu'au XIXe siècle.

MUSÉE BORDJ MOUSSA
Place du 1er-Novembre
✆ +213 34 22 14 81
En rénovation. Date de réouverture non communiquée.
Le musée regroupe une collection de vestiges préhistoriques trouvés notamment dans la grotte Ali Bacha, de l'époque romaine et hafside. D'importantes collections d'oiseaux et d'insectes d'Afrique. Une salle de lecture de la bibliothèque est aménagée dans une ancienne citerne voûtée. Une quarantaine de toiles du peintre Emile Aubry (né à Sétif en 1880, mort en 1964) montrant des paysages kabyles et des habitants de la région au début du XXe siècle ont été rapatriées ici après la disparition du musée dédié. D'autres peintres algériens contemporains comme Tabekouch et Farés sont également exposés.

PIC DES SINGES
Une petite route sinueuse grimpe à l'ouest de Bejaïa vers un sommet qui domine la baie du haut de ses 430 m de hauteur avant de continuer jusqu'au fort Gouraya et son lieu de culte vénéré par les femmes des environs (Yemma Gouraya), un fort édifié par les Vandales puis transformé par les Espagnols et les Ottomans à 660 m d'altitude. Bonne balade d'une demi-journée et vue panoramique sur le Djurdjura et les deux Kabylie.

Shopping

EL SITTELLE
Boulevard Amirouche
✆ 07 73 66 79 58
Ouvert de 9h à 18h. Fermé le vendredi après-midi.
Deux belles boutiques d'artisanat d'art : produits naturels et décoration venant des quatre coins d'Algérie. L'une expose meubles et objets de décoration du sud essentiellement et l'autre, plus petite et quelques mètres plus bas sur le boulevard, propose bijoux, tissages et textiles…

Dans les environs

La route côtière N24, entre Bejaia et Alger, longe un littoral à la beauté sauvage, parsemé de criques et de plages de sable fin. Si la côte est, vers Tichy et Aokas, est saturée en période estivale, le littoral ouest est moins fréquenté et, pour l'heure, préservé du béton. Le calme y est absolu. Avant d'arriver à Boulimat, Ach El Baz est une jolie petite crique, dont les rochers sont propices aux plongeons. A une quinzaine de kilomètres du centre-ville de Bejaïa s'étend la superbe plage de Boulimat, aux eaux cristallines. A environ 1 km au large de la pointe de Boulimat, l'île des Pisans tire son nom de marins italiens venus de Pise qui l'auraient habitée il y a plusieurs siècles. Elle abrite une multitude de goélands et de martinets. Une légende raconte que le fondateur du royaume hammadite En-Nacer s'y laissa mourir.Un peu plus loin sur la route côtière, Saket est une autre plage réputée de la région. Une dizaine de kilomètres après Saket, ne pas manquer Thaïs, sa petite plage tranquille et sa magnifique auberge, bâtie sur les rochers. Le site est ravissant. On accède, plus loin, au cap Sigli (à 40 km de Bejaïa), par la corniche ou par la route intérieure W34, qu'on appelle « route des crêtes », longeant l'aqueduc romain qui amenait l'eau des montagnes à Toudja, puis par la W43. Le cap Sigli et les abords de son phare sont fréquentés pour la richesse de la faune sous-marine et les possibilités de pêche. La N24 côtière continue pendant une cinquantaine de kilomètres vers Azzefoun, le long d'une côte aux paysages sauvagement beaux.

PARC NATIONAL DE GOURAYA

D'une superficie de 2 080 hectares, le parc national de Gouraya s'étend au nord-ouest de Bejaia. Le parc de Gouraya se compose des sites des Ayguades, du cap Carbon, du pic des Singes et du fort Gouraya. L'olivier, l'absinthe, le pin d'alep, l'eucalyptus, le maquis esquissent ce massif montagneux. La faune, également riche, est représentée principalement par le singe magot, que les visiteurs se font une joie de nourrir de cacahuètes et autres gourmandises, mais également le sanglier, le chacal, le lapin, le porc-épic, le lynx caracal ou encore le chat sauvage. Le parc abrite pas moins de 135 espèces d'oiseaux, dont le vautour fauve, l'aigle royal ou le hibou grand duc. Pour les randonneurs, 17 kilomètres de sentiers dessinent le parc.

BUREAU DU PARC NATIONAL DE GOURAYA
Sidi Touati, route de Gouraya
✆ +213 34 21 19 47
www.png-dz.net
Informations et droits d'entrée.

TICHY

A une quinzaine de kilomètres à l'est de Bejaïa, ce petit village et sa belle plage de sable sont devenus un lieu de villégiature très fréquenté en été et couvert de complexes touristiques.

De Bejaïa à l'embouchure de l'oued Agrioun via Tichy, la route longeait des plages de sable mais au-delà de la rivière et de Souk El-Thenine les virages grimpent en surplomb de la Méditerranée suivant une côte rocheuse très découpée à flanc de montagne. La corniche kabyle, également appelée côte émeraude ou corniche jijelienne, est l'une des plus belles routes du littoral.

Se loger

AUBERGE DE JEUNESSE DE TICHY

Route nationale N° 9

✆ +213 34 23 54 60

tichy@faaj.org

140 DA la nuit.

Auberge propre et bien tenue. Confort basique.

CAPRI TOUR

Boukhelifa

✆ +213 34 23 52 87

Environ 1 000 appartements et villas aux tarifs variant entre 6 000 et 16 000 DA par jour.

Complexe touristique « pieds dans l'eau » prisé des Algériens et des immigrés en saison estivale. Très animé, un peu trop au goût de certains.

CLUB ALLOUI

Route N9

✆ +213 34 23 58 62

Près de l'hôtel des Hammadites, au niveau de la plage.

A partir de 3 000 DA la chambre double.

En bordure de mer, chambres et bungalows. Restaurant, bar, discothèque, piscine.

LES HAMMADITES

Route N9

✆ +213 34 23 57 00

✆ +213 34 23 57 01

www.hotelhammadites.com

hotelhammadites@hotmail.fr

2 900 DA la chambre single et 8 700 DA la double.

Dans la petite station balnéaire de Tichy, il s'agit d'un grand complexe touristique au bord de l'eau sur la corniche des Sables d'Or. C'est cher mais vous êtes les pieds dans l'eau dans un hôtel tout confort.

À voir – À faire

DJEBEL BABOR

Au départ de Tichy, possibilité d'excursion guidée dans le massif du djebel Babor qui dépasse de peu les 2 000 m d'altitude à seulement 15 km de la mer. Pour y accéder, on emprunte la route de Sétif qui remonte à partir de Souk El-Thenine les gorges de l'oued Agrioun jusqu'au lac de retenue du barrage d'Iguil Emda.

En continuant sur la route de Kherrata, on arrive au tunnel des gorges du même nom. Si l'après-midi n'est pas trop avancée, nous vous conseillons d'oublier le long tunnel (7 km) non éclairé et d'emprunter la petite route sur la droite, celle qui longe les très impressionnantes gorges de Kherrata (Chaabet Lakhra, « le défilé de l'au-delà ») qui creusent un massif calcaire habité par des babouins qui semblent ne pas se souvenir des tristes événements qui ont ensanglanté la région par le passé. Au début de cette route, véritable corniche, un chemin sur la droite – signalé par des boutiques aux noms évocateurs – dessert la belle cascade de Kefrida.

A quelques kilomètres du barrage, à la hauteur de Tizi N'bechar, empruntez sur la droite la petite route qui grimpe au point de vue du djebel Babor, en plein dans le parc national des Babor, célèbre pour abriter un oiseau qu'on croyait disparu : la sitelle kabyle.

LA KABYLIE

Pic des singes près de Bejaïa.

JIJEL

Au cœur d'une région verdoyante bénie par une pluviométrie importante, Jijel est une petite ville à la vocation agricole. La côte montagneuse de Jijel est bordée de plages de sable fin protégées par les forêts denses de Taza, Guerrouche, Tamazguida et d'Oued-Zhor qui profitent d'un taux élevé d'humidité.

Histoire. La fertilité des terres de Jijel a attisé les convoitises à travers les siècles. A commencer par les Phéniciens qui l'appelaient la petite Igilgili et les Romains qui y ont très tôt établi un comptoir d'où partaient vers Rome les navires chargés de céréales cultivées dans les plaines des environs. On a retrouvé de rares traces de l'occupation romaine autour de Jijel, ici un bout de mosaïque ou là des fondations. Après le passage des Vandales qui s'y sont à peine intéressés, on trouve peu de mentions de la petite ville où se sont probablement installés les Byzantins. Au Xe siècle, la région islamisée, et plus particulièrement le site jamais localisé d'Ikjan qu'on imagine pourtant proche de Mila, a vu le départ de troupes berbères aux ordres d'Ubaydullah. Au bout de la route, ils ont fait tomber le royaume de Kairouan et donné naissance à la dynastie des Fatimides dont le nouveau calife affirme descendre du Prophète par Fatima, sa fille.

Il faut attendre l'occupation de la proche Sicile par les Normands pour retrouver des traces écrites de Jijel qui périclitait jusqu'à cette date. Au XIIe siècle, le roi normand Roger II envoie ses navires vers les côtes du Maghreb. Quand les chrétiens débarquent à Jijel en 1143, seulement remarquable par la présence du palais hammadite de l'émir Yahia de Bejaïa, ils rasent la ville et y laissent des comptoirs commerciaux sans vraiment s'y installer. Le géographe El-Idrisi raconte que les Normands débarquaient chaque été, faisant fuir les habitants vers la montagne.

Transports

Jijel se trouve à une petite centaine de kilomètres à l'est de Bejaïa, à 145 km au nord-ouest de Constantine et à 360 km à l'est d'Alger. La petite ville est desservie par bus et par taxis collectifs. Il y a peu de temps encore, le trafic sur la corniche était fortement surveillé, voire déconseillé, mais le calme est revenu dans cette portion de côte.

Se loger

HÔTEL CHOBAE

Ziama Mansouria

✆ +213 34 48 20 77

A partir de 6 300 DA la double en demi-pension en haute saison et de 3 000 DA en basse saison avec petit déjeuner.

Jijel est le bourg le plus proche du parc de Taza. L'endroit est donc idéal pour se poser avant et au retour de la visite. Un hôtel sympathique sur la plage d'El Ouldja, à quelques minutes du centre de Mansouria. Restaurant, cafétéria, piscine.

HÔTEL JAZIRA

25, rue Larbi-Ben-M'Hidi

✆ +213 34 49 53 53

✆ +213 34 49 56 56

hoteljazira@hotmail.com

Compter 5 600 DA la chambre single et 5 800 DA la double.

Un bon hôtel de centre-ville. Chambres assez modernes, bien équipées et plutôt agréables. Cafétéria, restaurant. wi-fi (gratuit) dans l'hôtel.

HÔTEL KOTAMA

Boulevard Zighout-Youcef

✆ +213 34 47 43 44

Comptez 7 000 DA pour une chambre single ou double.

Plus connu sous le nom « hôtel Casino », l'établissement est confortable avec de grandes chambres, balcons et baignoires. Accès direct à la plage.

À voir – À faire

A quelques kilomètres de Jijel, en direction de Bejaïa, la côte devient rocheuse se substituant aux plages de sable. Les falaises grises, orangées ou blanches avancent dans la mer comme de petits caps souvent ponctués d'un îlot. La route N43 suit en lacet la corniche kabyle qui permet de traverser de somptueux paysages jusqu'à El Aouana, une petite station balnéaire à une vingtaine de kilomètres de Jijel, et Ziama Mansouriah, juste avant la bifurcation pour Sétif. Ce charmant petit port de pêche abrité par le djebel Brek et par l'île de Mansouriah serait selon beaucoup le plus joli village du monde… Le fort Duquesne a été construit après l'occupation francaise de Jijel en 1839. Le phare de El Afia, le « grand phare », a été construit en 1867.

LES GROTTES MERVEILLEUSES (DAR EL-OUED)

Entre Ziama Mansouriah et El-Aouana

Ouvert le week-end et les jours fériés, de 9h à 17h. Fermé en semaine. Entrée : 20 DA.

La grotte merveilleuse se découvre à la sortie – ou à l'entrée – d'un tunnel. Quand les grottes qui s'ouvrent dans les falaises de la corniche ont été découvertes lors de la percée du tunnel par lequel passe la N43, leurs parois étaient ornées d'impressionnantes concrétions calcaires, des stalactites et des stalagmites sur lesquelles jouait la lumière. Mais les pilleurs et les vandales sont passés par là et il ne reste pas grand-chose du décor féerique qui en faisait la réputation.

PARC NATIONAL DE TAZA

Créé en 1923, le parc de Taza, d'une superficie de 300 hectares, est l'un des plus anciens espaces protégés d'Algérie. Dans de magnifiques paysages, entre côtes rocheuses, plages sablonneuses et forêts humides – qu'on découvre du point de vue proche du lac de retenue qu'on atteint par la petite route secondaire qui grimpe entre El Aouana et Ziama Mansouriah –, il abrite de considérables richesses biologiques dont l'inventaire n'est pas achevé. Des mammifères (le singe magot, un macaque, est sans doute le plus remarquable), des oiseaux (la rare sitelle kabyle protégée), des reptiles et des insectes se disputent le terrain couvert de chênes zéens, de chênes-lièges et de cèdres.

SÉTIF

Sur un plateau à 1 300 m d'altitude, au carrefour des routes Alger/Constantine et Bejaïa/Biskra, l'ancienne Esedif (« noir ») a été une colonie romaine vers le Ier siècle après J.-C. puis capitale de la Mauretania Sitifensis au IIIe siècle. La ville a été transformée en garnison militaire par les Français qui ont aligné la plupart des rues du centre dans les années 1840. En 1945, la ville a vécu une vraie tragédie avec le massacre qui s'y est déroulé : 45 000 algériens ont été tués lors de répressions sanglantes de manifestations anti-colonialistes. Commémoré chaque année en Algérie, le massacre de Sétif servira de référence à l'insurrection de 1954 qui entraînera la guerre d'Algerie.

Aujourd'hui, avec environ 650 000 habitants, Sétif est une ville dynamique sur le plan commercial mais ne constitue bien souvent qu'une étape sur la route de Djemila qui n'est qu'à 45 km.

Transports

A 300 km à l'est d'Alger, 130 km à l'ouest de Constantine, 110 km au sud-est de Bejaïa et 165 km au nord de Biskra. Le train Alger/Annaba s'y arrête. Des travaux ont été entrepris à l'aéroport (vols pour Oran et Alger) pour le rendre international.

AÉROPORT 08 MAI 1945

✆ +213 36 93 31 45

Vols quotidiens pour Alger. A l'international, Sétif est desservi par Paris, Lyon, Marseille, Mulhouse.

AIR ALGÉRIE

✆ +213 36 91 92 92 / +213 36 91 01 20

www.airalgerie.dz

Pratique

POSTE

Avenue du 1er-Novembre

Se loger

HÔTEL EL HIDHAB

Rue de l'Armée-Nationale-de-l'Indépendance

✆ +213 36 84 45 45

A partir de 4 000 DA la chambre.

Etablissement intégré dans un ensemble de loisirs et d'attraction, au cœur de la ville de Sétif. Un peu décevant…

HÔTEL EL RABIE

4, place de l'Indépendance

Près de la fontaine Aïn Fouara

✆ +213 36 84 57 94

Comptez 4 000 DA la single et 4 500 DA la double.

Un hôtel très récent recommandé par un lecteur averti qui y apprécie le confort et l'accueil.

À voir – À faire

FONTAINE AÏN-FOUARA

Voyageur, réfléchis bien car sache qu'on revient à Sétif après s'être rafraîchi à cette fontaine aux statues impudiques – on se demande d'ailleurs comment ces allégories féminines ont résisté au vandalisme dans une ville réputée conservatrice…

JARDIN EMIR-ABDELKADER

www.setif.com
setif.info@gmail.com
Jardin et musée lapidaire (200 stèles, colonnes, chapiteaux, etc.) créé autour des vestiges mis au jour à partir de 1840. Actuellement, il est doté de 200 stèles épigraphiques, colonnes à inscriptions latines et chapiteaux qui sont témoins de l'histoire de la région de Sétif.

JARDIN REFFAOUI

www.setif.com
setif.info@gmail.com
Vestiges des bains romains dont un château d'eau bien conservé et encore en service.

MUSÉE DE SÉTIF

Avenue de l'ALN
✆ +213 36 84 35 36
www.setif.com
setif.info@gmail.com
Ouvert tous les jours de 8h à 18h. Entrée : 200 DA.
Premier musée créé en Algérie après l'Indépendance, il accueille des collections de vestiges archéologiques datant pour la plupart de l'époque romaine et issus des fouilles menées à Sétif même ou à la Kalaa des Béni Hammad. On peut y voir d'intéressantes mosaïques dont une Naissance de Vénus et un Bacchus sur un char tiré par deux tigres. Une salle est réservée aux objets provenant d'une importante nécropole chrétienne des IIe et IIIe siècles.

DJEMILA – CUICUL

Fondée par l'empereur Nerva, sur le site de la numide Cuicul, Djemila « la jolie » est l'un des plus intéressants sites antiques d'Algérie. Au nord-est de Sétif en bordure des monts de Ferdjioua, la ville a été édifiée selon un plan adapté du plan de Timgad, rigoureux et idéal. On atteint ce site exceptionnel par la route de Constantine à Sétif, bifurcation vers le nord à la hauteur d'El Eulma ou par la route de Mila.
Dans un cadre vallonné de moyenne montagne, entre 1 100 et 1 200 m d'altitude, Djemila est construite sur une pente ensoleillée qui descend doucement vers les oueds Guergour et Betane. La région bénéficiait de ressources agricoles importantes dont Rome a largement profité et qui garantissaient à la ville la prospérité d'un véritable grenier à blé.

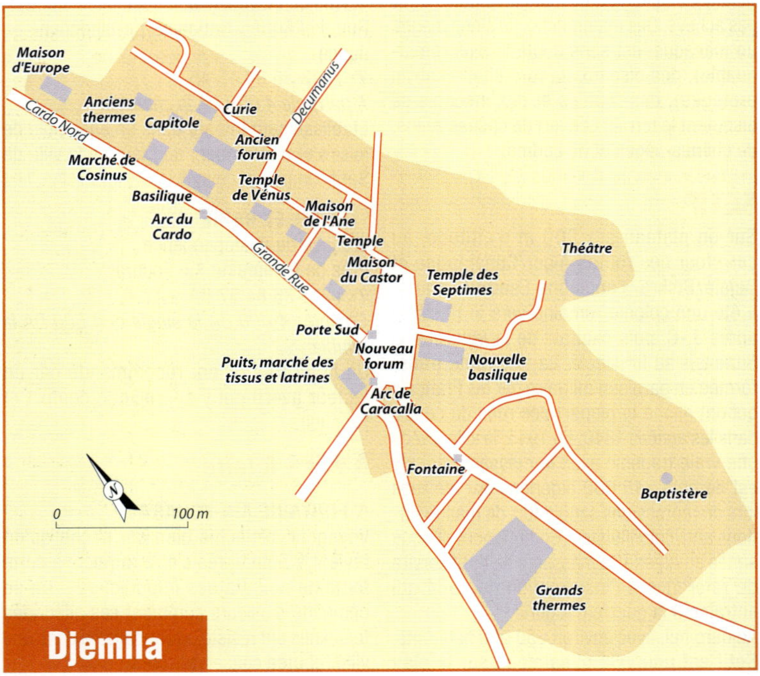

Djemila

On y cultivait des arbres fruitiers, en plus des céréales, et on y élevait du bétail ainsi que des chevaux destinés aux armées romaines. Municipe, la cité s'est rapidement agrandie jusqu'à déborder de son enceinte fortifiée. Le rempart sud a d'ailleurs été démoli sous Caracalla pour laisser la place à un nouveau forum. Au IVe siècle, on y lance de grands travaux et la communauté chrétienne, libérée par les édits de Constantin, construit sur la colline sud une église, un baptistère et des logements destinés à l'évêque et aux prêtres. Après quelques années de troubles engendrés par les révoltes des donatistes puis des circoncellions et par l'arrivée des Vandales, Cuicul est reprise par les Byzantins au milieu du VIe siècle avant de voir arriver les Arabes au VIIe siècle qui lui donnent son nom actuel.

Musée de Djemila.

MUSÉE DE DJEMILA

Site archéologique de Djemila
✆ +213 36 85 17 59

Conçu pour abriter les objets retrouvés sur le site, le musée est composé de trois salles, d'un jardin et d'une cour où sont entreposés statues, colonnes, chapiteaux, stèles ou éléments de décoration divers. Dans la cour, on reconnaît Bacchus, Hercule et la tête colossale de Septime Sévère. Les hauts murs des salles sont entièrement couverts de mosaïques toutes plus merveilleuses les unes que les autres. On peut s'abîmer dans la contemplation de la toilette de Vénus, l'enlèvement d'Europe par un Jupiter transformé en taureau, un bestiaire, etc., et se pencher sur les collections de petits objets usuels et de bijoux finement ciselés. A ne pas manquer…

SITE ARCHÉOLOGIQUE DE DJEMILA

Ouvert tous les jours de 8h30 à 17h. Entrée : 100 DA.

La visite commence par le musée au début de la voie qui mène à la place des Sévères ou nouveau forum. De là, on emprunte le Cardo Maximus bordé de lignes de colonnes qui longent d'abord la ville primitive dans laquelle on entre par une porte marquée de bornes militaires. Sur la gauche, parmi les ruines, on observe une basilique chrétienne en face d'un arc, l'ancien forum reconnaissable à son dallage régulier, la maison de Castor qui abritait des thermes privés, le temple de Vénus et un temple entouré de colonnes de style corinthien. Au nord de l'ancien forum, le Capitole était un édifice colossal où on célébrait sur un autel réservé aux sacrifices le culte de Jupiter, de Junon et de Minerve. Juste à côté, les anciens thermes du IIe siècle et le marché de Cosinus où l'on croit encore deviner les boutiques autour de la cour. A l'extrémité du Cardo, la maison d'Europe était une riche demeure où fut retrouvée une mosaïque représentant l'enlèvement de la belle.

Au sud-est du forum, le Decumanus qui permet de revenir au Cardo Maximus en direction du nouveau forum. Cette vaste esplanade datant des IIe et IIIe siècles est dominée au sud-ouest par l'arc de triomphe de Caracalla qui ouvrait la route de Sétif sur un quartier plus récent, du IVe siècle. En 1839, l'arc a failli être transféré à Paris mais, finalement, le souhait du duc d'Orléans n'a jamais été exaucé. Au sud de cette partie construite alors que le christianisme était devenu officiel, le baptistère et les basiliques étaient au centre de la vie publique.

Au sud du nouveau forum, en haut d'un large escalier, l'imposant temple Septimien était dédié aux Septime Sévère. Par la rue qui part au nord-est du temple, on accède au théâtre, remarquablement conservé, qui pouvait accueillir jusqu'à 3 000 spectateurs.

LE NORD-EST

Massif des Aurès.

Le Nord-Est

CONSTANTINE

Constantine, qui a fêté en 2000 ses 2 500 ans d'histoire, et son agglomération ont accueilli un important exode rural et comptent plus d'un million d'habitants. Elle est la ville d'origine d'Abdelhamid Ben Badis, théologien nationaliste et fondateur de l'association des Oulémas d'Algérie (« l'Algérie est notre patrie, l'islam est notre religion, l'arabe est notre langue »), des écrivains Kateb Yacine et Malek Haddad, de l'historien Benjamin Stora, d'Enrico Macias, du journaliste Paul Amar ou de Smaïn. Le maréchal Juin ou l'écrivain Rachid Boudjedra, qui l'évoque souvent dans ses romans, y ont passé leur jeunesse.

Constantine a conservé nombre de ses activités artisanales, dont les plus importantes sont la broderie sur velours qu'on retrouve sur les belles mais onéreuses robes de mariage, la dinanderie, la chaudronnerie, la sculpture sur bois ou la poterie. Autre particularité de Constantine : sa musique. On la jouait autrefois dans les fondouks, elle est surtout connue à travers le malouf, une musique d'origine arabo-andalouse, qui se différencie de celle de Tlemcen ou d'Alger par le rythme et la structure de ses noubas. Les autres styles musicaux sont l'ouasfane et le z'jel (musiques sacrées de confréries religieuses), le f'kiret ou le benoutat (femmes), le hawzi qui vient de l'ouest ou le mahdjouz (littéraire, osé).

Constantine sera capitale de la culture islamique du 5 avril 2015 au 5 avril 2016. En vue de cet événement important qui va attirer des milliers de visiteurs, de nombreuses rénovations et chantiers ont été entrepris dans le centre-ville ces deux dernières années. La casbah a connu des améliorations architecturales et un nouveau pont très design d'une longueur de 756 mètres, le pont Salah Bey, a été inauguré en juillet 2014 ; il permet de relier les zones urbaines de la ville séparées par les gorges du Rhumel. Un tramway a lui aussi été inauguré en juillet 2013 pour désengorger la circulation dense en ville.

Histoire. « Ce n'est sans doute pas à son passé si fertile en péripéties que Constantine doit l'atmosphère qu'on y respire de drame et de passion. J'en crois plutôt responsable ce Rhumel qui a suscité les épithètes les plus hyperboliques : saisissant, fantastique, formidable, vetigineux, dantesque, et j'en passe ! » *L'Afrique du Nord*, Gabriel Audisio.

Edifiée sur un plateau rocheux scarifié par de profondes et étroites gorges creusées par des rivières, dont le tumultueux oued Rhumel, Constantine bénéficie d'une situation remarquable qui lui a valu d'être de toutes les batailles – elle aurait soutenu 82 sièges.

A l'époque où le rocher principal de Constantine ne faisait qu'un avec celui de Sidi M'Cid, où s'élève le monument aux morts, le Rhumel n'était qu'un torrent de surface qui coulait à l'ouest du centre-ville. A force de buter sur la falaise sud, il s'est forcé un passage souterrain. Au cours de millénaires, la galerie ainsi formée s'est écroulée ne laissant que quelques arches de pierre encore visibles. Aujourd'hui, la gorge fait 1,8 km de longueur pour une profondeur de 135 à 200 m, à l'est du principal rocher dont le sommet s'élève à 650 m d'altitude.

On ne peut rester indifférent à cette « ville fantastique, quelque chose comme l'île volante de Gulliver » (Alexandre Dumas, *Le Véloce*, 1847), où les hommes peuvent « regarder les aigles voler de dos » ... Selon une légende, Constantine serait l'œuf d'un formidable vautour... « L'indomptable » de Kateb Yacine, mais aussi « la ville où les corbeaux volent sur le dos pour ne pas la voir », a été très tôt occupée notamment par des australopithèques qui ont laissé quelques outils sur le plateau du Mansourah. Au paléolithique, les hommes ont aménagé des grottes comme celles qu'on peut encore voir à proximité du pont Sidi M'Cid ou la grotte de l'ermite Ben Makhlouf.

Beaucoup plus tard, vers le IVe siècle avant J.-C., les Numides y vivaient dans une cité qu'ils appelaient Sarim Batim puis Kirtha, « ville » ou « taillée à pic » en phénicien.

« A l'est du fleuve Triton, vivent les Maxyès, peuple de laboureurs sédentaires possédant maisons. Selon la tradition, une moitié de leur tête est rasée, l'autre moitié arbore une longue chevelure. Ils se teignent le corps au henné. Ils prétendent descendre des Troyens. La région où ils vivent, montagneuse, plus boisée que le territoire des nomades, plat et sablonneux, comme d'ailleurs le reste de la Lybie vers le couchant, abonde en fauves et animaux sauvages de grande taille : lions, éléphants, ours, ânes cornés, bracochères, cynocéphales, serpents... », rapporte Hérodote à propos des peuples numides du Ve siècle avant J.-C.

D'après Polybe, historien grec, le premier roi de ce peuple fut Navarase.
La deuxième guerre punique (218-202 avant J.-C.) durant laquelle les troupes de Massinissa, guerrier numide et fils du roi Gaia, combattent aux côtés de Scipion, verra la défaite de Carthage. Cette dernière est contrainte de reconnaître Massinissa roi de la Numidie. Il récupère alors le royaume de son père et fait de Cirta sa capitale qui fédérera une partie de l'Afrique du Nord. Massinissa règnera de 202 à 148 avant J.-C.
A la mort de Massinissa, en 148, le royaume est partagé entre ses trois fils. En 112, le benjamin, Jugurtha, fait voler ce pacte qui arrangeait les Romains et entame la réunification de la Numidie. Le rocher subit alors le siège des troupes de Jugurtha qui y avait isolé son frère Adherbal soutenu par les Romains. En 109, la guerre contre Jugurtha éclate. Trahi par Bocchus, le roi des Maures, ce dernier est capturé dans la plaine de Chullu, actuel Collo, et remis à son ennemi Sylla. Il meurt en prison à Rome en 104 avant J.-C.
Cirta est alors sous domination romaine. Au IIIe siècle, elle est la capitale de la confédération cirtéenne qui regroupe Milev (Mila), Chullu (Collo), Rusicada (Skikda) et Cuicul (Djemila). Cirta se retourne contre Rome en 311 après J.-C. mais elle sera sévèrement punie par Maxence qui la détruit. L'empereur romain Constantin la reconstruit en 313 et lui laisse son nom. Au Ve siècle, les troupes de Genséric le Vandale passent par Ksentina puis les Byzantins occupent la région jusqu'à l'arrivée, au VIIe siècle, des Arabes menés par Abdul Muhajir qui arrivait de Kairouan. Du Xe au XIIe siècle, Constantine dépend du royaume fatimide puis hammadite de Bejaïa. A l'époque, la ville comptait une déjà forte communauté juive, composée de juifs berbérisés, de juifs chassés d'Espagne et de juifs livournais qui seront regroupés dans le seul quartier de Charra au XVIIIe siècle. Au XVe siècle, des marchands génois s'installent dans des fondouk. A la fin du même siècle, les Turcs se voient opposer la résistance des Hafsides mais l'emportent au XVIe siècle et choisissent Qasentina comme siège du beylicat de l'est. A la fin du XVIIIe siècle, Salah Bey (1725 en Turquie, assassiné par Hassan Pacha en 1792) transforme la ville en réelle capitale et y fait construire les medersas de Sidi El-Kettani, El-Kettania, et de Sidi El-Akhdar.
En 1830, les Constantinois décident de s'opposer aux Français qui viennent de débarquer à Sidi-Fredj et se placent sous le

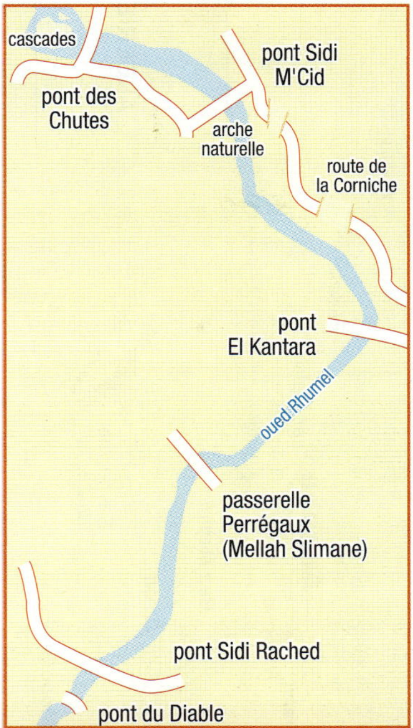

Les ponts de Constantine

commandement de Hadj Ahmed Bey (vers 1784 à Constantine-1850), le bâtisseur du palais du bey. En 1836, Clauzel tente à deux reprises de forcer la porte d'El-Kantara mais ses troupes sont repoussées jusqu'au 12 octobre 1837, date à laquelle une canonnade commandée par le lieutenant-colonel Lamoricière perce la brèche, là où sont actuellement les places du 1er-Novembre et des Martyrs. Pendant la bataille de rues qui suit, des habitants de Constantine tentent de s'enfuir, certains meurent précipités dans le vide. Le général comte de Damrémont est tué par un boulet de canon devant la ville qu'il devait prendre. Le général Valée, grand vainqueur d'Ahmed Bey, sera gouverneur général jusqu'en 1840. Par une ordonnance de juin 1844, Constantine est séparé entre ville européenne à l'ouest, où tout est reconstruit, et ville musulmane qui monte vers le quartier juif près de la casbah. En 1870, l'application du décret Crémieux marque le début de sporadiques poussées d'antisémitisme dont la dernière, qui opposa communauté musulmane et communauté juive en août 1934 sous le regard presque indifférent des Européens, a profondément marqué la ville.

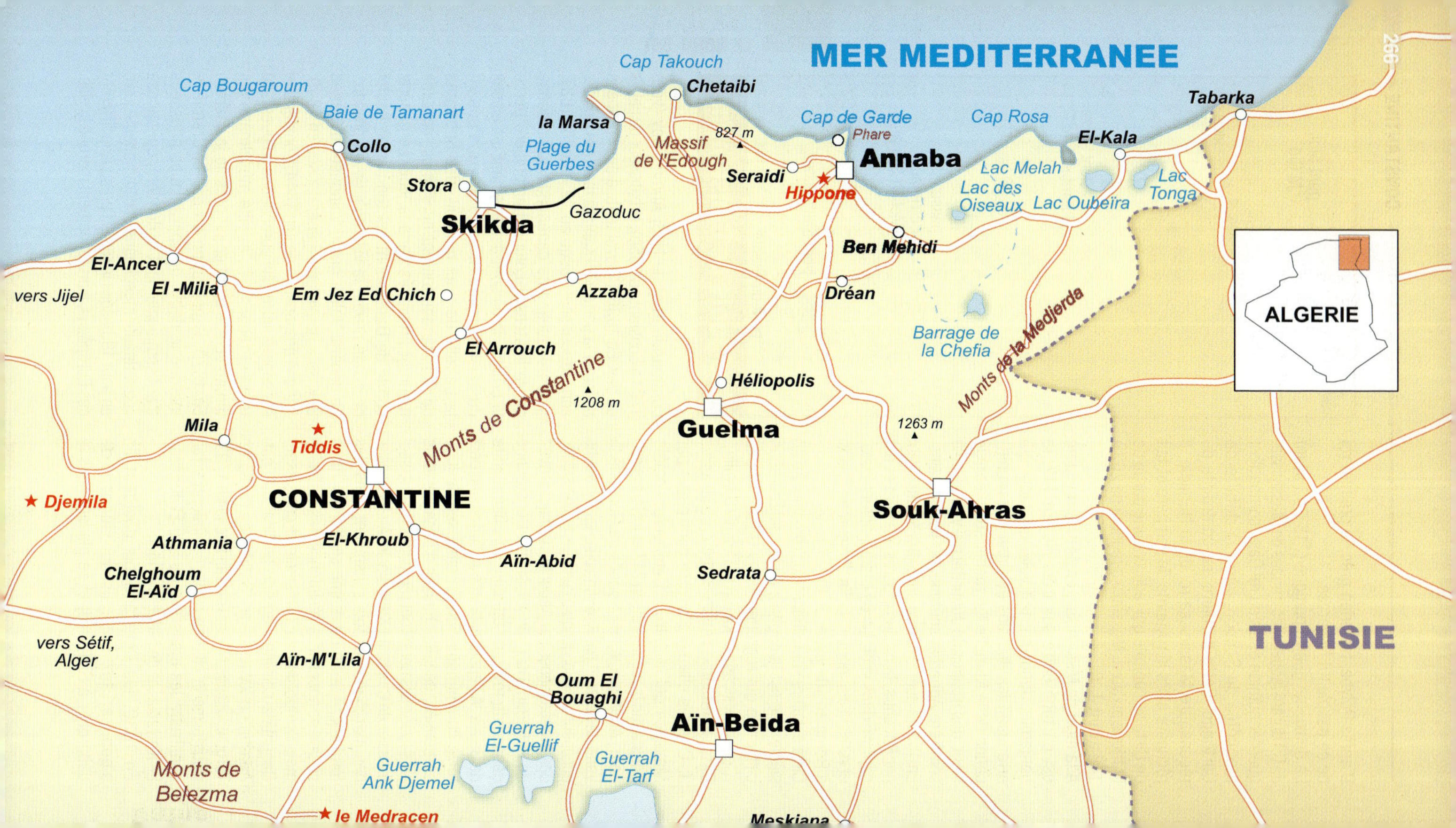
MER MEDITERRANEE
Cap Bougaroum
Baie de Tamanart
Collo
Cap Takouch
Chetaibi
la Marsa
Plage du Guerbes
Massif de l'Edough
827 m
Cap de Garde
Phare
Annaba
Cap Rosa
Tabarka
El-Kala
Lac Melah
Lac des Oiseaux
Lac Oubeïra
Lac Tonga
ALGERIE
Stora
Skikda
Gazoduc
Seraidi
Hippone
Ben Mehidi
Dréan
El-Ancer
El -Milia
vers Jijel
Em Jez Ed Chich
Azzaba
El Arrouch
Barrage de la Chefia
Monts de la Medjerda
Héliopolis
Guelma
Monts de Constantine
1208 m
1263 m
Mila
Tiddis
CONSTANTINE
Djemila
Souk-Ahras
Athmania
El-Khroub
Aïn-Abid
Chelghoum El-Aïd
Sedrata
vers Sétif, Alger
Aïn-M'Lila
Oum El Bouaghi
Aïn-Beida
TUNISIE
Guerrah El-Guellif
Guerrah Ank Djemel
Guerrah El-Tarf
Monts de Belezma
le Medracen
Meskiana

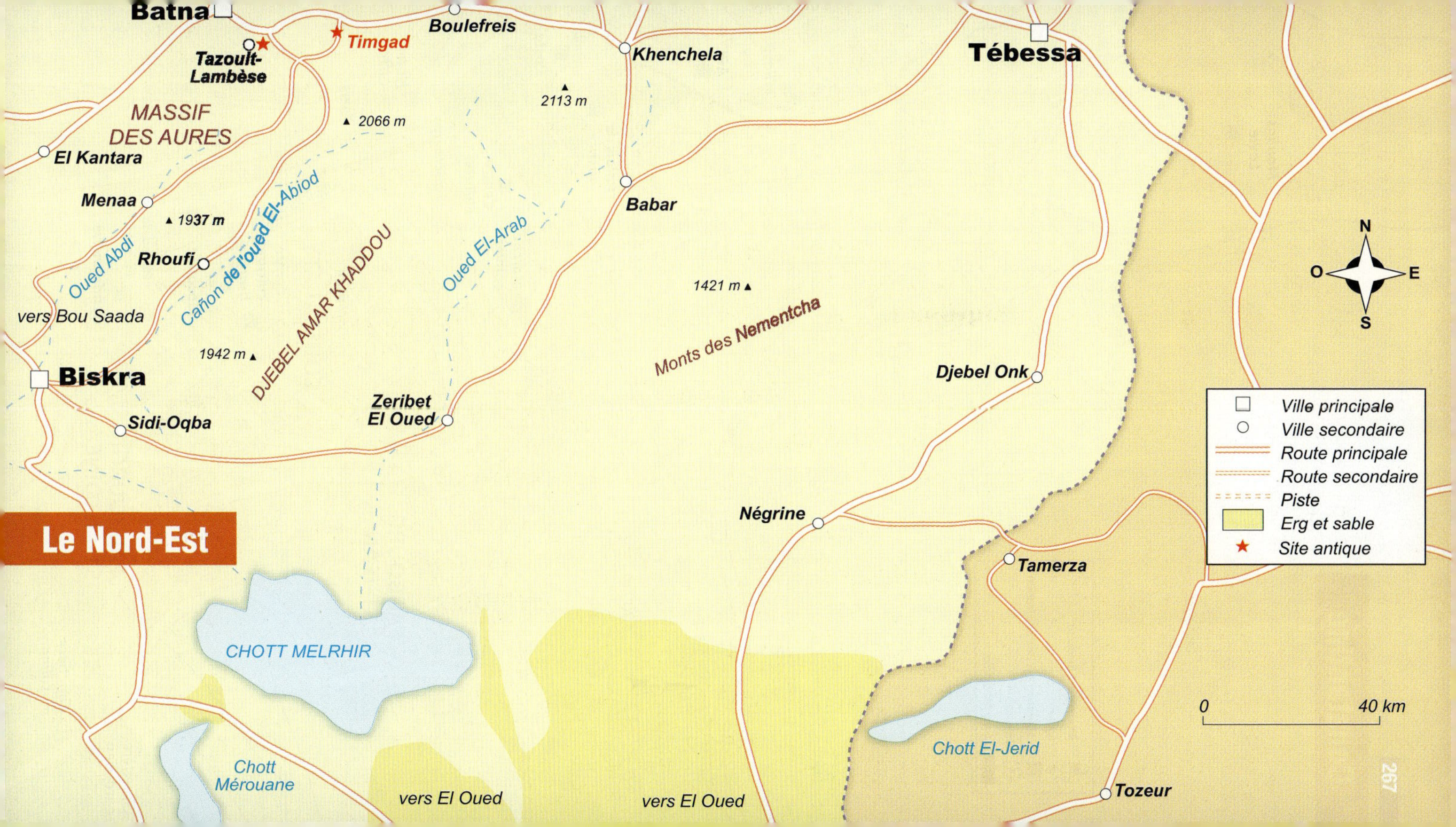
Le Nord-Est
Batna
Tazoult-Lambèse
Timgad
Boulefreis
Khenchela
Tébessa
MASSIF DES AURES
El Kantara
Menaa
1937 m
Rhoufi
Oued Abdi
vers Bou Saada
Biskra
Sidi-Oqba
2066 m
2113 m
Cañon de l'oued El-Abiod
DJEBEL AMAR KHADDOU
1942 m
Oued El-Arab
Zeribet El Oued
Babar
1421 m
Monts des Nementcha
Djebel Onk
Négrine
Tamerza
Tozeur
Chott El-Jerid
CHOTT MELRHIR
Chott Mérouane
vers El Oued
vers El Oued
N
O
E
S
Ville principale
Ville secondaire
Route principale
Route secondaire
Piste
Erg et sable
Site antique
0
40 km

Constantine

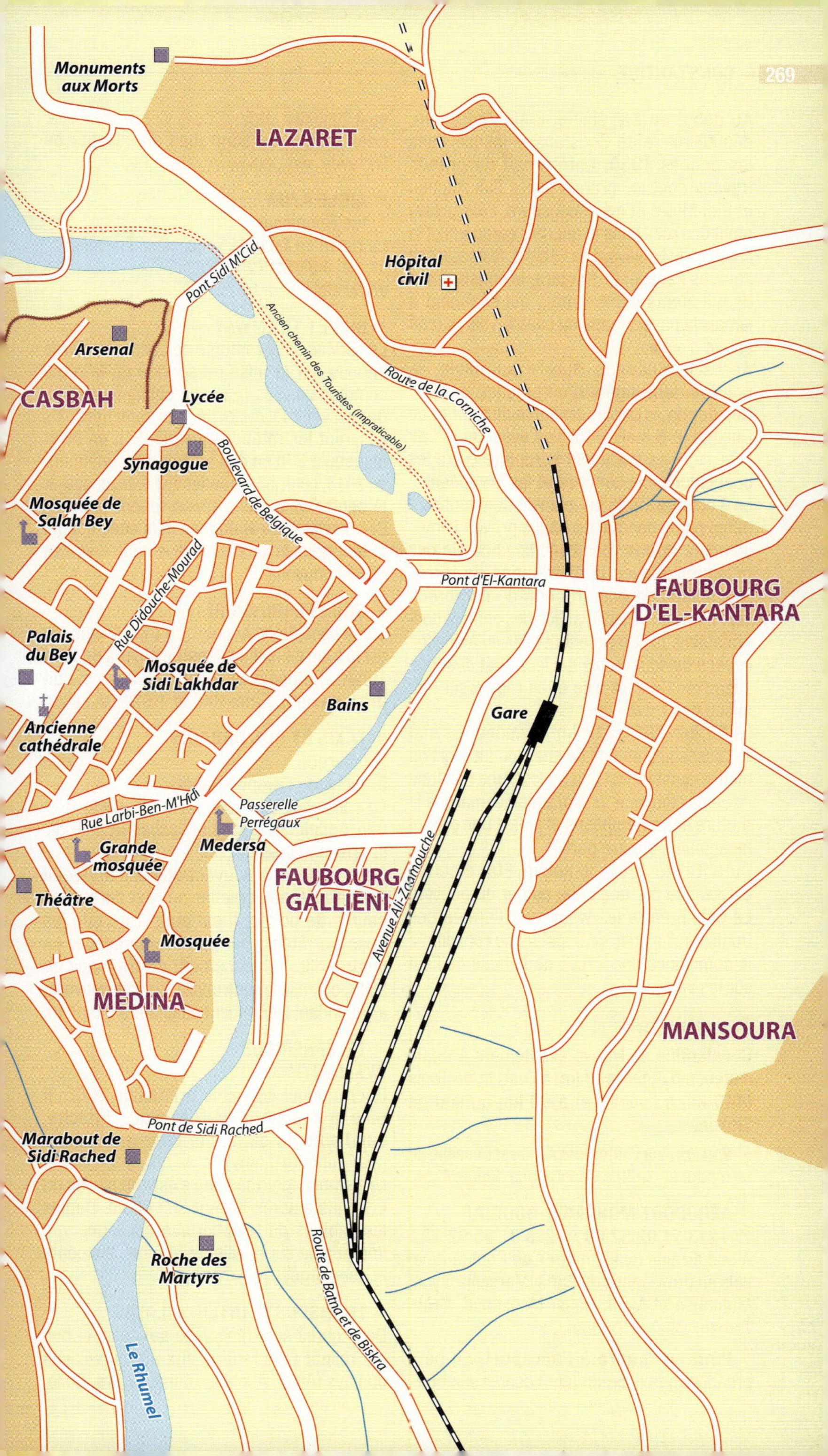
Monuments aux Morts
LAZARET
Hôpital civil
Arsenal
CASBAH
Lycée
Synagogue
Pont Sidi M'Cid
Ancien chemin des Touristes (impraticable)
Route de la Corniche
Boulevard de Belgique
Mosquée de Salah Bey
Rue Didouche-Mourad
Pont d'El-Kantara
FAUBOURG D'EL-KANTARA
Palais du Bey
Mosquée de Sidi Lakhdar
Bains
Gare
Ancienne cathédrale
Rue Larbi-Ben-M'Hidi
Passerelle Perrégaux
Grande mosquée
Medersa
FAUBOURG GALLIENI
Avenue Ali-Zaamouche
Théâtre
Mosquée
MEDINA
MANSOURA
Pont de Sidi Rached
Marabout de Sidi Rached
Roche des Martyrs
Route de Batna et de Biskra
Le Rhumel

Au début du XXe siècle, Emile Morinaud, député-maire de Constantine jusque dans les années 1930, entreprend de grands travaux dont les grands ponts Sidi Rached et Sidi M'Cid et les ascenseurs, l'élargissement des rues dans le quartier européen et la création du boulevard de l'Abîme, le dessin des squares Panis et El-Kantara, la construction de bâtiments publics, etc., qui changent à jamais la physionomie du centre-ville perché en nid d'aigle.
Après la Seconde Guerre mondiale, le soulèvement algérien commence dans le Constantinois par les émeutes de Sétif et de Guelma le 8 mai 1945. Les événements de l'été 1955 consomment la rupture entre les populations musulmanes et les Européens.
Le 3 octobre 1958, le « plan de Constantine » défini par le général de Gaulle prévoit l'amélioration, tardive, des conditions de vie des musulmans avec la distribution de terres aux fellahs, la construction de nombreux logements ou la scolarisation des enfants dont seulement 10 % fréquentaient jusqu'alors une espèce de sous-école qui leur était destinée Jusqu'en 1962, la ville et sa région sont au milieu des « événements ».
Le 22 juin 1961, Cheikh Raymond (Leyris) est assassiné en bas de chez lui. La mort du maître constantinois du malouf, une musique issue de l'héritage arabo-andalou, marque la rupture entre Européens et juifs d'une part et musulmans d'autre part.
Durant l'été 1962, le nouvel Etat algérien est secoué par une crise autour du pouvoir. Le conflit entre les wilayas et l'armée des frontières. La prise de Constantine consomme la dominance des forces de la base de l'est sur les wilayas.

Transports

Constantine se trouve exactement à égale distance d'Alger (430 km à l'est) et de Tunis (440 km à l'ouest) et à 90 km au sud de Skikda.

▶ **Voiture.** Via l'autoroute A1, il est possible de se rendre en 3h30 à Constantine depuis Alger.

AÉROPORT MOHAMED-BOUDIAF

✆ +213 31 92 52 88 / +213 31 93 92 22
A une dizaine de kilomètres de Constantine.
Vols en provenance de Paris, Marseille, Lyon, Mulhouse et Alger, Hassi-Messaoud, Oran, Tamanrasset et Tindouf.

▶ **Pour se rendre à l'aéroport,** on peut prendre un taxi directement depuis son hôtel ou à l'une des stations de la ville. L'une d'elle, cité Laloum, en contrebas du quartier de Bellevue, est dédiée à cette ligne.

AIGLE AZUR

1, rue Benmeliek
La ruelle en face de la Caisse d'Epargne
✆ +213 31 93 72 29
www.aigle-azur.fr

BUS ET TRAMWAY

Le service s'est renforcé ces deux dernières années par la mise en service de la régie communale. Ses bus, aux couleurs bleues, desservent la majorité des quartiers. Ils assurent les rotations jusqu'à 21h en hiver et jusqu'à 23h en été. Le tramway, inauguré en 2013, contribue grandement à désengorger le centre-ville. 10 stations relient le stade Ben-Abdemalek-Ramdhan et la cité Zouaghi et font donc la liaison entre le centre-ville et la ville nouvelle.

GARE FERROVIAIRE

Sur la ligne Alger-Annaba. Le train le plus sûr est le train de nuit au départ d'Alger à 6h45 et 19h40. Retour pour Alger : 6h40 et minuit (train de nuit). Entre 940 et 1 570 DA l'aller.

TAXIS ET BUS URBAINS

(Ex-Bardo)
Stations de l'avenue Rahmani
En contrebas de l'hôtel Cirta, du stade Ben-Abdelmalek et de la casbah (à côté de la prison militaire).
Dans cette ville souvent congestionnée, il est difficile de dénicher un taxi durant les heures de pointe. Il est aussi rare que les taxis s'arrêtent pour prendre un usager en centre-ville. Le lancement du tramway en 2013, qui relie le centre-ville à la ville nouvelle, a cependant légèrement amélioré la situation.

TÉLÉPHÉRIQUE

Ticket 20 DA.
Opérationnel depuis le printemps 2008, il relie la Casbah, depuis la place Tatache, aux hauteurs de la cité Emir-Abdelkader (ex-Faubourg-Lamy).
Une station intermédiaire existe au niveau du CHU, juste après le pont Sidi M'Sid. Depuis les cabines du téléphérique, on a une vue imprenable sur la ville, le Rhumel, les ponts et ses gorges.

TRANSPORTS INTER-WILAYAS

Deux gares sont réservées aux taxis et bus qui relient Constantine aux autres wilayas du pays (Alger, Annaba, Batna, Biskra, Collo,

El-Oued, Ghardaïa, Guelma, Hassi-Messaoud, In-Amenas, Ouargla, Sétif, Touggourt..). On peut s'y rendre depuis la station de taxi située en bas de l'hôtel Cirta.

Pratique

AGENCE EGT EST
Hôtel Cirta
Avenue Rahmani-Achour
✆ +213 31 92 92 35
Prestations sur l'ensemble des villes de la région est, transferts et hôtels à Constantine, Collo, Batna, Sétif et Béjaïa.

CENTRE CULTUREL FRANÇAIS
1, boulevard de l'Indépendance
✆ +213 31 91 25 91
www.ccf-constantine.org
contact@ccf-constantine.org
Expositions, conférences, bibliothèque et séances de cinéma.

NUMIDIA TRAVEL SERVICES
Casbah
43, rue Si-Abdellah, ✆ +213 31 94 89 93
www.numidiatravelservices.com
numidiatourisme@yahoo.fr
Premier tour-opérateur du pays, Numidia est à la fois un grossiste et une agence de voyages. Il intervient sur l'ensemble du pays avec des produits à la carte et d'autres tirés des circuits traditionnels.

OFFICE DE TOURISME
32, rue Abane-Ramdane
✆ +213 31 94 39 54
Des informations pratiques sur la ville. Brochures et plans.

ONAT
16, rue Didouche-Mourad
✆ +213 31 94 14 03
Bureaux de l'Office national algérien du tourisme et agence de voyages de l'Etat avec dépliants. Mais pour les informations pratiques, mieux vaut vous rendre à l'office de tourisme.

POSTE
Place du 1er-Novembre

VOYAGES MAGELLAN'S
27/29, rue Abane-Ramdane
✆ +213 31 91 27 70
La famille Chabani gère cette agence et organise des séjours à Constantine, Annaba (pèlerinages), dans les Aurès (Batna). Elle assure également un service de location de voiture avec ou sans chauffeur.

ZENITH VOYAGES
9, rue Larakeb
Sidi Mabrouk supérieur
✆ +213 31 62 00 23 / +213 70 41 65 03
zenith_voyages2003@yahoo.fr
Séjours dans le Constantinois et l'est (Sétif, Batna, Tébessa, Annaba, Guelma, Skikda, Jijel, Biskra, Souk Ahras).

Orientation

Bâtie sur un plateau rocheux à 600 m d'altitude ceinturé par l'oued Rhumel, Constantine est aujourd'hui un rocher, dessiné naturellement par l'eau qui a creusé avec le temps de profondes gorges. La situation unique de cette cité qui s'apparente à une île nécessita la construction de nombreux ponts. Un huitième pont a été inauguré en juillet 2014 ; il s'agit d'un pont ultra design, le pont Salah Bey, d'une longueur de 756 mètres.
Le centre de la ville gravite autour de la place du 1er-Novembre, plus connue sous le nom de place de la Brèche, où se trouvent la poste, le magnifique théâtre, le palais de justice. La souika (l'ancienne ville) s'étend au nord-est de la place.

Se loger

L'offre d'hébergement est assez importante à Constantine et on peut facilement trouver un hôtel confortable et fonctionnel. Les nouveaux hôtels Ibis et Novotel ouverts dernièrement correspondent parfaitement à cette attente.

Bien et pas cher

AUBERGE DE JEUNESSE AMAR CHIAD
Cité Filali
El-Khroub ✆ +213 31 92 61 86
constantine@faaj.org
300 DA par personne.
Auberge propre et agréable composée de grands dortoirs. Bon accueil.

Confort ou charme

HÔTEL CIRTA
1, avenue Achour-Rahmani
✆ +213 31 92 93 64 / +213 31 92 93 65
Compter 5 700 DA la single et 7 000 DA la double. Actuellement en rénovation, l'hôtel devrait rouvrir au moment où Constantine sera capitale de la culture islamique en 2015. Suite à la rénovation, les prix risquent de changer.
Central, l'hôtel colonial de style néo-mauresque promet beaucoup avec son beau hall.

HÔTEL DES PRINCES
27/29, rue Abane-Ramdane
✆ +213 31 91 26 25
magellans_voyage@hotmail.fr
Comptez 3 500 DA la single et 4 500 DA la double. Chambre triple à 5 000 DA et suites entre 6 500 et 15 000 DA.
Bien tenu par la famille Chabani, l'hôtel se trouve dans la rue principale à arcades. Belle vue sur le pont Sidi Rached.

HOTEL IBIS
2, square Hadj Ali
✆ +213 31 99 20 00
www.ibis.com
h6491@accor.com
A partir de 6 000 DA la chambre. wi-fi gratuit.
Idéalement situé au cœur de Constantine, l'hôtel Ibis offre une vue imprenable sur la place des Martyrs, ou La Brèche, ainsi que sur les vallées et gorges environnantes. Les 172 chambres sont modernes et confortables. Egalement un bar, un restaurant, une salle de fitness et un garage privé.

HOTEL NOVOTEL
1, square Hadj Ali
✆ +213 31 99 20 00
www.accorhotels.com
h6492@accor.com
A partir de 10 900 DA la chambre double. wi-fi gratuit.
Idéalement situé au cœur de Constantine, l'hôtel Novotel offre une très belle vue sur la place des Martyrs, ou La Brèche, ainsi que sur les vallées et gorges environnantes. L'hôtel propose 117 chambres spacieuses et confortables, un bar, un restaurant, une salle de fitness, 5 salles de réunion et un garage privé.

Se restaurer

On peut facilement manger à prix doux à Constantine. Les bonnes tables sont en général dans les hôtels et celle de l'hôtel Cirta, actuellement en rénovation, était l'une des meilleures de la ville. Cependant, Constantine étant capitale de la culture islamique en 2015, de nouveaux restaurants de standing pourraient ouvrir d'ici là... Nous vous conseillons donc de vous renseigner auprès des locaux pour connaître les toutes nouvelles bonnes adresses.

CAFÉ NEDJMA
Rue Nationale
Près de la medersa
Ouvert midi et soir. Comptez 1 000 DA le repas.
Autrefois point de rencontre bien fréquenté, le café qui porte le nom d'un roman de Kateb Tacine a perdu de sa superbe.

DAR ES-SOLTANE
23, rue Hamlaoui
Près de la Brèche
✆ +213 31 64 22 56
Ouvert midi et soir. Comptez en moyenne 1 000 DA le repas.
Bon restaurant pas cher et bien situé. Plats algériens classiques. Bonnes portions.

À voir – À faire

A l'origine seulement édifiée sur le rocher principal, Constantine s'est beaucoup étendue notamment lors de l'arasement au début du XXe siècle du Koudiat Aty, la colline au sud-ouest du centre-ville sur laquelle ont été construits les quartiers résidentiels européens et les bâtiments administratifs. En bas de cette colline bordée par les quartiers qu'on connaît encore sous les noms de Saint-Jean et Saint-Antoine, la place des Martyrs marque un peu le centre de la ville. Le casino y a disparu et le garage Citroën est devenu un centre culturel.A l'est de la place, on peut descendre vers le pont Sidi-Rached et commencer de suivre la gorge du Rhumel, de pont en pont. Au nord, une espèce de rampe monte au travers d'un petit parc, vers La Brèche et la place du 1er-Novembre (ancienne place Nemours), bordée par la poste, le théâtre et d'où part la rue Didouche Mourad qu'on arpentait le soir quand elle s'appelait dans cette partie basse Caraman... A l'ouest de la place, une autre rampe mène à l'hôtel de ville (daïra) et à la wilaya pour se prolonger vers le boulevard de l'Abîme d'où la vue sur les plaines est époustouflante. En suivant ce boulevard, on contourne la casbah jusqu'au pont Sidi-M'Cid. En contrebas, on aperçoit les ruines des moulins Lavie dominées par une fière cheminée et des restes de l'ancien chemin des Touristes qui devait être très impressionnant. Au-dessus, la route de la Corniche mène à Skikda. De ce pont, on suit le boulevard de Belgique en passant devant le « vieux lycée » presque bleu et la place qui s'appelait Négrier... On peut alors continuer en suivant la gorge ou en pénétrant dans la vieille ville par les ruelles encombrées à l'est de la rue Didouche Mourad (ancienne rue de France). De l'ancien quartier juif on passe dans le quartier musulman autour de la mosquée El-Kebir (Grande Mosquée).

MONUMENT AUX MORTS

A l'extrémité de la falaise de la rive droite, au-delà du pont Sidi-M'Cid, le point de vue est remarquable depuis ce monument érigé au début du XXe siècle à la mémoire des soldats morts lors de la Première Guerre mondiale. Il s'agit d'une reproduction de l'arc de Trajan surmonté d'une réplique de la Victoire ailée visible au musée de Cirta.
A 700 m d'altitude, depuis un semblant de balcon, présentée par une table d'orientation circulaire réalisée par le Touring Club de France, la ville-forteresse s'offre à nos pieds. En bas, l'hôpital civil, actuel centre hospitalier universitaire, a été inauguré en 1876.

MOSQUÉE ET MEDERSA SIDI EL-KETTANI

Edifiées près de la casbah au XVIIIe siècle par Salah Bey, elles ont été la résidence du gouverneur français jusqu'en 1962.

MOSQUÉE SOUK EL-GHOZEL

Entammée en 1703 sous le règne du bey Hussein Bou Koumia, la construction s'achèvera en 1730. Elle est affectée au culte catholique en 1838 sous le nom de Notre-Dame-des-Sept-Douleurs. Sa coupole qui a été agrandie s'inspire du dôme de Florence. Quand le premier curé, l'abbé Suchet, fut nommé dans cette paroisse, les Constantinois musulmans lui offrirent une splendide chaire en bois sculpté.

MUSÉE DE CIRTA

Quartier du Koudiat
✆ +213 31 92 38 95
www.cirtamuseum.org.dz
museecirta@gmail.com
Ouvert de 8h à midi et de 14h à 18h sauf le samedi. Entrée : 200 DA.
Cet intéressant musée qui date de 1930 portait jusqu'en 1973 le nom de son fondateur Gustave Mercier. Il présente une collection de peintures orientalistes du XIXe siècle et des vestiges antiques, numides et romains, mis au jour à Constantine et dans les environs dont la Victoire en bronze de Cirta, découverte au Capitole lors des fouilles de la casbah, et les objets et armes provenant de la tour du Khroub, la tombe d'un roi berbère, qu'on voudrait être celle de Massinissa. A voir également, la salle dédiée à la Kalaa des Béni Hammad. On peut aussi voir la mosaïque de Venus qui date du IIe siècle. Juste à côté, un lycée construit dans les années 1930, porte le nom d'Alphonse Laveran en poste à Constantine quand il étudiait le paludisme (prix Nobel en 1907). Le musée est structuré en deux sections : archéologie et beaux-arts.

PALAIS D'AHMED BEY

(ex-Foch)
Place Si Haous
Ouvert de 8h à midi et de 14h à 18h sauf le samedi. Entrée : 100 DA.
Longtemps en restauration, le Palais d'Ahmed Bey a récemment rouvert ses portes.
Hadj Ahmed, l'un des héros devenus mythiques de la résistance anticoloniale, a fait construire entre 1826 et 1835 ce palais, parfois appelé palais de la Division car il fit le siège du commandement militaire français. On y pénètre par un couloir débouchant sur un joli patio, délimité par les colonnades des galeries réservées aux femmes (près de 390 selon la légende !), qui mène à plusieurs cours et jardins intérieurs. A voir plus particulièrement les fresques représentant les ports de la Méditerranée dominée par les Ottomans, notamment celle montrant la défaite de Charles Quint devant Alger (1541). Un temps occupé par l'armée française, il faisait l'admiration des artistes de passage comme le montre cette description du peintre Horace Vernet qui l'a visité en 1837 : « *Figurez-vous une délicieuse décoration d'opéra, tout de marbre blanc et de peintures de couleurs les plus vives, d'un goût charmant, des eaux coulant de fontaines ombragées d'orangers, de myrtes… Enfin un rêve des mille et une nuits.* » Ce rêve était entretenu par la taille du palais (5 610 m^{2}) et ses cours et ses paradisiaques jardins à l'espagnole. Pour le construire, les artisans et artistes ont souvent utilisé des matériaux prélevés sur de vieilles demeures ou dans les ruines romaines des environs.
Défait par les Français, Ahmed Bey s'est réfugié dans les Aurès d'où il réussit pendant un temps à organiser la résistance de l'est. Il s'est rendu en 1848 avant de mourir en 1850 à Alger où il vivait en résidence surveillée.

PASSERELLE PERREGAUX

D'une apparence proche du pont suspendu Sidi-M'Cid, la passerelle Mellah-Slimane, rénovée en 2002, a été construite entre 1917 et 1925. Longue de 125 m et large de 2,50 m, elle est réservée aux piétons qui circulent en tanguant entre le quartier de la gare et le centre-ville qu'on atteint par un ascenseur. Sur la place de la gare, une réplique d'une statue de Constantin.

PLACE DU 1ER-NOVEMBRE

La place qu'on découvre au-delà de la Brèche avait autrefois en son centre une colonne surmontée d'un coq gaulois dont il ne reste que le socle. Edifié entre 1861 et 1883 dans le style d'un opéra italien, sur l'emplacement de l'ancienne caserne des janissaires, le théâtre régional de Constantine (TRC) peut accueillir jusqu'à 600 spectateurs. Il fut le premier grand bâtiment construit par les Français.

PONT D'ARCOLE

En amont des autres ponts et au-dessus de la maison disparue de Pierre Louÿs, il reliait le Bardo à la pépinière. Ce pont de fer est aujourd'hui condamné.

PONT DES CHUTES

C'est le dernier (ou le premier !) à franchir l'oued, là où le Rhumel quitte les gorges pour glisser vers la plaine du Hamma après une série de chutes vertigineuses. Inspiré par l'arche naturelle sculptée au-dessus du Rhumel, le pont a été lancé entre les deux rives en 1925 pour permettre l'accès aux usines qui se trouvaient de l'autre côté. A cet endroit, l'oued se faufile le long d'une crevasse profonde de 200 m et le pont marque le début du chemin des Touristes qui finit au pont du Diable. Peu avant le pont, la route passe à proximité des établissements thermaux de Sidi M'Cid qui abritent une piscine olympique sur l'emplacement de thermes romains qui bénéficiaient d'une eau jaillissant à 27 °C.

PONT DU DIABLE

A l'entrée des gorges, le pont du Diable mérite bien son nom, que l'origine en soit le bruit infernal que font les eaux à cet endroit ou l'habitude qu'on avait de jeter les opposants au bey du haut des grottes du Kef-Chkara ou du rocher des Martyrs. Aujourd'hui, le pont du Diable, haut de 65 m, n'accueille que les piétons ; il est également le point de départ du chemin des Touristes qui suit les gorges jusqu'au pont des Chutes.

PONT EL-KANTARA

L'un des plus anciens ponts, à l'origine un aqueduc romain qui acheminait les eaux du Djebel El-Ouach vers les citernes de la vieille ville, a longtemps été le seul à relier le rocher de Constantine au reste du monde. Il a été plusieurs fois détruit ou abîmé puis reconstruit avec des vestiges des ruines de l'amphithéâtre romain. Son allure actuelle remonte à 1863, date à laquelle on a inauguré le nouveau pont reconstruit près de la gare après son effondrement lors du passage d'un détachement d'infanterie français. Il mesure 128 m de long, 125 m au-dessus du Rhumel. En se penchant, on découvre le square El-Kantara dont le dessin arrondi a un air tristement abandonné.

PONT SALAH BEY

Inauguré en juillet 2014, le pont Salah Bey est très design et impressionnant. D'une longueur de 756 mètres, il relie le centre-ville et la nouvelle ville. C'est le huitième pont de Constantine.

PONT SIDI-RACHED

Il porte le nom d'un mausolée situé sur un rocher à proximité. Commencé en 1907, il a été inauguré en avril 1912, le même jour que le pont suspendu de Sidi M'Cid, à l'autre bout des gorges ; c'était à l'époque le plus haut pont de pierre du monde. Ce pont est composé de 27 arches de pierre dont une de 70 m qui suivent une courbe de 450 m de long entre le centre-ville et le quartier de la gare jusqu'à la route qui mène à Batna, et enjambe les gorges à 105 m de hauteur. De par sa forme en arc de cercle et sa situation, il nécessite de fréquentes rénovations. Si, à l'époque de son inauguration, il était unique, il possède aujourd'hui un frère au Luxembourg. En contrebas, une espèce de marché aux puces et des décharges publiques gâchent le panorama.

PONT SUSPENDU DE SIDI M'CID

A 175 m au-dessus du Rhumel, le pont suspendu entre le lycée (autrefois fréquenté par le maréchal Juin et Enrico Macias) et l'hôpital est long de 164 m, large de presque 6 m pour un poids de 17 tonnes. Inauguré en avril 1912, en même temps que le pont Sidi-Rached, il a été édifié au-dessus de l'arche naturelle entre le boulevard de l'Abîme et l'hôpital qu'on atteignait auparavant en faisant un détour par le pont d'El-Kantara. De ce pont, rénové en 2000, la vue est fantastique sur les gorges, la ville et la vallée du Hamma.

LE RHUMEL

Guy de Maupassant comparait les gorges du Rhumel à « un abîme rouge comme si les flammes éternelles l'avaient brûlé » et Alexandre Dumas à un serpent mais le nom donné au boulevard qui les ouvre, l'Abîme, est peut-être la meilleure comparaison qui s'impose. De quelques points de vue aménagés et du haut des ponts, surtout ceux qui sont suspendus, on peut en éprouver la profondeur et se sentir physiquement aspiré par le vide. Pour l'appréhender au mieux, il faut commencer par le sud et le pont Sidi-Rached puis remonter jusqu'au pont Sidi-M'Cid.

TOUR (SOUMAA) DU KHROUB

Au cours de fouilles menées en 1915 sous les ruines de la tour, une sorte de pyramide tronquée hérissée de bases de colonnes édifiée au point le plus élevé du plateau, on a mis au jour ce qui semble être une sépulture royale datée du Ier siècle avant J.-C. – le mausolée Es-Souna serait-il celui de Massinissa ? Les vestiges extraits ont été transférés au musée de Cirta.

LA VIEILLE VILLE

Hormis la Grande Mosquée (Djemaâ El-Kebir) qui date du XIIe siècle, de style hafside, la plupart des édifices d'importance ont été édifiés à l'époque ottomane. Pour goûter l'atmosphère de ce quartier, il faut le parcourir le matin, à l'heure où les Constantinois se pressent autour des étals du souk. Sous son air profondément dégradé, le quartier conserve de très belles demeures des XVIe et XVIIe siècles qui pour la plupart tombent en ruine sans que les propriétaires y puissent grand-chose. Ne pas manquer de faire un petit détour par l'atelier d'Amine Driss, dernier dinandier du quartier – les autres sont regroupés en bas de la ville après l'hôtel Cirta. Un morceau d'histoire dans la rue Sallahi-Tahar…

En bordure de la vieille ville, près de la passerelle Perrégaux, la medersa du boulevard Larbi-Ben-M'Hidi qui fait maintenant partie de l'université est intéressante pour ses carreaux de céramique polychromes. En haut de la vieille ville, après le quartier juif, la casbah sera en partie visitable en 2015 ; la partie rénovée sera ouverte au public au printemps 2015 au moment où Constantine sera capitale de la culture islamique… Les fortifications qui entourent Constantine et qu'on peut encore voir par endroits ont été construites avec des pierres romaines sculptées par les Arabes.

VILLE MODERNE

Elle est dominée par la tour de 22 étages de l'université des Frères Mentouri inaugurée en 1971 et édifiée selon les plans d'Oscar Niemeyer et les deux gigantesques minarets de la mosquée Emir-Abdelkader de l'université des sciences islamiques construite au début des années 1970 grâce à des fonds mixtes algéro-saoudiens.

TIDDIS

SITE ARCHÉOLOGIQUE

Ouvert de 8h à 16h. Entrée 100 DA.

A une trentaine de kilomètres en aval de Constantine, sur la route d'El-Milia (ne pas confondre avec Mila un peu plus à l'ouest), la ville d'origine numide de Tiddis n'est plus que ruines mais le cadre grandiose des gorges du Khenec et le très bon état de conservation des constructions en font un site de grand intérêt. Rouges comme la terre et la roche de la colline sur laquelle la ville a été construite, les murs en partie effondrés délimitent des rues, des habitations ou des temples qu'on a peu de mal à imaginer encore debout. La visite commence par un arc de triomphe qui ouvre une voie principale. On longe ensuite des temples puniques dédiés au culte de Mithra ou un baptistère chrétien, l'atelier d'un potier, une boulangerie, etc., jusqu'au forum. Plus haut, des châteaux d'eau et des citernes de toutes formes rappellent que la ville a peu à peu été abandonnée parce qu'elle manquait de sources. On note également la présence de tumuli et bazinas, tombeaux circulaires, propres à la région de Constantine.

MILA

Au nord-ouest de Constantine, Mila et sa vieille casbah sont encore ceintes de la muraille édifiée au VIe siècle après J.-C. sous le règne de l'empereur byzantin Justinien.

Cette ancienne colonie de la fédération cirtéenne est aujourd'hui réputée pour son barrage de Beni Haroun, la plus importante infrastructure du genre dans le pays. Ses eaux alimentent une grande partie de la région est d'Algérie. Elle est aussi connue pour ses eaux thermales et, plus prosaïquement, pour la qualité des brochettes à la viande d'agneau cuites sur la braise, les fameux *choua grarem*.

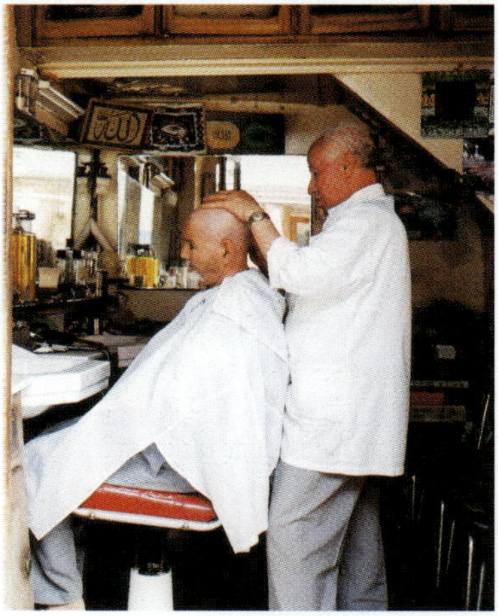

Barbier de la vieille Casbah.

LES AURÈS

Au sud des plateaux du Constantinois, les Aurès sont constitués de vallées parallèles creusées, dans ce qui était à l'origine un seul massif, par des oueds (Ksour, Abdi ou El-Abiod), isolées par des plissements difficilement franchissables qui ont valu à cette région d'être comparée à une citadelle. Avec des sommets qui dépassent les 2 000 m d'altitude – le mont Chelia (« bouclier ») pointe à 2 327 m dans le Djebel Azereg –, les Aurès dominent la grande dépression qui s'enfonce sous le niveau de la mer dans la série des chotts (lacs salés) du nord-est saharien.Délimités en gros par les villes de Batna au nord, Khenchela à l'est et Biskra au sud-ouest, les Aurès déploient des paysages marqués par des sentinelles rocheuses, de profondes vallées, véritables oasis protégées par des falaises escarpées et abruptes couvertes de forêts de cèdres et de pins puis, en hauteur, d'une végétation steppique qui en amplifie l'aspect désolé et rude, apprivoisé par les Chaouis, une population de souche berbère.Pour découvrir les vallées des Aurès, il faut prendre la route qui relie Batna à Biskra en suivant la vallée de l'oued El-Abiod passe par Rhoufi et Arris, deux des plus beaux endroits du massif.

BATNA

Définitivement associé à un bonbon tendre à la réglisse, le nom Batna signifie « bivouac ». On a peut-être donné ce nom à un hameau parce qu'il était idéalement situé à la croisée de plusieurs routes et était la dernière étape avant de pénétrer dans les Aurès. Aujourd'hui, Batna est un centre administratif et commercial animé, connu pour être l'une des villes les mieux entretenues du pays, et il constitue toujours un bon point de départ pour visiter ses fantastiques environs. C'est de cette ancienne base militaire des débuts de la colonisation, située à 1 040 m d'altitude, qu'on rayonne à la découverte de sites antiques (Médracen, Lambèse et Timgad) et qu'on amorce la boucle des Aurès.

Transports

Batna est situé à 120 km au sud de Constantine, à 117 km au nord-est de Biskra et à 435 km au sud-est d'Alger.

AÉROPORT HADJ LAKHDAR

A 25 km de la ville de Batna
✆ +213 33 87 01 60
En plus d'un vol quotidien depuis Alger, des vols sont programmés depuis des aéroports français durant l'été.

BUS

En provenance d'Alger, de Constantine, de Biskra et de Sétif.

Pratique

TIMGAD VOYAGES

1, place de la Liberté
✆ +213 33 85 16 16 / +213 33 80 70 30 / +213 6 61 34 01 77
www.timgad-voyages.com
info@timgad-voyages.com
Créée dans les années 1980 par Cherif Menaceur, la dynamique agence est l'une des seules en mesure d'organiser le circuit qui vous convient le mieux, dans le nord comme dans le sud, y compris des séjours de chasse (la saison débute en septembre), de pêche ou de plongée sous-marine.L'agence est également présente à Alger, Aïn Mlila et Barika.

VOYAGES MAGELLAN'S

32, avenue 1er-Novembre
✆ +213 33 81 56 71
magellans_voyage@hotmail.fr
Séjours à Constantine, Annaba (pèlerinages) et dans les Aurès (Batna). Location de voitures. Bureaux à Constantine et Alger.

Se loger

HÔTEL CHELIA

2, allée Ben-Boulaïd
✆ +213 33 86 53 34 / +213 33 80 72 70 / +213 33 80 72 71
www.chelia.8m.com
Chambre simple à partir de 1 800 DA, chambre double à partir de 2 550 DA.
Cet établissement souffre, comme de nombreux hôtels étatiques, d'un manque d'entretien. Les chambres avec balcon restent correctes et assez propres et le cadre agréable. Piscine et jardin.

HÔTEL EL-HAYAT

18, rue Mohamed-Salah-Ben-Abbès
✆ +213 33 80 46 01
A partir de 1 900 DA la single, 1 300 DA la double.
Etablissement sommaire mais bon dépannage pas loin du marché.

HÔTEL HAZEM

1, rue Ben-Badis
✆ +213 33 85 24 23 / +213 33 80 74 11
www.hotelhazem.com
hotelhazem@yahoo.fr
A partir de 3 000 DA la single et 3 400 DA la double.
Hôtel familial de style arabesque situé en plein centre-ville de Batna dans un quartier résidentiel calme. Bon accueil.

HÔTEL SALIM

Route de Biskra
Cité El Moudjahidine
✆ +213 33 30 72 58 / +213 33 30 72 62
contact@hotel-salim.com
A partir de 3 500 DA la chambre single et 4 500 DA la double.
Un bon hôtel confortable et très propre, à 5 minutes du centre-ville. Les suites, au dernier étage, sont dotées de grandes terrasses offrant une belle vue sur les montagnes et la ville. Appartements.

Se restaurer

NOSTRA PIZZA

2, allée Ben-Boulaïd
Ouvert midi et soir. Comptez 1 000 DA le repas.
Restaurant très propre, accueil chaleureux, cuisine algérienne et occidentale type snack savoureuse.

À voir – À faire

Immédiatement au nord-ouest de Batna, les monts de Belezma, un petit massif au relief marqué de profonds ravins et de pics dépassant quelquefois 2 000 m d'altitude, sont le contrefort nord des Aurès.A partir de la route de Sétif, une petite route (indiquée), pas toujours en bon état, grimpe des vallées cultivées vers des pentes couvertes de maquis de genévriers et de bois de chênes qui font place, à l'approche des crêtes, à des forêts de cèdres. Le parc national de Belezma, créé en 1984, y protège la faune et la flore d'une grande richesse biologique. Le col de Telmet et le Djebel Rafaa au sud-ouest du massif (2 178 m) sont des points forts de cette balade. On descend ensuite vers les ruines romaines et byzantines de Diana (Zana), une cité bien conservée fondée au IIe siècle après J.-C.A une trentaine de kilomètres au nord-est de Batna, à l'est de la route Batna-Constantine, le Médracen (ou Madghassen) est généralement attribué à Massinissa ou à son fils Micipsa, des dynasties numides indépendantes. Edifié sur une colline, il s'agit d'un cylindre de 4,50 m de haut et de 59 m de diamètre surmonté d'un cône de pierre constitué de 24 gradins. La base est agrémentée de 60 colonnes coiffées de chapiteaux de style dorique et d'une corniche. On estime qu'il a été érigé au IIIe siècle avant J.-C. et qu'il a dû inspirer le tombeau de la Chrétienne de Tipasa auquel il ressemble, bien que de taille plus modeste.A une dizaine de kilomètres à l'est de Batna, sur la route de Khenchela, les ruines de Lambèse situées près de l'actuel Tazoult préfigurent la splendeur de celles de Timgad. Edifié sous le règne de l'empereur Vespasien sur le site d'une ancienne ville numide, Lambèse a décliné à partir du règne des Gordiens pour être oublié à l'époque byzantine. Il fut cependant un important camp romain entouré de fortifications où on prit la peine d'édifier un capitole, des thermes, un amphithéâtre, des casernes, des écuries et des magasins. Il ne subsiste pas grand-chose de la ville mais on peut encore voir l'arc dédié à Septième Sévère et un prétoire bien conservé. La majorité des pièces retrouvées sur place, dont une mosaïque d'inspiration grecque, sont visibles au musée de Tazoult.

Dans les environs

A une centaine de kilomètres à l'est de Batna, à la frontière naturelle entre les Aurès et les monts Nememcha, Khenchela est l'ancien Mascula devenu romain au Ier siècle après J.-C. A quelques kilomètres au nord de la petite ville, Baghai est un ksar, ancien centre principal de rassemblement des opposants donatistes à l'Empire romain. On peut encore y voir l'enceinte byzantine du VIe siècle et les ruines d'une citadelle d'où serait partie la Kahina, la reine berbère qui s'opposa à toutes les conquêtes.Les monts Nememcha, comme une continuation des Aurès qui s'élèvent jusqu'à près de 1 500 m d'altitude, sont prolongés par les monts de Tébessa qui cernent la ville presque frontalière du même nom. L'ancienne Theveste numide était habitée depuis la préhistoire et a même été le foyer d'une civilisation appelée atérienne du nom de Bir El-Ater, un village où on a retrouvé des vestiges importants. Les Romains sont arrivés de la Tunisie toute proche et y ont installé leurs pénates avant de lui préférer Lambèse plus à l'ouest. La cité a repris vie à partir du VIe siècle avec les Byzantins, les Numides puis les Arabes. A voir : des tombeaux puniques, des ruines romaines dont le temple de Minerve ou l'arc de Caracalla, une basilique chrétienne et l'enceinte byzantine percée de quatre portes.

TIMGAD

MUSÉE DE TIMGAD

Fermé au public. Réservé aux chercheurs et aux archéologues qui doivent demander une autorisation de visite à l'administration du site archéologique.

A l'entrée de la ville archéologique, qui se trouve à l'extrémité de la nouvelle agglomération, le musée abrite ce qui a été mis au jour au cours des fouilles. La grande cour est destinée aux colonnes, aux bas-reliefs, aux stèles et aux statues provenant des thermes, du fort byzantin, des demeures et jardins ou des rues de Timgad. Les salles, outre des objets usuels et des bijoux, exposent des mosaïques aux motifs souvent géométriques qui ornaient les sols des demeures les plus riches. La porte de la première salle provient d'une chapelle. Parmi les mosaïques, on reconnaît des thèmes mythologiques comme Neptune en conducteur de char, trouvée dans les thermes de l'est, Vénus à cheval sur un centaure, Jupiter et Antiope, Diane surprise au bain par Actéon, etc.

SITE ARCHÉOLOGIQUE DE TIMGAD

Ouvert de 9h à 17h. Fermé le mardi. Entrée : 100 DA.

A 37 km à l'est de Batna, l'ancien Thamugadi se trouve sur le versant nord des Aurès, à 1 070 m d'altitude, sur une voie romaine qui reliait Lambèse à Theveste (Tébessa).

Fondée à la fin du Ier siècle après J.-C. sous le règne de l'empereur Trajan, la ville romaine, la Pompéi africaine, est dans un excellent état de conservation, sauvegardée par le sable et l'oubli – il faudra attendre la fin du XIXe siècle pour que les ruines soient dégagées. Elle connut pourtant les outrages des Vandales puis des montagnards au VIe siècle, fut reconstruite par les Byzantins avant d'être détruite lors de la conquête arabe au VIIe siècle. Le site est inscrit au patrimoine mondial de l'humanité par l'Unesco.

Quand on regarde le plan de la ville, on remarque tout de suite la régularité de son tracé. Comprises dans un quadrilatère presque carré, deux rues principales se croisent à angle droit aux deux tiers du carré, son centre étant marqué par le forum. Toutes les autres sont parallèles aux Cardo nord et sud et au Decumanus Maximus (sud-ouest/nord-est).

L'entrée principale de la cité, près de laquelle s'élevait un temple des génies de la ville, se trouvait à l'ouest, au début du Decumanus Maximus qui s'ouvrait par l'arc de Trajan qui fêtait la victoire de Trajan sur les Parthes. Cette voie, dont les dalles portent la marque des roues des chariots, est bordée de portiques qui abritaient des boutiques. Sur son parcours, on passe près de latrines publiques dont les stalles sont séparées par des appuis en forme de dauphins. Juste après, une maison décorée de balustrades en forme de jardinières précède le marche de l'est auquel on accède par un petit escalier. De l'autre côté du Decumanus, les grands thermes de l'est datent du début du IIe siècle. La sortie est de la voie était marquée par la porte à colonnes de Mascula, l'actuel Khenchela.

Le forum, place publique, était une place de 50 x 43 m entourée d'arcades. Des statues à la gloire de notables de l'empire se dressaient sur les socles encore visibles. Dans l'une des boutiques qui devait être une taverne, on a retrouvé une inscription qui résumait le mode de vie des Romains – « Chasser, se baigner, jouer, rire, c'est vivre » – qui pouvaient s'exercer à l'une ou l'autre de ces activités dans le théâtre tout proche. Celui-ci, très bien conservé, a été construit au IIe siècle en appui sur une petite colline au sud du forum. Les gradins séparés par trois paliers pouvaient accueillir jusqu'à 3 500 spectateurs. C'est dans ce lieu évocateur que se déroule chaque année le festival international qui anime les vieilles ruines.

Plus loin, à l'extrémité du Cardo sud, les belles maisons d'Hermaphrodite et de Sertius font partie d'un groupe de bâtiments restaurés, dont les thermes du sud où les sous-sols sont en bon état. Au-delà des thermes s'étendait le quartier des artisans.

De l'autre côté du forum, sur le Cardo nord, la bibliothèque était richement décorée. Des niches creusées dans les murs accueillaient

Le festival de Timgad

Le festival, né au début des années 1970, a fêté en 2014 sa 36e édition. A l'origine festival des arts populaires, le rassemblement qui dure une quinzaine de jours en août est devenu une rencontre artistique internationale aussi bien destinée à la promotion de la culture algérienne qu'à la défense du merveilleux site de Timgad.

▶ **www.festival-timgad.org**

les ouvrages qu'on consultait dans une salle de lecture semi-circulaire. De retour à l'entrée ouest, flanquée du marché de Sertius où les comptoirs des boutiques n'attendent que le chaland, on se dirige vers le capitole au sud-ouest de la ville. Dans une enceinte de 90 x 62 m, un temple de 53 x 23 m se dressait sur une plate-forme surélevée à laquelle on accédait par une volée de 38 marches. Seules deux colonnes restaurées subsistent du fronton qui en comportait six et des côtés.
La voie qui prolonge le Decumanus Maximus menait à Lambèse. En prenant une ruelle sur la droite avant le château d'eau et le puits, on débouche sur une cathédrale qu'on imagine donatiste, dont le plan est nettement visible à partir des murs et des colonnes encore debout. A l'ouest de la ville, se dressent les grands thermes de l'ouest et les thermes du Capitole. Plus loin encore, au-delà de la porte de Lambèse et de l'oued, une basilique byzantine en bon état côtoyait une nécropole païenne.
A l'écart de Timgad, les Byzantins ont édifié en 539 une forteresse sur des monuments romains. Il ne reste quasiment rien de ce fort qui mesurait 112 x 67 m. Les murailles d'une épaisseur de 2,50 m élevées avec des pierres de remploi étaient piquées de huit tours de guêt. A côté, trois temples étaient dédiés aux divinités africaines dont Baal Hammon et Tanit. La nécropole chrétienne voisine, l'une des plus vastes d'Algérie, compte plus de 10 000 tombes.

VALLÉE DE L'OUED EL ABIOD

Depuis Batna, il faut prendre la route de Timgad et de Khenchela puis bifurquer à droite à la hauteur de Markouna en direction de Biskra pour suivre la route qui se trace une voie le long de l'oued Abiod. Sur la droite, les pentes désertiques et sombres du Djebel Mahmel, le nord du massif des Aurès qui s'appuie sur les hauts plateaux.
A une cinquantaine de kilomètres de Batna, Arris est une petite ville, la « capitale » des Aurès, située au-dessus de l'oued. Un petit musée des Aurès permet de découvrir quelques pièces typiques de l'artisanat aurésien dont les fameux tapis (tallis) et couvertures (mergoum) à fond noir aux motifs géométriques colorés et des bijoux de bonne taille. Plus loin sur la route, à la sortie des étroites gorges de Tighanimine, Tifelfel marque l'entrée dans le canyon de l'oued El-Abiod qui s'étend jusqu'à M'Chounèche.

Peu après ce village de potiers où l'on fabrique des bijoux en argent, une petite route contourne la face nord du Djebel Ahmar Kheddou (« joues rouges ») en passant par T'kout puis un plateau venteux où seuls quelques moutons peuvent trouver leur compte. De forêts épaisses en méplats rocheux, la route parvient, à près de 1 500 m d'altitude, à Djemina, une oasis connue pour sa falaise à la paroi vertigineuse de 200 m de haut et ses anciennes habitations troglodytiques auxquelles on accédait par des passerelles et des sentiers suspendus.

A une trentaine de kilomètres d'Arris, par une petite route sur la gauche, les dechras de Rhoufi forment un ensemble connu sous le nom de balcons de Rhoufi. Construits suivant la courbe des falaises ridées bordant la vallée creusée par l'oued El-Abiod, les dechras accrochés aux collines s'opposent aux mechtas, des hameaux construits en bordure d'oued. La vue depuis le belvédère aménagé au-dessus de l'oued est saisissante sur l'oued sinueux presque caché par les têtes des milliers de palmiers cultivés entre des gorges profondes. Au fond du canyon, on remarque la zaouia du marabout de Rhoufi. Si on dispose d'un peu de temps, ne pas hésiter à descendre vers l'oued pour en suivre quelques méandres.

A quelques kilomètres de là, le village de Baniane est assez récent, l'ancien qui abritait de pittoresques guelaas (greniers à étages) ayant été détruit. A 20 km, un chemin descend sur la gauche vers l'oasis de M'chouneche abritée dans un petit cirque naturel d'où partit, entre autres lieux, la révolution algérienne le 1er novembre 1954.

A une vingtaine de kilomètres avant Biskra, le canyon de l'oued El-Abiod se termine par le barrage et son lac de retenue de Foum El-Gherza qui apparaît sur la gauche.

VALLÉE DE L'OUED ABDI

D'aspect moins rude que la vallée de l'oued Abiod, la vallée creusée par l'oued Abdi qui descend presque parallèlement au djebel Mahmel traverse des paysages caractérisés par des pentes douces couvertes de forêts ou de cultures maraîchères et fruitières où l'abricotier règne en roi. Les villages, des dechras, s'accrochent aux pitons et aux crêtes. Parmi eux, Menaa est le plus important de la vallée. La poétesse Anna Gréki y est née (« *Mon enfance et les délices, naquirent là à Menaa, commune mixte Arris, et mes passions après vingt ans, sont le fruit de leurs prédilections... Tout ce qui me touche en ce monde jusqu'à l'âme, sort d'un massif peint en rose et blanc sur les carte.* »).

Sur la route qui descend vers Biskra, la verdure des oasis et des vergers contraste violemment avec la couleur ocre rouge parfois violette des falaises des canyons au fond desquels elles s'insèrent. Parmi ces villages, Branis et Djemmorah sont édifiés sur les rives de l'oued Abdi. L'altitude et la situation des oasis permettent la culture de vergers irrigués par des rigoles constituées de troncs de palmiers.

EL-KANTARA

A l'ouest des Aurès, El-Kantara (El-Gantra) est desservi par la route nationale qui descend de Batna vers Biskra par l'ouest. La petite oasis, formée de trois villages (Gueraguer, Dahraouia, Bour El-Abbas) ferme les gorges de Foum Essahra qui auraient été ouvertes sur le Sahara par un coup de pied d'Hercule. Quand on vient du nord, c'est presque un choc de découvrir du belvédère aménagé au-delà d'El-Kantara un paysage annonciateur du Sud proche qu'on avait presque oublié dans le Djebel Belezma puis le Djebel Metlili qui protège au nord-ouest la petite ville et le village rouge. Pour la pause, voir le petit musée romain et les deux inscriptions gravées par des soldats de Napoléon III affectés à la construction du chemin de fer. Au sud d'El-Kantara, à la hauteur de ferme des Gazelles, qui se résume en fait à une petite gare, un chemin permet de rejoindre le Djebel Melah, la « montagne de sel », un piton rouge qui s'élève à 627 m au-dessus d'une hamada un peu désolée.

Hammam Salihine

Sur la route d'El-Kantara et des Aurès, avant le col de Sfa (817 m), les sources chaudes étaient connues par les Romains qui appelaient Ad Piscinam les « thermes des saints » exploitant des eaux sulfurées et sodiques qui sortaient de terre à 50 °C. Plus récemment, on a édifié un complexe thermal moderne au pied du Djebel Bou-Ghezal. Les patients viennent pour les affections rhumatismales, dermatologiques et les troubles des voies respiratoires.

BISKRA

Ville de plaine moderne mais agréable, Biskra est construite selon un plan en damier. Son développement en ville industrielle date de l'arrivée du chemin de fer au début du XXe siècle.

Histoire. La porte du Grand Sud au pied des Aurès dont elle ferme la marche, l'ancienne Vecera (« station ») romaine a d'abord été carthaginoise avant de devenir une énorme oasis de plus de 150 000 dattiers produisant la fameuse deglet nour, la plus appréciée des dattes. Au XIe siècle, le territoire des Zibans (pluriel de Zab, le nom des monts qui s'étendent entre Biskra et Bou-Saada) était hammadite, avant d'être envahi par les Hillaliens venus de l'est, chassés au XIIe siècle par les Almohades de Marrakech. Au XIVe siècle, l'oasis passe aux mains des Hafsides de Tunisie suivis par les Mérinides de Fès. Les Turcs s'en emparent au XVIe siècle et l'occupent jusqu'à ce que les Français dirigés par le duc d'Aumale s'y installent en 1849, après en avoir chassé Ahmed Bey, l'ancien bey de Constantine.
Le compositeur hongrois Belà Bartok séjourna en juin 1913 dans cette région pour collecter des chansons populaires algériennes à Biskra, Tolga, Sidi Okba et El Kantara. André Gide y a vécu quelques mois pendant lesquels il a commencé *Les Nourritures terrestres*.

Transports

A mi-chemin de Constantine et de Touggourt (environ 230 km), Biskra se trouve à 425 km au sud-est d'Alger. Elle est desservie par des bus ou des taxis collectifs au départ d'Alger (600 DA), Oran (1 000 DA), Batna (130 DA), Constantine, Tlemcen, Touggourt (300 DA), Annaba (400 DA)...

AÉROPORT MOHAMED-KHIDER
✆ +213 33 74 57 64

AIR ALGÉRIE
Rue Mohamed-Brahimi
✆ +213 33 73 34 88
www.airalgerie.dz
Vols en direction/au départ d'Alger toute l'année, et également de Paris et de Marseille.

Pratique

OFFICE DE TOURISME
37, avenue de la République
✆ +213 33 71 23 36
Informations pratiques. Plans, brochures.

ONAT
Rue Ghamri-Hocine
✆ +213 33 74 15 26
Bureaux de l'Office national algérien du tourisme et agence de voyages de l'Etat avec dépliants. Mais pour les informations pratiques, mieux vaut vous rendre à l'office de tourisme.

Se loger

COMPLEXE THERMAL HAMMAM SALIHINE
Avenue Mohamed-Seddik-Benyahia
Route de Biskra
✆ +213 33 75 96 32
✆ +213 33 75 90 25
www.sahara-hotels.com
info@sahara-hotels.com
Compter 2 900 DA la single, 3 900 DA la double. Bungalows à partir de 2 600 DA. Formule soins + hébergement en pension complète à 19 400 DA par personne pour la semaine.
Complexe composé de deux hôtels basiques aux chambres dotées des commodités habituelles et d'équipements vieillots, et de 72 bungalows. Le site est triste mais la station thermale est réputée pour ses cures de soin et de remise en forme. Bon accueil.

HÔTEL LES ZIBANS
Rue du 8-Mars
✆ +213 33 74 11 87
✆ +213 33 74 19 61
www.sahara-hotels.com
info@sahara-hotels.com
A partir de 4 500 DA la single et 5 500 DA la double.
Confort « à la Pouillon » en bordure de l'oued, pas loin du centre-ville. Accès wi-fi au niveau de la réception. Dommage que le service soit si moyen comme souvent dans les hôtels d'Etat.

HÔTEL NECIB
9, avenue de la République
✆ +213 33 73 73 90
necib_tourisme@hotmail.com
Comptez 1 600 DA la chambre simple et 2 200 DA la double.
Hôtel très propre, composé de 20 chambres, certaines dotées de balcons. Douches à l'étage. Bon rapport qualité-prix. Une agence de voyages, dont le siège est à Alger, organise des circuits à la carte dans les Aurès et ailleurs...

La Kahina

Si on sait peu de chose de cette figure quasi légendaire de la résistance berbère chaouïa, ni son vrai nom – Damya ou Dihya ? – ni son origine – de la tribu des Djarwa ? – ni sa position sociale – reine ou prêtresse juive ? – Kahina a été rapprochée de Cohen qui signifie prêtre –, on imagine qu'elle dut certainement être une femme exceptionnelle pour que son souvenir reste aussi vivace aujourd'hui.
Au VIIe siècle après J.-C., les troupes arabes dirigées par Sidi Oqba Ibn Nafaâ s'installent à Kairouan fondée en 670 en actuelle Tunisie par le chef de la conquête du Maghreb. Après la destruction de Carthage par Hassan Ibn Naaman, le successeur d'Okba, et pour poursuivre leur œuvre d'islamisation des populations, les Arabes prennent la route de l'ouest et se heurtent à la résistance des Berbères menée par Kosaila, un roi chrétien.
A l'approche des Arabes, une femme des Aurès se révolte contre l'avènement d'une nouvelle religion monothéiste, et lève des hommes de la tribu des Djarwa à partir de Beghaya, un ksar difficile d'accès. Partisane de la politique de la terre brûlée, la Kahina fait détruire son ksar et gagne Meskiana sur la route d'Aïn Beïda à Tébessa où elle remporte une bataille contre Hassan Ibn Naaman, en 694. La légende veut qu'elle soit ainsi devenue la reine d'un territoire allant de l'Atlantique à la Syrie mais il est probable que son influence se soit arrêtée aux seules tribus berbères du voisinage.
Soutenu par le calife ommeyade Abdelmalek Ben Merouane et profitant de la désaffection des partisans de la Kahina devenue trop radicale, Hassan Ibn Naaman lança ses troupes contre elle. Après une lutte de près de vingt ans et, pour finir, un siège de six mois, la dernière bataille eut lieu en 701 en un endroit qui s'appelle aujourd'hui Bir El-Kahina où la reine mourut après avoir, dit-on, demandé à ses fils, dont l'un était chrétien, et à ses compagnons de se convertir à l'islam.

À voir – À faire

Monter au fort turc pour avoir une vue d'ensemble de la vieille ville et de la palmeraie qui produit des deglet nour qu'on peut acheter sur place par régimes entiers après une agréable balade sous les frondaisons décoiffées des palmiers. En ville, de grands parcs bien entretenus procurent une certaine fraîcheur en été comme le parc Landon, à côté de l'hôtel Zibans.A ne pas manquer : la fête des dattes qui se déroule chaque année entre octobre et décembre.

SIDI OKBA

A 17 km au sud-est de Biskra, en direction de Khenchela, Sidi-Okba est une belle oasis dont les jardins sont irrigués par l'eau du barrage de Foum El-Gherza. Le village doit son nom à Oqba Ibn Nafaâ, l'un des héros de la conquête arabe du Maghreb, le fondateur de Kairouan en Tunisie. Sur le chemin du retour, alors qu'il avait porté l'islam jusqu'au « bout du monde », Oqba se heurta à la résistance berbère menée par le roi Kosaïla puis par la Kahina et fut tué en 684 lors d'une bataille au pied de Biskra et enterré sur place sous la coupole de la vieille mosquée qui porte son nom. Cette mosquée, dont certaines parties datent du VIIIe siècle, construite avec du matériau de remploi comme la porte de cèdre, est considérée comme l'une des plus anciennes du pays.

TOLGA

A 40 km à l'ouest de Biskra en bordure de la route de Bou Saada, Tolga est un village intéressant pour sa mosquée charpentée de souple et résistant bois de palmier. La palmeraie de l'oasis typique des Zibans irriguée par des puits artésiens produit des deglet nour conditionnées sur place avant d'être exportées. Pas loin, Lichana a l'aspect d'un ksar.

ANNABA ET LA CÔTE

ANNABA

Au fond de la baie d'Annaba, Khelij El-Morjane, sur une côte joliment découpée protégée à l'ouest par le massif de l'Edough et à l'embouchure de l'oued Seybouse, Annaba est la quatrième ville d'Algérie par le nombre de ses habitants et par l'importance de son port doublé de la zone industrielle d'El-Hadjar aux lourdes fumées. Mais elle reste une agréable ville de bord de mer à l'ambiance doucement méridionale. Au nord-ouest, dans le prolongement de la rue Abdelhamid-Ben-Badis, une route en corniche longe de belles plages et s'élance à l'assaut des contreforts rocheux du massif de l'Edough, traversant de très beaux paysages dominés par le vert des forêts de chênes zéens et du maquis, et le bleu profond de la Méditerranée. La plaine au sud et à l'est d'Annaba est couverte de cultures de fruits et de légumes qui, autrefois, cernaient de très près le centre-ville.

Histoire. Dès le XIe siècle avant J.-C., les Phéniciens implantent un comptoir dans cette baie qu'ils appellent Hippo, « l'abri ». Hippo Regius devenu numide, capitale du roi Gaïa allié de Carthage jusqu'à sa chute en 146 avant J.-C. et la défaite de Jugurtha, est annexé à la province romaine d'Africa Nova sous le nom d'Hippone (Hibouna). La ville et son port prospèrent et deviennent l'un des centres dynamiques du christianisme. En 430, saint Augustin, l'évêque de la ville, meurt pendant le siège des Vandales menés par Genséric. Ils resteront près d'un siècle avant d'être délogés par les Byzantins sous la direction de Bélisaire. Quand les Arabes arrivent, tardivement parce qu'ils ont préféré les routes de l'intérieur, ils bâtissent une ville sur la colline Sidi Marwan à 2 km du vieux centre délabré d'Hippone et lui donnent le nom de Bonna El-Hadelsa, Hippone « la neuve », ou Bled El-Anneb, avant de devenir Annaba, « les jujubiers ». En 1533, Kheir Ed-Dine « Barberousse » s'empare de la ville et fait fortifier Bouna qui ressuscite en tant que port de l'est et voie d'accès à Kassentina (Constantine). Le 26 juillet 1830, une vingtaine de jours après la prise d'Alger, le général de Bourmont ordonne une expédition vers le port. Les troupes françaises doivent batailler pendant deux ans avant de mettre la main sur la ville qui devient aussitôt Bône. En 1914 et en 1942-1943, pendant la Seconde Guerre mondiale, la ville a subi de lourds bombardements allemands et c'est ici que les troupes alliées ont débarqué en 1942.

Transports

A 600 km à l'est d'Alger, à 155 km au nord-est de Constantine et à 100 km à l'ouest de la frontière tunisienne (à 300 km de Tunis), Annaba est desservie par bus, train, avion et taxi collectif.

Comment y accéder et en partir

AÉROPORT RABAH-BITAT
✆ +213 38 52 01 31 / +213 38 52 01 34
Lignes régulières chaque jour pour Alger (environ 5 vols par jour) et Oran le jeudi et le samedi.

AIR ALGÉRIE
2, cours de la Révolution
✆ +213 38 86 71 20
www.airalgerie.dz

GARE FERROVIAIRE
En bas du cours de la Révolution.
Tarifs couchette 1re classe : 2 500 DA, 2e classe : 1 600 DA.
Annaba-Alger : train de nuit. Départ à 20h (arrivée Alger à 6h). Alger-Annaba : départ à 20h (arrivée Annaba à 6h).

GARE MARITIME
A côté de la gare ferroviaire. Liaisons avec le port français de Marseille.

GARE ROUTIÈRE
Sidi Brahim
A l'entrée de la ville
Bus et taxis en direction/en provenance de Chlef, Tebessa, Constantine, Oran, Alger, Sétif, Jijel, Ouargla, El Oued, etc.

Pour Alger, 6 bus par heure à partir de 16h. Taxi inter-wilayas et dans la région.

Pour Tunis, taxis officiels et clandestins (forte demande) au niveau de la gare ferroviaire (2 500 DA pour Tunis).

HERTZ
Agence Aéroport
✆ +213 38 52 02 17
A partir de 3 500 DA/jour (Renault Campus, Symbol, Toyota Yaris).

Pratique

CENTRE CULTUREL FRANÇAIS
8, boulevard du 1er-Novembre-1954
✆ +213 38 86 45 40 / +213 38 80 22 59
Fermé en août.
Conférences, expos, concerts, projections, médiathèque...

CONSULAT DE FRANCE
1, rue Ghouta-Sebti ✆ +213 38 86 05 83

CONSULAT DE TUNISIE
23, avenue du 28-Janvier-1957
✆ +213 38 86 45 68 / +213 38 86 79 66
cgt.annaba@wanadoo.dz

MALEK TOURS
✆ +213 38 51 10 39
cheghibzineddine@yahoo.fr
Pour se sentir moins seul... et organiser un petit circuit au départ d'Annaba.

ONAT
1, rue Tarik-Ibn-Zaid ✆ +213 38 86 58 86

POSTE
Rue Zighout-Youcef

Se loger
La ville compte de nombreux hôtels, qui sont malheureusement vite saturés en période estivale. Il est impératif de réserver en haute saison. On a le choix de loger dans le centre-ville, dans un des hôtels de la corniche ou même sur les hauteurs, à Seraïdi, où l'air est plus frais... A l'heure actuelle, la ville ne dispose pas de campings...

Bien et pas cher

AUBERGE DE JEUNESSE
Sidi Brahim
A l'entrée de la ville ✆ +213 38 83 10 41
salah7523@hotmail.fr
200 DA par personne.
Bien située à l'entrée de la ville, près de la gare routière. Composée de dortoirs et chambres privées. Parking. Bon accueil.

Confort ou charme

COMPLEXE TOURISTIQUE SABRI
Route du Cap-de-Garde
Plage Refes Zahouane (ex-Toche)
✆ +213 38 80 62 05
www.goldentulipsabri.com
info@goldentulipsabri.com
Compter 9 450 DA la simple et 10 950 DA la double en basse saison, 10 950 DA la simple et 12 850 DA la double en haute saison. Appartements à partir de 10 950 DA en basse saison et 12 850 DA en haute saison.
Entre la plage Toche et le fort Génois, à 6 km du centre-ville, du haut de ses 7 étages, ce complexe touristique qui appartient au groupe Golden Tulip, qui ressemble étroitement aux standards de l'hôtellerie tunisienne, domine la baie d'Annaba. Confort, modernité et propreté sont les maîtres mots. L'ensemble se compose d'un hôtel de 86 appartements et de 138 chambres (dont 2 sont destinées aux personnes à mobilité réduite) spacieuses et confortables, dotées de beaux balcons surplombant la mer. Restaurant gastronomique avec terrasse au 7e étage (pas d'alcool). Piscine. Spa en cours de construction. Ponton en béton en guise de plage privée. wi-fi dans tout l'hôtel. Parking.

HÔTEL EL MOUNA
6, angle des rues Cirta et Angola
Saint-Cloud ✆ +213 38 86 81 93
mouna@taxi-hotel.com
Comptez 3 000 DA la single et 4 000 DA la double.
Loin de l'agitation urbaine, tout près de la plage Saint-Cloud, le charmant hôtel Mouna est une bonne adresse. Belle cafétéria. Restaurant panoramique. wi-fi au niveau de la réception.

HÔTEL EL-MOUNTAZAH
Seraïdi
✆ +213 38 87 42 18 / +213 38 87 42 19
Compter 4 100 DA la single et 5 800 DA la double.
L'hôtel El-Mountazah (ex-Le Rocher) est sans doute l'ouvrage le plus spectaculaire réalisé par l'architecte Pouillon en Algérie. A 1 000 m d'altitude, installé sur un rocher, l'hôtel au style traditionnel et d'un blanc lumineux surplombe une des plus belles baies de la côte et une forêt de chênes-lièges. Les courbes des murs blanchis à la chaux et de la piscine, les coursives, l'intimité des chambres, la disposition des terrasses traduisent toute l'ingéniosité de son architecture. La relative fraîcheur de l'hôtel est très recherchée en été, époque à laquelle l'établissement est bondé. Comme de nombreux hôtels étatiques, El-Mountazah gagnerait beaucoup à être mieux entretenu... Restaurant, bar, jardin.

HÔTEL MAJESTIC
11, boulevard du 1er-Novembre-54
✆ +213 38 86 54 54 / +213 38 86 56 56
www.hotelmajestic.dz
contact@hotelmajestic.dz

A partir de 6 900 DA la single et 8 500 DA la double. Possibilité de payer par carte Visa.
En plein centre-ville d'Annaba, près du cours de la Révolution, le Majestic est un hôtel plutôt moderne et fonctionnel, sans charme particulier. Grandes chambres équipées et confortables. Vue panoramique depuis le restaurant du dernier étage. Accès wi-fi (gratuit) au niveau de la réception.

■ HÔTEL SEYBOUSE INTERNATIONAL (EX-PLAZA)
1, boulevard du 1er-Novembre-1954
✆ +213 38 86 24 26
egtseybouse@yahoo.fr
A partir de 6 900 DA la single et 8 300 DA la double. Petit déjeuner non compris (800 DA).
En plein centre d'Annaba, ce grand établissement de 14 étages domine la ville. Dessiné en 1969 par Pouillon, il dispose de 288 chambres spacieuses et élégantes au style *seventies*. Dotées de balcons, elles ont une vue imprenable sur Annaba. Restaurant panoramique à la carte (gastronomie internationale), bar/discothèque. wi-fi dans le salon et à la réception. Change, possibilité de payer par carte Visa. Personnel d'accueil très accueillant et attentionné.

■ HÔTEL TOURING
3 rue des Volontaires
✆ +213 38 86 14 49 / +213 38 86 14 50 / +213 38 86 14 51
touring@taxi-hotel.com
Comptez 2 000 DA la single et 3 000 DA la double tout confort.
Bien situé dans le centre. Toutes les chambres ne sont pas encore rénovées mais le nouveau hall d'entrée, clair et moderne, laisse présager un beau rafraîchissement de l'hôtel.

■ TULIP INN RYM EL DJAMIL
Route du Cap-de-Garde
✆ +213 26 21 71 71
www.tulipinnrymeldjamil.com
Comptez 6 950 DA la single et 7 800 DA la double. Repas au restaurant : 2 000 DA en moyenne. Cartes Visa et MasterCard acceptées.
Complet entre juin et août, l'hôtel, retiré du centre, surplombe depuis la corniche la plage du Belvédère, la dernière à l'ouest de la baie d'Annaba. Piscine, pizzeria, restaurant, cafétéria, etc. wi-fi dans l'hôtel.

Se restaurer

En dehors des petits restaurants autour de la place du 19-Août et ceux du cours de la Révolution, on trouve de quoi se restaurer le long des plages.Sur le cours de la Révolution, il ne faut pas manquer l'estival créponnet, une glace au citron typique d'Annaba. Le meilleur serait celui du kiosque El-Ferdaous (cours de la Révolution).

■ L'ALBATROS
Plage Rizi Amor ✆ +213 38 88 36 62
Ouvert midi et soir en saison. Comptez 2 000 DA le repas.
Bon restaurant sur le bord de la plage. Très belle vue depuis la salle du premier étage. Mais c'est un peu cher pour ce que c'est... C'est avant tout l'emplacement exceptionnel qu'on paye.

■ LA CARAVELLE
Rue Frères Saadane
Sur la Corniche ✆ +213 38 86 89 31
Ouvert midi et soir. Comptez 2 000 DA le repas.
Le meilleur restaurant de poissons d'Annaba. Un délice du début à la fin.

À voir – À faire

Du port caché par des palissades, la ville s'organise autour du cours de la Révolution (ex-Bertagna), une place longue de 500 m entre la gare au sud et le bas de la colline de la casbah au nord. Plantée de ficus géants et de palmiers, fleurie de parterres et de kiosques, la place est toujours le point de rendez-vous de toute la ville pendant les longues soirées d'été au cours desquelles cafés et restaurants cachés sous les arcades sortent tables et chaises pour former une longue chaîne de terrasses accueillantes.A l'ouest du cours, un quartier commerçant s'agite autour du marché couvert. A l'est, la vieille ville grimpe sur les flancs du Djebel Aded, une colline en bordure de mer dominée par les restes d'une casbah édifiée à 105 m d'altitude, aujourd'hui entourée d'un parc de 13 ha. Sur la place du 19-Août, ancienne place d'Armes au revêtement déformé par les racines d'arbres, la mosquée du Bey date du XVIe siècle, de l'occupation ottomane.Plus haut, la mosquée Sidi Bou Merouane a été bâtie au XIe siècle avec des colonnes provenant des ruines d'Hippone. C'est l'une des plus remarquables d'Algérie, avec la mosquée Sidi Boumedienne à Tlemcen et Sidi-Okba près de Biskra, et porte le nom du théologien Abou Marouane El-Bouni. Annaba s'est étendue au-delà du Djebel Aded, centre-ville initial de Bouna, le long de plages de sable fin, dans l'ordre : Saint-Cloud, Rizi-Amor (Chapuis), La Caroube, Toche, Belvédère et Aïn Achir.Au début de la corniche, le cimetière sur la gauche est si célèbre qu'on se répète encore « si tu vois le cimetière de Bône, envie de mourir il te donne ».

BASILIQUE SAINT-AUGUSTIN

A 2,5 km à l'ouest d'Annaba
Au-dessus des ruines
✆ +213 38 84 51 50
Ouvert de 10h à 12h30 et de 15h à 17h.
Edifiée à partir de 1881 sur le site d'un temple dédié à Baal Hammon, un dieu vénéré par les Numides proche du Saturne romain, la basilique Saint-Augustin (restaurée en 2013) domine du sommet d'une colline haute d'une cinquantaine de mètres, un excellent poste d'observation des vestiges et du golfe d'Annaba. Sa construction selon un plan roman dans un style néobyzantin – qui rappelle le Sacré-Cœur de Montmartre ou la basilique Sainte-Thérèse à Lisieux qui datent de la même époque – a nécessité la taille de marbre de Guelma, de granit rose du massif de l'Edough et d'onyx d'Aïn Smara pour les colonnes ou la chaire. Les plafonds sont en bois peint. L'abside de la basilique abrite un monument funéraire représentant saint Augustin sur son lit de mort. L'un de ses cubitus est enchâssé dans le bras droit du gisant. L'autel est un coffre berbère vieux de 300 ans. Des stèles votives phéniciennes retrouvées lors de la construction de la basilique sont visibles au musée d'Hippone. Derrière la basilique dans laquelle on célèbre la messe les vendredis et dimanches matin, un hospice tenu par des Petites sœurs des pauvres accueille des personnes âgées.

HIPPONE

A l'intérieur d'un quadrilatère, ce qui a été mis au jour des ruines sommeille entre la colline de Saint-Augustin, à l'ouest, et la colline de Gharf El-Artran, à l'est, entourées de vieux hangars. Au milieu d'herbes folles et de figuiers qui arrivent toujours à se frayer un chemin entre les vieilles pierres, au risque de les abîmer irrémédiablement, on reconnaît sans peine les restes d'un quartier résidentiel où les maisons étaient ornées de mosaïques et de bassins, le quartier chrétien autour de la basilique de la Paix-de-Saint-Augustin identifiable à son abside en demi-cercle, les grands thermes d'où proviennent la plupart des statues du musée, la citerne d'Hadrien, le théâtre et le quartier du forum.

MUSÉE

Ouvert de 8h à 11h et de 14h à 17h du dimanche au jeudi, parfois inexplicablement fermé. Entrée : 100 DA.

Saint Augusutin

Aurelius Augustinus est né le 13 novembre 354 à Tagaste (Souk Ahras). Son parcours spirituel, d'abord marqué par le christianisme de sa mère Monique, emprunta des chemins sinueux avant sa conversion à la religion maternelle. Il est envoyé par ses parents à Madaure (Madaourouch), le centre intellectuel du sud de la Numidie, pour poursuivre des études de grec. A Carthage – il a une vingtaine d'années –, il découvre les textes de Cicéron puis embrasse le manichéisme, tout en partageant la vie dissolue des jeunes hommes de son âge. Devenu professeur, il retourne à Tagaste avant d'embarquer pour Rome en 383. La lecture de Plotin qui, au IIIe siècle, avait jeté les bases de la réflexion chrétienne en mêlant doctrines antiques et christianisme, et surtout l'audition des discours de l'évêque de Milan, saint Ambroise, le font reconsidérer la religion de Monique qui vient le rejoindre en Italie. Il reçoit le baptême en avril 387. Après la mort de sa mère qui repose à Rome, il retourne à Carthage puis à Tagaste où il enseigne entre 388 et 391, date à laquelle il rejoint l'évêque d'Hippone (Annaba) auquel il succède en 393. Il consacre alors toute son énergie à combattre les idées manichéennes et donatistes et à travers ses écrits met en place une doctrine rigide dont Dieu et la destinée de l'homme sont les piliers, à l'opposé du pélagianisme trop libéral. Père de l'Eglise latine, saint Augustin fut le « docteur de la grâce », cherchant à concilier l'intelligence du platonisme et la foi du dogme chrétien. Il fut aussi à l'origine des mouvements cénobitiques occidentaux.
Ses écrits, capitaux dans l'histoire de la pensée chrétienne, sont sa correspondance (entre 386 et 429), *La Cité de Dieu* (413-427) et *Les Confessions* (397).
Mort à Hippone en 430, son corps qui devait être protégé des outrages des Vandales repose à Ostie (Italie) et la cathédrale d'Annaba conserve l'un de ses cubitus.
En 2000, l'Algérie a reconnu saint Augustin comme l'un de ses fils, précurseur de la philosophie moderne.

A gauche de l'entrée, en haut de la petite colline de Gharf El-Artran qui domine les ruines, il faut visiter ce musée qui a pris place dans une ancienne caserne plus tard transformée en prison – si on n'est pas refoulé par une équipe peu motivée. Dans la cour, des statues et des stèles ; dans les salles de splendides mosaïques très bien conservées. Parmi ces œuvres très fines, l'une d'elles présente un intéressant plan d'Hippone telle qu'était la cité à l'époque. A voir également des objets de la vie quotidienne dont des lampes, de la verrerie ou des poteries.

CAP DE GARDE

Avant de contourner la pointe vers Seraïdi, bifurquez sur la gauche vers le cap de Garde et son phare qui marque la fin de la voie.
Du phare (Bordj El-Fnar) qu'on ne peut visiter, la vue est incroyable sur les falaises déchirées qui annoncent Chetaïbi et sur l'ouest de la péninsule baignée par les eaux de la baie de Skikda, illuminée en début de soirée par de magnifiques couchers de soleil.

SERAÏDI

A 820 m d'altitude, Seraïdi (ex-Bugeaud) était à l'origine un petit village forestier aujourd'hui devenu une bourgade animée qu'on peut atteindre par un téléphérique (ouvert tous les jours de 6h30 à 19h, fermeture le vendredi de midi à 13h30, 30 DA) depuis Sidi Harreb dans la banlieue d'Annaba. Beaucoup d'habitants d'Annaba choisissent cette région pour se détendre dans leur résidence secondaire, à proximité de la plage de Bagret. L'hôtel El-Mountazah, dont la blancheur tranche avec l'environnement, est l'un des plus beaux de la région. Au-delà de Seraïdi, une route s'arrête au centre d'écoute militaire…

CHETAÏBI

La route continue sa percée au travers du massif de l'Edough qui forme une espèce d'avancée dans la mer. Pendant une vingtaine de kilomètres de route sinueuse, on traverse une succession de landes couvertes selon la saison de bruyères ou de genêts et de bois de chênes-lièges, seulement peuplés de vaches, de chèvres et de petits ânes errants.
A 33 km d'Annaba, Chetaïbi marque la fin de la corniche. Blotti au fond d'une profonde échancrure, la baie de Takouch qui entame les falaises de la côte sauvage, le village de pêcheurs est devenu une station balnéaire agréable aux rues pavées d'un granit extrait d'une carrière toute proche.

SKIKDA

La Phénicienne Russicada – ou la Romaine Rusicade – était un port actif d'où partaient les produits cultivés dans la région. Après 1838, la ville a été affectée au transport des produits en provenance ou en direction de Constantine et baptisée Philippeville en l'honneur de Louis-Philippe, alors roi de France.
La ville post-coloniale s'est développée au cœur de l'ancienne cité, le quartier napolitain où vivaient une majorité d'Européens venus d'Italie du Sud.
Aujourd'hui devenu Skikda, le port a toujours vocation commerciale et s'est agrandi d'installations gazières (liquéfaction du gaz naturel d'Hassi R'Mel) et pétrochimiques (raffinerie, production de matières plastiques…) en plus d'unités industrielles qui exploitent les ressources de la région (fer, plomb argentifère, cimenteries, carrières de marbre de Filfila…).

Transports

Skikda est situé à 510 km à l'est d'Alger, à 90 km au nord de Constantine et à 105 km à l'ouest d'Annaba.

Pratique

OFFICE DE TOURISME
4, rue Didouche-Mourad
✆ +213 38 75 61 14

ONAT
Rue Rezki-Kahal
✆ +213 38 75 69 15

Se loger

Comme dans d'autres stations balnéaires, les hôtels sont bondés en été. Prenez donc vos précautions en réservant quelques mois à l'avance…

ES-SALAM
Place du 24-Février
✆ +213 38 75 65 42
contact@hotel-es-salem.com
Comptez 7 400 DA la single et 9 400 DA la double.
Sur les hauteurs de Skikda, cet hôtel étatique, mais à la gérance privée, offre une superbe vue sur la ville et la mer. Restaurant de spécialités de poissons et de crustacés. Barbecue, pizzeria sur la plage. Salon, bar, disco. wi-fi gratuit. Change.

■ **HÔTEL BELLE VUE SKIKDA**
Les Platanes, Filfila
✆ +213 38 92 05 05 / +213 38 76 97 45
www.hotelbellevueskikda.com
hotelbellevue6@yahoo.com
Chambre simple à 6 500 DA, double à 7 500 DA.
Un bel hôtel à Skikda en bord de mer, ouvert récemment, avec vue sur le port. Chambres modernes et très confortables. Une très bonne adresse.

À voir – À faire

Ville urbanisée pendant la période coloniale selon un plan en damier, Skikda paraît presque terne après les merveilles entrevues sur la côte. L'antique Rusicade a légué peu de vestiges en dehors des restes de son grand théâtre qu'on peut observer dans l'enceinte du lycée entre l'hôtel de ville et le marché couvert.Dans le centre, animé par la commerçante rue Didouche Mourad, on verra cependant la gare qui, dès sa construction en 1936, passa pour un modèle d'art moderne appliqué à un édifice public et une fontaine où un géant s'amuse avec un python, encadré de lions de bronze.Une belle balade à l'est de Skikda, passant par les carrières de marbre de Filfila en direction du massif de l'Edough, permet de découvrir l'arrière-pays et de s'élever un peu pour admirer, en les surplombant, la baie, les belles plages des Platanes ou du cap de Fer et les forêts de Guerbes et de Sanhadja.A Skikda, ne ratez surtout pas la fête de la fraise organisée chaque année au mois de mai par la mairie et le syndicat de tourisme.

STORA

A 4 km à l'ouest de Skikda, Stora est un joli petit port abrité par les falaises et une agréable station balnéaire typiquement méditerranéenne. A moins de 10 km au nord de Stora, on accède à la Grande Plage, à l'embouchure de l'oued Mahsen, par une route étroite en lacet qui traverse des vergers.

COLLO

Un peu plus à l'ouest, on peut gagner Collo (El-Koll) par la N43, mais le trajet est encore plus agréable, bien que tortueux, par la W28 puis la N85 (W6). A Collo, des sentiers escarpés longent de jolies criques isolées et mènent vers la presqu'île de Djerda, un rocher coiffé d'un phare et vers la plage de sable blanc de la baie des Jeunes Filles et de la plage Aïn el Doula. En été, le petit port fête la sardine et l'ambiance le long du « boulevard » est assurée par de nombreux snacks.

Collo, c'est aussi quatre villes médiévales : Bir-Etouil, Bir-Erkaid, El-Jarda et El-Azouline. Dans ce quartier, les touristes sont hébergés chez l'habitant par les opérateurs locaux, dont Jamel Tourisme.
Bien que la plaine de Teleza, où Jugurtha fut livré, soit en passe de devenir la plage la plus importante, c'est toujours la fontaine des Sangliers et la magnifique plage de Tamanart (à une quinzaine de kilomètres au nord-ouest, sur la route du cap Bougaroun) qui ont la cote. Le visiteur de Collo ne doit surtout pas rater le tour du phare, ni omettre de manger de belles sardines grillées. La ville dispose de l'une des plus anciennes conserveries de sardines de la rive sud de la Méditerranée, la Colliote, inaugurée en 1958 par monsieur Falcone.

Transports

A 71 km à l'ouest de Skikda et à une centaine à l'est de Jijel, Collo est desservi par les bus au départ d'Alger, Sétif, Jijel, Annaba...

Se loger

■ **AUBERGE DE JEUNESSE**
Baie des Jeunes Filles
Centre de Collo ✆ +213 38 71 75 24
100 DA par personne.
Ouverte depuis 2005. Chambres assez propres mais manque de propreté dans les douches et sanitaires. Bien située (sur la plage).

■ **BOUGAROUN**
Rue Rouibah-Tahar
Aïn El-Doula ✆ +213 38 71 70 00
Comptez 3 200 DA la chambre single et 4 000 DA la double.
Chambres simples mais confortables. Restaurant, piscine et plage privée. Proche de la mer.

■ **ERRASHIDY RESIDENCE**
Baie des Jeunes Filles
Centre de Collo
✆ +213 38 71 88 22 / +213 7 71 35 33 23
www.errashidy.com
A partir de 2 500 DA l'appartement.
Studios et petits appartements avec terrasse, les pieds dans l'eau. Service correct.

EL KALA

A 87 km à l'est d'Annaba, sur la route de la Tunisie, La Calle vivait autrefois de la récolte du corail au large de ses côtes. La petite ville fut en réalité la première implantation française en Afrique du Nord puisque, en 1524, des

commerçants marseillais ayant obtenu l'exclusivité de l'exploitation du corail créèrent dans la baie un comptoir pour faire concurrence aux Génois et aux Vénitiens. Après 1830, il fit tout naturellement partie des territoires conquis.
Aujourd'hui, La Calle ou El-Kala est toujours aussi bondé en été et on aime se balader le long du petit port et de ses terrasses animées près de la jolie église de pierre blonde. Chaque année, au mois d'août, on célèbre encore le corail qui n'est presque plus récolté pour des raisons écologiques. C'est l'occasion de réunir pêcheurs, artisans et vendeurs de bijoux, notamment ceux d'Ath Yenni qui étaient traditionnellement ornés de ce corail aux couleurs riches. On trouve également des objets en bois de bruyère, un ancien artisanat de la ville.

Se loger

■ **HÔTEL LE MOULIN**
✆ +213 38 66 07 51 / +213 38 66 20 08
5 000 DA la simple, 5 500 DA la double.
Bel hôtel récent près de l'ancien moulin. Clair et moderne. Chambres confortables et élégantes. Certaines ont vue sur mer et sont dotées d'un balcon ou d'une terrasse. Climatiseur, TV, réfrigérateur. Restaurant, cafétéria. Piscine.

À voir – À faire

Le climat humide de la région a favorisé la persistance de lacs et de marécages qui abritent différents écosystèmes précieux protégés par le parc national d'El-Kala qui couvre presque tout l'ensemble du territoire compris entre Annaba et la frontière tunisienne. L'aire de protection, créée en 1983, a été classée en 1990 patrimoine national et culturel international et réserve de la biosphère par l'Unesco. Des postes d'observation sur la droite de la route, on observe en particulier des oiseaux migrateurs qui y font halte. De la route côtière qui passe par El-Kala, on peut apercevoir, dans l'ordre, les lacs des Oiseaux juste après Ben-Mehidi, Melah (eau salée), Oubeira (eau douce) et Tonga (eau saumâtre) à la hauteur d'El-Kala.Cap Rosa, avec son phare, est une des plus belles plages de la côte.

AU SUD D'ANNABA

GUELMA

A presque 300 m d'altitude, sur les pentes d'une colline, Guelma borde la route Constantine-Annaba. Ancienne ville numide, elle devient romaine au Ier siècle avant J.-C., suite à la victoire de César contre Juba Ier, et prend le nom de Calama.
Aujourd'hui, la ville vit de l'élevage et de cultures céréalières ainsi que d'usines de transformation et de la fabrication de porcelaine utilisant le kaolin des gisements du djebel Debagh.

Transports

A 115 km à l'est de Constantine, 65 km au sud-ouest d'Annaba et à 540 km au sud-est d'Alger, Guelma est desservie par les bus et les taxis venant de ses grandes voisines.

Pratique

■ **OFFICE DE TOURISME**
Boulevard de l'ALN
✆ +213 37 26 59 21

Se loger

■ **HAMMAM CHELLALA (EX-MESKOUTINE)** ✆ +213 37 22 80 26
A partir de 3 650 DA.
Sur le site même du centre de cure, à 20 km du centre de Guelma. Chambres confortables et bien équipées.

■ **HÔTEL MERMOURA**
1, avenue Ali-Chorfi ✆ +213 37 26 26 26
Comptez 4 500 DA la single et 5 600 DA la double. Repas au restaurant : 1 800 DA en moyenne.
Bel établissement étatique doté de chambres confortables et bien équipées. Restaurant, bar, piscine, salle de conférence. En centre-ville.

À voir – À faire

De son passé romain prospère, la ville a conservé de nombreux vestiges dont un théâtre où le mur de scène est dans un excellent état parce qu'il a été entièrement restauré au début du XXe siècle. Des statues d'Esculape ou de Neptune impressionnent encore. Le musée accueille d'intéressants vestiges mis au jour lors de fouilles menées dans les alentours de Guelma et de Souk-Ahras.A quelques kilomètres au nord de Guelma, patrie de Houari Boumedienne, le site d'Héliopolis est réputé pour la culture d'oliviers et d'orangers qui jouissent ici d'un climat idéal. Juste à côté, à Hammam Berda, une piscine circulaire datant de la période romaine est toujours en service.

ANNOUNA

Les ruines romaines d'Announa, l'ancien Thibilis, sont situées à l'est de la route Constantine-Annaba, à quelques kilomètres au sud de Guelma. Il n'y a plus grand-chose à voir en dehors de quelques fûts de colonnes ou les structures de portes ouvertes sur la solitude du site mais ce peut être l'occasion d'une pause…

HAMMAM CHELLALA (EX-MESKOUTINE)

A 15 km à l'ouest de Guelma, là où des sources d'eau chaude jaillissent hors de terre à une température de 90 °C, l'une des plus élevées de la planète, la nature a créé un paysage éminemment dramatique. Ce sont des cônes rocheux gris ou des ruisseaux blancs du calcaire déposé par l'eau jusqu'à une grande cascade qui tombe d'une vingtaine de mètres de hauteur sur une largeur de 40 m où, là aussi, le calcaire et l'érosion ont sculpté d'étranges formes mises en valeur par la vapeur émise par l'eau presque bouillonnante. Le site est fantastique.Sinon, on vient à Hammam Chellala mijoter dans une grande étuve ou dans les bassins naturels pour soigner des rhumatismes ou des varices dans une eau légèrement radioactive contenant du soufre, du fer, du sodium et des chlorures.

SOUK-AHRAS

Souk-Ahras est l'ancien Thagaste, une ancienne ville numide érigée en colonie romaine vers la fin du Ier siècle après J.-C., fréquentée par le jeune saint Augustin.

Au carrefour des routes qui relient l'est de l'Algérie à la Tunisie, Souk-Ahras est une ville moderne qui a conservé de nombreux vestiges de son prestigieux passé.

Transports

A 615 km à l'est d'Alger, à 95 km au sud d'Annaba et à 165 km à l'est de Constantine.

Se loger

EL EMIR

Boulevard Emir-Abdelkader
Route de Constantine
✆ +213 37 47 58 01
✆ +213 37 47 58 02
hotel_emir12000@yahoo.fr
A partir de 1 700 DA la chambre (simple ou double).
Propre et spacieux, une partie des chambres sont rénovées. Une belle adresse. wi-fi dans toutes les chambres. Restaurant. Parking.

À voir – À faire

Outre d'importants vestiges archéologiques (ruines romaines, mausolées, théâtre, thermes, basilique chrétienne et fort byzantin), on visite le musée de Saint-Augustin dans la crypte de l'église qui abrite quelques statues en marbre (Esculape, Hercule et Sylvain) et des stèles votives portant des inscriptions libyques et latines. Un autre musée, au théâtre, accueille quant à lui des objets, des mosaïques et des sculptures en provenance de Madaure, de Khemissa, d'Announa et de Guelma.Dans la cour de l'hôtel de ville, un olivier dresse ses branches noueuses. On dit qu'il est contemporain de saint Augustin.

M'DAOUROUCH

A une trentaine de kilomètres au sud de Souk-Ahras, sur la route de Tébessa, c'est ici qu'est né le philosophe Apullée (125-170, œuvres principales : *Métamorphoses ou l'Ane d'or*) et qu'étaient situées les écoles qui faisaient la renommée de Thagaste et où saint Augustin fit ses études. A voir parmi les vestiges datant plus ou moins de cette époque : ruines romaines, mausolée, théâtre, thermes, basilique chrétienne, fort byzantin et les restes de moulins à huile. Le site est magnifique, surtout au début du printemps quand il se couvre de violettes qui ont donné son surnom à « Madaure la mauve ».

KHEMISSA

Située à 37 km au sud-ouest de Souk-Ahras, sur une petite route qui rejoint l'axe Guelma-Aïn Beida, Khemissa s'appelait Thubursicum Numidarium sous le règne de Trajan. C'est un site méconnu qui mérite d'être découvert. Entre autres vestiges, on peut observer le forum, le capitole, les grands thermes, un arc de triomphe à trois portes, le théâtre, une porte monumentale, la basilique et le fort byzantin. On se baigne encore dans une piscine datant de l'époque romaine. A proximité, Ksar Tifech est une ancienne citadelle protégée par un rempart dominé par dix tours carrées.

TÉBESSA

Au départ de Souk-Ahras, on pénètre dans la plus importante région minière du pays qui précède la frontière avec le sud tunisien (Gafsa, Gabès, Djerba). Tébessa, l'antique Théveste, est remarquable pour abriter un riche ensemble archéologique. Autour de la ville courent des remparts érigés en 535 par un général byzantin qui les fit renforcer par treize tours. Parmi elles, un arc de triomphe majestueux dédié à Caracalla date de 214. Tout près, un temple du IIIe siècle abrite une collection de vestiges mis au jour dans la région. L'amphithéâtre (IVe siècle) est tout aussi bien conservé, tout comme l'ensemble basilical blotti au pied d'une basilique chrétienne. Les différentes chapelles, baptistères, catacombes et jardins étaient protégés par un mur d'enceinte.

Transports

La région entre Tébessa et El Oued souffre du trafic avec la Tunisie de nombreux produits, dont le carburant, qui demeure moins cher en Algérie. Les pompes sont donc souvent à sec dans cette région frontalière. Préférez faire la queue (parfois interminable) à une station approvisionnée à Tébessa, plutôt que de continuer la route vers El Oued en espérant trouver une station. Le dernier recours si vous ne trouvez aucun approvisionnement sur la route sera le marché noir…

Se loger

Les vestiges de l'antique Theveste peuvent amener à faire une escale à Tébessa. Plusieurs petits hôtels se situent dans le centre-ville. Le seul hôtel à vocation touristique reste l'Emir, qui possède son restaurant.

HÔTEL CARACALLA
Chemin des Oliviers
✆ +213 37 48 24 79
Comptez 1 000 DA la single et 1 400 DA la double avec douche, TV et clim.
Bien situé, à deux pas de la porte de Caracalla, l'hôtel du même nom est une bonne adresse pour les petits budgets. Chambres spacieuses et claires. La literie est moyenne mais le reste est propre. Grandes salles de bains.

Se restaurer

La spécialité des gargotes de Tébessa paraît être les brochettes-salade… On peut essayer Chez Badis, sur la route de Constantine, et choisir la salade (oignons, pommes de terre, pâtes…) qui accompagnera la volaille.

CHEZ BADIS
Route de Constantine
Comptez 1 000 DA le repas.
Salades (oignons, pommes de terre, pâtes…) et brochettes. Une des meilleures adresses du coin.

CHEZ BADIS
Route de Constantine
Comptez 1 000 DA le repas.
Salades (oignons, pommes de terre, pâtes…) et brochettes. Une des meilleures adresses du coin.

LE SUD

Deux touaregs se reposant au massif du Hoggar.

L'Ouest saharien

Au carrefour des civilisations de la Méditerranée et de l'Afrique, et ancienne route du Soudan occidental, la voie qu'on appelle souvent la « route des oasis » suit la vallée de l'oued Saoura parallèlement au Grand Erg Occidental.

AÏN SEFRA

C'est dans cette ville dont le nom signifie « source jaune » qu'Isabelle Eberhardt s'est installée avant de mourir en octobre 1904 dans les décombres de sa maison au cours d'une crue de l'oued. Au pied du djebel Mekhter dans le massif des monts Ksour, à plus de 1 000 m d'altitude, Aïn Sefra est une oasis entourée de hautes montagnes rouges transformée en poste militaire par les Français qui assuraient ici le contrôle de l'une des portes du Sahara. Une ligne de dunes d'une vingtaine de mètres de hauteur en adoucit les contours aigus. Des peupliers ont été plantés au début du XXe siècle pour contenir le sable qui s'engouffre dans les rues de la ville par jour de grand vent. Mais c'est de l'oued qu'Aïn Sefra doit se méfier. La ville subit régulièrement d'importantes inondations ; la crue d'octobre 2007 avait défiguré le centre et fortement endommagé pont et passerelle.

Transports

Aïn Sefra se situe à 630 km au sud-ouest d'Alger. Station-service à Aïn Sefra et entre Aïn Sefra et Béchar (270 km). Une station-service se trouve entre Rouiba et Moghrar et une autre à Beni Ounif.

GARE FERROVIAIRE
La ligne Oran-Béchar est à nouveau fonctionnelle depuis juillet 2010, avec arrêt à Aïn Sefra.
Départ à 1h50 pour Béchar et à 5h31 pour Oran.

GARE ROUTIÈRE
✆ +213 7 71 59 29 38

Arriver à Aïn Sefra depuis : Alger : départs tous les jours toutes les heures à partir de 7h (ligne Alger-Béchar) ; Oran : à 6h, 7h, 8h ; Béchar : à midi, 13h, 14h, 15h30, 16h30.

Partir d'Aïn Sefra pour : Alger : nombreux départs quotidiens (1 100 DA) ; Béchar : départs quotidiens toutes les heures de 5h à 23h (250 DA) ; Adrar : 18h, 19h, 23h (900 DA) ; Oran : 8h, 14h, minuit (550 DA) ; Tlemcen : 4h (400 DA) ; Ouargla, Ghardaia, Hassi Messaoud : 19h (1 000 DA) ; liaisons quotidiennes également vers Tindouf, Constantine, Sétif.

Pratique

GUIDE CHAUFFEUR ABDELKHALED GORDO
9 rue du 1er-Novembre-1954
AÏN SEFRA
✆ +213 7 72 88 07 87
Guide sérieux et professionnel.

Se loger

AUBERGE DE JEUNESSE
Tiout
✆ +213 49 76 31 70
200 DA la nuit.
A une petite dizaine de kilomètres d'Aïn Sefra. Dortoirs et chambres privées. Parking.

EL HIDAB
Centre d'Aïn Sefra
✆ +213 49 76 17 22
Comptez 700 DA la single, 1 000 DA la double.
Chambres basiques avec lavabo. Toilettes sur le palier. Douches au rez-de-chaussée.

À voir – À faire

Aïn Sefra est le point de départ d'un voyage dans le temps. En suivant la route qui mène à El-Bayadh, à mi-chemin de Laghouat, on est fréquemment arrêté par des sites archéologiques où les gravures du néolithique sont en bon état de conservation. A l'est d'Aïn Sefra, le village de Tiout bénéficie de la présence de sources qui ont permis la création de jardins où l'on cultive surtout des arbres fruitiers. C'est aussi une halte pour les oiseaux migrateurs. A proximité, près du carrefour avec la route Aïn Sefra-El-Bayadh, on a retrouvé des gravures représentant, entre autres, un groupe de trois grands éléphants esquissés il y a quelque 5 000 ans sur une falaise de grès sombre. A environ 3 km de là, une forêt fossilisée gît dans le silence

Isabelle Eberhardt

Elle est née à Genève en 1877 d'une mère juive allemande et d'un père d'origine arménienne. En 1897, elle rejoint en Algérie son frère engagé dans la légion étrangère. Séduite par l'islam et la vie des nomades, elle se convertit, se marie en 1900 avec Slimane Ehni à El-Oued et se déguise en homme pour mieux découvrir le pays où elle ne passera que sept ans puisqu'elle meurt à Aïn Sefra en octobre 1904 lors d'une crue de l'oued. Les textes qu'elle écrit pendant son séjour, regroupés dans *Ecrits sur le sable* (Grasset), constituent l'un des meilleurs témoignages de la vie algérienne et de la pratique de l'islam au début du XXe siècle sans verser dans l'orientalisme qui avait encore cours dans les milieux artistiques français.

A lire : *Un amour d'Algérie* de Marie-Odile Delacour et Jean-René Huleu (Joëlle Losfeld, 1998). Les deux journalistes, amoureux d'Isabelle, sont partis en Algérie sur ses traces après avoir travaillé à l'édition ou la réédition de ses textes. *Un Désir d'Orient : jeunesse d'Isabelle Eberhardt, 1877-1899* et *Nomade j'étais : Les Années africaines d'Isabelle Eberhardt, 1899 - 1904* d'Edmonde Charles-Roux (Grasset, 1988 et 1995) : 1 400 pages et des photos inédites pour vivre quelques instants aux côtés de l'intrigante aventurière. *Si Mahmoud ou la renaissance d'Isabelle Eberhardt* de Catherine Stoll-Simon (Emina Soleil et Alpha éditions).

depuis des milliers d'années. Nombre de ksour des environs, à Asla par exemple, sont en cours de rénovation.D'autres gravures, cette fois-ci sur grès rouge, sont en meilleur état à Ahdjira Mahisserat (Djebel Mahisser), à 5 km d'Aïn Sefra. Elles représentent un éléphant, dont une patte relevée suggère depuis au moins 8 000 ans la marche, et un lion. Le plus important groupe de gravures rupestres se trouve à Hadjerat Mektoubat où Henri Lhote (1903-1991) a recensé pas moins de 2 000 figures humaines ou animales. Des dessins abstraits laissent penser qu'on y célébrait certains rites cultuels.Dans la région, d'autres sites tout aussi intéressants – on en compterait 500 ! – égrènent leurs « pierres écrites ». A Rouissat Edjir, à une cinquantaine de kilomètres au sud-ouest de Aïn Sefra, près de Sfissifa, on a retrouvé 51 ossements d'un bébé dinosaure long d'une dizaine de mètres, un sauropode surnommé, malgré son jeune âge, « Géant des ksour ». Une structure muséale abrite les restes. A Aïn Ouarka, dans un cratère volcanique aux couleurs incroyables, presque andines, des sources chaudes font la réputation de la station thermale.On aboutit enfin à El-Bayadh qui se trouve déjà dans le Djebel Amour, à plus de 1 200 m d'altitude, dans une région depuis presque toujours consacrée à l'élevage. La plupart des gravures rupestres des environs témoignent de cette activité (Hadjera Driess, Faoudji Tamara ou Smerdoufa).

TOMBE D'ISABELLE EBERHARDT

A voir, l'émouvante tombe d'Isabelle Eberhardt dans le cimetière musulman de Sidi Boudjemâa, à l'ouest d'Aïn Sefra. Se renseigner auprès des sœurs franciscaines (15, rue du Mekhter 45200 Aïn Sefra ✆ 049 76 49 13 ou 77 20 21).

GRAND ERG OCCIDENTAL

Océan de dunes qui dépassent souvent les 100 m de hauteur et dont la plus élevée culmine à 670 m au-dessus du niveau de la mer, le Grand Erg Occidental (80 000 m^2) se situe au sud-est de l'Atlas saharien, au nord du plateau du Tademaït et à l'est de l'oued Saoura. C'est dans ce vaste espace dunaire que se déploient les plus belles oasis comme Igli, Taghit et Beni-Abbès dans la région de la Saoura ou Timimoun dans le Gourara. Au sud, la route du Grand Erg Occidental se poursuit vers Adrar et le Touat.

Le Grand Sud

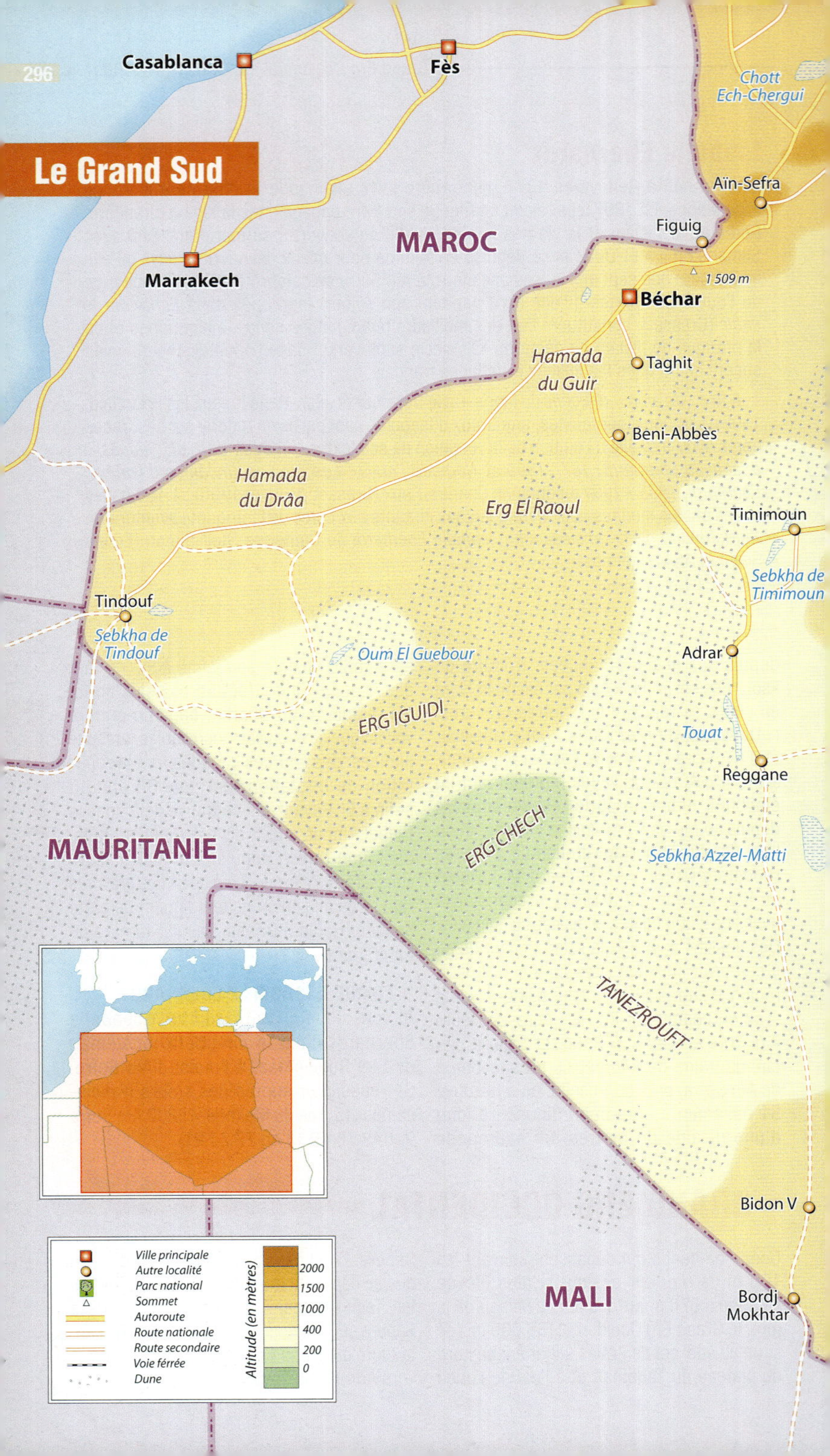
Casablanca
Fès
Marrakech
MAROC
Chott Ech-Chergui
Aïn-Sefra
Figuig
1 509 m
Béchar
Taghit
Hamada du Guir
Beni-Abbès
Hamada du Drâa
Erg El Raoul
Timimoun
Sebkha de Timimoun
Tindouf
Sebkha de Tindouf
Oum El Guebour
Adrar
ERG IGUIDI
Touat
Reggane
ERG CHECH
Sebkha Azzel-Matti
MAURITANIE
TANEZROUFT
Bidon V
MALI
Bordj Mokhtar
Ville principale
Autre localité
Parc national
Sommet
Autoroute
Route nationale
Route secondaire
Voie ferrée
Dune
Altitude (en mètres)
2000
1500
1000
400
200
0

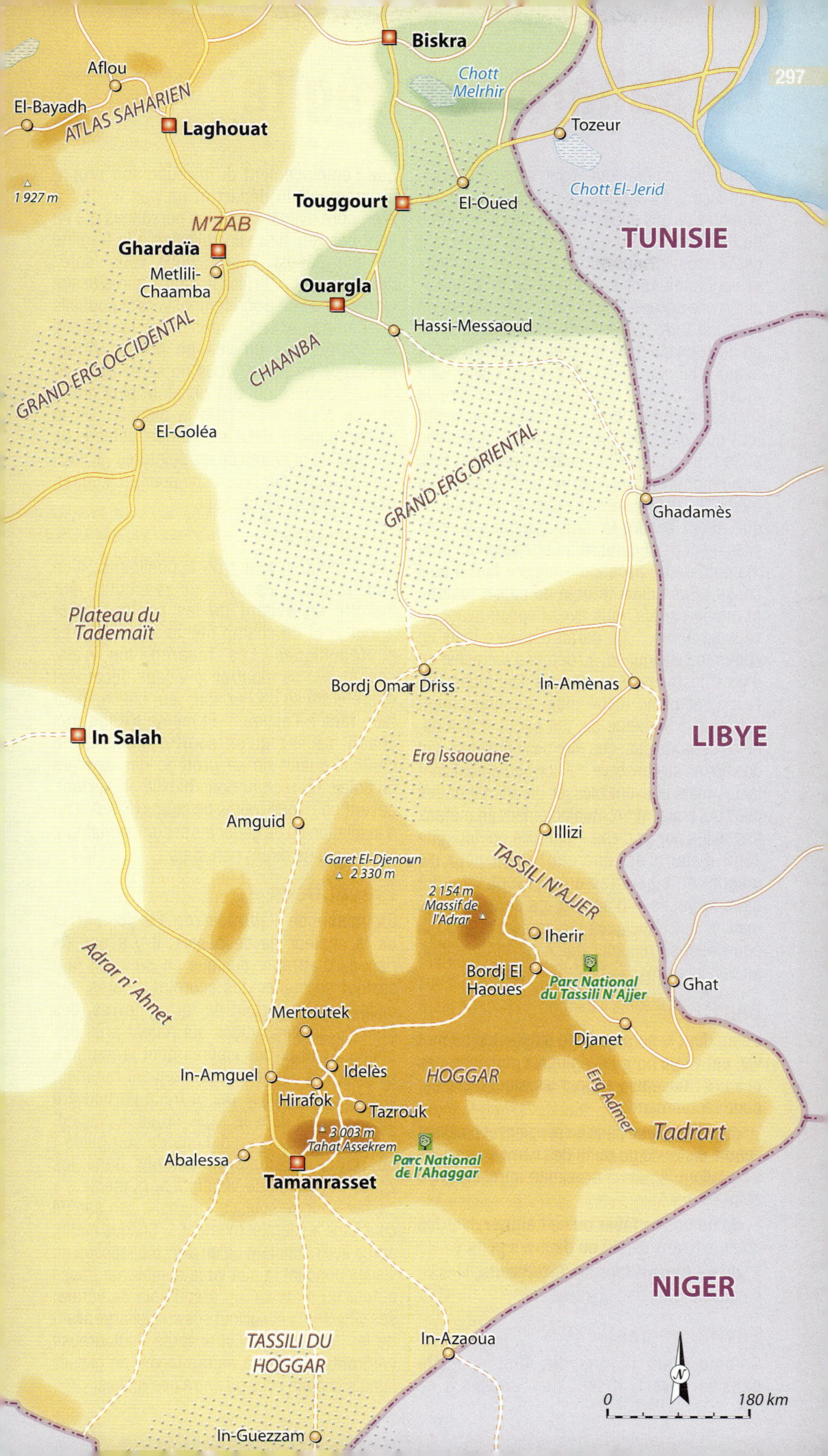
Biskra
Aflou
El-Bayadh
ATLAS SAHARIEN
Laghouat
Chott Melrhir
Tozeur
Chott El-Jerid
1 927 m
Touggourt
El-Oued
M'ZAB
Ghardaïa
TUNISIE
Metlili-Chaamba
Ouargla
Hassi-Messaoud
GRAND ERG OCCIDENTAL
CHAANBA
El-Goléa
GRAND ERG ORIENTAL
Ghadamès
Plateau du Tademaït
Bordj Omar Driss
In-Amènas
In Salah
LIBYE
Erg Issaouane
Amguid
Illizi
Garet El-Djenoun
2 330 m
TASSILI N'AJJER
2 154 m
Massif de l'Adrar
Iherir
Adrar n' Ahnet
Bordj El Haoues
Parc National du Tassili N'Ajjer
Ghat
Mertoutek
Djanet
In-Amguel
Idelès
HOGGAR
Hirafok
Tazrouk
Erg Admer
Tadrart
3 003 m
Tahat Assekrem
Abalessa
Parc National de l'Ahaggar
Tamanrasset
NIGER
TASSILI DU HOGGAR
In-Azaoua
N
0
180 km
In-Guezzam

Le Sahara est fragile

Immuable, minéral, pur et dur, sans pitié, isolé, immense… Le Sahara paraît peu sensible aux atteintes de nos misérables petites silhouettes de touristes mais il n'y a pas plus fragile que ces « écosystèmes où les espèces animales et végétales sont à la limite de la survie », comme le déclare Daniel Popp, cofondateur de l'agence Terre d'Aventures. Théodore Monod, un de ceux qui nous a initiés au désert, disait quant à lui que le désert est une église, une mosquée ou une synagogue. C'est dire le respect qu'on lui doit… Il faut savoir avant tout que dans cet environnement hyper sec où le taux d'humidité dépasse rarement 5 % rien ne pourrit donc rien ne se dégrade. Pas même les épluchures de fruits et de légumes qui seront encore là dans quelques mois si elles n'ont pas intéressé un oiseau ou un petit mammifère de passage – encore faut-il qu'il passe ! Pas même le bout de papier toilette, ni même ce que vous avez déposé avant de vous en servir… Ça paraît dérisoire mais on comprend vite quand, au détour d'un rocher ou d'un arbuste, on découvre une fleur incongrue de papier blanc taché mais soigneusement chiffonné ! Si même ça, qui paraît si naturel, ne se dégrade pas, que dire des emballages et des boîtes de conserve qui non seulement sont laides mais peuvent blesser un animal et des piles qui polluent irrémédiablement en métaux lourds les points d'eau – une pile bouton gâte 1 m^3 d'eau, c'est énorme ! Idem pour les mégots de cigarettes qui peuvent attendre dans la poche – d'accord, ça sent mauvais mais… Voici quelques recommandations qui pourraient se résumer par « ne rien prendre, ne rien laisser » :

Eau

L'eau, dont le nom berbère ressemble au mot vie, est vitale pour les animaux, les nomades et leurs troupeaux, et pour les touristes. Il est donc recommandé :

- **de puiser l'eau** dans un récipient et d'utiliser l'eau à distance du puits (les campements ne s'installent jamais à proximité immédiate du point d'eau).
- **de ne pas se laver ou se baigner** dans les gueltas (plans d'eau) ou dans les puits.
- **de ne pas utiliser de détergents,** lessive ou savon, près des points d'eau.

Environnement

Comme nous l'avons dit, tout subsiste dans le désert. Il faut donc veiller à ce que l'emplacement du bivouac soit propre au moment du départ et ne pas hésiter à reprendre avec humour les personnes qui ne sont pas toujours sensibilisées à la fragilité de leur désert. Quand vous vous isolez derrière un abri, brûlez le papier après usage ou rapportez-le discrètement vers la poubelle du campement. Si vous avez la chance de tomber sur un vestige préhistorique, laissez-le en place. Vous ne serez pas l'un de ces pilleurs qui ont razzié le plus grand musée à ciel ouvert de la planète. De la même manière, il est absolument défendu de toucher les gravures ou les peintures. Si vous devez monter sur une roche pour en admirer, mieux vaut se déchausser.

Hospitalité

Les nomades sont très accueillants, n'en abusez pas ! Essayez de respecter leur intimité en évitant de les photographier à tout bout de champ même s'ils sont très photogéniques. Les Touareg, les vrais, aiment peu se montrer le visage découvert et préfèrent se cacher sous leur chèche pour faire face à l'appareil. Et même s'il fait très chaud, sachez qu'on souffre moins de la chaleur quand on se protège des ardeurs du soleil. En restant donc habillé et, surtout, décent on risque moins de coups de soleil ou d'insolation ou de gêner les accompagnateurs locaux qui ne diront rien mais…

Précautions

En raison de l'altitude, de l'isolement et de la chaleur de ce désert, il y a peu de risques d'attraper quelque chose ici. Il faut surtout se méfier des scorpions, rares, qui occasionnent surtout de fortes fièvres, des grosses guêpes rouges qui rôdent près des points d'eau et des vipères dont la morsure est mortelle. Elle est heureusement rarement visible et s'annonce par la trace particulière qu'elle laisse dans le sable en se déplaçant. Suivre les recommandations de son guide : ne pas s'introduire ni camper dans les zones couvertes de végétation, ni même s'y cacher pour se soulager, dérouler son sac de couchage au dernier moment… Chaque matin, après avoir constaté qu'on a reçu beaucoup de visites pendant la nuit vu le nombre de traces autour du matelas, on prend soin de vérifier ses vêtements et surtout ses chaussures avant de les enfiler pour éviter toute douloureuse confrontation. De la même façon, ne glissez jamais la main sous ou entre des roches…

BÉCHAR

Après 1962, la capitale de la Saoura, halte sur l'axe Oran-Mali, a perdu depuis 1962 Colomb, la partie de son nom qui célébrait la mémoire d'un officier-explorateur. Edifiée sur un versant du Djebel Bechar, à 780 m d'altitude, la cité bénéficie de la proximité de gisements de minerais et de sa position au carrefour de plusieurs routes sahariennes entre le Haut Guir, le Tafilalet, les oasis de la Saoura, du Touat et du Gourara, le Mali et la Mauritanie.
La ville en elle-même est de création assez récente et on découvre une certaine modernité dans ses rues tracées au cordeau. Au centre, on arpente l'ancienne ville, à l'est le quartier populaire et populeux de Debdaba, au sud Bechar Djedid (« la grande ») appelé jadis Bidon II. La palmeraie, le long de l'oued, dépérit peu à peu.

Transports

A presque 1 000 km au sud-ouest d'Alger, 800 km au sud d'Oran, 270 km au sud-ouest d'Aïn Sefra et à 250 km au nord de Béni-Abbès, Béchar est desservi par la route et les bus ou taxis collectifs et par avion au départ d'Alger et d'Oran. Il n'y a pas de station-service entre Béchar et Taghit, prévoir donc le carburant nécessaire.

Comment y accéder et en partir

AÉROPORT AKID-LOTFI
✆ +213 49 81 61 00
Plusieurs rotations par semaine Alger/Béchar et Oran/Béchar avec les compagnies Air Algérie et Tassili Airlines (seulement depuis et vers Alger).

AIR ALGÉRIE
Place de la République
✆ +213 49 81 65 65
www.airalgerie.dz

GARE FERROVIAIRE
La ligne Béchar-Oran est à nouveau fonctionnelle depuis juillet 2010.
Tous les jours, départ de Béchar à 18h50, arrivée à Oran à 6h31, départ d'Oran à 18h25, arrivée à 6h20 à Bécha.

GARE ROUTIÈRE
Route de Taghit
Bus pour Adrar : 17h et 20h (640 DA) ; Tlemcen : plusieurs départs par jour (740 DA) ; Alger : nombreux départs chaque jour (1 440 DA) ; Oran : 5h, 20h, 21h (840 DA) mais encore Tindouf, Chlef, Batna, Constantine... Pour Béni-Abbès : gare au niveau de la mosquée des Martyrs. Pour Timimoun : gare de Ben Bouziane. Pour Taghit : Hai Essalam.

TASSILI AIRLINES
www.tassiliairlines.aero
2 rotations par semaine Alger/Béchar.

Se déplacer

RADIO TAXI
✆ +213 49 81 11 11 / +213 49 81 22 22
Taxis très efficaces. Se déplacent dans toute la ville.

TAXIS
Cité Kharassa
Destinations : Oran, Alger et Timimoun.

Pratique

Plusieurs banques (BNA, CPA, CNEP...) autour de la place de la République.

AGENCE DE TOURISME AKACEM
Place de la République
✆ +213 49 83 27 27
Séjours dans la ville et dans la région.

OFFICE DE TOURISME
6, avenue de l'Aspirant-Djamel
✆ +213 49 71 23 36

Se loger

L'offre en matière de logement est plutôt restreinte à Béchar et la qualité des adresses est assez moyenne en général.

Bien et pas cher

AUBERGE DE JEUNESSE ERRIADHI
Hai Erriadhi
✆ +213 7 96 77 31 20
100 DA par personne.
Auberge au confort très sommaire. Dortoirs et chambres. Pas de climatisation. Salle d'eau et toilettes communes. Accueil sympathique.

HÔTEL PALMERAIE
Hai Kadissia
Près de l'auberge Erriadhi
De 400 à 1 100 DA la single et de 600 à 1 300 DA la double, selon équipement.
Un hôtel simple pour dépanner, sans doute le meilleur dans la catégorie. Comme pour tous les petits hôtels du pays, mieux vaut amener sa paire de draps ou avoir le cœur bien accroché : propreté de la literie très moyenne. Douches et toilettes sur le palier (assez propres).

Confort ou charme

HÔTEL ANTAR
Rue du 1er-Novembre-54
✆ +213 49 81 71 61 / +213 49 81 71 63
antarhotel@egtouest.com
A partir de 3 500 DA la simple et 4 500 DA la double.
Dans le centre de Béchar, au début de la route de Béni-Abbès. Confort minimal et vieilli pour cet ex-Transat dont la déco, où même la poussière doit être vintage, a connu de meilleurs jours.

HÔTEL EL MADANIA
26, rue Brahim-Ben-Mohamed
✆ +213 49 81 81 25 / +213 49 81 81 26
Compter 1 800 DA la simple, 2 800 DA la double.
Dans le centre également. Très vieillot mais assez propre. Location de véhicules.

HÔTEL MAGHREB ARABE
5, Hai-Salem
✆ +213 49 83 19 10
Comptez 1 500 DA la chambre simple, 2 000 DA la double.
Bien situé, non loin de l'aéroport et face à la gare routière. Chambres un peu étroites mais bien équipées (clim, TV) et assez propres. Cafétéria, parking. Restaurant (sans doute le meilleur de la ville) : méchouis, grillades, m'hammar… Comptez 500 DA le plat.

À voir – À faire

Béchar est une ville d'expansion récente aux allures plutôt modernes, le ksar aux rues couvertes est ce qui reste de la partie la plus ancienne en bordure de la place de la République. La place du Marché couvert, au centre même du quartier le plus animé, est marquée d'un minaret hexagonal. Tout près, une ancienne église est surmontée d'un haut clocher blanc. De là, on peut descendre vers l'oued et la palmeraie qui compte plus de 20 000 palmiers-dattiers.Quelques scènes du film *Indigènes* (Rachid Bouchareb, 2006) ont été tournées à Béchar.A 5 km au nord de Béchar, à Ouagda, un important ksar relativement bien conservé a été édifié par des Chleuhs du Maroc. Pas loin, ce sont les charmants ksour (dits du nord Boukais, Lahmar et Mougheul) qui après avoir été rénovés voient une nouvelle vie se développer.Béchar doit son développement aux gisements de charbon de Kenadsa, aujourd'hui vestiges touristiques, exploités à partir de l'arrivée du chemin de fer en 1907. A 20 km à l'ouest de Béchar, les ruelles du ksar aux mosaïques joliment conservées se visitent agréablement.A 90 km au sud de Béchar, sur la route de Béni-Abbès juste avant l'embranchement pour Tindouf, Abadla marque comme une rupture dans le désert : le barrage Djorf Torba construit à partir de 1962 sur l'oued Guir qui descend de la hamada du même nom a permis la culture de céréales dont les champs ondulent à perte de vue. C'est le plus grand barrage du pays et les rives de son lac de retenue sont devenues un lieu de rendez-vous prisé. Tout près de là, Hamaguir a été le premier site de lancement de satellites français en 1965.Au mois de mai à Béchar, ne pas manquer le festival national de la musique et de la danse gnawa.

TINDOUF

820 km de route quasi rectiligne séparent Béchar et Tindouf à l'extrême pointe sud-ouest de l'Algérie mais le chef-lieu de wilaya ne se visite pas, si ce n'est par quelques rares représentants d'organisations humanitaires quand ils y sont autorisés. Il s'agit d'un ensemble de ksour reliés par une grande palmeraie qui tire aujourd'hui ses revenus du gisement de fer à ciel ouvert de Gara Djebilet à 120 km. La ville s'anime cependant au mois de mai au moment du mouggar, la foire.
Mais à côté de cette apparente tranquillité, Tindouf est au centre d'une polémique qui divise Algérie et Maroc. La région compte plusieurs camps de réfugiés venus du Sahara occidental annexé par le royaume du Maroc en 1975 au lendemain du départ des Espagnols. L'Algérie reconnaît alors l'indépendance du territoire et soutient les indépendantistes sahraouis du Front Polisario (Frente Popular de Liberación de Saguía el-Hamra y Río de Oro). 40 ans après, les camps où vivraient 165 000 réfugiés dans les pires conditions sont encore là…

TAGHITH

A 90 km au sud de Béchar et à 1 400 km au sud-ouest d'Alger, Taghit est un peu à l'écart de la route principale, en bordure de la Zouzfana qui se confond plus au sud avec l'oued Saoura, mais quelle renommée ! Révélée du haut de la route qui descend d'un plateau rocheux, il s'agirait là de la plus belle oasis du Grand Erg Occidental et même du Sahara. Déjà grand centre de civilisation néolithique comme en témoignent les silex taillés et les nombreuses gravures animalières retrouvés ici, la palmeraie de Taghit, son vieux ksar et ses maisons de toub rouge semblent blotties au creux des dunes dorées qui s'alanguissent sur encore 600 km. Déserté par ses habitants, le vieux ksar est pourtant un bijou architectural et patrimonial, sauvegardé par quelques jeunes et moins jeunes, qui, conscients de sa valeur culturelle et historique, ont décidé de réhabiliter les lieux. Plusieurs maisons du ksar ont été restaurées à la manière traditionnelle (technique de l'argile) grâce à des chantiers de coopération. Les inondations de 2009 ont fait beaucoup de dégâts, mais la motivation des nouveaux habitants du ksar est toujours là ; le son du oud résonne encore dans les maisons aux épais murs d'argile et le thé frémit continuellement sur le feu. Pour visiter le ksar, rendez-vous à la Maison des artistes (à l'intérieur du ksar, contact : Salah au 06 96 27 01 77). Créée sous l'impulsion de Slim, artisan fabricant d'instruments de musique traditionnels (guembri, bendir, percussions...), cette maison est un lieu ouvert où quelques jeunes artistes s'attachent à préserver la culture locale en animant notamment un atelier de fabrication d'instruments.

Taghit est en fait l'un des centres, le plus grand, d'une suite de villages disséminés le long d'une faille creusée par l'oued Zouzfana (Zaouia Fougania, Taghit, Berrika, Barrebi, Bakhti Et Zaouia Tahtania). A l'origine, on avait bâti les ksour en contrebas de l'escarpement qui protège la vallée. En bordure de l'oued, la palmeraie longue d'une vingtaine de kilomètres abrite des jardins où il fait bon flâner. De Taghit, où on pourrait s'attarder sans problème, les possibilités sont nombreuses : traversée du Grand Erg Occidental, ski ou simples balades initiatiques dans les superbes dunes, contemplation de la mer de sable et du coucher de soleil, bivouacs, découverte de gravures (à 18 km) et de peintures rupestres (Barrebi) dont certaines ont été abîmées par des graffitis idiots. Le Grand Erg, quant à lui, loin d'être une étendue stérile de dunes, abrite des forêts pétrifiées, des puits naturels comme celui de Titaouine (Hasi Rahou, 2 heures) et des sites préhistoriques (à environ 60 km de l'oasis). On croit apercevoir Taghit dans quelques scènes du début du film *Indigènes* de Rachid Bouchareb (2006).

Fin octobre, Taghit fête le moussem qui célèbre la fin de la récolte des dattes. Envahi lors du réveillon du nouvel an pour ses soirées « gnawa », Taghit est devenu en quelques années une destination privilégiée d'une jeunesse algéroise, en quête d'exotisme. Pendant la période estivale, alors que les touristes envahissent le littoral, Taghit et sa région ne sont fréquentés que pour leurs bains de sable (*rdim*), pratique thérapeutique ancestrale soulageant les rhumatismes. En route pour Béni-Abbès, ne pas manquer de faire une pause dans la belle palmeraie d'Igli (68 km au sud-est de Taghit). Demandez Chikh, dans le village, si vous disposez d'un peu de temps avant de reprendre la route pour Béni-Abbès : il vous jouera du oud autour d'un bon thé. En décembre 2013, Igli et Taghit ont accueilli la 14e édition du désormais célèbre « marathon des dunes » (plus d'infos sur : www.marathondunes.com) mais l'édition 2014 a été reportée à une date ultérieure par les organisateurs.

Transports

La seule possibilité de rallier Taghit est de prendre une des navettes régulières ou un taxi collectif au départ de Béchar (départs toutes les 45 minutes) ou de Béni-Abbès, à moins de disposer de son propre véhicule. Une station-service se situe à l'entrée de Taghit.

Pratique

■ KADA (ABDELKADER SAHLI)

✆ +213 7 73 27 91 14 / +213 49 85 37 11

Abdelkader Sahli est le « PDG du Grand Erg Occidental ». Il connaît tout et tout le monde et saura vous guider avant de vous jouer un air d'oud. Organisation de bivouacs, randonnées et méharées à la carte : par exemple Taghit-Timimoun : expédition de 15 à 18 jours à travers le Grand Erg, sur la route des ksour et des oasis, ou simple nuit dans les dunes... pour un « entretien mystique » nécessaire avant de retrouver cette « entreprise sociale » qu'est la ville.

Se loger

L'hôtel Taghit dépannera les voyageurs en quête de confort. Cependant à Taghit, on a surtout la possibilité de passer la nuit dans l'une des maisons d'hôtes du ksar ou même dans un « hôtel 1 000 étoiles » : le désert ! Dépaysement garanti.

On compte quelques maisons d'hôtes dans le vieux ksar. Hormis la résidence Loubana, un peu plus aménagée, ces adresses se valent un peu et proposent le même confort (sommaire mais traditionnel et authentique).

Bien et pas cher

■ **AUBERGE DE JEUNESSE**
200 DA par personne.
Dans le centre de Taghit. Rudimentaire. Chambres sans fenêtres et sans clim. Douches communes.

■ **CAMPING DES JEUNES**
Zaouia Fougania
500 DA par personne.
En réalité ce camp ressemble plutôt à une auberge de jeunes puisque l'hébergement est en dur. 16 chambres.

■ **CHEZ MOKADEM**
Vieux Ksar ✆ +213 7 96 75 90 47
800 DA par personne.
Plus spartiate que la suivante, cette auberge est composée de 4 chambres simples et traditionnelles. C'est aujourd'hui la plus grande maison rénovée du ksar. Restauration traditionnelle sur commande.

Confort ou charme

■ **AUBERGE EL KEHF**
Vieux Ksar ✆ +213 7 94 16 92 23
1 000 DA par personne avec petit déjeuner.
Même confort que Chez Mokadem. Composée de 7 chambres, plus petites et plus exiguës que dans les autres auberges mais non moins charmantes. Patio pour soirées musicales. Belle terrasse ombragée.

■ **HÔTEL TAGHIT**
✆ +213 49 86 31 83
taghithotel@egtouest.com
Longtemps en restauration, cet hôtel va rouvrir début 2015. Prix non communiqués au moment de la rédaction de ce guide, téléphonez pour plus d'informations.
La seule adresse valable en ville, en dehors des chambres aménagées dans le vieux ksar. Défraîchi par le temps, l'hôtel a été repris par la chaîne hôtelière El Djazaïr qui l'a complètement rénové et il va rouvrir en 2015. Ce sera sans nul doute un des hôtels les plus confortables de la ville.

■ **LOUBANA**
Vieux Ksar de Taghit
✆ 00 213 5 57 34 75 27 Merouane /
+213 7 75 46 68 18 – loubana08@yahoo.fr
Comptez 1 000 DA par personne avec petit déjeuner.
Sans doute l'auberge la plus accueillante et la mieux équipée. Composée de 7 charmantes petites chambres réparties au rez-de-chaussée et sur la terrasse. L'auberge, restaurée de manière traditionnelle, est joliment et sobrement décorée. Salon, cheminée. Douches et sanitaires communs (très propres) au rez-de-chaussée. Cuisine et soirées traditionnelles. Organisation de circuits. La meilleure adresse pour passer une nuit authentique dans le ksar.

Luxe

■ **BORDJ TAGHIT**
Vieux ksar ✆ +213 49 86 33 67
www.bordjtaghit.com
Comptez 6 000 DA la chambre double.
Perché en haut de l'ancien ksar où s'étend une palmeraie d'une vingtaine de kilomètres, le Bordj Taghit vous accueille dans la tradition des maisons d'hôtes. Hospitalité des hôtes et cadre sublime. La plus belle adresse de Taghit !

Se restaurer

Pour vous restaurer, vous trouverez quelques gargotes dans le centre, près de la place des Martyrs.

BÉNI-ABBÈS

Au sud du Grand Erg Occidental, sur la rive gauche de Saoura qui a donné son nom à la région au sud-est de Béchar, Béni-Abbès est une belle oasis de la Saoura dont l'origine remonterait au XIe siècle, même si des vestiges du paléolithique et du néolithique y ont été retrouvés.

Transports

Au départ de Timimoun, bus tôt le matin avec changement pour bus ou taxi (plus cher) à El-Ouata, une bourgade sur la route de Béchar. Il y a aussi 2 bus par jour pour ou de Béchar et 1 bus quotidien pour Adrar ou pour Taghit.

Se loger

■ **HÔTEL DU GRAND ERG**
✆ +213 49 82 56 30
hotelgranderg@gmail.com
Comptez 2 000 DA la single, 3 000 DA la double. Sans petit déjeuner.
Cet ancien hôtel, qui était à l'origine un des hôtels-relais construits sur la route de Tombouctou par Citroën, vient de rouvrir ses portes. Enfin une alternative à l'hôtel Rym ! L'établissement jouit d'une situation exceptionnelle puisqu'il domine la palmeraie et le ksar de Béni-Abbès. Conçu dans un style saharien, il est composé de chambres assez charmantes et à l'aspect plutôt traditionnel. Les salles de bains sont propres, la literie un

peu moins. Les chambres donnent toutes sur la grande terrasse panoramique qui promet de merveilleux couchers de soleil.

HÔTEL RYM

✆ +213 49 82 42 03 / +213 49 82 42 04
rymhotel@egtouest.com
Comptez 3 500 DA la single et 4 500 DA la double. Petit déjeuner inclus.
L'hôtel étatique, repris par la chaîne créée par l'hôtel Aurassi, a connu de meilleures heures lorsqu'il servit de cadre à quelques scènes du film *Un thé au Sahara*, tourné à la fin des années 1980 par Bernardo Bertolucci d'après le roman éponyme de Paul Bowles.
Toujours ouvert au public, mais dans un état d'abandon, il attend désespérément un important coup de peinture et une nouvelle direction qui tarde à reprendre les rênes. Il se murmure d'ailleurs que l'établissement pourrait bien fermer ses portes début 2015. En attendant, l'hôtel Rym, aux chambres mal entretenues et à l'équipement vieillot (coupure d'eau l'après-midi), dépannera pour la nuit. A défaut de confort, certaines chambres offrent une belle vue sur les dunes… Restaurant, bar, cafétéria.

À voir – À faire

Ceinte de murailles chaulées qui contrastent fortement avec les dunes ocre rouge de l'arrière-plan, la ville moderne de Béni-Abbès surplombe la pente de la Gara Arba, vers l'oued, la palmeraie en arc de cercle – en forme de scorpion dit-on – au pied de la falaise et ses jardins irrigués par un réseau de foggaras. Ces multiples canaux souterrains qui drainent l'humidité souterraine sont soutenus par des puits dont l'antique balancier est aujourd'hui souvent remplacé par une pompe.Au cœur des jardins, agrémentés d'une petite piscine au charme surrané alimentée par une source, le vieux ksar reprend des couleurs et des formes grâce aux jeunes volontés locales qui ont démarré il y a quelques années la restauration des vieilles bâtisses. Leur projet principal est de mettre quelques chambres à la disposition des visiteurs. A suivre… Béni-Abbès est également connue pour la pratique du ski sur les dunes qui surplombent l'hôtel Rym.

CENTRE DE RECHERCHES ET D'ÉTUDES SAHARIENNES

En face de l'hôtel Rym, sur les hauteurs
Ouvert tous les jours sauf vendredi après-midi. Entrée à 20 DA mais quand il n'y a plus de tickets c'est gratuit !
Il s'agit d'un des plus importants centres du genre qui permet d'approfondir la découverte du Sahara au travers d'expositions expliquant aussi bien la formation des dunes que la (sur) vie animale dans des milieux des plus hostiles.

LA FRATERNITÉ

✆ +213 49 82 43 21
Non loin de l'hôtel du Grand Erg.
Téléphonez pour organiser une visite.
A l'automne 1901, Charles de Foucauld, ordonné prêtre en juin, choisit cette petite oasis un peu en dehors de Béni-Abbès pour édifier, de ses mains, un ermitage où, espérait-il, devaient le rejoindre d'autres aspirants à la méditation. Il y vécut quatre ans avant de partir pour le Hoggar. La Fraternité, un peu à l'écart de la ville et entourée par un mur d'argile, a été restaurée en 1935. Les prêtres qui y vivent reçoivent leurs frères et, parfois, des pèlerins de tous horizons qui viennent y chercher la paix de l'esprit en logeant sur place. La chapelle, très humble et propice au recueillement, se distingue par des croix fabriquées à partir de simples bâtons et ses murs enduits de terre. N'hésitez pas à donner de la sonnette pour une pause empreinte de sérénité. L'Ermitage n'accueille pas les pèlerins pendant l'été.

MUSÉE SAHARIEN

Près de l'hôtel Rym, au nord de la ville
Ouvert tous les jours sauf le vendredi après-midi, de 8h à 16h. Entrée gratuite.
Soutenu par le Centre de recherches et d'études sahariennes, le musée de Béni-Abbès, quoiqu'un peu poussiéreux, est l'un des plus intéressants d'Algérie. Les collections minéralogiques et de fossiles, d'objets préhistoriques provenant des fouilles menées à Heded Baba Hatda et à Mahrouma, et d'objets issus de l'artisanat saharien sont importantes.

TIMIMOUN

Dominant une sebkha, un immense lac salé disparu dont le souvenir persiste dans le nom des villages environnants, Timimoun est l'oasis la plus représentative du Gourara, région riche en couleurs et en contrastes, située au sud du Grand Erg Occidental et au nord-ouest du plateau du Tademaït. Ancien marché d'esclaves noirs en provenance du Mali et du Niger, avant que l'esclavage soit aboli en Algérie en 1912, la ville a connu son plus important développement après que le capitaine français Anthénour eut fait édifier au début du XXe siècle la porte du Soudan, le siège de la daïra, la mosquée et l'hôtel. Nombre de natifs de Timimoun ont la peau très sombre, héritage de leurs ancêtres haratins, des esclaves originaires d'Afrique équatoriale.

Transports

Timimoun se trouve à 1 300 km au sud-sud-ouest d'Alger.

AÉROPORT GOURARA
✆ +213 49 90 03 57
A 8 km de Timimoun. Vols hebdomadaires en provenance d'Alger (le dimanche) et d'Oran (le mercredi). L'aéroport d'Adrar (210 km au sud) reçoit plus de vols (4 à 5) venant du nord du pays. Il suffit ensuite de prendre un des nombreux taxis collectifs qui relient les deux villes.

AIR ALGÉRIE
✆ +213 49 90 45 55 – www.airalgerie.dz

BUS
Rue principale, en face de la mosquée
Départs quotidiens pour Béchar, Adrar et Ghardaïa.

GARE ROUTIÈRE
A côté de la mosquée, dans le centre de Timimoun ✆ +213 6 67 84 60 86

Venir à Timimoun depuis Alger : plusieurs départs par jour à 1h, 11h, 13h, 17h, 21h (1 450 DA, 15 heures de voyage) ; Adrar : toutes les heures à partir de 6h (200 DA) ; Béchar : à 8h et 18h30 (600 DA) ; Oran (escale à Ghardaïa) : 7h (1 400 DA).

Partir de Timimoun pour Alger : toutes les heures à partir de 16h jusque 21h ; Béchar : 8h, 18h30 ; Oran (escale à Ghardaïa) : 19h.

Pratique

Dans la rue principale de Timimoun, poste, téléphones publics, Air Algérie, hôpital et Banque nationale d'Algérie (BNA).

Tourisme – Culture

AGENCE DROMAD'AIR
✆ +213 6 66 49 92 01
✆ +213 7 73 13 47 05
contact.dromad_air@yahoo.fr
Une très bonne agence pour l'organisation de séjours dans le Grand Erg Occidental. Découverte de la région en 4x4, VTT, dromadaire ou encore ULM.

AHMED MENNAD
TIMIMOUN
✆ +213 7 74 00 85 88
guideamed@yahoo.fr
Compter 6 000 DA la journée (4x4 et guide). Toute l'année.
L'homme aux 4x4.

GOURARA TOURS
✆ +213 49 90 17 00
✆ +213 7 72 26 62 06
gourarat@gmail.com
L'agence de Mustapha Djebaïli pour organiser un séjour à Timimoun et dans les environs, et plus loin dans le sud.

MAISON D'ARTISTES
(près de la mosquée) Chez Slim
Quartier Tahetayt
Centre
✆ +213 6 96 27 26 95
✆ +213 7 79 79 39 75
freedomart@hotmail.com
Après avoir créé la maison d'Artistes à Taghit, Slim s'installe à Timimoun, où il poursuit son ambition : promouvoir les musiques du Sud et notamment la culture gnawi en préservant les techniques traditionnelles de fabrication d'instruments tout en s'attachant à professionnaliser le métier. Il conçoit notamment des *guembri* pour des musiciens professionnels, dont les besoins actuels l'amènent à mêler ingénieusement la tradition à la modernité. Slim est également guide sur la région.

NEBKA VOYAGES
Rue Larbi-Ben'Mhidi
✆ +213 49 90 00 49
✆ +213 7 71 36 96 83
contact@nebkavoyages.com

OFFICE DE TOURISME
Place de l'Indépendance
✆ +213 49 90 40 80
Renseignements touristiques, dépliants sur la région, artisanat régional... Office de tourisme au personnel très efficace.

ONAT
BP 237
✆ +213 49 90 25 40
✆ +213 6 98 00 63 50
bachirakacem@yahoo.fr
Ouvert toute l'année, fermé vendredi et samedi.
Akacem Bachir vous renseignera sur les circuits touristiques, les lieux à visiter et vous orientera vers les agences appropriées à vos besoins. Il est également guide.

ROSE DES SABLES
✆ +213 49 90 25 95
Mohamed « Mazouz » Ould Necir et sa famille organisent des séjours et des excursions (4x4, méharées, trekkings, séminaires, etc.).

Se loger

Bien et pas cher

■ **AUBERGE DE JEUNESSE**
✆ +213 49 90 25 81
150 DA par personne en dortoir.
A la sortie de Timimoun en direction d'Ouled Saïd.

■ **IGHZER**
Avenue du 1er-Novembre
✆ +213 49 90 40 24
700 DA la simple, 1 200 DA la double. 2 000 DA la suite.
Sur la route des ksour, sortie nord-est de la ville. Hôtel basique mais suffisant, construit dans le style de la ville. La suite, naturellement plus spacieuse que les chambres et agrémentée d'un petit salon, vaut le coup pour quelques centaines de dinars en plus. Beau petit jardin.

Confort ou charme

■ **HÔTEL GOURARA**
BP 447
✆ 049 90 26 27
hotelgourara@hotmail.com
A partir de 3 000 DA la chambre double. Repris par la chaîne El Djazaïr, l'ancien hôtel étatique, conçu lui aussi par Fernand Pouillon, est fermé pour travaux et devrait rouvrir courant 2015.
L'hôtel « Pouillon » inauguré en 1973 a pour principal avantage sa situation au-dessus de la palmeraie et de la sebkha. Si vous n'y logez pas, n'hésitez pas à aller y prendre un verre sur la terrasse en arc-de-cercle à l'heure où disparaît le soleil sans vous laisser impressionner par l'aspect caverneux du hall de l'établissement.

■ **MER DES SABLES**
✆ +213 49 90 25 95
A partir de 3 000 DA par personne en pension complète. Ouvert d'octobre à mai.
A environ une demi-heure à pied du centre-ville, le campement saharien géré par la famille de « Mazouz » est un ensemble de chambres et de zeribas, toutes édifiées dans le style du Gourara, ainsi que des emplacements pour planter sa tente et des terrasses où se rafraîchir durant les chaudes nuits. Accueil chaleureux et très bonne cuisine variée – peut-être la meilleure du Sud ! – dont une mémorable citronnade préparée par les femmes de la famille font de cette halte une excellente adresse, la meilleure. Organisation d'excursions sur mesure et de soirées folkloriques, qui sont l'occasion de découvrir l'ahallil.

■ **MOULAY EL-HOCINE**
Centre-ville
✆ +213 49 90 08 97
Comptez 1 200 DA la simple, 2 400 DA la double. 800 DA par personne pour une chambre sans toilettes.
De construction récente avec une belle terrasse au-dessus du centre-ville et de la palmeraie.
Hôtel très simple. Chambres avec toilettes, douches et clim. Terrasse avec vue sur la ville, possibilité d'y dormir en cas de grosse chaleur.

Se restaurer

■ **RESTAURANT GOURARA – CHEZ IDIR**
✆ +213 7 73 61 71 34
Comptez 300 DA le plat avec viande.
Un restaurant simple dans le centre de Timimoun. On y mange les plats habituels : chekchouka, grillades, loubia, etc.

À voir – À faire

Oasis rouge à cause du toub, de l'argile dont on moule les briques séchées au soleil, à l'architecture néo-soudanaise assez récente puisqu'elle est issue du rêve artistique du capitaine Anthénour, Timimoun est si séduisante qu'il suffit d'en arpenter au hasard les ruelles du centre pour succomber. Les formes sont si douces et harmonieuses, soulignées de festons blanchis à la chaux, que même les édifices les plus récents construits sur le même principe ne déparent pas.

► **L'avenue principale,** au-delà de la majestueuse porte du Soudan, mène au marabout de Sidi Othmane. L'un des meilleurs exemples de cette architecture est l'hôtel Oasis Rouge. Situé place de l'Indépendance, à peu près en face du marché, il s'agit de l'un des plus anciens hôtels d'Algérie puisqu'il fut construit en 1912. Fermé depuis longtemps aux touristes, il a été rénové par de jeunes artisans et artistes de la ville pour devenir un centre culturel et artisanal dynamique (fermé à l'heure du déjeuner et le vendredi). Expositions temporaires, expos-ventes d'artisanat, cours d'anglais ou d'informatique animent les couloirs désertés. Monter sur la terrasse pour avoir une vue d'ensemble sur le centre de Timimoun et le marché qu'il ne faut pas manquer de visiter. Le ksar, entouré de hautes murailles ocre, date du XIIe siècle, époque dominée par l'Empire almohade.

Il faut également pénétrer dans les échoppes d'artisanat pour découvrir, voire acquérir, une pièce textile. Les artisans fabriquent ici les dokkali, des tentures brodées dont un bel exemplaire couvre l'humble autel de la chapelle du bordj du Père de Foucauld à Tamanrasset, et des tapis rouges et verts ornés de symboles d'origine zénète (tanfsa).
Près de l'hôtel Gourara, des professeurs du collège (CEM) ont aménagé une salle en petit musée très intéressant et instructif où sont exposés chronologiquement des pierres, des fossiles, des pointes de flèches, des bijoux et des objets utilitaires trouvés dans la région par les élèves eux-mêmes. La visite, guidée par un professeur disponible, est vivement recommandée, non seulement pour votre propre instruction mais aussi pour entretenir la motivation qui a fait naître cette expo. Pour cela, s'adresser au gardien du collège.

▶ **Il faut également se promener dans la quiétude de la palmeraie** qui sépare la ville de la sebkha, l'une des plus importantes du Sahara. On y descend à partir de l'hôtel Gourara. Les cultures y sont irriguées par les ingénieuses foggaras, un système de canaux souterrains qui peuvent être enfouis jusqu'à – 60 m et à l'extrémité desquels l'eau est répartie entre les jardins par un système de peignes de pierre, un peu comme dans le M'Zab. On peut deviner le cours des foggaras aux petits monticules alignés qui sont autant de regards sur le réseau. Malheureusement, la palmeraie de Timimoun dépérit peu à peu : suite à des inondations, le sel de la sebkha remonte à la surface et fait mourir les plantations et les dattiers par sa présence qui évoque une couche de neige.

▶ **A l'ouest de Timimoun,** une immense dépression désolée entourée de falaises, où ont été édifiés des ksour encore visibles, marque l'emplacement de la sebkha. Il y a quelques siècles s'étalait ici un lac salé suffisamment vaste pour que quelques villages soient appelés El-Marsa, « la rade », El-Mers, « le port », ou Aguelman, « le lac », montrant ainsi qu'on naviguait sur ses eaux. Aujourd'hui, la sebkha qui est en fait le fond de ce lac est le meilleur gisement de roses des sables et de curieuses formations minérales parfaitement sphériques.

▶ **Timimoun est également le point de départ d'un tour des ksour d'argile** ou de pierre de la sebkha, des villages fortifiés sur des pitons rocheux qui devaient résister aux rezzou des pillards chaambas ou touareg. Abandonnés au profit des palmeraies où l'eau n'était plus un problème, presque toujours en ruine, ils dégagent un charme lié à leur histoire souvent difficile. Parmi eux, Ighzer où les habitants ont aménagé une grotte toujours fraîche en été et où, dit-on, on passe le mois de ramadan ; Oumrad et Feraoun sont réputés pour leurs jardins où brillent comme des miroirs les ibggaras, des réservoirs d'eau ; Tindjillet est non seulement le ksar le plus élevé et le plus imposant mais c'est aussi dans ce dernier qu'on découvre l'histoire du lac aujourd'hui disparu dont le niveau s'est abaissé en plusieurs étapes, inscrites dans les trois niveaux d'habitations et de sépultures mises au jour par les archéologues ; Semouta est un ksar de forme pyramidale écrasé par les proches dunes du Grand Erg Occidental. A Tasfaoud, le château date du XIIIe siècle. A Aghled, le vieux ksar domine le paysage désertique. La route, en cul-de-sac, mène au marabout, dit-on de Sidi-El-Houari, saint patron de la ville d'Oran. Une partie du vieux ksar en pierre a été remarquablement restaurée par la wilaya d'Adrar en coopération avec des agences du système des Nations unies. Cette partie revitalisée est aujourd'hui une petite auberge ou plutôt un refuge, gardé par le vieux Aami Ahmed, composé de deux chambres simples pour 5 personnes. L'occasion de passer une nuit dans ce cadre surprenant empli de mysticité (comptez 500 DA/personne). A Ouled Said, dans la palmeraie, on peut admirer un bel exemple de kesra *(peigne)*, qui redistribue l'eau puisée et canalisée grâce à l'ingénieux système des fouggaras.
A visiter également, même s'ils sont un peu plus éloignés, les ksour de Tala, de Fatis et de Tabelkoza.

▶ **Chaque année, au printemps,** la ville organise le **festival national culturel de Ahallil.**

ADRAR

Au sud du Gourara, le Touat, traversé par l'oued Messaoud, s'étend entre le plateau de Tademaït au nord-est, la plaine du Tidikelt à l'est et l'erg Chech au sud-ouest. Touat est le pluriel du mot *tit* qui signifie « source ». C'est un grand plateau désolé à l'aspect lunaire, presque blanc, aveuglant sous le soleil implacable.
Adrar (« pierres »), sur la route qui aboutit à Reggane, à 280 m d'altitude, est une oasis qui s'est développée grâce à la culture du blé, de l'orge, du tabac, des dattes, des fraises mais surtout de la tomate dont on fête la récolte au cours du moussem du printemps, fin mars. Elle

est la capitale du Gourara depuis le XVIIIe sècle, époque à laquelle elle est devenue une véritable plaque du commerce nord-sud. Aujourd'hui, ce sont toujours les cultures maraîchères mais surtout le gaz et le pétrole qui font vivre la ville qui compte pas loin de 100 000 habitants.

Transports

A 1 540 km au sud-ouest d'Alger, 630 km au sud-est de Béchar, 385 km au sud-est de Béni-Abbès et 215 km au sud-ouest de Timimoun, Adrar est bien desservi par l'avion et les bus.

AÉROPORT BELKEBIR
✆ +213 49 96 90 34
A 15 km au nord de la ville, c'est souvent ici qu'on atterrit avant de rejoindre Timimoun (210 km) en bus ou en taxi. Vols d'Alger (6 fois par semaine), d'Oran (3), de Ouargla (1) et Bordj Bou Mokhtar (1).

AIR ALGÉRIE
Place des Martyrs ✆ +213 49 96 93 65
www.airalgerie.dz

BUS
Au nord du centre-ville. Liaisons pour Reggane, Timimoun, Béchar, In-Salah et Ghardaïa, les trois dernières passant par Timimoun.

TASSILI AIRLINES
www.tassiliairlines.aero
2 rotations Alger/Adrar par semaine.

Pratique

AHNET VOYAGES
✆ +213 29 36 02 23 / +213 6 61 64 99 19
ahnetvoyages@hotmail.com
Mokhtar Badjouda a créé Ahnet Voyages en 1986. Circuits dans tout le sud, en particulier dans l'Immidir et l'Adrar n'Ahnet décrit par Théodore Monod, l'un des anciens clients de l'agence.

TAKROM
BP 533
✆ +213 49 96 31 26 / +213 7 71 99 06 67
L'agence développe des circuits dans des coins encore peu connus comme l'erg Chech.

Se loger

Bien et pas cher

AUBERGE DE JEUNESSE
✆ +213 49 96 42 50
150 DA par personne.
A 200 m de la gare routière, une des rares auberges à bénéficier d'un jardin.

HÔTEL TIMMI
Adrar ✆ +213 49 96 06 17
A partir de 1 000 DA la chambre.
Une adresse centrale et tout à fait convenable pour dépanner.

Confort ou charme

MRAGUEN
✆ +213 49 96 02 11 / +213 5 54 29 00 90
admin@ctm-adrar.com
Comptez 1 800 DA la chambre single et 3 000 DA la double.
A une dizaine de kilomètres au nord d'Adrar, bungalows, chambres climatisées avec salle de bains et petite cour… Ce grand complexe touristique propose l'hébergement dans une palmeraie et la restauration sous une kheima.

© SÉBASTIEN CAILLEUX

Timimoun.

HÔTEL DE L'UNIVERSITÉ AFRICAINE
✆ +213 49 96 88 25
A partir de 1 800 DA la chambre.
Encore récent, l'hôtel fait bonne figure.

Luxe

HÔTEL TOUAT
Place des Martyrs ✆ +213 49 96 99 33
contact@egtouest.com
Comptez 3 500 DA la single et 4 500 DA la double.
En plein centre d'Adrar et à une dizaine de kilomètres de l'aéroport. Cet hôtel étatique propose des chambres climatisées dans une architecture néo-soudanaise imposante autour d'une grande cour.

À voir – À faire

Adrar est lui aussi construit avec cette terre colorée, ocre rouge, qui distingue les villes du sud, dans le même style néo-soudanais que Timimoun. Deux grandes rues rectilignes mènent à deux places principales. La première est ornée en son centre d'une fontaine monumentale en ciment et d'une espèce d'arc de triomphe coiffé d'une coupole blanche. On accède à la seconde place qui accueille la plupart des fêtes de la ville, dont le moussem qui a lieu fin mars, par de gigantesques portes annonçant des arcades.Adrar est entouré de palmeraies alimentées par des puits et des foggaras longues de plusieurs dizaines de kilomètres – 3 000 km dit-on pour le seul Touat ! Souvent, les puits sont en fait des regards permettant l'accès et l'entretien de ces canaux souterrains. Parallèlement à la route qui mène à Reggane, une piste préférable à la route principale – si on a le temps – traverse une suite de palmeraies reposantes et rafraîchissantes dans lesquelles il ne faut pas manquer de s'arrêter pour comprendre l'importance de chaque goutte d'eau.

TAMENTIT

A une petite dizaine de kilomètres d'Adrar, cette ancienne capitale du Touat, bâtie autour d'un ksar toujours debout ou presque, a longtemps été une importante étape caravanière entre Sijilmassa au Maroc et le Mali. Découverte dans les environs, une idole à tête de bélier qui remonterait à l'ancien culte numide montre que le site a très tôt été choisi pour célébrer la grandeur divine.
Mais en fait, Tamentit doit sa renommée à la création d'une république juive qui l'avait élu pour capitale religieuse et commerciale. Présents en Afrique du Nord avant notre ère mais surtout après la chute de Jérusalem en 70 après J.-C. et la répression exercée en Cyrénaïque (Lybie) par le Romain Marcius Turbo en 115 après J.-C., les juifs ont peu à peu été repoussés vers le sud jusqu'à s'installer dans ces régions hostiles du désert qu'ils ont su aménager en oasis. Et Tamentit, situé sur les grandes voies commerçantes qui traversaient le désert, ne pouvait que se montrer accueillant. On peut encore y voir une stèle gravée en hébreu. Plus récente est la tradition artisanale du Touat qui, à côté des poteries réalisées par les femmes, a vu le développement des céramiques noires du Touat.
A voir dans les environs les oasis de Mekra, Bouda, Mansour, El-Ahmar Tazoult, Djedid, Tsabit, Tamest, Zaouiet Kounta, etc.

REGGANE

Tout au sud du Touat, à 135 km au sud d'Adrar et sur l'oued Messaoud depuis longtemps à sec, Reggane est la dernière agglomération sur la piste du Mali qui traverse le Tanezrouft. De son passé, restent un vieux ksar et une palmeraie. Les Français y ont mené leurs essais nucléaires jusqu'après l'Indépen-

Le S'bou de Timimoun

Le S'bou, dont le nom vient de sebba, « sept », célèbre par une fête qui dure sept jours et sept nuits le septième jour après l'anniversaire du Prophète (12e jour du mois de rabia, premier du calendrier arabe lunaire). A l'origine de cette fête, un songe qu'aurait fait Sidi El-Hadj Belkacem il y a cinq siècles, qui lui demandait de fêter ainsi le Mouloud. Depuis, les Gourari des ksour du Gourara (Timimoun, Tabelkoza, Zaouiet Debbagh, Ouled Saïd, Ighzer, Massine) s'emploient à respecter la recommandation et ont réussi à faire de cet événement une fête très populaire sur le calendrier des célébrations du Grand Sud. A la fin des sept jours, les différentes zaouiates (confréries) se réunissent précédées de leur drapeau à El-Hafra près du mausolée de Sidi El-Hadj Belkacem. Au printemps, on célèbre la fête du Gourara.

Ahallil du Gourara

Le mot *ahallil* désigne à la fois un genre musical et le groupe qui le pratique. Ces chants foisonnent de prières, de suppliques et de refrains où Dieu (Allah) est glorifié dans son unicité. L'ahallil demeure avant tout une musique et un ballet propres au Gourara qui compte une centaine d'oasis habitées par les Zénètes ou les Berbères du Sahara. Les populations essentiellement arabophones de Tinerkoul et du Taghouzi, habitant les ksour, ces antiques maisons fortifiées, faites de terre rouge ou ocre, goûtent avec plaisir cette musique. Et c'est ensemble qu'elles communient dans les grandes occasions, comme lors du mouloud. Ce genre s'exécute de préférence après la tombée du jour, quand les contraintes du soleil et du désert cèdent la place à la douceur de la nuit. Alors, un groupe d'hommes (accompagnés depuis peu de femmes) se réunit en plein air et forme un cercle, au milieu duquel se tiennent un abchni (poète et chanteur soliste), un flûtiste, un joueur de gumbri (instrument à cordes) ainsi que des percussionnistes utilisant tambours, pierres et mains. Ils répètent en chœur d'une voix grave les complaintes aiguës du soliste, faites de suppliques, de quête de pardon et de grâce. Dans un enchevêtrement subtil, l'ahallil fait cohabiter sacré et profane. L'atmosphère est chargée d'émotion et de volupté d'une densité extrême. Ces chants racontent aussi l'histoire de ces peuples. En intercalant le rappel de préceptes religieux avec le récit de batailles mémorables, l'ahallil contribue ainsi à maintenir la mémoire collective du groupe. Ils chantent également les espérances et les inquiétudes de leur époque. D'après www.imarabe.org.

dance, avant de déménager les laboratoires et les mortelles retombées vers les îles du Pacifique, en 1967, conformément aux accords d'Evian. La première bombe nucléaire française a explosé le 13 février 1960 et nombre de vétérans, tant en France qu'en Algérie, touchés par des cancers typiques d'une contamination ont dû se regrouper au sein d'associations de défense.

Depuis cette époque, l'ancienne ville de toub rouge entourée de palmeraies et de jardins verdoyants s'est considérablement agrandie et enrichie d'usines agroalimentaires.

TANEZROUFT

Avertissement. En raison de la guerre au Mali, cette zone frontalière avec le Mali est désormais inaccessible aux Algériens et aux touristes.

Le « désert des déserts » ou le « pays de la soif » est une immense plaine caillouteuse, délimitée au nord-nord-est par l'erg Chech, au nord-ouest par le Tidikelt, au sud-ouest par le Hoggar et l'adrar des Ifhoras et par le Djouf qui en est le prolongement malien, dépourvue de points d'eau du sud-est algérien en bordure du Mali. C'est ici que meurt de soif Tanit-Zerga, l'héroïne de *l'Atlantide* de Pierre Benoit.

Les presque 700 km de route entre Reggane et Bordj Bou Mokhtar à la frontière malienne sont désespérément isolés, alors que filent les poids-lourds sur le goudron, et exempts de tout puits alors qu'à une époque plus humide, la région entourait un lac comme l'attestent les fossiles retrouvés. Au début du XXe siècle, on y a retrouvé les restes momifiés d'une caravane de quelque 2 000 chameaux et de 1 500 hommes égarée en 1809. Le capitaine Cortier fut le premier Européen à le traverser à dos de chameau en 1913.

A une bonne centaine de kilomètres avant le poste-frontière, à 514 km de Reggane, le poste Bidon V ne doit pas son nom, comme certains aiment à le répéter, aux cinq bidons d'eau laissés au prisonnier abandonné dans cet enfer, mais à la cinquième balise déposée par la première expédition motorisée menée par les frères Estienne au début des années 1920.

BORDJ BOU MOKHTAR

A 640 km au sud d'Adrar, avant la frontière malienne, un ancien fort en ruines est maintenant entouré d'un petit centre urbain, première étape d'immigrants venus de pays situés plus au sud, du Mali en particulier. Vu le contexte au Mali, nous vous déconseillons de vous y rendre et il est fort probable que les autorités ne vous laissent pas y accéder... Mais vous ne perdez pas grand-chose car la ville n'a pas d'intérêt touristique en dehors des ruines de son fort.

La route du Sud

M'SILA

M'Sila, situé dans les Hauts Plateaux, à 230 km au sud-est d'Alger, constitue une étape importante sur la route du sud. Si la ville n'est pas d'un grand intérêt, à une trentaine de kilomètres au nord-est de la ville se trouve un des sites archéologiques les plus importants du pays. A 1 000 m d'altitude, se dévoile la Kalâa des Beni Hammad, classé au patrimoine mondial de l'Unesco depuis 1980.

LA KALÂA DES BENI HAMMAD

Commune de Maâdid
M'Sila
Bâtie sur un site stratégique, en 1007 par Hammad Ibn Bologhine, le fils du fondateur de la ville d'Alger, Bologhine Ibn Ziri, la Kalâa (forteresse) est la première capitale hammadite. Les ruines de cette ville qui symbolisa l'âge d'or de l'Empire hammadite représentent un modèle authentique de ville musulmane fortifiée. La Kalâa fut abandonnée en 1090 puis partiellement détruite en 1152 par les Almohades. De la Grande Mosquée, on peut encore admirer le minaret. D'une hauteur de 25 m, il domine le site. Son architecture hipano-mauresque rappelle la Giralda de Séville ou la Koutoubia de Marrakech.
On découvre également le donjon et les hautes murailles du palais du Fanal (Qasr el-Manâr). Les fondations du palais du Lac (Dâr el-Bahr) témoignent de sa composition (pavillons, jardins, chambres privées, bains et bassins) caractéristique de l'art hammadite marqué par le luxe et le raffinement.
Les musées d'Alger, Constantine et Sétif exposent un ensemble de bijoux, poteries, pièces de monnaie découvert sur le site.

BOU SAADA

Pas encore tout à fait saharien et appartenant encore aux Hauts Plateaux, Bou-Saada est une jolie ville proprette, l'oasis « du bonheur » comme le suggère son nom et comme l'affirment ceux qui l'ont découverte au XIXe siècle, comme les peintres Guillaumet (enterré au cimetière Montmartre) ou Etienne Dinet, un peintre orientaliste qui choisit d'y vivre et d'y mourir (en 1929), autant inspiré par la ville que par la sensualité des Ouled Naïl, des danseuses alors très en vogue.

« *Bou-Saada, la reine fauve vêtue de ses jardins obscurs et gardée par ses collines violettes, dort, voluptueuse, au bord escarpé de l'oued où l'eau bruisse sur les cailloux blancs et roses. Penchés comme en une nonchalance de rêve sur les petits murs terreux, les amandiers pleurent leurs larmes blanches sous la caresse du vent… Leur parfum doux plane dans la tiédeur molle de l'air, évoquant une mélancolie charmante…* »
Isabelle Eberhardt, *Pleurs d'amandiers* (1903).

Se loger

AUBERGE DE JEUNESSE

Route de Biskra
✆ +213 35 52 22 58
150 DA la nuit.
A quelques centaines de mètres de la station de taxis. Chambres simples offrant un confort basique.

HÔTEL KERDADA

Rue de la République
✆ +213 35 53 39 04 / +213 35 53 39 05 / +213 35 53 39 06
www.chaineeldjazair.com
hotelkerdada@hotelkerdada.com
A partir de 3 650 DA la single et 5 050 DA la double.
Bâti au début du XXe siècle, l'ex-hôtel Le Petit Sahara, repris par la chaîne Transat dans les années 1970, appartient désormais à la chaîne El Djazaïr, sous le nom de Kerdada. Après des années de restauration, il a rouvert ses portes en 2005 pour créer littéralement la surprise. Derrière sa belle façade aux allures de palais ottoman se cache une véritable oasis. A l'image de l'hôtel El Djazaïr (ex-Saint-Georges) à Alger, le Kerdada, certainement plus intimiste, est un hôtel des plus luxueux. Les chambres sont spacieuses, le mobilier élégant et la décoration sobre. Les poutres apparentes et le bois donnent à l'établissement une atmosphère feutrée. La magnifique piscine dans le jardin botanique appelle à de belles heures de détente. Bar, restaurant. wi-fi dans l'hôtel. Coup de cœur pour cette adresse aux portes du Sahara.

À voir – À faire

On visite le ksar, magnifique au lever du soleil, le marché qui a lieu deux fois par semaine, les

Ouled Naïls

Jusqu'à la veille de la Seconde Guerre mondiale, on allait dans ce sud lointain s'encanailler auprès des Ouled Naïls, des femmes, danseuses et prostituées, qui détonnaient dans un monde musulman où la moitié de la communauté était ordinairement invisible. Ces femmes qu'une mauvaise compréhension de la langue avait faites « alouettes naïves » venaient « en ville », à Biskra et à Bou-Saada principalement, se constituer une dot à la faveur du rêve orientaliste du colon européen. Elles se produisaient dévoilées, parées de jupons châtoyants et des bijoux qui faisaient leur fortune, pièces d'or montées en colliers ou en coiffes savantes. Leur danse traditionnelle rythmée et syncopée, enrichie de mouvements lascifs destinés aux clients, a très vite été appelée « danse du ventre » par les légionaires en goguette.

mosquées, les moulins Ferrero (3 km du centre) qui datent du temps où l'eau était permanente dans l'oued – le moulin appartenait à la société familiale qui a lancé la première semoule séchée prête à cuire ! – et la tombe d'Etienne Dinet, enterré sous une kouba blanche à proximité d'un marabout qu'il avait choisi pour dernière demeure. Né en 1861 dans le Loiret, le peintre a effectué son premier voyage en Algérie en 1883. Il y retourne régulièrement rencontrer son ami Slimane ben Brahim Baâmar avant de s'installer à Bou-Saada en 1905. Il apprend l'arabe et se convertit à l'islam en 1913 sous le nom de Nasreddine qui signifie « triomphe de la religion ». En 1929, au retour d'un pèlerinage à La Mecque, il meurt à Paris avant d'être enterré à Bou-Saada aux côtés de son ami Slimane et de l'épouse de ce dernier. Pour en savoir plus sur ce peintre, lire *Les deux vies d'Etienne Dinet* de François Pouillon (Balland, Paris, 1997), *L'Algérie du sud et ses peintres* de Marion Vidal-Bué (Paris-Méditerranée, 2003).

■ MUSÉE NATIONAL NASREDDINE DINET

Cité El mayamine
✆ +213 35 52 50 92
Ouvert de 9h à 17h. Fermé le vendredi après-midi. Entrée 20 DA.
Inauguré en 1993, le musée a depuis connu une fermeture après un incendie criminel avant de rouvrir et de commémorer le 75e anniversaire de la mort du peintre qui a contribué à la renommée de la cité. Entièrement rénové, le musée accueille aujourd'hui des expositions temporaires en même temps qu'il expose des œuvres d'artistes locaux. A partir du musée, il est possible de visiter la maison, l'atelier (reconstitué) et le tombeau de Nasreddine Dinet. Pas loin de la ville, à 13 km, la Zaouïa de El-Hamel recevait les visites d'Isabelle Eberhardt à la recherche de la révélation auprès de Lalla Zineb, la fille d'un saint homme local.

LAGHOUAT

A 400 km d'Alger, véritable porte du désert fondée par les Hilaliens au XIe siècle, Laghouat est une oasis protégée par le Djebel Tzigarine (780 m) qui est une prolongation du Djebel Amour à l'ouest ou des monts Ouled Naïl à l'est. La ville des jardins a été décrite par le peintre-écrivain Eugène Fromentin qui l'a découverte au lendemain d'un terrible événement. En 1852, la ville est assiégée depuis quatre ans par l'armée française et des zéphyrs, des soldats du bataillon d'Afrique, lorsque la résistance tombe. Après les combats, on relèvera 2 500 morts civils sur 6 000 habitants. Quelques mois plus tard, Eugène Fromentin découvre les cimetières et les charniers dans une ville endeuillée qu'il raconte dans *Un été dans le Sahara*. De ce voyage, il produira deux livres et des peintures où se mêlent le soleil et la mort. Laghouat a conservé le souvenir de cet amoureux en donnant son nom à l'un des rochers sur lequel il aimait sans doute méditer.

■ AUBERGE DE JEUNESSE EMIR-KHALED

Rue Emir-Khaled ✆ +213 29 90 23 03
laghouat@faaj.org
150 DA par personne.
A 500 m de la station de taxis et de bus. Chambres simples mais au confort suffisant.

■ HÔTEL EL BOUSTANE

M'kam
Route nationale 1
En face de l'hôpital et de l'université
✆ +213 29 92 06 33
www.hotel-elboustane-laghouat.com
hotelboustane@gmail.com
Comptez 2 800 DA la simple et 3 800 DA la double.
Bien géré, l'hôtel, propre et fonctionnel, est l'une des meilleures adresses de la région. On s'y sent accueilli, presque attendu.

■ **HÔTEL MARHABA**
Route nationale
Centre-ville ✆ +213 29 90 18 41
www.egtg.com.dz
siege-egtg@egtg.com.dz
1 800 DA la simple, 2 200 DA la double.
Ex-hôtel Transatlantique construit en 1939. Son architecture en forme de bateau a été revue en 1969 par Pouillon qui y fit ajouter une aile mais, depuis ces dernières modifications, rien de neuf… Les chambres, disposées autour d'un très beau jardin et de la piscine (mal entretenue), ont toutefois gardé leur charme saharien. Bar, restaurant.

EL-GOLÉA / EL-MENIA

Après Ghardaïa, le désert s'avère d'une grande monotonie, gris, plat, caillouteux, parfois semé de dunes. La route est en assez bon état mais la progression peut être ralentie par des « congères » de sable dangereuses. Après presque 240 km, l'oasis d'El-Goléa se profile au fond d'une dépression sur la droite.

Transports

En ce qui concerne le trajet vers le sud (In-Salah, Adrar ou Timimoun), il faut savoir que vous n'emprunterez pas cette route car elle mène à Tamanrasset qui est désormais interdite d'accès aux touristes étrangers en raison des événements au Mali.

■ **AÉROPORT**
Rue de la Liberté
✆ +213 29 81 61 00
A 3 km au nord d'El-Goléa. L'avion Alger/Tamanrasset s'arrête une fois par semaine à El-Goléa.

■ **GARE ROUTIÈRE**
Place Mohamed-V
Liaisons pour Ghardaïa, In-Salah, Adrar ou Timimoun.

Pratique

■ **AGENCE TOURISTIQUE DU SUD**
✆ +213 29 81 62 42
Agence de tourisme pour dépanner.

Se loger

■ **EL BOUSTAN**
77, boulevard des Martyrs
El-Goléa ✆ +213 29 81 60 50
A partir de 1 300 DA la single et 2 300 DA la double.
Repris par l'hôtel Aurassi d'Alger, le Boustane dépérit et attend lui aussi une seconde vie. Chambres équipées (clim, TV, réfrigérateur) mais mal entretenues. Balcon avec vue sur la palmeraie. Coupure d'eau l'après-midi. Accueil déplorable.

■ **HÔTEL VIEUX KSAR**
Rue Bouamama-B
El-Goléa ✆ +213 29 81 43 10
A partir de 1 200 DA la single et 2 000 DA la double.
Le petit hôtel, loin du centre contrairement à ce que son nom laissait croire, a l'avantage de posséder des chambres claires et bien entretenues, un joli jardin et un verger des plus rafraîchissants.

À voir – À faire

Dans un univers dominé par l'ocre rouge des dunes de l'extrémité orientale du Grand Erg Occidental, des rochers et des constructions, El-Goléa est une halte sur la route du sud. On se laisse aller sous les dattiers de la palmeraie qui produisent la deglet nour au-dessus de jardins potagers et de vergers irrigués par des seguias. De la ville, on ne voit d'abord que les ruines du ksar qui a donné son nom à la ville. Datant des IXe et Xe siècles, il a été édifié sur un piton rocheux, probablement par des Zénètes venus de Taourit.Dans le centre d'El-Goléa, un petit musée en face de l'hôtel El-Boustan abrite une collection de pièces géologiques et paléontologiques ramassées dans le coin (fermé à midi).Ne pas manquer de faire un détour par la jolie église Saint-Joseph et la tombe du Père de Foucauld, qui aurait dû être inhumé à Tamanrasset selon son vœu mais qui repose ici depuis 1929. A proximité d'El-Goléa, sur la route principale, des panneaux indiquent le « lac magique ». Il s'agit d'un lac d'eau salée qui bénéficie d'un écosystème particulier, malheureusement menacé par l'extrême pollution des eaux.

IN SALAH

Au cours de la grande traversée du nord au sud, In-Salah est la dernière étape avant un tronçon de route qui s'étire sur 660 km sans rien, même pas un relais routier, avant Tamanrasset. La ville au nom de source salée est cernée par les dunes qui la menacent de leur hauteur, le sable balayé par les vents est partout. La chaleur aussi puisque c'est l'une des villes d'Algérie où l'on enregistre les températures les plus élevées en été, jusqu'à 50 °C.

Aurélie Picard Tidjani (1849-1933)

Autre figure féminine du Sud, Aurélie Picard est née à Montigny-le-Roi (Haute-Marne). Fille d'un gendarme qui avait servi en Algérie, elle entre au service de la famille du député Steenakers qui l'emmène à Bordeaux où il suit le gouvernement en exil. En 1870, la jeune Lorraine y rencontre Sidi Ahmed Tidjani, un prince arabe assigné à résidence. Ils se marieront en 1871 à Alger devant Mgr Lavigerie avant de rejoindre Laghouat et Aïn Madhi, le siège de la zaouïa des Tidjania fondée au XVIIIe siècle.

« Lalla Tidjani », dotée d'un grand sens politique, sut s'imposer dans une société essentiellement masculine tout en conservant de forts liens avec Alger et Paris d'où elle faisait venir médicaments ou même explorateurs et instituteurs. Très impliquée dans la vie de la confrérie, elle a pu prendre le relais de son mari quand il est mort en 1897.

A Kourdane, qu'elle connaissait pour y avoir chassé, elle fit construire d'abord une ferme pour gérer les 800 ha de terres mises en culture puis une somptueuse maison qu'elle habitera à partir de 1888. Après 1903, l'âge venant, elle vit entre Alger, Kourdane où elle revient en 1914 encourager les jeunes Arabes à s'engager, et Arc-en-Barrois où elle compte vieillir. Mais, inquiète pour son domaine algérien, elle s'installe en 1923 à Blida puis à Kourdane où elle mourra en août 1933. Restée chrétienne malgré la haute position religieuse de son mari qui était d'ascendance chérifienne (descendant de Mahomet), elle a été enterrée à proximité de son mausolée.

Pour en découvrir plus sur cette « princesse des sables », lire ou relire *Djebel Amour*, l'un des plus beaux romans de Roger Frison-Roche (1979) ou les nombreux ouvrages de José Lenzini : *Aurélie Picard, princesse Tidjani* (Belfond/Presses de la Renaissance, 1990), *Aurélie Picard, princesse des sables* (Chèvrefeuille étoilé, 2006), *La Princesse des Sables* (Editions Belfond, 2007).

La maison, qui appartient à l'importante confrérie, et les tombes du couple sont toujours visibles à Kourdane, à quelques kilomètres d'Aïn Madhi, ainsi que le siège de la confrérie soufie de la voie tidjaniya toujours dirigée par un membre de la famille Tidjani.

Jadis, la ville vivait du passage des caravanes qui échangeaient de l'ivoire, de l'or ou des esclaves contre des dattes, du thé ou des tissus ; aujourd'hui ce sont les chauffeurs de camions filant vers le sud qui s'y arrêtent.

Transports

■ **AÉROPORT TASFAOUT**
✆ +213 29 36 04 08
A 10 km au nord-est d'In-Salah. Vols en provenance d'Alger, de Tamanrasset, d'Adrar, de Ghardaïa et de Ouargla.

■ **AIR ALGÉRIE**
✆ +213 29 36 36 02 39
www.airalgerie.dz

■ **BUS**
Gare routière sur la route El-Goléa-Tamanrasset. Départs quotidiens pour Ghardaïa et Adrar.

Pratique

■ **AHNET VOYAGES**
✆ +213 29 36 02 23
✆ +213 6 14 49 99 19
ahnetvoyages@hotmail.com
Mokhtar Badjouda a créé Ahnet Voyages en 1986, la première agence de voyages à In-Salah. Circuits dans tout le sud, en particulier dans l'Immidir et l'Adrar n'Ahnet.

■ **TANEZROUFT VOYAGES**
Ksar El-Arab, In-Salah
✆ +213 29 36 06 46
Mohamed Haffaoui et son équipe organisent des circuits vers le Tassili du Hoggar, le Tassili n'Ajjer, le Hoggar, l'Adrar n'Ahnet et l'Immidir.

Se loger

■ **TIDIKELT**
Route de l'Unité-Africaine
✆ +213 29 36 03 93
✆ +213 29 36 04 23
www.hotel-tidikelt.com
Comptez 5 800 DA la single et 6 400 DA la double.
Une pause « au mitan » du parcours nord-sud, et pas beaucoup plus dans cet hôtel ocre rouge datant de 1982, et bloqué dans l'espace-temps. A 3 km de l'aéroport.

À voir – À faire

Avec une architecture proche de celle des oasis de l'ouest aux revêtements striés pour donner du relief qui crée de l'ombre, In-Salah semble avoir du mal à résister aux éléments implacables : les arbres disparaissent étouffés par le sable. A l'ouest du centre-ville, une dune avance inexorablement et tandis qu'elle parcourt 1 mètre tous les 5 ans, elle engloutit les bâtiments sur son passage, révélant à l'arrière d'autres murs disparus quelques décennies auparavant.Deux portes d'inspiration dite « soudanaise » ouvrent l'accès au centre-ville, l'une près de la mosquée des Ouleds Bahamou, l'autre proche de la casbah des Badjouda. Au centre, le marché déploie ses éventaires autour d'un bâtiment à voûtes.

Dans les environs

ADRAR N'AHNET

Délimité à l'ouest par le Tanezrouft et au nord par le Tidikelt, l'Adrar n'Ahnet est encore peu fréquenté (si on peut dire que les autres sites du Grand Sud le sont…) mais ne tardera pas à s'imprimer de marques de pneus de 4x4 tant ses paysages sont somptueux. Points d'eau signalés par un bouquet de végétation ou dunes du Mehedjebat sont les premiers points de rendez-vous.

BOIS PÉTRIFIÉ ET PLAINE DU TIDIKELT

A l'ouest d'In Salah, sur la route de Reggane, au début de la plaine du Tidikelt, dans ce qu'on appelle la « paume de la main » (à Fouggaret Ezzoua, In Ghar, In Salah et Aoulef), cette « forêt » d'arbres pétrifiés par la sécheresse est difficile à visiter parce que située en zone militaire. Dommage parce que c'est l'un des gisements les plus importants du monde… Quant au Tidikelt même, il s'agit là aussi d'un désert intégral entre In Salah et Reggane (290 km). Seuls Aoulef et l'oasis d'Akabli permettent une pause dans cette immensité de sable.

IMMIDIR

Au sud d'In Salah, l'Immidir est un tassili bordé par la Tefedest au sud et l'Adrar n'Ahnet à l'ouest. Sombre et déchiqueté, quelquefois adouci de langues de dunes sablonneuses, le massif est rafraîchi par de nombreuses sources qui s'expriment au fond des canyons.

PLATEAU DU TADEMAÏT

Entre El-Goléa et In Salah, le Tademaït est un désert absolument vide et plat, ce qui n'est pas le cas plus au sud, où le sol rocheux de couleur sombre est comme brûlé par le soleil. Et ça dure 400 km…

Le M'Zab

A 600 km au sud d'Alger, la région saharienne du M'Zab est un ensemble de vallées organisées autour de l'oued M'Zab qui sinue à travers un plateau élevé (500 m d'altitude en moyenne). C'est une terre inhospitalière, couverte de rochers calcinés, à première vue sèche, stérile, bosselée de collines élevées ocre rose si régulièrement séparées par des oueds qui ne reçoivent presque jamais d'eau qu'on a également appelé cette région Chebka (« le réseau »). Le climat y est peu clément, parfois froid en hiver (de 1 °C la nuit à 25 °C le jour) souvent très chaud en été (jusqu'à 48 °C), souvent écrasé par le sirocco, ce vent brûlant venu du sud.

GHARDAÏA

Dès sa fondation, la ville a eu une vocation commerciale et a donné son nom par extension à la pentapole. C'est pourquoi on y trouve tous les services (transports, commerces, hébergement...) dans une Ghardaïa nouvelle poussée hors des remparts, le long de l'oued M'Zab. Venant de l'aéroport, on roule sur une hamada calcinée aux teintes rosées. A droite, un enclos accueille chaque jeudi un marché aux voitures ; un peu plus loin, sur la gauche, la zone industrielle de Ghardaïa où quelques silhouettes se pressent vers une ombre rare. Puis la route descend rapidement en longs virages vers une faille d'environ 7 km de long. On nous montre l'ancienne route, trop dangereuse...

Les Mozabites

La naissance dans l'exil de cette doctrine et l'hostilité de la région où la plupart des Mozabites vivent ont exigé du groupe une solidarité sans faille et un ordre moral austère suffisamment solide pour garantir l'intégrité de la communauté. Du partage des maigres ressources en eau au code moral qui règle la vie urbaine et familiale, tout ne semble relever que de Dieu.

Les hommes mozabites, traditionnellement habillés d'une tunique blanche et coiffés d'un calot également immaculé (ils portent cette tenue généralement le soir ou le week-end seulement mais pas au travail), sont très tôt devenus d'habiles commerçants et ont su transformer leur affreuse région en un carrefour commercial inévitable par les caravanes. On dit même qu'ils payaient plus cher les marchandises pour s'assurer leur visite régulière. Aujourd'hui, chaque cité s'est spécialisée dans un commerce (l'industrie à Ghardaïa ou le textile à Béni-Isguen ou la quincaillerie à El-Ateuf). Les Mozabites sont toujours de grands voyageurs commerciaux et, à première vue, les règles de vie semblent avoir peu changé. Première image frappante ou manque d'image dans le M'Zab : on ne voit aucun visage de femme si ce n'est celui de femmes non mozabites. Dès l'âge de 12 ans, les jeunes filles s'enveloppent pour sortir d'un haïk blanc et, lorsqu'elles sont mariées, elles rabattent un pan du voile sur leur visage pour ne laisser apparaître qu'un œil. Il n'y a pas si longtemps, certaines femmes se retournaient même vers le mur au passage d'un homme. Il y a quelques années encore, les femmes et leurs enfants ne pouvaient quitter leur cité et l'homme qui séjournait longtemps à l'étranger et fondait une famille ailleurs était dans l'obligation de prendre femme au pays, les étrangères n'étant pas admises à Ghardaïa. Cette règle devait assurer le retour des fils partis faire fortune et maintenir la cellule familiale, garante de la survie des traditions, tout comme les autres règles régissant la vie sociale : surveillance des voisines, marchés, rencontres à la mosquée ou encore le partage de l'eau dans les palmeraies. Avec l'accélération de la modernisation de la vie quotidienne et l'arrivée en masse d'étrangers, d'autres Algériens attirés par la prospérité ou des touristes, les Mozabites s'emploient à maintenir leur mode de vie et apprécient que nous les respections. Au cours de votre visite, vous remarquerez sans doute de vieux panneaux peints nous demandant une certaine discrétion et de la décence. Et si quelques règles paraissent désuètes, imaginez que vous visitez un temple ou une église : c'est le même respect qu'on vous demande !

La deuxième image est graphique ou plutôt architecturale (voir plus loin) et elle est si forte que nombre d'architectes en ont été bouleversés.

En contournant l'étrange monument qui marque l'entrée de la vallée du M'Zab, une première ville, Bou-Noura, apparaît rapidement sur la droite. L'espèce de château de sable qui se dresse au milieu du rond-point a mis des années à émerger, plusieurs fois menacé par le manque d'argent ou d'idées. Un policier de chaque côté de la route surveille le trafic vers la ville, un signe amical suffit pour passer. Longeant l'oued M'Zab, on entre dans Ghardaïa par une large avenue bordée sur un côté d'arcades sous lesquelles s'abritent quantité d'ateliers mécaniques. Le 4 octobre 2008, à 4h du matin, des pluies diluviennes ont fait sortir l'oued Mzab de son lit. Ce qui a provoqué 33 morts et 50 blessés et de nombreux dégâts matériels. Depuis les autorités de la ville sont en train de construire un barrage de soutènement pour éviter ce type de catastrophe. Cette crue a modifié sensiblement la physionomie de la ville. Chacun a sa spécialité, « parallélisme » ou « rebobinage », il n'y a pas de mécanique générale. De l'autre côté du lit de la rivière, Melika accroche ses maisons pastel aux flancs abrupts d'une colline. Béni-Isguen, sur la gauche, s'est faite plus discrète.

La fondation de Ghardaïa

On a décelé dans les environs de l'oued quelques traces d'établissements humains préhistoriques et on sait que quelques tribus berbères y avaient trouvé refuge pendant les invasions romaines et que des nomades, les Béni M'Zab (« les fils de M'Zab »), y ont édifié des ksour. On en reconnaît quelques ruines à Talazdit, près du barrage d'El-Ateuf, à Aoulaouel au sud d'El-Ateuf et à Tmazzart au nord à la confluence de l'oued Azouil avec l'oued M'Zab, entre Bou-Noura et Mélika, mais c'est à partir du XIe siècle que le M'Zab a connu un véritable développement.A la fin de la conquête islamique de l'Afrique du Nord en 703, les Berbères Béni M'Zab, qui vivaient d'élevage et d'agriculture saisonnière, se convertissent et adoptent la doctrine dite motazilite. A partir du XIe siècle, la région connaît un véritable développement. Les Mozabites ceinturent l'une des collines dominant l'oued de remparts, la chapeautent d'une mosquée puis y édifient des maisons : El-Ateuf (« le tournant », Tajnint en berbère) naît en 1012 sur la rive ouest de l'oued puis, en amont, Bou-Noura (« la lumineuse ») en 1065 et Ghardaïa (Taghardaït) en 1085. Chaque nouvelle ville est construite sur une colline, en hauteur, pour éviter les rares mais violentes inondations, et toujours selon le même schéma : des remparts, une mosquée, puis les habitations du haut vers le bas et, dans le même temps, l'entretien d'une palmeraie.A la même époque, au contact des Ibadites d'Isadraten, les Mozabites se convertissent peu à peu à leur doctrine, née quelques siècles auparavant. En 656, lorsqu'Othman, le troisième calife après Mohammed, est assassiné, on demande à Ali, son successeur et gendre du Prophète, d'accepter la punition de ce meurtre. Les Kharedjites (de « kharej », « se séparer »), qui ont refusé d'arbitrer le conflit entre Ali et Mouawiya en 658, se scindent en deux mouvements où les plus modérés sont les Ibadites, les disciples de l'imam Djabir Ibn-Zaïd. Ces derniers, ayant fuit après le meurtre d'Ali en 661, s'installent d'abord en actuelle Tunisie, à Kairouan et à Djerba où ils sont encore présents.Un peu plus à l'est, l'un d'entre eux, Ibn-Rostom, fonde en 777 l'Etat rostomide à Tahert (actuel Tiaret), un royaume rapidement prospère qui s'étendait jusqu'à Fès, au Maroc. Au début des années 900, menacés, ils prennent de nouveau la route et choisissent un site plus au sud, à la lisière du Sahara. Isadraten la « glorieuse », leur nouvelle capitale à proximité de l'actuel Ouargla, éveille bientôt les convoitises des puissants voisins. En 1072, Isadraten et sa palmeraie sont complètement rasés par les troupes d'El-Mansour, un Hammadite de la région de Bejaïa. Les rescapés rejoignent le M'Zab. Trois siècles plus tard, les Mozabites, prospères, manquent de place et fondent en 1630 Guerrara, une cité à trois jours de marche au nord-est, soit une centaine de kilomètres, puis Berriane à peu près à mi-chemin (1680). Des villes nouvelles voient encore le jour sur les collines les plus proches. Après des erreurs commises dans les années 1970 et 1980, on essaie aujourd'hui d'y maintenir un style architectural cohérent et on peut dire que c'est presque réussi.Aujourd'hui, la wilaya de Ghardaïa compte environ 310 000 habitants dont environ 60 % d'Ibadites.

vers
Alger
Barrage
GHARDAIA
palmeraie
MELIKA
Barrage
BENI
ISGUEN
BOU NOURA
Barrage
palmeraie
Barrage
EL-ATEUF
vers
El-Goléa
Ouargla
et le sud
Barrage

Le M'Zab

Il faudra revenir sur ses pas par une autre rue parallèle pour découvrir la cité classée patrimoine de l'humanité en 1982 par l'Unesco. Sur les hauteurs, des tours de guet isolées, dont l'une construite en une nuit, symbolise la solidarité des Mozabites. Au fond de la vallée, Ghardaïa avec ses deux minarets, l'ancienne parce que nous roulons déjà dans la nouvelle. On ne verra pas tout de suite El-Ateuf, à 9 km de là en aval de l'oued.

Dans la ville basse, récente, on peut visiter un petit centre artisanal inséré dans les remparts extérieurs. Là est reconstituée une maison traditionnelle où souffle presque l'esprit d'invisibles habitants (meubles, objets usuels, tapis, ustensiles de cuisine...). Sur les hauteurs, un grand bâtiment ocre clair domine la ville. L'hôtel Rostemides était une caserne désaffectée quand Fernand Pouillon a été chargé de la réhabiliter pour la transformer en « grand hôtel ». Devant la désaffection des touristes, il a été fermé en 1994, passant le relais au Djanoub. Malgré les rénovations en cours, essayez de vous faire ouvrir les portes par l'un des gardiens : la vue sur Ghardaïa permet de comprendre l'organisation urbaine du M'Zab et l'écho des pas dans les immenses salles de réception à colonnades fait naître une douce nostalgie de jours plus fastes. Après le centre commercial marqué par les trois rues principales (rue Emir-Abdelkader, rue du 1er-Novembre et rue Ahmed-Talbi), il faut passer une porte ouverte dans l'axe de la rue Emir-Abdelkader pour déboucher sur la vaste place du marché bordée d'arcades chaulées. C'est sur cette place rénovée que se réunissaient autrefois les notables pour traiter les affaires de la cité (djemaâ) mais si les pierres sur lesquelles ils s'asseyaient ont aujourd'hui disparu tout comme l'aire de prière surélevée, le marché le plus important a toujours lieu le vendredi. C'est ici aussi qu'on trouvera, sur la gauche en pénétrant sur la place, quelques boutiques d'artisanat.

Il faut passer sous une porte ouverte dans la plus grande longueur de l'esplanade pour pénétrer dans la « vieille » Ghardaïa. L'atmosphère change tout à coup. La lumière, rendue moins agressive par la proximité ocre des murs, laisse entrevoir les vieillards qui surveillent la rue du seuil d'une minuscule boutique, les enfants qui se faufilent entre mobylettes et ânes chargés de provisions ou de gravats d'une rénovation et les silhouettes blanches et anonymes des femmes pressent le pas avant de disparaître. C'est en bas de la rue principale (la rue Cheikh-Ammi-Saïd) qu'on trouve le bureau des guides de la ville signalé par une enseigne en bois vieillotte. Nous vous recommandons d'en suivre un pour une première découverte (fermé à l'heure du déjeuner).

Au fur et à mesure de l'ascension, les rues sont de plus en plus étroites et tortueuses, se transformant parfois en véritables escaliers. Certaines d'entre elles sont des impasses desservant plusieurs foyers. Par les portes basses laissées ouvertes mais voilées par un rideau, on entend sans jamais pouvoir y glisser un œil indiscret, la vie des familles.

De chaque côté des portes, des petites niches fermées par une porte en métal ajourée abritent les compteurs de gaz et d'électricité. De temps en temps, on est ébloui par l'éclat bleuté d'une citerne d'eau en métal fixée sur le toit d'une maison, à côté de la parabole.

On arrive enfin à la mosquée dont le minaret aux quatre doigts tendus vers le ciel comme un appel à la présence divine et légèrement penché, non pas pour résister au vent mais parce que la main d'homme est imparfaite, domine la ville. On la visite en compagnie d'un guide, seulement le matin et en dehors des jours de fête. Sous la mosquée, un passage souterrain permet à ceux qui habitent sur l'autre versant de la colline de gagner plus rapidement l'entrée de la salle de prière.

De retour dans la ville basse, on peut marcher jusqu'à la mosquée Sidi Bou-Gdemma en remontant l'oued M'Zab vers le nord. Cette mosquée, toujours d'une grande simplicité, aurait été bâtie à l'emplacement du campement du fondateur de la ville.

En gravissant les marches du grand escalier qui traverse le cimetière, on est frappé par l'air d'abandon des tombes. Les morts sont enterrés couchés sur le côté droit face à La Mecque. Une pierre dressée marque l'emplacement de la tête et deux pierres pour les pieds d'un homme – et l'inverse pour une femme. Une quatrième pierre fichée au milieu de la tombe signale que la femme est morte enceinte. Des poteries vertes et des tessons permettent aux familles de reconnaître les leurs. S'il y a tant de cimetières autour des villes du M'Zab, c'est parce que dans la tradition musulmane ibadite, un terrain ayant accueilli des morts est consacré à tout jamais et il ne saurait être question de concessions limitées dans le temps. Vers le sud, la route contourne la ville ancienne et mène à la palmeraie de Ghardaïa. Sur la droite, un point de distribution d'eau potable où viennent se ravitailler les camions-citernes qui alimentent encore les villages marque l'entrée de la voie d'accès au barrage puis à la palmeraie.

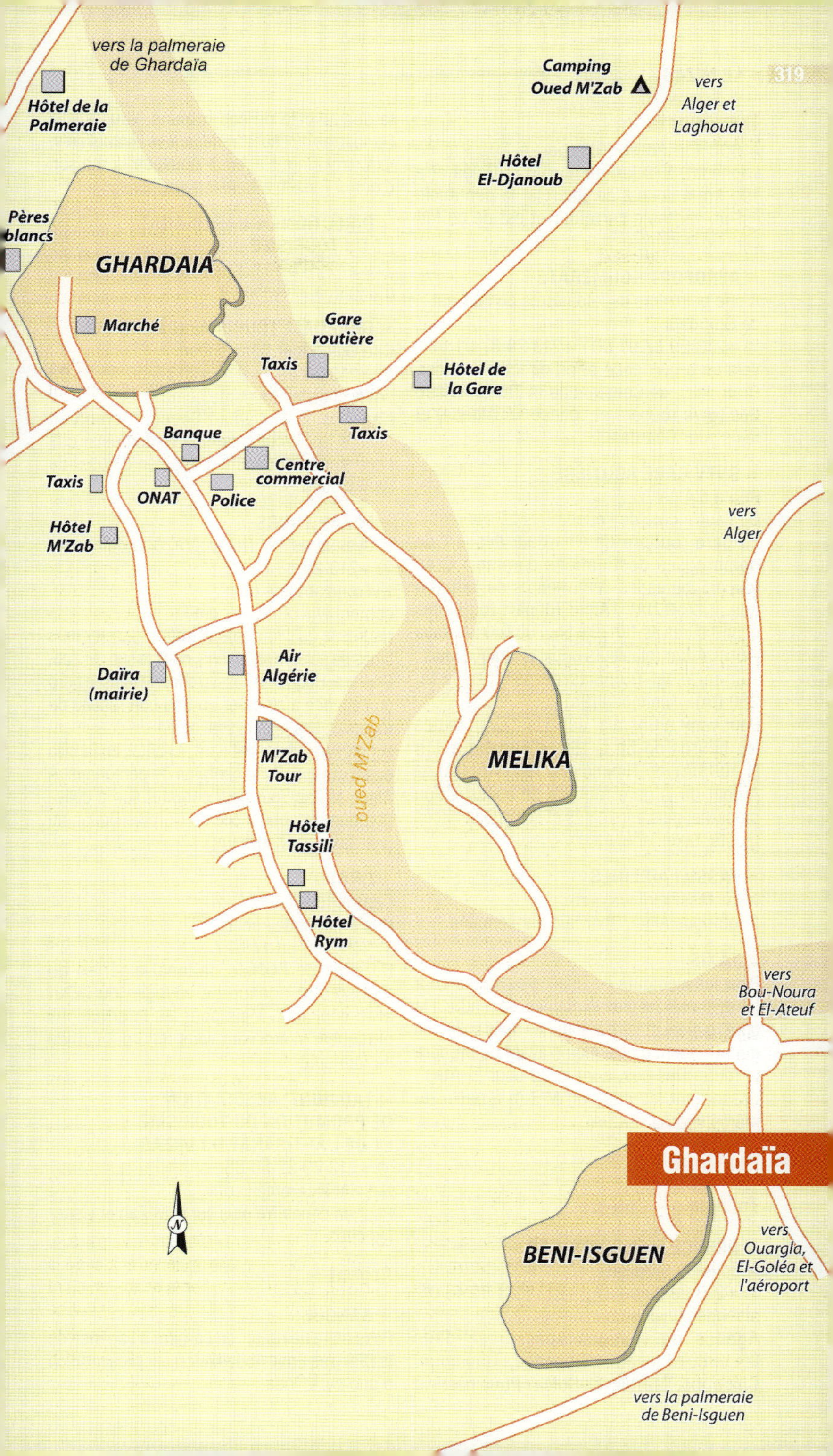
vers la palmeraie de Ghardaïa
Hôtel de la Palmeraie
Camping Oued M'Zab
vers Alger et Laghouat
Hôtel El-Djanoub
Pères blancs
GHARDAIA
Marché
Gare routière
Taxis
Hôtel de la Gare
Taxis
Banque
Centre commercial
Taxis
ONAT
Police
Hôtel M'Zab
vers Alger
Air Algérie
Daïra (mairie)
M'Zab Tour
oued M'Zab
MELIKA
Hôtel Tassili
Hôtel Rym
vers Bou-Noura et El-Ateuf
BENI-ISGUEN
vers Ouargla, El-Goléa et l'aéroport
vers la palmeraie de Beni-Isguen

Transports

A 600 km au sud d'Alger, à 200 km de Laghouat, 270 km au nord d'El-Goléa et à 190 km à l'ouest de Ouargla, la pentapole est un véritable carrefour et est de ce fait bien desservie.

AÉROPORT NOUMERATE

A une quinzaine de kilomètres au sud-est de Ghardaïa
✆ +213 29 87 01 00 / +213 29 87 01 08
Vols en provenance et en direction d'Alger, Oran, Illizi, de Constantine et Tamanrasset. Bus (gare routière et agence Air Algérie) et taxis pour Ghardaïa.

SNTV GARE ROUTIÈRE

Route d'Alger
De l'autre côté de l'oued
La gare routière de Ghardaïa dessert de nombreuses destinations comme : Oran (départ toutes les demi-heures de 18h30 à minuit, 750 DA) ; Alger (départ toutes les demi-heures de 18h30 à 5h, 700 DA) ; Annaba (16h) ; Adrar (plusieurs départs chaque jour) ; Tamanrasset (départs de 19h30 à 21h, 200 DA) ; Timimoun (9h).
Pour venir à Gharaïa, départs d'Oran toutes les heures de 5h à 16h, d'Annaba à 11h (1 100 DA), de Timimoun à 19h (700 DA).
Autour de la gare routière de construction moderne, plusieurs cafés et lieux de services (poste, taxiphone, etc.).

TASSILI AIRLINES

www.tassiliairlines.aero
2 rotations Alger/Ghardaïa par semaine.

TAXIS

Pour les alentours de Ghardaïa comme pour les destinations plus lointaines, se rendre à la gare routière et faire le tour des taxis collectifs qui attendent d'être pleins avant de prendre la route. Des bus, dont le 30 pour El-Ateuf, desservent les cités du M'Zab à partir du même endroit (20 DA).

Pratique

Tourisme – Culture

AGENCE ENTEG VOYAGES

Avenue du 5-Juillet
✆ +213 29 89 00 37 / +213 7 71 50 43 01
atvendeg@yahoo.fr
Agence de voyages spécialisée dans les circuits locaux : Reggane, Timimoun, Chaamba, Mettili, El-Goléa. Pour partir à la découverte de ces régions, vous aurez l'embarras du choix : randonnées chamelières, 4x4, trekking. L'agence possède la maison d'hôtes Tadart, à Béni Isguen.

DIRECTION DE L'ARTISANAT ET DU TOURISME

✆ +213 29 82 11 33
dtaghardaia@yahoo.fr

GHARDAIA TOURISME (EX-BIG SUN)

Cité Ouled Ider Béni Isguen
✆ +213 29 89 14 91 / +213 5 50 45 51 03
www.ghardaiatourisme.com
L'agence de Mohamed Boucetta prend en charge les circuits dans la région ainsi que l'hébergement dans une maison d'hôtes de Béni Isguen.

M'ZAB TOURS

9, avenue du 1er-Novembre, Ghardaïa
✆ +213 29 83 70 02
www.mzabtours.com
contact@mzabtours.com
L'adresse qu'il faut retenir pour organiser tous types de séjours en Algérie, dans le sud (M'Zab, Gourara, Hoggar et Tassili) comme dans le nord où l'agence a su créer un très bon réseau de réceptifs. Les séjours sont organisés quasiment sur mesure, chez l'habitant, à l'hôtel, en famille ou en groupe d'une centaine de personnes. A Alger, M'Zab Tour peut compter sur la collaboration exceptionnelle de Nordine Bouanani (voir taxis et chauffeurs).

ONAT

Centre de Ghardaïa
Rue Emir-Abdelkader
✆ +213 29 88 17 51
Bureaux de l'Office national algérien du tourisme et agence de voyages de l'Etat avec dépliants. Mais pour les informations pratiques, mieux vaut vous rendre à l'office de tourisme.

TADJNINT, ASSOCIATION DE PROMOTION DU TOURISME ET DE L'ARTISANAT DU M'ZAB

✆ +213 29 87 50 38
tadjnint@caramail.com
Pour en connaître plus sur le M'Zab et visiter les cités.

Argent

BANQUE

Possibilité de retirer de l'argent à l'agence de la CPA (rue Emir-Abdelkader) sur présentation d'une carte Visa.

Se loger

A Ghardaïa, on peut certes loger dans le centre qui possède quelques bons établissements, mais on préférera passer une nuit authentique dans l'une des nombreuses maisons d'hôtes de la belle palmeraie de Béni Isguen (calme, fraîcheur et dépaysement garantis). Attention, la plupart des résidences et auberges situées dans la palmeraie sont fermées pendant l'été. Les propriétaires profitent de cette période, où la fréquentation est moins importante, pour effectuer quelques travaux de rénovation ou les petites réparations avant de démarrer la nouvelle saison. Renseignez-vous au préalable.

Bien et pas cher

HÔTEL DE LA GARE
Rue Ahmed-Talbi
✆ +213 29 88 49 01
1 200 DA la single, 1 500 DA la double. Sans petit déjeuner. Chambres avec clim et TV. Sanitaires communs.
Au plus près de la gare routière, l'hôtel simple semble avoir regagné quelque respectabilité. Grandes chambres claires.

HÔTEL DE LA PALMERAIE
(route de l'oasis)
Avenue de l'ALN
Après le marché, km 1,5
✆ +213 6 97 16 66 66
Comptez 900 DA la simple, 1 200 DA la double.
En face de la maison d'arrêt, cet hôtel a pourtant beaucoup de charme avec sa cour intérieure fleurie, badigeonnée de rose et de bleu. Adresse recommandée malgré son relatif éloignement du centre-ville.

HÔTEL IZORANE (« RACINES »)
Centre de Ghardaïa
A l'entrée des bureaux de la wilaya
Comptez 1 600 DA la simple, 2 200 DA la double.
L'entrée exiguë et basique cache un petit hôtel sympathique aux chambres assez charmantes conçues dans un style plutôt traditionnel.

HÔTEL RYM
Rue du 1er-Novembre
✆ +213 29 88 32 02
A partir de 1 800 DA la chambre.
Plus frais et plus accueillant que son voisin le Tassili, le Rym est un bon petit hôtel de centre-ville. Climatisation.

Autre adresse : Zelfana

HÔTEL TASSILI
Rue du 1er-Novembre ✆ +213 29 88 55 83
A partir de 1 600 DA la chambre (simple ou double).
Dans le centre-ville. Chambres avec douches et climatiseur. Supplément pour TV. Literie moyenne, mais chambres plutôt propres.

Confort ou charme

EL DJANOUB
Route de Laghouat ✆ +213 29 88 89 87
hoteldjanoub47@yahoo.fr
Comptez 3 400 DA la chambre simple et 4 200 DA la double.
Cet hôtel de l'EGT Ghardaïa, récemment rénové, est une bonne adresse. Les chambres sont confortables et très propres, équipées de réfrigérateur, climatisation et téléviseur. Non loin du centre-ville mais juste assez en retrait pour garantir de bonnes nuits réparatrices. Restaurant, bars. Accueil chaleureux.

Se restaurer

En dehors des restaurants et cafés des hôtels mentionnés plus haut, on trouve un grand nombre de gargotes dans le centre.

À voir – À faire

Les villes du M'Zab, même si elles possèdent chacune une particularité, sont toutes bâties sur le même plan : des murs d'enceinte, une place du marché, une seconde enceinte et des ruelles parfois couvertes qui montent vers la mosquée en haut de la ville. En général, les rues du bas de la ville sont suffisamment larges pour permettre aux chameaux bâtés de parvenir jusqu'à la place du marché qui, contrairement à la tradition musulmane, n'est pas le centre de la vie urbaine. Après la place du marché, les ruelles et impasses deviennent plus étroites et sinueuses mais restent toujours accessibles à un âne monté.Mais ce qui fait la particularité de la pentapole, c'est son architecture qui a inspiré des architectes comme Le Corbusier qui se plaignait, après avoir découvert Ghardaïa, que notre progrès fût si laid, Ravereau, Franck Lloyd Wright, Pouillon qui en exporté les principes hors du M'Zab ou encore Ricardo Bofill... Plus que par l'extérieur des constructions, ils ont certainement été séduits par la douce harmonie qui émane des intérieurs mozabites où la lumière chiche et jamais blessante change selon les heures, passant du bleuté quand elle rase des murs dont la blancheur est accentuée au bleu de méthylène à l'orangé quand le soleil couchant caresse la terre rouge.

D'une grande simplicité et jamais démesurée, l'architecture traditionnelle mozabite évoque peu à peu le château de sable qu'on modelait sur la plage, croyant qu'il résisterait à la marée. Il faut visiter une maison ancienne et une mosquée pour en comprendre les principes de base. Tout est accessible à la main tendue, de taille humaine, les arches ne dépassent pas la courbe d'une palme de dattier et les plafonds bas ne peuvent être plus larges que la longueur d'un tronc, soit environ 4 m. Sur les poutres, des troncs de dattiers, on entrelace des palmes solidarisées par des liens de cuir de chameau ou de chèvre sur lesquelles on tasse une épaisseur de terre avant d'élever un étage. Les enduits portent encore la marque des mains qui les ont talochés. A l'extérieur des bâtiments, le crépissage est grossier : chaque zone d'ombre créée par le relief garantit un peu plus de fraîcheur à l'intérieur.La maison, desservie par une entrée en chicane qui ne laisse rien transparaître de son intérieur, est organisée autour d'une pièce principale dont le plafond est percé d'une large ouverture carrée. C'est dans ce patio que se retrouve la famille. Dans un coin, une petite cheminée signale l'espace « cuisine ». De chaque côté du patio, des petites pièces, l'une pour les hommes et leurs hôtes de passage, l'autre pour la femme. Un escalier miniature mène au premier étage et à une terrasse qui donne de la lumière au patio. Les chambres distribuées autour de cette terrasse sont minuscules. On y dort rarement en été, préférant les terrasses du toit et leur petite taille permet d'y conserver une certaine douceur en hiver.En guise de meubles, des niches sont façonnées dans l'épaisseur des murs, seule une étagère peinte de fleurs naïves faisant partie de la dot de la mariée et quelques ustensiles de cuisine apportent une note de couleur. En complément de la lumière naturelle filtrée par d'étroites meurtrières, les sources de lumière artificielle sont cachées dans les angles derrière de simples modelages de plâtre. Les fenêtres sont rares, tant pour dissimuler la vie du foyer que pour protéger des excès du climat (froid en hiver, très chaud en été). Quand il a fallu en percer, elles sont dissimulées par des écrans grillagés, modernes moucharabiehs.

Visites guidées

M'ZAB TOURS
9 avenue du 1er-Novembre, Ghardaïa
✆ +213 029 88 00 02
www.mzabtours.com
contact@mzabtours.com
L'agence M'Zab Tours est spécialisée dans le Sud algérien (M'Zab, Gourara, Hoggar et Tassili), mais elle propose également des séjours dans le Nord, et notamment à Alger, où elle a su développer un très bon réseau de réceptifs. C'est, en tout cas, l'adresse à retenir en priorité si l'on décide de prolonger son séjour dans le Sud, où l'agence dispose de belles auberges authentiques dans la palmeraie de Béni Isguen, à El-Goléa et bientôt à Djanet. Très bon accueil et excellents services de l'équipe de Toufik Boughali.

LES OASIS DU M'ZAB

BENI-ISGUEN

Il faut suivre la rue du 1er-Novembre pour arriver à l'entrée principale de Béni-Isguen, sur la droite en venant de Ghardaïa. Les deux cités sont distantes d'environ 2 km. C'est la cité la plus importante après Ghardaïa. Elle est dotée d'un rempart entièrement sauvegardé, renforcé de tours, qui s'ouvre par deux grandes voies d'accès. La palmeraie s'étend le long de l'oued N'Tissa sur 3 km et compte environ 25 000 palmiers.

GHARDAÏA TOURISME
✆ +213 29 89 14 91 / +213 6 61 53 06 92
www.ghardaiatourisme.com
bigsundest@yahoo.fr
A partir de 2 000 DA.
Une petite maison d'hôtes dans la palmeraie de Béni-Isguen, doublée d'un campement bédouin.

MAISON D'HÔTES TADART
Quartier Tlet
✆ +213 29 89 00 37 / +213 7 71 50 43 01
atvendeg@yahoo.fr
A partir de 1 500 DA la chambre.
Au pied de Tafilelt, un quartier de Béni-Isguen, deux très belles maisons d'hôtes traditionnelles dont l'une a 130 ans. La maison se compose de 8 chambres spacieuses pouvant accueillir jusqu'à 20 personnes. Sanitaires très propres. Une piscine pour les mois les plus chauds. Terrasse et tente nomade pour les repas. On apprécie la disponibilité d'Ahmed, le propriétaire.

Le partage de l'eau

Pas de sources affleurantes, pas de rivières, seulement quelques jours de pluie chaque année – et encore ! –, l'eau est rare dans le M'Zab et dès leur arrivée dans la région, les Ibadites ont dû mettre en œuvre beaucoup d'énergie pour survivre. Ils ont foré la roche sur plusieurs dizaines de mètres pour atteindre des nappes rachitiques, il fallait alors toute une vie, voire plusieurs, pour que le puits soit généreux. Et pour profiter des pluies qui gonflaient si rarement les oueds, ils ont édifié des barrages et dessiné un ingénieux système pour que tous les membres de la communauté profitent de ce « don de Dieu ».Les barrages, comme celui qu'on peut voir dans la palmeraie de Béni Isguen, sont sinueux pour absorber le choc des crues et surmontés d'espèces de chicots. Au pied du barrage, des dalles de pierre plantées verticalement, tel un peigne, laissent passer l'eau et la répartissent dans des canaux souterrains ramifiés en plusieurs conduits qui mènent chacun à un « quartier » de l'oasis. La taille des canaux est fonction de la superficie des jardins et du nombre de dattiers cultivés. Le système régulé par des sas et des rigoles (seguias) est prévu pour que même les coins les plus reculés de l'oasis soient irrigués. Dans la palmeraie de Ghardaïa particulièrement, on remarque des fentes verticales au bas des murs des deux côtés des ruelles. C'est par là que l'eau pénètre dans chaque jardin en cas de crue, lorsque les rues s'emplissent d'eau. On dit que l'ouverture délimitée par deux pierres plates est calculée au millimètre près pour que tous bénéficient de la quantité d'eau nécessaire, ni plus n moins.En dehors des périodes de crue, les puits à « dalou » prenaient le relais pour assurer un minimum d'irrigation. Il a souvent fallu des dizaines d'années pour les creuser et ils nécessitaient le va-et-vient continuel d'un homme et de son âne ou de son chameau pour en extraire l'eau. On voit encore nombre de ces puits dans la palmeraie de Béni Isguen. Ils étaient faits de deux piliers maçonnés soutenant une poulie autour de laquelle une longue corde tirée par un animal permettait de descendre puis de remonter une outre en peau de chèvre, le dalou, qu'on vidait dans un bassin en actionnant une deuxième corde qui tenait l'ouverture du récipient. Du bassin partaient les seguias principales. Sur les plus anciens puits, on peut encore observer les cicatrices laissées par le frottement de la corde, témoignages d'une époque disparue avec l'apparition des pompes électriques.

RÉSIDENCE DES DEUX TOURS

✆ +213 29 88 86 69 / +213 7 98 42 62 14
www.residencedesdeuxtours.com
bayardsaid@yahoo.fr

Comptez 4 000 DA la single, 6 000 DA la double et 8 000 la suite double.

Au cœur de Béni-Isguen, cette récente résidence, dessinée par son propriétaire, est certainement la plus « chic » des adresses de la palmeraie. Moins authentique que les autres auberges, elle s'inspire toutefois largement de l'architecture traditionnelle du M'Zab et intègre astucieusement à son style une touche de modernité. Les 18 chambres et 4 suites, réparties autour d'une belle piscine, sont charmantes et le confort y est plus citadin (carrelage, réfrigérateur, meubles, literie avec sommier, climatisation…). Kheïma (tente berbère) pour les repas. La maison organise des excursions à la découverte du M'Zab, des soirées traditionnelles, et peut accueillir des séminaires. Accès wi-fi.

RÉSIDENCE AKHAM

✆ +213 29 87 31 27
✆ +213 7 71 77 48 20
takbout_said@yahoo.fr

A partir de 2 400 DA en demi-pension.

Un jardin luxuriant mis en valeur le soir venu et de grandes chambres lumineuses traditionnellement décorées font de cet établissement une adresse appréciée des agences. Saïd, le maître de maison, accueille souvent des musiciens.

MELIKA

La « reine » se dresse de l'autre côté de l'oued M'Zab. Il faut suivre son enceinte, en fait de hautes maisons qui font office de rempart protecteur, pour arriver au cimetière. Près du château d'eau qui domine la ville et la fait reconnaître de loin, les tombeaux de Sidi Aissa et de sa famille dont les « iduden », des espèces de doigts de torchis chaulé pointés vers le ciel, sont touchants de simplicité.

Cheikh Sidi Aissa, un musulman malékite, se convertit à l'ibadisme après un songe qui lui montrait trois cimetières : le premier, en feu, était celui des juifs ; le second, d'où s'échappaient plaintes et gémissements, était réservé aux malékites alors que du troisième, l'ibadite, semblait serein. Suite à une querelle avec le chef de Melika, il s'enferma chez lui pendant plus de dix ans. Les gens du pays qui appréciaient cet homme pieux et intègre lui élevèrent un beau tombeau pour réparer l'outrage qu'il avait subi avec sa famille.

BOU NOURA

La « lumineuse » s'élève à 4 km de Ghardaïa, toujours sur la rive gauche. Son ksar a été détruit lors d'une série de querelles internes mais la petite ville reste sur ses gardes derrière de hauts remparts qui sont parfois des affleurements du rocher sur lequel elle est construite.

EL-ATTEUF

Son nom évoque le méandre de l'oued au sein duquel la première ville de la vallée du M'Zab a été édifiée. A 9 km de Ghardaïa, elle paraît déjà loin de tout. On peut en gravir les ruelles aux murs crépis de rose, d'ocre orangé ou de vert pastel jusqu'à la porte d'accès au cimetière dominé par quelques tombeaux à iduden mais on peut également la contourner par le bas, le long de hautes maisons-remparts jusqu'à la fameuse mais délicieuse mosquée de Cheikh Sidi Brahim. A moitié enterrée, son plan modeste, ses arcades moulées sur une palme de dattier ou ses niches destinées à recevoir les effets des élèves de la medersa seraient à la base de l'émerveillement de Le Corbusier qui s'en serait inspiré pour édifier la chapelle Notre-Dame-du-Haut à Ronchamp, près de Vesoul. Et c'est vrai que la chapelle française dédiée au culte de Marie possède quelques airs de famille avec la mosquée Sidi Brahim ! La petite mosquée, vieille de plus de 700 ans, a été construite en l'honneur de Sidi Brahim, un cheikh qui, mort depuis longtemps et s'estimant un peu oublié, apparut en songe à Ba Messaoud, un Mozabite emprisonné depuis de longues années loin de son pays. Le vieux Sidi Brahim lui proposa la liberté contre la promesse d'élever une mosquée en son nom à l'endroit où se ficherait sa canne lancée.

BERRIANE ET GUERRARA

Il s'agit des deux plus récentes villes mozabites édifiées au XVIIe siècle au nord-est de la pentapole, à l'écart de l'oued M'Zab. On y retrouve l'urbanisme et le style de vie de leurs cinq sœurs.

LES OASIS CHAMBAS

Les Chaambas étaient à l'origine des semi-nomades qui arpentaient le nord du Sahara et entraient souvent en conflit avec les Mozabites qui grignotaient leur monopole commercial. Aujourd'hui sédentarisés, on les rencontre dans les environs immédiats de Ghardaïa et principalement dans la petite ville qui s'annonce modestement comme leur berceau. Metlili se trouve à une quarantaine de kilomètres de la pentapole. Il faut dépasser la zone industrielle de Ghardaïa dans laquelle on peut visiter des fours à chaux traditionnels et l'aéroport Noumérate sur la route de Ouargla puis, au rond-point suivant, tourner à droite. La voie traverse une hamada battue par les vents pendant 20 km avant de glisser par de larges virages vers l'oued qui a donné son nom à la bourgade. Bientôt surgit le sommet turquoise et vert du minaret de la mosquée. Le lit de l'oued accueille un marché bigarré tandis que, plus haut sur la montagne, se dessèchent les restes d'un ksar. De l'autre côté de l'oued, un petit mausolée blanc attire le regard. On peut grimper jusqu'à ce formidable point de vue par une mauvaise piste.Plus loin, sur la route de Seb-Seb, le blanc éclatant de la zaouïa de Sidi Hadj Ahmed Bahous tranche sur la couleur de la terre utilisée pour les maisons.

ZELFANA

De retour sur la route de Ouargla, à 35 km de l'embranchement pour Metlili, une route mène à Zelfana où ont été découvertes à la fin des années 1940 des sources chaudes. Riches en sels minéraux (chlorure et sodium), elles sortent de terre à 45 °C et on les dit bonnes contre les maladies nerveuses, respiratoires, rhumatismales et quelques maladies de la peau. Dans la fièvre des années suivant l'Indépendance, on y a édifié des bains et plusieurs établissements touristiques mais aujourd'hui plane sur les rues un air d'abandon désolé.

Le Grand Erg oriental

D'une superficie de 190 000 m², le Grand Erg Oriental, deux fois plus grand que l'Erg Occidental, se situe entre la Tunisie et l'Algérie. Un chapelet d'oasis se déploie entre Biskra et Hassi Messaoud. A Tolga, l'une des meilleures dattes du pays est récoltée. El-Oued, la capitale du Souf, ville aux mille coupoles, borde une magnifique mer de sable. Un peu plus à l'ouest, Touggourt exhibe sa vaste palmeraie. La route se poursuit au sud en direction des zones pétrolières...

OUARGLA

A 845 km au sud d'Alger et à 155 km à l'est de Ghardaïa, Ouargla est une immense oasis dont la palmeraie compte plus d'un million et demi de dattiers. Au début du Xe siècle, la ville accueillit des Ibadites (Kharidjites, Mozabites) qui fuyaient Tiaret menacé par la convoitise de ses voisins. Aujourd'hui, Ouargla est devenu un important centre industriel, notamment pétrolier, et administratif.

Transports

AÉROPORT AÏN EL-BEIDA
✆ +213 29 72 58 53
A 10 km de la ville. Vols en provenance d'Alger, d'Adrar, de Djanet, d'Illizi, d'In-Amenas, d'In-Salah, d'Oran et de Tamanrasset.

BUS ET TAXIS
Départs pour Alger, Oran, Constantine, Ghardaïa, In-Amenas et Illizi de la gare routière sur la route de Ghardaïa. Les taxis longue distance partent du même endroit.

Pratique

TENERE VOYAGES
✆ +213 29 71 52 60 / +213 29 71 52 61
Egalement présents à Djanet. Possibilité de combinés.

Se loger

AUBERGE DE JEUNESSE
Après le carrefour (« Quatre Chemins »)
avec la route de Rouissat
Route de Ghardaïa ✆ +213 29 71 33 01
150 DA par nuit.
Bien équipée et bien tenue, l'auberge de jeunesse a en plus le mérite d'abriter un cybercafé bien pratique.

EL MEHRI
Rue Chetti-Louakal
✆ +213 29 76 10 56
A partir de 1 750 DA la chambre.
Entouré d'un jardin, l'hôtel Pouillon pourrait être un musée des années 1970. 60 chambres vraiment basiques.

À voir – À faire

On pénètre dans le vieux ksar par la place des Martyrs. De là, une ruelle mène à la mosquée de Lalla Aza.

MUSÉE SAHARIEN
Route Béni-Thour
Ouvert de 9h à 17h. Entrée 20 DA.
Autant de préhistoire que d'artisanat ou d'éclairages sur les ressources pétrolières du Sahara. Egalement des pièces issues des fouilles menées à Sedrata dans ce bâtiment datant de 1937.

SEDRATA
A 15 km au sud de Ouargla, l'ancienne Isedraten a été édifiée à partir du VIIIe siècle après J.-C. En 909, Yacoub, le dernier Rostémide, en fit une capitale dont la prospérité agaça le souverain hammadite El-Mansour qui la fit raser en 1072. Enfouies sous le sable pendant des siècles, les ruines de la cité ont été en partie mises au jour. Les plus belles pièces, fragiles, trouvées sur place sont exposées au musée de Ouargla et au musée des Antiquités à Alger.

HASSI MESSAOUD

A 85 km au sud-est de Ouargla. Ville nouvelle, qui n'existe officiellement que depuis à peine 25 ans, Hassi Messaoud c'est l'industrie à l'état pur.
En juin 1956, alors que les tensions sont plus que vives dans le reste du territoire, la SN Repal (Société nationale de recherche et d'exploitation de pétrole en Algérie) découvre du pétrole dans la région au sud de Ouargla.

La France continuera d'extraire l'huile de pierre jusqu'après l'Indépendance mais les puits seront finalement nationalisés en 1971, marquant ainsi la fin réelle de la présence française en Algérie et projetant l'infertile Sahara au cœur des convoitises. Depuis, autour de MD1 (le premier puits), toutes sortes de bâtiments sont venus s'agglutiner, des baraquements pour ingénieurs aux gourbis des bidonvilles, en passant par les commerces les plus divers. Presque 60 ans après la découverte du pétrole, la ville et ses tentacules comptent au moins 55 000 habitants recensés, un nouvel aéroport attend son monde, l'insécurité règne, mais l'offre touristique est inexistante, à moins d'être fasciné par la lueur des torchères.

AIR ALGÉRIE
✆ +213 29 73 02 07
www.airalgerie.dz

BRITISH AIRWAYS
Route nationale 3
✆ +213 29 75 07 37
De 8h à midi et de 14h30 à 18h du samedi au jeudi.

TASSILI AIR LINES
✆ +213 29 73 49 75
www.tassiliairlines.dz

TOUGGOURT

A la lisière nord du Grand Erg oriental, à 165 km au nord-est de Ouargla, Touggourt est la ville la plus importante de l'oued r'hir, un fleuve fossile. Capitale de la dynastie des Ouled Djellab, la ville est réputée pour ses dattes et son ksar aux ruelles couvertes de portions de troncs de palmiers. Elle fut le point de départ de la Croisière noire qui mena des véhicules Citroën jusqu'à Tombouctou en 1923. Une colonne dressée sur la place principale de la ville rappelle ce sacré « rallye ». A voir également, dans le cimetière de la ville, les tombeaux des Rois, des « bornes » de pierre abritées sous la belle coupole d'une koubba. Au sud de Touggourt, à une dizaine de kilomètres, Temacine se dresse sur une colline, ceinte d'une protection de troncs de palmiers. Plus loin, Tamelhat est une petite oasis connue pour sa zaouïa de la confrérie des Tidjani. Sa mosquée du XIIIe siècle abrite le tombeau de Sidi El-Hadj Ali, le fondateur de la ville. A voir également, le Ksar abandonné au début des années 1990 après que des pluies ont ravagé les maisons en briques de terre crue. Près de Temacine, le lac sacré de Merdjedja, aux eaux très salées, accueille une fête tous les 20 août.

Transports

AÉROPORT
Route d'El Oued
2 vols pour Alger : mardi et jeudi.

AIR ALGÉRIE
Centre-ville
✆ +213 29 68 26 68
www.airalgerie.dz

GARE ROUTIÈRE
Une gare routière dans le centre à proximité du marché et une sur la route de Biskra, avec départs quotidiens pour Alger, El Oued, Hassi Messaoud, Biskra et Constantine.

Se loger

HÔTEL OASIS
Rue Aissat-Idir
Nezla
✆ +213 29 68 10 50 / +213 29 68 10 50 50
A partir de 2 700 DA la single, 3 600 DA la double.
Dans le centre-ville, au sud de la palmeraie, sur la route de Temacine, c'est le seul établissement fréquentable de Touggourt. Architecture d'inspiration saharienne, piscine et jardins.

HÔTEL SALEM
Rue Frantz-Fanon
✆ +213 29 76 35 61
Comptez 700 DA la single et 1 200 DA la double.
Chambres très basiques. Salles d'eau à l'étage, pas de douches. En dernier recours.

Shopping

BAZAR DU SUD
Chez Aïssa
✆ +213 29 67 25 60
Artisanat du Sud…

POTERIE
Sidi Boudjnan
Route de Temacine
✆ +213 6 65 94 84 13

EL OUED

El-Oued, dont le nom signifie rivière, la « ville aux 1 000 coupoles » comme l'avait

surnommée Isabelle Eberhardt qui y a vécu vers 1898-1900, est la capitale du Souf, qui signifie aussi rivière, une région étonnante du nord du Grand Erg oriental, entre l'oued R'hir et la Tunisie. Véritable mer de sable dont l'altitude moyenne est celle du niveau de la mer, le Souf doit sa particularité à son aspect « alvéolé ».
Les habitants du Souf seraient arrivés du Yémen il y a cinq siècles, chassés par des impôts excessifs, et ont développé avec une patience et une abnégation remarquables la culture de dattiers qui, auparavant, dépérissaient rapidement dans cet univers minéral. Mais les exilés ont su déceler la présence d'eau sous les dunes et le sable de l'oued disparu et ils se sont mis à creuser jusqu'à la trouver, à souvent plus de 20 m de profondeur. Au fond des trous dont le diamètre peut atteindre plusieurs centaines de mètres, ils ont planté des dattiers qui, depuis, sont cultivés les racines dans l'eau et la tête au soleil. L'irrigation n'est plus indispensable mais l'entretien des entonnoirs si ! Il faut inlassablement remonter le sable qui dévale la pente vers le pourtour du cratère protégé par des entrelacs de palmes, dérisoires paravents. Une vingtaine de villages se sont à l'époque développés autour des palmeraies, aujourd'hui devenus presque banlieue d'El-Oued qui s'est considérablement étendue.
Sur place, et pour tout savoir sur le Souf, il faut essayer de se procurer la monographie *le Souf* d'André-Roger Voisin, éditée chez El-Walid.

Transports

A 580 km au sud-est d'Alger, 226 km au sud-est de Biskra, 95 km au nord-est de Touggourt et à 70 km de la frontière tunisienne – Tozeur est à 150 km au nord-ouest –, El Oued est l'une des portes d'entrée en Algérie pour ceux qui viennent avec leur propre véhicule en passant par la Tunisie et qui souhaitent un accès rapide au désert.

AÉROPORT GUEMAR
✆ +213 32 20 14 02
A une vingtaine de kilomètres au nord d'El Oued. 3 vols par semaine pour Alger.

BUS
Gare routière à la frange nord de la ville, départs pour Alger, Ouargla, Ghardaïa, Constantine et Annaba.

AIR ALGÉRIE
Avenue Mohamed-Khemisti
✆ +213 32 21 86 86
www.airalgerie.dz

Se loger

HÔTEL DU SOUF
Rue de Palestine
✆ +213 32 24 85 23
✆ +213 32 24 85 83
www.sahara-hotels.com
Comptez 2 500 DA la single et 3 600 DA la double.
Dans le centre d'El Oued, l'hôtel des années 1970 appartient à la chaîne EGT Biskra qui garantit un confort relatif. Si on n'y loge pas, on peut essayer de monter en haut du « minaret » d'où la vue sur les coupoles de la ville est splendide.

HÔTEL LOUSS
Rue Mohamed-Khemisti
✆ +213 32 21 00 79
www.sahara-hotels.com
info@sahara-hotels.com
Comptez 2 500 DA la single et 3 600 DA la double.
Ouvert depuis 1997, l'hôtel Louss appartient lui aussi à la chaîne EGT Biskra. C'est la meilleure adresse de la ville. Les chambres sont chaleureuses, soignées, parées de textiles (literie et rideaux) et tapis traditionnels de la région. Les salles de bains sont propres. Belle salle de restaurant. Bar. Accueil sympathique.

HÔTEL SI MOUSSA
Cité Belle vue
Près du carrefour avec la route de Touggourt
✆ +213 32 21 71 61
500 DA la single, 1 000 DA la double.
Pratique parce que proche de la gare routière, recommandable parce propre et pourvu de douches.

EL RITANE PALACE
Kouinine
✆ +213 32 20 15 39
✆ +213 32 20 18 85
✆ +213 32 20 18 12
Comptez 3 100 DA la single, 4 600 DA la double.
Dans la palmeraie, à 10 km au nord du centre d'El Oued, plus proche de l'aéroport que ses concurrents. Ce bel hôtel cache des chambres spacieuses plutôt vieillottes et mal entretenues. On apprécie cependant la quiétude des lieux. Tennis, jardin, piscine.

À voir – À faire

El Oued a été édifié au sud des palmeraies. Les maisons traditionnelles sont basses et coiffées de coupoles qui réfléchissent mieux la lumière qu'une terrasse et garantissent une certaine fraîcheur aux intérieurs. Du toit de l'hôtel du Souf ou du minaret de la mosquée de Sidi Salem, au nord du marché, la vue sur ces rondeurs bien féminines – Montherlant les appelait les « petits seins de neige » – est saisissante.Dans le centre de la ville, deux avenues principales perpendiculaires délimitent les quartiers les plus anciens où se trouvent la plupart des points d'intérêt. Le musée du Souf présente des expositions d'ethnologie, de géographie, de géologie et de zoologie... Aux abords du marché, qui se tient tous les matins, des ruelles ombragées de bouts de tissu sont encore revêtues de sable doré.Au nord de la ville, les palmeraies semi-enterrées produisent des deglet nour destinées à l'exportation. Elles sont encore très impressionnantes mais le temps, la pollution des nappes phréatiques, la perte du savoir-faire compensée par une technologie pas toujours adaptée ont terni le tableau. Beaucoup de cratères et de puits à balancier (khetlara) se sont inexorablement ensablés, faute d'entretien.A Kouinine, voir le ksar et, à Guemar, les norias qui irriguent les jardins, ainsi que la Zaouia Tidjania. Edifié au XVIIIe siècle, ce centre religieux, à l'architecture intéressante, contribua largement au développement du soufisme dans le sud-est de l'Algérie.

Tamanrasset et le Hoggar

TAMANRASSET

« Personne ne connaît la souffrance s'il n'a pas regardé du haut de l'Assekrem ce chamboulement cosmique qu'est le Hoggar. Cette désintégration lunaire où la rocaille, le sable, les dunes, les crevasses et les pics majestueux donnent envie de mourir tout de suite. Le Sahara c'est ce grabuge intolérable du monde, ce bouleversement incroyable de la géographie et de la géologie. » Rachid Boudjedra, *Timimoun*, Denoël, 1994.

Malheureusement, en raison des événements au Mali, Tamanrasset est inaccessible aux touristes étrangers depuis 2012 et la situation devrait perdurer... Nous n'avons dons pas pu nous-mêmes accéder à la ville et aux environs. Cependant, l'absence de touristes a entraîné un manque à gagner important pour les populations locales et, suite aux revendications des Touareg, les autorités algériennes ont fait une exception pour les fêtes de fin d'année en 2013 pendant lesquelles les touristes ont été exceptionnellement autorisés à visiter Tamanrasset. Reste à savoir si ce sera aussi le cas dans les prochaines années et, à l'heure qu'il est, rien n'est moins sûr. En tout cas, le tourisme traverse aujourd'hui une telle crise dans cette région que de nombreux établissements qui en vivaient risquent de mettre la clé sous la porte en 2015...

Avec une superficie de 480 000 km^2, le massif du Hoggar ou Ahaggar est presque aussi étendu que la France. A égale distance des frontières du Mali, du Niger et de la Libye, cette région élevée du sud algérien (altitude moyenne de 2 000 m), située de part et d'autre du tropique du Cancer qui passe au sud d'In-Amguel, est née de l'activité volcanique des ères tertiaire et quaternaire à l'origine des « orgues » basaltiques de l'Assekrem.

Tel un rempart en protégeant l'accès, la Tafedest, au nord du Hoggar, en est le contrefort de granit dont le plus haut sommet, l'In-Ekoulmou, domine le pic Garet el-Djenoun (le « pic des esprits ») qui atteint les 2 375 m. Au nord-ouest, c'est le plateau de Mouydir, entre In-Salah et Tamanrasset, puis les massifs d'Ahnet, d'Immidir et d'Assedjrad ; à l'ouest, les étendues désolées et caillouteuses du Tanezrouft, le désert des déserts ; à 300 km au sud-ouest, le Tassili N'Ahaggar (Tassili du Hoggar) et l'Adrar des Ifoghas (Mali) et au sud-est, le Ténéré (Niger) et à 700 km au nord-est, le Tassili N'Ajjer. Tassili signifie « plateau » en tamacheq.

Au centre même du massif du Hoggar, trois hauts sommets dominent la région : le Tahat (la « colonne du ciel » dont parlait Hérodote, 2 918 m) au nord de Tamanrasset, l'Ilamane (2 740 m) et l'Assekrem (2 725 m) où est planté solitaire l'ermitage de Charles de Foucauld. Le relief est creusé d'oueds qui prennent leur source dans le massif de l'Atakor, le cœur du Hoggar au nord-est de Tamanrasset. Celui qui a donné son nom à la wilaya, l'oued Tamanrasset, coule – quand il y a de l'eau – vers l'ouest, le Tanezrouft et le Mali ; l'oued Tin Tarabine descend vers In-Azouza au Niger pour rejoindre le lac Tchad en mêlant ses eaux à l'oued Tafassasset qu'on franchit avant l'erg Admer et Djanet à l'est.

De par son altitude et sa situation, le Hoggar bénéficie de températures généralement plus clémentes que celles relevées un peu plus au nord. Si elles sont sensiblement les mêmes en hiver (min. 4 °C en janvier, max. 22 °C), la différence est appréciable en été où il règne une température presque agréable à Tamanrasset (max. 35 °C en moyenne en juillet) alors que les 45 °C et plus d'In Salah sur la route vers le nord étaient difficilement supportables. Sachant cela, le Hoggar peut être parcouru en toute saison, même si le printemps et l'automne rendent le voyage un peu moins éprouvant. Dans l'Atakor, les nuits sont fraîches et, en hiver, il arrive même que les reliefs soient ciselés d'une fine couche de gelée nocturne. L'hygrométrie étant très faible, la sécheresse menace toute l'année la flore fragile et, par conséquent, la faune. Les nappes phréatiques, très peu alimentées, s'épuisent et les points d'eau sont rares. Pendant les déplacements, chaque guelta (ou aguelman, vasque rocheuse retenant l'eau) devient un trésor jalousement préservé. Depuis deux ans, il pleut entre août et octobre et les problèmes d'eau sont moins sensibles.

Hormis le palmier, peu présent, qui s'élance au-dessus des jardins cultivés dans les oueds, la flore est assez pauvre. On reconnaîtra parmi les arbres et arbustes pourtant des acacias (talha, ahtes ou absar), des tamaris (azoua ou ethels) et le redouté calotropis (thoras ou pommier de Sodome), aux feuilles évoquant le chou. On vous dira que le lait est urticant, ou que sa semence, qui ressemble à l'ombelle plumeuse d'un pissenlit, est dangereuse pour les yeux. Plante attractive, seule sa jolie fleur violette est mangée par les chameaux.
Dans l'Atakor, quelques oliviers sauvages s'abritent entre les roches et des lauriers-roses ombrent les gueltas. Pourtant, des milliers de graines attendent dans le sable ou dans quelque anfractuosité qu'une averse les abreuve. Quand il a plu, le lit des oueds se couvre d'une végétation jusqu'alors insoupçonnée.

Transports

Tamanrasset se trouve à 1 970 km au sud d'Alger, 1 375 km de Ghardaïa, 700 km d'In-Salah, à 700 km au sud-ouest de Djanet (piste) et, enfin, à 400 km environ d'In-Guezzam (frontière avec le Niger).

Comment y accéder et en partir

AÉROPORT AGUENAR
✆ +213 29 33 02 00
A 12 km au nord de Tamanrasset (bus 25 DA, taxi 75 DA). Vols pour Adrar, Alger (6 vols par semaine), Constantine, Djanet, El-Goléa, Ghardaïa, Illizi, In-Salah, Oran et Ouargla.

AIR ALGÉRIE
Centre commercial, place Emir-Abdelkader
✆ +213 29 34 44 99 – www.airalgerie.dz

BUS
Gare routière à l'entrée nord-ouest de Tam. Liaisons avec Alger, Ghardaïa et In-Salah. Prenez le temps de jeter un œil sur le dépôt de vieux Berliet juste à côté.

ROUTE
D'Alger, suivre la Transsaharienne, tout droit… Et comptez deux bonnes journées de trajet.

Se déplacer

STATIONS-ESSENCE
Plusieurs stations aux entrées de la ville. Attention, comme il y a quelquefois pénurie de carburant, n'attendez pas le dernier moment pour faire le plein de votre 4x4…

Les Touareg

Les Touareg, Targui au singulier et Targuia au féminin singulier, préféreraient sans doute qu'on les appelle les Kel Tamacheq, « ceux qui parlent le tamacheq », le mot touareg venant semble-t-il du mot arabe *tarek* signifiant « abandonné ». Selon Léon l'Africain, ils descendent de tribus berbères métissées chassées du Maroc vers le sud par les invasions des Béni Maqil au XIe siècle. Entre les XIVe et XIXe siècles, ils ont mené des campagnes d'expansion vers l'Aïr occupé par les Haoussas, la boucle du Niger, l'empire songhaï, le Maroc et contre les Peuls, quand ils ne se battaient pas entre eux. L'organisation sociale des Touareg, aujourd'hui moins stricte, repose sur une hiérarchie au sommet de laquelle on trouvait les Imouchar-Imajeren, les nobles, les guerriers et les pilleurs qui vivaient autrefois de redevances et de l'élevage des chameaux. Plus bas, les Ineslimen-Cheriffen étaient les lettrés, les enseignants et les juges. Les bergers, les Kel Oulli, élevaient des moutons, des chèvres et quelques chameaux. Tout en bas de l'échelle, les Imraden étaient des hommes libres mais tributaires des nobles à qui ils versaient des redevances, aujourd'hui officiellement supprimées. Les tribus touareg étaient réunies au sein de quatre confédérations : les Ajjers du nord étaient de petits éleveurs de chèvres et de chameaux dans les vallées tassiliennes et en Libye ; les Ahaggars du massif du Hoggar étaient les plus redoutés ; les Iforas, éleveurs de moutons et commerçants, vivaient au sud-ouest (Mali) et les Kel Ouis au sud-est, dans l'Aïr (Niger). Aujourd'hui, ils sont pour beaucoup sédentarisés, travaillent dans les centres pétroliers ou ont adapté leur nomadisme au tourisme. Appelés « hommes bleus » à cause de l'indigo de leurs vêtements qui déteignaient sur leur peau, ils ont longtemps fasciné l'Occident intrigué par ces visages masculins masqués par le taguelmoust (litham en arabe), leurs mœurs différentes et leur capacité de survie dans l'hostile Sahara. A lire : *Touaregs, un peuple du désert* de Jean-Marc Durou et Edmond Bernus, Robert Laffont, 1996, et *les Touaregs* des mêmes auteurs, édité chez Vents de Sable, 2002.

Tamanrasset
vers aéroport Outoul, In-Salah
TAHAGART
SERSOUF
Musée
vers Souf
Taxis
Marché
ONAT
Banque
Poste
Centre commercial
Syndicat d'Initiative
Bordj du père de Foucauld
Air Algérie
Mairie
Place du 1er-Novembre
Office du Parc National du Hoggar
OUED TAMANRASSET
OUED TAMANRASSET
Marché africain
Ermitage du père de Foucauld
Mosquée
GATAA EL-OUED
vers Niger et Tassili du Hoggar
vers Adriane campings, hôtel Tahat
MOUFLON

Pratique

OFFICE DE TOURISME

Près du bordj du père de Foucauld
Ouvert de 9h à 17h sauf vendredi et samedi.
Pauvre en documentation, on peut cependant y trouver une bonne brochure consacrée à la wilaya.

OFFICE DU PARC NATIONAL DE L'AHAGGAR (OPNA)

Boulevard Emir-Abdelkader
Place du 1er-Novembre
✆ +213 29 73 41 17
Le parc national de l'Ahaggar a été créé en 1987 pour protéger les richesses géologiques et archéologiques ainsi que la faune et la flore de l'incroyable massif et ses tassilis. La zone de protection couvre presque toute la wilaya de Tamanrasset soit le Hoggar, le Tassili du Hoggar (avec Tin Missaw et Tin Rehro), la zone de Silet et Abalessa (tombeau de Tin Hinan), la Tefedest (Mertoutek) et l'Amadror, l'Adrar et les tassilis de l'Arak, les tassilis de l'Ahnet et de l'Immidir et les forêts pétrifiées près d'In-Salah, soit l'équivalent ou presque du territoire français. Le territoire est immense et les moyens dérisoires, ce qui explique le peu de visibilité de l'administration. De temps en temps, un garde, une zeriba ou une pancarte rappellent que le parc est surveillé mais la quasi-absence d'informations et d'actions éducatives entraîne certaines indélicatesses des touristes.

ONAT

Rue Emir-Abdelkader
✆ +213 29 34 67 17

Tourisme – Culture

On dit communément qu'il y a une soixantaine d'agences à Tamanrasset, mais ce nombre est celui des licences attribuées par la wilaya dans les années 1980, à l'époque où le tourisme florissant promettait beaucoup. Depuis, certaines ont fait leurs preuves, d'autres ont végété jusqu'à ne plus pouvoir proposer grand-chose... Et le fait que Tam ne soit plus accessible aux touristes étrangers depuis 2 ans, en raison des événements au Mali, ne devrait pas arranger la situation de ces agences qui végètent et cette situation risque même de mettre à mal celles qui marchaient bien. Faute de touristes, il devient en effet très compliqué de poursuivre ses activités sur place pour la plupart d'entre elles.

Les agences suivantes organisaient jusque-là des excursions pour petits et grands groupes. Il en existe beaucoup d'autres mais celles-ci font partie des plus anciennes et des plus fiables. N'hésitez pas à les contacter directement pour organiser votre séjour si jamais le tourisme reprend finalement dans le coin. Elles connaissent leur région et sont les mieux placées pour répondre à vos envies.Comme presque toutes les agences sont en mesure d'organiser quelque chose jusqu'à Djanet, cela peut être une bonne idée de prendre un billet d'avion Alger-Tamanrasset et retour Djanet-Alger. Parmi les circuits proposés, on distingue les trekkings qui sont des randonnées pédestres suivies par des chameaux de bât, les méharées à dos de chameau et les plus confortables circuits en 4x4, qui permettent d'aller plus loin et au cours desquels on peut (un peu) marcher. Compter entre 50 et 90 € par journée d'excursion.

4X4 TAMANRASSET

BP 167, Tamanrasset
✆ +213 29 34 22 58
www.hiri4x4tamanrasset.com
agence4x4tam@hotmail.com
Abdelkader Hiri, le directeur de cette très bonne agence, est également à l'origine des fameux 4x4 d'Or, un rallye amical, et du Sahara Jazz qui combine circuits sahariens et rencontres musicales. A la demande, ce passionné organise des séjours « géologie », « ethnologie », « astronomie », des séminaires, des raids, etc. Hébergement route de l'Adriane et tourisme solidaire.

AKAR-AKAR

BP 164, Tamanrasset
✆ +213 29 34 60 09
www.akar-akar.net
akarakar@hotmail.com
La plus ancienne agence de Tamanrasset, fondée par Mokhtar Zounga, est devenue une référence. Nombre de guides qui ont maintenant leur propre agence ont appris leur métier aux côtés de lui. Hébergement dans un beau campement à Outoul, à quelques kilomètres au nord de Tam.

ASSIKEL ART & TOURISME

BP 322 ✆ +213 6 62 17 13 20
www.assikel.com
info@assikel.com
Assikel est une agence de voyages spécialisée dans le tourisme saharien depuis 20 ans. En dehors des offres habituelles (treks, méharées, circuits 4x4), l'agence propose

des voyages d'art où se combinent marche et pratique artistique.

BOIS PÉTRIFIÉ

Route de l'aéroport, sur la gauche en venant du nord
✆ +213 29 34 23 12
www.bois-petrifie.org
bois_petrifie@hotmail.com
Moussa Boutegui est le directeur de cette agence de tourisme qui a organisé fin décembre 2007 le 1er trophée du Hoggar pour voitures et motos. Hébergement au campement Bois Pétrifié sur la route de l'aéroport.

CLUB D'AVENTURES AFRICAINES

BP 693, Tamanrasset
✆ +213 29 34 22 88
www.caa-dz.com
tam@caa-dz.com
Pour organiser un séjour au départ de la capitale. Bachir Djeribi a créé l'ultra marathon du Hoggar : 175 km en 4 jours dont la deuxième édition a eu lieu fin octobre 2008. Depuis il attend une autre opportunité pour le pérenniser.

Autre adresse : A Alger : 7, rue des Frères-Oughlis, El-Mouradia ✆ +213 21 69 79 22.

GARAMANTES VOYAGES

✆ +213 29 344 223
✆ +213 6 61 64 90 57
garamantes62@hotmail.com
Thouami Azzouz, natif de Tamarasset et ancien professeur à l'école normale, s'est reconverti dans le tourisme en 1989. Il a créé son agence pour partager sa passion du désert. Il organise des excursions, des méharées, du trekking, du 4x4. Son savoir immense sur l'histoire géologique en fait un guide qui vous entraîne dans toutes les contrées du désert algérien.

ISSALANE

BP 196, Tamanrasset
✆ +213 29 34 87 36
Le terme issalane désigne les nouvelles que s'échangent les caravanes. Abdelkader Regagda organise des excursions en 4x4, à dos de chameau, pédestres ou d'alpinisme, dans le Hoggar et le Tassili du Hoggar, le Tassili N'Ajjer ou vers le Mali ou le Niger.

ITINÉRANCE

BP 214, Tamanrasset
✆ 00 33 6 89 83 22 52 / 00 213 29 34 92 78
www.itinerance-desert.com
khadidja@itinerance-desert.com
Toujours aussi fiable pour découvrir l'Assekrem comme le Tassili, Itinérance s'est aussi fait une spécialité des mini-raids découverte en 4x4 et des randonnées en VTT. Une façon bien agréable de parcourir le Hoggar.

MAHA TOURS

BP 1915, Sersouf
✆ +213 29 34 19 59
MahaTours@ifrance.com
Mohamed Ben Hamdoune est originaire de Metlili mais il a choisi le Grand Sud comme point de départ de grandes excursions comme celle qui part sur les traces de Roger Frison-Roche.

MOUFLON D'OR TOURISME

BP 26
Centre-ville
✆ +213 29 34 14 91
✆ +213 66 23 61 99
www.mouflontourisme.com
Voilà des spécialistes du Sahara : toute l'équipe est originaire du Sud autant dire que les grandes étendues désertiques du pays n'ont pas de secrets pour eux. Tassili n'Ajjer, la Tadrart, la Dune Rouge, Tin Merzouga, Tikoubaouine, Issendilène et l'Erg Admer... Dans ces sites aux noms évocateurs d'aventures et de découvertes, ils proposent la visite des curiosités naturelles, la découverte de l'art rupestre, de la faune et la flore mais aussi les traditions et les coutumes des Touareg du Tassili n'Ajjer.

OUDANNE

BP 571, Tamanrasset
✆ +213 29 34 42 59
✆ +213 6 62 15 45 73
L'agence est dirigée par le grand, par la taille et par la gentillesse, Mohamed Tagabou qui préfère travailler avec des groupes de 7/8 personnes « parce que tout le monde se retrouve autour du feu ». Un très bon contact dont on garde jalousement les coordonnées.

TAGHANT

BP 287, Tamanrasset
✆ +213 20 81 32 40
info@taghant.com
Claudia Bahedi gère cette agence de belle main et confie ses hôtes aux bons soins des Gîtes Sahariens. Organisation d'excursions, avec une préférence pour les randonnées pédestres, méharées, plus proches de ce désert qu'elle aime tant.

TAGUELMOUSTE
Centre-ville
✆ +213 29 34 30 32 /
+213 6 64 80 72 97
www.taguelmoust.com
Bouhafs Mohamed Saleh vous fait découvrir les secrets de l'immensité du désert : Tassili, Hoggar, les différents ergs. Des voyages hors des sentiers battus en 4x4 et en méharées. Son agence est également spécialisée dans la randonnée et le trekking.

TARAKEFT VOYAGE
BP 11, Tamanrasset
✆ +213 29 34 20 07
www.tarakeft.com
Mohamed Lansari et son fils Lamine sont en mesure d'organiser plusieurs types d'excursions, y compris dans les coins les moins fréquentés du Tassili du Hoggar, de la Tefedest, de l'Atakor et du Mouydir, au Mali au pays Dogon, dans l'Adrar des Ifoghas et jusqu'à Gao ainsi qu'au Niger – ils sont peut-être parmi les seuls à proposer cette extension. Plusieurs formules de voyage : seul ou entre amis, à pied, à dos de chameau ou en 4x4, voyages culturels et pèlerinages sur les traces du père de Foucauld…

TAZROUK SEJOURS
BP 1904, Tamanrasset
✆ +213 29 34 25 27 / +213 6 62 18 12 92
www.tazrouk-sejours.com
tazrouk_sejours@yahoo.fr
En plus d'organiser des excursions au départ de Tamanrasset, Ahmed Touahria a permis à une réunion annuelle qui existait depuis des décennies à Tazrouk, un village à 160 km de Tam, de devenir une grande fête locale très courue, peut-être même la plus intéressante du Hoggar (début août). Et pour compléter son offre, Ahmed va bientôt ouvrir Les Etoiles de Tazrouk, un gîte sur la route de l'Adriane.

TIM MISSAW TOURS
BP 692 - Refuge de l'Assekrem
Gat el Oued
✆ +213 29 34 75 16 / +213 29 34 75 16
http://timmissawtours.e-monsite.com
tim-missaw@hotmail.com
Abderrahmane Bahamou, dit "Arouj", est décédé fin décembre 2009. C'est son fils Houari Bahamou qui a repris le flambeau, notamment la gérance du refuge de l'Assekrem. Son agence organise également des excursions dans le Hoggar, le Tassili du Hoggar, l'Immidir, la Tadrart, le Tassili n'Ajjer, les tassilis Tim Missaw, etc.

TIMTAR EXPÉDITIONS
BP 61, Tamanrasset
✆ +213 7 74 74 15 95 /
+213 7 87 38 54 01
www.timtar.com
timtar@timtar.com
Depuis 20 ans, Timtar concocte uniquement du « sur-mesure » pour des voyages uniques (en individuel, en groupe, en famille, etc.). Une équipe de gais lurons attentifs et très expérimentés vous guide pour les expéditions 4x4, rando, escalade, pèlerinage, méditation, atelier d'écriture, découverte culturelle et de la vie touareg, retraite spirituelle. Et pour bien commencer le voyage avec Timtar, plongez-vous dans la lecture de leur très amusant carnet de conseils sahariens qui répond à « toutes les questions bêtes » …

Représentations – Présence française

CONSULAT DU MALI
Boulevard Emir-Abdelkader
✆ +213 29 34 15 78
Ouvert jusqu'à 15h du dimanche au jeudi.
Pour ceux qui souhaitent continuer vers le sud, même si les agences locales le déconseillent depuis peu…

CONSULAT DU NIGER
Boulevard Emir-Abdelkader
✆ +213 29 34 41 22
Ouvert tous les matins du dimanche au jeudi.

Argent

BANQUES
Boulevard Emir-Abdelkader
Change de devises au guichet.

Moyens de communication

INTERNET
Un cybercafé à droite de l'entrée du petit marché du centre.

Santé – Urgences

SANTÉ
Un hôpital et une clinique bien équipés. Pharmacies dans le centre.

Adresse utile

POSTE
Boulevard Emir-Abdelkader
Téléphone et fax.

Se loger

Les établissements qu'on appelle ici, par habitude, des campings, sont en fait des centres d'hébergement mêlant bungalows et emplacements de camping. C'est la formule la plus accueillante et conviviale. Si, par hasard, vous arrivez seul à Tamanrasset sans l'aide d'une agence locale, prenez la précaution d'appeler le lieu où vous souhaitez loger avant d'arriver. Les tarifs suivants sont donnés pour une chambre double, petit déjeuner compris.

Bien et pas cher

AUBERGE CARAVANSÉRAIL
Route de l'Adriane, sur la gauche
✆ +213 29 34 55 57
www.mzabtours.com
contact@mzabtours.com
A partir de 2 000 DA par personne, 2 300 DA en demi-pension.
Facile à trouver avec ses murs d'enceinte, l'Auberge tient les promesses de l'agence M'Zab Tours de Toufik Boughali : accueil, calme et propreté des chambres (certaines sont climatisées) et des sanitaires disposés autour d'une cour où jasmins, chèvrefeuilles et bougainvillées sont amoureusement entretenus. N'hésitez pas à les contacter par mail et à demander l'impossible, ils n'attendent que ça !

CAMPING ASSEKREM
Début de la route pour l'Assekrem
✆ +213 29 34 92 20 /
+213 6 66 26 33 97
tamtamtours@yahoo.fr
A partir de 800 DA par personne, 1 300 DA en demi-pension, 1 800 DA en pension complète.
Repris par un jeune gérant motivé, Sidi Ali Youlansar dit « Sakai ». Le camping est rénové depuis peu et l'accueil y est agréable. Cuisine savoureuse préparée par les femmes de la famille.

CAMPING BORDJ 4X4
Route de l'Adriane, sur la gauche
BP 167, Tamanrasset
✆ +213 29 34 22 58
www.hiri4x4tamanrasset.com
agence4x4tam@hotmail.com
Ouvert toute l'année. A partir de 800 DA/personne, petit déjeuner compris.
Bungalows récents disposés en rond autour d'un bloc central. Abdelkader Hiri, le propriétaire, est à l'origine d'une expérience originale de culture de spiruline, une algue très riche en protéines et salvatrice en cas de disette. Si vous le croisez, n'hésitez pas à lui en parler, c'est passionnant…

CAMPING DASSINE
Route de l'Adriane, sur la droite
✆ +213 6 63 67 58 37
A partir de 1 800 DA.
Le plus ancien camping de Tam, comme nous le rappelle le bus endormi à l'entrée qui se souvient des débuts héroïques du tourisme, porte le nom d'une poétesse du début du siècle. Les bâtiments ont été récemment rénovés.

CAMPING DROMADAIRE
Route de l'Adriane, sur la droite
✆ +213 29 34 82 52
A partir de 1 700 DA.
Dans des allées verdoyantes et sentant bon le jasmin et la fleur d'oranger, alignements de chambres circulaires aux murs de terre battue et petit déjeuner sous une *kheima*.

GÎTES SAHARIENS
Route de l'Adriane, sur la droite
✆ +213 20 81 32 40
info@taghant.com
Ouvert de septembre à avril. A partir de 2 200 DA/personne dans une chambre, petit déjeuner compris.
Pratiquement au pied du mont Adriane, un peu éloigné du centre, le lieu géré par Claudia Bahedi est plaisant et très calme. Possibilité pour les groupes de camper sous des tentes touareg. Cuisine traditionnelle sur commande.

HÔTEL TIN HINAN
Boulevard Emir-Abdelkader
✆ +213 29 73 43 85
A partir de 1 100 DA.
Chambres avec ou sans douche. C'est l'hôtel le plus central, à quelques mètres de l'ONAT, mais pas le plus accueillant.

Confort ou charme

BOIS PÉTRIFIÉ
Route de l'aéroport, sur la gauche en venant du nord
✆ +213 29 34 23 12
www.bois-petrifie.org
bois_petrifie@hotmail.com
5 000 DA en chambre double. 3 500 DA en single.
Campement, et maintenant hôtel tout en longueur, de l'agence du même nom.

HÔTEL BOURNANE
Sersouf
✆ +213 29 34 29 29
www.hotel-bournane.com
info@hotel-bournane.com
Compter 7 100 DA la single et 7 900 DA la double (HT).
Un bel hôtel assez récent. Les chambres sont spacieuses, climatisées et très propres. Le service est excellent. Il a une belle terrasse avec une vue imprenable sur les montagnes du Hoggar.

HÔTEL TAHAT
Quartier Mouflon
Boulevard Emir-Abdelkader
BP 139, Tamanrasset ✆ +213 29 34 44 75
A partir de 4 000 DA.
A l'instar de la plupart des hôtels d'Etat, le Tahat a été édifié d'après les plans de Fernand Pouillon. Aujourd'hui, les longs couloirs de l'hôtel préféré des délégations officielles paraissent bien vides même si ses chambres sont plutôt bien. Si vous deviez y loger quelques jours, choisissez l'une des suites isolées dans leur tour.

Se restaurer

Plusieurs terrasses accueillantes dans le centre, entre l'oued Sersouf et le début de la route de l'Adriane, mais en général on mange dans son hôtel ou son « camping » avant de s'écrouler sous les étoiles, rompu de fatigue… Dans le centre, repas mémorable chez Farhi ou chez Nina, un restaurant de cuisine du Niger. Pour un pique-nique, vous pouvez acheter des brochettes dans un restaurant, des fruits et des pâtisseries dans l'une des nombreuses épiceries et vous éloigner dans l'oued.La plus belle sortie à faire en début de soirée consiste à quitter la ville en compagnie d'un ami de Tam et de remonter pendant quelques kilomètres l'oued Tamanrasset pour aller boire un thé et contempler le soleil couchant. On ne se lasse pas de découvrir les couleurs qui fardent les contreforts du Hoggar, tandis que l'astre descend vers l'horizon à une vitesse vertigineuse. Les chaînes successives de rochers et de pics prennent alors des teintes allant du violet sombre, au premier plan, au rose chair très clair selon leur hauteur. Pour qui est arrivé le jour même à Tam en provenance directe d'Europe, c'est une belle première occasion de sentir le crépuscule envelopper le désert et le silence qui pèse sur le Hoggar.

À voir – À faire

Edifiée à 1 400 m d'altitude, de part et d'autre de l'oued Tamanrasset (ou Tamenghest) et de l'oued Sersouf, un affluent, Tamanrasset est une ville récente, dominée à l'est par le menaçant Hoggar. Quand, en 1905, le père de Foucauld arrive ici sur les conseils de son ami Laperrine, Tam n'est à peine qu'un hameau de zeribas qui ne s'est agrandi que quelques décennies plus tard sous l'influence d'un militaire oublié de l'histoire mais pas des plus anciens habitants de Tamanrasset, le capitaine Florimond. L'administration française ne s'est installée ici que dans les années 1920 après l'abandon du fort Motylinski (aujourd'hui Tarhaouhaout). En 1951, Tam devient une sous-préfecture du département du Territoire des oasis dans le Sahara, la ville commence à se développer grâce aux recherches et aux essais nucléaires français menés à In-Ekker.
En 1974, la ville devient le siège de la wilaya. L'amélioration des voies d'accès et la sécheresse qui touche terriblement le Sahara dans les années 1970 amènent nombre de nouveaux habitants. Dans les années 1980-1990, la ville connaît une espèce de boom économique dû notamment à l'arrivée de plus en plus de touristes. A la fin des années 1980, des agences de tourisme naissent tous les jours, les guides et les chauffeurs se mettent à leur

Le tamahaq ou tamacheq et le tifinagh

La langue parlée par les Touareg est une langue lybique du groupe des langues chamito-sémitiques, comme le tamazight dont il est très proche. Le tamahaq n'a subi que très peu d'altérations au fil des siècles et a conservé un système d'écriture, le tifinagh (dire « *tifinar* »), issu d'un alphabet lybique aux caractères parfois proches des caractères grecs. Difficile à lire parce que ne répondant à aucune règle spatiale – les mots sont accolés, écrits dans n'importe quel sens et sans voyelles excepté le « a » final –, le tifinagh s'observe surtout gravé sur des roches et n'est plus utilisé au quotidien que pour faire « parler le sable ». En revanche sa pratique orale reste très vivace et repose sur un vocabulaire très riche et une grammaire stricte.

compte, encouragés par les autorités, et les projets urbanistiques attirent de nouveaux travailleurs. Mais tout s'arrête brutalement en 1992 avec le terrorisme qui, rappelons-le, n'a pas touché le Sud. Les touristes ne viennent plus, à part quelques Allemands et des Italiens, et la plupart des agences, si elles ne sombrent pas, tournent au ralenti ou cherchent d'autres activités. Depuis 1998, les affaires reprennent mais dépendent encore des avis émis par les chancelleries étrangères, des menaces réelles ou opportunes de groupuscules labellisés ou tout simplement de rumeurs d'insécurité. Tous ceux qui sont concernés par le tourisme ont alors décidé de s'organiser pour faire revenir les touristes mais le secteur reste fragile et, avec la guerre au Mali, et l'impossibilité pour les touristes étrangers de se rendre à Tam, les prochaines saisons touristiques risquent d'être compromises car peu de touristes algériens-les seuls autorisés à se rendre à Tam-viennent faire du tourisme ici... Mais si la situation sécuritaire s'améliore dans la région, on peut imaginer que les autorités algériennes rouvriront Tam aux touristes étrangers et qu'une reprise rapide pourrait se faire... En attendant les agences de voyage sur place vivotent et les touristes sont en voie de disparition.

Aujourd'hui, Tamanrasset est une ville commerçante, une ville-marché et un point de rencontre marquant le début des pistes pour Gao (Mali) ou Agadès (Niger) où se donne rendez-vous l'Afrique sahélienne qui végète souvent ici en attendant que la porte du Nord s'entrouvre. Peu visibles, des centaines de Camerounais ou de Maliens survivent dans les rochers proches de la ville, futurs ou ex-refoulés que rien ne semble décourager. On admet que la ville qui ne cesse de s'étendre compte pas loin de 150 000 habitants. A la périphérie, de nouveaux quartiers prennent forme chaque année et, sur la route de l'aéroport, une université garde maintenant sur place les jeunes étudiants.

L'entrée de la ville est marquée par une double rangée d'arcades rénovées, à gauche le stade, à droite la gare routière puis la route pour le Niger. Sur la rive gauche de l'oued, toujours à sec mais dont les crues sont redoutées, le centre-ville, tout de pisé brun orange, paraît minuscule autour de la rue de l'Emir-Abdelkader où se trouve l'ancien marché et de la place du 1er-Novembre où un unique tamaris dramatiquement tordu est soigneusement préservé parce qu'il était le seul arbre de Tam au début du XXe siècle. De l'autre côté de l'oued, Gataâ El-Oued, qui signifie justement « de l'autre côté de l'oued », est un quartier plus récent organisé autour du marché africain et de la mosquée.

On passe rarement plus d'une journée, voire une nuit, à Tamanrasset mais, si on y séjourne un peu plus longtemps, les environs immédiats de la ville font oublier le manque d'intérêt apparent de la cité. Dans la ville même, après un tour au petit marché central dont l'entrée fait face à l'ONAT, et au pittoresque « marché africain » (Gataâ El-Oued), on ne manquera pas de jeter un œil à la Frégate, dans le même quartier, la petite chapelle en forme de tube édifiée en 1905 pour le père de Foucauld. Tout près de là vivent le père Antoine, à Tam depuis plus de trente-cinq ans et qui consacre une partie de sa vie au père de Foucauld, et quatre sœurs dont deux appartiennent à un ordre contemplatif.

Le bordj construit en 1915 se trouve quant à lui près des bâtiments de la daïra (mairie). C'est un bâtiment de forme carrée dans lequel on pénètre par une porte cachée par un muret, là même où a été assassiné le père de Foucauld. A l'intérieur, une chapelle, une cuisine et une salle réservée aux hôtes de passage sont distribuées autour de la cour où se réfugiaient en cas de danger les habitants du hameau qu'était alors Tamanrasset. Dans la chapelle, le modeste et émouvant autel est recouvert d'un dokkali du Gourara. Du chemin de garde en haut des épais murs de pisé ocre, vue rare sur la ville.

Visiter également le musée de l'Opna (Office du parc national de l'Ahaggar), une intéressante introduction à l'environnement naturel et humain du Hoggar.

Une froide maison de l'Artisanat domine depuis peu le carrefour au début de la route de l'Adriane, avant l'hôtel Tahat. Sur la route de l'Adriane, dans le quartier du même nom, sur la gauche, on peut visiter les ateliers primitifs des forgerons. Sur des foyers que les apprentis sont chargés d'alimenter et d'entretenir, ils peuvent forger en quelques minutes un bijou (une croix touareg ou un cadenas, une pièce métallique dont le poids tend le voile sur l'épaule des femmes), un outil... Tout près de là, un grand bâtiment délaissé est l'ancien Sorro (maison à étage) et tombeau de Moussa Ag Amestane (1867-1921), l'amenokal (chef) des Kel Ahaggar qui sut entretenir et promouvoir des échanges pacifiques avec les militaires français.

En continuant sur la route de l'Adriane, dont la « déchirure » caractéristique aurait été faite par un Elias en colère – et il devait l'être, en colère, puisqu'un rocher s'encastrant presque parfaitement dans la faille a été retrouvé à une dizaine de kilomètres de là ! –, on retrouve l'oued Tamanrasset qu'il faut suivre pendant environ 5 km en direction du solitaire pic Ihaghen (« pilon », ex-pic Laperrine, 1 732 m), une aiguille d'origine volcanique, et l'issekram pour arriver à un embranchement. La piste sur la droite permet de rejoindre la source Chapuis (Tahabort), une source d'eau légèrement gazeuse que l'enthousiasme des années 1980 a ceinte d'une construction qui devait accueillir les touristes assoiffés. Le bâtiment, au pied de la barrière rocheuse du Tin Amour, est aujourd'hui délabré mais la source est toujours là dans une petite pièce au fond. Au pied de l'Ihaghen, une curieuse colline en forme de couvercle de plat à tajine, le « segua », préfigure peut-être ce que deviendront les pics alentours dans quelques milliers d'années.

5 km plus loin, à maintenant un peu plus de 15 km de Tamanrasset, de retour sur la piste principale qui mène à l'Assekrem, on tourne à gauche vers les Gueltas d'Imlaoulaoulene qui sont constituées de cinq vasques rocheuses superposées d'un beau gris bleu. La piste qui grimpe à droite du bassin supérieur rejoint celle de l'Assekrem.

De l'autre côté de Tamanrasset, l'oued Aguenar est souvent l'une des premières occasions de découvrir des gravures rupestres. Pour s'y rendre, il faut dépasser l'aéroport et le monument dressé sur la droite de la route à la mémoire des victimes du crash aérien de mars 2003. Sur la droite, juste après une pancarte indiquant « In-Amguel 120 km », une piste bien marquée part vers l'oued qui a donné son nom à l'aéroport et sur les rives duquel des rochers polis par le vent portent sur près de 2 km des gravures d'animaux (chameaux, bœufs, gazelles, girafes…) et des inscriptions en tifinagh, la transcription du tamacheq. Ce site, découvert en 1905 par R. Chudeau, fut l'un des premiers ensembles de gravures étudiés. Parce qu'il présente presque toutes les périodes de l'art dit « rupestre » il reste une référence. On y trouve également des monuments funéraires.

Toujours sur la RN1, la route qui va vers l'aéroport puis vers le nord, à 20 km de Tamanrasset, Outoul est un village de jardins. Des enfants vendent des dattes sur le bord de la route. Pour découvrir des gravures et des peintures, difficiles à trouver parce que peintes sous des aplombs rocheux, il faut se faire guider vers l'ensemble rocheux en bordure de l'oued, sur la gauche de la route, après l'école.

20 km plus loin, Tit, dont le nom signifie « source » ou « œil », est l'un des plus importants sites de gravures et de peintures préhistoriques. C'est à Tit qu'en 1902 eut lieu une bataille entre la colonne du lieutenant Cottenest et des Touareg, défaits. A Tenessa, on voit également des chars gravés et des tumuli.

Plus loin sur la RN1, une bifurcation vers la gauche mène à Abalessa qui peut faire l'objet d'une balade d'une journée. Le village est construit en bordure d'un oued et d'une palmeraie, l'une des rares de la région, où a été développé un système de foggaras performant. Mais c'est à Abalessa qu'on retrouve presque intacte la légendaire Tin Hinan, une princesse berbère qui aurait été enterrée ici. En fait, le site date au moins de l'époque où la région était desservie par la « route des chars » qui reliait Tripoli (Libye) à Gao (Mali) plus de 1 000 ans avant J.-C.

Suivant cette route, les Garamantes venus de Libye ont envahi la région au VIIIe siècle avant J.-C., montés sur des chars qu'on observe sur des peintures rupestres. Dans ses écrits Hérodote décrit ces terres comme celles du mythique peuple des Atlantes, ceux qui vivaient près de l'Atlas et sa « colonne du ciel » (le Hoggar et le mont Tahat). Quelques siècles plus tard, les Romains arrivèrent à la ville que Pline appelait Balsa. Le fortin dans lequel a été retrouvé le squelette maintenant exposé au musée du Bardo à Alger aurait été construit vers les IIe et IIIe siècles après J.-C. comme l'attestent les ustensiles, les vases et les pièces de monnaie trouvés sur place. Vers le IVe siècle, le fortin abandonné a subi quelques transformations pour accueillir la dépouille de la princesse que Pierre Benoit et Henri Lhote firent Antinéa, reine des Atlantes. En fait, Tin Hinan aurait été une princesse de la tribu des Bérâber du Maroc venue se réfugier dans cette région en compagnie de Takamat, sa fidèle servante. La légende veut que Tin Hinan soit l'ancêtre des Ihaggaren, les Touareg nobles, et sa servante celle des Imghad, leurs vassaux, ce qui expliquerait le système matrilinéaire de la société touareg. Aujourd'hui, le tombeau chapeaute le sommet d'une colline et, bien dégagé, on y distingue nettement la chambre funéraire et le tombeau. Mais il n'y a rien d'autre à voir ou à faire dans cette solitude, si ce n'est passer le reste de la journée à l'ombre d'un tamaris dans l'oued tout proche. En février, une fête touareg est organisée tous les deux ans dans l'oued.

Shopping

Plusieurs boutiques vendent des pièces d'artisanat dans le centre. On y retrouve des bijoux en argent (bagues, colliers, croix d'Agadès qui est en fait une boussole dont l'anneau représente le nord, amulettes renfermant des versets du Coran... Attention, certains bijoux comportent du nickel allergène), des poignards, des sacs, des coussins, des portefeuille pectoraux ou des sandales en cuir odorant, etc. Ne pas manquer de faire un tour au « marché africain » de l'autre côté de l'oued. En ce qui concerne les biens de consommation courante, Tamanrasset a bien changé : il y a quelques années, on descendait de l'avion avec de gros sacs emplis d'achats effectués dans le nord, mais aujourd'hui on y trouve tout. Les rues périphériques se bordent petit à petit de boutiques de tout genre.

LA TEFEDEST

A 200 km au nord-est de Tamanrasset, la Tefedest est une région montagneuse granitique longue d'environ 100 km et large d'une vingtaine de kilomètres, orientée nord-sud et dominée par les sommets In-Akoulmou au sud (2 355 m) et Garet El-Djenoun (Oudane, entre 2 330 m et 2 375 m selon les sources !) dont on a fêté en 2005 le 70e anniversaire de la première ascension par Roger Frison-Roche. La région, difficilement accessible, aurait été habitée dès le néolithique, principalement autour de l'oued Mertoutek et de son oasis, la seule du massif. On retrouve dans les hautes vallées encaissées de nombreuses traces d'établissements humains, des peintures et des gravures de l'époque bovidienne aux représentations indiquant que la route des chars des Garamantes devait passer par là. Le paysage est mouvementé, déchiqueté, abrupt, et l'un de ses pics les plus élevés, le Garet El-Djenoun, ou Montagne des esprits, qui effrayait tant les habitants de la Tefedest du haut de ses 1 400 m de dénivelé, en est l'image la plus frappante. C'est aussi l'un des plus recherchés par les grimpeurs. On accède à la Tefedest par le village de Mertoutek (à environ 230 km au nord de Tam), largement décrit par Roger Frison-Roche dans *Le Rendez-vous d'Essendilène*. Pour s'y rendre, suivre la piste longue d'une centaine de kilomètres, qui part à gauche une quinzaine de kilomètres après Hirafok en direction d'Idèles. Plus facile, on peut longer le massif en suivant la première moitié de la route d'Amguid.

LE MASSIF DU HOGGAR

On l'a découvert tel qu'on l'avait imaginé avant l'atterrissage à Tamanrasset, sur la gauche de l'appareil. Sombre malgré les différences notables de couleurs, menaçant et chaotique, il domine totalement le gigantesque cirque dans lequel est construite la capitale du Sud.

L'ASSEKREM ET L'ATAKOR

« On ne peut le voir sans penser à Dieu. On est seul avec lui ». Charles de Foucauld, âme gardienne de cette véritable forêt de pics et d'aiguilles, sculptée par le vent, la chaleur et le froid, et les ombres intenses.

▶ **A environ 80 km au nord-nord-est de Tamanrasset, l'Assekrem** est une sorte de plateau qui domine le massif de l'Atakor, offrant ainsi un fabuleux balcon sur ce qui est l'attrait du Hoggar, son chaos, sa désolation et sa puissance d'évocation mystique.
Pour y pénétrer, deux itinéraires sont possibles. La piste la plus commode (environ 180 km aller et retour par le mont Ilamane), et aussi la plus belle si on quitte Tamanrasset juste avant le lever du soleil, est celle qui passe par le pic Ihaghen, reste d'une ancienne explosion volcanique. Il faut compter une demi-journée d'ascension et deux jours en tout pour profiter au mieux de ce site grandiose. Après les gueltas superposées d'Imlaoulaoulène (voir « Environs de Tamanrasset »), on se dirige vers le solitaire **pic Adaouda**, le massif de **Ahounahamt** au sein duquel on peut observer des gravures rupestres et un tombeau néolithique et le **mont Akar-Akar** (2 132 m) dont la forme de table domine un paysage d'origine volcanique aux formes évocatrices. A partir de cette belle montagne appelée château d'Antinéa, à cause de sa ressemblance avec un donjon, et au pied de laquelle est enterré Akar, un chef issebeten, la balade fait un petit détour par les **Gueltas Afilal** toujours entourées de végétation et célèbres pour le poisson moustachu qu'on y trouve (barbeau). Après la pause rituelle, la piste grimpe fort en direction du sommet de l'Assekrem.

LE SUD

S'il a beaucoup plu les jours précédents – cela arrive ! –, il peut être impossible de suivre ce chemin mais si la piste a séché et a été dégagée, les abords du col se couvrent d'un tapis de verdure piquée de petites fleurs d'un jaune ou d'un pourpre toujours intenses.
Après 4 à 5 heures de route, on parvient enfin à l'ermitage du Père de Foucauld. Au plus haut point du **massif de l'Assekrem**, à 2 725 m d'altitude, le prêtre avait fait construire une petite maison où il comptait se retirer pendant les mois d'été, dans un cadre propice à la méditation et aux rencontres avec les Touareg (voir page suivante). Mais s'il n'y a finalement passé que quelques mois et même si l'ermitage a plusieurs fois été restauré, la présence du prêtre y est encore très forte. Chaque matin, à l'aube, une messe est célébrée dans la sobre petite chapelle en pierres sèches collectées sur place et sa chambre spartiate semble avoir été quittée le matin même. En contrebas de la chapelle battue par les vents, de modestes gîtes abritent les frères Alain, Edouard et Ventura qui accueillent à tour de rôle les visiteurs. Un bout de route goudronnée mène à la station météorologique de l'Assekrem qui fait partie d'un réseau mondial d'une vingtaine de stations.
Il est conseillé de passer la nuit là-haut, dans le **refuge** géré par Tim Missaw (voir « Agences » à Tamanrasset, 1 200 DA, petit déjeuner et dîner compris) pour profiter de la lumière extraordinaire qui baigne l'Atakor au coucher et au lever du soleil. Les moins sportifs compteront une bonne vingtaine de minutes pour grimper les 100 m de dénivelé entre le refuge et l'ermitage et accéder, sans rater l'instant magique, au meilleur point de vue sur l'Atakor qu'on puisse imaginer ! Mais attention, les soirées étant très fraîches en hiver, n'oubliez pas votre polaire et votre bon sac de couchage. L'hébergement est très rustique mais les savoureux repas pris dans la chaude salle commune et le spectacle solaire font à eux seuls les meilleurs souvenirs.

▶ **Après une nuit passée au refuge de l'Assekrem,** on peut descendre, abruptement, vers l'ouest en passant par le vaste cirque qui entoure le **pic Ilamane** (2 740 m) dont la forme rappelle celle de l'Ihaghen. On traverse ensuite **Terhenanet**, un village de bergers entouré de jardins, avant de rejoindre la RN1 par Outoul. Ce premier itinéraire en boucle contourne le massif dominé par le **mont Tahat** (2 918 m), le plus haut sommet du Hoggar et d'Algérie. A ses pieds, on peut voir plusieurs tumuli et des gravures rupestres.

▶ **Un autre itinéraire, plus long,** permet de découvrir les pentes nord du massif. A partir du col de l'Assekrem, il faut revenir un peu sur ses pas et descendre vers la gauche et le cratère d'**Imadouzene** puis la route en lacet du col Tin Teratimt. Une trentaine de kilomètres plus loin, les **Gueltas Issakarassene** sont un ensemble de bassins qui se suivent sur plusieurs kilomètres (gravures sur les rochers alentour). Au niveau de l'**oued Zerzoua** et des gueltas d'**idjef Mellene**, faire une pause sur un plateau d'où le point de vue sur l'Atakor et la Tefedest est unique. Au carrefour entre la piste de l'Assekrem et de la route d'Idelès et de Djanet, **Hirafok** est un village réputé pour ses nombreuses gravures rupestres. On rejoint Tamanrasset par l'ouest, via In-Amguel sur la RN1 (190 km).
Un troisième itinéraire, moins fréquenté, évite l'Assekrem en le contournant par l'est. La piste commence à une dizaine de kilomètres au sud de Tamanrasset et suit les **oueds Talan N'teidit** et **Fouguegi** en bas du **mont Debnat**.

▶ **A une cinquantaine de kilomètres de Tamanrasset,** on peut faire un détour par une cascade (quand il y a de l'eau) qui tombe dans un bassin gigantesque. Juste après **Tamekrest**, une piste mène à un site historique. Les troupes françaises, menées par Henri Laperrine, avaient élu **Tarhaouhaout** pour y construire en 1910 le **fort Motylinsky** et en faire la capitale de la région. Le fort est en ruine mais le souvenir du général Laperrine, ami du Père de Foucauld, mort en 1920 dans un accident d'avion à la frontière du Mali, et de ses hommes hante encore les lieux.

▶ **La piste de l'est passe ensuite par Tahifet,** un village au fond d'une vallée verdoyante, avant de devenir franchement hasardeuse à partir des pentes grimpant vers le **col d'Azrou**. Le paysage devient dramatiquement désolé et spectaculaire jusqu'à **Tazrouk**, un village isolé qui laisse entrevoir toute la rudesse du Hoggar. Situé en bordure d'un oued, Tazrouk, l'un des plus anciens aghrem (village), est connu pour ses jardins qui s'étendent sur une quarantaine de kilomètres et pour sa fête annuelle qui dure trois jours début août. De Tazrouk, on descend directement vers **Ideles**, un village de forgerons (maâlmine), sur la piste Tamanrasset-Djanet en évitant l'**oued Teberber**.

LE TASSILI DU HOGGAR

Au sud de Tamanrasset, sur la route d'In-Guezzam à la frontière du Niger, le Tassili du Hoggar est un très grand plateau gréseux effondré qui faisait partie des rives d'un ancien oued, 250 km de long dans la pointe méridionale de l'Algérie entre les frontières du Niger et du Mali, où l'érosion a sculpté dans le grès et le basalte des formes fantasmagoriques mises en valeur par de douces dunes de sable véritablement doré assoupies à leurs pieds et par des gravures et des peintures esquissées sur les parois de châteaux, d'aiguilles, de tables, de champignons, de boules, de tours ou d'animaux de grès... A chaque heure, la lumière joue les opérateurs invisibles en changeant le décor, le soulignant d'ombres profondes. Monstres de nos cauchemars enfantins, château d'une belle ou d'un djinn, orgues divines ou infernales, plaques feuilletées qui semblent pouvoir s'effriter sous les pas d'un hameau ou personnages qui défient l'éternité ou l'horizon lointain, les blocs rocheux chatouillent notre imagination et se prêtent à toutes les interprétations.Dans les années 1970, alors que la sécheresse régnait de façon impitoyable, les nomades ont délaissé le Tassili du Hoggar, un plateau rocheux sans eau, dépourvu de puits et donc trop sec. Seules quelques pistes restaient suivies par des contrebandiers ou des clandestins qui ne risquaient pas d'y être découverts.On descend vers le Tassili par la route asphaltée qu'on quitte sur la gauche pour suivre l'oued Igharghar jusqu'à Tagrera, une réunion de pitons rocheux et de dunes. Plus loin, après les « deux chameaux », on bivouaque souvent à l'abri de Tin Akacheker qui évoque une forteresse hérissée de tours de guet. Puis direction l'immense plaine absolument plate de l'oued Tin Tarabine au milieu duquel on trouve les dalles décorées de gravures rupestres et de textes en tifinagh de Youf Aghlal puis Tahaggart, une autre forteresse rocheuse perchée sur une dune, ou le confort reposant de l'oued bien protégé dans le massif de Tin Eggoleh. Youf Ahakit, un fabuleux site dont le nom signifie « mieux qu'une maison » est apprécié pour la nuit.Au sud, l'oued In-Ebeggui trace son chemin au fond d'un profond canyon. Quelques agences, dont Tarakeft, proposent des excursions vers Abalemma au sud et Sullan qui signifie « doucement ».De l'autre côté de la route du Niger, la partie occidentale du Tassili du Hoggar (Tim Missaw un point d'eau au centre, Tin Rerhoh au sud-ouest et les Tassilis Oua N'rechla) est moins visitée parce que plus difficile d'accès. C'est pourtant la préférée des guides qui se la réservent peut-être...

DE TAMANRASSET À IN-SALAH

La route est bonne au départ de Tamanrasset. On passe Outoul et Tit puis la bifurcation vers Abalessa. Peu avant In-Amguel, le tropique du Cancer se franchit sans qu'on s'en rende compte, dommage... Les gorges d'Arak, une profonde entaille de plusieurs centaines de mètres dont le fond est verdi de lauriers-roses, annoncent plusieurs centaines de kilomètres où rien ne vient troubler le regard jusqu'à In Salah distant de 700 km de Tamanrasset. Le village d'Arak est aussi l'occasion de faire une pause sur ce long trajet. C'est d'ailleurs ici que s'arrêtent les bus et les taxis collectifs.

La ziara de Tazrouk

A 1 900 m d'altitude, au nord-est de Tamanrasset, Tazrouk voit chaque première semaine d'août affluer un grand nombre de pèlerins venus honorer la mémoire de Moulay Abdallah, un sage originaire de Reggane mort en 1982. A l'origine, la fête était une simple réunion familiale et amicale pour accompagner le départ de la caravane du cheikh vers le Niger. Aujourd'hui, la caravane ne part plus mais la fête est devenue l'une des plus importantes du Hoggar grâce à Ahmed Touahria Zaoui, le propriétaire de l'agence Tazrouk. Au-delà du recueillement et des prières prononcées autour de la zaouïa où il repose, la ziara est l'occasion de se retrouver dans une atmosphère festive : course de chameaux, musique et grandes tenues. Et comme le climat de Tazrouk est très agréable en été, du fait de l'altitude, la ziara est l'occasion de visiter la région hors-saison.

Pour tout renseignement : www.tazrouk-sejours.com

Charles de Foucauld

Figure emblématique du Hoggar et de la spiritualité catholique, Charles de Foucauld, béatifié le 15 mai 2005, est né à Strasbourg le 15 septembre 1858 au sein d'une vieille famille chrétienne. Dans sa jeunesse, il suit le parcours classique des fils de bonne famille et entre à Saint-Cyr, puis à l'Ecole de cavalerie de Saumur. Il intègre le régiment des 4e Dragons cantonné à Sétif. A la suite d'un conflit avec sa hiérarchie pour « indiscipline doublée d'inconduite notoire », il est envoyé à Mascara où, par désœuvrement, il commence à apprendre l'arabe puis plus tard l'hébreu. En mai 1881, il participe à une campagne militaire au sud d'Oran où il prend goût à la découverte de terres jusqu'alors inaccessibles. En juin 1883, après avoir quitté l'armée et passé une année sabbatique à Alger, il entreprend son premier grand voyage en solitaire. Déguisé en juif d'Afrique du Nord, il parcourt le Maroc et réussit à pénétrer dans les cités interdites aux Européens qu'il décrit dans son ouvrage *Reconnaissance au Maroc*. Au cours de son périple, alors qu'il est encore un jeune homme à la vie dissolue, il est impressionné par l'expression de la foi musulmane : « *L'islam a produit en moi un profond bouleversement… La vue de cette foi, de ces âmes vivant dans la continuelle présence de Dieu, m'a fait entrevoir quelque chose de plus grand et de plus vrai que les occupations mondaines !* »

En 1886, de passage à Paris, il rencontre l'abbé Huvelin, vicaire à l'église de Saint-Augustin, qui l'encourage dans sa vocation naissante. Le jeune homme, qui a déjà renoncé à sa vie d'homme du monde, part en pèlerinage en Terre Sainte, puis se retire au monastère de Notre-Dame-des-Neiges en Ardèche. Toujours en quête d'absolu, il gagne en 1890 la trappe d'Akbès en Syrie où il reste six ans. C'est dans ce monastère de stricte observance de la règle cistercienne qu'il prononce ses vœux monastiques, en 1892, et devient frère Marie-Albéric. Mais la vie en communauté semble lui peser et face au refus de son supérieur de le laisser mener une vie érémitique, il rompt ses vœux en janvier 1897. Il est alors libre de se retirer à Nazareth, en Palestine, à proximité d'un couvent de clarisses. Pendant ses six années de retraite, il se découvre une nouvelle vocation : de retour en France, il est ordonné prêtre en juin 1901. Il part aussitôt à Béni-Abbès, au sud de Béchar, espérant retourner au Maroc. Apprenant que les Touareg du Hoggar, après une période de lutte commencée à fort Flatters en 1881, ont fait acte de soumission envers la France et après en avoir longuement discuté avec son ami Laperrine, le « pacificateur » du Sahara, il part s'installer à Tamanrasset en août 1905.

Chamelier touareg

Monts de l'Atakor, dans le massif volcanique du Hoggar

De sa minuscule maison édifiée « en dur » au milieu d'un arghem de quelques huttes de roseaux dans laquelle il passe quelques mois par an entre des séjours en métropole, il découvre un peuple mystérieux qui le fascine et entreprend l'étude de leur langue et de leur civilisation. Il entreprend la traduction des Evangiles en tamahaq, la rédaction du premier dictionnaire tamahaq-français et transcrit des milliers de vers de poésie touareg.

En 1908, les statuts de son Union des frères et sœurs du Sacré-Cœur, union laïque dédiée à l'évangélisation des colonies, sont approuvés par l'évêque de Viviers et par le supérieur général des Pères blancs, très présents en Algérie.

Mais en 1916, après une période de relative accalmie, les troubles reprennent dans le Hoggar quasi abandonné par les méharistes depuis le début de la guerre de 14-18. Un bordj (fortin) est édifié sur la rive sud de l'oued Tamanrasset pour abriter le prêtre et ses ouailles. Entre-temps, le père de Foucauld avait fait édifier un ermitage dans le massif de l'Assekrem où il devait passer les mois les plus chauds de l'année dans un cadre plus favorable à la méditation, un lieu où il pouvait entrer en contact avec les nomades du Hoggar. Les Sénoussites de Tripolitaine (Lybie) se soulèvent et arrivent à Tamanrasset le 1er décembre. Pendant la confusion qui suit l'annonce par les sentinelles sénoussites de l'arrivée des militaires de fort Motylinski, la place forte du Hoggar, Charles de Foucauld est tué par un coup de feu tiré par l'un des gardiens recrutés sur place par les rebelles. Son corps repose à El-Goléa malgré son souhait émis en 1911 : « *Je désire être enterré au lieu même où je mourrai et y reposer jusqu'à la résurrection. J'interdis qu'on transporte mon corps, qu'on l'enlève du lieu où le bon Dieu m'aura fait achever mon pèlerinage.* »

Le parcours exemplaire de ce prêtre catholique, ethnologue et diplomate, dont la vie était entièrement tournée vers le Christ est à l'origine de la création de dix congrégations religieuses à travers le monde et de plusieurs associations spirituelles. Les petits frères et sœurs de Jésus, Edouard et Alain qui vivent près de l'ermitage de l'Assekrem, le frère Antoine et les petites sœurs, véritables figures de Tamanrasset, en sont les héritiers directs.

Pour en savoir plus sur Charles de Foucauld, lire les livres du père Antoine Chatelard, parus aux éditions Karthala.

www.charlesdefoucauld.org

Djanet et le Tassili n'Ajjer

On en parle moins que le Tassili du Hoggar avec lequel il n'a rien à voir, mais le Tassili n'Ajjer est cette région d'Algérie d'où viennent la plupart des reproductions de peintures rupestres qu'on a découvertes un jour, stupéfaits par la grâce et le mystère qui les caractérisent. Mais au-delà de son incommensurable richesse archéologique, le Tassili mérite d'être découvert autrement qu'au hasard d'un catalogue d'agence de voyages parce qu'il a le mérite d'être tous les déserts à la fois. Du Tassili minéral à la fantastique Tadrart, de l'erg Admer aux belles dunes à l'oued Djerat dans lequel ont été observées les premières peintures, le Tassili n'Ajjer correspond à l'ensemble des plateaux (tassili) et des ergs qui en protègent l'accès, situés à l'extrême sud-est de l'Algérie. D'une superficie de 114 000 km^2, il est limité à l'est et au sud par la Libye et le Niger et à l'ouest par le massif du Hoggar. Un unique axe routier venant d'Illizi via Bordj El-Haouès mène à la petite ville de Djanet qui en est le centre urbanisé.De par son altitude moyenne, de 1 200 m à 1 500 m, la région bénéficie d'assez bonnes conditions climatiques qui ont permis le développement d'une faune et d'une flore riches. La flore est typique de ces régions désertiques mais quelques spécimens très anciens ont réussi à survivre comme les cyprès millénaires de Tamrit ou quelques oliviers sauvages rabougris. Les animaux aussi se sont adaptés même si beaucoup ont disparu comme le crocodile ou l'antilope, ou sont en voie de disparition comme le guépard qu'on aperçoit à peu près tous les vingt ans. On observe cependant des mouflons à manchette, des

Musique et poésie des Touareg

Le nombre de textes recueillis et traduits par le père de Foucauld montre la richesse et la variété de la littérature orale touareg. Parmi les thèmes les plus développés, de façon toujours poétique, on retrouve souvent la guerre et ses héros devenus mythiques, les femmes, la beauté des montagnes de l'Ahaggar qui ont toutes une personnalité propre, les animaux qui expriment chacun un trait de caractère tout à fait humain comme dans les fables d'Esope qui étaient d'origine éthiopienne, le silence du désert, etc. Chaque moment de la journée est favorable à l'expression poétique, aussi bien la longue marche pendant laquelle on fredonne selon son humeur que la soirée autour du feu qui peut se transformer en véritable joute littéraire. L'ahal est une réunion à laquelle on participe à partir de l'âge de 16 ans et où, à condition d'être célibataire, on peut se livrer à l'asri qui signifie littéralement « courir à bride relâchée ». C'est au cours de l'ahal qui se tient à l'écart du campement que se rencontrent les jeunes gens qui n'hésitent pas à s'échanger plaisanteries lestes et gestes tendres – la virginité n'est pas taboue chez les Touareg assez peu islamisés.

L'imzad (« cheveu ») est un violon à une corde fait d'une courge évidée sur laquelle est tendue une peau de chèvre percée de trous. Seules les femmes savent tirer de l'imzad, un véritable symbole de leur position sociale, de douces mélodies qu'elles apprennent le plus souvent en famille, rythmées par les coups portés sur le tobol (t'bel) ou tindi (tendé), un tambour en forme de mortier.

Allah a donné une âme à l'imzad.
Que l'imzad chante et tous font silence.
Le crissement de l'imzad se fond
Dans le souffle des désirs inassouvis.
Les chants sont la mémoire du futur.
Poème recueilli par le père de Foucauld

Pour en savoir plus : l*es Touaregs du Hoggar* d'Henri Lhote, Armand Colin, 1984.

gazelles et des petits mammifères comme le fennec.Oasis au charme doux et reposant, enserrée sur presque toute sa longueur entre deux chaînes de montagnes noires dominées par le mont Timbeur, Djanet est très différente de Tamanrasset tout en étant son complément indispensable. Prise entre les falaises qui protègent l'oued Idjeriou et le Tassili, la petite ville semble presque méditerranéenne et mérite qu'on y passe un peu plus que la nuit de l'arrivée (ou du départ). Le nom de la petite ville signifierait « paradis » (aldjanet) ou « chamelles penchées ».

DJANET

Le nom, qu'on connaît grâce à Roger Frison-Roche (lire le *Rendez-vous d'Essendilène*), fait déjà rêver. Pour se rendre dans cette vallée protégée par une haute barrière rocheuse qui pénètre le Tassili, suivre la route d'Illizi pendant une cinquantaine de kilomètres vers le nord jusqu'à un semblant de piste souligné par des traces de pneus menant vers le nord-est. On remonte ensuite l'oued jusqu'à une petite palmeraie qui marque le début d'un canyon où se débrouillent quelques familles touareg. A quelques kilomètres de là, des lauriers-roses gigantesques gardent poétiquement le canyon d'Essendilène. Il faut marcher pendant quelques kilomètres (environ 5) pour arriver à la guelta à l'origine de ce miracle végétal.

Transports

A 1 970 km au sud-est d'Alger et à 700 km d'In Salah et de Tamanrasset (par route et par piste en longeant le piémont nord du Hoggar). D'Illizi, 430 km de piste.

Comment y accéder et en partir

- **Par la route :** de Tamanrasset – à ne prévoir que si on dispose de temps nécessaire pour explorer les coins les plus reculés du Hoggar –, les 700 km de piste via Hirafok, Idèles et Zaountanlaz sont plutôt simples à suivre, si ce n'est de temps en temps quelques risques d'ensablement en vue de Djanet. En venant du nord, on passe par Hassi Messaoud, In-Amenas puis on suit 600 km de piste à partir d'El-Abed Larache jusqu'à Illizi puis Zaountanlaz.

■ **AÉROPORT INEDBIRENE**
Liasaldadi ✆ +213 29 47 55 38

■ **AIR ALGÉRIE**
En face de l'hôtel Zeribas
✆ +213 29 47 50 32
www.airalgerie.dz

Pratique

■ **OFFICE NATIONAL DU PARC DU TASSILI (OPTN) ET MUSÉE**
El-Mihane, après le pont
Centre de Djanet,
✆ +213 29 73 50 24
Classé patrimoine mondial en 1982 par l'Unesco et réserve de l'homme et de la biosphère en 1986, le parc couvre une superficie de 100 000 ha et protège une multitude de gravures et peintures rupestres, les derniers cyprès de la région (Tamrit), de grands mammifères dont le mouflon à manchette qui vit encore dans les régions les plus escarpées, ainsi que les ksour de Djanet. Mais là aussi les moyens manquent et seule la difficulté d'accès au plateau permet l'application de règles strictes. Le siège du parc du Tassili à Djanet porte le nom de Djebrine Machar, le guide touareg qui a mené le lieutenant Brenans puis Henri Lhote vers les peintures et les gravures du Tassili.

■ **ONAT**
El-Mihane
Centre de Djanet ✆ +213 29 47 53 61

Tourisme – Culture

Il y a, officiellement, une bonne douzaine d'agences à Djanet. Compter de 40 à 80 € par jour et par personne, selon le type de circuit et le moyen de transport retenu.

■ **ATRI**
BP 64
✆ +213 29 47 54 13
atrisahara@hotmail.fr
L'agence de Ahmed Bendahan nous est recommandée par un ami pour ses circuits dans le sud algérien. Organisation de circuits classiques mais aussi d'un original « lecture au Sahara ».

■ **ESSENDILÈNE VOYAGES**
✆ +213 29 47 52 95 / +33 06 13 08 38 02
www.essendilene-voyages.com
borgi.abdou@yahoo.fr
Fondée en 1988, l'agence Essendilène Voyages, dirigée par Abdou Borgi, un authentique Targui, s'attache à développer un tourisme responsable et solidaire. Au choix, huit circuits thématiques à la découverte du Tassili N'Ajjer, du Hoggar, du Ténéré et encore du Aïr (Niger). L'agence organise également tous types de séjours à la carte, thématiques et des stages-randonnées originales : gymnastique holistique, yoga et randonnée, marche consciente/marche afghane, tai-chi-chuan et randonnée, art thérapie, méditation et randonnée.

■ **MEZRIRENE AVENTURE**
✆ +213 29 42 23 23 / +49 30 32 70 37 70
www.touareg-voyages.com
www.mezrirene.com
zegri@tuareg-reisen.de
L'agence d'Ahmed Zegri réalise de véritables séjours à la carte dans le sud de l'Algérie : circuits à pied (trekking), à dos de chameaux (méharée), en 4x4 ou encore à moto.

■ **RÊVES ET NATURE**
BP 159
Azellouaz
✆ +213 29 47 58 60 /
+33 01 30 54 26 40 / +33 06 30 02 73 62
www.revesetnature.com
contact@revesetnature.com
L'agence de Khibba Dahou, un enfant du pays, organise des circuits de 8 ou 15 jours dont des circuits consacrés à la botanique (www.sahara-nature.com), à partir de 2 personnes. Possibilité de rejoindre un groupe déjà formé, formule idéale pour ceux qui s'y prennent un peu tard ou pour ceux qui n'ont pas trouvé de compagnons de voyage.

■ **LA ROUTE DU SAHARA**
www.laroutedusahara.com
Un projet d'hébergement écosolidaire devrait venir enrichir l'offre déjà complète de cette jeune agence prometteuse. Leur site est bourré d'infos pratiques et culturelles.

■ **TENERE VOYAGES**
BP 08
✆ +213 29 47 00 49
Possibilité de circuits Ouargla, Tamanrasset.

■ **ZELOUAZ VOYAGES**
BP 65
Djanet
✆ +213 29 47 63 08
Circuits dans la Tadrart et le Tassili n'Ajjer.

■ **ZERIBA VOYAGE**
BP 92, Djanet
Centre de Djanet, derrière le marché, au campement du même nom
✆ +213 6 61 38 28 53 /
+213 6 62 34 69 24
Ne pas manquer de visiter leur site richement illustré pour se faire une idée des circuits proposés.

Argent

Vous pourrez faire du change à la poste, à la BNA dans le centre. Egalement un bureau Western Union signalé par son enseigne jaune.

Santé – Urgences

Un hôpital de construction récente sur la route de l'aéroport et un centre médical dans le centre-ville.

Se loger

Bien et pas cher

■ **AUBERGE ONAT**
Centre-ville ✆ +213 29 47 50 24
direction-marketing@onatalgerie.com
A partir de 1 500 DA la chambre.
Auberge de l'ONAT dans le centre-ville. Elle surplombe l'oasis avec une vue panoramique. 30 lits en chambre double.

■ **CAMPING ZERIBAS**
Centre de Djanet, derrière le marché
✆ +213 6 65 59 44 72
www.zeribavoyage.com
contact@zeribavoyage.com
A partir de 1 500 DA la chambre.
Le campement doit son nom aux huttes que les nomades érigent encore (zeribas) mais voici venu le temps d'un plus grand confort entre quatre murs, en dur mais toujours sous les palmiers… Restaurant et sanitaires communs.

■ **HOTEL TENERE**
✆ +213 29 47 82 99
A l'entrée de Djanet, soit 8 kilomètres du centre-ville.
Chambre simple à 2 000 DA, double à 2 500 DA.
Sur les hauteurs dominant Djanet, dans un quartier de belles maisons, l'hôtel entouré de jardins propose la meilleure vue sur la vallée. Campement juste à côté.

Confort ou charme

■ **AUBERGE CARAVANSÉRAIL**
✆ +213 29 89 97 02
www.mzabtours.com
contact@mzabtours.com
Chambre simple à 2 000 DA, 2 500 la double.
Dans la famille M'Zab Tours, voici la récente auberge de Djanet, blanche et fraîche comme ses sœurs, et entourée d'un jardin.

■ **TENERE VILLAGE**
Ifri
Route de l'aéroport
✆ +213 29 47 00 49
Chambre simple 2 000 DA, double à partir de 2 500 DA.
A l'écart du centre, chambres simples mais spacieuses dans des bungalows. Belles vues sur les alentours.

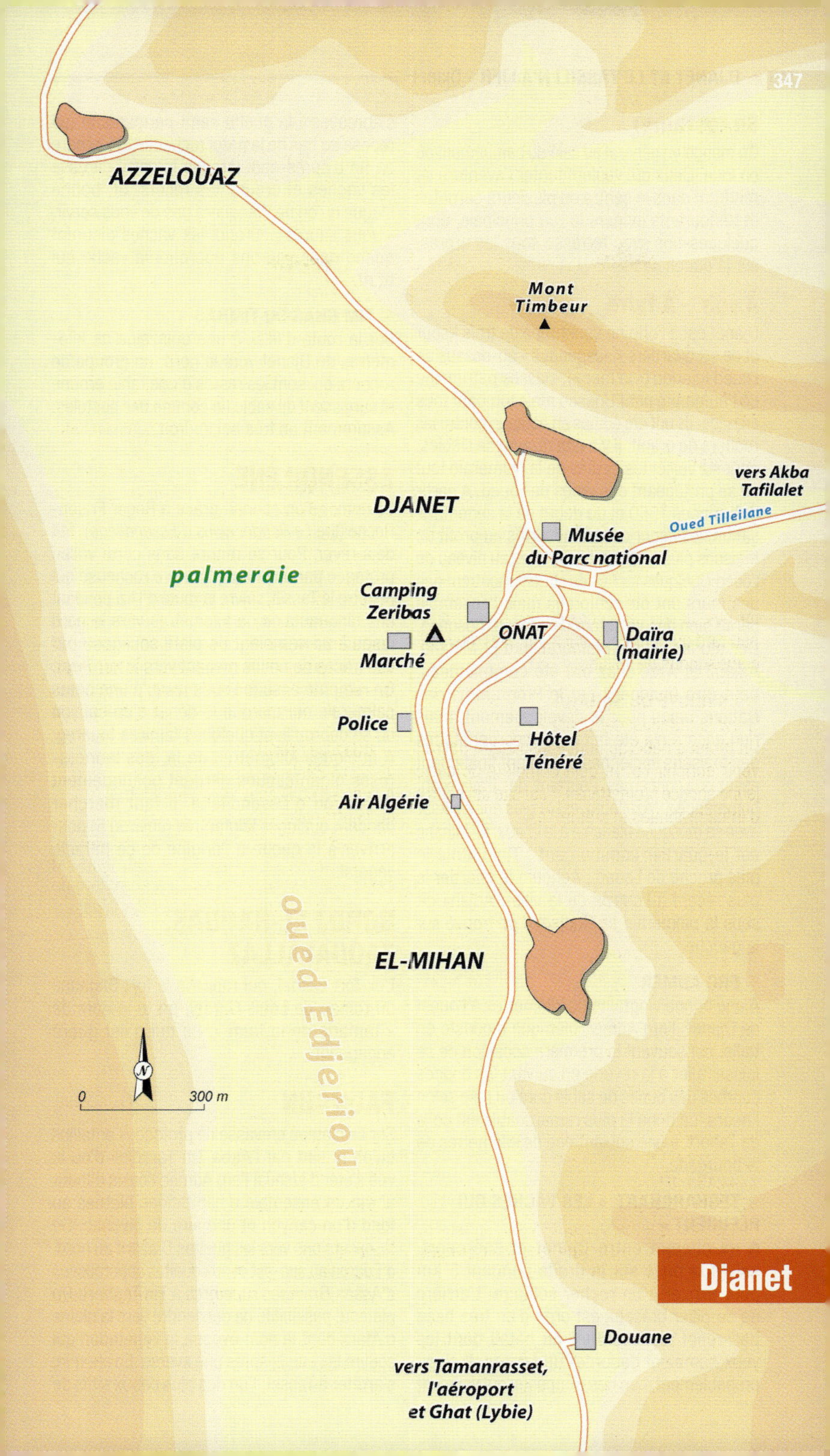
AZZELOUAZ
Mont Timbeur
vers Akba Tafilalet
Oued Tilleilane
DJANET
Musée du Parc national
palmeraie
Camping Zeribas
ONAT
Daïra (mairie)
Marché
Police
Hôtel Ténéré
Air Algérie
oued Edjeriou
EL-MIHAN
N
0
300 m
Douane
vers Tamanrasset, l'aéroport et Ghat (Lybie)

Se restaurer

On mange en général au sein du campement où on loge. Ceux qui veulent tenter l'aventure se rendront dans le centre où plusieurs gargotes et restaurants longent la rue principale, dont quelques-uns avec terrasse sous les arbres, sur la gauche.

À voir – À faire

Djanet est à l'origine constituée de trois ksour et de six quartiers « suspendus » au-dessus de l'oued Idjeriou (« la mer »), classés patrimoine de l'humanité par l'Unesco mais tombant tous en ruine. Ils ont été édifiés en hauteur, contre les rochers de granit, il y a une dizaine de siècles, pour surveiller les jardins de la palmeraie tout en se protégeant des crues de l'oued. A partir des années 1960 et du début de la sédentarisation, les ksour ont été désertés au profit de maisons plus grandes construites au niveau de l'oued.Quelques taches de ciment montrent que des murs ont été renforcés mais l'ensemble paraît bien désolé autour de chaque mosquée. Des études pour la restauration d'El-Mihane, Adjahil et Azzelouaz ont été commandées, peut-être financées par le Programme des Nations unies pour le développement, mais rien encore n'a été fait et les copropriétaires des maisons anciennes se sentent finalement assez peu concernés. Pourtant, des travaux ont commencé… Azellouaz est le plus ancien ksar avec sa mosquée blanchie à la chaux, El-Mihane est le quartier commerçant ; Tinkhatma le plus proche de l'oued ; Aghoum le quartier le plus récent à l'entrée de la ville ; Adjahil gît sous la palmeraie et Tindjadad se trouve sur la gauche.

ERG ADMER

A une bonne vingtaine de kilomètres à l'ouest de Djanet, l'erg Admer, bien que modeste en taille, est souvent la première occasion de se laisser aller à la rêverie en suivant les douces courbes des dunes de sable doré ou rose selon l'heure. La dune la plus remarquable est celle de Tahort, à une soixantaine de kilomètres de la bourgade.

TEGHARGHART, « LES VACHES QUI PLEURENT »

A mi-chemin entre Djanet et l'aéroport, suivre la piste sur la droite pendant 5 km pour arriver à un rocher solitaire. L'arrière de ce pilier gréseux est orné d'un très beau bas-relief représentant du bétail dont les yeux semblent déborder de larmes. Il s'agit probablement d'un des troupeaux qui venaient s'abreuver à la guelta semi-permanente qui repose au bas de la paroi rocheuse. S'y rendre en fin d'après-midi lorsque le soleil caresse les vaches et creuse les reliefs. Et, bonne blague qu'on ne manquera pas de vous servir, « vous saurez pourquoi les vaches pleurent quand nous saurons pourquoi la vache qui rit rit… ».

TIM GHAS OU TIMRAS

Sur la route d'Illizi, à une quinzaine de kilomètres de Djanet vers le nord, un groupe de rochers qui sont les restes d'une table érodée et surgissent du sable fin comme des pustules. Assurément un très bel endroit…

ESSENDILÈNE

Le nom, qu'on connaît grâce à Roger Frison-Roche (lire *Le Rendez-vous d'Essendilène*), fait déjà rêver. Pour se rendre dans cette vallée protégée par une haute barrière rocheuse qui pénètre le Tassili, suivre la route d'Illizi pendant une cinquantaine de kilomètres vers le nord jusqu'à un semblant de piste soulignée par des traces de pneus menant vers le nord-est. On remonte ensuite l'oued jusqu'à une petite palmeraie qui marque le début d'un canyon où se débrouillent quelques familles touareg. A quelques kilomètres de là, des lauriers-roses gigantesques gardent poétiquement le canyon d'Essendilène. Il faut marcher pendant quelques kilomètres (environ 5) pour arriver à la guelta à l'origine de ce miracle végétal.

BORDJ EL-HAOUAS, ZAOUATALLAZ

L'ex-fort Gardel, qui rappelle le fort Saganne du roman de Louis Gardel, porte le nom de « tamaris de la faim », ce qui n'est guère engageant.

FADNOUN

Sur ce plateau crevassé de profondes entailles qu'on atteint par l'Akba Tin Taradjeli d'où la vue s'étend jusqu'à l'erg Admer, l'oasis d'Iherir abrite un ensemble d'habitations blotties au fond d'un canyon et une aire de bivouac. De là, excursions vers les gueltas D'azarif au nord, d'Edaren au sud-est et aux gueltas superposées d'Assar. Gravures rupestres à Tin Teghert. Du plateau, possibilité de descendre vers la plaine d'Afara dont le nom évoque la végétation qui couvre les oueds après une averse. En chemin, s'arrêter à Tasset, l'un des plus beaux sites de

Bordj Omar Driss (fort Flatters)

Le 16 février 1881, le colonel Flatters et son unité tombent dans une embuscade tendue par des Touareg qui reprochaient aux Français d'avoir traversé leur territoire sans leur permission. 96 hommes et 200 chameaux sont tués, l'incident a un retentissement tel que pendant des années les Touareg seront réputés « fourbes » et « cruels ».

peintures rupestres. Au nord-ouest d'Afara et nord de la piste Djanet-Tamanrasset, après l'erg Tihodaïne, Amadror, une cuvette sédimentaire, est une célèbre mine de sel aujourd'hui abandonnée mais toujours fréquentée pour ses possibilités de bivouac. De là partaient des caravanes chargées de sel en direction du Niger.

TASSILI N'AJJER

A 600 m d'altitude au-dessus de Djanet, le Tassili n'Ajjer ne se gagne qu'à pied. Au plus proche de l'oasis, deux passes s'ouvrent aux piétons mais il faut parcourir une trentaine de kilomètres de plus vers le nord si on est accompagné de chameaux (Akba Essali Aoun). Avant de s'y rendre, il faut absolument passer par le bureau du parc national du Tassili (et petit musée) pour y retirer le billet d'accès au plateau et un permis de photographier. Il est interdit de partir vers le plateau sans guide officiel qui s'avère de toute façon nécessaire devant la complexité du site, difficile d'accès.

AKBA TAFILALET

A 12 km à l'est de Djanet, après l'oued Tafilalet, c'est le point de départ de presque toutes les excursions. On quitte le site au lever du soleil pour 3 à 4 heures d'ascension entre deux plateaux granitiques puis le long d'une gorge étroite jusqu'à un embranchement. Les animaux chargés prennent le chemin en lacet de droite tandis que les marcheurs empruntent le sentier de gauche qui s'accroche au flanc de la colline. Encore une bonne demi-heure de marche difficile, presque de l'escalade au niveau d'une cheminée, avant de dépasser un bassin peut-être empli d'eau de pluie et d'arriver au plateau… Arriver ici n'est pas une partie de plaisir, la récompense si ! Le panorama dont on jouit pendant l'ascension est certainement l'un des plus beaux de la région.

TAMRIT

Une fois sur le plateau, la marche devient plus aisée sur le reg. Le paysage change peu à peu et on aperçoit déjà au loin les minarets de grès de Tamrit, à une heure de là, la porte du Tassili. Avant de s'y rendre, on fait généralement un petit détour de 4 km vers l'est pour aller voir les « Antilopes chevalines », une très belle peinture un peu abîmée représentant un troupeau d'antilopes. De retour sur le sentier principal, on passe au pied des colonnes hautes de 10 à 20 m qui sont en fait des tables gréseuses fendues de canyons étroits. Juste avant la principale vallée de Tamrit et ses fameux cyprès, on peut faire une halte à une petite guelta sur la gauche. Les cyprès de Tamrit, appelés ici tarout, dateraient de la dernière période humide qu'ait connue le Sahara, il y a plusieurs milliers d'années. Au printemps et en automne, lorsqu'il pleut un peu, la solitude des cyprès géants est troublée par les fleurs des lauriers-roses. Dans les environs immédiats de Tamrit, nombre d'abris ont été ornés de peintures dont les plus fameuses sont les « Barques égyptiennes » ou la « Fresque des chasseurs ».

On trouve à Tamrit deux emplacements de camping. Le premier, proche d'un plan d'eau et au terrain assez meuble, n'est pas le plus indiqué ; préférer le second, à 2 km au nord, même s'il est parsemé de cailloux. C'est à partir de cet emplacement de camping qu'on prend le départ pour la randonnée vers Tan Zoumaitak et Timenzouzine, à une heure de marche.

TAN ZOUMAITAK

Au nord-est de Tamrit, on y parvient après avoir traversé une espèce d'amphithéâtre naturel dont la partie centrale est tout à fait ronde. Le surplomb de Tan Zoumaitak se trouve sur le versant occidental d'une étroite vallée dont l'oued se couvre de petites fleurs après une averse. Les peintures, en bon état, observées sur la roche, datent pour la plupart de la période dite « des hommes à tête ronde ». De l'autre côté de la vallée, un autre petit surplomb abrite des peintures de bétail.

IN-ITINEN / TITERAS N'ELIAS

Entre Tamrit et Sefar, le sentier continue vers le nord-est jusqu'à ce qu'on appelle la forêt de pierre. Il s'agit d'une zone où le plateau gréseux a été transformé par l'érosion en une espèce de ville rocheuse sillonnée par de véritables rues et avenues. A proximité se trouve l'une des plus grandes concentrations de peintures et de gravures rupestres du Sahara, de toutes les périodes. La plus célèbre d'entre elles représente un char tiré par quatre chevaux et il faut aller jusqu'à l'oued In-Itinen pour découvrir une très intéressante scène de chasse datant de la période du chameau et de nombreuses peintures d'hommes à tête ronde et de l'époque des bovidés.

TIMENZOUZINE

A une heure de marche au sud-ouest du second camping de Tamrit, après un groupe de piliers de grès, on trouve juste avant un petit oued une grande gravure d'éléphant dessinée sur le sol même. Les peintures alentour sont peu visitées mais peuvent être le but d'une agréable balade.

SEFAR

L'oued Sefar, à l'est de Tamrit, se découvre après une marche de 4 heures environ (15 km) dans un paysage presque banal après ce qu'on a vu les jours précédents. Les allées naturelles sur l'autre rive de l'oued constituent la plus grande exposition d'art rupestre du monde. Pour en avoir un bon aperçu, il faut compter au minimum une bonne journée et pour en faire le tour complet, quatre journées ne sont pas de trop. Les peintures les plus importantes sont celles représentant des danseuses et des danseurs masqués, un guerrier grec, le grand dieu aux orantes, les hommes aux tridents, l'abri des amazones ou encore les trois masques nègres de la période bovidienne. L'emplacement de camping se trouve dans la première allée sur la gauche.

Peinture sur les parois rocheuses de Sefar.

À voir – À faire

AKBA AROUM

A l'ouest de Jabbaren, un sentier mène à une arête rocheuse après laquelle le plateau s'incline vers l'occident. Après le petit oued encombré d'éboulis, le sentier continue en lacet. La progression est pénible entre les rochers, 700 m de dénivelé, mais c'est le plus court chemin.

JABBAREN

Le plateau de Jabbaren est situé à une trentaine de kilomètres au sud de Sefar et à une vingtaine de kilomètres de Djanet. Généralement, une voiture nous dépose au pied du plateau, le reste, et ce n'est pas rien, se faisant avec les jambes (15 km). Jabbaren signifie « géant », et on en est convaincu après l'ascension jusqu'au sommet du plateau. Au départ de Sefar, le parcours, même s'il est plus long, est plus aisé, à travers un reg et le long de quelques oueds animés de plantes et d'animaux.L'emplacement de camping se trouve près d'un groupe de cyprès, dans une petite vallée abritée.

Pour rejoindre le site même de Jabbaren, il faut suivre l'oued Amazar vers l'est jusqu'à Akba Aroum. Les peintures ont été exécutées par une douzaine de civilisations successives sur les parois de coupoles de grès creusées d'estafilades par l'érosion.La plus remarquable d'entre elles est tracée sur l'intérieur d'un aplomb rocheux. Il s'agit d'un personnage de 6 m sur 3 m datant de la période des hommes à tête ronde, nommé le « grand dieu des martiens » par Daniken, l'explorateur persuadé de la visite d'extraterrestres. D'autres fresques sont de la période bovidienne, dont un remarquable archer.

Dunes près de Djanet.

AOUENGHAT

A environ 1 heure de marche au sud-est de Jabbaren, et à 2 000 m d'altitude, sur un massif gréseux en miroir, les peintures du site d'Aouenghat datent pour beaucoup de la période des hommes à tête ronde et de la période bubale. On y admirera, entre autres magnifiques sujets, un « dieu masqué », la célèbre « dame blanche » et l'Antinéa d'Henri Lhote qui faisait référence à la princesse Tin Hinan qui aurait régné sur les Touareg au IVe siècle avant J.-C.

TIN ABOTEKA

Au nord-ouest, à 1 heure encore de marche, on y observera une fresque représentant un chasseur armé d'un arc et un char. Si la visite vous tente, nous vous conseillons d'insister auprès de votre guide pour la combiner avec celle de Tin Tazarift et d'effectuer la randonnée en une seule journée, question d'économie de temps et d'argent... On peut également joindre Tin Aboteka au départ d'In-Itinen, puis rallier Tin Tazarift et Sefar, ce qui évite de revenir sur ses pas !

TIN TAZARIFT

Au nord-ouest, à 2 heures de marche, les fresques en très bon état de Tin Tazarift sont dispersées au sein d'une véritable forteresse rocheuse. Elles datent pour la grande majorité de la période des hommes à tête ronde dont certains sont ici coiffés de cornes.

LA TADRART

Dans un fabuleux dédale de dunes jaune orangé et de rochers aux délicates formes ciselées par l'érosion et facilement identifiables, cette région – « *le plus beau désert du monde* » comme le titre le magazine *Histoire & Patrimoine* dans son numéro 3 entièrement consacré à l'Algérie – s'étend au sud de Djanet, avant la frontière du Niger.

L'excursion commence par le défilé d'Imaharhaten (gravures rupestres), une faille naturelle dans le Tassili, la porte du canyon d'In-Djaren aux falaises décorées de peintures et de gravures rupestres. Après les arches souvent photographiées de Tamezguida, on se dirige vers les labyrinthes de dunes orangées et de cheminées de fée de Moul N'aga, puis l'incroyable cirque de dunes presque rouges de Tin Merzouga, les rochers d'Idaoudane, les dunes de Monkhor et les châteaux et les arches d'Alidemma pour terminer bien souvent par les monts Gauthier qui précèdent l'oued Tafassasset et le puits d'In-Afelahlah.

L'art rupestre du Sahara

Si le Sahara est le plus grand désert du monde, il est également le plus grand musée d'art rupestre de la planète. Des milliers de peintures et de gravures s'y distinguent selon leur position géographique. Alors que les peintures ornent surtout les parois rocheuses du Tassili n'Ajjer et du Hoggar, les gravures sont présentes un peu partout dans la zone centrale du Sahara. Lors de ses recherches, Théodore Monod, qui fut le premier à recenser les gravures avant la Seconde Guerre mondiale, découvrit celles de l'Adrar Ahnet à l'ouest de Tamanrasset. En 1956, Henri Lhote fut envoyé au Sahara pour effectuer un relevé exhaustif des représentations rupestres.

Situé de part et d'autre du tropique du Cancer, le Sahara a acquis sa physionomie actuelle il y a plusieurs millions d'années mais il a connu des variations climatiques pendant les âges glaciaires. Durant ces périodes, la faune et la flore étaient sensiblement les mêmes que celles de la savane d'Afrique orientale. Cet environnement était propice au développement humain dont témoignent les peintures et les gravures rupestres qu'on retrouve en grand nombre au Tassili. Outre la découverte des ossements d'un australopithèque vieux de 3,5 millions d'années dans le nord du Tchad, on est certain que le nord de l'Afrique était parcouru par des hominens il y a quelque 150 000 ans. Le paléolithique a connu une suite de périodes sèches et humides (-70 000/-50 000 – moustérien – puis -40 000/-20 000 – période atérienne) mais c'est au néolithique que l'aridité a fait durablement place à un climat propice au développement de la flore et de la faune plus accueillantes. La savane recouvrait alors le sable et abritait des éléphants, des antilopes, des girafes, des autruches ou encore des crocodiles et des hippopotames qui se retrouvaient autour des points d'eau nombreux.

De cette époque restent de nombreux témoignages de la présence humaine (capsiens) dont les dessins peints ou gravés sur la roche qui racontent de façon formidable l'histoire du plus grand désert de la planète.

Si quelques gravures ont été découvertes au XIXe siècle, les premières observations sérieuses ont été effectuées en 1934 par le lieutenant méhariste français Brenans dans la vallée de l'oued Djerat près d'Illizi. Le lieutenant, guidé par Machar Jebrine ag Mohamed et fin observateur, montre ses dessins de rhinocéros et de crocodiles à Henri Lhote qui se lancera aussitôt sur la piste des milliers de fresques qu'on peut encore observer, soutenu par le CNRS, le musée de l'Homme et le gouverneur général de l'Algérie. A sa suite, nombre d'explorateurs, dont Théodore Monod, rempliront des carnets de croquis, de commentaires et de listes…

Si elles parsèment le Sahara tout entier, un grand nombre de ces traces sont visibles sur les hauts plateaux dont le Tassili. Pour se repérer entre les différents styles, on a l'habitude de les distinguer selon leur âge et ce qu'elles représentent même si les classements établis dans la seconde moitié du XXe siècle sont sources de controverses – l'équipe d'Henri Lhote semblait apprécier les canulars. Depuis les années 1950 qui marquent l'année 0, on date les fresques à partir de la couleur de la patine, l'environnement du dessin (vestiges divers, sol, roche…) au carbone 14 ou encore à partir de leur style et de la technique utilisée. Une seule chose est certaine : l'exemplaire le plus ancien de l'art rupestre du Sahara date du XIIIe millénalre (holocène).

La première période qui est subdivisée en trois parties commence au début du néolithique (XIIIe au VIIIe millénaire). La première partie de cette période est celle dite des hommes à tête ronde (Tin Tazarift et Tassili n'Ajjer). Henri Lhote a attribué ce nom à cette série de dessins caractérisés par des personnages à la tête parfaitement ronde et peu détaillée, que des explorateurs ayant abusé de comics ont assimilés à des populations extraterrestres. Le corps des personnages ocre et mauve, plus tard blanc, est souvent tatoué de lignes pointillées, peut-être des scarifications, et portent quelquefois des masques typiques des régions plus méridionales. A leurs côtés, on observe des mouflons et des éléphants et des figures religieuses (fresque des grands dieux à Sefar) qui font penser que ces hommes à tête ronde faisaient partie d'une société développée.

La seconde partie est celle dite du bubale (ancêtre du buffle coiffé de longues cornes)

ou des chasseurs. Les gravures, parfois très grandes, représentent surtout des animaux chassés par les nomades de type négroïde au corps athlétique et élancé et aux mouvements amples. Dans le Tassili, la gravure considérée comme la plus ancienne a été découverte près de Timenzouzine et représente un éléphant dessiné à même le sol. D'autres représentations sont visibles dans l'oued Djerat.
La troisième partie fait apparaître un style un peu décadent.
La seconde période (VIIIe millénaire) fait apparaître des figures plus imposantes. C'est la période des bovidés ou des pasteurs au physique éthiopien qui représentent leurs troupeaux sur la roche. Les dessins, les plus nombreux de toutes les fresques recensées, sont alors gravés puis peints de manière très précise et raffinée. On peut les observer dans le Tassili, à Akakus et dans le djebel Uweinat en Lybie.
La troisième période est celle des pasteurs à chars et des cavaliers, ou période bovidienne qui fait déjà partie de la protohistoire (VIe au Ier millénaire). Les cavaliers sont d'origine lybienne et sont peut-être issus de ces Crétois qui avaient débarqué avec des chevaux sur les côtes de Cyrénaïque en -1 200. On sait par ces fresques que les « hommes de la mer » sont allés jusqu'au Niger. Plus grossiers, les personnages seraient pour certains les fameux Garamantes et certaines figures ont à peine une tête. On en voit quelques figures à In-Itinen dans le Tassili n'Ajjer.
Puis vient la période dite « du chameau » qui date du début de l'ère chrétienne. A cette époque le chameau remplace le cheval dans le Sahara. Les dessins (In-Itinen dans le Tassili n'Ajjer) sont parfois soulignés d'inscriptions en tifinagh. L'art rupestre et ses représentations soulèvent encore beaucoup de questions et permettent de rêver… Ainsi, si certains dessins évoquent une origine égyptienne des artistes, d'autres laissent supposer que les nomades du Tassili seraient les ancêtres des Peuls Bororos d'Afrique occidentale. Quoi qu'il en soit, les dessins sont si beaux et si évocateurs que l'imagination de l'observateur stupéfié peut aisément remplacer la connaissance de toute théorie. Ce n'est jamais assez répété : les gravures et les peintures rupestres sont très fragiles. Ne faites surtout pas comme ces touristes dont on parle encore qui, comme mamie pour nous débarbouiller, crachent sur les peintures croyant faire ressortir le dessin mais qui les abîment irrémédiablement. Les peintures et les gravures sont difficiles à photographier. En général, on ne reste que peu de temps devant – il y en a tant à voir ! – et les conditions rarement optimales. Lumière trop vive ou pas assez, œuvres trop petites et en hauteur ou trop grandes… Un grand angle ou un téléobjectif sont indispensables mais en ce qui concerne l'éclairage, il n'y a pas grand-chose à faire si ce n'est attendre que la lumière rase du soleil couchant caresse les gravures et fasse ressortir leur faible relief. Mais en général le contraste entre ombre et lumière est toujours trop fort et ne peut être atténué que par des bricolages de flash qui sont de toute façon interdits d'usage face aux peintures ou par l'usage d'un trépied. Et si les pellicules de 200 ASA suffisent, elles ne sont pas les plus conseillées pour les photos en plein soleil. Un appareil numérique de bonne qualité, en complément, devrait pouvoir corriger ces problèmes.

Peinture rupestre du « Grand Dieu ».

PENSE FUTÉ

Mosquée Ketchaoua

Pense futé

ARGENT

Monnaie

La monnaie nationale algérienne est le dinar (DZD) subdivisé en billets de 1 000, 500, 200 et 100 dinars et en pièces de 100, 50, 20, 10, 5, 2 et 1 dinar.

Taux de change

- En novembre 2014, le taux de change était le suivant :
100 DA = 0,972 €
1 € = 102,841 DA

Coût de la vie

Le coût de la vie en Algérie peut paraître bas pour un Européen, mais il faut savoir que le salaire minimum algérien est fixé à 15 000 dinars, soit environ 150 €. Cela donne une idée du pouvoir d'achat de la grande majorité des Algériens.

Budget

A titre indicatif, les tarifs d'excursions d'une semaine dans le sud algérien commencent à environ 800 €, vol aller-retour compris. Ces tarifs comprennent un hébergement en auberge rustique ou en bivouac.Attention, les prix dans les magasins d'alimentation, surtout ceux des fruits et légumes, sont souvent énoncés en « anciens dinars » ou en centimes (avec 2 zéros supplémentaires), une habitude héritée des « anciens francs » ...

- **1 chambre double * :** 1 000/1 200 DA
- **1 chambre double ** :** 1 000/2 500 DA
- **1 chambre double *** :** 2 500/4 500 DA
- 1 **chambre double **** :** 6 000/8 000 DA
- **1 chambre double ***** :** plus de 15 000 DA
- **Hôtels de chaîne internationale :** plus de 20 000 DA
- **Un repas simple (soupe + plat) :** 300/600 DA
- **Un repas gastronomique :** + de 3 000 DA
- **Un café + un verre d'eau :** 25/50 DA
- **1 l de soda :** 45 DA
- **1,5 l d'eau minérale :** 25/50 DA
- **Une baguette :** 10 DA
- **1 kg d'oranges :** 150 DA
- **1 pizza (dans la rue) :** 150 DA
- **Un paquet de cigarettes :** 70/250 DA
- **Un litre d'essence super :** 26 DA
- **Un litre d'essence sans plomb :** 23 DA
- **Un litre de gasoil :** 14 DA
- **Une course en taxi urbain :** 25/50 DA
- **1 km en taxi collectif :** 5 DA
- **Aller simple en train Alger-Oran :** 800 DA (en 2e classe)

Banques et change

Lors d'un court voyage, le mieux est de changer un peu d'argent pour les petits achats : comme le change de dinars en euros ne se fait pas et que vous n'êtes pas censé sortir des devises algériennes du territoire, ne risquez pas d'être obligé d'acheter n'importe quoi au dernier moment pour écouler vos dinars restants. Les « grosses » dépenses, à partir de 5 000 dinars par exemple, peuvent parfois être payées en euros.Le change de devises se fait habituellement dans les bureaux de change des aéroports, les banques ou à la réception des hôtels mais on vous dépannera certainement n'importe où ou bien l'on vous indiquera probablement quelqu'un qui peut le faire. Mais ne passez que par une personne de confiance car il existe un vrai trafic de faux billets en Algérie et vous risquez fort de vous faire arnaquer si vous changez de l'argent avec une personne que vous connaissez à peine ! Ne comptez pas sur votre carte bancaire pour retirer des dinars : la grande majorité des distributeurs automatiques des grandes villes ne les acceptent pas encore. Et quand c'est le cas, mieux vaut avoir une carte bleue Visa. On peut cependant retirer des dinars ou des euros au guichet de quelques banques (Banque d'Algérie, BNP Paribas, Société Générale, CPA) au moyen d'une carte mais sachez que l'opération peut prendre une demi-journée dans les banques algériennes et qu'il vous faudra être muni de votre passeport (et de votre patience pour trouver le bon guichet) ! On a également

la possibilité de régler les nuitées d'hôtels (à partir de 3 étoiles) par CB mais n'oubliez pas de demander à votre banque la commission qui sera retenue.Les banques algériennes ne changent pas les chèques-voyages. S'il n'y a pas de limitation à l'importation de devises en liquide, pensez tout de même à les déclarer au point d'entrée dans le pays.

Moyens de paiement

Cash

Si vous payez par carte bancaire dans un pays de la zone euro, les frais bancaires seront les mêmes que ceux qui s'appliquent en France. En revanche, si vous retirez des espèces, vous devrez probablement payer des frais de commission (renseignez-vous auprès de votre banque).

Transfert d'argent

Avec ce système, on peut envoyer et recevoir de l'argent de n'importe où dans le monde en quelques minutes. Le principe est simple : un de vos proches se rend dans un point MoneyGram® ou Western Union® (poste, banque, station-service, épicerie...), il donne votre nom et verse une somme à son interlocuteur. De votre côté de la planète, vous vous rendez dans un point de la même filiale. Sur simple présentation d'une pièce d'identité avec photo et de la référence du transfert, on vous remettra aussitôt l'argent.

Carte de crédit

Les cartes de crédit internationales (Visa, EuroCard, American Express, etc.) fonctionnent toutes et sont acceptées par beaucoup d'hôtels, restaurants et autres services liés au tourisme, mais attention, dans les pensions, dans certains petits commerces ou petits restaurants, où l'argent liquide est souvent préféré, elles peuvent vous être refusées.

D'autre part, les cartes de crédit ne sont pas tout le temps pratiques si vous voulez vraiment retirer des quantités importantes d'argent. Les distributeurs de billets ne lisant que la bande magnétique, un plafond pour les retraits est fixé à la semaine. Pour le connaître, renseignez-vous auprès de votre banque en France. Enfin, pour le paiement par Carte Bleue, aucun code sécurisant ne vous sera demandé, une signature suffit, c'est pourquoi ayez toujours sur vous une pièce d'identité.

▸ **Avant votre départ,** pensez à prévenir votre conseiller bancaire de votre voyage afin que les transactions ne soient pas bloquées sur place par mesure de prévention contre la fraude. Vérifiez également avec lui la limitation de votre plafond de paiement et de retrait. Demandez, si besoin est, une autorisation exceptionnelle de relèvement de ce plafond. Fort utiles, les règlements par carte sont très majoritairement acceptés dans les hôtels, les restaurants et les agences de voyages, moyennant une commission de 2 à 3 %.

▸ **En cas de perte ou de vol** de votre carte de paiement, appelez le serveur vocal de votre banque. Il est accessible 7j/7 et 24h/24. Si vous connaissez le numéro de votre carte bancaire, l'opposition est immédiate et confirmée. Dans le cas contraire, l'opposition est enregistrée mais vous devez confirmer l'annulation à votre banque par fax ou lettre recommandée.

▸ **En cas de dysfonctionnement de votre carte de paiement** ou si vous avez atteint votre plafond de retrait, vous pouvez bénéficier d'un *cash advance*. Proposé dans la plupart des grandes banques, ce service permet de retirer du liquide sur simple présentation de votre carte au guichet d'un établissement bancaire, que ce soit le vôtre ou non. On vous demandera souvent une pièce d'identité. En général, le plafond du *cash advance* est identique à celui des retraits, et les deux se cumulent (si votre plafond est fixé à 500 €, vous pouvez retirer 1 000 € : 500 € au distributeur, 500 € en *cash advance*). Quant au coût de l'opération, c'est celui d'un retrait à l'étranger.

Pourboires, marchandage et taxes

▸ **Marchandage.** Cette pratique, finalement bien moins répandue en Algérie que dans les souks de Marrakech, possède de bons côtés car elle pousse au contact et à la discussion. Le but étant d'arriver à un bon prix qui fasse autant plaisir au marchand qu'à vous-même, il ne faut jamais raisonner en termes de bénéfices. De toute façon, si le marchand vous vend un produit, c'est qu'il y gagne aussi quelque chose. Ne vous demandez pas si vous auriez pu descendre plus bas. Essayez tout de même de vous renseigner avant, pour connaître la fourchette de prix du produit que vous souhaitez acheter. Enfin, règle d'or, si vous proposez un prix et que le marchand l'accepte vous devez payer. Encore une fois, c'est l'honneur qui est en jeu. Sinon vous n'êtes jamais obligé de payer, même sous la menace du marchand. Ne vous laissez pas influencer, soyez fier d'acheter.

Pourboires. Le pourboire n'est pas obligatoire, juste une gratification, un geste pour montrer qu'on a apprécié le service.

Duty Free

Puisque votre destination finale est hors de l'Union européenne, vous pouvez bénéficier du Duty Free (achats exonérés de taxes). Attention, si vous faites escale au sein de l'Union européenne, vous en profiterez dans tous les aéroports à l'aller, mais pas au retour. Par exemple, pour un vol aller avec une escale, vous pourrez faire du shopping en Duty Free dans les trois aéroports, mais seulement dans celui de votre lieu de séjour au retour.

ASSURANCES

Touristes, étudiants, expatriés ou professionnels, chacun peut s'assurer selon ses besoins et pour une durée correspondant à son séjour. De la simple couverture temporaire s'adressant aux baroudeurs occasionnels à la garantie annuelle, très avantageuse pour les grands voyageurs, chacun pourra trouver le bon compromis. À condition toutefois de savoir lire entre les lignes.

Choisir son assureur

Voyagistes, assureurs, secteur bancaire et même employeurs : les prestataires sont aujourd'hui très nombreux et la qualité des produits proposés varie considérablement d'une enseigne à une autre. Pour bénéficier de la meilleure protection au prix le plus attractif, demandez des devis et faites jouer la concurrence. Quelques sites Internet peuvent être utiles dans ces démarches comme celui de la Fédération française des sociétés d'assurances (www.ffsa.fr), qui saura vous aiguiller selon vos besoins, ou le portail de l'Administration française (www.service-public.fr) pour toute question relative aux démarches à entreprendre.

Voyagistes. Ils ont développé leurs propres gammes d'assurances et ne manqueront pas de vous les proposer. Le premier avantage est celui de la simplicité. Pas besoin de courir après une police d'assurance. L'offre est faite pour s'adapter à la destination choisie et prend normalement en compte toutes les spécificités de celle-ci. Mais ces formules sont habituellement plus onéreuses que les prestations équivalentes proposées par des assureurs privés. C'est pourquoi il est plus judicieux de faire appel à son apériteur habituel si l'on dispose de temps et que l'on recherche le meilleur prix.

Assureurs. Les contrats souscrits à l'année comme l'assurance responsabilité civile couvrent parfois les risques liés au voyage. Il est important de connaître la portée de cette protection qui vous évitera peut-être d'avoir à souscrire un nouvel engagement. Dans le cas contraire, des produits spécifiques pourront vous être proposés à un coût généralement moindre. Les mutuelles couvrent également quelques risques liés au voyage. Il en est ainsi de certaines couvertures maladie qui incluent une protection concernant par exemple tout ce qui touche à des prestations médicales.

Employeurs. C'est une piste largement méconnue mais qui peut s'avérer payante. Les plus généreux accordent en effet à leurs employés quelques garanties applicables à l'étranger. Pensez à vérifier votre contrat de travail ou la convention collective en vigueur dans votre entreprise. Certains avantages non négligeables peuvent s'y cacher.

Cartes bancaires. Moyen de paiement privilégié par les Français, la carte bancaire permet également à ses détenteurs de bénéficier d'une assurance plus ou moins étendue. Visa®, MasterCard®, American Express®, toutes incluent une couverture spécifique qui varie selon le modèle de carte possédé. Responsabilité civile à l'étranger, aide juridique, avance des fonds, remboursement des frais médicaux : les prestations couvrent aussi bien les volets assurance (garanties contractuelles) qu'assistance (aide technique, juridique, etc.). Les cartes bancaires haut de gamme de type Gold® ou Visa Premier® permettent aisément de se passer d'assurance complémentaire. Ces services attachés à la carte peuvent donc se révéler d'un grand secours, l'étendue des prestations ne dépendant que de l'abonnement choisi. Il est néanmoins impératif de vérifier la liste des pays couverts, tous ne donnant pas droit aux mêmes prestations. De plus, certaines cartes bancaires assurent non seulement leurs titulaires mais aussi leurs proches parents lorsqu'ils voyagent ensemble,

voire séparément. Pensez cependant à vérifier la date de validité de votre carte car l'expiration de celle-ci vous laisserait sans recours.

Précision utile : beaucoup pensent qu'il est nécessaire de régler son billet d'avion à l'aide de sa carte bancaire pour bénéficier de l'ensemble de ces avantages. Cette règle ne s'applique en fait qu'à la garantie annulation du billet de transport – si elle est prévue au contrat – et ne concerne que l'assurance, en aucun cas l'assistance. Les autres services, indépendants les uns des autres, ne nécessitent pas de répondre à cette condition afin de pouvoir être actionnés.

Choisir ses prestations

Garantie annulation. Elle reste l'une des prestations les plus utiles et offre la possibilité à un voyageur défaillant d'annuler tout ou partie de son voyage pour l'une des raisons mentionnées au contrat. Ce type de garantie peut couvrir toute sorte d'annulation : billet d'avion, séjour, location… Cela évite ainsi d'avoir à pâtir d'un événement imprévu en devant régler des pénalités bien souvent exorbitantes. Le remboursement est la plupart du temps conditionné à la survenance d'une maladie ou d'un accident grave, au décès du voyageur ayant contracté l'assurance ou à celui d'un membre de sa famille. L'attestation d'un médecin assermenté doit alors être fournie. Elle s'étend également à d'autres cas comme un licenciement économique, des dommages graves à son habitation ou son véhicule, ou encore à un refus de visa des autorités locales. Moyennant une surtaxe, il est également possible d'élargir sa couverture à d'autres motifs comme la modification de ses congés ou des examens de rattrapage. Les prix pouvant atteindre 5 % du montant global du séjour, il est donc important de bien vérifier les conditions de mise en œuvre qui peuvent réserver quelques surprises. Dernier conseil : s'assurer que l'indemnité prévue en cas d'annulation couvre bien l'intégralité du coût du voyage.

Autres services. Les prestataires proposent la plupart du temps des formules dites « complètes » et y intègrent des services tels que des assurances contre le vol ou une assistance juridique et technique. Mais il est parfois recommandé de souscrire à des offres plus spécifiques afin d'être paré contre toute éventualité. L'assurance contre le vol en est un bon exemple. Les plafonds pour ce type d'incident se révèlent généralement trop faibles pour couvrir les biens perdus et les franchises peuvent finir par vous décourager. Pour tout ce qui est matériel photo ou vidéo, il peut donc être intéressant de choisir une couverture spécifique garantissant un remboursement à hauteur des frais engagés.

BAGAGES

Que mettre dans ses bagages ?

Pour tout voyage estival, prévoir des vêtements légers, amples mais couvrants parce qu'il n'y a pas de meilleure protection contre le soleil et les regards en coin que le tissu, de préférence en coton et passe-partout. Question chaussures, penser au confort d'abord ; on doit souvent se déchausser (mosquées, visite chez des amis, etc.), mieux vaut donc éviter les laçages compliqués ou les chaussures qui empêchent les pieds de respirer. Le mieux est de prévoir une paire de chaussures confortables pour se balader et une paire de sandales ou de tongs pour se reposer. Au quotidien, préférer un petit sac à dos passe-partout. En hiver, ajouter un vêtement imperméable et chaud parce que si le thermomètre affiche 15 °C, la sensation thermique est souvent bien plus basse. Un parapluie n'est pas un luxe et si vous comptez vous rendre en Kabylie ou à Constantine, sachez qu'il y neige bien plus souvent qu'à Paris ! A cette valise de base, sans l'imperméable, le parapluie et les Moonboots, on ajoutera pour tout voyage dans le sud des lunettes de soleil très protectrices – mieux vaut oublier ses verres de contact qui résistent mal à la sécheresse et aux coups de vent parfois chargés de sable, et prévoir une paire de lunettes de vue avec protection solaire –, un chèche en coton qu'on peut trouver sur place, des vêtements chauds (laine ou polaire) ainsi qu'un bon sac de couchage pour les nuits très fraîches de l'hiver, et une crème très hydratante pour le visage et les lèvres (comme une crème genre Biafine® qui soulagera en plus les brûlures du soleil).

Réglementation

Bagages en soute. Généralement, 23 kg de bagages sont autorisés en soute pour la classe économique (exception sur l'Afrique pour la majorité des compagnies : 2 x 23 kg) et 30 à 40 kg pour la première classe et la classe affaires. Certaines compagnies autorisent deux bagages en soute pour un poids total de 40 kg. Renseignez-vous avant votre départ pour connaître les dispositions de votre billet.

Bagages à main. En classe éco, un bagage à main et un accessoire (sac à main, ordinateur portable) sont autorisés, le tout ne devant pas dépasser les 12 kg ni les 115 cm de dimension. En première et en classe affaires, deux bagages sont autorisés en cabine. Les liquides et gels sont interdits : seuls les tubes et flacons de 100 ml maximum sont tolérés, et ce dans un sac en plastique transparent fermé (20 cm x 20 cm). Seules exceptions à la règle : les aliments pour bébé et médicaments accompagnés de leur ordonnance.

Excédent

Lorsqu'on en vient à parler d'excédent de bagages, les compagnies aériennes sont désormais plutôt strictes. Si elles vous laisseront parfois tranquille pour 1 ou 2 kg de trop sur certaines destinations, vous n'aurez aucune marge sur les destinations africaines, tant la demande des passagers est importante ! Si vous voyagez léger, ne soyez pas étonné d'être plusieurs fois accosté en salle d'enregistrement par d'autre voyageur afin de prendre, à votre compte, ces kilos que vous n'utilisez pas. Libre à vous de choisir, mais cette pratique est interdite, surtout si vous ne savez pas ce que l'on vous demande de transporter. Car il est vrai que passé le poids autorisé, le couperet tombe, et il tombe sévèrement : 30 € par kilo supplémentaire sur un vol long-courrier chez Air France, 120 € par bagage supplémentaire chez British Airways, 100 € chez American Airlines. A noter que les compagnies pratiquent parfois des remises de 20 à 30 % si vous réglez votre excédent de bagages sur leur site Web avant de vous rendre à l'aéroport. Si le coût demeure trop important, il vous reste la possibilité d'acheminer une partie de vos biens par voie postale, si la destination le permet.

Perte – Vol

En moyenne, 16 passagers sur 1 000 ne trouvent pas leurs bagages sur le tapis à l'arrivée. Si vous faites partie de ces malchanceux, rendez-vous au comptoir de votre compagnie pour déclarer l'absence de vos bagages. Pour que votre demande soit recevable, vous devez réagir dans les 21 jours suivant la perte. La compagnie vous remettra un formulaire qu'il faudra renvoyer en lettre recommandée avec accusé de réception à son service clientèle ou litiges bagages. Vous récupérerez le plus souvent vos valises au bout de quelques jours. Dans tous les cas, la compagnie est seule responsable et devra vous indemniser si vous ne revoyez pas la couleur de vos biens (ou si certains biens manquent à l'intérieur de votre bagage). Le plafond de remboursement est fixé à 20 € par kilo ou à une indemnisation forfaitaire de 1 200 €. Si vous considérez que la valeur de vos affaires dépasse ces plafonds, il est fortement conseillé de le préciser à votre compagnie au moment de l'enregistrement (le plafond sera augmenté moyennant finance) ou de souscrire à une assurance bagages. À noter que les bagages à main sont sous votre responsabilité et non sous celle de la compagnie.

Matériel de voyage

AU VIEUX CAMPEUR

www.auvieuxcampeur.fr
infos@auvieuxcampeur.fr
Fondé en 1941, Au Vieux Campeur est une des références incontournables lorsqu'il s'agit d'articles de sport et loisirs.

DELSEY

www.delsey.com
La deuxième marque mondiale dans le domaine du bagage, présente dans plus de 110 pays, avec 6 000 points de vente. Delsey offre un grand choix de sacs de voyages.

INUKA

www.inuka.com
Ce site vous permet de commander en ligne tous les produits nécessaires à votre voyage, du matériel de survie à celui d'observation en passant par les gourdes ou la nourriture lyophilisée.

SAMSONITE

www.samsonite.com
Samsonite est le leader mondial de l'univers des solutions de voyage. Les produits sont distribués sous les marques Samsonite, Samsonite Black Label, American Tourister, Lacoste et Timberland.

TREKKING
www.trekking.fr
Trekking propose dans son catalogue tout ce dont le voyageur a besoin : trousses de voyage, ceintures multipoche, sacs à dos, sacoches, étuis... Une mine d'objets de qualité pour voyager futé et dans les meilleures conditions.

DÉCALAGE HORAIRE

L'heure algérienne est fixée sur GMT + 1, c'est-à-dire qu'il y a moins une heure de différence entre l'Algérie et la France, la Belgique ou la Suisse en été et aucun décalage horaire en hiver.

ÉLECTRICITÉ, POIDS ET MESURES

220 volts/50 Hz, mêmes prises qu'en Europe, à deux fiches rondes.

FORMALITÉS, VISA ET DOUANES

Tout Français désirant se rendre en Algérie doit faire la demande d'un visa au consulat de son lieu de résidence ou de domiciliation de son employeur (liste ci-dessous).

Pour un visa de tourisme. Il vous faudra le formulaire de demande de visa (disponible sur le site du consulat d'Algérie) rempli en deux exemplaires, le passeport, une photocopie du passeport, deux photos d'identité récentes, une réservation d'hôtel confirmée ou une attestation d'hébergement certifiée et, parfois, un justificatif de revenus (fiche de paie par exemple). Il faut compter 85 € pour un visa d'une durée de validité de trois mois et 125 € pour une durée supérieure à 3 mois. Comptez 48 heures pour l'obtenir.

Pour un visa d'affaires. Il vous faudra : le formulaire de demande de visa (disponible sur le site du consulat d'Algérie) rempli en deux exemplaires, le passeport du demandeur, une photocopie du passeport, deux photos d'identité récentes, un ordre de mission de l'organisme employeur et/ou une invitation de l'organisme partenaire algérien.

Obtention du passeport

Les passeports délivrés en France sont désormais biométriques. Ils comportent votre photo, vos empreintes digitales et une puce sécurisée. Pour l'obtenir, rendez-vous en mairie muni d'un timbre fiscal, d'un justificatif de domicile, d'une pièce d'identité et de deux photos d'identité. Le passeport est délivré sous trois semaines environ. Il est valable dix ans. Les enfants doivent disposer d'un passeport personnel (valable cinq ans).

Conseil futé. Avant de partir, pensez à photocopier tous les documents que vous emportez avec vous. Vous emporterez un exemplaire de chaque document et laisserez l'autre à quelqu'un en France. En cas de perte ou de vol, les démarches de renouvellement seront ainsi beaucoup plus simples auprès des autorités consulaires. Vous pouvez également conserver des copies sur le site Internet officiel mon.service-public.fr – Il vous suffit de créer un compte et de scanner toutes vos pièces d'identité et autres documents importants dans l'espace confidentiel. Enfin, pour vous signaler facilement et gratuitement auprès du ministère des Affaires étrangères, n'hésitez pas à vous inscrire sur le site internet ARIANE avant votre départ.

Formalités et visa

VISA CHRONO
3, rue Richard Lenoir (11e)
Paris ✆ 01 40 09 00 04
www.visachrono.fr
Du lundi au vendredi de 9h30 à 19h.
Visa Chrono s'occupe de l'intégralité de vos démarches pour l'obtention de vos visas d'affaires ou touristiques, dans des délais parfois très courts. En outre, l'organisme effectue les démarches relatives à l'exportation temporaire ou définitive (carnet ATA et CO), ainsi que les légalisations de tout autre document (certificat de mariage, naissance, adoption.......).

ACTION-VISAS
10-12, rue du Moulin des Prés (13e)
Paris – www.action-visas.com
Une agence qui s'occupe de tous vos visas. Le site Internet présente une fiche explicative par pays. Très utile.

RAPIDEVISA
20, rue Godot de Mauroy (9e)
Paris ✆ 01 82 88 48 98
www.rapidevisa.fr
Heures d'accueil : du lundi au vendredi de 9h30 à 12h30 et de 14h00 à 17h45.
Si vous projetez de voyager en Chine, Inde, Russie, Thaïlande, Vietnam, Cameroun ou d'autres pays, vous aurez besoin d'un visa pour entrer dans ces pays. RapideVisa est une société qui accomplit à distance les formalités de visas dans les ambassades étrangères situées à Paris, pour le compte de particuliers et professionnels. Il est ainsi possible d'obtenir un visa sans se déplacer en ambassade en commandant sur le site internet.

VISA PLUS
53, rue Boissière ✆ 01 45 69 52 49
www.visa-plus.fr
Visa Plus est un organisme qui vous aidera à obtenir votre visa plus rapidement. Le site internet fournit des renseignements précis et la demande de document, pays par pays. En outre, l'organisme propose de vous faire gagner temps et énergie en proposant les services d'un coursier qui fera la queue à votre place dans les files d'attente, tél 06 73 79 23 62.

VISAS EXPRESS
37-39, rue Boissière (16e)
Paris ✆ 0 825 08 10 20
www.visas-express.fr
info@visas-express.fr
Ouvert du lundi au vendredi de 9h à 18h.
Vous êtes accaparé par votre travail, récalcitrant aux démarches administratives ou tout simplement vous n'avez pas envie de vous préoccuper de l'intendance de votre voyage ; le recours aux services de Visas Express vous apporte une garantie supplémentaire dans la réussite de votre périple. Depuis 1985, Visas Express accompagne les hommes d'affaires, les voyagistes et le grand public dans leurs démarches auprès des ambassades et des consulats pour l'obtention de visas.

VSI
19-21, avenue Joffre
Epinay-sur-Seine ✆ 0 826 46 79 19
www.vsi-visa.com – contact@vsi-visa.com
Spécialiste des visas d'affaires, touristiques et de groupe, VSI se charge des vos formalités à votre place, y compris dans l'urgence. VSI facilite ainsi le voyage de chacun et garantit de partir dans le pays indiqué.

Douanes

Autorisés

- **Alcool.** 4 litres de vin, plus 1 litre d'alcool de plus de 22°, ou 2 litres de moins de 22° (le voyageur doit être âgé de 17 ans au moins).
- **Tabac.** 200 cigarettes ou 50 cigares ou 250 g de tabac à rouler.
- **Marchandises dans bagages personnels.** Le montant total ne doit pas dépasser 430 US$ (aérien et maritime), 300 € (autres moyens de transports). Pour les moins de 15 ans ; 150 €.
- **Nourriture.** Tout aliment industriellement sous vide est autorisé (donc les boites de conserves industrielles).
- **Gels et aréosols.** Depuis le 26 septembre 2006, les liquides, gels et aérosols sont de nouveau autorisés dans les bagages cabine. Ces articles doivent être rangés dans un sac plastique transparent refermable, sans dépasser pour chacun 100ml. Le volume total du sac ne devra pas dépasser 1 litre. Les articles achetés en duty free sont, eux, autorisés quelle que soit leur contenance.

Interdits

- **Certaines denrées alimentaires** (viandes, fruits et légumes frais, fromages autres qu'à pâte dure).
- **Les articles dangereux** (couteaux, limes, ciseaux, objets tranchants, allumettes...) sont interdits dans les bagages à main mais autorisés dans les bagages en soute. Depuis 2005, les briquets sont interdits en cabine et en soute.
- **Certains produits pharmaceutiques** sans une ordonnance traduite en anglais.

Chiens et chats

- **Le certificat sanitaire** et le certificat de vaccination à jour sont nécessaires.
- **La vaccination antirabique** doit remonter à plus d'un mois et à moins d'un an.
- **Identification.** L'animal doit être muni d'une marque d'identification claire. Cette identification doit être inscrite dans les certificats. Il n'y a pas de quarantaine (sauf pour les îles).

DOUANES FRANÇAISES – INFO DOUANE SERVICES
✆ 0 811 20 44 44
✆ +33 1 72 40 78 50
www.douane.gouv.fr
ids@douane.finances.gouv.fr
Le service de renseignement des douanes françaises à la disposition des particuliers est ouvert du lundi au vendredi de 8h30 à 18h. Les téléconseillers sont des douaniers qui répondent aux questions générales, qu'il s'agisse des formalités à accomplir à l'occasion d'un voyage, des marchandises que vous pouvez ramener dans vos bagages ou des informations utiles pour monter votre société d'import-export. A noter qu'une application mobile est également disponible sur le site de la douane.

HORAIRES D'OUVERTURE

Les bureaux sont en général ouverts de 8h à 16h30, les banques à partir de 8h30. Les jours de repos hebdomadaire sont désormais les vendredis et samedis, le vendredi étant celui de la prière. Les banques sont fermées le samedi, mais la plupart des commerces sont ouverts. Ne pas oublier de tenir compte de l'heure de la sieste en été et du ramadan, période pendant laquelle les administrations fonctionnent au ralenti (fermeture avancée à 15h) et les restaurants et bars sont fermés. Les commerces sont ouverts toute la journée, jusqu'à l'heure de la rupture du jeûne (ftour), et rouvrent, comme les cafés, quelques heures après le ftour jusque tard dans la soirée…

INTERNET

De nombreux cybercafés ont ouvert un peu partout, ce mode de communication étant très pratiqué et peu onéreux. Compter au maximum 100 DA/heure de connexion, soit 1 € environ. Le haut débit est maintenant disponible partout dans les grandes villes du nord.Enfin, de plus en plus d'hôtels, cafés et restaurants proposent le wi-fi : nous avons essayé de vous les signaler au fur et à mesure du guide mais vous en découvrirez certainement d'autres.

JOURS FÉRIÉS

Fêtes à date fixe

- **1er janvier :** jour de l'an
- **1er mai :** fête du travail
- **19 juin :** anniversaire du sursaut révolutionnaire du 19 juin 1965
- **5 juillet :** fête de l'Indépendance et de la jeunesse
- **1er novembre :** anniversaire de la révolution

Fêtes religieuses à dates variables

- **Aïd el-Fitr :** fête de la rupture du jeûne (ramadan)
- **Aïd el-Adha :** fête du sacrifice (Aïd el-Kébir)
- **Mouharram :** jour de l'an hégirien
- **Achoura :** 10e jour de Mouharram
- **Mouloud :** anniversaire de la naissance du Prophète.

LANGUES PARLÉES

Si l'arabe et le tamazight sont les langues nationales algériennes, la grande majorité des Algériens parle le français qui est demeuré la langue de communication quotidienne et de travail dans les administrations et les entreprises.Apprendre la langue : il existe différents moyens d'apprendre quelques bases de la langue et l'offre pour l'auto-apprentissage peut se faire sur différents supports tels CD, DVD, cahiers d'exercices ou même directement sur Internet.

ASSIMIL
11, rue des Pyramides (1er)
Paris
✆ 01 42 60 40 66 / 01 45 76 87 37
www.assimil.com
marketing@assimil.com
Métro Pyramides (lignes 7 et 14).
Précurseur des méthodes d'auto-apprentissage des langues en France, Assimil reste la référence lorsqu'il s'agit d'apprendre à parler ou écrire une langue étrangère avec une méthodologie qui a fait ses preuves : l'assimilation intuitive.

POLYGLOT
www.polyglot-learn-language.com
Ce site propose à des personnes désireuses d'apprendre une langue d'entrer en contact avec d'autres dont c'est la langue maternelle. Une manière conviviale de s'initier à la langue et d'échanger.

TELL ME MORE ONLINE
www.tellmemore-online.com
Sur ce site Internet, votre niveau est d'abord évalué et des objectifs sont fixés en conséquence. Ensuite, vous vous plongez parmi les 10 000 exercices et 2 000 heures de cours proposés. Enfin, votre niveau final est certifié selon les principaux tests de langues.

PHOTO

En ce qui concerne le choix des prises de vue, demandez toujours à la personne que vous souhaitez photographier si elle est d'accord, simple question de respect. Un sourire suffit généralement. Souvent, en voyant un touriste avec un appareil, les enfants et les jeunes gens s'attroupent autour de lui jusqu'à ce qu'il ait pris tout le monde, dans le plus grand désordre. Dans ce cas, un appareil numérique permet de prendre l'école entière et de faire son tri plus tard. On vous demandera rarement d'envoyer la photo après votre retour. Enfin, restez calme quand un excité surgit en braillant qu'on n'a pas le droit de prendre de photos… C'est généralement celui qu'on n'aurait jamais choisi comme sujet qui montre ainsi que lui aussi existe ! Comme ailleurs, il est officiellement interdit de photographier les bâtiments militaires et certains sites qui, on ne sait pas toujours pourquoi, sont sûrement jugés stratégiques.

Safari

Emporter un compact numérique en sus de votre reflex peut donc s'avérer utile, d'autant qu'il vous dépannera sans doute lorsque vous aurez besoin de prendre des photos avec plus de discrétion. Pensez aussi à prendre un Beans Bag : ce sac rempli de haricots ou de riz permet de poser son boîtier pour le stabiliser n'importe où. C'est beaucoup plus pratique qu'un pied dans un véhicule de safari.

Photo sous-marine

Eau, sable, pluie poussière : en voyage, votre appareil est mis à rude épreuve. Vous pouvez le protéger en achetant une housse de pluie (50 € environ) ou une pochette étanche (à partir de 10 €). En vinyle ou PVC, ce type de pochette permet même d'effectuer des clichés sous-marins jusqu'à 3 ou 5 m selon les modèles. Vous en trouverez notamment chez Nautistore ou Pearl.fr. Dans le cas où vous n'auriez pas pensé à vous munir de ce genre d'accessoire avant le départ, un bon vieux sac plastique assurera une protection minimale. A noter : si votre appareil a été mouillé, n'essayez surtout pas de l'utiliser pour voir s'il fonctionne, c'est le meilleur moyen de l'endommager réellement. Laissez-le sécher 48 heures à l'air libre, boîtier ouvert.

Conseils pratiques

- **Vous prendrez les meilleures photos tôt le matin** ou aux dernières heures de la journée. Un ciel bleu de midi ne correspond pas aux conditions optimales : la lumière est souvent trop verticale et trop blanche. En outre, une météo capricieuse offre souvent des atmosphères singulières, des sujets inhabituels et, par conséquent, des clichés plus intéressants.
- **Prenez votre temps.** Promenez-vous jusqu'à découvrir le point de vue idéal pour prendre votre photo. Multipliez les essais : changez les angles, la composition, l'objectif… Vous avez réussi à cadrer un beau paysage, mais il manque un petit quelque chose ? Attendez que quelqu'un passe dans le champ ! Tous les grands photographes vous le diront : pour obtenir un bon cliché, il faut en prendre plusieurs.
- **Appliquez la règle des tiers.** Divisez mentalement votre image en trois parties

horizontales et verticales égales. Les points forts de votre photo doivent se trouver à l'intersection de ces lignes imaginaires. En effet, si on cadre son sujet au centre de l'image, la photo devient plate, car cela provoque une symétrie trop monotone. Pour un portrait, il faut donc placer les yeux sur un point fort et non au centre. Essayez aussi de laisser de l'espace dans le sens du regard.

- **Un coup d'œil** aux cartes postales et livres de photos sur la région vous donnera des idées de prises de vue.
- **À savoir :** les tons jaunes, orange, rouges et les volumes focalisent l'attention ; ils donnent une sensation de proximité à l'observateur. Les tons plus froids (vert ou bleu) créent de leur côté une impression d'éloignement.
- **Pour les détenteurs d'appareil photo réflex :** n'oubliez pas de vous munir d'un filtre polarisant (voire aussi d'un filtre UV) très utile dans les endroits lumineux. Sans oublier un filtre gris (ND) pour faire des pauses longues en pleine journée (cascades...). Prendre un bon trépied, assez lourd si possible en raison du vent, est indispensable pour photographier des aurores boréales ! Enfin, une protection pour votre appareil photo (même tropicalisé) peut s'avérer prudent en raison des nombreuses intempéries.

Développer – Partager

Plusieurs sites proposent de stocker vos photos et de les partager directement en ligne avec vos proches.

FLICKR
www.flickr.com
Sur Flickr, vous pouvez créer des albums photo, retoucher vos clichés et les classer par mots-clés tout en déterminant s'ils seront visibles par tous ou uniquement par vos proches. Petit plus du site : vous avez la possibilité d'effectuer des recherches par lieux et ainsi découvrir votre destination à travers les prises de vue d'autres internautes. D'autant plus intéressant que nombre de photographes professionnels utilisent Flickr.

FOTOLIA
fr.fotolia.com
Fotolia est une banque d'images. Le principe est simple : vous téléchargez vos photos sur le site pour les vendre à qui voudra. Le prix d'achat de base est fixé à 0,75 € et peut monter jusqu'à plusieurs centaines d'euros par cliché. Pas nécessairement de quoi payer vos prochaines vacances, mais peut-être assez pour réduire la note de vos tirages !

PHOTOWEB
www.photoweb.fr
Photoweb est un laboratoire photo en ligne. Vous pouvez y télécharger vos photos pour commander des tirages ou simplement créer un album virtuel. Le site conçoit aussi tout un tas d'objets à partir de vos clichés : tapis de souris, livres, posters, faire-part, agendas, tabliers, cartes postales… Les prix sont très compétitifs et les travaux de qualité.

PICASAWEB
picasaweb.google.com
Un site pour mettre en ligne ses photos et les partager avec vos amis en les invitant à les consulter.

POSTE

Il y a des bureaux de poste partout dans le pays mais il y a de fortes chances que vous reveniez de votre voyage avant que la carte postale n'arrive à destination. A Alger, ne pas manquer d'entrer dans la Grande Poste, un monument de l'architecture néo-mauresque.

QUAND PARTIR ?

Climat

Les circuits dans le Sahara sont possibles en hiver, lorsque la chaleur est supportable. La saison s'étend de fin octobre à début mai, cependant il peut faire très chaud dès le mois d'avril. Le climat de la côte algérienne est agréable en toute saison, un peu froid et humide en hiver cependant.

MÉTÉO CONSULT
www.meteoconsult.fr
Sur ce site français, vous trouverez les prévisions météorologiques pour le monde entier.

Haute et basse saisons touristiques

Dans le sud algérien, la saison touristique s'étend d'octobre à mai. La plupart des agences et des guides ne travaillent pas durant la saison chaude. Sur le littoral, la haute saison s'étale de juin à septembre ; mais avec l'avancée du mois de ramadan qui croque chaque année un peu plus la période estivale, les professionnels du tourisme craignent des saisons touristiques de plus en plus serrées.

Manifestations spéciales

Voici quelques rendez-vous importants qui peuvent appeler à découvrir l'Algérie. Ces fêtes donnent lieu chaque année à des manifestations folkloriques et certaines, tombées en désuétude, reprennent vie depuis quelques années pour mettre en valeur le patrimoine culturel des régions. La plus singulière et la plus mystique est sans doute le S'Bou de Timimoun.

- **Djanet.** La S'biba est une fête ancestrale célébrée entre le premier jour de l'an de l'Hégire et l'Achoura en mémoire d'un pacte de paix (joutes, danses, exhibition d'étoffes par les guerriers...).
- **Timimoun.** Le S'bou se tient à l'occasion du Mouloud (célébration de la naissance du Prophète). 7 jours de célébrations folkloriques. Festival du chant Ahellil au mois de décembre (mise en valeur du chant poétique et populaire des Zénètes du Gourara, classé au patrimoine immatériel de l'Unesco).
- **Constantine.** En 2015, la ville accueillera l'événement « Constantine, capitale de la culture islamique ».
- **Touggourt.** Fête de la datte en mars ou avril durant la période de fécondation du palmier dattier. Courses de chameaux et méharées.

SANTÉ

Aucun vaccin particulier n'est requis si ce n'est les vaccins classiques (diphtérie, tétanos, poliomyélite). La vaccination contre l'hépatite A est recommandée en l'absence d'immunité antérieure (d'autant plus fréquente si vous avez des antécédents de jaunisse, de séjour prolongé à l'étranger ou si vous êtes âgé de plus de 45 ans).Les problèmes les plus fréquents rencontrés en Algérie sont les insolations ou les coups de chaleur, les difficultés de digestion dues au manque de familiarité avec la cuisine et les aliments (légumes, crudités...) et les piqûres d'insectes, surtout de moustiques. Si l'on trouve la plupart des médicaments dits « de confort » en Algérie (aspirine, paracétamol...), mieux vaut emporter ce dont on a besoin, surtout lors d'une excursion dans le désert où les pharmacies se font rares. Pensez donc à vous munir, selon votre sensibilité, d'antimoustiques, de crème solaire, de cachets pour calmer les aigreurs d'estomac, la diarrhée et autres désagréments digestifs, etc.

Conseils

Des pharmacies, hôpitaux et cliniques privées sont présents dans toutes les grandes villes traversées.

- **En cas de maladie,** vous pouvez consulter le site du consulat français afin d'accéder à la liste des médecins francophones. Le consulat se chargera de vous aider et de vous accompagner lors de problèmes graves.
- **Avant de partir,** pensez à la souscription d'une assurance Monde, après avoir vérifié qu'aucune n'était comprise avec votre cotisation de carte bancaire, voire certains de vos contrats d'assurance.

Toilettes

Principale particularité qui peut être un problème : la pénurie d'eau ! Dans les toilettes de lieux publics ou même chez les particuliers, l'eau est stockée dans un récipient qu'on déverse dans la cuvette (sans exagérer sur la quantité) en guise de chasse d'eau. Dans la plupart des cas, comme il n'y a pas de tout-à-l'égout, on ne jette rien dans la cuvette. Une poubelle est presque toujours mise à disposition. Il s'agit juste de s'y habituer ! Autre particularité : il n'y a parfois pas de papier toilette ; n'oubliez donc pas de vous munir de votre papier fleuri parfumé préféré ou de conserver les serviettes en papier du déjeuner !

■ **GLOBE-DOCTEUR**

www.globe-docteur.com

Globe-Docteur est un service qui permet d'entrer en contact avec un médecin, afin d'obtenir des conseils et avis dans le domaine de la santé. En se connectant au site, chacun pourra lancer une conversation par messagerie avec un docteur afin de lui poser les questions de son choix. Les membres pourront également prendre rendez-vous avec le médecin de leur choix. Le RDV se déroule soit par téléphone, soit par visio-conférence sécurisée. Globe-Docteur permet ainsi d'obtenir rapidement des réponses précises issues de professionnels de la santé, qui ont tous une expérience de plusieurs dizaines d'années.

Centres de vaccination

Pour plus d'informations, vous pouvez consulter le site Internet du ministère de la Santé (www.sante.gouv.fr) pour connaître les centres de vaccination proches de chez vous.

■ **CENTRE DE VACCINATION AIR FRANCE**

148, rue de l'Université (7e)

Paris

✆ 01 43 17 22 00

✆ 0 892 68 63 64

✆ 01 48 64 98 03

Ouvert du lundi au vendredi de 8h45 à 18h – nocturne le jeudi jusqu'à 20h – le samedi de 8h45 à 16h. Fermeture les dimanches et jours fériés uniquement.

▸ **Autre adresse :** 3, place Londres Bâtiment Uranus 95703 Roissy Charles de Gaulle.

■ **INSTITUT PASTEUR**

209, rue de Vaugirard (15e)

Paris

✆ 0 890 710 811 / 03 20 87 78 00

www.pasteur.fr

Sur le site Internet, vous pouvez consulter la liste des vaccins obligatoires pays par pays.

L'Institut Pasteur, créé en 1888 par Louis Pasteur, est une fondation privée à but non lucratif dont la mission est de contribuer à la prévention et au traitement des maladies, en priorité infectieuses, par la recherche, l'enseignement, et des actions de santé publique. out en restant fidèle à l'esprit humaniste de son fondateur Louis Pasteur, le centre de recherche biomédicale s'est toujours situé à l'avant garde de la science, et a été la source de plusieurs disciplines majeures : berceau de la microbiologie, il a aussi contribué à poser les bases de l'immunologie et de la biologie moléculaire. Le réseau des Instituts Pasteur, situé sur les 5 continents et fort de 8 500 collaborateurs fait de cette institution une structure unique au monde.

▸ **Autre adresse :** 1, rue du Professeur Calmette 59019 Lille.

En cas de maladie

Un réflexe : contacter le Consulat de France. Il se chargera de vous aider, de vous accompagner et vous fournira la liste des médecins francophones. En cas de problème grave, c'est aussi lui qui prévient la famille et qui décide du rapatriement. Pour connaître les urgences et établissements aux standards internationaux : consulter les sites www.cimed.org – www.diplomatie.gouv.fr et www.pasteur.fr

Assistance rapatriement – Assistance médicale

▸ **Assurance – Assistance médicale.** Sachez tout d'abord qu'il est possible de bénéficier des avantages de la Sécurité sociale, même à l'étranger. A l'international, des garanties de sécurité sociale s'appliquent et sont mises en œuvre par le Centre des liaisons européennes et internationales de sécurité sociale (www.cleiss.fr) chargé d'aiguiller les ressortissants dans leurs démarches. Mais cette prise en charge a ses limites. C'est pourquoi souscrire à une assurance maladie peut s'avérer très utile. Les prestations comprennent la plupart du temps le rapatriement, les frais médicaux et d'hospitalisation, le paiement des examens de recherche ou le transport du corps en cas de décès.

▸ **Rapatriement sanitaire par les opérateurs de cartes bancaires.** Si vous possédez une carte bancaire Visa® et MasterCard®, vous bénéficiez automatiquement d'une assurance médicale et d'une assistance rapatriement sanitaire valables pour tout déplacement à l'étranger de moins de 90 jours (le paiement de votre voyage avec la carte n'est pas nécessaire pour être couvert, la simple détention d'une carte valide vous assure une couverture). Renseignez-vous auprès de votre banque et vérifiez attentivement le montant global de la couverture et des franchises ainsi que les conditions de prise en charge et les clauses d'exclusion. Si vous n'êtes pas couvert par l'une de ces cartes, n'oubliez surtout pas de souscrire une assistance médicale avant de partir.

SÉCURITÉ SOCIALE
11, rue de la Tour des Dames Cedex 09
75436
Paris ✆ 01 45 26 33 41 – www.cleiss.fr
Plus d'informations sur l'assistance médicale à l'étranger au Centre des Liaisons Européennes et Internationales de la Sécurité sociale (Cleiss).

Trousse à pharmacie

Vous pouvez limiter votre trousse à pharmacie au minimum indispensable et à votre traitement habituel en quantité suffisante, la plupart des médicaments usuels pouvant être trouvés sur place. Les pharmacies qui vendent également des produits parapharmaceutiques sont souvent ouvertes tard le soir, tous les jours sauf le vendredi.

Médecins parlant français

On vous conseille fortement d'être en bonne santé ! Le nombre de médecins est inégalement réparti sur le territoire, et les hôpitaux qui dépendent du secteur public sont bondés et souvent touchés par le manque de médicaments.Ayant fait leurs études en français, tous les médecins parlent français. Le consulat général de France à Alger dispose d'une liste de médecins.

- **www.consulfrance-alger.org**

Urgences

- **Protection civile** : 14
- **Assistance médicale téléphonique** : 115 (numéro vert toutes wilayas)

SÉCURITÉ ET ACCESSIBILITÉ

Malgré les événements récents et l'assassinat d'Hervé Gourdel, l'Algérie est un pays relativement sûr pour les touristes à condition d'éviter le Djudjura en Kabylie et la région frontalière avec le Mali qui est de toute façon fermée aux touristes étrangers, Tamanrasset étant désormais accessible seulement aux citoyens algériens. Nous avons pu voyager sans problèmes en Algérie lors de notre enquête sur place à l'automne 2014. Mais au vu du contexte international, nous vous recommandons toutefois de consulter la page «Conseils aux Voyageurs» du ministère des Affaires étrangères avant votre séjour en Algérie.

On est cependant bien loin de la décennie noire des années 1990 et la situation a beaucoup changé depuis le début des années 2000. Aujourd'hui, on circule tout à fait normalement dans le centre des villes et on se déplace en voiture sans problèmes partout. Les barrages de police sont présents sur toutes les routes principales et veillent en permanence à la sécurité du pays n'hésitant pas à contrôler des véhicules qui leur semblent louches (la nuit, pensez à éteindre vos phares en arrivant à leur niveau. Tout le monde le fait).

Si la question de la sécurité ne doit pas être un frein à vos envies, il convient cependant de préparer votre voyage en réservant à l'avance les nuits d'hôtel pour avoir un point de chute et en prenant contact avec des agences de voyages locales sans hésiter à leur poser toutes les questions qui vous taraudent, même les plus naïves. Dans le nord, les agents touristiques paraissent quelquefois encore un peu « frileux » ... Une fois sur place, on peut se faire accompagner en cas de doute et, comme partout, on doit prendre les précautions d'usage face à la délinquance et faire attention à son propre comportement parfois un peu « voyant » en oubliant ses bijoux chez soi et en étant discret avec son appareil photo ou son smartphone.

- **Police.** Il y a trois types de « représentants de l'ordre » en Algérie : la police (en bleu), la gendarmerie (en vert) et les milices de forces spéciales ou de simples agents de sécurité (en noir). Difficile donc de savoir à qui on s'adresse. Ceux qu'on voit le plus sont des agents de la circulation ou des plantons. Comme on l'a dit, les entrées des villes sont en général surveillées et il est encore d'usage quand on passe un barrage le soir d'allumer son plafonnier pour se faire dévisager. Sur les routes, la police et la gendarmerie patrouillent jusque dans les coins reculés du désert. D'une manière générale et de l'avis même des Algériens, le pays a retrouvé la sécurité.

Dangers potentiels et conseils

Pour connaître les dernières informations sur la sécurité sur place, consultez la rubrique « Conseils aux voyageurs » du site du ministère des Affaires étrangères : www.diplomatie.gouv.fr/voyageurs. Sachez cependant que le site dresse une liste exhaustive des dangers potentiels et que cela donne parfois une image un peu alarmiste de la situation réelle du pays.

Femme seule en voyage

Une femme seule attire le regard, qui plus est dans un pays où peu de femmes se permettent ou sont autorisées à se déplacer seules. Mais au-delà des regards et questions parfois embarrassantes que cette situation suscite, les risques sont assez limités si vous acceptez une certaine discrétion. C'est un grand drame de l'Algérie de ne pas voir plus de touristes, surtout pour ses jeunes qui ne rencontrent que peu d'étrangers, hormis les membres expatriés de la famille ou les animateurs de la TV française qu'ils connaissent plus que nous. Donc, les filles, faites-vous gentiment mais fermement respecter, sans arrogance, sans agressivité, sans provocation, en bref avec le sourire.

Et si le gêneur insiste, dites que vous êtes mariée, que votre cher et tendre doit arriver d'un instant à l'autre, etc. Cela suffit en général. Dans un lieu où vous vous sentez tout à coup très seule parmi les hommes, faites-vous plus petite, avec l'air d'être passée par là au moins une dizaine de fois auparavant. Quant aux vêtements, il faut oublier les jupes courtes, les débardeurs trop décolletés ou les shorts (sauf sur la plage où certains maillots de bain vous feront rougir). De toute façon, si vous affichez un style vestimentaire trop décontracté, vous vous sentirez rapidement assez mal à l'aise.Restez discrète ! Dans le sud, les gens se sont habitués à voir des bras et des jambes nus mais ils n'en pensent pas moins ! Et sachez également que si le nombre de demandeurs de visa est en augmentation, ce n'est pas parce que le bout de papier est plus facile à obtenir qu'auparavant, bien au contraire. Gardez à l'esprit que vous représentez le pays vers lequel on rêve très fort de s'envoler pour un meilleur avenir... Sachez donc rester circonspecte devant toute tentative de séduction un peu incongrue.

Voyager avec des enfants

Aucun problème à signaler ! Au contraire, les enfants facilitent souvent le contact et tout le monde se pliera en quatre pour leur être agréable.Dans le sud, beaucoup d'agences ont prévu des circuits avec enfants et le personnel sait s'adapter. En cas de doute, demandez-leur mais sachez que les tout-petits apprécient peu le désert : il peut s'avérer difficile d'expliquer à un moins de quatre ans que la mer est loin !

Voyageur handicapé

En fonction du handicap, le voyage peut être compliqué par le manque total d'équipements adaptés. Les bonnes volontés et les propositions d'aide seront cependant nombreuses...

Voyageur gay ou lesbien

L'homosexualité, véritable tabou, n'est pas tolérée par la religion musulmane. Elle existe malgré tout mais n'est jamais visible et les couples gays et lesbiens ne s'affichent jamais en public. Il vaut donc mieux rester discret.

TÉLÉPHONE

Comment téléphoner ?

- **Pour appeler de l'Algérie vers la France,** composez le + 33 suivi du numéro de votre correspondant sans le 0.
- **Pour appeler de France vers l'Algérie,** composez le + 213 suivi du numéro du correspondant sans le 0 de l'indicatif de la wilaya (préfecture).
- **Pour appeler l'Algérie d'Algérie.** Composer le numéro du correspondant avec le 0 de l'indicatif de la wilaya.
- **Téléphones portables.** D'Algérie, composer le 06, le 07, le 05 + les 8 chiffres du numéro du correspondant. De l'étranger : 00 213 6x ou 00 213 7x + les 8 chiffres du numéro du correspondant (on enlève le 0 initial).
- **Le réseau fonctionne bien** mais un appel sur trois (moyenne très subjective) aboutit à un disque « en raison d'encombrements, votre appel... ». Il faut alors s'armer de patience et ne pas lâcher la touche bis. En ville, une multitude de boutiques proposent des téléphones publics et souvent un fax. L'appel est alors facturé à la caisse. Compter 5 à 25 dinars par appel court, selon qu'il s'agit d'un téléphone fixe ou mobile. Dans les hôtels, les tarifs sont un peu plus élevés.

Téléphone mobile

Les numéros de téléphones portables algériens commencent par 06, 07, 05 ou 09. Trois opérateurs se partagent aujourd'hui le marché : Ooredoo (ex-Nedjma), Djezzy et Mobilis. Ooredoo est aujourd'hui leader. Si vous restez longtemps en Algérie, vous pouvez vous procurer une carte SIM sur présentation de votre passeport et la recharger régulièrement auprès des kiosques et boutiques qui le font. Pour identifier ces points de vente, il faut chercher un panneau indiquant «flexy» au niveau de l'enseigne concernée. «Flexy» est un terme typiquement algérien signifiant le fait de recharger son crédit. Il suffit alors de communiquer son numéro de téléphone mobile au vendeur qui vous le recharge avec la somme voulue en tapotant sur son téléphone. Ce système s'applique à tous les Algériens car il n'existe pas de formule d'abonnements comme en France ; il faut donc tout le temps recharger son crédit téléphonique et faire du «flexy».

Utiliser son téléphone mobile : Si vous souhaitez garder votre forfait français, il faudra avant de partir, activer l'option internationale (généralement gratuite) en appelant le service clients de votre opérateur. Qui paie quoi ? La règle est la même chez tous les opérateurs. Lorsque vous utilisez votre téléphone français à l'étranger, vous payez la communication, que vous émettiez l'appel ou que vous le receviez. Dans le cas d'un appel reçu, votre correspondant paie lui aussi, mais seulement le prix d'une communication locale. Tous les appels passés depuis ou vers l'étranger sont hors forfait, y compris ceux vers la boîte vocale.

Autres moyens de téléphoner

Généralement, les bureaux de poste sont équipés de téléphones mais le mieux est de se rendre dans un central téléphonique ou un taxiphone. De votre hôtel, ce sera plus cher sans pour autant être hors de prix.

À VOIR – À LIRE

Librairies de voyage

Paris

ITINÉRAIRES
60, rue Saint-Honoré (1er)
✆ 01 42 36 12 63
www.itineraires.com
itineraires@itineraires.com
M° Louvre-Rivoli
Ouvert du lundi au samedi de 10h à 19h.
Depuis sa fondation en 1985, cette librairie est idéale pour s'évader, choisir sa destination, commencer à organiser son voyage, ou pour s'imprégner de la culture d'un pays avant d'y séjourner. Toutes les possibilités sont ici à combiner. Une sélection aussi complète que possible qui offre en guise d'horizon un panorama complet des pays du monde entier. Car cette librairie se dit elle-même dédiée à la connaissance des pays du monde, et le tout est tout simplement classé par pays. 3, 2, 1, partez ?

LIBRAIRIE MARITIME OUTREMER
Le Yacht
26 rue Jacob (6e) ✆ 01 42 34 96 60
www.librairie-outremer.com
Ouvert du lundi au samedi de 10h à 19h.
Des ouvrages sur l'architecture navale, des manuels de navigation, des ouvrages de droit marin, les codes Vagnon, les cartes du Service hydrographique et océanique de la marine, des précis de mécanique pour les bateaux, des récits et romans sur la mer, des livres d'histoire de la marine… tout est là. Cette librairie constitue la référence dans ce domaine. Son catalogue est disponible sur Internet et en format papier à la boutique.

LIBRAIRIE TERRES D'AVENTURE
55, rue sainte Anne (2e)
✆ 01 42 86 17 38
Ouvert du lundi au samedi de 9h30 à 19h
En association avec le tour opérateur Terres d'aventure, cette librairie est d'autant plus pertinente pour aiguiller vos recherches. Des livres spécialisés, plus de trente collections de guides, des globes, des cartes, mais surtout des spécialistes à l'écoute, sont là pour matérialiser vos rêves de voyages. Un espace décidément dédié à ce que vous ressortiez avec toutes les informations nécessaires dans votre valise afin de rendre inoubliable votre future expédition.

MAGELLAN & CIE
34, Rue Ramey (18e)
✆ 01 53 28 03 05
M° Jules Joffrin ou M° Marcadet Poissonniers
Ouvert du lundi au samedi de 10h à 18h.
Créées en 1999, les éditions Magellan & Cie donnent la parole aux écrivains voyageurs de toutes les époques. Explorateurs pour les uns, auteurs romantiques pour les autres, dévoilent des terres lointaines et moins lointaines. Des confins de l'Amérique latine à la Chine en passant par la Turquie, les quatre coins du monde connu sont explorés. Magellan & Cie est aussi une librairie gérée par un amoureux du voyage. C'est un lieu magique de découverte et d'échange.

ULYSSE
26, rue Saint-Louis-en-l'Ile (4e)
✆ 01 43 25 17 35
www.ulysse.fr – ulysse@ulysse.fr
M° Pont-Marie
Ouvert du mardi au vendredi de 14h à 20h. Et sur rdv.
C'est le « kilomètre zéro du monde », comme le clame le slogan de la maison, d'où l'on peut en effet partir vers n'importe quelle destination grâce à un fonds extraordinaire de livres consacrés au voyage. Catherine Domain, la libraire et fondatrice depuis quarante ans de la librairie, est là pour vous aider dans votre recherche, notamment si vous voulez vous documenter avant d'entreprendre un court ou un long séjour. Membre de la Société des Explorateurs, du Club International des Grands Voyageurs, fondatrice du Cargo Club, du Club Ulysse des petites îles du monde et du Prix Pierre Loti, elle est vraiment une spécialiste du voyage. Vous trouverez ici aussi de nombreuses cartes non disponibles dans les librairies habituelles.

Caen

HÉMISPHÈRES

15, rue des Croisiers
✆ 02 31 86 67 26
www.librairie-hemispheres.blogspot.com
librairiehemispheres@orange.fr
Ouvert le lundi de 14h à 19h et du mardi au samedi de 10h à 19h.
C'est un véritable périple littéraire que propose ce temple de la lecture. Depuis 35 ans, la librairie a pu collectionner plus d'un tour du monde sur ses rayons. Dédiée aux voyages, la première librairie fut créée dans les années 1980 puis, en 2006, agrandie par la fusion en une seule des deux librairies. Beaux livres, cartes et guides sur de très nombreuses destinations (continents, pays ou villes), essais et récits de voyages comptent parmi l'éventail proposé. L'actualité littéraire ne fait pas non plus défaut. Encore moins la discussion et l'échange placés au cœur des débats et des rencontres, organisés sur place, avec les auteurs. Le programme et les sélections du mois sont annoncés sur le blog Internet, riche de conseils et de rendez-vous.

Clermont-Ferrand

BOUTIQUE MICHELIN

17, avenue des Etats Unis
✆ 04 73 90 20 50
www.michelin-boutique.com
michelin@mdsfrance.fr
Ouvert du mardi au samedi de 10h à 13h et de 14h à 19h, le lundi après-midi l'été.
Vous trouverez dans cette boutique toute la production Michelin, des Guides vert (en français, anglais ou allemand) aux Guides rouge en passant par les cartes France et étranger. Egalement bagagerie, articles de sport, vaisselles et tout le nécessaire pour vos voyages (du triangle au contrôleur de pression) et de nombreux produits dérivés.

Marseille

LIBRAIRIE DE LA BOURSE – MAISON FREZET

8, rue Paradis (1er)
✆ 04 91 33 63 06
Du mardi au samedi de 9h à 12h30 et de 14h à 19h. Samedi de 10h à 12h30 et 14h à 19h.
Cette librairie fondée en 1876 propose plans, cartes et guides touristiques du monde entier. Terre, mer, montagne ou campagne, tous les environnements se trouvent parmi les centaines d'ouvrages proposés. Si jamais l'idée vous tente de partir à l'aventure, rien ne vous empêche de vérifier votre thème astral ou de vous faire tirer les cartes avec tout le matériel ésotérique et astrologique également disponible. En nouveauté, sachez que la librairie a développé un rayon complet spécialisé en Droit.

Montpellier

LES CINQ CONTINENTS

20, rue Jacques-Cœur
✆ 04 67 66 46 70
www.lescinqcontinents.com
contact@lescinqcontinents.com
Ouvert le lundi de 13h à 19h et de 10h à 19h du mardi au samedi.
Les libraires globe-trotters de cette boutique vous aideront à faire le bon choix parmi les nombreux ouvrages sur les cinq continents. Récits de voyage, guides touristiques, ouvrages d'art, cartes géographiques, manuels de cuisine ou livres musicaux vous permettront de mieux connaître divers pays du monde et régions de France. Régulièrement, la librairie organise des rencontres et animations (programme trimestriel disponible sur place).

Rennes

ARIANE LIBRAIRIE DU VOYAGE

20, rue du Capitaine Dreyfus
✆ 02 99 79 68 47
www.librairie-voyage.com
Ouvert tous les jours de 9h30 à 12h30 et de 14h à 19h. Fermé le lundi matin.
En France, en Europe, à l'autre bout du monde, plutôt montagne ou résolument mer, forêts luxuriantes ou déserts arides... quelle que soit votre envie, chez Ariane, vous trouverez de quoi vous documenter avant de partir. De la boussole aux cartes routières et marines, en passant par les guides de voyage, plans et articles de trekking, vous ne repartirez certainement pas sans avoir trouvé votre bonheur.

Strasbourg

AU VIEUX CAMPEUR

32, rue du 22-Novembre
✆ 03 90 23 58 58
www.auvieuxcampeur.fr
infos@auvieuxcampeur.fr
Ouvert du mardi au vendredi de 11h à 19h30, le samedi de 10h à 19h et le lundi de 11h à 19h.
Les magasins Au Vieux Campeur disposent d'une librairie dédiée au tourisme sportif. Vous

y trouverez guides, cartes, beaux livres, revues et un petit choix de vidéos principalement axés sur la France.

Toulouse

■ AU VIEUX CAMPEUR
23, rue de Sienne
Labège-Innopole
✆ 05 62 88 27 27
www.auvieuxcampeur.fr
infos@auvieuxcampeur.fr
Ouvert du mardi au vendredi de 11h à 19h30, le samedi de 10h à 19h et le lundi de 11h à 19h.
Les magasins Au Vieux Campeur disposent d'une librairie dédiée au tourisme sportif. Vous y trouverez guides, cartes, beaux livres, revues et un petit choix de vidéos principalement axés sur la France.

■ OMBRES BLANCHES
48-50, rue Gambetta
✆ 05 34 45 53 33
www.ombres-blanches.fr
info@ombres-blanches.fr
Ouvert du lundi au samedi de 10h à 19h, le samedi de 10h à 19h30.
Cette librairie est la petite sœur de la grande Ombres Blanches d'à côté. Dans cet espace spécialisé dans les voyages et le tourisme, vous trouverez beaux livres, récits de voyage, cartes de rando et de montagne, livres de photos… Le voyage avant même d'avoir quitté sa ville !

Québec

■ LIBRAIRIE ULYSSE
4176, rue Saint-Denis
MONTRÉAL
✆ +1 514 843 9447 / +1 514 843 7222
www.guidesulysse.com
st-denis@ulysse.ca
du lundi au mercredi de 10h à 18h ; jeudi et vendredi de 10h à 21h et le samedi de 10h à 17h30
Ulysse, la librairie des guides éponymes. Vous y trouverez près de 10 000 cartes et guides Ulysse en français et en anglais.

► **Autre adresse :** 560, rue Président-Kennedy

Suisse

■ LIBRAIRIE LE VENT DES ROUTES
50 rue des Bains
GENÈVE
✆ +41 22 800 33 81
www.vdr.ch
info@vdr.ch
Du lundi au vendredi de 9h à 18h30 et le samedi de 9h à 17h
Le Vent des Routes réunit sous le même toit une librairie, une agence de voyages et un café-restaurant. Pas besoin d'aller plus loin, vous y trouverez ici guides, cartes, romans, idées de voyage et des libraires très disponibles qui vous feront part de leurs livres coup de cœur.

AVANT SON DÉPART

■ AMBASSADE D'ALGÉRIE EN FRANCE
50, rue de Lisbonne
75008 Paris
✆ 01 53 93 20 20 / 01 53 93 20 69
www.amb-algerie.fr
chancellerie@amb-algerie.fr

■ CONSULAT GÉNÉRAL D'ALGÉRIE À PARIS
11, rue d'Argentine
75016 Paris
✆ 01 53 72 07 00
www.consulatalgerie-paris.org

■ CONSULATS D'ALGÉRIE EN FRANCE

► **A Besançon**. 1, rue de l'Industrie 25000 Besançon
✆ 03 81 80 31 79 – Fax : 03 81 48 91 18
www.consulat-algerie-besancon.org

► **A Bobigny**. 17, rue Hector-Berlioz 93000 Bobigny
✆ 01 41 50 58 58 – Fax : 01 48 32 35 09
www.consulat-algerie-bobigny.org

► **A Bordeaux**. 41, rue Frantz Despagnet 33000 Bordeaux
✆ 05 56 99 03 36 – Fax : 05 56 98 64 33www.consulat-algerie-bordeaux.org

► **A Grenoble**. 6, chemin du Commerce 38100 Grenoble
✆ 04 76 54 30 18 – Fax : 04 76 42 49 85www.consulat-algerie-grenoble.org

► **A Lille**. 120, rue de Solferino 59000 Lille
✆ 03 28 38 01 40 – Fax : 03 20 42 01 30 www.consulatalgerielille.org

► **A Lyon**. 7, rue Vauban 69006 Lyon
✆ 04 72 83 85 50 – Fax : 04 72 83 85 62
www.consulatalgerie-lyon.org

- **A Marseille**. 363, rue de Paradis 13272 Marseille
✆ 04 91 13 99 50 – Fax : 04 91 37 13 73
www.consulats-marseille.org/Algerie
- **A Metz**. 1 bis, avenue Leclerc-de-Hautecloque 57000 Metz
✆ 03 87 66 41 61 – Fax : 03 87 66 17 97
www.consulat-algerie-metz.com
- **A Montpellier.** 12, boulevard des Arceaux 34000 Montpellier
✆ 04 67 54 54 15 – Fax : 04 67 54 37 43www.consulat-algerie-montpellier.org
- **A Nanterre**. 49, rue du 8-Mai-45 B.P. 1411 92000 Nanterre
✆ 01 47 25 12 71 – Fax : 01 47 25 09 77www.consulatalgerie-nanterre.org
- **A Nantes.** 57, rue du Général Buat 44000 Nantes ✆ 02 40 74 38 19 - Fax : 02 40 74 61 19www.consulat-algerie-nantes.org
- **A Nice.** 20 bis, avenue Mont Rabeau 62000 Nice ✆ 04 93 86 37 06 - Fax : 04 93 97 14 23www.consulat-algerie-nice.org
- **A Pontoise.** 25, quai Eugène Turpi 95300 Pontoise ✆ 01 30 73 27 75 - Fax : 01 34 43 13 15
www.consulat-algerie-pontoise.org
- **A Saint-Etienne.** 6, rue Richard 42100 Saint-Etienne
✆ 04 77 59 31 41 - Fax : 04 77 80 67 83www.consulat-algerie-saint-etienne.org
- **A Strasbourg.** 101, rue de Shimeck 67200 Strasbourg
✆ 03 88 30 17 51 - Fax : 03 88 30 17 53www.consulat-algerie-strasbourg.org
- **A Toulouse.** 23, rue Vidal 31000 Toulouse✆ 05 61 62 97 07 - Fax : 05 61 63 80 44www.consulat-algerie-toulouse.org
- **A Vitry-sur-Seine**6, avenue du Président S. Allende 94400 Vitry-sur-Seine
✆ 01 46 80 78 00 - Fax : 01 47 18 04 46www.consulatalgerie-vitry.org

SERVICE ARIANE
www.diplomatie.gouv.fr
Ariane est un portail, proposé sur le site du Ministère des Affaires étrangères, qui permet, lors d'un voyage de moins de 6 mois, de s'identifier gratuitement auprès du Ministère. Une fois les données saisies, le voyageur pourra recevoir des recommandations liées (par SMS ou mail) à la sécurité dans le pays. En outre, la personne désignée par le voyageur comme « contact » en France sera prévenue en cas de danger. De nombreux conseils et avertissements sont également fournis grâce à ce service !

MAGAZINES ET ÉMISSIONS

Presse

COURRIER INTERNATIONAL
www.courrierinternational.com
Hebdomadaire regroupant les meilleurs articles de la presse internationale en version française.

GÉO
www.geo.fr
Le mensuel accorde une large place aux reportages photographiques. Il propose aussi des articles et actualités, l'ensemble étant désormais imprimé sur du papier provenant de forêts gérées durablement.

GRANDS REPORTAGES
www.grands-reportages.com
info@grands-reportages.com
Le magazine de l'aventure et du voyage propose des dossiers, reportages photo et articles divers sur les peuples, civilisations, paysages et monuments. Chaque sujet est complété par un important volet pratique pour préparer son voyage.

PETIT FUTÉ MAG
www.petitfute.com
Notre journal vous offre une foule de conseils pratiques pour vos voyages, des interviews, un agenda, le courrier des lecteurs... Le complément parfait à votre guide !

RANDOS-BALADES
www.randosbalades.fr
info@europresse.fr
Magazine mensuel sur les randonnées en France et à l'étranger. L'approche est thématique (sentiers du littoral, itinéraires sauvages, thèmes culturels...) et la publication est riche en actualités, trucs et astuces, tests matériels, fiches topographiques et, bien sûr, en guides de randonnée.

■ **TERRE SAUVAGE**
www.terre-sauvage.com
courrier@terre-sauvage.com
Ce mensuel est spécialisé dans la faune et la flore sauvages. Au sommaire : des aventures dans le sillage des expéditions scientifiques, la découverte des écosystèmes, des enquêtes sur la protection de l'environnement ou encore des rubriques plus pratiques avec, par exemple, des conseils photo.

Radio

■ **107.5 – AFRICA N°1**
33, rue du Faubourg Saint-Antoine (11e)
Paris
✆ 01 55 07 58 01
www.africa1.com
Africa n°1 est la plus importante des radios africaines francophones. Ses programmes sont diffusés dans le monde entier grâce à ses émetteurs ondes courtes. La radio dispose également de relais FM (modulation de fréquence) dans les grandes capitales d'Afrique francophone et à Paris. Africa n°1 propose à ses auditeurs des bulletins d'information à chaque heure entre 5h30 et 23h (temps universel) et des grandes éditions le matin (5h30 à 8h30), le midi (12h) et le soir (18h) composés par sa rédaction située à Libreville et ses correspondants basés dans toute l'Afrique et en Europe.

■ **RADIO FRANCE INTERNATIONALE**
www.rfi.fr
89 FM à Paris. Pour vous tenir au courant de l'actualité du monde partout sur la planète.

Télévision

■ **ESCALES**
✆ 01 49 22 20 01
www.escalestv.fr
contact@abweb.com
Chaîne thématique.
Depuis avril 1996, Escales est une des chaînes dédiées à l'évasion et de la découverte par le voyage. Rattachée au groupe AB, la programmation est constituée de séries documentaires et de rediffusions d'émissions axées aussi bien sur le national et ses régions, que des destinations lointaines à travers de nombreux thèmes (agenda, bons plans, art de vivre, bien-être, aventure, croisière mais aussi gastronomie, loisirs, nature, patrimoine, culture, etc.). Escales s'est entre autres donné pour objectif de servir de guide aux touristes voyageurs ; objectif largement atteint.

■ **FRANCE 24**
www.france24.com
Chaîne d'information en continu, France 24 apporte 24h/24 et 7j/7, un regard nouveau à l'actualité internationale. Diffusée en 3 langues (français, anglais, arabe) dans plus de 160 pays, la chaîne est également disponible sur internet (www.france24.com) et les mobiles, pour vous accompagner tout au long de vos voyages.

■ **PLANÈTE**
Depuis plus de 20 ans, Planète propose de découvrir le monde, ses origines, son fonctionnement et son probable devenir avec une grille de programmation documentaire éclectique : civilisation, histoire, société, investigation, reportages animaliers, faits divers, etc.

■ **TV5 MONDE**
www.tv5.org
La chaîne de télévision internationale francophone diffuse des émissions de ses partenaires nationaux (France Télévisions, RTBF, TSR et CTQC) et ses propres programmes.

■ **USHUAÏA TV**
www.ushuaiatv.fr
La chaîne découlant du magazine éponyme a un slogan clair : « Mieux comprendre la nature pour mieux la respecter ». Elle se veut télévision du développement durable et de la protection de la planète et propose nombre de documentaires, reportages et enquêtes.

■ **VOYAGE**
www.voyage.fr
info@voyage.fr
Terres méconnues ou inconnues, grands espaces et mégapoles, lieux incontournables ou insolites, cultures et nouvelles tendances : Voyage TV vous propose d'explorer le monde dans toute sa richesse à l'aide de documentaires ou en compagnie de guides éclairés.

Sites Internet

■ **AFRIK.COM**
9, rue d'Enghien (10e)
Paris ✆ 01 42 74 07 30
www.afrik.com
contact@afrik.net
Portail généraliste d'information spécialisé sur l'Afrique, *Afrik.com* est aujourd'hui le 1er quotidien francophone panafricain sur Internet couvrant l'ensemble des pays d'Afrique avec des dossiers thématiques d'actualité, des documents audio ou vidéo, etc.

Être solidaire

Soyons réalistes, en partant quinze jours « faire de l'humanitaire » avec une association, on soulage sa conscience mais on ne fait rien pour les populations locales. Un véritable engagement demande temps et réflexion. Pourquoi voulez-vous aider ? Quelles sont vos compétences ? À quel type de projet croyez-vous ? La première étape est de bien comprendre les difficultés rencontrées sur place. Il vous faudra ensuite partir à la chasse à la mission. Renseignez-vous bien sur l'association avec laquelle vous envisagez de partir car, dans le secteur de l'aide internationale, on trouve beaucoup d'organisations qui, même avec les meilleures intentions du monde, n'apportent finalement que peu d'aide réelle au pays. Mais à côté de ces missions, existent aussi des chantiers solidaires intéressants pour aller à la rencontre de la population, pour nettoyer une forêt, aider à la préservation d'une espèce…

ACTION CONTRE LA FAIM

14/16, Boulevard Douaumont (17e)
Paris
✆ 01 70 84 70 84 / 01 43 35 88 88
www.actioncontrelafaim.org
srd@actioncontrelafaim.org

Action contre la Faim est une ONG internationale spécialisée dans la lutte contre la faim dans le monde. Elle est présente dans une quarantaine de pays, dans les domaines de la nutrition, de la santé, de la sécurité alimentaire, de l'eau et de l'assainissement.

Que proposent-ils ? Action contre la Faim intervient avant tout dans des situations de crise. Le but étant de rendre les populations autonomes d'un point de vue alimentaire. Pour cela, il est impératif, après être venu en aide d'une manière concrète à la population, de former les infrastructures locales adéquates qui prendront bientôt le relais.

Où ? Action contre la Faim propose des missions de volontariat de trois mois à un an en Afrique, Asie, Amérique, Europe centrale, dans le Caucase, au Moyen-Orient et dans les Caraïbes.

Autre adresse : Service Gestion Relations Donateurs : 14/16 Boulevard Douaumont – CS 80060, 75854 PARIS CEDEX 17

CONCORDIA

www.concordia-association.org
info@concordia.fr

Concordia propose des chantiers solidaires. C'est une solution intéressante pour ceux qui ont envie d'aider mais disposent de peu de temps.

COORDINATION SUD

www.coordinationsud.org
sud@coordinationsud.org

Vous pouvez consulter sur ce site la présentation de diverses organisations non gouvernementales et les offres d'emploi ou de bénévolat s'y rattachant.

JEUNESSE ET RECONSTRUCTION

10, rue de Trévise (9e)
Paris
✆ 01 47 70 15 88
www.volontariat.org

Jeunesse et Reconstruction est, depuis 1987, le comité national français de la fédération internationale ICYE (International Cultural Youth Exchange), qui rassemble 35 comités nationaux localisés dans le monde, pour des chantiers dans tous les domaines à travers le monde (900 projets au total). C'est le 4e comité national d'échange après l'Allemagne, la Suisse et la Grande Bretagne.

Les volontaires, entre 16 et 35 ans, sont hébergés soit dans leur structure d'accueil, soit dans une famille d'accueil. La nourriture est fournie, mais le transport est à la charge du volontaire, plus participation variable selon les destinations.

PATRIMOINE SANS FRONTIÈRES

61, rue François-Truffaut (12e)
Paris
✆ 01 40 02 05 90
www.patrimsf.org
info@patrimoinesansfrontieres.org

ONG française créée en 1992, PSF a pour objectif de mener des actions de sauvegarde du patrimoine international dans des contextes d'alerte, d'oubli ou de déshérence, ainsi que dans des situations post-accidentelles ou de post-conflits. Le site Internet relaie les alertes concernant le patrimoine architectural et culturel en danger dans tous les pays du monde.

■ **SOLIDARITÉS JEUNESSES**
75010 Paris
10, rue du 8-Mai-1945
✆ 01 55 26 88 77
www.solidaritesjeunesses.org
Solidarités Jeunesses est une association de jeunesse et d'éducation populaire agréée par le ministère de la Jeunesse et des Sports, membre du Comité de coordination du service volontaire international (CCSVI), de la Plate-Forme mondiale des associations de volontariat international et du NVDA, plate-forme asiatique d'organisations de chantiers. Chantiers internationaux, actions d'insertion, formations, actions de solidarité internationale et gestion de petites structures d'accueil et d'animation en milieu rural, le travail est varié, de l'ordre de 30-35 heures pour les chantiers d'adultes et de 25 heures pour les chantiers d'ados. Ouverts à tous les volontaires âgés de 18 à 30 ans.

■ **UNAREC**
Délégation internationale
3, rue des Petits-Gras
Clermont-Ferrand
✆ 04 73 31 98 04
www.unarec.org
Le mouvement « Études et Chantiers » développe par l'intermédiaire de ses associations régionales des projets de volontariat, en France et à l'étranger, ainsi que des projets de lutte contre les exclusions. Trois grandes catégories : « Le travail volontaire des jeunes », « Économie solidaire et lutte contre les exclusions » et « Coopération internationale ».

Étudier

Pour étudier ou poursuivre vos études supérieures, il vous faut prendre contact avec le service des relations internationales de votre université. Préparez-vous alors à des démarches longues. Mais le résultat d'un semestre ou d'une année à l'étranger vous fera oublier ces désagréments tant c'est une expérience personnelle et universitaire enrichissante. C'est aussi un atout précieux à mentionner sur votre CV.

■ **AGENCE POUR L'ENSEIGNEMENT FRANÇAIS À L'ÉTRANGER**
23, place de Catalogne (14e)
Paris
✆ 01 53 69 30 90
www.aefe.fr
Sous la tutelle du ministère des Affaires étrangères, l'AEFE est chargée de l'animation de plus de 480 établissements à travers le monde.

▶ **Autre adresse :** 1, allée Baco, BP 21509 – 44015 Nantes Cedex 1 ✆ 02 51 77 29 03.

■ **CAMPUS FRANCE**
www.campusfrance.org/fr
Rubrique sur le programme BFE (boursiers français à l'étranger). Obtenir une bourse d'études supérieures à l'étranger.

■ **CIDJ**
www.cidj.com
La rubrique « Europe et International » sur le serveur du C.I.D.J. fournit des informations pratiques aux étudiants qui ont pour projet d'aller étudier à l'étranger.

■ **ÉDUCATION NATIONALE**
www.education.gouv.fr
Sur le serveur du ministère de l'Éducation nationale, une rubrique « International » regroupe les informations essentielles sur la dimension européenne et internationale de l'éducation.

■ **MINISTÈRE DES AFFAIRES ÉTRANGÈRES**
www.diplomatie.gouv.fr
Les informations mises à disposition dans l'espace culturel du serveur du ministère des Affaires étrangères sont fort utiles.

Investir

■ **UBIFRANCE**
www.ubifrance.fr
Adhésion annuelle de 45 €.
Le site Internet de l'Agence pour le développement international des entreprises françaises, qui travaille donc en étroite collaboration avec les missions économiques, recense toutes les actions menées, les événements programmés et renvoie sur la page du VIE (Volontariat International à l'Étranger).

Travailler – Trouver un stage

■ **ASSOCIATION TELI**
27, route de la Fruitière
Chavanod
✆ 04 50 52 26 58
www.teli.asso.fr
Le Club TELI est une association loi 1901 sans but lucratif d'aide à la mobilité internationale créée il y a 20 ans. Elle compte 4 000 adhérents en France et dans 65 pays. Si vous souhaitez vous rendre à l'étranger, quel que soit votre projet, vous découvrirez avec le Club TELI des infos et des offres de stages, de jobs d'été et de travail pour francophones.

CAPCAMPUS

www.capcampus.com
Capcampus est le premier portail étudiant sur le Net en France et possède une rubrique spécialement dédiée aux stages, dans laquelle vous trouverez aussi des offres pour l'étranger. Mais le site propose également toutes les informations pratiques pour bien préparer votre départ et votre séjour à l'étranger.

MAISON DES FRANÇAIS DE L'ÉTRANGER

48, rue de Javel (15e)
Paris
✆ 01 43 17 60 79
www.mfe.org
mfe@mfe.org
M°/RER Javel.
Ouvert de 14h à 17h du lundi au vendredi.
La Maison des Français de l'étranger (MFE) est un service du ministère des Affaires étrangères qui a pour mission d'informer tous les Français envisageant de partir vivre ou travailler à l'étranger et propose le *Livret du Français à l'étranger* et 80 dossiers qui présentent le pays dans sa généralité et abordent tous les thèmes importants de l'expatriation (protection sociale, emploi, fiscalité, enseignement, etc.). Également consultables : des guides, revues et listes d'entreprises et, dans l'espace multimédia, tous les sites Internet ayant trait à la mobilité internationale.

RECRUTEMENT INTERNATIONAL

www.recrutement-international.com
Site spécialisé dans les offres d'emploi à l'étranger, le recrutement international, les carrières internationales, les jobs et stages à l'international.

VOLONTARIAT INTERNATIONAL

www.civiweb.com
Si vous avez entre 18 et 28 ans et êtes ressortissant de l'Espace économique européen, vous pouvez partir en volontariat international en entreprise (VIE) ou en administration (VIA). Il s'agit d'un contrat de 6 à 24 mois rémunéré et placé sous la tutelle de l'ambassade de France. Tous les métiers sont concernés et vous bénéficiez d'un statut public protecteur. Offres sur le site Internet.

WEP FRANCE

81, rue de la République (2e)
Lyon
✆ 04 72 40 40 04
www.wep-france.org
info@wep.fr
Wep propose plus de 50 projets éducatifs originaux dans plus de 30 pays, de 1 semaine à 18 mois. Année scolaire à l'étranger, programmes combinés (1 semestre scolaire avec 1 projet humanitaire ou 1 chantier nature ou 1 vacances travail), projets humanitaires mais également stages en entreprise en Europe, Australie, Nouvelle-Zélande, Canada et États-Unis, et Jobs & Travel (visa vacances travail) en Australie et Nouvelle-Zélande : voici un petit aperçu des nombreuses possibilités disponibles.

Index

N

O

P

R / S / T

V

Z